Handbuch
Planungserfolg

v/d|f

vdf Hochschulverlag AG
an der ETH Zürich

Jürgen Wiegand

Handbuch
Planungserfolg

Methoden, Zusammen-
arbeit und Management
als integraler Prozess

Bibliografische Information Der Deutschen Bibliothek

Die Deutsche Bibliothek verzeichnet diese Publikation in der Deutschen Nationalbibliografie; detaillierte bibliografische Daten sind im Internet über http://dnb.ddb.de abrufbar.

ISBN 3 7281 2968 2

© 2005, vdf Hochschulverlag AG an der ETH Zürich, Zürich

Für meine Frau Margit,
die mir dieses Buch
und die Freude daran
ermöglichte

Vorwort

Planen heisst nach Edgar Salin, einer meiner Lehrer an der Universität Basel, „in Gedanken vorwegzunehmen, was die Wirklichkeit der Zukunft werden soll". Noch ein weiterer grosser Denker, Karl Popper, soll am Anfang zitiert werden: „Alles Leben ist Problemlösen". Damit ist das Thema dieses Handbuches grob umrissen: Planungsprozesse zum erfolgreichen Lösen von Problemen.

Nun gibt es zu diesem Themenfeld zahllose Bücher. Was veranlasst dazu, dieses Weitere anzubieten?

Die deutschsprachige Literatur befasst sich überwiegend nur mit Teilen des grossen Themas, etwa mit dem Projektmanagement, der Teamarbeit, dem Lösen von Konflikten, dem Systems Engineering, den Bewertungsmethoden oder Kreativitätstechniken. Es fehlt die integrale Sicht des Themenfeldes.

Dieses Handbuch bietet demgegenüber eine Gesamtschau und **Integration der verschiedenen Ansätze** für die Gestaltung von Planungsprozessen bzw. das Problemlösen. Es bleibt aber nicht nur bei der Schau. Es werden auch praktische Anleitungen gegeben und das Erfolg versprechende Vorgehen an Hand von Beispielen aufgezeigt.

Wenn ich von Erfolg beim Planen bzw. Lösen von Problemen spreche, dann sehe ich die Erfüllung folgender vier **Ziele** als wichtig an:

1. Bestmögliche sachliche Lösung
2. Hohe Akzeptanz der Lösung
3. Angemessen kurze Entwicklungs-, Planungs- und Realisierungszeit
4. Niedriger Aufwand für den Lösungsprozess

Im Vordergrund der Lösungsfindung für ein Problem steht meist (aber längst nicht immer) die „bestmögliche sachliche Lösung". Dabei ist jedoch häufig bereits eine Reihe von Teilzielen zu erfüllen (z.B. niedrige Betriebskosten).

Eine sachlich noch so gut erscheinende Lösung scheitert nicht selten an mangelnder Akzeptanz bei Entscheidungsgremien (z.B. eine Geschäftsleitung).

Eine solche Lösung kann auch zu spät kommen, weil die Entwicklungs-, Planungs- und Realisierungszeit zu lange bemessen war.

Häufig erreicht man zwar die oben genannten Ziele, jedoch mit einem unangemessen hohen personellen Aufwand.

Die vier Ziele für erfolgreiche Planungen lassen sich am besten mit einem **integralen Prozess** lösen. Dazu zählen folgende drei Ebenen:

- Methoden
- Zusammenarbeit
- Management

Integral bedeutet, dass man auf diesen drei Ebenen gleichzeitig und aufeinander bezogen Prozesse gestaltet. Die Methoden müssen beispielsweise die Zusammenarbeit fördern und für die Zusammenarbeit geeignet sein. Das Management soll für die Zusammenarbeit und das methodische Vorgehen einen günstigen Rahmen schaffen. Die Zusammenarbeit profitiert in starkem Masse von Methodenanwendungen. Dieser Dreiklang wird hier in Theorie und Praxis zum Thema gemacht.

Dabei entsteht sogleich eine Herausforderung, welche Publikationen zu Teilaspekten nicht haben: Die besondere **Stofffülle** sowie die sehr unterschiedlichen Begriffsapparate und Denkschulen der integrierten Fachdisziplinen.
Das letztgenannte Problem wurde versucht, im Dialog mit Vertretungen verschiedener Fachdisziplinen zu lösen. Dabei kam dem Autor zu Hilfe, dass er selber in zwei sehr verschiedenartigen Fachdisziplinen zu Hause ist, der Ökonomie und der Architektur.

Auch bei allem Bemühen um Breite und Tiefe bleibt es bei einer thematischen Auswahl. Diese wird in folgenden **vier Teilen** dargestellt:
A   Grundlagen
B   Vertiefungen und Anleitungen
C   Fallbeispiele
D   Anhang
Teil A dieses Handbuches bietet wichtige Grundlagen für das erfolgreiche Planen, einen Einblick in den Stand der Wissenschaft sowie einen Überblick über in der Praxis gebräuchliche Instrumente.
Teil B vertieft unter den Aspekten der Praxistauglichkeit ausgesuchte Themen. Er bietet zudem Anleitungen für die Anwendung in der eigenen Management- und Planungspraxis.
Teil C untermauert diese Ausführungen durch konkrete Beispiele, bildet also eine Art integriertes Case-Book. Abgerundet wird das Handbuch durch ein ausführliches Literatur- und Stichwortverzeichnis.
Die folgende Mind Map versucht, das hier behandelte Themenfeld plastisch werden zu lassen.

Mind Map zu den hier behandelten Themen

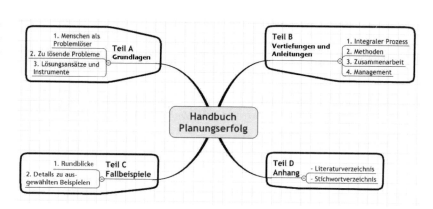

Möglich wurde dieses Handbuch nur durch eine grössere Zahl von **Gesprächspartnern und Kritikern** aus verschiedenen Fachdisziplinen. Besonders erwähnen möchte ich:
- Birger Gooss, Freiburger Seminare für Transaktionsanalyse, Freiburg i.Br.
- Regula Küng, Partnerin Planconsult, Basel
- Marc Langhans, Partner Planconsult, Basel
- Axel Schilling, Prof. Dr. phil., Leiter des Instituts für Management-Entwicklung, Departement Wirtschaft, Fachhochschule beider Basel
- Tobias Studer, em. Prof. für Betriebswirtschaft am Wirtschaftswissen-schaftlichen Zentrum der Universität Basel
- Rüdiger von der Weth, Prof. Dr., Arbeitswissenschaften und Personal-wesen, Hochschule für Technik und Wirtschaft Dresden

Ihnen allen danke ich für die Hilfsbereitschaft und das Engagement. Mein ganz besonderer Dank gilt Dr. Johann Schregenberger, Berater und lang-jähriger Mitarbeiter am Institut für Bauplanung und Baubetrieb an der ETH Zürich. Er beackerte das gesamte Handbuch, stand mir für Diskussi-onen zur Verfügung und machte sehr wertvolle Verbesserungsvorschläge. Er initiierte auch die „Methodiker-Runde". Der kollegiale Austausch mit den weiteren Mitgliedern Peter Schweizer und Dr. Rainer Züst half mir sehr.

Ebenso sehr möchte ich mich bei Gisela Gautschi, Texta GmbH Ettingen, für Ihre Ausdauer und ihre guten grafischen Gestaltungen bedanken.

Dank gebührt schliesslich auch dem vdf-Verlag für seine Risikobereit-schaft und Unterstützung bei der Realisierung dieses Handbuches, na-mentlich Herrn Dr. B. Knappmann.

Dr. Jürgen Wiegand

Inhaltsüberblick

Inhaltsverzeichnis

Teil A

Grundlagen

1.   Menschen als Problemlöser

Massgebliche
Menschen

(1) Das Planen dient dazu, die Wirklichkeit der Zukunft zu gestalten. Dabei geht es immer darum, Probleme zu lösen. Das Thema „Menschen als Problemlöser" wird aus folgenden Gründen an den Anfang gestellt:

- Erst menschliches Erfassen und Empfinden spezieller Gegebenheiten und Schwierigkeiten führt dazu, von einem Problem zu sprechen.
- Menschen erarbeiten die Problemlösung.
- Menschen sind es schliesslich, welche eine Problemlösung als gut oder weniger gut taxieren.

Men-
schen

Abbildung A/1
Menschen setzen
die Massstäbe für
die erfolgreiche
Lösungsfindung

Hauptkapitel

(2) Die Betrachtung von Menschen als Planer und damit als Problemlöser führt zu einer Dreiecksbeziehung: Auszugehen ist von den Individuen. Deren Fähigkeiten und Begrenzungen sind ausschlaggebend.

Doch unabdingbar müssen diese Individuen miteinander kommunizieren und zusammenarbeiten. Das geschieht im Rahmen von Einzelgesprächen und Gruppen.

Sowohl Individuen als auch Gruppen entwickeln Handlungsmaximen, die Werte genannt werden. Jede Problemlösung bzw. Planung ist bewusst oder unbewusst wertorientiert.

Alle drei Elemente zum Thema „Mensch als Problemlöser" stehen in einem Wechselspiel. Da nur in einer Dimension geschrieben werden kann, müssen diese Elemente einzeln nacheinander behandelt werden. Das geschieht in der Gliederung:

- **Individuen**

- **Gruppen**

- **Werte**

1.1   Individuen

1.1.1   Denkfähigkeiten

Denken und Problemlösen

(1) Unter Denken versteht man die Fähigkeit, die Realitäten der Welt bewusst wahrzunehmen, die Eindrücke und Veränderungen zu ordnen, Schlüsse zu ziehen und Vorstellungen über neue bzw. andere Zustände zu entwickeln (z.B. eine neue Organisation). Die Kraft zum Denken wird auch Verstand genannt. Die Denkprozesse und ihre Grundlagen im Menschen bezeichnete man früher auch mit „Geist".[1]
Wer das menschliche Verhalten besser verstehen und angemessen Planungsprozesse gestalten möchte, beschäftigt sich mit Vorteil mit unserem Gehirn.

Gehirnforschung

(2) Die Gehirnforschung macht derzeit grosse Fortschritte. Zunehmend kommt es dabei auch zu einer gegenseitigen Befruchtung mit der Psychologie. Aus diesem grossen Wissensbereich werden hier folgende Themen ausgewählt:

- Das Gehirn – ein Abbild der Entwicklungsgeschichte
- Arbeitsweisen des Gehirns
- Das Gedächtnis
- Werden und Sein
- Eine kurze Zwischenbilanz

---

[1] Vgl. Häcker/Stapf 2004, S. 188; Schmidbauer 1991, S. 43 und 85

1.1.1.1 Das Gehirn – ein Abbild der Entwicklungsgeschichte

Teile des Gehirns (1) Der menschliche Denkapparat bildet das Resultat einer langen Evolutionsgeschichte.[1] Diese lässt sich noch heute in unserem Gehirn ablesen und wirkt sich nach wie vor ganz direkt auf das menschliche Verhalten beim Problemlösen aus. Evolutionsgeschichtlich zu unterscheiden sind die Gehirnteile:[2]

- das Stammhirn
- das Zwischenhirn
- das Grosshirn (Cortex)

Bei der Beschreibung erfolgt eine Konzentration auf Fragen, welche für das Problemlösen besonders relevant erscheinen.

Stammhirn (2) Der **entwicklungsgeschichtlich älteste Teil**, das Stammhirn (verlängertes Mark, Kleinhirn und Mittelhirn), bildet quasi die Fortsetzung der Wirbelsäule (vgl. Abb. A/2). Hier ist die Steuerung aller lebenswichtigen Funktionen des Menschen, wie z.B. Atmung und Kreislauf, angesiedelt. Das Stammhirn trägt auch massgeblich zur Muskelkoordination, zum Gleichgewicht und zur Haltung bei. All das läuft ohne das Bewusstsein automatisch ab.[3] Das Stammhirn erhält Informationen über Temperaturen, Druck, Schmerz etc. über sensorische Rezeptoren, die im ganzen Körper verteilt sind.

Das Stammhirn bildet nicht nur den allerältesten Gehirnteil, sondern auch den **oft dominanten**. In bestimmten lebensbedrohlich erscheinenden Situationen übernimmt es die Führung, setzt also das Zwischen- und das Grosshirn „ausser Gefecht". Menschen reagieren dann instinkthaft, sind z.B. Argumenten in einer Gruppendiskussion, wenn sie sich bedroht fühlen, in keiner Weise mehr zugänglich. Das Stammhirn bestimmt auch zu einem Teil unsere Körpersprache, z.B. das rote Anlaufen eines Gesichtes bei starken Emotionen. Ungewollt geben Menschen also ihren inneren Zustand preis. Moderatorinnen[4] können davon profitieren, indem sie, ohne dass Worte fallen, Emotionen erkennen. Das erlaubt ihnen, angemessen zu reagieren, z.B. Bereiche von Empfindlichkeiten zu meiden.

Zwischenhirn (3) Das Zwischenhirn entwickelte sich über dem Stammhirn (vgl. Abb. A/2). Es besteht aus mehreren Teilen. Hier interessieren speziell der:

- Hypothalamus
- Thalamus

Der **Hypothalamus** reguliert die Körpertemperatur, ist z.B. für Durst und Appetit zuständig und beeinflusst das Aggressionsverhalten. Er stellt den Organismus auf Angriff oder Flucht ein und steuert über Hormone die

---

[1] Vgl. auch ähnliche Ausführungen bei Schweizer 1999, S. 71 ff.
[2] Vgl. als Überblick Roth 2003 (a), S. 9 ff.; vertiefend Roth 2003 (b), S. 94 ff.; Spitzer 2002; Hüther 2001; Linke 2000, S. 7
[3] Vgl. Roth 2003, S. 17 f.
[4] Im folgenden Text wird abwechselnd die weibliche und männliche Form verwendet. Auf eine jeweilige Doppelaufzählung wird verzichtet.

Funktion diverser Organe im Körper. Der Hypothalamus ist z.B. stark im Spiel, wenn in Gruppen Konflikte entstehen. Dann hat das Grosshirn Mühe, mit den Steuerungsimpulsen des Hypothalamus zurande zu kommen – bei Prozessen der Lösungsfindung eine häufige Erscheinung (vgl. Abb. A/3).

Abbildung A/2 Unser Gehirn erweiterte sich entwicklungsge- schichtlich vom Stammhirn über das Zwischenhirn bis zum Grosshirn (stark vereinfach- tes Schema)

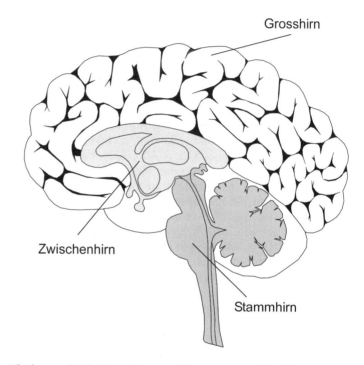

Grosshirn

Zwischenhirn

Stammhirn

Der **Thalamus** bildet das Zentrum für unser emotionales Verhalten. Unsere gefühlsmässigen Bedürfnisse, Lust und Unlust sind hier angesiedelt. Auch unsere Geruchs- sowie Gesichtserinnerung liegen im Thalamus. Wenn wir andere Menschen bei einem ersten Treffen etikettieren, um uns blitzschnell einen Eindruck zu verschaffen, so greifen wir in den Gesichts- und Gefühlsspeicher des Thalamus. Das gleiche gilt, wenn wir jemand nicht riechen können. Mit solchen Empfindlichkeiten im Zusammenhang entsteht auch häufig Stress. Vor allem lenkt der Thalamus den Informationsfluss. Viele im Moment unwichtig erscheinenden Informationen gibt der Thalamus nicht an das Grosshirn weiter, entlastet dieses also (vgl. Kap. A/1.1.1.2). Dabei kann er aber auch eine gute Lösungsfindung behindern, weil der Thalamus z.B. Gewohntes eher durchlässt als Ungewohntes.

Thalamus und Hypothalamus bilden wichtige Teile des **limbischen Systems**. Dieses erzeugt unbewusst unser aktuelles Gefühlsleben und steuert unser emotionales Verhalten.[1]

---

[1] Vgl. Roth 2003 (a), S. 145 ff.; Roth 2003 (b), S. 256 ff.; Hülshoff, S. 59 ff.

Grosshirn (4) Das entwickelte Grosshirn bildet die eigentliche Errungenschaft des Menschen. Ginge es nach dem Gewicht, so wäre es mit 70% Anteil auch der weitaus dominante Gehirnteil (vgl. Abb. A/2). Doch richtet sich der Einfluss unserer Gehirnteile nicht unbedingt immer nach dem Gewicht. Das Grosshirn stellt entwicklungsgeschichtlich den jüngsten und am wenigsten robusten Teil dar. Es kann sich daher in bestimmten Situationen gegenüber dem älteren Stammhirn und Zwischenhirn nur schwer „durchsetzen".[1]

Men-
schen

Abbildung A/3
Der Hypothalamus
führt gerade Regie

Nichtsdestotrotz bietet das Grosshirn einen Informationsspeicher mit einem sehr **grossen Leistungspotenzial**. Gleichzeitig ist es „Sitz" des logischen Denkens und „Verarbeitungsort" für feinere Empfindungen (Abb. A/4). Hier laufen verschiedene Bewusstseinsvorgänge wie z.B. Erinnerungen, Gedankenspiele oder auch Entscheidungen ab. Handlungen, die vom Grosshirn ausgelöst werden, können sehr komplex sein. Dazu gehören das Sprechen, das Schreiben, die Bewegung etc.

Abbildung A/4
Den „Denker" von
Rodin gibt es nur
dank Grosshirn

Das Grosshirn (wie auch das Zwischenhirn) besteht aus z**wei symmetrischen Teilen**. Dabei lassen sich Arbeitsteilungen in der Informationsgewinnung und -verarbeitung feststellen (vgl. Abb. B/70):

○ die rechte Hälfte ist eher Ort der Kreativität des schöpferischen Tuns sowie der visuellen und räumlichen Orientierung
○ die linke Hälfte ist eher analytisch orientiert sowie Ort für Sprechen und Schreiben.

Die linke Hirnhälfte hat potenziell einen stärkeren Einfluss auf unser Handeln und damit auch auf das Planen als die rechte. Es lassen sich aber auch bewusst Anstrengungen unternehmen, die rechte Hirnhälfte besser zum Zuge kommen zu lassen. Dazu muss der Informationsaustausch über den sog. Balken, ein Bündel von Nervenbahnen, intensiviert werden.

---

[1] Vgl. Linke 2000, S. 35 f.

1.1.1.2   Arbeitsweisen des Gehirns

Elemente in ihrem Zusammenspiel

(1) Die verschiedenen Gehirnteile arbeiten in einem **ausserordentlich komplexen Beziehungsnetz** zusammen. Dabei kommt es zu vielen Rückkopplungen. Sie stehen aber auch, wie wir gesehen haben, in einer vorprogrammierten Beziehung zueinander. Diese ist ausserordentlich leistungsfähig, hat aber einige weniger gute Konsequenzen für die Zusammenarbeit und Lösungsfindung.

Um diese Zusammenhänge zu verstehen, gilt es folgende Elemente in ihrem Zusammenspiel näher zu betrachten (vgl. Abb. A/5):

- Sensoren/Stammhirn
- Zwischenhirn
- Grosshirn
- Zwischenhirn
- Bewegungen/Stammhirn

Sensoren

(2) Mit Sensoren, welche dem Stammhirn angegliedert sind, kommunizieren Menschen laufend mit ihrer Umwelt. Geräusche, Licht, Gerüche, Erschütterungen, Druck etc. werden als Information erfasst. Dabei entsteht eine enorme Informationsfülle. Ständig werden z.B. Temperaturinformationen an sehr vielen Stellen im Körper aufgenommen.

Zwischenhirn

(3) Damit das Grosshirn nicht durch die Informationsflut überlastet wird, übt das Zwischenhirn eine Filterwirkung aus. Nur ein Bruchteil der Informationen gelangen in das Grosshirn (vgl. Abb. A/7).

Im Zwischenhirn erfolgen dadurch laufend in unbewusster Weise „Manipulationen". Denn das Zwischenhirn, hier speziell der Thalamus, bevorzugt z.B. die eigene Meinung bzw. Fachkompetenz bestätigende Informationen. Anders ausgedrückt: Zu unserem Grosshirn gelangt evtl. gar nicht das, was die sogenannte Wirklichkeit ist.[1] Aber wir glauben – auch hierin spielt uns unser Gehirn einen Streich – die Wirklichkeit empfangen zu haben.

Grosshirn für die Informationsverarbeitung

(4) Die Informationen, welche ins Grosshirn gelangen, werden in sehr komplexen Vorgängen verdichtet, kombiniert, analysiert, synthetisiert und bis hin zu Entschlüssen oder Vorstellungen verarbeitet. Eine solche Vorstellung kann sein, dass durch einen Gesprächsteilnehmer Gefahr drohe. Bis es zu diesem Eindruck kommt, konsultiert unser Denkapparat laufend abgespeicherte Situations-Bilder und Lösungs-Modelle.

Damit wird eine Vorprogrammierung wirksam. Abbildung A/6 zeigt das anschaulich. Warum macht das unser Gehirn? Der Mensch brauchte zum Überleben **äusserst rasche Entscheide**. Daher wurden entsprechende „Beschleuniger" im Gehirn in Form von „Vorkonfektionen" abgespeichert. Das befähigt das Grosshirn in Sekundenbruchteilen, z.B. einen Menschen als „Freund" oder „Feind" zu „erkennen" oder aus

---

[1] Roth 2003 (a), S. 7 ff.

Bruchstücken einer Information (z.B. sichtbare Bärentatze) auf das Ganze zu schliessen.

Die Geschwindigkeit geht **zu Lasten der Komplexitätserfassung und -bearbeitung**. Um schnell zu sein, darf der Denkapparat nicht durch Informationen und komplexe Rückkopplungen überlastet werden. Für solche Gehirnaktivitäten setzte die Spezialisierung unseres Gehirns enge Grenzen.[1]

Men- schen

Abbildung A/5 Vereinfachte Darstellung des Ablaufs der Informationsgewinnung und -verarbeitung im Gehirn[2] (Nicht dargestellt sind die direkten Brücken unter Ausschaltung des Grosshirns.)

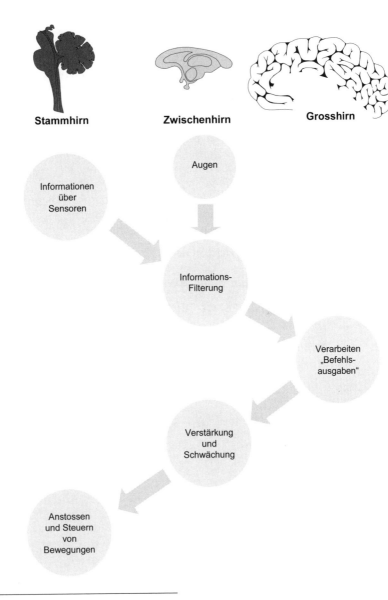

---

[1] Vgl. Roth 2003 (a), S. 7 ff.; Von der Weth 2001, S. 19; Simon 1993, S. 45
[2] Nach Schweizer 2002, S. 74 ff. ; vgl. Roth 2003 (a), S. 17 ff.; Hülshoff 2000, S. 60 f.

Zwischenhirn als eigenwilliger Verstärker

(5) Vom Grosshirn gehen die Meldungen zurück an das Zwischenhirn. Dieses zieht automatisch Schlüsse, wobei es zu Verstärkungen kommen kann. Ein im Grosshirn entstandener Eindruck „Gefahr im Aufzug" löst nun im Zwischenhirn Angstgefühle aus. Diese aktivieren das Alarmprogramm „Stress".[1] Dazu gehört die Aktivierung für Kampf oder Flucht. Das macht das Zwischenhirn automatisch. Es fragt auch nicht mehr im Grosshirn an, ob das Alarmprogramm angemessen ist. Vielmehr wird das Grosshirn sofort für „Planungen" in Richtung „Kampf" oder „Flucht" in Beschlag genommen. In diesem Augenblick ist das Grosshirn also für vernünftiges Nachdenken bzw. Abwägen kaum noch einsetzbar.

Denksportaufgabe Nr. 1 „Drei Fluggäste"
(im Kopf ohne Hilfsmittel zu lösen)

Drei Fluggäste fliegen von Zürich nach Indien. Ihre Namen sind Baumann, Eichler und Hahn. Einer von ihnen ist Elektriker, einer Monteur und einer Ingenieur. Aus ihrer Unterhaltung entnehmen wir Folgendes:
a) Zwei Fluggäste, und zwar Herr Baumann und der Ingenieur, sollen eine Fabrikanlage aufbauen helfen.
b) Zwei Fluggäste, und zwar Herr Hahn und der Elektriker, kommen aus Basel, während der dritte aus Bern kommt.
c) Herr Eichler ist jünger als der Monteur.
d) Herr Hahn ist älter als der Ingenieur.

Wer hat welchen Beruf?

Denksportaufgabe Nr. 2 „Division" (im Kopf ohne Hilfsmittel zu lösen)

Dividieren Sie 13,71 durch 4,57

Die Lösungen finden Sie am Schluss von Kapitel A/1.1

Abbildung A/6 Vorprogrammierte, abgespeicherte Bilder in unserem Gehirn „manipulieren" die Informationsverarbeitung (Unmöglichkeit, die Zeichnungen zu sehen, wie sie sind)[2]

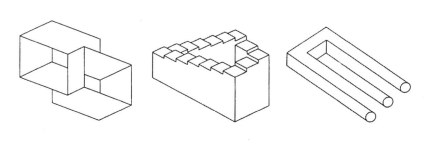

---

[1] Vgl. Roth 2003 (b), S. 310 ff.; Müller-Limmroth 1982, S. 113 ff.
[2] Quelle: Vollmer o.J., S. 18

Stammhirn als Befehlsempfänger

(6) Das Stammhirn ist nach Empfang der „Befehle" rein ausführend tätig. Es setzt die entsprechenden Bewegungen im Körper in Gang und koordiniert sie.

Denken – eine Anstrengung

(7) Die komplexen Prozesse im Gehirn verursachen auch im biologischen Sinne Arbeit. So kommt es, dass unser Denkapparat allein ca. 20% der Energie verbraucht, die unser menschlicher Organismus verarbeitet. Dabei entfallen auf das Gehirn nur 3% des Körpergewichtes.[1]
Es ist daher kein Wunder, dass wir Denken als Anstrengung empfinden. Wie bei jeder körperlichen Anstrengung möchte sich auch der Denkapparat ausruhen oder nur auf „Sparflamme" arbeiten können.

Menschen

1.1.1.3   Das Gedächtnis

Formen unseres Gedächtnisses

(1) Die Informationsaufnahme und -verarbeitung beginnt bereits im Mutterleib. Von da an entsteht das Gedächtnis. Dieses bildet eine unerhörte Schatztruhe und macht logisches Denken und Problemlösungen überhaupt erst möglich. Dabei sind verschiedene Gedächtnisarten im Spiel (z.B. das Faktengedächtnis).
Doch sind der **Informationsaufnahme und -verarbeitung** auch **deutliche Grenzen** gesetzt. Die Ursache liegt, wie bereits oben ausgeführt, in der „Programmierung" des Denkapparates auf „rasch". Also muss dieser vor Überlastungen in der Informationsgewinnung und -verarbeitung geschützt werden. Daher unterliegt unsere Gedächtnisleistung in der Zeitstruktur stark begrenzenden Faktoren. Das machen folgende Formen bereits erkennbar (vgl. Abb. A/7):[2]
• Ultra-Kurzzeitgedächtnis (UZG)
• Kurzzeitgedächtnis (KZG)
• Langzeitgedächtnis (LZG)

Ultra-Kurzzeitgedächtnis (UZG)

(2) Das Ultra-Kurzzeitgedächtnis (UZG) nennt man auch sensorisches Gedächtnis oder Momentangedächtnis. Es kann enorm viel Sinneseindrücke in naturalistischer Weise festhalten. Nach wenigen Sekunden klingen diese aber wieder ab, wenn keine Aufmerksamkeit vorhanden ist oder sich die Information nicht in eine bereits vorhandene Gedankenverbindung (Assoziation) einfügen lässt. Durch diesen **biologischen Schutz im Zwischenhirn** wird eine grosse Menge an Informationen, die unser Gedächtnis unnötig belasten würden, ausgefiltert.

Kurzzeitgedächtnis (KZG)

(3) Informationen des UZG werden dann vom Kurzzeitgedächtnis (KZG) übernommen, wenn sie auf bereits vorhandene **Interessen oder Assoziationen bzw. Gefühlslagen** treffen. Zum Übernehmen trägt auch bei, wenn eine Information in Sprache übersetzt und innerlich wiederholt wird.

---

[1] Vgl. Roth 2003 (b) , S. 153 ff.; Linke 2000, S. 87
[2] Vgl. Häcker/Stapf 2004, S. 342 f.; Zimbardo/Gerrig 2004, S. 299 ff.; Roth 2003 (a), S. 95 ff.

Abbildung A/7
Der Weg von
neuen Informatio-
nen bis zu aktivem
Wissen ist komplex

Reize Information	Aufnahme Informationsmenge in Bit/ Sekunde	Bemerkungen
Sinnesorgane ⬇	10'000'000.00	Von den 10'000'000 Bit Wahrnehmung (Reize) gelangen nur ca. 16 Bit ins UZG
Ultrakurzzeit-gedächtnis (UZG) ⬇	16.00	Auch sensorisches Gedächtnis oder Momentangedächtnis genannt. Findet die Information keine Aufmerksamkeit, klingen die elektrischen Schwingungen nach wenigen Sekunden ab: Die Information verschwindet aus dem Gedächtnis.
Kurzzeit-gedächtnis (KZG) ⬇	0.60	Auch Arbeitsgedächtnis genannt. Wird die Information nicht rechtzeitig wiederholt, zerfällt die dafür entstandene Eiweissmatrize: Die Information ist unwiderruflich vergessen.
Langzeit-gedächtnis (LZG) ⬇	0.05	Die Informationen des Kurzzeitgedächtnisses kommen erst in einem Zwischenspeicher und nach einem komplizierten Prozess ins LZG. Die Information wird unauslöschlich mittels „Gedächtnis-Modulen" gespeichert.

Das Kurzzeitgedächtnis wird auch **Arbeitsgedächtnis** genannt. Es befähigt uns, Dinge, Namen und Sachverhalte für eine Zeitspanne von einigen Sekunden bis zu einer halben Minute zu vergegenwärtigen und damit zu arbeiten. Dieses Arbeitsgedächtnis ist in seinem Fassungsvermögen sehr begrenzt. Untersuchungen zeigen, dass man nur ca. 5 bis 7 Informationen gleichzeitig aufnehmen kann.[1] Die Informationsverarbeitung des menschlichen Gehirns braucht daher auch genügend Pausen. Zudem erweist sich der ganze Prozess als störanfällig. Eine emotionale Erregung (z.B. momentane Verärgerung) kann beispielsweise den ganzen Vorgang unterbrechen. „Denkblockaden" entstehen auch durch Angst und Schrecken.

---

[1] Vgl. Kugemann 1993, S. 29 ff.

Langzeitge-
dächtnis (LZG)

(4) Um länger erinnert zu werden, müssen Inhalte des Kurzzeitgedächtnisses über eine Art „Zwischenspeicher" in das Langzeitgedächtnis (LZG) überführt werden. Dieses speichert die Informationen langfristig durch Bildung der „Gedächtnis-Module" (eine Art Schublade). Die Information wird so stofflich über das ganze Gehirn verteilt und netzartig gespeichert. Dabei erfolgen Verknüpfungen mit anderen Informationen (z.B. Gefühlen oder Gerüchen bei der Informationsaufnahme). Das Langzeitgedächtnis bietet eine enorme Kapazität.[1]
Allerdings unterliegen die abgespeicherten Informationen dynamischen Prozessen. Die Inhalte des Langzeitgedächtnisses werden also lebenslang umgebaut. Die scheinbar so genaue Kenntnis früherer Ereignisse bzw. Lerninhalte kann daher trügerisch sein.[2]

Bewusstes und
Unbewusstes

(5) Das Langzeitgedächtnis speichert Bewusstes und Unbewusstes ab. Auch hier verhält sich der Denkapparat zunächst sehr ökonomisch, indem er nicht sämtliche abgespeicherten Informationen laufend präsent hält. Der überwiegende Teil taucht ab, bleibt aber wirksam und lässt sich auch wieder aktivieren – allerdings erst durch besondere Anstrengungen.
Das **Bewusstsein** gibt das momentane Bild von uns, unserer Situation und von den auf uns derzeit einwirkenden Stimuli wieder. Dabei arbeitet das Gehirn abermals nicht mit der vollen Wirklichkeit, sondern mit Modellen von der Wirklichkeit.[3] Diese Modelle sind in sich stimmig (Unstimmigkeiten akzeptiert unser Denkapparat nicht), aber nicht unbedingt wirklichkeitsgetreu. Auf die Auswirkungen dieser Arbeitsweise unseres Gehirns gehen speziell die Kapitel A/1.1.2 bis 1.1.4 sowie 1.2 ein.
Das **Unbewusstsein** (inkl. Vorbewusstes) umfasst ein Vielfaches der abgespeicherten Informationen im Vergleich zum Bewusstsein.[4] Es bildet die „graue Eminenz", welche aus dem unbewussten Hintergrund heraus stark steuernd auf uns einwirkt. Daher spielt das Unbewusste der beteiligten Menschen auch bei Planungen bzw. Problemlösungen intensiv mit. Das beginnt schon bei der Frage, ob etwas als bestehendes bzw. kommendes Problem erkannt und akzeptiert wird (vgl. Kap. A/2.1.1.2).

1.1.1.4   Werden und Sein

Einflussgrössen
auf das
individuelle
Verhalten

(1) Dass unser Gedächtnis, so wie kurz beschrieben, funktioniert, geht auf menschengeschichtliche Entwicklungen zurück. Auf den Einfluss der Evolution wird in Kapitel A/1.1.2 näher eingegangen.
Hier interessiert zunächst ein zweiter Einflussfaktor auf das Lösen von Problemen: Die Einflüsse auf das individuelle Verhalten. Darunter wird die individuelle Reaktion auf Anregungen und Reize (Stimuli) verstan-

---

[1] Vgl. Roth 2003 (b), S. 159; Dörner 2004, S. 312
[2] Vgl. die detaillierten Darstellungen bei Zimbardo/Gerrig 2004, S. 209 ff.; Roth 2003 (a), S. 98 ff.
[3] Vgl. Linke 2000, S. 37 ff.
[4] Vgl. Häcker/Stapf 2004, S. 984 f.; Schmidbauer 2001, S. 196 f.

Menschen

den. Das auf diese Weise angeregte Verhalten bestimmt darüber, ob Lösungen routiniert oder für den spezifischen Fall bewusst gesucht werden. Das menschliche Verhalten bestimmt auch den Weg der Lösungsfindung, also den Prozess. Als Einflussgrössen auf das individuelle Verhalten wirken (vgl. Abb. A/8):

- Vorgegebene Faktoren (Determinanten)
- Kognitive Prozesse
- Motivation
- Lernprozesse
- Status und Rollen

Vorgegebene Faktoren

(2) Zu den vorgegebenen Faktoren (Determinanten) gehören als Einflüsse v.a.:[1]

○ Vererbung
○ Milieu
○ Kultur

Ein grosses Thema bildete lange Zeit in der Wissenschaft und wohl immer wieder, welchen Einfluss die **Vererbung** auf unser Verhalten ausübt. Zeitweilig wurde eher die Formbarkeit des Menschen durch Erziehung betont. Diese Meinung stützte z.B. das grausame Tun in Mitteleuropa, Kinder von Zigeunern zwangsweise in „gutbürgerliche" Familien zu verpflanzen. Dann wieder sah man Menschen als Gefangene und Vorbe-

Abbildung A/8
Eine Reihe von Einflüssen wirken auf das Verhalten von Menschen ein

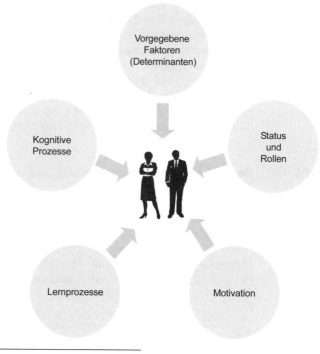

_____

[1] Vgl. Hill/Fehlbaum und Ulrich 1998, S. 60

stimmte durch das Erbgut. Heute besteht als Kompromiss-Ansicht, dass sich die Einflüsse generell wohl gleich verteilen, dass aber je nach Umstand mal das eine oder andere dominieren kann.

Als **Milieu** wird das Umfeld von Familie, Wohnort, Freundinnen, Schulklasse etc. bezeichnet. In diesem Milieu empfangen Menschen ihre lernpsychologisch stärksten Einflüsse. Hier gewinnen sie auch die vielen Bilder, die später ihr soziales Verhalten und beispielsweise auch ihre Intuition intensiv beeinflussen.

Die **Kultur** wirkt sich v.a. durch das erlebte und angeeignete gesellschaftliche Wertesystem aus. Dazu gehören Gruppenwerte (z.B. Kirchen) ebenso wie gesamtstaatlich vermittelte Werte (z.B. demokratische Konfliktaustragung). Darauf geht Kapitel A/1.3.2.1 weiter ein.

Menschen

Kognitive Prozesse

(3) Jedes Individuum durchlief und durchläuft kognitive Prozesse. Als Kognition bezeichnet man menschliche Prozesse des Wahrnehmens, Erkennens und der Wissensaneignung, also der Informationsverarbeitung.[1] Dabei handelt es sich um individuelle Reaktionen und Abspeicherungen von Informationen nach **einwirkenden Stimuli**. Das geschieht nicht nur durch objektive Wahrnehmungen, sondern auch durch hineingedeutete Informationen. Was Menschen in ihrem Wunschbild stört, können sie beispielsweise mehr oder weniger ausblenden (vgl. Kap. A/1.111).

Zu den Abspeicherungen gehört, und das ist für Problemlösungen ein sehr wichtiger Umstand, auch **routiniertes Verhalten**. Es wird nicht bewusst zwischen verschiedenen Lösungsmöglichkeiten ausgesucht, sondern spontan bzw. unbewusst nur eine einzige Möglichkeit angenommen (vgl. Abb. A/89).

Bei bewussten Problemlösungen spielt der **Denkstil** eine grosse Rolle. Es gibt hier beispielsweise den:

○ analytisch-synthetischen Denkstil
  (Komplexe Probleme werden beispielsweise in logisch verknüpfte Teilkomponenten zerlegt und systematisch wieder zusammengesetzt. Naturwissenschaftler und Ingenieure neigen zu diesem Stil.)

○ imaginativen Denkstil
  (Lösungen zu komplexen Problemen werden „intuitiv" generiert und anschliessend nach „Versuch und Irrtum" getestet. Dieser Stil ist beispielsweise häufig Architekten zu eigen.)

Motivation

(4) Für die aktive Lösungsfindung ist sodann sehr wichtig, mit welcher Motivation die einzelnen Individuen daran beteiligt sind.

Die Motivation hängt mit der **Befriedigung individueller Bedürfnisse** zusammen. Nach dem stark vereinfachten Schema von Maslow lassen sich die Bedürfnisse in fünf Kategorien einteilen (vgl. Abb. A/9):[2]

---

[1] Vgl. den Überblick bei Klix/Lanius 1999, S. 83 ff.; Hill/Fehlbaum und Ulrich 1998, S. 57 ff.
[2] Vgl. den Überblick bei Hill/Fehlbaum und Ulrich 1998, S. 67 ff.; Zimbardo/Gerrig 2004, S. 539 ff.

○ Selbstverwirklichung
  (Erprobung der eigenen Fähigkeiten, Kreativität etc.)
○ Wertschätzung
  (Selbstwertschätzung, Prestige, Erfolg, Macht)
○ Soziale Bedürfnisse
  Identifizierung mit einer Gruppe, Freundschaft, Liebe etc.)
○ Sicherheitsbedürfnisse
  (Schutz, Unterstützung etc.)
○ Physiologische Bedürfnisse
  (Nahrung, Wärme etc.)

Diese Bedürfnisse gliedern sich nach Maslow hierarchisch von unten (Basis) nach oben. Die Basis bilden die physiologischen Bedürfnisse. Sehr elementar wirken sich auch die Sicherheitsbedürfnisse aus. Solche nennt man auch biologische Bedürfnisse.

Für die motivierte Arbeit der Individuen ist es sehr wichtig, dass solchen Bedürfnissen (z.B. Durst-Löschen, Sicherheitsbedürfnisse, Selbstverwirklichung) entsprochen wird (vgl. Kap. B/3.1.2).

Abbildung A/9
Die Befriedigung
von Bedürfnissen
bestimmt die
individuelle Moti-
vation (hier:
Grobeinteilung der
Bedürfnisse nach
Maslow)

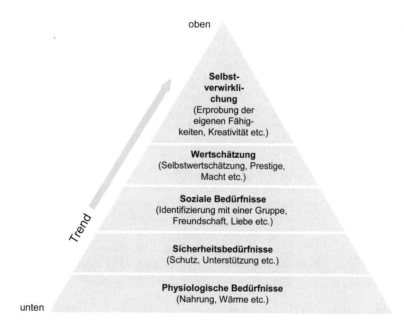

Lernprozesse   (5) Die Individuen machten infolge kognitiver Vorgänge Lernprozesse durch. Sie haben Eltern und Geschwister erlebt, waren den Stimuli von Lehrern und Mitschülern ausgesetzt, werden durch die berufliche Ausbildung geprägt und haben meist im Berufsleben verschiedenste Erfahrungen gemacht.

Die Lernprozesse führen u.a. zu drei **Grundtypen** der Lebensbewältigung, die Rogoll auf der Basis von Berne „Ich-Zustände" nennt:[1] Das „Eltern-Ich", das „Erwachsenen-Ich" und das „Kind-Ich". Dieses Thema greift Kapitel A/1.2.2.1 wieder auf.

Die Prägungen durch die berufliche Ausbildung führen zu spezifischen **Fachorientierungen**. Juristen werden anders geprägt als Ökonomen oder Ingenieure. Letztere haben z.B. ein besonderes Verhältnis zur Präzision und zum real Fassbaren. Ökonomen lernen eher dynamische Veränderungen kennen.

Viele Individuen erleiden im Verlaufe ihrer Lernprozesse Frustrationen, weil dominante persönliche Bedürfnisse nicht befriedigt wurden. Manche Stadtplaner haben z.B. erfahren müssen, dass ein grosser Teil ihrer Planungen nicht realisiert wird. Ihre Wertschätzungs-Bedürfnisse (z.B. Wunsch nach Anerkennung) und ihre Selbstverwirklichung (z.B. Entfaltung ihrer persönlichen Gestaltungs-Fähigkeiten) litten darunter. Möglicherweise reagieren sie nun im Gespräch oder in einer Gruppe als Frustrierte, die kaum noch an die Realisierung irgendeines Lösungsvorschlages glauben.

Rolle
Status

(6) Jedes Mitglied einer Gruppe nimmt eine bestimmte **Rolle** ein. Darunter wird die spezifische Verhaltensweise eines Individuums verstanden, welche von den anderen Mitgliedern einer Gruppe erwartet wird. Man rechnet beispielsweise damit, dass der Architekt in einer Projektkommission die kreativen Ideen beisteuert und der Bauherr auf das Geld schaut.

Eng mit der Rolle hängt der **Status** zusammen. Dieser resultiert aus der Wertschätzung, die ein Individuum in einer Gruppe geniesst. Wenn sich kreative Ideen einer hohen Wertschätzung erfreuen, so wird auch dem Rollen-Träger (etwa dem Architekten) ein entsprechender Status eingeräumt.

Rollen und Status lassen sich in verschiedene Arten unterteilen. Für Planungsgruppen relevant erscheinen als Arten:[2]

○ positionsspezifisch
  (Rolle und Status ergeben sich z.B. aufgrund der Stellung einer Person in der Organisations-Hierarchie)
○ aufgabenspezifisch
  (Moderatoren/innen oder bestimmte Fachleute können für die Lösung einer Aufgabe eine bestimmte Rolle erhalten und auch eine besondere Wertschätzung geniessen)
○ personenspezifisch
  (Aufgrund der spezifischen Persönlichkeit werden bestimmte Rollen bzw. Verhaltensweisen erwartet. Ein besonderer Status kann sich durch die Ausstrahlung bzw. das Charisma der Persönlichkeit ergeben)

Personenspezifisch lassen sich auch Verhaltens-Typen unterscheiden. Bekannt ist z.B. der Typ des „Leithammels". Dieses Thema vertieft Kapitel A/1.2.3.

Men-
schen

---

[1] Vgl. Rogoll 2003, S. 27 ff.
[2] Vgl. Hill/Fehlbaum und Ulrich 1998, S. 73 ff.

1.1.1.5   Eine kurze Zwischenbilanz

Komplexität des Gehirns

(1) Die kurze Skizze zum Funktionieren des Gehirns sollte die grosse Komplexität dieses Organs offenbart haben. Daran Interessierten hilft die Fachliteratur weiter.[1]

Hinzu kommt, wie Kapitel A/1.1.1.4 erkennen lässt, dass das Gehirn ständig in Bewegung ist, sich laufend auch verändert. Im Gegensatz zu Tieren kann der Mensch sein Gehirn „programmieren", denn die Feinstruktur des Gehirns hängt auch davon ab, wie der Denkapparat genutzt und welche Erfahrungen mit ihm gemacht werden. Daher können Menschen auch scheinbar unverrückbare Grundüberzeugungen und Gefühlsstrukturen „über Bord werfen". Das löst in der Folge verändernde biochemische Prozesse im Gehirn aus.

Kopf, Herz, Bauch und Hand

(2) Es sollte auch deutlich geworden sein, dass die merkwürdige menschliche Neigung, Gehirnvorgänge zu separieren und als getrennte oder gar konkurrierende Dinge anzusehen, nicht der menschlichen Wirklichkeit entspricht. Kopf, Herz, Bauch und Hand hängen zusammen.

Es gibt weder einen Kopf- noch einen Bauchentscheid. Die Gehirnforschung zeigte z.B., dass kein Entscheid ohne Gefühlseinflüsse zustande kommen kann! Dafür sorgen Thalamus und Hypothalamus im Zwischenhirn (vgl. Kap. A/1.1.1.1).

Das Ganze steht also in einem intensiven Zusammenhang. Dementsprechend ganzheitlich ist die Wirkungsweise des Gehirns zu sehen. Ganzheitlich sollte auch dessen Inanspruchnahme bei der Lösungsfindung sein. Deswegen müssen „Kopf", „Herz", „Bauch" und „Hand" nach Möglichkeit gleichzeitig angesprochen und beteiligt werden.

Erkenntnisse und Folgerungen

(3) Zusammenfassend seien nochmals folgende Erkenntnisse und Folgerungen für das Problemlösen im Zuge von Planungen und damit für dieses Handbuch wiederholt:

○ Wir müssen die **Menschen so nehmen, wie sie sind**, mit ihren Stärken, aber auch Schwächen im Denken.

○ Unser Denkapparat spezialisierte sich im Zuge der menschlichen Entwicklungsgeschichte auf rasches Entscheiden. Dagegen bestehen für **Bearbeitungen komplexer Probleme erhebliche Engpässe.**

○ So können Menschen **kein „objektives" Bild der Wirklichkeit** entwickeln, weil das Gehirn in der Informationsaufnahme und -verarbeitung „vorprogrammiert" ist. Es bevorzugt bei der Verarbeitung bestimmte Informationen (z.B. Bekanntes, Bestätigendes). Das Gehirn arbeitet zudem mit vereinfachenden bzw. vorgegebenen Bildern und Modellen.

○ Es gibt kein rationales, ehernen logischen Gesetzen folgendes Verhalten und damit Problemlösen. **Nur Teil-Rationalität** ist erreichbar.[2]

---

[1] Vgl. Roth 2003 (a); Roth 2003 (b); Spitzer 2002; Hüther 2001; Linke 2000, S. 7; Hülshoff 2000
[2] Vgl. Roth 2003 (b), S. 560; Berger/Bernhard-Mehlich 2001, S. 140

○ Wir können mit unserem Denkapparat dennoch klug umgehen und ihn in der Funktionsweise auch selber beeinflussen. Diese **Beeinflussbarkeit der Vorgänge im Gehirn** erlaubt es, die Stärken für die Qualität der Lösungsfindung bewusst einzusetzen (z.B. die Schnelligkeit oder das Instrument der Intuition). Gleichzeitig können die Schwächen (z.B. Bevorzugung von Gewohntem, Überforderung durch Komplexität in der Sache) gezielt unterlaufen werden.

Menschen

Trainingsfeld

(4) Um diese Einflussnahme wirkungsvoll gestalten zu können, sind Wissen und Erfahrung erforderlich. Hier besteht also ein Trainingsfeld. Wer dieses nutzt (und sich nicht auf das zufällige Lernen im Alltag allein verlässt), kann erheblichen Nutzen für das erfolgreiche Planen ziehen.

Um das Trainingsfeld zu verdeutlichen und auch Hinweise für die Praxis zu geben, sollen in den nächsten Kapiteln folgende Themen vertieft werden:

- Jäger-Gehirne
- Gefühle und bewusstes Denken

Teilweise klingen bei diesen Themen bereits zwischenmenschliche Beziehungen an. Diese werden dann in Kapitel A/1.2 in einem breiteren Zusammenhang behandelt.

1.1.2 Jäger-Gehirne

Jäger und Sammler

(1) Es wird in Kapitel A/1.1.1.2 darauf aufmerksam gemacht, dass die Denkfähigkeiten der Menschen, gemessen an heutigen Anforderungen, beschränkt sind. Positiv ausgedrückt: Die Denkfähigkeiten waren optimal an die Herausforderungen angepasst, welche die Menschen in früheren Zeiten zum Überleben brauchten: Als Jäger und Sammler. Diese mussten extrem rasch Informationen erfassen, verarbeiten und Entscheidungen fällen können (Freund oder Feind, Kampf oder Flucht). Zudem waren Ad-hoc-Entscheide zu treffen, z.B. die Sammlung von Feuerholz oder die Legung einer Mammut-Falle. Komplexe Situationen und Probleme waren dagegen seltener zu bewältigen, wenn auch nicht ausgeschlossen.[1]

Eher an diese frühere Situation und weniger an die Erfordernisse unserer modernen Umwelt ist der Mensch nach wie vor angepasst. Dementsprechend ist die Arbeitsweise des Gehirns „programmiert" (vgl. Abb. A/10).[2] In den letzten 30'000 Jahren hat sich die Denkfähigkeit des Menschen nicht entscheidend verändert.[3] Damit soll nicht in Abrede gestellt werden, dass sich die Problemlösungs-Fähigkeiten der Menschen durch

---

[1] Vgl. Dörner 2004, S. 13; Zimbardo/Gerrig 2004, S. 16; Klix/Lanius 1999, S. 66 ff.; Cunliffe 1996, S. 55 ff.
[2] Vgl. Schönwandt 1986, S. 91
[3] Vgl. Roth 2003 (b), S. 81

die Sprach- und Schreibtechnik, durch mehr Wissen und Erfahrungen etc. weiter entwickelt haben. Doch können Menschen ihre physiologisch-neurobiologischen Veranlagungen nicht abstreifen.

Auswahl von Themen

(2) Es bestehen viele interessante Untersuchungen zu diesem Themenfeld. Hier wird eine Auswahl von Ergebnissen unter dem Aspekt des Problemlösens bzw. Planens wiedergegeben. Das führt zu den Themen:

- Neigung zum Handeln statt zum Denken
- Einschränkungen in der Wahrnehmung und Informationsverarbeitung
- Fach- und Detailorientierung
- Ausblenden von Problemen
- „Reparaturdienstverhalten"

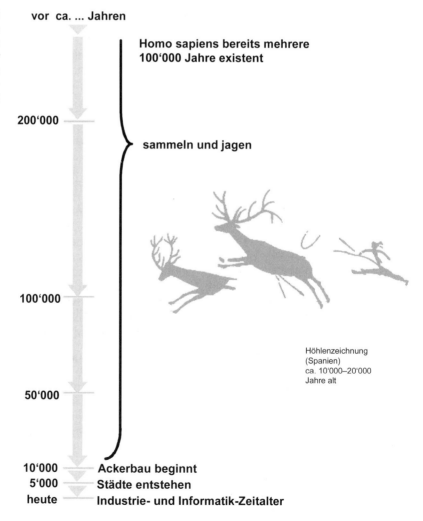

Abbildung A/10 Die lange Periode des Daseins als Jäger und Sammler prägte das menschliche Denken

vor ca. ... Jahren

Homo sapiens bereits mehrere 100'000 Jahre existent

200'000

sammeln und jagen

100'000

Höhlenzeichnung (Spanien) ca. 10'000–20'000 Jahre alt

50'000

10'000 — **Ackerbau beginnt**
5'000 — **Städte entstehen**
heute — **Industrie- und Informatik-Zeitalter**

1.1.2.1   Neigung zum Handeln statt zum Denken

**Rasches
Handeln**

(1) Auf die Neigung zum raschen Handeln weist bereits Kapitel A/1.1.1.2 hin. Für das Jägerdasein war der rasche Entschluss häufig überlebenswichtig: Entweder entschied man sich umgehend zum Kampf etwa gegen einen Bären oder ergriff schleunigst die Flucht.

Vielleicht mit diesem entwicklungsgeschichtlichen Hintergrund zusammenhängend besteht in der Erziehung oft eine Tendenz, das rasche Handeln besonders hoch zu schätzen. „Überlege nicht lange, tu was", stellt eine nicht seltene Botschaft an die Kinder dar. Das Nachdenken wird mit dem Spruch relativiert „Denken ist Glückssache".[1]

Die Erziehung verstärkt also noch die entwicklungsgeschichtlich übernommenen Grundanlagen. Die Transaktions-Analyse (vgl. Kap. A/1.2.2) macht uns darauf aufmerksam, dass schon für das Kind das Lernen und Nachdenken ein unangenehmes Korrigieren oder gar Tadeln, dagegen das rasche Handeln (z.B. Ausführen von Wünschen der Eltern) Belobigungen zur Folge haben können. Es wundert daher nicht, dass die Eigenschaft „zupackend" ein sehr positives Image hat. Nachdenken wird dagegen schnell einmal negativ mit „verkomplizieren", „zaudern" oder gar „handlungsunfähig" gleichgesetzt.

**Zentral-
reduktion**

(2) Solche Einstellungen bzw. Sprüche untermauern, dass eine allgemein hohe Wertschätzung der Tat besteht. Statt Zeit mit komplexen Zielanalysen, Varianten-Ausarbeitungen, Bewertungen oder gar Rückkopplungen zu „vergeuden", besteht die Neigung, sich für die erstbeste Handlungsmöglichkeit zu entscheiden.

Ein Mittel dafür besteht nach D. Dörner in der „Zentralreduktion".[2] Danach konzentrieren sich Menschen lieber auf einen ausgewählten Aspekt.[3] Das erlaubt sehr rasch, zu einem Entschluss zu kommen – unter Vernachlässigung der Vernetzungen und Folgen der Handlung.[4] Der Spruch „Nach vollbrachter Tat hält der Schweizer Rat" bringt dieses Verhalten treffend auf den Punkt.

> **Baumschützer als Baumkiller**
>
> *In Zürich wie auch in anderen mitteleuropäischen Städten wurde in der Bevölkerung mit zunehmendem Unmut registriert, dass viele Bäume in der Stadt Neubauten zum Opfer fielen. Der Gesetzgeber sann auf Abhilfe und erliess ein Baumschutzgesetz. Bäume mit einem Stammdurchmesser von mehr als 10 cm durften nur mit einer speziellen Bewilligung gefällt werden. Es war unsicher, ob man diese Bewilligung bekommt.*
>
> *Auf dem Aussengelände der Eidg. Technischen Hochschule (ETH), auf dem Hönggerberg, sucht man seitdem vergebens grössere Bäume. Denn kaum nähern sich die Stämme einem Durchmesser von 10 cm, so wer-*

---

[1] Vgl. Rautenberg/Rogoll 2004, S. 268
[2] Vgl. Dörner 2004, S. 308
[3] Vgl. auch Schönwandt 1986, S. 91 f
[4] Vgl. Roth 2003 (a), S. 164

*den diese umgehend gefällt. Was der ETH recht ist, ist den vielen priva-
ten Grundeigentümern billig. Neue Bäume werden nicht mehr gepflanzt
oder frühzeitig wieder entfernt. Das war wohl nicht die Absicht der
Baumschützer.*

**Planungs-
prozess**

(3) Neigung zum Handeln statt zum Denken stellt die Beteiligten an
einem Planungs-Prozess eventuell vor erhebliche Probleme. Denn einzelne Mitglieder oder gar die ganze Gruppe sehen am Anfang überhaupt nicht ein, warum man sich Zeit für ein methodisches Vorgehen
nehmen sollte. Worte wie „Verkomplizieren" oder „Scheu vor einer raschen Handlungs-Entscheidung" könnten fallen. Bereits bei der Vorbereitung einer Planung begegnet man der häufigen Frage: „Geht es nicht
auch schneller, können wir nicht einzelne Schritte überspringen?"
Hier muss daher nach Wegen gesucht werden, die Komplexität **der Aufgabe plastisch vor Augen** zu führen.

1.1.2.2   **Einschränkungen in der Wahrnehmung und der Informationsverarbeitung**

**Optische
Täuschungen**

(1) Auch die Wahrnehmung von Informationen war an die Erfordernisse
des Jägerdaseins angepasst. Hier unterliegen Menschen ebenfalls in der
Evolution entstandenen „Programmen". Das lässt sich bereits sehr gut
an den bekannten **optischen Täuschungen** erkennen (vgl. Abb. A/6).

**Informations-
ergänzung**

*Abbildung A/11
Menschen neigen
zur Informations-
ergänzung, sehen
z.B. bei diesem Bild
ein visuelles Drei-
eck[1]*

(2) Dabei neigen Menschen auch zur Informationsergänzung. Wie es
für das Überleben des Jägers wichtig war, beim Erkennen einer Tigerpfo-
te im Wald sofort auf den ganzen Tiger zu
schliessen, so wird auch heute noch laufend
von Teilinformationen auf das Ganze geschlossen (vgl. Abb. A/11).[2]
Vielleicht hängt damit die **Neigung** mancher
Menschen zusammen, **angefangene Sätze
des Gesprächspartners fortzusetzen**. In der
Folge konzentrieren sie sich aber nur noch
eingeschränkt auf das, was der Gesprächspartner wirklich sagt bzw. sagen wollte. Sie bleiben bei der ersten „Erkenntnis" stehen.

**Selektive
Wahrnehmung**

(3) Zusätzlich kommt es zu einer selektiven Wahrnehmung. Die oft
überlebensnotwendigen raschen Entscheidungen und Handlungen liessen kein langes Abwägen zu. Die Informationsauswahl unseres Gehirns
ist daher auf Eindeutigkeit und Bestätigung ausgerichtet. Das hat zur
Folge, dass Informationen bevorzugt werden,

---

[1] Quelle: Hülshoff 2000, S. 349
[2] Vgl. Schönwandt 1986, S. 15

○ die eigene Meinungen bzw. Erwartungen bestätigen, also nicht verunsichern

○ die anschaulich und konkret sind, also aus dem menschlichen Erfahrungsbereich stammen.

Die vorgefasste **eigene Meinung bzw. Erwartung** hat eine sehr starke selektierende Wirkung in der Wahrnehmung. Widersprechende Informationen werden leicht übersehen. Ja, es ist mit regelrechten Widerständen zu rechnen, solche der eigenen Meinung bzw. Erwartung widersprechende Informationen zur Kenntnis zu nehmen.[1] Das gilt nicht nur für einzelne Informationen, sondern auch für Richtungen, in denen Problemlösungen gesucht werden.

Von sehr starkem Einfluss auf die Wahrnehmung sind **anschauliche Informationen**. Hierbei wirken sich die Erfahrungswelt der Menschen und die unterschiedliche Leistungsfähigkeit der Sinnesorgane aus. In der Folge werden Informationen, die farbig mit Beispielen aus der unmittelbaren Erfahrungswelt geschildert werden, eher aufgenommen und für richtig gehalten als abstrakte Informationen. Ebenso werden Informationen, die sowohl die Augen als auch das Gehör ansprechen, stärker wahrgenommen.

Diese Erkenntnis sollten Moderatoren berücksichtigen. Sie können einerseits Beispiele, Modelle, Gedankenexperimente etc. und andererseits verschiedene Darstellungsformen als Mittel einsetzen.

Begrenztheit Informationsaufnahme und -verarbeitung

(4) Hinzu kommt die Begrenztheit in der Informationsaufnahme und -verarbeitung. Wie bereits in Kapitel A/1.1.1.3 ausgeführt, verfügt das Kurzzeit-Gedächtnis des Menschen, welches für die gleichzeitige Behandlung von verschiedenen Informationen massgeblich ist, über eine nur sehr kleine Speicherkapazität. Wenn viele Informationen in kurzer Zeit geboten werden, so geht das zu Lasten der Genauigkeit der Informationsaufnahme und -verarbeitung.[2] Menschen können dann auch gereizt reagieren, weil sie sich überfordert fühlen.

Wichtig ist daher, Gruppen-Mitglieder **nicht mit Informationen zu überhäufen** – sie werden sie nicht aufnehmen können und daher eher verunsichert werden. Man muss auch z.B. die Anzahl von gleichzeitig zu behandelnden Varianten begrenzen. Ebenso lassen sich nur wenige Ziele gleichzeitig miteinander vergleichen und gewichten.

Unterschiede in der Informationsaufnahme und -verarbeitung

(5) Hinzu kommen Unterschiede in der Informationsaufnahme und -verarbeitung. So lassen sich als Effekte feststellen, dass

○ mit zeitlichem Abstand dargebotene Daten unterschiedlich stark aufgenommen werden

○ gleiche Informationen von den gleichen Personen sehr verschieden interpretiert werden (Inkonsistenz im Urteil).

Werden Informationen mit zeitlichem Abstand nacheinander präsentiert, so kommt es zu **Über- und Unterbewertungen**. Vor allem die Informa-

---

[1] Vgl. Schönwandt 1986, S. 29
[2] Vgl. Schönwandt 1986, S. 22 und 92 f.

tionen zu Beginn oder am Schluss einer Präsentation werden fallweise über- oder unterbewertet. In Zusammenhang damit können die ersten Informationen bereits Vorurteile aufbauen (s.o.), wodurch es zur selektiven Wahrnehmung der weiteren Informationen kommt. Es empfiehlt sich daher eine möglichst simultane Präsentation von Informationen (z.B. gleichzeitig alle Varianten vorstellen).

Ebenfalls zu beachten ist, dass identische Informationen sogar von den gleichen Personen sehr unterschiedlich interpretiert werden können. Das geschieht insbesondere in Situationen, in denen **Unsicherheit** herrscht. In Gruppen kommt es also vor, dass die gleiche Information von einzelnen Mitgliedern immer wieder anders interpretiert wird (Inkonsistenz). Das irritiert andere Gruppenmitglieder und kann zu ziemlichen Verstimmungen führen.[1]

Umgang mit Informationen

(6) Forschungsergebnisse zeigen auch eine grössere Zahl von „Denkfallen" beim Umgang mit Informationen. So neigen Menschen
- zu linearem Denken
- zum Ausklammern von Rückkopplungen
- zu intuitiv falschen Einschätzungen.

Das Gehirn bevorzugt offensichtlich das **lineare Denken**. Dementsprechend bereitet es erhebliche Schwierigkeiten, nicht-lineare Phänomene exakt zu verarbeiten.[2] Exponentielle Verläufe werden in der Regel unterschätzt, mögliche Trendbrüche immer wieder verkannt. Das lässt sich nicht nur experimentell, sondern an immer wieder gleichen Fehlern bei Prognosen gut nachweisen. Es erscheint daher bei Diskussionen stets angebracht, unterstellte lineare Zusammenhänge anzuzweifeln und genauer zu prüfen.

Bestehen **Rückkopplungen** zwischen verschiedenen Phänomenen, so ist das Gehirn schnell überfordert. Deswegen bereitet die Wahrnehmung der Vernetzung eines Systems grosse Mühe. Erst recht fällt es ohne methodische Unterstützung schwer, bei einem sich verändernden System die gegenseitigen Beeinflussungen im Netz abzuschätzen.[3]

Diesen Effekten ist auch die **Intuition** ausgesetzt. Ihre Quelle bilden v.a. Wissen, Erfahrungen und Einschätzungen, welche im Gehirn abgespeichert werden und später unbewusst Situationseinschätzungen und Eingebungen beeinflussen.[4] Bekannt ist, dass in der Folge Risiken stark über- oder unterschätzt werden.[5] Zudem werden falsche statistische Annahmen eingeflochten (nach einigen Tagen Regen erwartet man z.B. mit grosser Wahrscheinlichkeit Sonne). Dieses Ausserkraftsetzen des rationalen Nachdenkens durch die Intuition hat allerdings auch eine positive Seite: Immer wieder kommt man auf diese Weise auf neue Ideen, die sonst durch rationale Überlegung abgeblockt würden.

---

[1] Vgl. Schönwandt 1986, S. 39 ff.
[2] Vgl. Dörner 2004, S. 197
[3] Vgl. Vollmer o.J., S. 47
[4] Vgl. Häcker/Stapf 2004, S. 460
[5] Vgl. Roth 2003 (a), S. 159 f.; Vollmer o.J., S. 47

Denksportaufgabe Nr. 3 „Schnecke im Brunnen"

Eine Schnecke sitzt tief unten im Brunnen und will heraus. 21 m hoch ist die Brunnenwand. Jeden Tag kriecht die Schnecke immer 7 m hoch, rutscht aber nachts wieder 4 m zurück.
Am wievielten Tag hat die Schnecke den Brunnenrand erreicht?

Denksportaufgabe Nr. 4 „Fallender Stein"

Jemand trägt einen Stein in Schulterhöhe und lässt ihn im Gehen fallen. Welche Flugbahn wird der fallende Stein aus der Sicht eines Zuschauers beschreiben? Entscheiden Sie sich rasch.

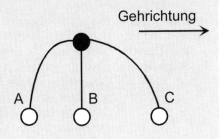

Die Auflösung finden Sie am Schluss von Kapitel A/1.1

Men-schen

Umwelt kontrollieren

(7) Bei allen Informationsproblemen besteht dennoch der Anspruch, jederzeit gut im Bilde zu sein und einen Überblick zu haben. Umfragen zeigen mit grosser Regelmässigkeit, dass sich Personen als nicht hinreichend informiert ansehen (z.B. über Vorgänge in einem Betrieb). Auch das lässt sich entwicklungsgeschichtlich erklären: Hatte man das Kommen des Tigers nicht rechtzeitig erkannt, so konnte das lebensgefährlich werden.
Menschen wollen also ihre Umwelt kontrollieren und genau wissen, wie es weitergeht. Aus diesem Grund kann es beim Vorschlag, Methoden einzusetzen, welche den Beteiligten nicht geläufig sind, zu erheblichem Widerstand kommen. Denn für diese ist die potentielle „Gefahr" nicht einschätzbar. Generell sollte man sich aus diesem Grund bei Gruppenarbeiten darum bemühen, dass alle gleichzeitig und hinreichend gut informiert werden.

Ursächliche Zusammenhänge

(8) Mit dieser für Jäger überlebenswichtigen Bedeutung von Informationen hängt zusammen, dass für alles ursächliche Zusammenhänge gesucht werden.[1] Wenn neben dem Jäger ein Stein niederging, so war es für ihn sehr wichtig zu wissen, ob ein Steinschlag oder ein feindlicher Jäger dies verursachte. Wie dieses Beispiel verständlich macht, sind Menschen dabei **auf einfache, anschauliche Erklärungen aus**. Komplizierte Zusammenhänge als Ursachen werden nicht gern gesehen.[2]
Der Drang, einfache Ursachen zu finden, erweist sich oft als so stark, dass Zufälle als Begründung ebenfalls nur schwer angenommen werden.

---

[1] Vgl. Hüther 2001, S. 113; Berrymann 1993, S. 53 ff.
[2] Vgl. Schönwandt 1986, S. 42 ff. und S. 96 f.

Hiermit in Zusammenhang steht wohl, dass Menschen Schwierigkeiten haben, Zufallsergebnisse zu identifizieren.[1]

Das Negieren von Zufällen und die fast zwanghafte Suche nach der einsichtigen Begründung führen evtl. auch zu Ersatzgründen: „Die Vorsehung", die „Ausländer" oder die böse Intrige eines Gruppen-Mitgliedes.[2]

Selbstvertrauen der Menschen in ihre Denkfähigkeiten

(9) Angesichts solcher menschlichen Begrenzungen oder gar Fehlleistungen im Denken mutet es merkwürdig an, dass das Selbstvertrauen der Menschen in ihre Denkfähigkeiten sehr gross ist. Dieses Selbstvertrauen fällt meistens wesentlich grösser aus, als nach Wissen und Erfahrung gerechtfertigt wäre.[3] Die oben skizzierten Zusammenhänge sind den meisten Menschen jedoch nicht hinreichend bewusst oder sie werden „ausgeblendet".

Damit in Zusammenhang besteht im Denken der Menschen eine Tendenz, die Ergebnisse einer Handlung den eigenen Fähigkeiten zuzuschreiben, selbst wenn es sich um Zufallsergebnisse handelt. Ebenfalls lässt sich als Tendenz feststellen, dass Menschen hinterher behaupten: „Ich hab's ja gewusst." Das geschieht auch dann, wenn vorher von der betreffenden Person nachweislich etwas anderes behauptet wurde.

Dieser Effekt hat für die **Lösungsfindung in Gruppen** einerseits etwas Positives: Gruppenmitglieder identifizieren sich mit einer neuen Lösung selbst dann, wenn sie diese vorher bekämpft haben. Negativ wirkt sich jedoch aus, dass dadurch Menschen ihr zu grosses Selbstvertrauen in ihre Denkfähigkeit nicht revidieren müssen. Schon beim nächsten Problem wird z.B. abermals mit Unterschätzung der Komplexität reagiert.

Faule Kredite

In einer US-Bank wurde in einer Untersuchung ein merkwürdiges Phänomen festgestellt: Faule Kredite mit der Gefahr, dass diese nicht mehr zurückbezahlt werden, liessen sich am ehesten dort feststellen, wo bereits Schulden bestanden. Dieser Effekt trat aber nur dort ein, wo der betreffende Kunde beim gleichen Betreuer blieb, was in der Bank üblich war. Man wollte ja die Kunden mit einem einzigen Ansprechpartner besonders gut pflegen können. Wechselte der Kunde entgegen der allgemeinen Firmenpolitik zu einem anderen Betreuer, so entstanden selten „faule Kredite".

Des Rätsels Lösung war einfach: Hatten die Kundenbetreuer einem ersten Kredit zugestimmt, so bewilligten sie häufig Anschlusskredite mit dem Argument, den ersten Kredit damit sichern zu können. In Wirklichkeit ging es ihnen aber darum, ihre erste Fehlentscheidung einer Kreditvergabe nicht zugeben zu müssen. Unbewusst ignorierten sie daher die Risiken für den Anschlusskredit.

---

[1] Vgl. Schönwandt 1986, S. 45 f.
[2] Vgl. Dörner 2004, S. 133 ff.
[3] Vgl. Dörner 2004, S. 266 ff.; Schönwandt 1986, S. 79

Übernahmen Kollegen die Kundenbetreuung nach dem ersten Kredit, so hatten diese keine getroffene Entscheidung zu rechtfertigen. Daher kalkulierten diese die Risiken realistisch.

Der beschriebene Mechanismus liess sich auch immer wieder bei europäischen Banken feststellen. Nur so lässt sich verstehen, dass Kredit-Haie wie z.B. W.K. Rey in der Schweiz jahrelang Schulden in Milliarden-Höhe machen konnten.

Folgerungen für Problem-lösungs-Prozesse

(10) Das weite Feld der Einschränkungen in der Wahrnehmung und Informationsverarbeitung konnte hier nur gestreift werden. Doch lassen sich bereits auf dieser Basis einige wichtige Folgerungen für Problemlösungs-Prozesse bzw. Planungen ziehen:

- Es ist stets mit der selektiven Wahrnehmung und -verarbeitung von Informationen zu rechnen.
- Die Beteiligten an einem Problemlösungs-Prozess dürfen nicht in der Informationsdichte und -verarbeitung überfordert werden.
- Die Interpretation von Informationen unterliegt sehr unterschiedlichen Effekten, die es bewusst zu berücksichtigen gilt (z.B. stärkere Beachtung von Informationen am Anfang einer Präsentation).
- Es wird immer wieder die einfache Ursache gesucht oder, und nicht selten, in Form des „Sündenbocks" scheinbar gefunden.
- Es besteht eine grosse Tendenz zur Überschätzung des eigenen Denkvermögens und der persönlichen Erkenntnisfähigkeit.

Bei Problemlösungen bzw. Planungen kann es auch aus diesem Grund ratsam sein, dass entsprechend ausgebildete Moderationen den Prozess begleiten.[1]

1.1.2.3 Fach- und Detailorientierung

Instrumente

(1) Wie oben gezeigt wurde, besteht nicht nur ein unangemessenes Selbstvertrauen in die Denkfähigkeiten von Menschen. Das Denken ist auch auf Erhalt dieses Bildes programmiert. Es geht um das beruhigende Gefühl, alles „im Griff" zu haben.[2]

Man kann auch diese „Sucht" entwicklungsgeschichtlich erklären. Um das Selbstvertrauen zu erhalten, verfügt unser Denkapparat (unbewusst) über:

- die oben geschilderte Eigenschaft, Erfolge den eigenen Fähigkeiten zuzuschreiben und Misserfolge aus der Erinnerung zu tilgen
- die im Folgenden zu beschreibende Eigenschaft, Probleme nötigenfalls so umzuinterpretieren, dass sie in den eigenen Kompetenzbereich passen.

---

[1] Vgl. Dörner 2004, S. 45 ff.; Kauffeld/Frieling in Fisch/Beck und Englich (Hrsg.) 2001, S. 78
[2] Vgl. Dörner 2004, S. 310 f.

Fach-
orientierung

(2) Mit dieser zweiten Selbstschutz-Variante des menschlichen Denkens ist der **persönliche Kompetenzbereich** angesprochen. Dieser richtet sich wiederum stark nach der individuellen Aus- und Weiterbildung.
Hier liegt auf der Hand, dass in den Schulen und in der Berufsbildung weitgehend nur eine Fachorientierung besteht.[1] Fachwissen bezieht sich auf Kenntnisse und Erfahrungen in Sachgebieten wie Mathematik, Sprachen oder Bauingenieurwesen, Recht, Betriebswirtschaft etc. (vgl. Abb. A/91). Meistens liegt der Kompetenzbereich beruflich sogar in einem Teilgebiet solcher Fächer.
Demgegenüber wird vergleichsweise **wenig in den „Schlüsselqualifikationen"** Methodenkompetenz, Sozialkompetenz und Individualkompetenz ausgebildet (vgl. Kap. A/3.2.2.3).
Im Fachgebiet erfolgt nicht nur die Ausbildung, hier erlebte man als Kind, Jugendlicher und Student auch die **persönliche Anerkennung** (Strokes, vgl. Kap. A/1.2.2.3). Wich man in der Ausbildung vom Fachgebiet ab, ging gedanklich im Sinne der Schlüsselkompetenzen eigene Wege, war die persönliche Anerkennung evtl. schwerer zu erreichen. Man geriet in Gefahr, sich von der Denkrichtung der fachlichen Prüfer zu entfernen.[2] Es wundert daher nicht, dass für die meisten Menschen das Selbstvertrauen im Denken primär mit ihrem persönlichen Fachgebiet verbunden ist.

Detail-
orientierung

(3) Zu diesem Effekt kommt hinzu, dass das Anschauliche, Konkrete den menschlichen Denkfähigkeiten besser entspricht als das Abstrakte (s.o.). Ebenso liegen unsere Denkfähigkeiten eher im Bereich der einfachen als der komplexen Situationen (vgl. Kap. A/1.1.1.2 und A/2.2).
Daraus folgt ein Hang zur Detailorientierung. Das konkrete, einfache Detail gehört eher zum persönlichen Kompetenzbereich. Es verschafft daher leichter das **Gefühl, die Dinge „im Griff"** zu haben, als das Bemühen um komplexe Zusammenhänge. Die in der Praxis bewährte Vorgehensweise vom Groben zum Detail findet daher in Gruppen oft keine Gegenliebe. Man möchte lieber vom Detail ausgehen, z.B. bei Reorganisationen nicht erst das Ganze betrachten, sondern zunächst den eigenen Arbeitsbereich analysieren.

Handlungs-
schemata

(4) Mit dem Streben nach gedanklicher Sicherheit durch Fach- und Detailorientierung hängt zusammen, dass eine Neigung zu bestimmten Handlungsschemata weit verbreitet ist.[3] Es geht hier um Vorgehensschemata, Programme, Checklisten etc., mit denen das Denken geführt wird. Solche „Patentrezepte" verleihen eine Art Lösungs-Sicherheit. Sie entheben die Anwender ganz oder teilweise, sich selber Gedanken über ein der Situation angemessenes Vorgehen zu machen. Sie rücken damit auch ein Problem in den für das Gehirn weniger anstrengenden Bereich der Routinen (vgl. Kap. A/1.1.1.4).

---

[1] Vgl. Wiegand 1990, S. 295 ff.
[2] Vgl. Schöpping 1998, S. 29
[3] Vgl. Dörner 2004, S. 311

> ### Denksportaufgabe Nr. 5 „Der Madness-Cup"
>
> *Die Veranstalter des Madness-Cups bekamen die Beliebtheit von Tennis zu spüren, denn bei der Ausschreibung des Turniers meldeten sich nicht weniger als 127 Spieler.*
>
> *Da dieses Turnier maximal eine Woche dauern dürfte, stellte sich die Frage, ob mit dieser Teilnehmerflut der Turnierplan überhaupt möglich ist. Gespielt wurde traditionsgemäss nach dem bewährten „Knock-out-System", also nach dem Motto „der Verlierer scheidet aus".*
>
> *Wie viele Spiele müssen gemäss diesem Modus ausgetragen werden, bis der Sieger ermittelt ist?*
>
> *Die Auflösung finden Sie am Schluss von Kapitel A/1.1*

Menschen

Nun sind Handlungsschemata für viele Aufgaben und Situationen sicher nützlich. Weil sie eine Art Kompetenz und gedankliche Sicherheit verleihen, besteht jedoch eine Gefahr: Man „klebt" an dem einen bekannten Schema auch dann, wenn es für ein Problem weniger oder nicht geeignet ist. Lieber rückt man Probleme und Situationen soweit zurecht, bis sie in das Schema passen, als Neues zu versuchen.

Mittel der Dosis-Verstärkung

(5) Die Fach- und Detailorientierung erweist sich häufig als so stark, dass bei Misserfolgen mit den entsprechenden Instrumenten und Handlungsschemata keine grundsätzliche Infragestellung erfolgt. Vielmehr greift man zum Mittel der Dosis-Verstärkung.[1] Es wird also nicht nach neuen Ansätzen z.B. im Bereich der Schlüsselkompetenzen gesucht. Man verstärkt vielmehr die „Dosis" im Fachwissen. Der fachlich noch bessere Spezialist erhält den Auftrag und nicht der Spezialist für Erfolg versprechende Problemlösungs-Prozesse (vgl. Kap. A/3.2.2).
Ebenso verlässt man evtl. nicht die **unangemessene Detailbetrachtung** zugunsten einer ganzheitlichen Sicht des Problems mit seinen Vernetzungen. Vielmehr besteht eine Tendenz, die „Dosis" in der Detailbetrachtung zu erhöhen. Noch mehr Detail-Informationen und -analysen sowie isolierte fachtechnische Einzellösungen werden als Mittel eingesetzt. Der Planungsprozess wird gleichzeitig evtl. erheblich verlängert und verteuert. Dieses Verhalten lässt sich auch durch psychologische Laborexperimente sehr gut nachweisen.[2]

Folgerungen für Problemlösungs-Prozesse

(6) Es bedarf daher oft erheblicher Anstrengungen, sich bei Problemlösungs-Prozessen von der Neigung zur Dosis-Erhöhung im Fach bzw. Detail lösen. Auch braucht es vielleicht einiges an Zeit, bis die „Schutzwälle" der Fachorientierung fallen.
Förderlich ist hierfür, wenn die Gruppenmitglieder eine neue Sicherheit durch die gemeinsame gute Teamarbeit und die Plausibilität der Ergeb-

---

[1] Vgl. Dörner 2004, S. 272
[2] Vgl. Dörner 2004, S. 248 ff.

nisse gewinnen. So gehört es zum Geschick einer Moderation, die Kompetenzbereiche der Gruppenmitglieder „versichernd" einzubinden.

Wichtig ist schliesslich, das Vorgehen bei der Planung situativ anzupassen. Das setzt aber eine hinreichende Methoden-, Sozial- und Individualkompetenz voraus (vgl. Kap. A/3.2.2.3).

1.1.2.4   Ausblenden von Problemen

Selbstschutz-Ursachen

(1) Das menschliche Denken interpretiert Probleme nicht nur nötigenfalls so um, dass sie in den eigenen Kompetenzbereich passen. Es kann bestehende Probleme ausblenden. Statt Energien in Problemlösungen zu lenken, werden diese für das Problemleugnen oder gar -bekämpfen eingesetzt.

Dieses Ausblenden von sachlichen Problemen geht auf zwei Selbstschutz-Ursachen zurück:

○ die Wahrung des Selbstvertrauens in die eigenen Denkfähigkeiten
○ die Bewahrung des Gedächtnisses vor Überlastung.

Menschen sind auf die **Wahrung des Selbstvertrauens** in die eigenen Denkfähigkeiten programmiert, wie bereits erläutert. Dieses Selbstvertrauen lässt sich dadurch erhalten, dass man Problemen aus dem Weg geht, die man mangels Kompetenz nicht lösen kann.[1] Infolge der geschilderten Fach- und Detailorientierung sind das Probleme eher genereller und eher abstrakter Natur.

Die **Bewahrung des Gedächtnisses vor Überlastung** hängt mit den bereits angeführten Beschränkungen des Kurzzeitgedächtnisses zusammen (vgl. Kap. A/1.1.1.3). Dadurch ist die „Zuflusskapazität" von Informationen und Problemen gering. Daher werden als Selbstschutz des „Denkapparates" Informationen und Probleme nicht aufgenommen oder sehr rasch vergessen.

„Überwertigkeit des aktuellen Motivs"

(2) Damit hängt auch eine „Überwertigkeit des aktuellen Motivs" zusammen.[2] Informationen und Probleme, die man nicht hat, belasten auch nicht das menschliche Denken. Daher besteht eine Scheu, bei komplexen und dynamischen Realitäten auch an Probleme zu denken, die im Moment nicht drängen. Auf diese Weise bleiben oft spätere Nebenwirkungen von Planungen und Massnahmen unberücksichtigt.

Dagegen besteht ein grosses Bedürfnis, über **Probleme** zu sprechen, **an denen man aktuell leidet.**[3] Zu den traurigen Erfahrungen gehört in diesem Zusammenhang z.B., dass Fussgänger-Gefährdungen nicht selten dann erst beseitigt werden, nachdem ein Unfall passiert ist.

Zukünftige Probleme

(3) Wegen der Überwertigkeit des aktuellen Motivs entstehen nicht selten Verärgerungen und Widerstand, wenn man zukünftige Probleme

---

[1] Vgl. Dörner 2004, S. 311
[2] Vgl. Dörner 2004, S. 313
[3] Vgl. Roth 2003 (a), S. 164; Dörner 1981, S. 19

aufgreift. Da **Planungen** (z.B. eine Unternehmensstrategie) immer die **Probleme von morgen** und nicht diejenigen von gestern lösen sollen, muss man sich mit zukünftigen Entwicklungen befassen. Doch das bedeutet auch, sich mit Problemen zu beschäftigen, die man im Moment nicht hat, von denen noch kein „Leidensdruck" ausgeht. Zusätzlich bereiten Auseinandersetzungen mit zukünftigen Entwicklungen Unbehagen, weil man darin nicht trainiert ist, also sich nicht kompetent fühlt (s.o.).

Die Neigung, zukünftige Probleme und Informationen dazu auszublenden, stellt in der Praxis eine sehr **häufige Erscheinung** dar. Selbst eine absolute Verweigerungshaltung einer Gruppe, sich mit solchen Themen zu beschäftigen, kann es immer wieder geben.

Folgerungen für Problemlösungs-Prozesse

(4) Auch bei solchen Verhaltensweisen benötigt man mit Problemlösungs-Gruppen Geduld und Überzeugungsarbeit.

Geduld sollte im Vorgehen bestehen. Es gilt, die Überlastung des Denkapparates zu vermeiden, damit keine Neigung zum Ausblenden von Problemen besteht. Geduld hilft auch, die „Überwertigkeit des aktuellen Motivs" zu überwinden, indem man diesem Aspekt eine gewisse (sachlich in diesem Umfang nicht nötige) Zeit einräumt.

Parallel dazu muss die beteiligte Gruppe durch **Überzeugungsarbeit** immer wieder an die gegebene Komplexität der Aufgabe und die Zielsetzung zur Problemlösung erinnert werden. Es gilt bewusst zu machen, welche negativen Folgen ein Ausblenden von zukünftigen Problemen für den gemeinsamen Erfolg haben kann.

1.1.2.5   „Reparaturdienstverhalten"

Verringerung von Leidensdruck oder -gefahr

(1) Ebenfalls besteht eine **Neigung zur am wenigsten schlechten Lösung**. Man ist also mit einer Lösung bereits zufrieden, welche keine wesentlichen Nachteile zu haben scheint. Wie schon die Ausführungen zur „Überwertigkeit des aktuellen Motivs" zeigten, neigen Menschen zur bevorzugten Lösung von Problemen, an denen sie im Moment leiden. Ebenso wählen sie bevorzugt Lösungen aus, welche im Moment Leidensdruck oder -gefahr zu verringern versprechen.

Auch hier kann man sich konkret vorstellen, dass es dem frühzeitlichen Jäger im Gefahrenmoment nicht so sehr auf eine optimale Lösung ankam, sondern um die lebenserhaltende, rasche Entscheidung zur Gefahrenreduktion.[1]

Diese (unbewusste) Strategie des Entscheidens, sich auf die Vermeidung von Gefahren zu konzentrieren, wird dementsprechend unter Zeitdruck besonders wirksam. D. Dörner nennt diesen Effekt „Reparaturdienstverhalten".[2]

---

[1] Vgl. Roth 2003 (a), S. 164; Schönwandt 1986, S. 92 ff.
[2] Vgl. Dörner 2004, S. 87 ff.

**Zu wenig Inte-
resse an nach-
haltigen Prob-
lemlösungen**

(2) Die Neigung, vor allem Gefahren zu beachten und zu beseitigen, hat eine konkrete Folge für das Lösen von Problemen: Wenn durch eine Lösung die „Gefahr" gebannt zu sein scheint, ohne dass grosse Nachteile sichtbar werden, so ist man (vorschnell) zufrieden[1].

Es reicht daher vielen Menschen, wenn eine Situation im Moment „repariert" ist. Das **Interesse an** möglichen weiteren oder **nachhaltig wirksamen Verbesserungen erlischt**.

**Folgerungen
für Problem-
lösungs-
Prozesse**

(3) In einem Prozess der Lösungsfindung kann das „Reparaturdienstverhalten" evtl. erhebliche Probleme bringen. Einerseits besteht die Neigung, keine grundsätzlich neuen Lösungs-Varianten zu prüfen, sondern nur solche, die aktuelle Probleme zu reparieren versprechen (s.o.). Andererseits sind Gruppen geneigt, sich auf solche Varianten bereits vorschnell festzulegen, die eine rasche Besserung bzw. Reduktion von Gefahren versprechen. Liegt eine in dieser Hinsicht überzeugende Lösung vor, sinkt die Neigung der Beteiligten, nach weiteren Verbesserungsmöglichkeiten zu suchen bzw. eine neuartige Lösung zu wählen.

Auch hier muss die **Überzeugungsarbeit** von den Zielsetzungen her aufgebaut werden. Anhand von möglichst klaren Zielformulierungen kann verdeutlicht werden, dass es nicht um das Vermeiden von Unerwünschtem und eine möglichst gute Reparatur geht, sondern um die möglichst gute Lösung eines Problems. Erst wenn die Zielsetzungen bestmöglich erfüllt werden, darf sich die beteiligte Gruppe zufrieden geben.

1.1.3   Gefühle und bewusstes Denken

**Grosser
Einfluss der
Gefühle**

(1) Neben den Denkprägungen und dem Denkverhalten, wie sie im vorangegangenen Kapitel beschrieben wurden, spielen auch die Gefühle für erfolgreiche Planungen eine grosse Rolle.

Denken und Handeln sind gemäss Kapitel A/1.1.1.2 immer gefühlsgeleitet. Bei allen Bemühungen um rationales Planen – nur so lassen sich komplexe Probleme nachhaltig lösen – haben Gefühle das erste und letzte Wort (siehe Abb. A/12).[2]

Gefühle setzen bei Bedürfnissen von Menschen an. Sie signalisieren häufig physiologische Grundbedürfnisse wie Hunger oder Durst (vgl. Abb. A/9). Aber auch Sicherheitsbedürfnisse (z.B. Schutz vor Gefahr), soziale Bedürfnisse (z.B. Liebe), Wertschätzungs-Bedürfnisse (z.B. Wunsch nach persönlicher Anerkennung) und Bedürfnisse der Selbstverwirklichung (z.B. Kreativität) rufen Gefühle hervor. Das gilt sowohl für unerfüllte Bedürfnisse wie z.B. eine fehlende Anerkennung als auch für erfüllte Be-

---

[1] Vgl. Dörner 2004, S. 106
[2] Vgl. Roth 2003 (a), S. 154 ff.; Damasio 1997, S. 78 ff. und 227 ff.

dürfnisse wie z.B. die Freude an einem schönen Kunstwerk.[1] Um eine Metapher von Dietrich Dörner zu verwenden: Der Fluss des Denkens findet im Flussbett der Gefühle statt.

Abbildung A/12
Gefühle ähneln dem grossen Unterwasserbereich eines Eisberges

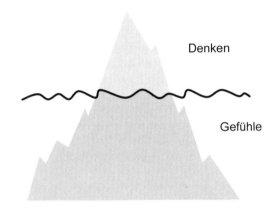

Denken

Gefühle

Men-
schen

Auswahl von Themen

(2) Aus der breiten Thematik zu den Gefühlen werden unter den Aspekten des Problemlösens und Planens folgende Aspekte für eine kurze Vertiefung ausgewählt:

• Erscheinungsformen

• Probleme mit Gefühlen

• Positiver Umgang mit Gefühlen

1.1.3.1   Erscheinungsformen

Bewusste und unbewusste Gefühle

(1) Gefühle lassen sich nicht definieren, sondern nur umschreiben, wie oben geschehen.[2] Doch lassen sich die durch Gefühle verursachten Erregungen durchaus messen. Das Herz beginnt zu pochen, die Hände werden feucht, das Gesicht zuckt etc.
Dieser Zustand der Erregung entzieht sich teilweise der Kontrolle und Steuerung unseres Denkens. Menschen können sich ihre **bewussten Gefühle** manchmal zunächst nicht erklären. Es bedarf evtl. erheblicher gedanklicher Anstrengungen, die Ursachen bestimmter Gefühle zu erkennen.
Erst recht sind **unbewusste Gefühle** der eigenen Wahrnehmung zunächst entzogen. Man redet und handelt beispielsweise aggressiv, ohne sich der Motive dahinter (im Moment) bewusst zu sein.

Unterdrückte Gefühle

(2) Starke Gefühle der Enttäuschung, Angst oder Freude zeichnen sich auch für andere sichtbar ab.

---

[1] Vgl. Roth 2003 (a), S. 155 ff.; Berrymann 1993, S. 97
[2] Vgl. Häcker/Stapf 2004, S. 345

Man kann aber auch Gefühle zu unterdrücken suchen, sie also bewusst oder unbewusst nicht offen zeigen wollen. Bewusst geschieht das Unterdrücken, um sich beispielsweise durch eine Gefühlsäusserung keine Blösse zu geben. Unbewusste Gefühls-Unterdrückungen sind meist Folgen einer entsprechenden Erziehung.

Widerspre-chende Gefühle

(3) Häufig hat eine Person gleichzeitig ambivalente bzw. widersprechende Gefühle. Man kann jemanden zugleich abstossend und anziehend finden. Die Äusserung eines Gruppenmitgliedes vermag bei einem anderen Mitglied gleichzeitig Bewunderung und Verärgerung hervorrufen.[1]
Gefühle können auch dem Denken widersprechen. Man sieht z.B. rational ein, mit jemandem bei der Lösung einer Aufgabe zusammenarbeiten zu müssen. Gefühlsmässig hat man aber etwas gegen diese Person und sucht den Kontakt zu vermeiden.

Ausdruck von Gefühlen

(4) Gefühle werden auch Emotionen (Bewegung aus sich heraus) genannt. Dieses Wort umschreibt, dass ein Ausdruck von Gefühlen erfolgt. Das kann in der Form geschehen:
○ **verbal**, also durch sprachlichen Ausdruck
· direkt (z.B. „Ich traue mich nicht")
· indirekt (z.B. „Finden Sie den Vorschlag wirklich gut?")
○ **nonverbal** durch die
· Körpersprache (z.B. das Gesicht verziehen)
· Handlung (z.B. jemandem einen „Vogel" zeigen).
Insbesondere die **Körpersprache** ist nur unvollständig dem Willen unterworfen. Wenn jemand dazu neigt, vor Ärger rot anzulaufen, kann er das kaum unterdrücken. Ebenso beherrschen wir nur unvollständig unseren Tonfall und die Haltung unseres Körpers (z.B. gespannt oder entspannt).

Jede Kommu-nikation von Gefühlen begleitet

(5) Diese Tatsache wirkt sich auf die Kommunikation mit anderen Menschen deutlich aus. Jene bemerken Emotionen an unserer Körperhaltung auch dann, wenn wir das nicht wollen oder wenn uns das nicht bewusst ist.
Gefühle begleiten jede Kommunikation. Sie sind von vornherein vorhanden (z.B. Sympathie für den Gesprächspartner) oder können im Gespräch ausgelöst werden (z.B. Ärger infolge eines Tadels). Bei jeder Kommunikation finden also Austauschvorgänge (Transaktionen) sowohl auf der Sach- als auch auf der Gefühlsebene statt (vgl. Abb. A/13). Letztere bestimmt stark das „Wie" der Beziehung.
In menschlichen Beziehungen wirken die **Gefühle in der Regel stärker** als das, was sachlich gesagt wird. Das Sprechen miteinander auf der Verstandesebene wird also durch die Gefühlsebene überlagert und entscheidend beeinflusst. Die Sachebene stellt nur die Spitze des Eisberges dar (s.o.).

---

[1] Vgl. Schwäbisch/Siems 2003, S. 55

Abbildung A/13
Bei allen Fragen
der Kommunikati-
on und Zusam-
menarbeit besteht
sowohl eine Sach-
als auch eine
Gefühlsebene

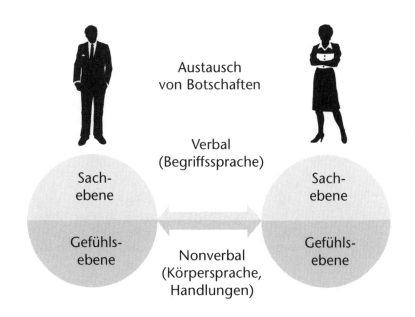

Austausch
von Botschaften

Verbal
(Begriffssprache)

Sach-
ebene

Sach-
ebene

Gefühls-
ebene

Nonverbal
(Körpersprache,
Handlungen)

Gefühls-
ebene

Men-
schen

1.1.3.2   Probleme mit Gefühlen

Erziehung

(1) Mit Gefühlen angemessen umzugehen, fällt vielen Menschen schwer. In unserer mitteleuropäischen Kultur sehen Eltern oft Gefühls-äusserungen ihrer Kinder wie z.B. Ängstlichkeit als ungut an. Auch sind viele solcher Gefühlsäusserungen, etwa kindliche Wutausbrüche, nicht immer leicht zu ertragen.

Aus solchen und anderen Gründen unterdrückt die Erziehung häufig das Zeigen von Gefühlen. Es kommt sogar zu regelrechten „Bann-Bot-schaften" von Eltern, aber auch Erziehern mit den Inhalten „fühle nicht" oder „komm mir nicht zu nahe".[1]

**Peinliche oder
überfordernde
Gefühls-
äusserungen**

(2) Unbewusst legen die Eltern und Erzieher damit dem Kind ein Verhal-ten nahe, das ihnen peinliche oder sie überfordernde Gefühlsäusserun-gen des Kindes erspart. Offenheit in den Gefühlsäusserungen rufen nicht selten Zurechtweisungen oder verächtliches Lachen hervor.

Zudem versuchen andere, Gefühle der Angst, Enttäuschung und Aggres-sion auszureden, statt sie ernst zu nehmen. Es entsteht gar ein schlech-tes Gewissen, solche Gefühle zu haben.

Selbstschutz

(3) Oft unterbindet auch der menschliche Selbstschutz das offene Äus-sern von Gefühlen. Diese direkt und offen zu zeigen, gibt den anderen Menschen Gelegenheit, Kritik zu äussern und uns im Bereich unserer Schwächen anzugreifen.[2] Leider besteht hier oft zu wenig Fairness, die

---

[1] Vgl. Rautenberg/Rogoll 2004, S. 271 f.
[2] Vgl. Schwäbisch/Siems 2003, S. 54

Gefühle des anderen als Ausdruck der Persönlichkeit anzuerkennen und nicht als Kampfmittel auszunutzen.[1]

Das können viele Menschen nur sehr schlecht ertragen. Sie ziehen daher auch aus diesem Grund ein taktisches und fassadenhaftes Verhalten vor.

Unterdrückte Gefühle

(4) Unterdrückte Gefühle lösen sich jedoch nicht auf. Sie werden abgespeichert bzw. finden in anderer Weise ihren Ausdruck. Dazu gehören:

- Verstecken hinter Sachfragen
- Gefühlsausbrüche
- Gefühlsumleitungen
- Ersatzgefühle
- psychosomatische Erkrankungen

Sehr häufig werden Gefühle in Gruppen **hinter Sachfragen versteckt**. Doch bleiben solche Versuche fruchtlos, weil der eigentliche Kern des Problems, nämlich die emotionale Verstimmung, nicht zur Sprache kommt.

Oft führt das Verstecken bzw. Unterdrücken von Gefühlen mit der Zeit zu einem Gefühlsstau und dann zu einem **Gefühlsausbruch**. Man „schluckt" eine Weile den Ärger und explodiert dann plötzlich – vielleicht bei einem nichtigen Anlass. Gesprächspartner und Gruppen rätseln dann, was eigentlich die Ursache ist.

Gefühle können auch eine **Umleitung** erfahren. Man klagt z.B. andere Personen laufend an und verteidigt sich selber heftig. Das geschieht in Bereichen eigener negativer Gefühle.

Damit hängen die **Ersatzgefühle** eng zusammen. In der Ursprungsform negativ aufgenommene oder gar bestrafte Gefühlsäusserungen werden

---

Herr Suter gerät aus dem Häuschen

Angenehm war es, mit Herrn Suter in der Gruppe bei einem Marketing-Projekt zusammenzuarbeiten. Übernommene Vorbereitungsarbeiten erledigte er zuverlässig. Konstruktiv diskutierte er mit. Bei konfliktgeladenen Themen wirkte Herr Suter klärend und half auf diese Weise, aufflammenden Streit zu beenden. Er selbst liess sich nie zu grossen Emotionen hinreissen.

Neulich jedoch explodierte Herr Suter völlig überraschend bei einem harmlosen Problem. Es ging nur um die Form der Darstellung einer Abbildung im Schlussbericht zur gemeinsamen Planung. Herr Suter lief schliesslich erregt aus dem Sitzungszimmer.

Die Gruppe verstand die Welt nicht mehr.

Erst später erfuhr die Gruppe, dass Herr Suter grosse Konflikte mit seiner damaligen Lebenspartnerin hatte, welche später auch zur Trennung führten. An jenem Sitzungstag war Herr Suter aus diesem privaten Grund bereits vorher der Kanal voll gelaufen. Es genügte noch ein kleiner Anlass, und der Kanal lief über.

---

[1] Vgl. Luft 1991, S. 60 f.

ersetzt und überdeckt durch zwar nicht wahre, aber besser akzeptierte Gefühle. So lernten z.B. viele Männer, Angstgefühle oder Schmerz mit den „Ersatzgefühlen" Ärger oder Wut zu überdecken. Es bestehen enge Beziehungen zwischen solchen „Ersatzgefühlen", Maschen und psychologischen Spielen (vgl. Kap. A/1.2.2.4 und 1.2.2.5).

Unterdrückte Gefühle können schliesslich auch in **psychosomatischen Erkrankungen** (z.B. Rückenbeschwerden, Herzinfarkt) ihren Niederschlag finden.

Widersprüch-
liche Gefühle

(5) Ganz erhebliche Probleme in den Beziehungen ergeben sich insbesondere, wenn widersprüchliche Gefühle bestehen bzw. Aussagen auf der Sachebene nicht mit den Signalen auf der Gefühlsebene übereinstimmen.

Durch nonverbale Ausdrucksformen merkt der Gesprächspartner den Widerspruch und wird irritiert. Das stört die Kommunikation stark.[1]

Folgerungen
für Problem-
lösungs-
Prozesse

(6) In Problemlösungs-Gruppen dürfen daher Gefühle nicht unterdrückt werden. Entstehen emotionale Konflikte (und das bildet häufig den Auslöser bzw. Anfang eines Problemlösungs-Prozesses), so müssen sie in geeigneter Form ausgetragen werden. Ein Unterdrücken von Konflikten, wozu Erziehung und eigenes Erleben immer wieder animieren, wäre für die weitere Planung sehr schädlich.

Ein **vertrauensvoller und konstruktiver Austausch**, auch der auf die Arbeit bezogenen Gefühle, fördert eine gute Arbeitsatmosphäre und trägt damit entscheidend zum gemeinsamen Erfolg bei.

1.1.3.3   Positiver Umgang mit Gefühlen

Gefühlsketten

(1) Den Ausdruck von Gefühlen gilt es zu kultivieren. Es muss z.B. gelingen, Ärger so auszudrücken, dass andere Menschen dadurch nicht verletzt werden

Dabei hilft das Wissen um Gefühlsketten. Der grosse Ärger hat vielleicht seinen Anfang in einer leichten Verletztheit, die zunächst (unausgesprochen bzw. unentdeckt) zu Traurigkeit führt, dann in ein Unterlegenheitsgefühl umschlägt und sich schliesslich in der starken Form von Ärger äussert.

Gelingt es, bereits zu Beginn der Gefühlsketten die kleinen Verletzungen wahrzunehmen und offenzulegen, lässt sich das **Aufschaukeln zum grossen Ärger verhindern**.

Faktoren für
einen guten
Umgang mit
Gefühlen

(2) Aus den oben genannten Gründen fehlt jedoch das Training, Gefühle bei sich selbst und bei anderen wahrzunehmen. Für den guten Umgang mit Gefühlen sollte man sich daher zwei Faktoren immer wieder bewusst machen:[2]

---

[1] Vgl. Vopel/Kersten 2000, S. 180 f.
[2] Vgl. Vopel/Kersten 2000, S. 88 ff.

- Der gegenwärtig eigene emotionale Zustand prägt die Wahrnehmung von Gefühlen anderer.
- Die stillschweigende Annahme, andere merken genau die eigenen Gefühle, ist falsch.

Wenn man sich beispielsweise im **gegenwärtigen eigenen Zustand** schuldig fühlt, meint man, dass der andere einem böse sei. So nimmt man auch selektiv den anderen wahr. Um ein anderes Beispiel zu nennen: Wenn man sich entmutigt fühlt, unterstellt man evtl. beim anderen Missachtung.

Die stillschweigende Annahme, andere **merken die eigenen Gefühle**, erweist sich als **falsch**. Andere spüren evtl., dass etwas „los" ist: Ihre Wahrnehmung bleibt aber diffus. Vor allem können dann andere nicht klar auf bestimmte Gefühle reagieren. Unsicherheit und eigene ungute Gefühle ergeben sich als Folge.

Notwendige Offenlegung von Gefühlen

(3) Der wichtigste Faktor für den positiven Umgang mit Gefühlen bildet daher immer deren Offenlegung. Man muss sich also deren unbewusste Quellen bewusst machen oder machen lassen. Ebenso sollte man den Gesprächspartner, wenn man merkt, dass etwas „los" ist, auf seine Gefühle hin offen ansprechen.

Ein wesentliches Mittel dafür besteht darin, **indirekte Formen** des Gefühlsausdrucks **in direkte** zu verwandeln. Diese direkte Form hat den Vorteil, dass[1]

- einem selbst die eigenen Gefühle klarer werden und man mit ihnen auch bewusst umgehen kann
- die Gesprächspartner nicht irritiert werden und in Verteidigungshaltung geraten
- unterschiedliche Gefühlspositionen (z.B. Befürchtungen) deutlich und damit auch diskutabel werden und somit gemeinsam voll befriedigende Lösungen gesucht werden können.

Zur direkten Form gehört auch, **bei widersprüchlichen Gefühlen beide auszudrücken**. Denn äussert man nur das eine Gefühl (z.B. freudige Anerkennung), hat aber auch verdeckte ungute Gefühle (z.B. Neid), so wird sich das versteckte evtl. stärker mitteilen als das offen gelegte Gefühl.

Gefühls-Botschaften nicht verletzender Art

(4) Die nicht verletzende Art besteht vor allem in persönlichen Botschaften. Man kritisiert also nicht die anderen, sondern drückt die eigenen Gefühle aus. Man sagt nicht, dass der andere einen enttäusche. Vielmehr gilt es davon zu sprechen, dass man selber andere Vorstellungen habe.[2] In diesem Sinne sind alle dargestellten indirekten Formen ungut, weil verletzend. Man sagt z.B. vorwurfsvoll „Du sprichst zu viel" und meint eigentlich das eigene Gefühl, gelangweilt zu werden.

Zur nicht verletzenden Art gehört auch, **dem anderen** bei offen gelegten Gefühlen **gut zuzuhören**. Das heisst, dass sich Gesprächspartnerin-

---

[1] Vgl. Vopel/Kersten 2000, S. 61
[2] Vgl. Vopel/Kersten 2000, S. 9 ff.

nen voll aussprechen können. Dieses Aussprechen stellt oft schon einen entscheidenden Beitrag dazu dar, ein schlechtes Gefühl zu bewältigen und unbelastet weiter zusammenzuarbeiten.

Folgerungen für Problem- lösungs- Prozesse

(5) Problemlösungs-Gruppen, die diesen offenen Austausch von Gefühlen erreichen, bieten beste Bedingungen für die Zusammenarbeit. Die Energie geht nicht bei der laufenden Bewältigung unguter, unterdrückter Gefühle verloren. Vielmehr lässt sich auch bei gelegentlichen Konflikten – sie können auch für die Sache sehr gut sein – die **Hauptenergie auf die Problemlösung lenken.**

Natürlich erfordert dieses Verhalten eine entsprechende Reife der Gruppenmitglieder, zumindest aber das professionelle Geschick in der Moderation (vgl. Kap. B/3.2).

Men- schen

Lösungen der Denksportaufgaben in Kapitel A/1.1

Aufgabe Nr. 1: Bei den drei Fluggästen ergeben sich folgende Namen und Berufe:
- *Herr Baumann ist Elektriker*
- *Herr Eichler ist Ingenieur*
- *Herr Hahn ist Monteur*

Diese Denksportaufgabe können Versuchspersonen in der Regel nicht mehr ohne Hilfsmittel im Kopf lösen. Sie ist bereits zu kompliziert. Meist erst mit Hilfe von Papier und Bleistift und einer einfachen Matrix ist unser Denkapparat in der Lage, die Aufgabe zu lösen.

Aufgabe Nr. 2: Die Division ergibt die Zahl 3. Normalbegabten ist es nicht möglich, diese einfache Division nur im Kopf durchzuführen.

Aufgabe Nr. 3: Die Schnecke benötigt 6 Tage. Denn am 6. Tag erreicht sie den Brunnenrand und rutscht nicht mehr hinunter. Um diese Aufgabe zu lösen, müssen wir uns vom „linearen" Denken lösen.

Aufgabe Nr. 4: Die Variante C ist richtig, weil die Masse des Steins noch die Geschwindigkeit des Fussgängers hat und sich daher in Gehrichtung weiter bewegt. Tests zeigen, dass Versuchspersonen überwiegend intuitiv die Varianten A und B bevorzugen.

Aufgabe Nr. 5: Es müssen 126 Spiele ausgetragen werden. Die meisten Versuchspersonen probieren, das Problem auf anschauliche Art zu lösen. Sie zeichnen z.B. die üblichen Spiel-Bäume. Sie scheitern dann, weil die Zahl der Spiele ungerade ist. Danach gehen die Versuchspersonen oft zu Schätzungen über.

Demgegenüber lässt sich das Problem einfach durch abstraktes Denken lösen: Nur 1 Spieler siegt am Schluss. Zuvor müssen 126 Spieler verloren haben. Dafür benötigt man genau 126 Spiele.

1.2 Gruppen

1.2.1 Beziehungen zwischen Individuen und Gruppen

Zusammenarbeit von mehreren Menschen

(1) Es zeichnet Menschen in besonderem Masse aus, sowohl Individual- als auch Gemeinschaftswesen zu sein. Im Tierreich sind solche Verhältnisse quasi vorprogrammiert. Kühe z.B. fressen auf der Weide individuell und halten Abstand, vollbringen aber automatisch das Wiederkäuen dicht beieinander.

Menschen können zwischen individuellen Aktivitäten und Zusammenarbeit immer wieder **bewusst wählen**. Es ist ihnen sogar möglich, grundsätzlich als Eremiten zu leben. Doch die Wahlmöglichkeit besteht nur in einzelnen Situationen, meist nicht ständig. Der Normalfall ist, dass Menschen miteinander zu tun haben.

Wenn eine Zusammenarbeit von mehreren Menschen erfolgt, spricht man von **Gruppen**. Dabei ist sich die Fachliteratur nicht einig, ob man bereits bei drei oder erst bei vier oder noch mehr Personen von Gruppen sprechen soll. Auch spielen beim Wort „Gruppe" rasch Wertgehalte mit. Zu berücksichtigen ist aber auch, dass Zusammenarbeit bereits mit zwei Personen eine Herausforderung darstellt.

Zusammenarbeit in Gruppen wird oft mit **Teamarbeit** gleichgesetzt. Doch ist echte Teamarbeit an bestimmte Bedingungen geknüpft, bildet also eine spezifische Form der Gruppenarbeit.

Gruppendynamik

(2) Es wird im Folgenden rasch erkennbar, dass bereits zwischen zwei Individuen sehr viel abläuft. Selbst wenn sie sich schweigend anschauen. Erst recht entsteht ein vielfältiges Beziehungsgeflecht, wenn mehrere Menschen bzw. Gruppen in irgendeiner Form zusammenarbeiten. Mehr noch als bei Individuen entsteht dabei oft eine starke Dynamik. Das führte zum Oberbegriff Gruppendynamik.[1]

Anders als bei der Gehirnforschung haben wir es hier mit einem Forschungsgebiet mit bereits langer Tradition zu tun. Dementsprechend umfangreich ist die Literatur.

Auswahl von Themen

(3) Hier soll zunächst ganz nüchtern eine **Systembetrachtung** der Beziehungsmöglichkeiten unter dem Stichwort Zusammenarbeit erfolgen. Dementsprechend geht es um die in Abbildung A/14 dargestellten Möglichkeiten der Beziehungen:

- zwischen zwei Individuen

- in einer Gruppe

- zwischen mehreren Gruppen

---

[1] Vgl. Luft 1991, S. 7 f.; Hofstätter 1986, S. 177

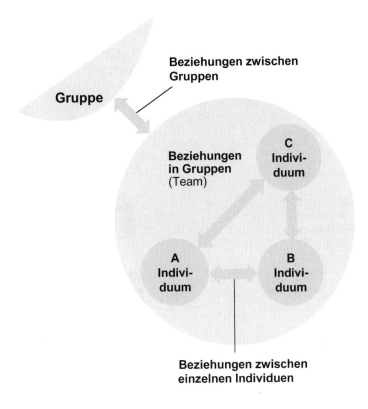

Abbildung A/14
Eine Systemdar-
stellung zeigt die
Kategorien mögli-
cher Beziehungen

**Beziehungen zwischen
Gruppen**

Gruppe

**Beziehungen
in Gruppen
(Team)**

**C
Indivi-
duum**

**A
Indivi-
duum**

**B
Indivi-
duum**

Men-
schen

**Beziehungen zwischen
einzelnen Individuen**

1.2.1.1 Beziehungen zwischen zwei Individuen

**Kommuni-
kation**

(1) Der Prozess der Beziehung zwischen zwei Personen läuft immer als Kommunikation ab. Diese umfasst alle Austausch-Beziehungen zwischen Personen, also sowohl Worte als auch Gesten und Gefühle (vgl. Abb. A/13).[1] Kommunikation geschieht, indem man sich anlächelt, miteinander spielt, einander zuarbeitet oder miteinander diskutiert. Wenn zwei Menschen zusammenkommen, ist es unmöglich, nicht zu kommunizieren.
Im Rahmen von Problemlösungs-Prozessen sind natürlich nur bestimmte Kommunikationsformen wesentlich. Es geht primär um solche, die für Problemlösungen bzw. Planungen instrumentale Bedeutung besitzen.

Alle Beteiligten tragen einen **„Rucksack"** verschiedenster Motive, Prägungen und Gewohnheiten mit sich (vgl. Kap. A/1.1.1.4). Im Kontakt mit den Gruppenmitgliedern haben sie auch individuelle Ziele bzw. Bedürfnisse (oft unbewusst). Daher muss trotz der thematischen Begrenzung auf die Erfordernisse der Lösungsfindung dennoch ein breiteres Spektrum der Kommunikationsbeziehungen und ihrer Hintergründe

---

[1] Vgl. Watzlawick/Beavin und Jackson 2003, S. 50 ff.

betrachtet werden. Von besonderer Bedeutung erscheinen hier (vgl. Abb. A/15):
- Formen und Stadien der gegenseitigen Wahrnehmung
- Übertragungen und Projektionen
- Selbst- und Fremdbilder
- Laufende Transaktionen
- Beeinflussungen des Verhaltens anderer

Abbildung A/15
Die Beziehungen
zwischen Individu-
en unterliegen
einer Vielfalt von
Einflüssen (Reihen-
folge der Aspekte
ist keine Gewich-
tung)

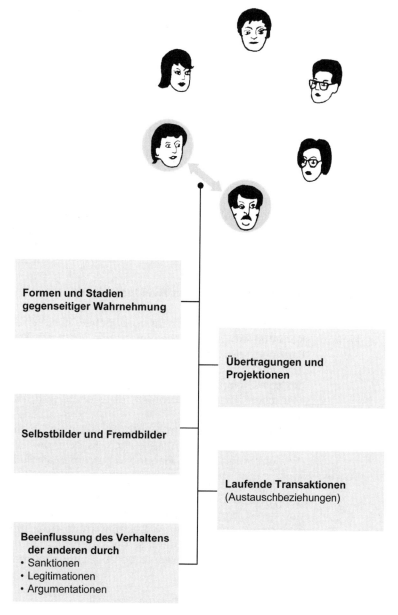

**Formen und Stadien
gegenseitiger Wahrnehmung**

**Übertragungen und
Projektionen**

Selbstbilder und Fremdbilder

Laufende Transaktionen
(Austauschbeziehungen)

**Beeinflussung des Verhaltens
der anderen durch**
- Sanktionen
- Legitimationen
- Argumentationen

Gegenseitige Wahrnehmung

(2) Trifft sich eine neu zusammengesetzte Gruppe, so erfolgt die gegenseitige Wahrnehmung zwischen den Polen „ich" und „die anderen".[1] Dabei werden Teile bewusst wahrgenommen und sind dem „Ich" bzw. den „anderen" bekannt. Andere Teile bleiben ganz oder teilweise verborgen.

Diese Situation und ihre Veränderungsmöglichkeiten können im sogenannten „Johari-Fenster" dargestellt werden.[2] Dort werden die Situationen des „Ich" und der „anderen" im Zweiergespräch und in Gruppen miteinander matrixartig verknüpft. So entsteht das Bild eines Fenster-Kreuzes. In den vier Bereichen dieses Fensters ergeben sich aus der Verknüpfung typische Formen der Wahrnehmung:

A	B
C	D

- ○ **A Bereich des freien Handelns**, weil dem „Ich" bewusst und auch den anderen bekannt
- ○ **B Bereich des „blinden Flecks"**, weil dem „Ich" nicht bewusst, den „anderen" aber durch Beobachtung oder in Form von Vorurteilen bekannt
- ○ **C Bereich des Verbergens**, weil dem „Ich" bekannt, den „anderen" durch erfolgreiches Verbergen noch nicht bekannt
- ○ **D Bereich des Unbewussten**, weil sowohl dem „Ich" als auch den „anderen" nicht in bewusster Form bekannt.

Durch die Darstellung im „Johari-Fenster" wird die Situation der Gruppen-Mitglieder zu Beginn einer Planung, solange sie sich noch nicht hinreichend kennen, deutlich. Denn der Bereich des freien Handelns (A) mit einer relativen Verhaltenssicherheit der Gruppenmitglieder ist noch recht klein. Man weiss vorerst nicht, was die anderen von einem halten. Um sich keine Blösse zu geben, gewährt man den anderen aber auch noch bewusst keinen Einblick in die eigene Person. Die Bereiche des Versteckens und der blinden Flecken sind also noch gross. Das verunsichert die Gruppenmitglieder stark.

Moderatorinnen bzw. Leiter, welche diese die Gruppenarbeit stark beeinträchtigende Situation verbessern wollen, werden daher den Fensterbereich „A" möglichst rasch vergrössern. Das bedeutet, dass sie sogleich Informationen über ihr eigenes „Ich" bekannt geben. Gleichzeitig animieren sie die Gruppenmitglieder dazu, das gleiche zu tun. Ein besonders wichtiges Instrument stellt in diesem Zusammenhang das „Feedback" dar (vgl. Kap. B/3.2.2.3). Das ideal-reife Team zeichnet sich durch einen sehr grossen A-Bereich und durch kleine B- und C-Bereiche aus (vgl. Kap. A/1.2.4).

Übertragungen und Projektionen

(3) Es hängt mit der im „Johari-Fenster" dargestellten Situation, aber auch mit tiefenpsychologisch bzw. entwicklungsgeschichtlich erklärbaren Faktoren zusammen, dass Übertragungen und Projektionen erfolgen. Den „anderen" nicht wirklich kennend werden in Sekundenbruchteilen erste Persönlichkeitsbilder entworfen (vgl. Kap. A/1.1.2.2). Das gilt insbesondere bezogen auf Gruppenleiter.

---

[1] Vgl. Gäde/Listing 2002, S. 86 ff.
[2] Vgl. Luft 1991, S. 24 ff.

In den ersten Begegnungen mit den „anderen" entstehen daher **Übertragungen**. Dabei werden Bilder von uns bekannten Personen (z.B. die liebe Schwester, der strenge Vater oder der unangenehme Nachbar) auf einzelne Gruppenmitglieder übertragen (vgl. Kap. A/1.2.4.2).

Daneben kann es zur **Projektion** mit einem zusätzlichen (unbewussten) Motiv kommen: die Selbstbestätigung und Selbstentlastung durch Herabsetzung anderer.[1] Auch dieser Vorgang erfolgt insbesondere aus einer verunsichernden Situation heraus. Anlässe für Projektionen sind also ungelöste Spannungen in uns selber, wenn Persönlichkeitsanteile von uns zueinander in Widerspruch geraten (z.B. Neigungen einerseits zu Chaos und andererseits zu Ordnung). Dann wird unbewusst versucht, durch Projektionen von herabsetzenden Bildern auf die anderen (z.B. Chaot), die eigenen Spannungen abzubauen.

Übertragungen und Projektionen behindern im weiteren Prozess die reale Wahrnehmung des „anderen". Denn zunächst sucht das „Ich" nach Bestätigung des rasch gemachten Bildes vom „anderen". Es kommt zur selektiven Wahrnehmung (vgl. Kap. A/1.1.2.2). Damit sich in einer Gruppe eine gute Zusammenarbeit entwickelt, muss daher die **Phase der Übertragungen und Projektionen möglichst rasch überwunden werden**.

Selbst- und Fremdbilder

(4) Menschen machen sich nicht nur Vorstellungen von den „anderen", sondern entwickeln auch **Selbstbilder**. Diese entsprechen der eigenen Sicht des „Ich". Solche Modelle vom eigenen „Ich" können erheblich von demjenigen Bild abweichen, welches andere Menschen von der betreffenden Person haben.

Ebenso entwickeln Menschen Bilder, wie andere sie sehen. Diese vermuteten **Fremdbilder** können ebenso erheblich von der tatsächlichen Einschätzung einer Person durch andere abweichen. Die vermuteten Fremdbilder hält man oft für Realität. Sie beeinflussen stark das soziale Verhalten. Der Architekt wird evtl. vom Bauingenieur annehmen, er halte ihn für technisch inkompetent (vermutetes Fremdbild). Dabei hat er als Selbstbild, technisch einiges zu verstehen. Der Architekt wird daher das Gespräch evtl. gereizt beginnen und die Äusserungen des Ingenieurs entsprechend seinem vermuteten Fremdbild selektiv wahrnehmen. Dadurch nimmt die Reizung noch zu.

Zu Beginn der Arbeit einer Problemlösungs-Gruppe sind oft so viele vermutete Fremdbilder im Raum wie Personen dort sitzen. Alle fühlen sich dadurch irgendwie bedroht (siehe „Johari-Fenster"). Für die Entwicklung einer guten Zusammenarbeit ist es sehr wichtig, die Vorurteile in Form von Fremd- und Selbstbildern zu überwinden.

Transaktionen

(5) Die laufenden Transaktionen (Austauschbeziehungen) in Gruppen unterliegen ebenfalls bestimmten Mechanismen. Hier wirken sich die oben schon zitierten Grundtypen des Ich-Zustandes aus (vgl. Kap. A/1.1.1.4 und 1.2.2).

---

[1] Vgl. Gäde/Listing 2002, S. 95 ff.

Transaktionen zwischen im Moment gleichen Ich-Zuständen (z.B. Kind-Ich) ermöglichen eine **problemlose Kommunikation.**[1] Auch bei verschiedenen Ich-Zuständen kann es zu relativ spannungsfreien Kommunikationen kommen. Das gilt, wenn die eine Person konsequent aus dem Erwachsenen-Ich heraus agiert und die andere aus dem Kind-Ich (Parallel-Transaktionen).

Schwierig wird es, wenn es zu sogenannten **Überkreuztransaktionen** kommt. Darauf geht Kapitel A/1.2.2.2 näher ein.

Eine grosse Rolle spielen bei den Austauschbeziehungen auch **Formen und Intensität der Zuwendung** (Strokes). Manche Menschen benötigen z.B. eine Art negativer Zuwendung. Um diese zu erhalten, stören sie evtl. die Zusammenarbeit (vgl. Kap. A/1.2.2.3).

Ein besonderes Feld der Transaktionen bilden die sogenannten „**Maschen" und „psychologische Spiele"** (vgl. Kap. A/1.2.2.4). Letztere sind durch eine stereotyp wiederkehrende Abfolge von Transaktionen gekennzeichnet, die meist zu einem voraussehbar unbefriedigenden Ende führen. Dennoch verstricken sich die Beteiligten immer wieder in diese Mechanismen und finden oft alleine nicht heraus.

Beeinflussung des Verhaltens der anderen

(6) Im Rahmen der menschlichen Planungs-Zusammenarbeit spielt zudem eine besondere Form der Transaktionen eine Rolle: Die Beeinflussung des Verhaltens der anderen.

Solche Versuche liegen nahe, da man ja um die Lösung eines Problems ringt. Bei Beeinflussungen stehen folgende Mittel zur Verfügung:[2]

o Sanktionen
o Legitimationen
o Argumentationen

Zu den **Sanktionen** gehören materielle Einflussnahmen wie z.B. negativ die Verweigerung von Zeit (sehr häufig zu Beginn der Arbeit einer Gruppe), Geld, mithelfenden Personen, Informationen etc. Positive Sanktionen können in Lob, Verleihung von Statussymbolen etc. bestehen.

Unter Legitimationen sind rechtmässige Ansprüche zu verstehen, welche sich durch zugeteilte Kompetenzen in Organisationen ergeben. Ein Chef kann z.B. autoritär gegenüber seinen Unterstellten etwas durchsetzen (vgl. Kap. A/1.2.6).

Schliesslich besteht die Möglichkeit der **Argumentation.** Man versucht, den anderen von den eigenen Vorschlägen zu überzeugen oder die Vorschläge des anderen zu widerlegen.

Meist ist in der üblichen Praxis ein Zusammenspiel von Sanktionen, Legitimation und Argumentation anzutreffen. In einer guten Gruppenarbeit und speziell im Team lohnt es sich, **allein auf Argumentationen zu bauen.** Sanktionen und Legitimationen sollten als Beeinflussungsform unterlassen werden, weil auf diese Weise keine persönliche Akzeptanz entsteht (vgl. Kap. B/3.1.1).

---

[1] Vgl. Hennig/Pelz 2002, S. 42 ff.; Bennet 1986, S. 55 ff.
[2] Vgl. Hill/Fehlbaum und Ulrich 1998, S. 78

1.2.1.2 Beziehungen in einer Gruppe

Gruppen

(1) Gruppen bestehen aus einer Reihe von Individuen. Sie unterscheiden sich von einfachen Zusammenkünften zu Gesprächen dadurch, dass folgende **Bedingungen** erfüllt sind (vgl. Kap. A/1.2.5):[1]

- Gruppen (z.B. eine Projektkommission) haben von vornherein eine gemeinsame Aufgabe
- Ihr Verhalten wird durch eine bestimmte Ordnung bestimmt. Evtl. gibt es auch eine Gruppenleiterin (z.B. ein Projektleiter in einem Reorganisationsprojekt)[2]
- Man trifft sich über einen gewissen Zeitraum immer wieder in weitgehend gleicher Besetzung
- Es handelt sich um mehr als zwei Personen

In der **Grösse** können Gruppen zwischen 3 und, wenn man die Forderung nach „Ordnung" so interpretiert, 30 Personen umfassen.

Eine besondere Form von Gruppen bilden **Teams**. Zum Zweck einer erfolgreichen Zusammenarbeit unterliegen sie strengeren Regeln. So sollte ihre Grösse zwischen 4 und etwa 12 Individuen begrenzt werden.

Gruppen können **speziell strukturiert**, beispielsweise in eine organisatorische Hierarchie eingegliedert sein. Einzelne Individuen dürfen gleichzeitig Mitglied in mehreren Gruppen sein.

In Gruppen laufen typische Prozesse ab, die über die Beziehungen von einzelnen Individuen hinausgehen. Solche gruppendynamischen Prozesse (s.o.) wirken sich bei jeder Lösungsfindung in Gruppen aus. Hier interessieren speziell als Einfluss-Faktoren (vgl. Abb. B/16 und 17):

- verschiedenartige Ausgangssituationen der Gruppen-Mitglieder
- Gruppen-externe Einflüsse
- Gruppenkultur
- Kommunikationsstrukturen
- Gruppenleitung

Verschiedenartige Ausgangssituationen der Gruppenmitglieder

(2) Wird eine Gruppe mit der Aufgabe einer Planung gebildet, so wirken sich zunächst einmal die oben geschilderten Einflüsse auf die Individuen und die Beziehungen zwischen Individuen aus. Es werden also anzutreffen sein (vgl. Kap. A/1.1):

- verschiedene Bedürfnisse, Einstellungen, Kenntnisse und Fähigkeiten
- verschiedene Denkstile
- unterschiedliche Motivationen
- Prägungen durch verschiedene Lernprozesse
- Rollen- und Status-Verteilungen
- Selbstbilder und Fremdbilder
- spezifische Transaktionen und psychologische Spiele
- Vorhaben, das Verhalten der anderen zu beeinflussen

---

[1] Vgl. Schütz 1989, S. 10 ff.
[2] Vgl. Beck/Orth 2001, S. 287 ff.

Abbildung A/16
Verschiedene
Einflüsse prägen
auch die gruppen-
internen Bezie-
hungen (Reihen-
folge der Aspekte
ist keine Gewich-
tung)

Problemlösungs-Gruppe

Stamm-Organisation

delegiert

Men-schen

**Verschiedenartige Ausgangs-
situationen der Individuen in
der Gruppe**
(z.B. Rollen, Denkstile etc.)

Gruppen-externe Einflüsse
• Loyalität gegenüber der
  Stamm-Organisation
• Loyalität gegenüber der
  Gruppe

Gruppenkultur
(z.B. Einfluss von Zusammensetzung und Grösse)

Kommunikationsstrukturen
(z.B. Stern- oder Netzstruktur)

Gruppenleitung
(z.B. in Form der Team-
Moderation)

*Abbildung A/17
In Gruppen laufen
dynamische Pro-
zesse ab, die weit
über individuelle
Kommunikations-
beziehungen hi-
nausgehen*

**Gruppen-
externe
Einflüsse**

(3) Hinzu kommen spezifische Gruppen-externe Einflüsse. Die Gruppenmitglieder kommen aus verschiedenen Organisationen. Daraus resultieren zwei persönliche Umwelten, die beide direkt oder indirekt Forderungen an ihr Verhalten stellen:
  ○ die Organisation, welche ein Gruppenmitglied delegiert hat
  ○ die Gruppe, in welche ein Mitglied eingebunden ist.
Am Anfang besteht meist eine vorwiegende Loyalität der Gruppenmitglieder gegenüber der **Organisation**, die sie **delegiert** hat. Sie werden
daher auch versuchen, Zielsetzungen ihrer Organisation sehr deutlich zu
vertreten oder gar durchzusetzen (z.B. durch Androhung von Sanktionen).
Mit der Zeit bildet sich aber, insbesondere bei guter Teamarbeit, immer
stärker auch ein Gemeinschaftsgefühl der **Gruppe** heraus (vgl. Kap.
A/1.2.5). Das Team, in dem das Individuum **eingebunden** ist, gewinnt
an Autorität. Die Loyalität der Gruppenmitglieder gilt immer stärker
auch der Gruppe.

Gruppenkultur

(4) Entsteht eine gute Gruppenkultur, so wächst nicht nur die **Loyalität**
ihrer Mitglieder **gegenüber der Gruppe**, sondern es nimmt auch in der
Regel die Leistung zu.

Parallel dazu wächst aber ganz besonders eine Gefahr: Die **Gruppenmitglieder** können auch **unkritischer** werden. Es ist daher sehr wichtig,
dass Gruppen speziell sorgfältig gebildet werden (vgl. Kap. A/1.2.5). So
sollten z.B. die individuellen Ziele und Erwartungen der Gruppen-
Mitglieder möglichst gut mit der gemeinsamen Aufgabe übereinstimmen. Gleichzeitig erweist es sich als erheblicher Vorteil, kritische Personen, die sich nicht so leicht vom Harmoniedruck beeinflussen lassen, in
Gruppen zu integrieren.[1]

Im ganzen Prozess besteht aber auch eine starke **emotionale Kompo-
nente**, welche mit der Aufgabe nicht unmittelbar zu tun hat. Im späteren Gruppenprozess wesentlich ist dementsprechend der Umgang mit
den Gefühlen der Gruppenmitglieder (vgl. Kap. A/1.1.3). Denn die
Wünsche und Erwartungen der Gruppenmitglieder sind letztlich immer
emotionaler und nicht sachlicher Natur.[2]

**Kommunikati-
onsstrukturen**

(5) In Gruppen entstehen Kommunikationsstrukturen. Grundsätzlich
sind bei 5 Personen Kommunikationsstrukturen gemäss Abbildung A/18
möglich.

Bei der Bearbeitung komplexer Aufgaben sind **Netzstrukturen** in der
Regel klar **überlegen**.[3] Da gut funktionierende Teams in der Kommuni-
kation dem Typ Netzstruktur entsprechen, profitieren sie von diesem
Leistungsvorteil.

*Abbildung A/18
Mögliche Kommu-
nikationsstruktu-
ren*

„Stern"   „Kette"   „Kreis"   „Netz"

**Kommuni-
kationshilfe für
die Gruppe**

(6) Allerdings entstehen solche Netzstrukturen der Kommunikation in
Gruppen nicht immer automatisch. Die eingangs erwähnten verschiedenen Ausgangssituationen der Gruppenmitglieder, Gruppen-externe
Einflüsse oder die Gewohnheit einer sternförmigen Kommunikations-
struktur können erschwerend wirken.

Bei komplexen Problemen dürfte es daher besonders wichtig sein, dass
professionelle **Moderationen** der Gruppe helfen. Umgekehrt können
Leitende, welche auf Moderationen durch Dritte verzichten und selber
über keine entsprechende Ausbildung verfügen, die Gruppenleistung
sehr negativ beeinflussen.[4]

---

[1] Vgl. Tschan/Semmer 2001, S. 218 ff.
[2] Vgl. Vopel/Kersten 2000, S. 180
[3] Vgl. Hill/Fehlbaum und Ulrich 1998, S. 102
[4] Vgl. Hill/Fehlbaum und Ulrich 1998, S. 102 f.

1.2.1.3   Beziehungen zwischen mehreren Gruppen

Einfluss-faktoren

(1) Bereits mit dem Thema der externen Gruppeneinflüsse klang an, dass Gruppen zueinander in Beziehung treten. Oben ging es dabei um die Einflüsse auf Gruppenmitglieder aus zwei Umwelten heraus, die Problemlösungs-Gruppe und die delegierende Organisation.

Bei diesem Thema geht es darum, dass Gruppen ein „Wir-Gefühl" entwickeln und nun als Kollektiv Austauschbeziehungen pflegen. Unter dem Gesichtspunkt der Planung interessieren hier speziell folgende Einflussfaktoren (vgl. Abb. A/19):

• Entwicklung von Stereotypen (Selbstbild und Fremdbild der Gruppe)
• Ingroup-Outgroup-Phänomene
• Wettbewerb zwischen Gruppen

Abbildung A/19 Gruppen ent-wickeln ein „Wir-Gefühl". Sie unterliegen so als Kollektiv verschie-denen Einflussfak-toren (Reihenfolge der Aspekte ist keine Gewichtung)

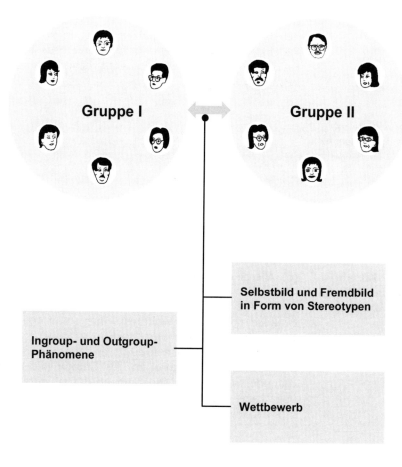

Stereotype

(2) Gruppen entwickeln Stereotype über sich und andere Gruppen. Unter Stereotypen sind vereinfachende Klischeevorstellungen zu verstehen. Man fasst auf diese Weise die Gefühle einer Gruppe zur anderen in einer vereinfachten und starren Meinung zusammen.[1] Grundsätzlich werden dabei die individuellen Unterschiede in der eigenen Gruppe als kleiner angesehen als die Unterschiede zwischen der eigenen und einer anderen Gruppe als Ganzes.

Dabei bilden Gruppen **Selbstbilder** über die Eigenschaften und Leistungen der eigenen Gruppe heraus. Ebenso werden **Fremdbilder** entwickelt. Dabei handelt es sich nicht um auf abgesicherten Informationen beruhende Eindrücke, wie die andere Gruppe tatsächlich denkt und handelt, sondern um Annahmen. Selbstbilder und Fremdbilder stehen zueinander in Beziehung. Die eine Gruppe will sich durch diese von der anderen Gruppe absetzen. Sie sucht sogar Selbstbestätigung dadurch, dass sie die andere Gruppe herabsetzt („Wir sind besser").

Bei diesem Vorgang übernehmen **Stereotype** eine Verstärker-Rolle. Durch vereinfachende Klischees kann man die Unterschiede um so einfacher darstellen. Differenzierungen sind weniger griffig. Es entsteht sogar ein Gruppendruck, damit sich alle Gruppenmitglieder den Stereotypen anschliessen.

Damit in Zusammenhang steht auch der **Group-think-Effekt**. Gruppen entwickeln gegenüber ihrer Umwelt ein Überlegenheitsgefühl. Gleichzeitig pflegen sie intern eine Kultur der Harmonie und Einmütigkeit.[2] Dadurch werden sie unkritisch gegenüber ihren eigenen Erkenntnis- und Handlungsmöglichkeiten. Auf solche Effekte führte man z.B. in Amerika das Fehlverhalten der Nixon-Administration in der Watergate-Affaire zurück. In der Schweiz bildete die Swissair-Krise gemäss Untersuchungen ebenfalls eine direkte Folge des Group-think-Effektes im Verwaltungsrat.

Ingroup-Outgroup-Phänomene

(3) In Zusammenhang mit den stereotypen Selbst- und Fremdbildern stehen die Ingroup-Outgroup-Phänomene. Eine Gruppe schliesst sich zusammen und setzt sich gegenüber anderen Gruppen bzw. ihrer Umwelt ab. Mit einem anderen Wort: Sie bildet eine Clique. Die Mitglieder anderer Gruppen werden ausgegrenzt oder gar zum äusseren Feind hochstilisiert. Dieses Verhalten wird auch durch die Erscheinung unterstützt, dass enttäuschte Gruppenmitglieder ihre **Aggression gegen Aussengruppen** richten können und damit nicht eigene Gruppenmitglieder angreifen müssen.[3]

Es stellt daher ein **Gebot der Klugheit** dar, dass sich Gruppen, die sich in einer Lösungsfindung „zusammenraufen", nicht abkapseln, sondern voll kooperationsbereit mit anderen Gruppen bleiben.

---

[1] Vgl. Gäde/Listing 2002, S. 95 ff.
[2] Vgl. Schulz von Thun/Ruppel und Stratmann 1991, S. 272 ff.
[3] Vgl. Hofstätter 1986, S. 143

Den Blick für aussen verloren

Ein Schweizer Bundesamt führte ein Reorganisationsprojekt durch. Die gebildete Projektgruppe nahm nur sehr widerwillig die Arbeit auf. Durch Querschüsse und andere Hemmnisse kam die Arbeit schlecht vom Fleck. Doch dann entwickelte sich fast über Nacht ein positiver Teamgeist. Man fand nun die gemeinsame Aufgabe sehr spannend, entwickelte gegenseitiges Vertrauen und arbeitete einen fast revolutionären Reorganisationsplan aus. Die Gruppe war sich sehr sicher, das organisatorische „Ei des Kolumbus" entdeckt zu haben.

Doch je stärker sich die Reorganisationsgruppe für ihren Vorschlag einer neuen Organisation, genauer: einer Teamorganisation, begeisterte, desto mehr verlor sie ihr Umfeld aus dem Auge. Dieses hatte die Entwicklung der Gruppe nicht mitgemacht. Zudem weckte das Wort „Team" erhebliche Ängste, weil wichtige Meinungsführer im Amt um ihren Status bzw. um ihren Machtbezirk fürchteten.

In der Folge geriet die Reorganisations-Gruppe im Bundesamt in starke „Gegenfeuer". Es kam zu persönlichen Anfeindungen von Gruppenmitgliedern. Ein Mitglied nach dem andern gab dem Druck nach und verabschiedete sich von der Konsens-Lösung. Das grossartige Vorhaben erlitt am Schluss Schiffbruch.

Wettbewerb zwischen Gruppen

(4) Gruppen treten häufig auch in eine Art Wettbewerb. So können zwei Gruppen sehr ähnliche Aufgaben erhalten und man animiert sie, miteinander in **Konkurrenz** zu treten. Teilweise bestehen auch organisatorisch vorgegebene Wettbewerbssituationen (in Firmen z.B. durch Profitcenters). Dabei möchten Gruppen häufig zeigen, dass sie besser sind als andere (was ja in der Wirtschaft als Wettbewerbswirkung erwünscht ist).

Doch schlägt diese Form des Wettbewerbes leicht auch ins Negative um. Es kommt evtl. zu Ingroup-Outgroup-Phänomenen und Wirkungen von Stereotypen. Zudem wird die im Wettbewerb unterlegene Gruppe evtl. die **Siegergruppe** für ihre eigene **Unterlegenheit** verantwortlich machen (vgl. Kap. A/1.1.2.2). Gründe findet man immer, warum der andere Schuld ist.

Wettbewerbe mit starken Ingroup-Outgroup-Phänomenen und Bildungen von Stereotypen über andere Gruppen sind für Problemlösungs-Prozesse **sehr gefährlich**. Der evtl. sehr gute Lösungsvorschlag der einen Gruppe wird dann möglicherweise von anderen Gruppen selbst dann bekämpft, wenn sachlich eigentlich kein Dissens besteht. Eine später notwendige Kooperation (z.B. zwischen einer Organisations- und Ingenieurabteilung) für die Umsetzung einer Lösung wird zumindest stark erschwert.

Wettbewerbe führen daneben zu Phänomenen der verstärkten Risikobereitschaft und -scheu. Gruppen neigen gerade im Wettbewerb dazu, grössere Risiken einzugehen. Man traut sich eher „auf die Äste", weil man sich in der Gruppe gegenseitig absichern kann. Davon profitiert immer wieder die Suche nach neuen Lösungen. Eine Gruppe kann aber auch eine ausgesprochene Risikoscheu entwickeln, etwa weil man sich im Wettbewerb gegenüber anderen Gruppen keine Blössen geben möchte.

Men-schen

1.2.1.4   Gruppen – eine komplexe Angelegenheit

Licht und Schatten der Gruppenarbeit

(1) Der systematische Überblick über die Beziehungen zwischen Indivi-duen und Gruppen zeigte, dass dabei sehr viel mitspielt. Es kann zu einer erfolgreichen Zusammenarbeit kommen. Doch gehören zu Grup-penprozessen auch reichlich Stolpersteine. Licht und Schatten liegen also eng beieinander. Das zeigt nochmals die folgende zusammenfas-sende Darstellung.

Beziehungen zwischen Einzelnen

(2) Wenn zwei Individuen miteinander kommunizieren, dann wirkt sich ein ganzer „Rucksack" von Faktoren aus. Dazu gehören Formen und Stadien gegenseitiger Wahrnehmung, Übertragungen und Projektionen, Selbstbilder und Fremdbilder sowie laufende Transaktionen. Dazu zählen Maschen und psychische Spiele. Zudem kommen gegenseitige Versuche der Beeinflussung durch „Strafandrohung", Lob oder Pochen auf den eigenen Rechten.

Beziehungen in Gruppen

(3) Innerhalb von Gruppen vermehren sich solche Kommunikationsbe-ziehungen und damit die Wirkungen der „Rucksäcke".
Hinzu treten als typische Gruppenfaktoren: Externe Einflüsse auf die Gruppe und damit die oft gespaltene Loyalität der Gruppenmitglieder, das Entstehen einer eigenen Gruppenkultur in förderlicher oder auch störender Art, bestimmte Kommunikationsstrukturen wie z.B. Stern oder Netz und das Verhältnis von Gruppenmitgliedern zur Gruppenleitung. Das Ganze läuft dynamisch ab und kann zu überraschenden Situationen führen.

Beziehungen zwischen Gruppen

(4) Gruppen nehmen teilweise wieder den Charakter von Individuen an und reagieren dementsprechend. Damit ergibt sich ein breites Feld von Beziehungen zwischen Gruppen. Dazu gehören Erscheinungen wie Selbstbild und Fremdbild (wie bei Individuen), Ingroup- und Outgroup-Phänomen und Auswirkungen eines eventuell stattfindenden Wettbe-werbes zwischen Gruppen.

Notwendiges Wissen über Gruppen-phänomene

(5) Mit dieser Zusammenfassung sollte auch deutlich geworden sein, dass Wissen über Gruppenphänomene und Erfahrungen im Umgang mit Gruppen einen **grossen Erfolgsfaktor** für das Problemlösen darstellen.

Diese Aussage ist vor dem Hintergrund zu sehen, dass zwar viel über Zusammenarbeit und speziell Teamarbeit geredet, doch wenig wirklich

dafür gemacht wird. Das gilt in besonderem Masse auch für die allge-
mein- und berufsbildenden Schulen.

Vertiefungen

(6) Einige dieser Gruppenerscheinungen bzw. dynamischen Abläufe
sollen im folgenden Text noch eine Vertiefung erfahren.
Die **Auswahl** erfolgte aufgrund von Erfahrungen in der Praxis mit der
Gruppenarbeit bei Planungen. Es handelt sich um die Themen:

• Ich-Zustände und Transaktionen

• Rollen- und Verhaltenstypen

• Entwicklungen innerhalb von Gruppen

• Team als besondere Gruppe

• Gruppenleitung und -führung

1.2.2   Ich-Zustände und Transaktionen

**Transaktions-
Analyse**

(1) Ich-Zustände und Transaktionen sind wichtige Themen der Transaktions-Analyse (TA).[1] Es handelt sich um eine Richtung der Psychologie,
die sich praxisnah mit den Themen „Persönlichkeit", „Klärung und Wandel der Einzel-Persönlichkeit" und „Zusammenarbeit in Gruppen" befasst.
Die Transaktions-Analyse kann als wichtige **Lehre für das Sozialverhal-
ten** gelten. Sie bietet für die Praxisarbeit mit Gruppen den Vorteil, dass
ihre Grundprinzipien rasch aufgezeigt und in der unmittelbaren Beobachtung bestätigt werden können. Dadurch sind direkte Folgerungen
für die praktische Arbeit möglich. Die traditionsreicheren Theorien z.B.
der Psychoanalyse bieten diese direkte Umsetzungsmöglichkeit viel weniger.[2]
Diese Nähe zur Praxis und die einfache, konkrete Umsetzbarkeit ihrer
Erkenntnisse bilden den **Grund für die Bevorzugung** dieses theoretischen Ansatzes, obgleich er zu den älteren gehört.[3]

---

[1] Vgl. Häcker/Stapf 2004, S. 965; Schmidbauer 2001, S. 189 f.
[2] Vgl. Schmidbauer 2001, S. 189
[3] Vgl. Risto 2003, S. 20

Auswahl von Themen

(2) Aus dem Bereich der Transaktionsanalyse erscheinen folgende Themen wichtig für das Problemlösen bzw. Planen:

- Typen von Ich-Zuständen
- Transaktionen
- Beachtung (Strokes)
- Maschen
- Psychologische Spiele

Men-schen

1.2.2.1 Typen von Ich-Zuständen

Überblick Ich-Zustände

(1) Die Transaktions-Analyse unterscheidet beim Menschen Ich-Zustände (vgl. Abb. A/20):
- der Kind-Ich-Zustand (vereinfacht Kind-Ich)
- der Eltern-Ich-Zustand (vereinfacht Eltern-Ich)
- der Erwachsenen-Ich-Zustand (vereinfacht Erwachsenen-Ich)

Kind-Ich (K)

(2) Das Kind-Ich (K) beinhaltet das Denken, Fühlen und Handeln aus früheren Lebensabschnitten – sozusagen unsere früheren Lebensbewältigungs-Programme.[1] Das Kind erwirbt diese im Wechselspiel mit seiner Umwelt, insbesondere seinen Eltern. Diese **Lebensbewältigungs-Programme aus der Zeit der Kindheit** bleiben uns lebenslänglich verfügbar. Nicht selten greifen wir auch als Erwachsene auf diese zurück.

Aus dem Kind-Ich (K) kommen Gefühle der Einengung, Angst und Trotz. Mit dem Kind-Ich verbunden sind aber auch Wissensdrang, Abenteuerlust und Kreativität. Es beschert schliesslich auch besonders attraktiv wirkende Seiten wie Spontaneität, Hochgefühl und Begeisterung. Kennzeichnende Stichworte sind: **Bedürfnisse, Wünsche, Gefühle, Sehnsüchte.**

Eltern-Ich (EL)

(3) In ihrem Eltern-Ich (EL) handeln, sprechen, reagieren, fühlen und denken Menschen so, wie es **der Wahrnehmung nach die Eltern damals** getan haben, als man noch klein war. Das Eltern-Ich leitet sich also von den Eltern bzw. deren Stellvertretern (z.B. Grosseltern, ältere Geschwister, Lehrer, Vorgesetzte) ab. Deren Verhaltensweisen, entsprechend unserer (verformten) Wahrnehmung, werden im Gehirn gespeichert.

Das Eltern-Ich stuft und belohnt, kritisiert und ermutigt. Es ist verantwortlich für Erziehung, Tradition, Werte, Ethik und Gewissen. Wichtige Stichworte: **Regeln setzen, bewerten, ermutigen und fördern.**

Erwachsenen-Ich (ER)

(4) Das Erwachsenen-Ich (ER) stellt den **auf das Hier und Heute gerichteten Persönlichkeitsteil** dar. Es sammelt daher Tatsachen und

---

[1] Der folgende Text von Kapitel 1.22 stammt teilweise wörtlich aus einem unveröffentlichten Manuskript von B. Gooss, Freiburg 1993; vgl. auch Hennig/Pelz 2002, S. 27 ff.

Abbildung A/20
Menschen können
aus verschiedenen
Ich-Zuständen
heraus fühlen und
agieren

Ich-Zustand	Definition	Stichworte dazu
Kind-Ich (K) letzte Jahre 25-jährig 15-jährig 12-jährig 8-jährig 5-jährig 2-jährig 1-jährig im Mutterleib	Die Gesamtheit all unserer Fühl-, Denk- und Verhaltensmuster aus früheren Lebensabschnitten (Ablagerungs-Schichten)	• Bedürfnisse • Wünsche • Gefühle • Sehnsüchte • Einengung, Angst und Trotz • Wissensdrang • Spontaneität
Eltern-Ich (EL) Peter Mutter, Onkel Kurt Lehrer Z, Tante K., Vater	Die Gesamtheit meiner (bewusst oder unbewusst) verinnerlichten Eltern-Figuren	• Regeln setzen • Bewerten • Ermutigen • Fördern • Kontrollieren • Schützen und trösten • Korrigieren und belehren • Tadeln und bestrafen
Erwachsenen-Ich (ER) Was kommentiert mein Eltern-Ich? Wie ist die Situation hier und jetzt? Realistische und tragfähige Entscheidung Wie will mein Kind-Ich jetzt reagieren?	Summe allen Denkens, Fühlens und Handeln, das sich auf die Hier- und Jetzt-Situation richtet und mit dieser Gegenwart angemessen umgeht	• Realität erfassen • Fakten prüfen und abwägen • Folgen bedenken • Entscheidungen treffen • Sachliche Zusammenhänge erkennen • Emotionale Reaktionen verstehen

Informationen aus dem Umfeld und aus dem Inneren der Menschen. Die Dinge werden in Zusammenhängen begriffen, Folgen werden analysiert sowie Vor- und Nachteile sorgfältig erwogen. Wesentliche Stichworte heissen daher: **Realität erfassen, Fakten prüfen, Folgen bedenken, Entscheidungen treffen**. Das Erwachsenen-Ich ist ebenfalls in jedem Menschen angelegt. Es erstarkt in dem Masse, in dem es geübt wird. Wenn Personen sich überfordert oder angegriffen fühlen, reagieren sie dennoch rasch einmal aus dem Kind-Ich heraus, also z.B. mit alten und dieser Situation nicht angemessenen Gefühlen und Verhaltensweisen. Oder Gruppenmitglieder reagieren in Befolgung fremder Weisungen aus dem Eltern-Ich.

Men-schen

Demgegenüber hilft das Erwachsenen-Ich (ER), selbstverantwortlich zu handeln. Es befähigt, den anderen Menschen zu erkennen und anzuerkennen. Durch realistisches Abwägen macht es frei dafür, gute Lösungen zu finden, auszuwählen und zu akzeptieren.

Folgerungen für Problem-lösungs-Prozesse

(5) Alle drei Ich-Zustände sind in jedem Menschen angelegt. Aber sie kommen unterschiedlich zur Wirkung. Das zeigen nochmals folgende **Kurzbeschreibungen:**

○ Die Impulse aus dem Kind-Ich (K) bestehen meist in Bedürfnissen, Stimmungen und Gemütsbewegungen. Sie sind oft durch Vitalität und Kreativität gekennzeichnet.

○ Die Anstösse aus dem Eltern-Ich (EL) beruhen auf übernommenen Überzeugungen und Normen. Sie bringen Werte, Regeln und Traditionen.

○ Die Überlegungen aus dem Erwachsenen-Ich (ER) beruhen auf sachlichen Wahrnehmungen und Untersuchungen und führen zu logischen Schlussfolgerungen und persönlicher Verantwortung.

Alle drei Ich-Zustände sind also „Energiezentren", die in unterschiedlichem Masse in den Mitgliedern der Problemlösungs-Gruppe wirken. Sie können sich dabei positiv auswirken (z.B. das Kind-Ich durch Kreativität), aber auch sehr störend sein (z.B. das Kind-Ich durch Angst und Trotz oder das Eltern-Ich durch Vorurteile).

Besonders **wichtig** ist es für eine Gruppe, dass möglichst stark das **Erwachsenen-Ich** zum Zuge kommt. Denn aus dieser Haltung heraus werden letztlich realistische und damit bessere Lösungen gefunden, die auch akzeptiert werden können.

Wenn man die jeweils aktiven Ich-Zustände bei sich und anderen erkennt, kann man evtl. **gelassener bzw. gezielter reagieren**. Das Wissen um die verschiedenen Ich-Zustände erlaubt uns ein annehmendes Verstehen unserer und anderer Verhaltensweisen.

1.2.2.2   Transaktionen

Formen der Transaktion

(1) Das Wort „Transaktion" kommt aus dem Englischen (transaction). Darunter wird jeder beliebige Austausch zwischen zwei Menschen oder mehreren Menschen bzw. Gruppen verstanden. Solch ein Austausch

kann in Worten (verbal) aber auch in kollegialem Schulterklopfen, bösen Blicken oder zustimmendem Kopfnicken (non-verbal) bestehen (vgl. Abb. A/13).

Haben zwei Menschen etwas miteinander zu tun, so kann jeder Ich-Zustand der einen Person mit jedem Ich-Zustand der anderen Person in Kontakt treten. So nimmt z.B. das Kind-Ich des einen beim gemeinsamen Spiel mit dem Kind-Ich des anderen eine Beziehung auf. Es kann aber auch das Eltern-Ich (EL) ermahnend beim Gesprächspartner das Kind-Ich (K) ansprechen. Die betreffende Person reagiert dann wahrscheinlich mit dem Verhaltensmuster des Kindes (z.B. Trotz). Bei solchen Transaktionen unterscheidet man als Formen:[1]

- Parallel-Transaktionen
- Überkreuz-Transaktionen
- Verdeckte Transaktionen

Parallel-Transaktionen

(2) Die Parallel-Transaktionen bewirken meist konfliktfreie Kommunikation. In diesen Fällen kommt die Antwort aus dem selben Ich-Zustand, der angesprochen wurde. Die Transaktions-Pfeile bei zeichnerischen Darstellungen verlaufen dann parallel.

Wenn sie z.B. aus dem Kind-Ich kommen und beim anderen vom Eltern-Ich aufgenommen werden, sodann die Antwort den gleichen Weg zurück geht, entstehen **keine Konflikte**. Das ist z.B. der Fall, wenn Frau Schulze offen als Lernende fragt bzw. zuhört und Frau Bader als verständnisvolle Lehrende reagiert.

Überkreuz-Transaktionen

(3) Anders ist es, wenn z.B. Frau Schulze ruhig und sachlich von ihrem Erwachsenen-Ich aus die Frau Bader anspricht. Diese antwortet aber aus ihrem Eltern-Ich (z.B. belehrend). Die Botschaft der Frau Bader spricht nun das Kind-Ich der Frau Schulze an (z.B. Ärger).

In diesem Fall der Überkreuz-Transaktion wird Frau Schulze die Antwort der Frau Bader als unangemessen belehrend („von oben herab") empfinden. Hieraus kann eine **Verstimmung oder Verärgerung** resultieren. Diese Störung wird eventuell zum Themenwechsel oder sogar zum Gesprächsabbruch führen.

Verdeckte Transaktion

(4) Von verdeckter Transaktion spricht man, wenn die verbale Kommunikation durch non-verbale Transaktionen „unterlegt" wird. Frau Schulze spricht z.B. ganz ruhig und sachlich zu Frau Bader. Doch ihr Gesichts-Ausdruck zeigt Angst (Kind-Ich). Bei Frau Bader entsteht eine Mimik der Überlegenheit. Beide Gesprächspartnerinnen tauschen also noch eine verborgene psychologische (und gar nicht bewusste) Botschaft aus. Solche verdeckten Transaktionen können neben der Körperhaltung auch durch den Tonfall der Stimme durch Mimik oder Wortwahl entstehen.

Diese verdeckte Transaktion beschäftigt die Gesprächspartner viel stärker als das gesprochene Wort. Sie wirkt zudem augenblicklich, weil man ständig mit der Entschlüsselung der Botschaft auf der Gefühlsebene

---

[1] Vgl. Rautenberg/Rogoll 2004, S. 63 ff.; Rogoll 2003, S. 31 ff.; Hennig/Pelz 2002, S. 44 ff.

beschäftigt ist. Die verdeckte Transaktion ruft auch leicht **Misstrauen** hervor, weil ja die verbale und die verdeckte non-verbale Botschaft nicht übereinstimmen. Tatsächlich beginnen so auch häufig „Maschen" und „psychologische Spiele". Die Kommunikation wird also auch in diesen Fällen gestört.

Ein emotional gescheitertes Gespräch

Zum Verlauf eines Informatik-Projektes hatten der Projektleiter, Herr Koch, und der zuständige Partner einer Beratungsfirma, Herr Bauer, immer wieder Streit. Herr Bauer wollte gerne auch die Kritiker des Informatik-Projektes in den Prozessablauf einbinden. Das entsprach der Interessenslage der Beratungsfirma. Projektleiter Koch empfand die Einbindung der Kritiker als Prozess-Störung und als persönliche Zumutung.

Beide, der zuständige Partner und der Projektleiter kamen abermals zusammen. Beide nahmen sich vor, den Streit möglichst gütlich und mit einem guten Kompromiss zu beenden. Insbesondere Herr Bauer als Vorgesetzter sprach in ruhigem Ton und mit verständnisvollen Worten für Herrn Koch. Er hatte sich in diesem Sinne gut auf das Gespräch vorbereitet. Trotz allem Bemühen wurde Herr Koch im Gesprächsverlauf immer aggressiver. Mit der Zeit verliess auch Herr Bauer dem vorgeplanten Gesprächsweg und reagierte ärgerlich. Man beendete das Gespräch im Streit.

Herr Bauer war angesichts des Misserfolges ratlos. Hatte er es trotz aller guten Vorsätze nicht geschafft, ruhig und verständnisvoll zu sprechen? Doch sagte eine dem Gespräch beiwohnende, jedoch nicht beteiligte Drittperson: „Das war verbal perfekt. Aber Sie, Herr Bauer, hätten ihre Körperhaltung sehen sollen. Sie waren am ganzen Körper und speziell im Gesicht völlig verspannt. Das merkte wohl Herr Koch und das irritierte ihn."

Folgerungen für Problemlösungs-Gruppen

(5) In Problemlösungs-Gruppen laufen vor allem am Anfang häufig die problematischen Überkreuz-Transaktionen und verdeckten Transaktionen ab. Es ist bereits viel gewonnen, wenn man sich dessen bewusst ist. Dafür bringt es nützliche Erkenntnisse, sich nach der Gruppensitzung durch ein „Transaktions-Diagramm" (grafische Darstellung der Beziehungen der Beteiligten) das Geschehnis klar zu machen.[1] Wichtig ist vor allem, das eigene Verhalten zu erkennen, um evtl. Korrekturen vornehmen zu können.

Als Aufgabe aller stellt sich, zu **Parallel-Transaktionen der jeweiligen Erwachsenen**-Ichs zu kommen. Dadurch findet die für Problemlösungen meist angemessene Form der Kommunikation statt. Auch die anderen Formen der Parallel-Transaktionen können problemlos bzw. nützlich sein (z.B. ein Austausch kreativer Ideen aus dem Kind-Ich).

---

[1] Vgl. Hennig/Pelz 2002, S. 48 ff.; Bennet 1986, S. 246

Besonders wichtig ist, die **verdeckten Transaktionen zu vermeiden**. Sie stören den gewünschten guten Gruppengeist, weil sie Misstrauen erwecken. Es müssen also Differenzen und Gefühle offen gelegt werden (vgl. Kap. A/1.1.3).

1.2.2.3 Beachtung (Strokes)

Stimulation unserer Sinnesorgane

(1) Unter Zuwendung wird in der Transaktions-Analyse eine Stimulation unserer Sinnesorgane verstanden.[1] Eine Berührung der Haut, an andere Menschen gerichtete Worte oder ein Blickkontakt sind solche Stimuli. Sie zeigen Beachtung.

Diese **Beachtungen** sind für den Menschen **lebensnotwendig** und stellen ein biologisches Grundbedürfnis dar. Denn Menschen brauchen und suchen von den ersten Kindestagen an die Zuwendung der Mütter und Väter, aber auch anderer Menschen. Nicht-Beachtung wirkt auf Menschen ausgesprochen negativ und kann in extremen Fällen sogar zum Tod führen.

„Stroke"

(2) Für Menschen stellen harte Schläge etwa in Form von Schimpfen oder gar Prügel ein kleineres Übel dar, als überhaupt keine Beachtung zu finden. Daher nennt man in der Transaktions-Analyse die Grundeinheit jeder Art von Zuwendung „Stroke" (zu deutsch etwa „Streich"). Die Doppeldeutigkeit wird besonders beim Verb „strike" deutlich: Es bedeutet sowohl zärtliches Streicheln als auch z.B. ein Schlag mit dem Stock.

Die Beachtung kann also in Form einer **warmen und liebevollen Zuwendung** geschehen (Lob, sanfte Berührung, freundlicher Blick). Sie lässt sich einfach dem anderen Menschen schenken (unbedingte Zuwendung). Häufig wird damit aber auch ein bestimmtes Verhalten belohnt (bedingte Zuwendung).

Daneben gibt es aber auch die **negativen Strokes**, in Form der Ablehnung (z.B. Ohrfeigen).

Stroke-Hunger

(3) Aus dem biologisch bedingten Stroke-Hunger heraus bemühen sich die Menschen als Erwachsene oft um Formen der Beachtung, die sie als Kinder erhielten. Jeder Mensch bekam also ein Stroke-Muster mit, das er immer wieder bis ins hohe Alter hinein sucht.

Wenn nun Kinder ihre „Zuwendung" häufig in Form von Tadel (negative Strokes) erlebt haben, so gehört das auch später zu ihrem Stroke-Muster. Sie werden dann auch als Erwachsene negative Strokes z.B. in Form von Zurechtweisungen suchen. Daher begegnet man nicht selten Menschen, die geradezu Ärger und Enttäuschungen anderer provozieren (vgl. Abb. A/21).

In das gleiche Kapitel gehört, dass es **häufig schwer** fällt, ein **Lob voll und ganz anzunehmen**. Wenn man als Kind das grosse Lob selten bekommen hat, so kann man später ein grosses Lob nur schwer „verdau-

---

[1] Vgl. Rautenberg/Rogoll 2004, S. 112; Hennig/Pelz 2002, S. 71 ff.

en". Man verkleinert daher die Ursache des Lobes („war ja nichts Besonderes ...").

Abbildung A/21
Beachtungen
(Strokes) sind für
Menschen lebens-
notwendig

Men-
schen

Strokes in
Problem-
lösungs-
Prozessen

(4) Trotz immer wieder festzustellender Abwehr ist positive Zuwendung ausserordentlich wichtig. Insbesondere in der Arbeitswelt besteht ein erheblicher Mangel an Lob. Denn ebenso wie das Empfangen fällt es auch vielen Menschen schwer, Lob auszusprechen. Der „Stroke-Pegel" ist also gemessen am „Stroke-Hunger" oft viel zu niedrig.

Gelingt es, dem **Stroke-Hunger der Gruppenmitglieder** Rechnung zu tragen, so wirkt sich das sehr positiv auf das Klima und die Leistungsbereitschaft aus.

Das setzt nach dem Gesagten die Fähigkeit voraus, **bei entsprechenden Anlässen** auch zu **loben**. Zudem muss das Lob so formuliert sein, dass der Empfänger es auch annehmen mag – also im Charakter weder „milde Gabe" noch „lehrerhaft".

1.2.2.4 Maschen

Entstehen von
Gefühls-
Maschen

(1) Nicht selten sind privat oder beruflich Szenen zu erleben, in denen Mitmenschen völlig **unverständliche Verhaltensweisen und Gefühlsäusserungen** zeigen. Man kann diese im Moment nur ratlos oder betreten hinnehmen.[1]

Dieses Verhalten besteht in bestimmten Situationen in unerklärlicher Angst, in einem Aufbrausen bei Kleinigkeiten, in stereotypem „Nett-

---

[1] Vgl. Rautenberg/Rogoll 2004, S. 112 ff.; Hennig/Pelz 2002, S. 77 ff.

Sein" oder in übertrieben erscheinender Begeisterung. Die Transaktions-Analyse spricht hier von Gefühls-Maschen. Die geäusserten Gefühle wirken auf andere Menschen irgendwie „unecht". Das hat auch meist einen wahren Kern, denn oft handelt es sich um Ersatzgefühle (vgl. Kap. A/1.1.3.2).

Die **Gründe** für das Entstehen solcher Gefühls-Maschen liegen in Kindheitserlebnissen. Kinder wurden durch Eltern bzw. Erzieher gezwungen, echte Gefühle zu unterdrücken (z.B. Weinen bei Jungen). Sie entwickeln dann Ersatzgefühle und später häufig eine Gewohnheit, Ersatzgefühle als Masche unbewusst herbeizuführen (vgl. Kap. 1.1.3.2).

Maschen (= Ersatzgefühle) kommen also **aus dem angepassten Kind-Ich (K)**. Das Erwachsenen-Ich wird dabei ausgeblendet. Hinter den Maschen steht auch das starke Bedürfnis nach Beachtung (Stroke-Hunger). Das Ablaufen der Gefühls-Masche zielt also nicht selten auch auf Beachtung durch andere.

Beispiele für Maschen

(2) Neben Gefühlen können auch bestimmte Verhaltensweisen als Masche bezeichnet werden. Eine solche Masche besteht, um ein Beispiel zu nennen, in einem notorischen **Zuspätkommen** einzelner Gruppenmitglieder. Sie erzielen, wenn sie dann auftauchen, in der Anfangszeit allgemein Zuwendung. Man erklärt ihnen, was bisher gelaufen ist und bedauert sie ob ihrer Belastung, die ein rechtzeitiges Erscheinen verhinderte (Masche: „Ich bin völlig überlastet."). Später erscheint aber die Angabe von Gründen für das Zuspätkommen wenig glaubhaft, zumal, wenn das Zuspätkommen regelmässig geschieht.

Eine ähnliche Masche erschwert häufig das **Abmachen von Terminen**. Ein gequältes „In den nächsten zwei Monaten liegt bei mir terminlich überhaupt nichts mehr drin" muss man bei diesem Vorgang häufig hören. Es läuft die Masche „ach ich Armer" ab. Dann werden die anderen evtl. sehr beeindruckt sein, sich auf das Bitten verlegen und sagen, wie wichtig doch das Erscheinen von Herrn X oder Frau Y sei. Diese geben dann doch eine Terminmöglichkeit bekannt, machen aber die Verschlimmerung ihrer persönlichen Situation nochmals sehr deutlich. Wiederholt sich der Vorgang, kommen bei den Beteiligten schlechte Gefühle auf, weil sie die angegebene Überlastung nicht mehr glauben können.

Beliebt ist auch die Masche „wenn ich mich nicht um alles selber kümmere". Sie äussert sich darin, eine **Menge Arbeiten zu übernehmen**. Begründet wird das damit, dass man es nur selber richtig könne. Erwartet wird die Dankbarkeit bzw. das schlechte Gewissen der anderen.

Folgerungen für Problemlösungs-Gruppen

(3) In Problemlösungs-Gruppen laufen solche und andere Maschen recht häufig ab. Es bringt jedoch normalerweise in der Gruppenarbeit nichts, solche Maschen aufzudecken. Die Betreffenden nehmen ja ihre Masche nicht bewusst wahr und empfinden den Vorgang als echt. Ausserdem bestehen die Gefahren der situations-unangemessenen Blossstellung und der Rechthaberei.

Doch kann das **Erkennen von Gefühls-Maschen** für Gruppenmitglieder und speziell die Moderation nützlich sein. Man fällt dann weniger leicht auf diese herein. Den ständig Zuspätkommenden wird man in der Konsequenz die besondere Aufmerksamkeit verweigern. Der terminlich „überlasteten" Person wird man sagen, dass man dann wohl auf eine Teilnahme verzichten muss. Den auf spätere Dankbarkeit erpichten Sammlern von Arbeiten wird man die Arbeit nicht geben.

Vor allem darf man sich **kein schlechtes Gewissen** machen lassen, wenn jemand aus einer Masche heraus handelt.

Menschen

1.2.2.5 Psychologische Spiele

Immer gleiche Abfolgen von Transaktionen

(1) Psychologische Spiele haben Ähnlichkeit mit Maschen.[1] Auch sie bilden ein unbewusstes Mittel, Beachtung zu erzeugen. Sie enden ebenfalls meist in unguten Gefühlen. Unter psychologischen Spielen versteht man immer gleiche Abfolgen von Transaktionen, die stets mit einer verdeckten Transaktion beginnen und deren Ausgang für den unbefangenen Beobachter voraussehbar ist.

Die stereotype Qualität bleibt den Beteiligten **weitgehend unbewusst**. Das gleiche gilt für die psychologischen Gewinne: Strukturierung von Zeit, Durchleben bestimmter Gefühle (z.B. Triumph und Rache), Erlangen von intensiver (meist negativer) Zuwendung, auch Bestätigung von alten Überzeugungen und Glaubenssätzen über sich, die Welt und das Leben (z.B. „ich hab's ja gewusst", „man kann ja niemandem trauen").

Das Besondere der psychologischen Spiele liegt darin, dass **weitere Personen zum Mitspielen „eingeladen"** werden. Unbewusst entsteht ein Sog, sich am Spiel zu beteiligen und nicht auszusteigen. Eine Frau kann z.B. das Schnaps-Trinken ihres Mannes immer wieder tadeln. Sie tut das, obwohl es nichts bringt. Der „Gewinn" kann etwa im nachfolgenden Streit und der dadurch negativ getönten Nähe liegen. Denn unbewusst ist beiden in diesem Fall klar, dass sie sich schon seit Jahren nichts Ernsthaftes mehr zu sagen haben.

Beispiele für psychologische spiele

(2) Es gibt viele Typen psychologischer Spiele. Sie alle haben gemeinsam, dass mehr oder weniger rasch die drei Rollen „Opfer", „Retter" und „Verfolger" gewechselt werden (sogenanntes „Drama-Dreieck"). Nach dem Einstieg in das jeweilige Spiel unterscheidet man z.B.:
- Verfolgerspiele
- Retterspiele
- Opferspiele

In Abbildung A/22 sind Beispiele solcher Spiele aufgeführt. Die Auswahl erfolgte aufgrund von Erfahrungen in Problemlösungs-Gruppen.

---

[1] Vgl. Hennig/Pelz 2002 S. 52 ff.

Folgerungen für Problemlösungs-Gruppen

(3) Es ist wichtig, evtl. in einer Problemlösungs-Gruppe ablaufende psychologische Spiele rechtzeitig zu entdecken. Man erkennt sie am immer gleichen schematischen Ablauf und typischen Schlüsselworten wie etwa „Ich versuche ja nur, Dir zu helfen".[1] Dieses Entdecken ist so wichtig, um zu verhindern, sich selber in Spielabläufe zu verstricken.

Zudem kann man dazu beitragen, dass verdeckte Transaktionen entdeckt und hinterfragt werden, so dass die **Probleme offen auf den Tisch** kommen.

Abbildung A/22 Psychologische Spiele (hier nur eine Auswahl) sind in der Planungs-Praxis nicht selten anzutreffen[2]

Spiel-Thema	Ablauf
Verfolgerspiel „Ich werde Dir zeigen, dass Du auch nicht besser bist"	Der Spieler ist zunächst bereit, die Vorzüge von Team-Mitgliedern oder einer Methodik anzuerkennen. Sobald er aber Ansatzpunkte findet, wird er abschätzige Bemerkungen machen. Das wiederholt sich immer wieder. Sein Gewinn liegt in negativen Gefühlen, die er erzeugt, sowie in der Entlastung von eigenen Minderwertigkeitsgefühlen.
Retterspiel „Ich versuche ja nur, Dir zu helfen"	Der Spieler gibt laufend (ungebetene) gute Ratschläge für die Planung. Immer wieder wird er sagen, wie man es besser machen und einen Misserfolg verhindern könne. Die Mitspieler werden unter Druck gesetzt, die Vorschläge anzunehmen. Geht es dann schief, haben die anderen den guten Vorschlag schlecht befolgt. Reagieren sie genervt, so erklärt man sie für undankbar.
Opferspiel „Ja-aber-Spiel"	Der Spieler sucht scheinbar eine Problemlösung. Werden Lösungen vorgeschlagen, wird zunächst ja gesagt, doch dann ein „aber" hinzugefügt. Mit dem „aber" werden Gründe gesucht und gefunden, warum ein Lösungs-Vorschlag doch nicht geht. Die Mitspieler können also letztlich bei der Lösungssuche nicht helfen. Der Spieler erlebt sich daraufhin in der Opferposition („Niemand kann mir helfen"). Er hat aber auch den heimlichen Triumph, dass niemandem etwas besseres eingefallen ist als ihm.

---

[1] Vgl. Hennig/Pelz 2002, S. 156 f.; Bennet 1986, S. 125 ff.
[2] Vgl. Bennet 1986, S. 115 ff.

1.2.3   Rollenverteilungen und Rangpositionen

1.2.3.1   Rollentypen

Typen
Überblick

(1) Für die Struktur von Gruppen sind Rollenverteilungen und Rangpositionen sehr wichtig. Man trifft dabei immer wieder ganz bestimmte Typen an. Der Volksmund prägte dafür ebenfalls Begriffe. Man spricht z.B. vom „Leithammel", „Mitläufer" oder „Sündenbock".[1]
In der Fachliteratur wird diese Erscheinung auch „Rangordnungsdynamik in der Gruppe" genannt.[2] Als Typen werden dabei unterschieden (vgl. Abb. A/23):

- ALPHA-Position
- BETA-Position
- GAMMA-Position
- OMEGA-Position

ALPHA-
Position

(2) Personen in der ALPHA-Position sind **Leiter, Sprecher** und evtl. auch Initiatoren der Gruppenaktivität. Sie repräsentieren die Gruppe auch nach aussen.
Es gibt Menschen, die eine natürliche Neigung und ein Talent für die ALPHA-Position haben. Das sind die chronischen „Leithammel".
Andere Menschen sitzen auf Stühlen, auf denen ihre Umwelt ein ALPHA zu erwarten scheint. Das sind z.B. herausgehobene Führungspositionen, aber auch die offizielle Leitung einer Gruppe. Sie können diese Position aber nicht ausfüllen. Ihnen fehlen u.a. die Eigenschaften eines ALPHA.

BETA-Position

(3) Nicht selten geraten BETA-Typen in diese für sie ungünstige Führungslage. Sie wirken als ALPHAs **wichtigste Zuarbeiter.** Sie sind Berater, Experten, Kritiker, Vermittler und Drahtzieher. In der BETA-Position können sie sehr erfolgreich sein. Sie helfen den Chefs in Firmen und in der öffentlichen Verwaltung, die Situationen richtig einzuschätzen. Manch gutes ALPHA-Referat stammt ebenfalls aus der Feder eines BETAs.
BETA-Typen stehen emotional etwas im Abseits, im Hintergrund. Sie haben daher nicht selten den Spitznamen „graue Eminenz".
BETA-Typen können aber auch populär und somit zur Konkurrenz von ALPHA werden. Dies begründet manchmal, dass sie in eine Führungsposition wegbefördert werden. Häufig macht man einen erfolgreich arbeitenden BETA auch zum Nachfolger von einer ALPHA-Persönlichkeit, wenn diese aufsteigt oder die Stelle wechselt (s.o.). Das aber kann schwerwiegende Folgen haben, weil dem BETA-Typ evtl. die Führungseigenschaften fehlen.

---

[1] Der Text in Kapitel 1.23 lehnt sich mit teilweise wörtlichen Zitaten an ein unveröffentlichtes Manuskript an von B. Gooss, Freiburg 1992
[2] Vgl. Schindler 1973, S. 30 ff.; Schöpping 1998, S. 45 ff.

Abbildung A/23
In Gruppen be-
gegnet man ver-
schiedenen Rollen-
und Verhaltensty-
pen

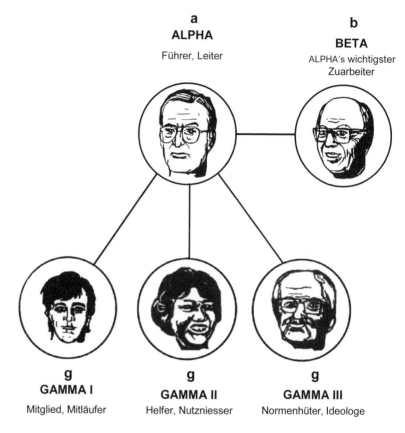

a
ALPHA

Führer, Leiter

b
BETA

ALPHA's wichtigster
Zuarbeiter

g
GAMMA I

Mitglied, Mitläufer

g
GAMMA II

Helfer, Nutzniesser

g
GAMMA III

Normenhüter, Ideologe

W
OMEGA

Aussenseiter,
Gegner der Aktion

GAMMA-
Position

(4) Die Mehrheit der Mitarbeitenden und Team-Mitglieder befindet sich in der GAMMA-Position. Das sind die mehr oder weniger wichtigen **Zuarbeiter, Normenhüter, Kontrolleure und Nutzniesser.** Man bezeichnet sie auch als „Mitläufer".

Das ist keinesfalls negativ zu verstehen, denn jede Organisation braucht neben den Führungspersönlichkeiten auch solche, die sich führen lassen, die aktiv und engagiert mitarbeiten.

Dabei kann man noch einige **Unterscheidungen** treffen. Man spricht hier von folgenden Positionen (vgl. Abb. A/23):

- GAMMA I (identifikatorisches Partizipieren): Mitglied, Mitläufer
- GAMMA II (komplementäres Partizipieren): Helfer, Nutzniesser, Zuarbeiter
- GAMMA III (kontrollierend-überwachendes Partizipieren): Normenhüter, Ideologe, Kontrolleur

OMEGA-Position

(5) Das in der Rangordnungsdynamik letzte Glied bildet die OMEGA-Position. Der OMEGA nimmt die Rolle des schwachen Gegners der Aktion ein. Er kann zur Umkehr mahnen, ängstlich zaudern, ohnmächtig protestieren, die anderen verletzend angreifen oder provozieren. Damit wird OMEGA zum **Aussenseiter**, „Sündenbock", „Prügelknaben" oder „schwarzen Schaf". Dabei sucht OMEGA evtl. durch „Kasperln", Ausnutzen von Schwächen des ALPHA oder durch Anbiedern doch einige Sympathien auf sich zu ziehen.

Folgerungen- für Problem- lösungs- Gruppen

(6) Diese Typen sind gewiss alle überzeichnet. Doch kommen sie, meist weniger einseitig ausgeprägt, in allen Problemlösungs-Gruppen vor. Dort machen auch alle diese Rollen-Typen einen Sinn. Selbst der OMEGA-Typ nimmt eine wichtige Gruppenfunktion wahr, mahnt er doch z.B. durch Opposition zu einem vertiefenden Nachdenken über Lösungsvorschläge. **Wichtig** sind die **Kenntnisse** über Typen bei der Zusammensetzung von Gruppen.

Gehören zur Gruppe mehrere ALPHA-Typen, so brechen evtl. zeitfressende Rangordnungs-Kämpfe aus. Speziell kann es zu einer Rivalität zwischen einem Moderator und gruppeneigenen Führerinnen kommen. Um das zu vermeiden, sollten Moderatorinnen in der Lage sein, die BETA-Position einzunehmen.

Wird ein BETA-Typ zum Gruppenleiter gemacht, so könnte das Team auf Abwege geraten, weil er nicht im Sinne einer Leiterin führen kann. Dann wäre es evtl. besser, einen ALPHA-Typ als Moderator der Gruppenleiterin zur Seite zu geben. Doch kann sich das auch als nicht unproblematisch erweisen, weil ALPHA-Typen als Moderatoren oft Mühe haben, der Gruppe bzw. Sache zu dienen.

Am besten ist es für die Zusammenarbeit von Problemlösungs-Gruppen, wenn sich diese aus sogenannten reifen Mitgliedern zusammensetzen. Solche Gruppenmitglieder können ihre **Rangposition entsprechend den Bedürfnissen anpassen**, also z.B. einmal ALPHA und dann wieder BETA und GAMMA sein. Dann arbeiten Gruppen unter dem Gesichtspunkt der Rangordnungspositionen am besten.

1.2.3.2   Lernverhalten der Typen

Zusammen- hang mit den Rollen-Typen

(1) Solche reifen Gruppenmitglieder vereinfachen insbesondere das notwendige Lernen in der Gruppe.

Jede Gruppe macht einen Lernprozess in der Sache (Informationsgewinn und -verarbeitung) durch. Lernmotivation und -verfahren zeigen einen sehr engen Zusammenhang mit den Rollen-Typen. Prototypisch sollen das die folgenden Ausführungen verdeutlichen.

Lernverhalten in ALPHA-Positionen

(2) Personen in der ALPHA-Position erleben oft **keinen grossen Lernanreiz.**[1] Solche Personen wollen nicht die vermeintliche Schwäche zeigen, lernen zu müssen. Daher sind sie nur bei solchen Stoffen deutlich interessiert, welche ihre Position als ALPHA in der Gruppe festigt. Kursveranstalter kennen das: Die Mitarbeitenden nehmen teil, die Chefs haben angeblich keine Zeit.

ALPHAs haben daher, überzeichnend ausgedrückt, **schon immer alles gewusst und gesagt.** Sie achten damit ganz speziell darauf, dass ihre Kompetenz nicht in Zweifel gezogen wird. Und das, was ALPHAs wirklich nicht wissen, werden sie als Information für fragwürdig oder wertlos erklären. Moderatorinnen werden in solchen Situationen klug daran tun, das kommentarlos hinzunehmen. Sie haben immerhin eine gewisse Chance, dass sich ALPHAs insgeheim doch die notwendige Information aneignen.

Schwerwiegender für die Gruppenarbeit wirkt sich häufig aus, dass ALPHA-Typen den übrigen Gruppenmitgliedern **nicht zuhören können.** Sie fallen anderen ins Wort oder gehen auf deren Aussagen nicht ein. Auch vertragen sie schlecht Kritik. Es bedarf also des erheblichen Geschicks eines Moderators, dennoch eine gute Kommunikation in der Gruppe mit ALPHAs entstehen zu lassen.

Lernverhalten von BETA-Typen

(3) Auch BETA-Typen sind häufig nicht leicht zu nehmen. Sie bewahren eine kritische Distanz, lassen sich also auf die zu lernenden Informationen nur zögernd ein. Am Anfang ist bei BETAs oft kein Engagement beim Lernprozess der Gruppe zu erwarten.

Lernverhalten von GAMMA-Typen

(4) In der GAMMA-Position erweisen sich die Gruppenmitglieder dagegen in der Regel als sehr lernbereit. Sie nehmen neue Informationen willig auf und identifizieren sich mit den frisch gewonnenen Erkenntnissen.

Doch besteht die Gefahr, dass keine kritische Auseinandersetzung mit neuen Informationen stattfindet. Man nimmt sie schnell einmal als gegeben und wahr hin. GAMMA-Typen reagieren evtl. ungeduldig oder gar mit Unverständnis, wenn Informationen in einer Gruppe kritisch hinterfragt werden sollen (vgl. Kap. A/1.1.2.3).

Lernverhalten von OMEGA-Typen

(5) OMEGA empfindet demgegenüber den Lernstoff, überspitzt ausgedrückt, als Zumutung. Er neigt dazu, sich gegen den Lernstoff aufzulehnen (Nörgeln, Herabsetzen, Lächerlich-Machen) oder aber gar nicht zuzuhören (z.B. gelangweiltes aus dem Fenster schauen). OMEGAs zeigen mit ihrer defensiv-ablehnenden Haltung Desinteresse am Lernprozess.

---

[1] Vgl. Heigl-Evers/Heigl 1973, S. 37 ff.

Folgerungen für ProblemlösungsProzesse

(6) Zunächst einmal muss sich in einer Problemlösungs-Gruppe die Moderation selber kritisch fragen, wie es mit der eigenen Lernbereitschaft steht. Das gilt insbesondere für den Fall, dass die Moderation eine Neigung zum Verhalten des ALPHA-Typs hat.

Eine grosse Chance eröffnen Gruppenmitglieder in GAMMA-**Position**. Mit ihrer Lernbereitschaft motivieren sie die anderen. Es entsteht durch diese Personen ein positiver Gruppendruck, bei den Lernprozessen mitzumachen. Moderatorinnen können diesen Gruppendruck nutzen und ganz bewusst fördern.

Menschen

1.2.4   Dynamik der Beziehungen in Gruppen

Veränderte Verhaltensweisen in Gruppen

(1) Menschen zeigen in Gruppen oft andere Verhaltensweisen als in Situationen, in denen man sie vorher erlebt hat.[1] Eine Mitarbeiterin, die kompetent und engagiert ihre Aufgaben erledigt, kann in der Gruppe durch passiv abwartendes oder rebellisches Verhalten auffallen. Ein anderes Gruppenmitglied, welches einem sonst in angenehmer Bescheidenheit begegnet, fällt plötzlich durch starkes Imponiergehabe auf.

Auswahl von Themen

(2) Die Gruppenprozesse sind jedoch nicht statisch, sondern verändern sich laufend. Es ergeben sich dadurch dynamische Entwicklungen der Gruppenbeziehungen. Dabei können folgende Erscheinungen wirksam werden:

- Regression
- Übertragungen
- Äusserer Reifungsprozess in der Gruppe

1.2.4.1   Regression

Ursachen der Regression

(1) Bei rebellischem oder passiv abwartendem Verhalten kann die Ursache in Regression liegen. Darunter wird ein „Zurückgehen" auf diejenigen Verhaltensweisen verstanden, welche von früheren Lebensphasen der betreffenden Menschen geprägt sind. Meist handelt es sich um kindliche Selbstschutz-Reaktionen wie „trotzige Verweigerung", „nur nicht auffallen" oder „Schlaumeier".

Verursacht etwa durch die anfängliche Unsicherheit in der Gruppe, unternehmen es diese Menschen nun, Probleme bzw. Herausforderungen von heute durch **Strategien von gestern** zu lösen. Dabei verschärfen sie evtl. ihre persönlichen Probleme, statt sie zu lösen.

---

[1] Dieses Kapitel lehnt sich mit teilweise wörtlichen Zitaten an ein unveröffentlichtes Manuskript an von B. Gooss, Freiburg 1992

Auslösende Momente

(2) Da die Regression kindliche Verhaltensmuster wieder aufleben lässt, sind dort auch die auslösenden Momente zu suchen. Die Selbstschutzreaktionen der Kinder entwickelten sich infolge eines entsprechenden Verhaltens der Eltern oder anderer Bezugspersonen. Das Kind-Ich übernimmt dann später in ähnlichen Situationen leicht die Führung (vgl. Kap. 1.221). Wenn nun in den ohnehin für viele verunsichernden Anfangs-Phasen der Gruppenarbeit Personen auftreten, welche an Eltern oder andere kindliche Bezugspersonen erinnern, so wird die kindliche Selbstschutzreaktion ausgelöst.

Regressives Verhalten ist daher um so wahrscheinlicher, **je autoritärer** eine Gruppe **geleitet** wird. Und es entstehen dann die typischen Verhaltensweisen, wie sie oben mit Beispielen angeführt wurden.

Ein anderer Auslöser für regressives Verhalten kann der Stress sein. Je mehr insbesondere **psychischer Stress** entsteht, desto wahrscheinlicher weichen Gruppenmitglieder in regressive Denk-, Fühl- und Verhaltensmuster aus (vgl. Kap. A/1.1.1).

Folgerungen für Problemlösungs-Prozesse

(3) Solche Effekte lassen sich verhindern, wenn in Problemlösungs-Gruppen eine entspannte Arbeitsatmosphäre herrscht. Zudem lassen sich Tendenzen zu Regression durch einen kooperativen Arbeitsstil verhindern. Einen autoritären Führungsstil gilt es daher zu vermeiden (vgl. Kap. A/1.2.6.3).

Der Nutzen für die Gruppe besteht darin, dass die persönliche und fachliche Kompetenz nicht durch Verhaltensmuster von gestern blockiert wird.

1.2.4.2 Übertragungen

Diskrepanzen zwischen verschiedenen Gruppenbildern

(1) Kommen Gruppen neu zusammen, so können grosse Diskrepanzen zwischen verschiedenen Gruppenbildern bestehen. Man selbst sieht die Gruppenmitglieder ganz anders, als es dem „öffentlichen" Gruppenbild entspricht. Der Grund liegt darin, dass Menschen automatisch Übertragungen machen. Man setzt den einzelnen Menschen eine Art „Hüte" auf.[1]

Quelle auch dafür sind **Kindheitserlebnisse** oder andere intensive behagliche bzw. unbehagliche Erlebnisse. Ein dahinterliegender Grund dürfte in der menschlichen Entwicklungsgeschichte zu suchen sein (vgl. Kap. A/1.1.1.2 und A/1.1.2). Danach etikettieren wir möglichst rasch unser Umfeld, um es (scheinbar) unter Kontrolle zu bringen.

Mit der Zeit verändert sich unser Bild der Gruppenmitglieder. Dieser Entwicklungsprozess, welcher auch im Johari-Fenster anklingt, soll im folgenden prototypisch beschrieben werden.

Ausgangslage

(2) In Abbildung A/24 wird auf Stufe A dargestellt, welches Bild der Gruppe **„öffentlich"** besteht.

---

[1] Vgl. Berne 1979, S. 37 ff.

Abbildung A/24
Die Gruppenmitglieder machen sich gegenseitig Bilder von den anderen[1]

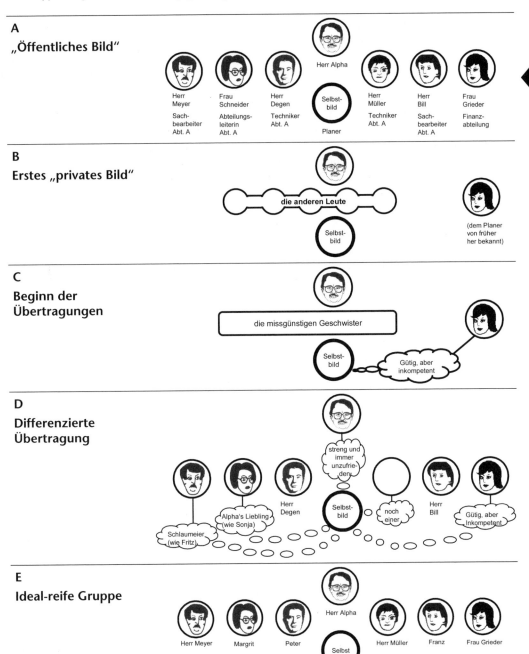

A

„Öffentliches Bild"

Herr Alpha

Herr Meyer
Sachbearbeiter Abt. A

Frau Schneider
Abteilungsleiterin Abt. A

Herr Degen
Techniker Abt. A

Selbstbild
Planer

Herr Müller
Techniker Abt. A

Herr Bill
Sachbearbeiter Abt. A

Frau Grieder
Finanzabteilung

Menschen

B

Erstes „privates Bild"

die anderen Leute

Selbstbild

(dem Planer von früher her bekannt)

C

Beginn der Übertragungen

die missgünstigen Geschwister

Selbstbild

Gütig, aber inkompetent

D

Differenzierte Übertragung

streng und immer unzufrieden

Schlaumeier (wie Fritz)

Alpha's Liebling (wie Sonja)

Herr Degen

Selbstbild

noch einer

Herr Bill

Gütig, aber Inkompetent

E

Ideal-reife Gruppe

Herr Alpha

Herr Meyer

Margrit

Peter

Selbst

Herr Müller

Franz

Frau Grieder

---

[1] Nach B. Gooss, Freiburg 1992 (unveröffentlichtes Manuskript)

Demgegenüber ergibt sich in der Ausgangslage eine Diskrepanz zum „privaten" Bild, welche sich die Gruppenmitglieder selbst machen. Der Abbildungsteil B zeigt dazu ein Beispiel. Ausgegangen wird von einem Planer („selbst"). Dieser nimmt anfangs nur Frau Grieder und den Projektleiter, Herrn Alpha, als Persönlichkeit differenziert wahr. Dabei kennt er Frau Grieder von einer früheren Zusammenarbeit her. Den „Rest" der Gruppe empfindet er selbst undifferenziert als „die anderen".

Brille der eigenen persönlichen Geschichte

(3) Bald danach färbt sich dieses „private" Gruppenbild persönlich ein. Wie die Abbildungsteile C und D vor Augen führen, sieht der Planer „selbst" die Gruppenmitglieder zunehmend durch die Brille der eigenen persönlichen Geschichte. Da wird auf Herrn Alpha, der Projektleiter, das Bild des strengen und unzufriedenen Vaters übertragen. Durch die Brille der eigenen persönlichen Geschichte erscheinen die „anderen Leute" als Missgünstige, weil sie entfernt an die eigenen Geschwister erinnern. Nur Frau Grieder erhält ein unabhängiges Etikett („gütig, aber inkompetent"), weil der Planer sie bereits von früher her kennt.

Im Zuge der weiteren Gruppensitzungen wird dieses **Bild zunehmend differenziert**. Frau Schneider erscheint als „Alpha's Liebling", weil sie an die Schwester Sonja erinnert (der Liebling des Vaters). Herr Mayer erinnert an den Bruder Fritz, der als „Schlaumeier" hervortrat. Nur eine Person bleibt blass, weil sie sich an den Gruppendiskussionen bisher nicht beteiligte („noch einer").

Phänomen der Etikettierung

(4) Dieses Phänomen der Etikettierung, der Betrachtung anderer Personen durch die Brille der eigenen persönlichen Geschichte, nennt man Übertragung. Wie das Beispiel der Abbildung A/24 zeigt, werden dabei Bilder besonders wichtiger Bezugspersonen auf die Gruppenmitglieder projiziert (Vater, Mutter, Geschwister etc.).

Je „elterlicher" sich jemand verhält (bestimmend, befehlend, vorwurfsvoll etc.), desto stärker lädt er zur **Übertragung** von Eltern-„Bildern" aus dem Arsenal des Kind-Ichs ein und desto mehr muss sich diese Person auch gefallen lassen, durch die Brille der Übertragung gesehen zu werden. Ganz besonders gilt das natürlich für Vorgesetzte bzw. Projektleiter. Auf diese wird ohnehin gerne persönlich Unerledigtes „übertragen" (Wünsche, Ängste, Enttäuschungen, Ärger).

Ideal-reife Gruppe

(5) Doch die Gruppe hat die **Chance**, sich weiterzuentwickeln. In dem Beispiel der Abbildung A/24 lernt der Planer („selbst") auf Stufe E die Gruppenmitglieder noch besser kennen. Sie werden nach und nach als unverwechselbare Persönlichkeiten wahrgenommen. Die übertragenen Bilder verblassen und die Etikettierungen fallen. Mit einigen Gruppenmitgliedern entwickelt sich ein freundschaftliches Verhältnis.

Es entsteht auf der Gefühlsebene eine ideal-reife Gruppe. Man kennt und schätzt die anderen Gruppenmitglieder, hat keine Scheu mehr, Gefühle auszutauschen, und weiss sich gegenseitig zu nehmen. In diesem guten emotionalen Klima wird die Gruppe sehr produktiv arbeiten können.

Folgerungen für Problemlösungs-Prozesse (6) Es ist naheliegend, dass sich Problemlösungs-Gruppen möglichst rasch zum ideal-reifen Zustand entwickeln sollten. Doch braucht dieser Prozess, wenn alle Gruppenmitglieder neu zusammen kommen, seine Zeit. Es lohnt sich daher eventuell, lieber ein oder zwei Sitzungen zusätzlich einzuschieben, damit die Gruppe für die Konsensbildung am Schluss noch reifen kann, als stur am Sitzungsplan festzuhalten.

Immerhin lässt sich aus der Erfahrung sagen, dass eine gute **Moderation** kombiniert mit einem **geeigneten methodischen Vorgehen** erstaunlich rasch eine Gruppe reifen lässt.

Menschen

1.2.4.3 Äusserer Reifungsprozess in der Gruppe

Entwicklungsphasen der Gruppe (1) Mit dem Thema „Übertragung" wurde bereits ein möglicher innerer Reifungsprozess in der Gruppe beschrieben. Es geht bei der „Übertragung" um Vorgänge, die den Gruppenmitgliedern meist nicht bewusst werden.

Dagegen wird der äussere Reifungsprozess in der Gruppe sichtbar und damit auch bewusst erlebbar. Dabei zeigen Laborversuche und Praxis typische Entwicklungsphasen der Gruppe (vgl. Abb. A/25):[1]

I   Abhängigkeit (Dependenz)
II Gegenabhängigkeit (Konterdependenz)
III Unabhängigkeit (Independenz)
IV Akzeptierte gegenseitige Beeinflussung (Interdependenz)

Abhängigkeit (2) Zur Beschreibung der Phasen der Gruppenentwicklung ist es nützlich, sich die Situation der Gruppenmitglieder insbesondere am Anfang vor Augen zu führen. Zwei Ungewissheiten bestimmen vor allem die Beziehungen:[2]

∘ die Haltung der Gruppe gegenüber dem Gebrauch und der Verteilung der Macht

∘ die Intimität der Beziehungen

Die Machtfrage bildet in der Phase I das Hauptthema der Gruppe. Hier sehen sich die Gruppenmitglieder am Anfang in der Abhängigkeit (Dependenz) der Leitung bzw. Moderation. Diese kennt die Methode für das gemeinsame Vorgehen, stellt das Sitzungsprogramm auf und bestimmt, was in der Diskussion zur Sprache kommt. In der Phase der Unsicherheit der Gruppe wird diese Abhängigkeit zunächst meist nicht in Frage gestellt.

Gegenabhängigkeit (3) Doch entwickeln sich auch bereits **Gegenkräfte**. Meist nach der ersten Sitzung der Gruppe macht sich in den weiteren Sitzungen teils erhebliche Opposition bemerkbar (vgl. Abb. A/25). Einige Mitglieder der Gruppe versuchen zu dominieren, indem sie ihre eigenen Wege ohne

---

[1] Vgl. Svensson 1973, S. 58 ff.
[2] Vgl. Vopel/Kersten 2000, S. 191

Abbildung A/25
Neue Gruppen durchlaufen Entwicklungsphasen von der Dependenz zur Interdependenz[1]

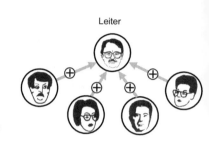

I
Abhängigkeit (Dependenz)

- Ersuchen um Unterstützung oder Lenkung
- Sich abstützen auf eine bestimmte Vorgehensweise, Struktur, Tradition, Norm, Rollenerwartung
- Sich abstützen auf eine äussere Autorität (z.B. „Das wurde uns von der oberen Leitung so vorgegeben.")
- Bekundung von eigener Schwäche und Unzulänglichkeit („Ich weiss nicht, wie wir überhaupt zu einem Ergebnis kommen können.")

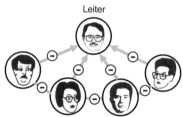

II
Gegenabhängigkeit (Konterdependenz)

- Ablehnen von Unterstützung oder Lenkung von Personen
- Opponieren gegen bestimmte Strukturen, Traditionen, Normen, Rollenerwartungen
- Betonung der eigenen Stärke („Das können die nicht mit uns machen.")
- Sich verweigern, andere entwerten

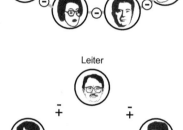

III
Unabhängigkeit (Interdependenz)

- Relative Unabhängigkeit von den Gruppenmitgliedern
- Distanzierung von der Gruppe als Ganzes („Ich brauche die Gruppe nicht.")
- Selbständiges Handhaben von Vorgehensweisen, Rollenerwartungen etc. („Ich möchte einmal eine andere Methode vorschlagen.")
- Betonen der eigenen Stärke in der Gruppe

IV
Akzeptierte gegenseitige Beeinflussung
(Interdependenz)

- Anerkennung und Verarbeitung von Verschiedenheiten
- Motivation zur Kooperation („Mir macht es ausgesprochen Spass, in dieser Gruppe mitzuarbeiten.")
- Offener Informationsfluss
- Tendenz zur Rotation von Funktionen, zur Verteilung von Macht und Zuwendung
- Motto: Wechselseitige Bezogenheit sowie Bewusstsein darüber

---

[1] Vgl. Svensson 1973, S. 73 f.

Rücksicht auf die anderen suchen (Kampfverhalten). Andere lösen das Problem ihrer Beziehungen dadurch, dass sie sich zurückziehen oder einigeln (Fluchtverhalten).[1]

In dieser Phase der Gegenabhängigkeit (Konterdependenz) wird etwa gegen die von der Leiterin bzw. Moderatorin vorgeschlagene Vorgehensweise opponiert. Man verweigert evtl. sogar die weitere Zusammenarbeit. Der Leiter bzw. Moderator sieht sich in seiner Rolle in Frage gestellt. Doch nicht nur gegen Personen wird opponiert, sondern auch gegen Regeln, Traditionen und andere „Autoritäten".

Die Gegenabhängigkeit wird um so stärker angestrebt, je deutlicher vorher die Abhängigkeit verspürt wurde.

Unabhängig-keit

(4) In der Phase der Unabhängigkeit (Independenz) erfolgt eine **allmähliche Klärung der Machtverhältnisse.** Hinzu kommt nun, dass die Intimität der Beziehungen (Gefühle, Neigungen) die Gruppenmitglieder beschäftigt.

Dabei gestalten sich diese Klärungen nicht nur in einer positiven Atmosphäre. Neben Sympathie wird auch Antipathie deutlich spürbar. Man setzt den anderen unbewusst „Hüte" auf. Mitglieder der Gruppe treten in direkte Konfrontationen. Sie signalisieren, dass sie die Gruppe und einzelne Gruppenmitglieder für ihre Ziele nicht brauchen. Andere verbinden sich mit einzelnen Gruppenmitgliedern und bilden Kleingruppen.

Akzeptierte gegenseitige Beeinflussung

(5) Schliesslich gelangt die Gruppe allmählich zur akzeptierten gegenseitigen Beeinflussung (Interdependenz). Das gegenseitige Misstrauen wird abgebaut. Cliquen lösen sich auf. Man erkennt die Gruppenmitglieder als wertvolle Persönlichkeiten an. In der Intimität werden Wege gefunden. Man gewinnt gegenseitiges Vertrauen und beginnt, sich in der Gruppe wohl zu fühlen. Die Information fliesst gut zwischen allen Mitgliedern.

Man ist zu **Kooperation** bereit und lässt sich dafür von gemeinsamen Zielen leiten.[2] Der Projektleiter wird anerkannt. Einzelne Gruppenmitglieder können zwischenzeitlich Kleingruppen führen, ohne dass die Machtfrage noch eine Rolle spielt.

Die Gruppe entwickelt eine eigene Identität und Autorität. In wesentlichen Fragen wird rasch ein Konsens erreicht. Man hat damit auch auf dieser Schiene den Status der ideal-reifen Gruppe erreicht.

Folgerungen für Problem-lösungs-Prozesse

(6) Möglichst schnell in die Phase der Interdependenz zu gelangen, muss für Problemlösungs-Gruppen eine wichtige Zielsetzung bilden. Denn eine nicht nur innerlich, sondern auch äusserlich gereifte Gruppe verfügt über eine grosse Leistungs- und hohe Konsensfähigkeit.

---

[1] Vgl. Vopel/Kersten 2000, S. 195
[2] Vgl. Grzelak 2003, S. 326 ff.

Um dieses Ziel rasch zu erreichen, gilt es, mit geeigneten Verhalten die vorlaufenden Phasen möglichst unproblematisch zu gestalten. Dazu dienen dienen als Hinweise insbesondere für Moderationen:[1]

- **Phase I Abhängigkeit** (Dependenz)
  - Das Gefühl der Abhängigkeit möglichst klein halten
  - Für eine lockere, entspannte Atmosphäre sorgen
  - Alle Teilnehmer eingehend vorstellen
  - Das Vorgehen möglichst gut erläutern
  - Für das Kennenlernen reichlich Pausen einplanen
- **Phase II Gegenabhängigkeit** (Konterdependenz)
  - „Aufruhr" zulassen, Positionskämpfe klären helfen
  - Sich nicht provozieren lassen, versuchen, neutral zu bleiben
  - Auf Methodendiskussionen nicht eintreten, aber jederzeit zu weiteren Erläuterungen bereit sein
  - Eine positive Grundhaltung bewahren und den Gruppenmitgliedern signalisieren
  - Zu Vertrauen ermuntern
- **Phase III Unabhängigkeit** (Independenz)
  - Geduld haben
  - Die Intimität der Beziehungen fördern. Gefühlen Raum geben, jedoch keinesfalls selber Partei ergreifen
  - Konflikte offen austragen helfen. Auch „heisse Eisen" müssen auf den Tisch
  - Gegen das Bilden von Cliquen und das „Einschiessen auf Sündenböcke" angehen
  - Für einen klaren Informationsaustausch sorgen (z.B. mit dem Mittel präziser Zusammenfassungen)
  - Nötigenfalls mit Sanktionen durchgreifen
- **Phase IV Akzeptierte gegenseitige Beeinflussung** (Interdependenz)
  - Sich nicht von der Gruppen-Euphorie anstecken lassen, die Realität im Auge behalten
  - Diese Phase nutzen, auch sehr konfliktträchtige Fragen zu behandeln
  - Konsens zu Lösungen herbeiführen
  - Gelegenheit bieten, gemeinsam nach aussen die gefundene Lösung zu vertreten

1.2.5 Teams

Teams als spezifisches Instrument

(1) Wenn man Publikationen in vielen Zeitungen und Büchern Glauben schenkt, dann sind Teams eine Allerweltssache und sehr populär. Man macht mit ihnen Werbung (vgl. Abb. A/26).
Auch der Spott ist dann schnell zur Stelle (Team = Toll, ein anderer macht's). Doch diese Verlotterung im Gebrauch des Wortes Team darf

---

[1] Vgl. Gäde/Listing 2002, S. 310 f.

hier nicht wegleitend sein. Vielmehr gilt es, Teams als besondere Gruppe und spezifisches Instrument zu begreifen, mit dem man
○ in besonderen Situationen
○ komplexe Probleme
○ mit hoher Erfolgswahrscheinlichkeit
lösen kann. Mit dem Ausdruck **„spezifisch"** soll ausgedrückt werden, dass besondere Bedingungen erfüllt sein müssen, um von Teamarbeit sprechen zu können. Wenn solche Bedingungen nicht gegeben sind, entstehen auch nicht die möglichen Erfolgseffekte der Teamarbeit.

Teamarbeit ist infolge der Anforderungen auch **„anspruchsvoll"** und aufwendig. Daher darf sie nicht als ein ständiges Instrument für alles Mögliche dienen. Vielmehr müssen besondere Situationen und komplexe Probleme vorliegen, damit der Einsatz eines Teams lohnt.

▶ Menschen

Abbildung A/26
Das Wort „Team"
ist in Mode ge-
kommen

Bedingungen für Team-Arbeit

(2) Von Teams verspricht man sich generell eine intensive Kommunikation sowie einen hohen Grad an Zusammenhalt und wechselseitiger Unterstützung.[1] Damit solche positiven Effekte, welche in Kapitel A/1.2.5.4 vertiefend behandelt werden, voll eintreten, müssen zunächst

---

[1] Vgl. Fisch/Beck 2001, S. 5

die folgenden Bedingungen aus dem Bereich organisierter Projektarbeit erfüllt werden:

- eine gemeinsame klar abgrenzbare Aufgabe
- ein klarer Beginn und absehbarer Abschluss der gemeinsamen Arbeit
- ein definierter organisatorischer Rahmen

Auf diese Bedingungen gehen die Kapitel A/3.3.2.4 und B/4.2 näher ein. Hier sollen die „inneren" Bedingungen für Teamarbeit vertiefend behandelt werden. Daraus ergibt sich folgende Auswahl an Themen:

- Team-Zusammensetzung

- Teamgrösse

- Sitzungsrhythmus

- Potenzielle Vorteile von Teams

- Potenzielle Nachteile von Teamarbeit

- Typische Teamaufgaben

1.2.5.1   Team-Zusammensetzung

Aspekte der Team-Zusammensetzung

(1) Stark mitentscheidend für die Frage, ob sich die Vorteile der Teamarbeit einstellen, ist bereits die Zusammensetzung. Das gilt für Gruppen allgemein, für Teams aber ganz besonders. Hierbei müssen folgende Aspekte beachtet werden (vgl. Abb. A/27)[1]

- Anerkennung der Aufgabe
- Sachliche Relevanz
- Akzeptanz
- Persönliche Kompetenz
- Gegenstromprinzip
- Hierarchiestufen
- Zeitbelastung

Aufgabe anerkennen

(2) Sämtliche Team-Mitglieder sollten die gestellte Aufgabe anerkennen können. Lehnt ein potentielles Team-Mitglied die Aufgabe ab (weil es z.B. das Problem bereits als gelöst ansieht), so wird diese Person wenig zur Mitarbeit motiviert sein. Zumindest in der Anfangsphase dürfte dann die Neigung bestehen, eher destruktiv zu wirken, als konstruktiv an der Lösung der (nicht anerkannten) Aufgabe mitzuarbeiten.

Man muss allerdings nicht unbedingt eine solche Person aus einem Team ausschliessen. Im Laufe der Teamarbeit besteht die Chance, dass sich noch eine Meinungsänderung entwickelt (z.B. durch die Autorität des Teams, vgl. Kap. A/1.2.5.4). Doch wird es ein Team mit der betreffenden Person zunächst recht schwer haben.

---

[1] Vgl. Weinert 1998, S. 327

Abbildung A/27
Mehrere Aspekte
sollten bei der
Auswahl von
Teammitgliedern
beachtet werden

Aspekt	Erläuterungen, Begründungen
Anerkennung der Aufgabe	• Nur wer die Aufgabe anerkennt und als Problem sieht, wird motiviert sein, sie zu lösen • Es sind bei Nicht-Anerkennung destruktive Wirkungen auf die Gruppenprozesse zu befürchten
Sachliche Relevanz	• Team-Mitglieder sollten in der Sache etwas beitragen können • Manche wollen aus Prestige-Gründen oder wegen ihrer Stellung in der Organisation beteiligt werden. Die Gefahr ist gross, dass sachlich unterforderte Team-Mitglieder sich künstlich interessant machen (z.B. durch grundsätzliche Opposition)
Unterstützung der Akzeptanz	• Manche Personen sind wichtig im Team, weil sie später die Akzeptanz der Ergebnisse wesentlich unterstützen können • Wenn kaum sachliche Relevanz gegeben ist, wird man diesen wichtigen Team-Mitgliedern spezielle Rollen geben müssen, damit sie als aktives Mitglied wirken können
Persönliche Kompetenz	• Gutes Fach- und Lösungswissen in allen relevanten Gebieten sind unabdingbar im Team • Talente für das Entwickeln kreativer Ideen können das Team bereichern • Besonders gute Kenntnisse zum Umfeld bzw. zu den Randbedingungen unterstützen eine ganzheitliche Betrachtungsweise
Gegenstromprinzip	• Träger verschiedener Meinungen bzw. Interessen zu einer Aufgabe sollen in das Team integriert werden. Streitgespräche bereichern die Teamarbeit • Wichtige Fachgebiete sollten mindestens durch zwei verschiedene Team-Mitglieder vertreten werden, um Meinungs-Monopole zu verhindern
Hierarchiestufen	• Es lassen sich erfahrungsgemäss bis zu drei Hierarchiestufen gut verkraften • Mehr als drei Hierarchiestufen erschweren eine offene und vertrauensvolle Zusammenarbeit
Zeitbelastung	• Team-Mitglieder müssen die erforderliche Zeit zur Verfügung stellen können • Die Erfüllung dieser Bedingung ist bei den Betroffenen und deren Chefs abzusichern

Menschen

Sachliche Relevanz

(3) Bestimmt man Team-Mitglieder, so sollte nach Möglichkeit eine sachliche Relevanz gegeben sein. Wenn bei Team-Mitgliedern das Gefühl besteht, eigentlich zur Sache nichts beitragen zu können, so werden jene nicht motiviert und vielmehr schnell gelangweilt sein. Es macht deshalb z.B. wenig Sinn, für die Konzeption einer einfachen, unbeheizten Lagerhalle einen Haustechnikspezialisten in das Team integrieren zu wollen.

Nicht selten fehlt die sachliche Relevanz zwar, doch jemand möchte unbedingt Team-Mitglied werden (z.B. aus Prestigegründen). Auch in diesem Fall sollte man eher nein sagen, weil die betreffende Person zur Sache wenig beitragen kann und in Gefahr läuft, sich **künstlich interessant zu machen** (z.B. durch grundsätzliches Opponieren).

Akzeptanz

(4) Anders liegt der Fall, wenn jemand für die spätere Akzeptanz eine wichtige Rolle spielt. Es kann sich hier um die Entscheidungsträger, um informelle Meinungsführer oder um die späteren Ausführenden von Planungen oder Reorganisationen handeln.

Meist darf man bei diesem Personenkreis eine gewisse **Motivation** annehmen, selbst wenn sie zum Zeitpunkt der Teambildung von der Sache nicht allzu viel verstehen. Sie erhalten ja dann im Zuge der Teamarbeit das nötige Sachwissen und sind am Schluss über die Gründe, eine bestimmte Lösung vorzuschlagen, gut informiert. Daher kann es z.B. wichtig sein, einen beauftragten Werbefachmann bei der Entwicklung eines Marketingkonzeptes zu beteiligen.

Es wird in diesen Fällen einer **geschickten Moderation** gelingen, solchen Personen über die Phase hinwegzuhelfen, in der sie sachlich noch nicht allzu viel beizutragen haben. Man lässt sie z.B. „dumme Fragen" stellen, also die Fachleute herausfordern.

Kompetenz

(5) Die Mehrheit der Team-Mitglieder muss jedoch unter dem Gesichtspunkt der sachlichen Relevanz und zudem auch der Kompetenz ausgewählt werden. Zur Kompetenz gehören hier:

○ ein gutes Fachwissen
○ das Talent für kreative Ideen oder die Fähigkeit zum kritischen Hinterfragen
○ besonders gute Kenntnisse zum Umfeld bzw. zu den Randbedingungen einer Lösungssuche
○ Methoden-, Sozial- und Individualkompetenz (vgl. Abb. A/91).

Damit wird auch ausgedrückt, dass die Team-Mitglieder nicht sämtlich aus dem gleichen Fach kommen sollen bzw. nur Fachspezialisten sein dürfen. Vielmehr gilt es, in der Teamzusammensetzung die ganze Breite der relevanten Aspekte und Meinungen zu berücksichtigen. Das geht also über die Forderung nach Interdisziplinarität hinaus.

In diesem Sinne ist auch jemand kompetent, der eine bereits vorgeschlagene Lösung eines Problems ablehnt. Er sollte unbedingt in das Team integriert werden (sofern er die Aufgabe anerkennt).

Gegenstromprinzip

(6) Damit ist das Gegenstromprinzip angesprochen. Teams müssen, damit sie ganzheitlich die Aufgabe angehen und kreativ nach Lösungen suchen, bewusst so zusammengesetzt werden, dass ein Streitgespräch entsteht.[1]

Es empfiehlt sich daher auch, für all diejenigen sachlichen Gebiete, die für eine Lösung besonders wichtig erscheinen, mindestens **zwei kom-**

---

[1] Vgl. Schulz-Hardt 2000, S. 281 ff.

petente **Team-Mitglieder** aufzubieten. Sonst drohen für bestimmte Sachgebiete Meinungsmonopole (z.B. für Fragen der Informatik), welche bei einer kreativen Lösungssuche sehr stören können.

Einfluss von Hierarchie-Stufen

(7) In einem gut moderierten Team lassen sich mehrere organisatorische Hierarchiestufen verkraften, ohne dass die Zusammenarbeit wesentlich gestört wird.[1] Die Erfahrung zeigt jedoch, dass ein Abstand von mehr als 3 Hierarchiestufen unter den Team-Mitgliedern die offene, vertrauensvolle Zusammenarbeit erschwert (vgl. Kap. B/3.2.3).

Men-
schen

Zeitbelastung

(8) Es muss gesichert werden, dass die Team-Mitglieder die Zeitbelastung der Zusammenarbeit akzeptieren. Wenn bei der Teambildung einzelne potenzielle Mitglieder nicht zusichern, zu sämtlichen Teamsitzungen zu kommen, so sollte man auf deren Mitarbeit verzichten. Flankierend müssen auch entsprechende Zusicherungen von Chefs eingeholt werden. Diese haben sich zu verpflichten, ihren Mitarbeitern die notwendige Zeit einzuräumen.
Die Teamarbeit leidet sehr, wenn einzelne Mitglieder Sitzungen versäumen oder diese vorzeitig verlassen (vgl. Kap. B/3.1.3.1).

1.2.5.2   Teamgrösse

Praxis-Druck zur Ausweitung

(1) Die Aspekte geeigneter Team-Zusammensetzungen zeigen, dass etliche Argumente bestehen, viele Personen an der Teamarbeit zu beteiligen. In der Praxis entsteht sogar häufig ein starker Druck, noch die eine oder andere Person in der Gruppe aufzunehmen. Mit einer gewissen Anzahl von Gruppenmitgliedern schwindet jedoch die Chance, dass echte Teamarbeit entsteht.

Einfluss-faktoren auf die Team-grösse

(2) Wie die Abbildung A/28 zeigt, nehmen die **Vorteile der Gruppenarbeit** in den Bereichen Fehlerausgleich, ganzheitliche Betrachtungsweise und Kreativität von einer gewissen Personenzahl an nur noch schwach zu (vgl. Kap. A/1.2.5.4).
Gleichzeitig steigt bei den Einflussfaktoren aber der **Zeitbedarf** für die Kommunikation im Team, wenn alle sich wirklich auch gut beteiligen sollen. Bei 5 Personen entstehen theoretisch 10 mögliche einzelne Kommunikationsbeziehungen (zwei Personen tauschen Argumente miteinander aus). Bei 10 Personen ist bereits ein Netz von 45 einzelnen Kommunikationsmöglichkeiten zu pflegen. Bei 15 Personen ergibt sich die Zahl von 105 (vgl. Abb. A/29). Natürlich finden im Team nicht nur Einzelgespräche statt, sondern alle hören die Argumentationen. Doch der überproportional zur Teamgrösse wachsende Zeitbedarf entspricht auch der Erfahrung in der Praxis.

---

[1] Vgl. Beck/Orth 2001, S. 287 ff.

*Abbildung A/28
Die Gruppengrösse
hat recht unter-
schiedliche Effekte
zur Folge. Nur bei
bestimmten Grup-
pengrössen stellen
sich die positiven
Wirkungen eines
Teams ein[1]*

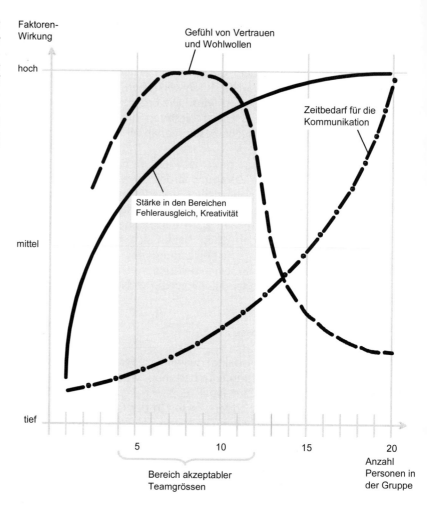

Parallel zur wachsenden Gruppengrösse nimmt die Möglichkeit ab, auf einzelne Persönlichkeiten gut einzugehen und ein **Gefühl des Vertrauens und Wohlwollens** aufkommen zu lassen. Viele Personen melden sich bei zu grossen Gruppen nicht mehr zu Wort. Es bilden sich evtl. auch Untergruppen und Meinungs-Cliquen. Die Lust am Profilieren einzelner wächst. Kurz: Es entsteht kein guter Teamgeist mehr und die Kooperationsbereitschaft nimmt stark ab.[2]

Günstigster Bereich für die Teamgrösse

(3) Aus der Abbildung A/28 wird auch ersichtlich, dass der günstigste Bereich für die Teamgrösse zwischen 5 und 9 Personen liegt. In dieser Grössenspanne ist

---

[1] Quellen dazu: Ammelburg 1991, S. 57 f.; Hofstätter 1986, S. 35 ff.
[2] Vgl. Ammelburg 1991, S. 58

○ das mögliche Maximum in den direkten Leistungsvorteilen, im Fehlerausgleich, in der Kreativität bereits weitgehend erreicht (vgl. Kap.
   A/1.2.5.4),
○ der Zeitbedarf für die Kommunikation noch relativ klein,
○ das Entwicklungspotential für das gegenseitige Wohlwollen und Vertrauen am höchsten.

Gruppen von **mehr als 12 Personen** entwickeln kaum noch ein hinrei-
chendes Gefühl von Vertrauen und Wohlwollen. Gleichzeitig ist der
Zeitbedarf für die Kommunikation bereits relativ hoch (vgl. Abb. /29).
Bei den direkten Leistungsvorteilen, beim Fehlerausgleich oder bei der
Kreativität ist demgegenüber kaum noch etwas zu gewinnen.

Gruppen unter 4 Personen bieten umgekehrt noch ein zu kleines Po-
tential für Kreativität, Fehlerausgleichsmöglichkeiten etc. Auch ist die
mögliche Dominanz einzelner Gruppenmitglieder noch zu stark.

Von **Team** sprechen wir daher hier nur bei Gruppengrössen zwischen **4
und maximal 12 Personen.**

> Men-
> schen

*Abbildung A/29
Die Anzahl theore-
tischer Einzelbe-
ziehungen wächst
mit der Gruppen-
grösse überpropor-
tional*

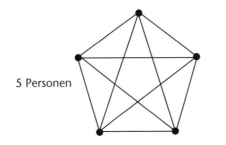

5 Personen

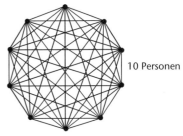

10 Personen

**Grössere
Gruppen**

(4) Es ist dennoch möglich, auch bei grösseren Gruppen teamartig zu
arbeiten.

In solchen Fällen behilft man sich damit, die **Gruppe in einzelne Teams**
günstiger Grösse zu **unterteilen.** Die eigentliche Arbeit findet dann in
parallel arbeitenden Teams statt. In Plenumssitzungen werden die Informationen bzw. Ergebnisse der Teamarbeit ausgetauscht und koordiniert. Man kann dazu auch ein eigenes Koordinations- und Entschei-
dungsteam einsetzen (vgl. Kap. B/4.2.1.3).

1.2.5.3   Sitzungsrhythmus

**Intensive
Beschäftigung
mit den
Informationen
zur Aufgabe**

(1) Das Kapitel A/1.1.2 über Denkprägungen und Verhalten verdeut-
lichte, dass Menschen nur sehr begrenzt neue Informationen aufnehmen
können. Sie brauchen also Zeit für die umfassende Informationsaufnahme und -verarbeitung. Damit die typischen Vorteile der Teamarbeit entstehen können (vgl. Kap. A/1.2.5.4), bedarf es daher einer intensiven

Beschäftigung mit den Informationen zur Aufgabe. Das Team muss also sachlich „am Ball" bleiben. Das bedingt bereits einen möglichst dichten Sitzungsrhythmus.

Reifungs-prozess im Team

(2) Dafür sprechen aber auch die typischen Entwicklungen in Gruppen (vgl. Kap. A/1.2.4). Ziel muss sein, den Reifungsprozess im Team zu fördern. Es sollte möglichst bald die ideal-reife Gruppe entstehen, damit sachlich eine gute Lösung und emotional der Konsens möglich wird.
Dieser Prozess benötigt aber je nach Ausgangslage eine mehr oder weniger grosse Anzahl an Sitzungen. Dabei müssen die Team-Mitglieder miteinander in „Tuchfühlung" bleiben. Das bedingt, dass man sich relativ häufig als Team trifft.

Eckdaten zur Teamarbeit

(3) Bei diesen Anliegen entstehen jedoch in der Praxis oft erhebliche Schwierigkeiten. Die Team-Mitglieder können im Zeitablauf meist nur begrenzt Terminmöglichkeiten zur Verfügung stellen, denn sie müssen ja auch ihre normalen Geschäften nachgehen.
Zusätzlich geht auch von Methodenanwendungen wie z.B. ein systematisches Vorgehen mit einzelnen Arbeitsschritten ein Einfluss aus. Zwischen den Sitzungs-Terminen müssen daher oft Sacharbeiten (z.B. Ausarbeitung von Lösungs-Varianten, Aufstellen eines Beurteilungs-Kataloges) durchgeführt werden.
Daher sollte für die gute Informationsgewinnung und -verarbeitung sowie die Team-Reifung erreicht werden, folgende Eckdaten im Sitzungsrhythmus und in der Gesamtdauer einzuhalten (vgl. Kap. B/4.2.2):
○ **Sitzungsrhythmus** mit einer maximalen Dauer von 6 Wochen zwischen zwei Sitzungen (meistens jedoch wesentlich häufigere Sitzungen)
○ **maximaler Zeitraum** von 9 Monaten für die Lösung eines Problems (besser deutlich unter 6 Monaten).

1.2.5.4 Potenzielle Vorteile von Teams

Überblick

(1) Dass so viel von Teams gesprochen und geschrieben wird, hängt wohl einerseits mit der wachsenden Komplexität heutiger Problemsituationen zusammen (vgl. Kap. A/2.2). Andererseits tragen dazu die Erfolge echter Teamarbeit bei. Zu den nachweisbaren Vorteilen der Teamarbeit gehören, sofern die Bedingungen für „Team" eingehalten werden (s.o.):
• direkte Leistungsvorteile
• ganzheitliche Betrachtungsweise
• Kreativität
• Motivation
• Autorität
• Zeitgewinn
• Erfüllung menschlicher Grundbedürfnisse

Direkte Leistungs- vorteile

(2) Die direkten Leistungsvorteile einer Gruppe lassen sich wissenschaftlich in Teilbereichen recht klar nachweisen.[1] Dazu gehören als Effekte:

- erhöhte Kraftentfaltung
- Fehlerausgleich.

Die erhöhte **Kraftentfaltung** gilt einerseits für die Muskelkraft und andererseits auch für die geistige Kraft. Wenn beispielsweise das eine Team-Mitglied müde wird, kann das andere weiterhin aufmerksam sein. Ähnliches gilt für den **Fehlerausgleich**. Was der eine nicht sieht, entdeckt die andere. Die Gesamtheit aller Schätzungen ist in der Regel richtiger als Einzelschätzungen. Dieser Vorteil des Teams ist für die Lösung komplexer Probleme wichtig, müssen doch hier sehr viele Informationen zusammengetragen, Schätzungen und Beurteilungen durchgeführt werden. Dabei unterliegen Individuen, auf sich allein gestellt, rasch einmal Denkfehlern bzw. intuitiven Fehleinschätzungen (vgl. Kap. A/1.1.2).

Ganzheitliche Betrachtungs- weisen

(3) Damit zusammenhängend gelingen Gruppen, wenn sie entsprechend zusammengesetzt sind, eher ganzheitliche Betrachtungsweisen. Jedes Gruppenmitglied bringt einen eigenen, zusätzlichen Wissens- und Erfahrungsschatz sowie seine spezifischen Sichtweisen ein. Damit bietet die Gruppenarbeit im Team auch die besten Voraussetzungen dafür, komplexe Probleme zu lösen.

Kreativität

(4) Im Zusammenhang mit ganzheitlichen Betrachtungsweisen entwickeln Gruppen meist mehr Kreativität als Einzelpersonen. „Wie oft plagt man sich mit einem Problem oder einem Gedanken und findet allein keine Lösung. Aber bei einem nur kurzen Gespräch mit anderen erhält man vielleicht bereits in wenigen Minuten mehr Anregungen oder Einsichten, als man vorher in stunden- oder tagelangem Nachdenken erreichen konnte".[2]

In Gruppen und speziell in Teams entsteht auch häufiger eine **kreative Stimmung**. Selbst sonst eher verschlossene Persönlichkeiten entfalten sich im Team und liefern evtl. besonders kreative Beiträge. Dazu trägt ganz entscheidend die gute Erfüllung menschlicher Grundbedürfnisse bei (s.u.).

Motivation

(5) Bei dieser Frage besteht auch ein Zusammenhang zur Gruppen-Motivation. Die Mitglieder einer Gruppe stehen in einer Art positivem Wettkampf. Die interessante Idee des einen ermuntert andere ebenfalls zu neuen Ideen. Die gute quantitative oder qualitative Leistung der einen motiviert zu entsprechenden Leistungen der anderen.

Autorität

(6) Die vorgenannten Faktoren tragen zur Autorität von Gruppen bei. Diese wirkt zunächst **gruppen-intern**. Wenn eine Gruppe bestimmte Zielsetzungen verfolgt, setzt sie Normen für das Verhalten, denen sich

Men- schen

---

[1] Vgl. Ammelburg 1991, S. 11 ff.; Luft 1991, S. 34 ff.; Hofstätter 1986, S. 35 ff.
[2] Zitiert nach Ammelburg 1991, S. 20

die Gruppenmitglieder anpassen.[1] Man schliesst sich meist selbst dann der Ausrichtung einer Gruppe an, wenn man vorher in andere Richtungen tendierte. Denn man möchte als Team-Mitglied dazugehören und nicht ausgeschlossen werden.

Gruppen-extern wirken die gleichen Faktoren. Es wird einer Gruppe mehr Leistungsfähigkeit, Kreativität etc. zugetraut. Zudem strahlt die Überzeugungskraft einer geschlossenen Gruppenmeinung stark aus. Damit erhöht sich die Akzeptanz der von einem Team vorgeschlagenen Lösung.

Zeitgewinn

(7) Teamarbeit führt bei entsprechenden Aufgaben zu einem erheblichen Zeitgewinn. Verschiedene Beteiligte werden gleichzeitig informiert und kommen schneller zu Entscheidungen als bei einem sequenziellen Vorgehen (vgl. Abb. A/30). Speziell kann man lange Instanzenwege deutlich abkürzen.

Abbildung A/30
Im Team kann ein Informations- und Entscheidungsprozess wesentlich schneller ablaufen

Projektbearbeiter,
Entscheidungsträger ... mit Einzelgesprächen kommunizierend

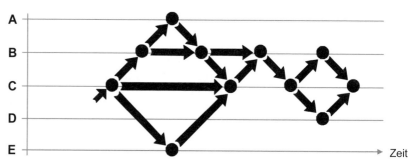

Projektbearbeiter,
Entscheidungsträger ... an einem Tisch z.B. im Rahmen einer Klausur

---

[1] Vgl. Gomez/Probst 2001, S. 35 ff.

Daher ist der Zeitgewinn durch Teamarbeit bei Reorganisationen, im Marketingbereich oder bei Projektierungen sehr gross. Durch **gute Teamarbeit** lässt sich der **Zeitbedarf** gegenüber konventionellem Vorgehen oft mehr als **halbieren**.

Erfüllung menschlicher Grundbedürfnisse

(8) Solche Vorteile der Gruppenarbeit entstehen bei gleichzeitig besonders guter Erfüllung menschlicher Grundbedürfnisse. Man ist beteiligt und informiert, fühlt sich (bei guter Gruppenkultur) als Persönlichkeit angenommen und hat Anteil am Erfolg der Gruppe.

So entstehen **Vertrauen und Wohlwollen** untereinander. Die Angst sinkt, in der Gruppe wegen einer „dummen" Frage oder „verrückten" Idee schief angesehen zu werden. Man sagt eher auch unangenehme Dinge. Das fördert wiederum den Fehlerausgleich, die Kreativität, Motivation etc.

Men-schen

Zusammen-fassung Vorteile der Teamarbeit

(9) Damit erreicht ein Team zusammenfassend als Vorteile bei der Lösung eines Problems bzw. beim Planen (vgl. Abb. B/2):
- erhöhte Chancen, sachlich **bestmögliche Lösungen** zu finden
- eine höhere interne und externe **Akzeptanz**
- einen deutlichen **Zeitgewinn**
- einen **rationellen Einsatz** von Personal und Hilfsmitteln

1.2.5.5   Potenzielle Nachteile von Teamarbeit

Erfolge der Teamarbeit nicht automatisch

(1) Wenn Teamarbeit bei vielen Aufgabenstellungen so erfolgreich sein kann, dann mag verwundern, dass diese positiven Effekte nicht noch mehr genutzt werden bzw. eintreten.

Offensichtlich ergeben sich echte Teamarbeit und die Erfolge der Teamarbeit nicht automatisch. Ja, etliche Menschen gewinnen auch immer wieder negative Eindrücke bei entsprechenden Gruppenarbeiten. „Viele Köche verderben den Brei", sagt z.B. der Volksmund. „Ausser Spesen nichts gewesen" wird ebenfalls nicht selten auf die Teamarbeit gemünzt. Wissenschaftliche Untersuchungen zeigen schliesslich, dass die durch Teamarbeit erhofften Wirkungen bzw. Erfolge tatsächlich oft nicht eintreten.[1] Teams können mehr Zeit für die Lösung eines Problems benötigen als Einzelpersonen. Es ist auch möglich, dass sich die Mitglieder eines Teams völlig zerstreiten und zu keiner gemeinsam getragenen Problemlösung gelangen.

Stolpersteine

(2) Als Stolpersteine für Teamarbeit sind v.a. ein Überhandnehmen all derjenigen negativen Effekte zu sehen, welche bereits in den Kapiteln A/1.1.2 bis 1.2.5.3 genannt wurden, also z.B.:
- durch Harmoniebedürfnisse **fehlender kritischer Geist**
- **Detailfixierung** einzelner Teammitglieder
- **unguter Umgang** mit **Gefühlen**

---

[1] Vgl. Tschan/Semmer 2001, S. 218

- ○ **Fehlende Offenheit** mit andauernden Versteckspielen
- ○ **Fehlende Motivation** und damit fehlendes Engagement einzelner Teammitglieder
- ○ überhandnehmende **Maschen** und **psychologische Spiele**
- ○ endlose **Rangordnungskämpfe** von Teammitgliedern
- ○ ein **Kommen und Gehen** zu den Teamsitzungen
- ○ **aggressives Ingroup-Verhalten** gegenüber dem Umfeld.

Direkte Nachteile

(3) Wenn Teams stolpern, dann gilt tatsächlich der Spruch: „Ausser Spesen nichts gewesen". Als direkte Nachteile abgebrochener bzw. erfolgloser Teamarbeit ergeben sich daher:

- ○ gemessen am Output zu hoher Aufwand
- ○ nachhaltig frustrierte Teammitglieder oder gar Gegnerschaften
- ○ erhebliche Zeitverluste (weil die Planung in anderer Form nochmals durchgeführt werden muss)

Notwendiges gutes Management und gute Moderation

(4) Um solche Nachteile nicht entstehen zu lassen, bedarf es in folgenden Bereichen eines guten Managements und einer guten Moderation.

- ○ Auswahl für Teamarbeit geeigneter Aufgaben (in der Regel Projekte)
- ○ Klare Definition der Projektziele
- ○ Unterstützung durch das Top-Management
- ○ Im Regelfall Beizug einer Persönlichkeit als Moderatorin mit guter Methoden- und Sozialkompetenz
- ○ Bei potenziell konfliktreichem Problem: Wahl einer neutralen Moderation

Die beiden Themen Moderation und Management werden praxisorientiert in den Kapiteln B/3.2 und 4. vertiefend behandelt. Hier sollen, um das Thema konkret abzurunden, noch typische Aufgaben für Teamarbeit erörtert werden. In Kapitel A/1.2.6 werden zudem einige relevante Aspekte der Leitung und Führung behandelt.

1.2.5.6 Typische Teamaufgaben

Aspekte für typische Teamaufgaben

(1) Wie stark sich die oben genannten Vorteile auswirken und die Nachteile vermeiden lassen, hängt auch stark davon ab, ob Teams geeignete Aufgaben zu lösen haben. Zu nennen sind vor allem als Aspekte:

- • Art der Aufgabe
- • Situation
- • spezifische Anforderungen

Art der
Aufgaben

(2) Die Art der Aufgaben sollte entsprechend den Vorteilen von Team-arbeit durch die Komplexität des Projektes (vgl. Kap. A/2.2) bestimmt sein, also durch:[1]

o einen erheblichen Informationsbedarf, wobei verschiedene Personen die Informationen beibringen müssen
o eine gewisse Unklarheit und Ungewissheit in den Umfeldbedingungen und in der Sache (z.B. Probleme im Einschätzen)
o den Nutzen möglichst vieler bzw. verschiedener Lösungsideen (Kreati-vität)
o das Erfordernis einer tiefen geistigen Durchdringung der Problematik (ganzheitliche Betrachtung).

Einfache Routine-Aufgaben erfordern also keine Teamarbeit, es sei denn, die Situation erschwert den Planungsprozess.

Situation

(3) Tatsächlich können auch recht einfache Aufgabenstellungen zu ihrer Bewältigung Teamarbeit erfordern. Bei der vorherrschenden Detailorien-tierung (vgl. Kap. A/1.1.2.3) entzünden sich Konflikte oft an sehr bana-len Fragen. Als typische Teamaufgabe kann also auch die Bewältigung einer Situation gelten, welche geprägt ist durch:

o organisatorisch vorgegebene, an der Entscheidung zu beteiligende Gruppen bzw. Gremien, die ein Mitspracherecht haben und vermut-lich verschiedene Interessen verfolgen (daher Nutzen der Autorität der Gruppe mit starker Ausrichtung auf Konsensfindung)
o menschliche Konflikte zwischen verschiedenen Interessenvertretungen bzw. Organisationseinheiten (Entwickeln von Vertrauen und Wohlwol-len durch Erfüllung menschlicher Grundbedürfnisse)
o die spätere Übergabe des Projektes an nachfolgende Bearbeiterinnen (welche man daher bei der vorausgehenden Planungs-Phase mit Vor-teil beteiligt).
o hohe Akzeptanzanforderungen (dafür Nutzen der Autorität des Teams)
o knappe Terminvorgaben (dafür Nutzen der Teamarbeit durch Leis-tungsvorteile, Gruppenmotivation, gleichzeitige Information).

Sind umgekehrt aus der Situation heraus nicht mehrere Personen zu beteiligen und ist die Aufgabe relativ einfach bzw. routiniert zu lösen, dann scheint auch kein Team erforderlich.

Bewusste Wahl

(4) Diese Skizze typischer Teamaufgaben macht daher deutlich, dass in vielen Fällen der Aufwand für Teamarbeit nicht gerechtfertigt wäre. Es sollte also eine bewusste Wahl erfolgen. Man würde ein Team „ver-schleissen", wenn die Aufgabe auch durch Routinen, einfache Gespräche oder normale Gruppenarbeit gelöst werden kann. Umgekehrt bringt Teamarbeit bei vielen Problemen klar die bessere Prozess-Lösung.

Men-schen

---

[1] Vgl. Weinert 1988, S. 331 f.

1.2.6   Leiten und Führen

Bedeutung (1) Das Thema Leiten bzw. Führen spielt bei Problemlösungs-Prozessen eine grosse Rolle. Das gilt nicht nur für eine beauftragte Gruppe, sondern auch für die organisatorischen Rahmenbedingungen.

Gemeinsam ist den Begriffen **Leiten und Führen**, dass sie sich massgeblich auf Menschen beziehen. In der Folge werden diese beiden Begriffe **häufig synonym verwendet**. Das ist jedoch nicht korrekt, weil die Begriffe in der Organisation und der Gruppendynamik unterschiedliche Bedeutungen haben.[1]

Leiten (2) Leiten bedeutet, Kompetenzen (Handlungsrechte) in einer bestehenden Organisation wahrzunehmen. Leitende haben daher zu informieren, zu organisieren, zu planen, Entscheidungen zu treffen, Weisungen zu geben sowie die Ausführungen der Weisungen bzw. die Erfüllung der Zielsetzungen zu kontrollieren.

Bei der Wahrnehmung ihrer Funktion gegenüber Gruppen müssen sich Leitende wiederum nach übergeordneten Instanzen richten. Daraus entstehen „**Linien**". Als „Linie" wird die Leitungsaufgabe einer Stelle gegenüber einer anderen verstanden.

Leitende können sich in Sachfragen durch direkte Entscheidungen durchsetzen (z.B. Bewilligung eines neuen Organigrammes). Gegenüber Unterstellten haben sie in der Regel die **Möglichkeit von Sanktionen** (z.B. Lob oder Tadel, Androhung von disziplinarischen Massnahmen etc.).

Führen (3) Führen besteht in einem **wirksamen Einfluss auf Gruppenmitglieder**, um Ziele zu formulieren und zu erreichen.[2] Dieser Einfluss erfolgt jedoch nicht durch Kompetenzen (Handlungsrechte) wie beim Leiten. Vielmehr akzeptieren die Gruppenmitglieder in ihrem inneren Denken und Fühlen die Führenden, die Zielsetzungen und die Vorschläge für Massnahmen. Somit folgen die Gruppenmitglieder den Führenden motiviert. Es herrscht eine Atmosphäre des Vertrauens.

Führende bemühen sich um die **Akzeptanz in Gruppen**. Dabei hilft ihnen einerseits die Fähigkeit, sachbezogen Aufgaben zu strukturieren, Lösungswege vorzuschlagen und die Probleme fachlich zu beherrschen. Andererseits kann auch die Fähigkeit wichtig und wirksam sein, menschliche Probleme zwischen Gruppenmitgliedern zu lösen.

Auswahl von Themen (4) Im **Idealfall** übernehmen **Leitende** in einer guten Art und Weise auch die **Führungsfunktion**. Sie machen also nicht oder nur sehr zurückhaltend von ihren Leitungs-Kompetenzen Gebrauch. Vielmehr versuchen sie, andere Gruppenmitglieder so zu überzeugen, dass diese

---

[1] Vgl. Hill/Fehlbaum und Ulrich 1998, S. 104 ff.
[2] Vgl. Hill/Fehlbaum und Ulrich 1998, S. 105; Rahn 1998, S. 9; Ulrich/Probst 1995, S. 265 ff.; Tschirky/Suter 1990, S. 14

motiviert die gesetzten Ziele anerkennen und ihr Handeln danach ausrichten. Doch das ist nicht ganz einfach, wie folgende Auswahl von Themen zeigt:

- Dilemma der leitenden Rolle

- Typische Verhaltensweisen von Leitenden

- Führungsstile

**Men-
schen**

1.2.6.1 Dilemma der leitenden Rolle

**Konkurrieren-
de Faktoren**

(1) In verschiedenen Kapiteln werden Aussagen gemacht und Schlüsse gezogen, welche die Führung bzw. Leitung in besonderer Weise betreffen. Man denke nur an das „Reparaturdienstverhalten", an den positiven Umgang mit Gefühlen, an die „Strokes", an die häufige ALPHA-Position von Leitenden und an die Entwicklungsphasen von Gruppen. Zwar ist es möglich, auch ohne eigentliche Gruppenleitung auszukommen. Doch dürfte das beim Streben nach erfolgreichen Problemlösungen die Ausnahme bilden bzw. erst im späteren Stadium der ideal-reifen Gruppe auf einfache Weise möglich sein.[1]

So selbstverständlich damit Gruppenleiter Teil der Gruppenprozesse sind, so schwierig gestaltet sich ihre Rolle dabei. Man kann sogar von einem echten **Dilemma** der leitenden Rolle sprechen, weil folgende einander konkurrierende Faktoren bestehen (vgl. Abb. A/31):[2]

- Erwartungen und Rollenvorgabe der auftraggebenden Organisation
- Informations- und Erfahrungsvorsprünge der Leitenden gegenüber der Gruppe
- Erwartungen, Übertragungen und Projektionen der Gruppenmitglieder
- Leitende als Mitglieder der Gruppe und ihrer Prozesse

**Erwartungen
und eine
Rollenvorgabe
der Auftrag
gebenden
Organisation**

(2) Die Leitenden von Gruppen gehören entweder einer internen Organisation an oder werden als Externe von einer Organisation beauftragt. Daraus resultieren Erwartungen und eine Rollenvorgabe der Auftrag gebenden Organisation.

Gehören sie zu einer **internen Organisation**, so haben sie meist eine hierarchische Stellung inne, leiten also z.B. eine Abteilung. Sie können auch innerhalb ihrer Organisation mit der Leitung eines Projektes betraut werden, sind also z.B. organisatorisch vorgegebener Bauprojektleiter. Von daher haben sie Aufgaben und Kompetenzen. Werden Externe (z.B. Berater, professionelle Moderatorinnen) hinzugezogen, so erhalten diese einen Auftrag und ebenfalls gewisse Kompetenzen.

In beiden Fällen stehen die Leitenden unter einem gewissen **Erfolgsdruck**. Es soll etwa zu einem vorgegebenen Zeitpunkt eine Lösung mit bestimmten Qualitäten (z.B. mindestens 10% Kostensenkung bei einer

---

[1] Vgl. Vopel/Kersten 2000, S. 225 f.
[2] Vgl. die ähnliche Situation im mittleren Management bei Schulz von Thun/Ruppel und Stratmann 2001, S. 15 ff.

Produktion) vorliegen. Durch den Auftrag bzw. die organisatorische Stellung ist nun die Rolle der Leitenden in der Gruppe bis zu einem gewissen Grad vorgegeben bzw. aussengesteuert.

Damit verbunden sind **Vorurteile von Gruppenmitgliedern**. Das ruft in der Gruppe evtl. Misstrauen hervor. Ja man unterstellt vielleicht, der Gruppenleiter habe bereits die (vorgegebene) Lösung und wolle sie nur noch „verkaufen". Auf diese Weise kann sich bereits im Vorfeld der Zusammenarbeit Gegnerschaft herausbilden.

Abbildung A/31
Gruppenleiterinnen geraten regelmässig in ein Rollen-Dilemma

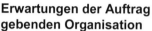

Erwartungen der Auftrag gebenden Organisation
- Organisatorisch vorgegebener Leiter
- Inhaber einer hierarchischen Position oder Beauftragter
- Offizieller Vertreter der Gruppe nach aussen
- Rechenschaft gegenüber dem Auftraggeber

Gruppen-leiter

Mitglied der Gruppe und ihrer Prozesse
- Teil der Gruppe
- Unterordnung unter den Gruppengeist
- Ausführende des Willens der Gruppe
- Beobachter der Gruppe

Informations-vorsprünge
- Planer der Gruppenarbeit
- Methodenwisser
- Fachexpertin
- Versuchung: Allwissender

Erwartungen der Gruppenmitglieder
- Für alle Probleme eine Lösung
- Vorbild
- Mutter- bzw. Vaterfigur
- Stellvertreter für die eigene Verantwortung
- Schiedsrichter und Vermittlerin
- Zuteilen von Lohn und Strafe
- Sündenbock

**Informations-
vorsprung**

(3) Grund für die Rolle als Gruppenleiterin dürfte häufig nicht nur die hierarchische oder organisatorische Stellung, sondern auch der Informationsvorsprung sein. Man beauftragt einen Gruppenleiter oder ernennt sich selber dazu, weil über ein Sachgebiet oder das betreffende Projekt besonders viel Wissen vorhanden ist.

Ein weiterer Informationsvorsprung kann aus der **Kenntnis der einzusetzenden Methoden** heraus entstehen. Dieser Informationsvorsprung verursacht aber bei Gruppenmitgliedern eine erhebliche Verunsicherung, wie die Ausführungen in den vorangegangenen Kapiteln gezeigt haben.

Zusätzlich ist die leitende Person der Gefahr ausgesetzt, den **Selbstanspruch der „Allwissenheit"** zu erheben. Sie meint vielleicht, man erwarte von ihr ein umfassendes Problemwissen und fast eine Art Unfehlbarkeit.[1] Leitende trauen sich dadurch oft nicht zuzugeben, dass sie teilweise auch Lernende sind.

**Erwartungen
der Gruppen-
mitglieder**

(4) Dieser Selbstanspruch wird durch die Gruppe am Anfang (Phase der Abhängigkeit) noch gefördert. Denn die Erwartungen der Gruppenmitglieder laufen tendenziell in die gleiche Richtung: Die leitende Person soll einen vollen Informations-Überblick über die Aufgabe, einen umfassenden und präzisen Vorgehensplan und auf jedes Problem eine klare Antwort haben.

Hinzu kommen **Übertragungen**. Die leitende Person wird etwa zur Mutter- oder Vaterfigur gemacht, mit der nun Autoritätsprobleme ausgetragen werden (vgl. Kap. A/1.2.4).[2] Ebenso geschehen **Projektionen**.

**Leitende als
Mitglied einer
Gruppe**

(5) Schliesslich sind die Leitenden auch Mitglieder der Gruppe. Sie nehmen an allen gemeinsamen Sitzungen teil, kommunizieren laufend mit den Gruppenmitgliedern und suchen den Konsens.

Dann aber wieder müssen sie sich neben und über die Gruppe stellen. Um klug moderieren zu können, haben sie die Situation der Gruppe und einzelner Mitglieder laufend von „aussen" zu beobachten, zu interpretieren und zu bewerten. Immer wieder auch müssen sie als Leitende in das Gruppengeschehen eingreifen, also aus einer gewissen Überlegenheit heraus handeln.

Diese **Widersprüchlichkeit in der Rolle** kann ebenfalls erhebliche Probleme bringen. Vom Gruppenmitglied wird eine Unterordnung unter den „Gruppengeist" erwartet. Leitende müssen sich dieser Unterordnung immer wieder entziehen.

**Folgerungen
für Problem-
lösungs-
Gruppen**

(6) Das Dilemma der leitenden Rolle wird in Kapitel B/3.2.1.3 nochmals aufgenommen. Für Problemlösungs-Gruppen lässt sich hier aber bereits folgern, dass folgende positive Verhaltensweisen das Dilemma reduzieren helfen:[3]

---

[1] Vgl. Vopel/Kersten 2000, S. 214
[2] Vgl. Vopel/Kersten 2000, S. 214
[3] Vgl. Rahn 1998, S. 59 ff; Schöpping 1998, S. 27 ff.

Men-
schen

- ○ Erwartungen und Rollenvorgabe der Auftrag gebenden Organisation der Gruppe gegenüber möglichst gut offen legen und schriftlich festhalten
- ○ Informations- und Erfahrungsvorsprünge durch ebenfalls offene Information über die Sache und die Methodik abbauen
- ○ Den (falschen) Erwartungen und Übertragungen nach Möglichkeit nicht entsprechen, also keine autokratische Vater- bzw. Mutterfigur oder unfehlbare Leitung spielen
- ○ Im Prozess die eigene Rolle immer wieder klären, also verdeutlichen, wann man als Leitender Kompetenzen wahrnimmt oder sich als normales Gruppenmitglied verhält
- ○ Einen partizipativen Führungsstil praktizieren.

Was mit der letztgenannten, förderlichen Verhaltensweise gemeint ist, verdeutlichen die folgenden Kapitel.

1.2.6.2 Typische Verhaltensweisen von Leitenden

Koordinaten-System

(1) Das Dilemma der leitenden Rolle bringt Anforderungen, Probleme und Konflikte, auf die man unterschiedlich reagieren kann. Abbildung A/32 zeigt dazu ein Koordinaten-System. Dieses ist jeweils durch zwei Achsen und Pole (Tendenzen) in der Führung bestimmt:

- • Autokratisch / Laissez-faire
- • Sachorientiert / Personenorientiert

Autokratisches Verhalten und Laissez-faire-Stil

(2) Das rein **autokratische Verhalten** der Leitenden stützt sich zum überwiegenden Teil auf die Autorität, die sie kraft Position in den Organisationen bzw. durch einen Auftrag haben. Personen- oder sachspezifische Autorität kommt weder beim Leitenden noch bei den Gruppenmitgliedern voll zur Wirkung. Eine eigentliche Gruppenintegration ist den Leitenden dadurch nicht möglich und wird auch nicht angestrebt. Im Gegenteil: Es wird bewusst soziale Distanz gehalten. Die Hauptmittel bestehen in Entscheiden, Anordnen und Kontrollieren.[1]

Das andere Extrem in der Skala bildet der **Laissez-faire-Stil**. Hier verzichten Leitende auf ihre Führungsfunktion, weil sie sich so der Probleme zu entziehen glauben. Die Gruppe ist damit ohne eigentliche Leitung und Führung. Da jedoch das Bedürfnis nach Macht und Einfluss ganz normale Phänomene in der Gruppe sind, entsteht ein Vakuum, das andere Gruppenmitglieder zu füllen trachten. Verzichtet also ein Gruppenleiter auf seine Funktion, schafft das eher Verwirrung und Machtkämpfe, dient also nicht dem guten Funktionieren der Gruppe.[2]

Zwischen den beiden Polen „autokratisch" und „laissez-faire" besteht natürlich eine **breite Skala von Verhaltensmöglichkeiten**.

---

[1] Vgl. Hill/Fehlbaum und Ulrich 1998, S. 240 ff.
[2] Vgl. Vopel/Kersten 2000, S. 222

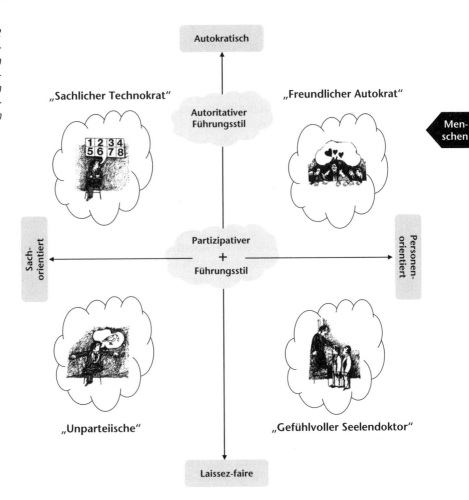

Abbildung A/32
In dieses Koordina-
tensystem lassen
sich typische Ver-
haltensweisen von
Leitenden einord-
nen

**Sach-
orientierte und
Personen-
orientierte
Leitende**

(3) Manche Leitende sind bei ihrem Führen eher **sachorientiert**. Die technische Seite der Aufgabe, das Fachwissen, die Methodik und das sachliche Ergebnis stehen im Mittelpunkt der Überlegungen. Der Mensch wird rein rational gesehen. Emotionen behandelt man als Störgrösse und unterdrückt sie. Gruppenprozesse werden in streng logischen Bahnen geplant und fest programmiert. Es besteht ein Glaube an objektiv richtige Ergebnisse.

Bei der reinen **Personen-Orientierung** spielt die sachliche Leistung oder gar die Erfüllung der gestellten Aufgabe eine völlig untergeordnete Rolle. Als Hauptsache wird beim Führen angesehen, dass man in der Gruppe gut miteinander auskommt.

Auch zwischen einer reinen Sach-Orientierung und einer Personen-Orientierung bestehen **viele mögliche Zwischenstufen**. Man kann also auch sowohl angemessen sach- als auch personenbezogen sein.

Typische Verhaltensstile

(4) Kaum einer der beschriebenen Pole kommt in der Führungspraxis rein vor. Es werden also immer verschiedene Elemente kombiniert. In dem skizzierten Koordinatensystem lassen sich typische Verhaltensstile von Gruppenleitungen einordnen. Es sind dies beispielsweise (vgl. Abb. A/32):[1]

- der „sachliche Technokrat"
- der „freundliche Autokrat"
- der „gefühlvolle Seelendoktor"
- der „Unparteiische"

Der **„sachliche Technokrat"** hat immer die Aufgabe, die erledigt werden soll, voll im Blick. Er sorgt nötigenfalls mit Anordnungen dafür, dass der Arbeitsplan eingehalten wird. Gefühle wie Ärger werden abgeblockt mit der Bemerkung, doch bei der Sache zu bleiben. Er ist kühl, aber stets höflich und daher schwer angreifbar.

Der **„freundliche Autokrat"** betont, dass man doch im gleichen Boot sitze. Er legitimiert sich bei seinen Entscheidungen und Weisungen mit dem Ausspruch, dass das zum Besten aller geschehe. Er wird sehr menschlich, wenn er andere von seinen Entscheidungen überzeugen muss. Glaubt er, die Mehrheit der Gruppenmitglieder hinter sich zu haben, schreitet er rasch zum Handeln.

Der **„gefühlvolle Seelendoktor"** versucht, Konflikte möglichst zu vermeiden. Er unterdrückt sie jedoch nicht, sondern bemüht sich intensiv als Schlichter. Ja, er stürzt sich evtl. begeistert in die persönlichen Probleme einzelner Gruppenmitglieder. Dabei ist er bereit, die gestellte sachliche Aufgabe zugunsten der Harmonie in der Gruppe zurückzustellen. Klare persönliche Festlegungen wird er vermeiden.

Der **„Unparteiische"** steht unangreifbar über allem. Er gibt vor, das Richtige zu wissen. Aus dieser Position heraus sagt er anderen, was diese falsch machen und besser machen könnten. Er überlässt aber den anderen, ihre Schlüsse daraus zu ziehen, macht also keine konkreten Handlungsvorschläge als Leitender.

1.2.6.3　Führungsstile

Partizipativer Führungsstil

(1) In dem Koordinatensystem ist auch der partizipative Führungsstil dargestellt. Er bildet eine Art Kompromiss zwischen den skizzierten extremen Stilen.

Der partizipative Gruppenleiter bemüht sich, **als Führer anerkannt** zu werden. Er setzt dazu seine positionsspezifische Autorität infolge der Stellung in der Organisation oder seines Auftrages möglichst zurückhaltend ein. Doch wenn es sein muss, greift er dennoch ein (kein Laissezfaire).

Im persönlichen Bereich bemüht sich die partizipative Führerin um die Entwicklung von **Vertrauen und Akzeptanz** in den Beziehungen. Sie gibt ein Vorbild in der Äusserung eigener Gefühle und in der Akzeptanz

---

[1] Vgl. Vopel/Kersten 2000, S. 223 f.; Rahn 1998, S. 70; Schöpping 1998, S. 29 ff.

der Gefühle anderer. Auch werden alle Gruppenmitglieder am Informations-, Meinungsbildungs- und Entscheidungsprozess beteiligt. Dabei versucht er, Konsens zu erreichen.

Dennoch bleibt die **Aufgabe der Gruppe** und die gute sachliche Lösung **voll im Blick**. Der Konsens darf also nicht durch eine unbefriedigende Aufgabenerfüllung erkauft werden.

Autoritativer Führungsstil

(2) Demgegenüber entspricht der autoritative Führungsstil dem oben bereits geschilderten autokratischen Verhalten (vgl. Abb. A/32). Die Grundeinstellung dieses Leiters besteht letztlich aus **Misstrauen und Furcht**. Er hat wenig Zutrauen in die Fähigkeiten und Motive der Gruppenmitglieder. Deshalb versucht er unter Ausnützung seiner Position durch Anordnungen, Überredung, offene und geheime Beeinflussung, die Gruppenmitglieder zu steuern und damit das Arbeitsziel der Gruppe zu erreichen.

Die Gruppenmitglieder jedoch reagieren bewusst oder unbewusst eher negativ, wie Abbildung A/33 verdeutlicht. Deshalb ist auch der Rat selbst in Fachbüchern über Projektmanagement, dass Gruppenleiter sowohl über Durchsetzungsfähigkeit als auch Teamfähigkeit verfügen sollen, recht problematisch.

Anpassungen an die jeweilige Situation

(3) Aus dem im Kapitel A/1.2.6.1 dargestellten Dilemma der leitenden Rolle führt am ehesten der partizipative Führungsstil. Nur dieser Stil ermöglicht einen günstigen Verlauf der Entwicklungen in der Gruppe. Dabei sind Anpassungen an die jeweilige Situation in zweierlei Hinsicht wichtig. Es geht um die Berücksichtigung der[1]

o Erfahrungshintergründe der Gruppe

o eigenen Rolle und des eigenen, gewohnten Stils.

Wenn der **Erfahrungshintergrund der Gruppe** mehr durch den autoritativen Führungsstil geprägt ist, so wird man als Gruppenleiter zumindest am Anfang dieser Tatsache Rechnung tragen müssen. Der grundsätzlich partizipative Führungsstil muss also etwas mehr in Richtung des autokratischen Pols verschoben werden (z.B. möglicherweise Polizeiangehörige). Das Umgekehrte gilt für Gruppenmitglieder, welche eher den Laissez-faire-Stil gewohnt sind (z.B. Professoren).

Auch die **eigene Rolle** und den eigenen, gewohnten Stil gilt es zu berücksichtigen. Ist man nach selbstkritischer Prüfung eher autokratisch orientiert, so wird man Mühe haben, umgehend voll partizipativ zu führen. Ebenso geht von der eigenen Rollenposition (z.B. Direktor) eine entsprechende Wirkung auf die Gruppenmitglieder aus (auch wenn man das nicht will).

In solchen Fällen kann auch eine **Zweiteilung der Leitungs- bzw. Führungsaufgabe** zweckmässig sein: Der in der Organisation Leitende teilt sich die Aufgabe der Gruppenführung mit einer weiteren Person, welche die professionelle Moderation übernimmt.

---

[1] Vgl. Rahn 1998, S. 59

Abbildung A/33
Gruppen reagieren
in typischer Weise
auf die verschiede-
nen Führungsstile[1]

Kriterium	Autoritativer Führungsstil	Partizipativer Führungsstil
Beziehungen	• Misstrauen im gegenseitigen Umgang • Befürchtung persönlicher Unzulänglichkeit • Widerstand gegen Initiativen • Formelle Höflichkeit • Schutzsuche in der Clique • Konformes und rituelles Verhalten	• Positive Gefühle für Gruppenmitglieder • Gefühl persönlicher Zulänglichkeit • Akzeptieren der Motive anderer • Offener Ausdruck von Gefühlen und Konflikten
Informationen	• Anwendungen von Kniffen und Tricks • Geheimhaltung und Verzerrung von Informationen • Unterdrücken von Informationen • Flüsterpropaganda • Verstellung und Vorsicht	• Offener Austausch von Informationen • Hohes Ausmass an gegenseitigem Feedback • Akzeptierung neuer Informationen • Hohes Ausmass an Informationen mit emotionalem Gehalt
Ziele	• Aktiver oder passiver Widerstand • Geringes Engagement • Extrem hektisches oder extrem apathisches Arbeiten • Konkurrenz, Rivalität und Eifersucht	• Lösung von Konflikten • Grosses Engagement und Beteiligung • Gemeinsame Lösungsvorschläge • Abbau von Konkurrenzverhalten
Organisation	• Besorgnis um Macht und Einfluss in der Hierarchie • Formalisierung von Strukturen und Verfahrensfragen • Formelle Arbeitsvorschriften • Verteilung der Arbeit nach Machtgesichtspunkten	• Arbeitsverteilung sachorientiert • Flexible Organisation der Arbeit • Gemeinsame Verteilung der Aufgaben • Spontane und kreative Aufgabenlösung • Geringes Interesse an Hierarchie- und Statusfragen

Folgerungen
für Problem-
lösungs-
Prozesse

(4) Die Zweiteilung der Leitungs- und Führungsaufgaben dürfte auch häufig für die Arbeit von Problemlösungs-Gruppen und speziell Teams vorteilhaft sein. Denn einerseits ist die Planung meist in hierarchische Gefüge eingebunden. Diese zeichnen sich nicht selten durch einen autoritativen Führungsstil aus. Andererseits erscheint den Gruppenmitgliedern und speziell der Teamarbeit aber **allein der partizipative Füh-**

[1] Quelle: Vopel/Kersten 2000, S. 221 f.

rungsstil angemessen. Letztlich besteht ja das Ziel, in der Gruppe im Konsens zu einer Problemlösung zu kommen. Diese Lösung soll auch nach der gemeinsamen Arbeit von allen mitgetragen werden. Das bedingt einen hohen Grad an Befriedigung auch auf emotionaler Ebene.

Es empfiehlt sich also meist, dass eine unabhängige Person die Gruppe bzw. das Team moderiert. Die von der Organisation vorgegebene Leiterin sorgt für gute Rahmenbedingungen der Gruppenarbeit (Management). Der hinzugezogene **Moderator** kann aus der eigenen Organisation stammen, sollte jedoch für die Gruppenmitglieder keine hierarchische Autorität darstellen und gegenüber der Problemstellung als neutral gelten (vgl. B/3.1.1.3).

Men-
schen

1.3 Werte

1.3.1 Individuelle Werte

Begriff „Wert" (1) Das Wort „Wert" steckt deutsch oder englisch in sehr vielen Begriffspaaren. In Schlagwortverzeichnissen finden sich z.B. die deutschen Worte Wertsystem, Wertewandel, Nutzwerte, Wertprämissen, Wertvorstellungen, Wertschöpfung, Wertpapiere. Besonders viel zu diskutieren gab das in den 90er Jahren aufgekommene Unternehmungsführungs-Konzept „Shareholder Value", was einfach übersetzt soviel wie Aktionärswert bedeutet.

Offensichtlich sind „Werte" etwas sehr Massgebliches. Doch wenn man den Werte-„Wortsalat" sichtet, so zeigen sich zwei zwar locker miteinander verbundene, aber doch sehr verschiedene Bedeutungen.

- Bedeutung I　Subjektive Grundauffassungen und Leitlinien für das Verhalten von Menschen

- Bedeutung II　Monetär bzw. quantitativ und qualitativ ausdrückbares Leistungsergebnis oder Eigentum

Werte als subjektive Grundauffassungen von Menschen (2) In diesem Handbuch geht es v.a. um **Bedeutung I**, also die subjektiven Grundauffassungen und Leitlinien für das Verhalten von Menschen (vgl. Abb. A/34). Diese Definition schliesst die wichtige Aussage ein, dass das menschliche Verhalten von Werten abhängt.[1]

Abbildung A/34 Werte bestimmen das Verhalten von Menschen, z.B. ihre Teilnahme an einer Demonstration

---

[1] Vgl. Häcker/Stapf 2004, S. 1030 f.; Hillmann 2003, S. 17 ff.; Lorenz 2002, S. 7 ff.; Breit/Schiele 2000, S. 16 ff.; Hill/Fehlbaum und Ulrich 1998, S. 59; Wright 1994, S. 11 ff. und S. 141 ff.

Einzig mit den menschlichen Werten hat es auch zu tun, ob man ein Problem empfindet und dieses Lösen möchte. Dabei bleibt zunächst einmal offen, ob die Wertvorstellungen offengelegt oder im Denkapparat versteckt werden.[1]

Drei Ebenen der Werte-Wirkungen

(3) Menschen verfügen über einen Fundus grundlegender, permanenter Einstellungen. Man neigt z.B. politisch eher linken oder eher rechten Überzeugungen zu. Solche Überzeugungen beeinflussen auch die Informationsgewinnungsprozesse im Gehirn. Werte prägen also bereits unsere Wahrnehmung der Realität. Uns in unseren Werten bestätigende Informationen finden z.B. leichter Zugang in unser Gedächtnis als widersprechende (vgl. Kap. A/1.1.1). Der Thalamus färbt auch werteorientiert die Handlungsbefehle unseres Gehirn ein, verstärkt also Handlungen oder schwächt diese ab.

Werte spielen daher auf drei Ebenen für das Verhalten eine massgebliche Rolle, für die (vgl. Abb. A/35):

○ Entwicklung grundsätzlicher Einstellungen
○ Informationsaufnahme und -verarbeitung
○ Empfindung und Definition von Problemen, für Bewertungen und Entscheidungen

Von allen drei Ebenen gehen starke Einflüsse auf unser Problemverständnis (vgl. Kap. A/2.1) und die Lösungsfindung aus. Dabei sind sich Menschen ihrer Werte oft nicht klar bewusst oder nur teilbewusst. Das gilt z.B. für den Fall, dass nur von Massnahmen gesprochen wird. Wenn man nach den Gründen für bestimmte Massnahmen-Vorschläge fragt, dann kommen in der Regel Wertvorstellungen zum Vorschein.

Abbildung A/35
Werte beeinflussen das Verhalten von Menschen über mehrere Ebenen

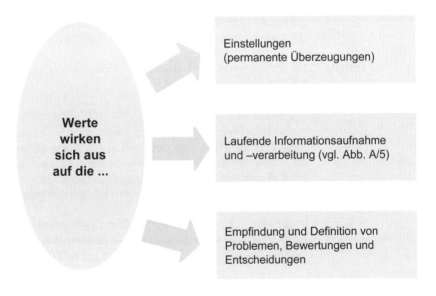

Werte wirken sich aus auf die ...

Einstellungen (permanente Überzeugungen)

Laufende Informationsaufnahme und –verarbeitung (vgl. Abb. A/5)

Empfindung und Definition von Problemen, Bewertungen und Entscheidungen

[1] Vgl. Ropohl 1996, S. 323

1.3.2   Werte in der Zusammenarbeit

Polares Spannungsfeld

(1) In der Praxis greift man rasch zu Massnahmen und reflektiert weniger darüber, um welche Werte es eigentlich geht. Das könnte den Eindruck aufkommen lassen: Werte sind etwas wenig Greifbares. Tatsächlich steht die Wertefrage in dem sehr polaren Spannungsfeld zwischen „harten" Verhaltensweisen (eine Entscheidung fällt) und den eher weichen Formulierungsmöglichkeiten für Wertvorstellungen.

Auswahl von Themen

(2) Zudem stellt sich die Frage, ob Werte einfach „eingeimpft" werden oder Menschen diese selber entwickeln können. Daraus resultieren als Themen:

- Tradierte Wertesysteme
- Individuelle Werteübernahme und -entwicklung
- Verdeckte Werte

1.3.2.1   Tradierte Wertesysteme

Kulturen

(1) Das Wort Wertesystem macht deutlich, dass es um verschiedene Elemente geht, die unter sich in Beziehung stehen (vgl. Kap. A/3.1.4.1). Dabei darf nicht vergessen werden, dass Werte stets in den Köpfen von Menschen hausen. Werte sind also immer subjektiv und letztlich individuell.

Doch gibt es gemeinsame Werte in Gruppen oder in grösseren Gemeinschaften (z.B. Kirchen, vgl. A/36), in einem Staatswesen oder gar international.[1] Man spricht hier auch von Kulturen. Dieser Begriff wird auch teilweise synonym zu Wertegemeinschaft gebraucht.[2]

Milieus

(2) Ein weiteres Feld, in dem in Teilen ähnliche Werte bestehen, sind Milieus. Dazu gehören z.B.:

- die Familien
- die Schulen
- die regionalen Gebiete (Stadt, Land)
- die Arbeitsstätten (Industrie, private und öffentliche Verwaltung)

Im Milieu der Bundesverwaltung bestehen andere kollektive Werte (z.B. im Risikobereich) als in frisch gegründeten Jungunternehmen. Bei dieser Feststellung geht es nicht um von allen geteilte Wertvorstellungen, wohl aber um vorherrschende.

In diesem Sinne wurden auch **Milieu-Systematiken** erstellt, welche z.B. im Marketing eine erhebliche Rolle spielen. Man spricht dann z.B. von „kleinbürgerlichem Milieu" oder vom „alternativen linken Milieu".

---

[1] Vgl. Hillmann 2003, S. 63 ff.
[2] Vgl. Strohschneider 2002, S. 82

Abbildung A/36
Kirchen waren und
sind starke Werte-
gemeinschaften

Men-
schen

Wertewandel

(3) Wertesysteme sind laufenden Veränderungen unterworfen, weil sich auch die Menschen und ihre Umwelt ändern. Zu den Veränderungen tragen bewusste und gezielte Beeinflussungen ebenfalls bei (z.B. durch Missionare).

Die **kollektiven Veränderungen auf kultureller Ebene** werden auch mit dem Begriff Wertewandel versehen.[1] Wir beobachten aus der Entfernung z.B. den gesellschaftlichen Wertewandel in Asien. Dort lässt sich ein Trend weg von der starken kollektiven Ausrichtung in Richtung einen verstärkten Individualismus feststellen (vgl. Abb. A/37). In Entwicklungsländern Afrikas sind (schmerzhafte und oft von Gewalt begleitete) Prozesse von Clan-Verbänden in Richtung moderner Staatswesen im Gange. Auch in Mitteleuropa sind erhebliche Wertewandlungen festzustellen, welche z.B. zu einem Bedeutungsverlust von Ehen und zu einem Bedeutungsgewinn freier Partnerschaften führten.

Der Wertewandel geht langsam vonstatten. Doch können mancherorts **unbemerkt Werteveränderungen** eine kritische Grösse erlangen und ein Wertesystem zum Kippen bringen.

---

[1] Vgl. Hillmann 2003, S. 111 ff.; Greiffenhagen/Schiele 2000, S. 16 f.; Wiswede 2000, S. 122; Lorenz 1996, S. 11 ff.

Abbildung A/37
In Asien und spe-
ziell in Japan ist
ein Wertewandel
weg von der star-
ken kollektiven
Ausrichtung hin zu
mehr Individualis-
mus festzustellen

Arten von
Werten

(4) Im Wertesystem lassen sich auch unter den Elementen verschiedene Arten von Werten feststellen. Dabei sind verschiedene Definitionen und Ansätze gebräuchlich.[1] Man kann z.B. grundsätzlich unterscheiden in (vgl. Abb. A/38):[2]

○ Moralische und ethische Werte
○ Egoistische bzw. instrumentale Werte

Die **moralischen Werte** geben wieder, was in bestimmten Kulturen zu den anerkannten Verhaltensnormen gehört: Sie spiegeln das wider, was ist. Eine bestimmte **Ethik** – als „Metamoral" – lehrt demgegenüber, welche Werte überhaupt zu Handlungsmaximen gemacht werden sollen. Ethik spiegelt also das wider, was sein soll. Ethische Forderungen können sich beispielsweise auf das Umweltverhalten ausrichten, aber auch das wirtschaftliche und globale Verhalten betreffen (z.B. die Bemühungen um einen Weltethos durch den Theologen Hans Küng).[3]

Demgegenüber bestehen **egoistische bzw. instrumentale Werte**, welche das individuelle Interesse in den Mittelpunkt stellen. In diesem Falle schaut man klug für sich selber. Man spricht auch von individualistischen Wertordnungen.[4] Dort, wo diese Haltung gesellschaftlich dominant erscheint, verwenden Kritiker auch den Begriff der „Ellbogengesellschaft".

---

[1] Vgl. Hillmann 2003; Stähelin/Gassmann 2000; Ropohl 1996
[2] Vgl. Irrgang 2001, S. 226 ff.; Stähelin/Gassmann 2000, S. 32 f.
[3] Vgl. Schlensog 2000, S. 97
[4] Vgl. Hillmann 2003, S. 12 und 340

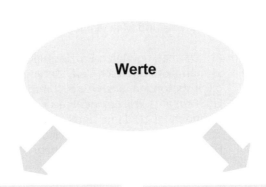

*Abbildung A/38
Egoistische und
moralische Werte
prägen unser
Verhalten[1]*

**Men-
schen**

Werte

**Egoistische bzw. instrumen-
tale Werte**

•Eigeninteresse („gut für mich")

•Klugheitsgebot

Moralische Werte

•Berücksichtigung der Interessen Anderer („gut für die Anderen bzw. Alle")

•Moralgebot

1.3.2.2   Individuelle Werteübernahme und -entwicklung

**Wechsel-
beziehungen**

(1) Wertsysteme werden von einzelnen Menschen und Gruppierungen
getragen. Sie sind diesen Werten wiederum ausgesetzt. Es besteht also
eine enge Wechselbeziehung zwischen den Wertsystemen einer Gesellschaft bzw. eines Milieus und denjenigen der Individuen. Viele Werte
werden unbesehen übernommen (z.B. christlich getaufte Kinder) und
allenfalls später erst hinterfragt bzw. bewusst akzeptiert.

**Kognitive
Prozesse**

(2) Grundsätzlich eignen sich Individuen Wertsysteme in kognitiven
Prozessen an. Dieser Vorgang bildet, wie wir gesehen haben, einen
komplexen Prozess mit vielen einfärbenden Faktoren wie z.B. die
selektive Wahrnehmung unseres Gehirns oder Vererbung (vgl. Kap.
A/1.1.1.4). Banal ausgedrückt: Wir werden nicht mit Wertvorstellungen
geboren, wir entwickeln diese erst von Kindesbeinen an.[2] Die besonders
wirksamen, nachhaltig verankerten eignen wir uns bereits zwischen dem
1. und 3. Lebensjahr als vorgegebene Handlungsmaximen an. Dabei
wirken sich auch biologisch vererbte Faktoren aus (z.B. das Streben nach
Überleben).
Eine grosse Rolle spielt bei der Wertorientierung die Erfüllung **menschlicher Bedürfnisse.**[3] Zu den „Grundwerten" von Menschen gehört, die
eigenen Bedürfnisse zu befriedigen. Welche Bedürfnisse (z.B. nach
Selbstverwirklichung, vgl. Abb. A/9) dabei mit welcher Stärke auf der

---

[1] Quelle: Stähelin/Gassmann 2000, S. 32
[2] Vgl. Hillmann 2003, S. 151 ff.
[3] Vgl. Hillmann 2003, S. 119 ff.; Wiswede 2000, S. 134 f.

individuellen Prioritätenskala erscheinen, ist wiederum auch eine Frage der Kultur- und Milieueinflüsse.

Veränderungen möglich

(3) Da die kognitiven Prozesse lebenslang anhalten, sind über den gesamten Zeitraum auch Veränderungen der Werthaltungen möglich.[1] Das gilt insbesondere auch für bestimmte Problem-Situationen.
Ein Planungs-Prozess geht also evtl. von mitgebrachten Werten aus, verändert aber dann unter Gruppeneinflüssen oder durch eigene Erkenntnisse wiederum die persönliche Werthaltung.[2] Evtl. wird in der Folge ein Problem gar nicht mehr als solches gesehen oder aber in verstärktem Masse wahrgenommen.

Objektbezogene und übergeordnete Wertesysteme

(4) Solche Veränderungen sind am ehesten bei denjenigen Wertsystemen möglich, welche sich auf **konkrete einzelne Probleme** beziehen (z.B. die Neu-Organisation einer Abteilung, das Standortkonzept für einen Grossverteiler).
Neben den objektbezogenen Wertsystemen bestehen aber die **übergeordneten Wertsysteme** der Individuen in Form persönlicher Einstellungen weiter (vgl. Abb. A/35). Diese üben im Zuge eines Problemlösungs-Prozesses bzw. einer Planung unveränderlich aus. Das zu beachten und damit konstruktiv umzugehen, stellt eine grosse Kunst in der Zusammenarbeit dar.

1.3.2.3   Verdeckte Werte

Überblick

(1) Die so entwickelten individuellen Werte finden Eingang in viele Bereiche, ohne dass man das bewusst erkennt. Hier sollen dazu kurz folgende Themen gestreift werden:
• Rechtliche Rahmenbedingungen
• Betriebliche Festlegungen
• Methoden

Rechtliche Rahmenbedingungen

(2) Die rechtlichen Rahmenbedingungen z.B. einer Gebäudeplanung basieren immer auf Wertvorstellungen. Manchmal werden diese in den Gesetzen, Verordnungen, Reglementen mehr oder minder offen gelegt. Häufig bleiben diese völlig verdeckt.
Das führt dann auch dazu, dass Gesetze ein Eigenleben entfalten können, selbst wenn die Wertgrundlage nicht mehr gilt. So fanden z.B. städtebauliche Wertvorstellungen der 20er Jahre des letzten Jahrhunderts ihren Niederschlag in Raumordnungs- und Städtebaugesetzen der letzten Jahrzehnte. Darin wurden beispielsweise in Deutschland Mischnutzungen rechtlich benachteiligt. Das hatte massive, negative Folgen für die Siedlungsentwicklung in der Bundesrepublik Deutschland. Dennoch ging es sehr lange, viel zu lange, bis es zu einer Korrektur kam.

---

[1] Vgl. Hillmann 2003, S. 55 ff.
[2] Vgl. Hill/Fehlbaum und Ulrich 1998, S. 71

Werte in betrieblichen Festlegungen

(3) Doch auch in privaten Unternehmen werden laufend betriebliche Festlegungen getroffen, hinter denen bestimmte Werthaltungen verborgen liegen. In einer Schweizer Grossbank war z.B. der Besuch von Cafeterias streng reglementiert und wurde mit Argus-Augen betrachtet. Dahinter verbarg sich ein ganz spezifischer Arbeits-Ethos.

In Methoden versteckte Werthaltungen

(4) Am gefährlichsten für das Lösen von Problemen erscheinen die in Methoden versteckten Werte. Werden diese nicht erkannt, dann kommt es zu Ergebnissen, die den eigentlichen Wertvorstellungen der Betreffenden nicht entsprechen bzw. bestimmte Wertvorstellungen unbemerkt einschleusen. Solche **„trojanischen Wert-Pferde"** zeigt z.B. das Läufer-Beispiel in Abbildung A/63. Es gibt eine Fülle anderer Methoden-Beispiele mit eingeschleusten Wertvorstellungen, wie z.B. Simulationsrechnungen mit ihren Parametern, Kosten-Nutzen-Analysen mit Wohlfahrtsvorstellungen oder Investitionsrechnungen mit Zukunfts-Bewertungen.

Bei Investitionsrechnungen muss man sich entscheiden, ob statisch oder dynamisch gerechnet werden soll (vgl. Kap. B/2.3.7.2). Dynamische Rechnungen reduzieren zukünftige und bevorzugen aktuelle Erträge (durch Abdiskontieren). Wie hoch man nun den Zinssatz (z.B. 2% oder 6% Abdiskontierungsrate) wählt, kann über das Ergebnis entscheiden. Die Antwort auf die Frage der Abdiskontierungsrate ist aber letztlich von den Wertvorstellungen abhängig (z.B. vom Risikoverhalten und Glauben an die Zukunft).

Menschen

1.3.3   Werte in Problemlösungs-Prozessen

„Rucksäcke" voller Werte

(1) Wenn Menschen bei einer Planung zusammenarbeiten sollen, so bringen sie automatisch „Rucksäcke" diverser Wertvorstellungen mit. Diese Überzeugungen, nach Erfüllung ausgerichteten Bedürfnisse, Wunschvorstellungen etc. bilden auch einen Teil der Persönlichkeit dieser Menschen.

Dadurch entsteht ein **Wertepluralismus**. In guter Weise offen gelegt und diskutiert, führt die Wertediskussion in einer Gruppe zu einer Bereicherung.

Auswahl von Themen

(2) In dieser Ausgangslage vor einer Zusammenarbeit bei Planungen wirken eine Reihe von Faktoren, mit denen man nach Möglichkeit bewusst und gut umgeht. Daher soll hier auf folgende Themen eingegangen werden:

- Auswirkungen von Werten in der Zusammenarbeit

- Wertediskussionen als Schlüssel für erfolgreiche Lösungsfindungen

- Ziele als handlungsorientierter Ausdruck von Werten

1.3.3.1 Auswirkungen von Werten in der Zusammenarbeit

Werte bei der Bildung von Gruppen

(1) Bereits bei der Bildung von Gruppen und erst recht von Teams wirkt sich die Wertefrage aus. Es besteht eine starke Neigung, Gruppenmitglieder mit gleichem Kulturhintergrund zu bevorzugen. Architekten werden z.B. versucht sein, in einer Gruppe vor allem ihresgleichen zu versammeln, wie das auch bei Preisgerichten zu Wettbewerben oft der Fall ist. Gruppenmitglieder mit ähnlichen Werthaltungen erleichtern die Kommunikation bzw. erlauben, bestimmte Fragestellungen als selbstverständlich zu bezeichnen und undiskutiert zu lassen. Es verwundert in der Folge nicht, dass Wettbewerbsentscheidungen oft unter Vernachlässigung wesentlicher Aspekte (z.B. betrieblicher Abläufe) zustande kommen und später die Realisierungen betreffender Projekte ausbleiben.

Die Wirkkräfte hinter diesem oft zu Misserfolgen führenden Tun wurden bereits in Kapitel A/1.1.2.3 beschrieben. Für nachhaltig erfolgreiche Problemlösungen muss daher bereits bei der Gruppenbildung Klugheit herrschen. Unbedingt sind genügend **Personen mit vermutlich anderen Grundeinstellungen zu integrieren**, um auch eine Wertediskussion über die gesamte Breite eines Problemfeldes zu fördern. Diese Forderung deckt sich auch mit den Bedingungen für eine gute Teamzusammensetzung (vgl. Kap. A/1.2.5.1).

Was gute Wohnungen sind, weiss man doch

In Bonn traf sich eine Gruppe, welche ein Forschungsprojekt begleiten sollte. Es ging um eine Untersuchung, in welchem Verhältnis Wohnwerte und Kosten stehen. „Sind gute Wohnungen in der Regel teurer?", lautete die dahinterstehende Forschungsfrage.

Bei der Besprechung der Tagesordnung zu Beginn schlug der Gruppenleiter vor, nicht viel Zeit mit der Frage des Wohnwertes zu verlieren. „Was eine gute Wohnung ist, wissen wir doch alle", gab er Zustimmung erheischend in die vorwiegend mit Baufachleuten besetzte Runde. Mit allgemeinem Kopfnicken erhielt er die erwünschte Antwort.
Nur ein Gruppenmitglied, ein Ökonom, machte da nicht mit. Schlicht teilte er der Runde mit, er wisse nicht, was eine gute Wohnung sei. Zunächst macht sich ein kleiner Schock über die Störung des fast erreichten Gruppenkonsenses breit. Doch dann nahm sich der Gruppenleiter die Zeit, dem Ökonomen zu erklären, was eine gute Wohnung sei. Dieser Erklärung widersprachen jedoch einzelne Baufachleute und vertreten andere Werthaltungen und andere Gewichtungen von Wohnwertaspekten.

Mittags brach der Gruppenleiter die heftige Diskussion ab. Er stellte resigniert fest, dass erhebliche Uneinigkeit bestehe. Da aber ohnehin der Forschungsbeauftragte die Frage der Wohnwerte zu untersuchen habe, könne man die weitere Diskussion zu diesem Thema auf die nächste Sitzung verschieben.

**Kommunika-
tion über
Werte**

(2) Sind Gruppen gebildet, so entsteht automatisch eine Kommunikation über Werte. Dabei bestehen folgende Möglichkeiten für Wertübereinstimmungen und -differenzen:
- übereinstimmende Wertvorstellungen
- unerkannt übereinstimmende Wertvorstellungen (z.B. durch Fremd- und Selbstbilder fälschlich vermutete unterschiedliche Werthaltungen)
- vermeintlich übereinstimmende Wertvorstellungen (jedoch falsche Annahme, hinter wohltönenden Gummi-Worten versteckte Differenzen)
- klar unterschiedliche Wertvorstellungen

Das kann für diesen ganzen „Rucksack" der einzelnen Gruppenmitglieder gelten oder nur für Teile desselben.

Hinzu kommt, dass zwar oft in der Stossrichtung gleiche Werte bestehen, diese aber vergleichsweise sehr **unterschiedlich gewichtet** werden. In Deutschland sprachen sich z.B. Politiker, Wirtschaftsverbände etc. für eine Verstetigung der Baunachfrage durch die öffentliche Hand aus. Die Aussagen waren ehrlich gemeint, wurden aber durch andere Prioritäten überlagert. Befragte Kommunalpolitiker z.B. wollten zwar Verstetigung, aber dennoch „ihre" Projekte (z.B. eine Sporthalle) in der gegenwärtigen Wahlperiode realisiert wissen – Hochkonjunktur hin oder her.

**Werte-
Konflikte**

(3) Stellt man in Gruppendiskussionen fest, dass eigene Überzeugungen von anderen geteilt werden, so entsteht Wohlbehagen. Man fühlt sich bestätigt.

Umgekehrt bilden unterschiedliche Wertvorstellungen bzw. Prioritäten eine der **Hauptquellen für Konflikte** zwischen zwei Personen in einer Gruppe oder zwischen Gruppen.[1] Hier liegt zudem die Versuchung nahe, aus noch überbrückbaren Werte-Unterschieden einen Kampf um „heilige Werte" entstehen zu lassen. („Mit der Wahrheit kann kein Kuhhandel gemacht werden.")

1.3.3.2   Wertediskussionen als Schlüssel für erfolgreiche Lösungsfindungen

**Offenlegung
der
verschiedenen
Werthaltungen**

(1) Ein erster wichtiger Schritt zur Konfliktbereinigung liegt in der Offenlegung der verschiedenen Werthaltungen. Damit entsteht gegenseitiges Verstehen und Erkennen, dass auch die eigenen Werte subjektiv und nicht objektiv sind. Es entwickelt sich evtl. auch ein Bewusstsein dafür, dass die eigenen Wertvorstellungen sich aus irgendwelchen Gründen (z.B. in der eigenen Kindheit) entwickelt haben.

**Oft sprachlose
Werte-
diskussion**

(2) Doch so stark Werte einen Problemlösungs-Prozess beeinflussen können, so sprachlos ist häufig die Wertediskussion.[2] Es besteht für die meisten Menschen kein greifbares und gewohntes Instrumentarium, um

---

[1] Vgl. Glasl 2004, S. 252
[2] Vgl. Hillmann 2003, S. 169

Werte formulieren und austauschen zu können. Zudem ist das Denken massnahmenorientiert und weicht damit ohnehin gern einer abstrakten Wertediskussion aus.[1] Von der **Gehirnforschung** wird dafür als Begründung geliefert, dass die Fähigkeit zur Wertereflexion seinen Sitz im Frontalhirn habe – dem entwicklungsgeschichtlich jüngsten Teil des menschlichen Gehirns. Daher sei die Fähigkeit, mit Werten umzugehen, eher unter- bzw. spätentwickelt.[2]

Bezeichnenderweise behandeln auch die meisten Fachbücher über Problemlösungen die Werteproblematik, wenn überhaupt, nur am Rande oder indirekt.[3] Immerhin spielen Werte in vielen wissenschaftlichen Publikationen zu anderen Fragen eine wesentliche Rolle.[4] Auch haben sich andere Bereiche wie z.B. die Psychologie, die Politikwissenschaften oder die Philosophie (diese bereits immer) dieser Frage angenommen.

Abbildung A/39
Offene Wertediskussionen bieten den Schlüssel für erfolgreiche Problemlösungen

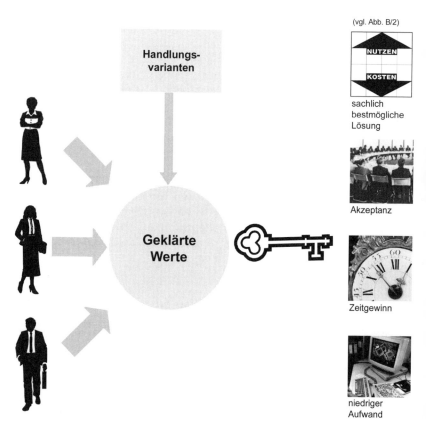

---

[1] Vgl. Wiegand 1981, S. 59 f.
[2] Vgl. Spitzer 2002, S. 399 ff.
[3] Vgl. z.B. Schelle 2004; Böhm/Wenger 2001
[4] Vgl. z.B. Hillmann 2003; Breit/Schiele 2000; Wiswede 2000, S. 122 ff., 134 ff.; Gäfgen 1974, S. 51 ff.

Werte als Schlüssel für die Problemlösung

(3) Ein Interesse an Wertfragen besteht also. Wer die oben angesprochenen Hürden überwindet, wird zudem feststellen können, wie viel leichter sich Konflikte lösen lassen und wie viel besser man auch in Gruppen zu einer gemeinsamen Lösungsfindung kommen kann.

Wenn es gelingt, **Werte offen anzusprechen, zu diskutieren und zu klären**, so erhält man den Schlüssel für die Problemlösung auch in schwierigen Situationen (vgl. Abb. A/39).

Doch auch eine intensive und offene Wertediskussion kann partiell unüberbrückbare Haltungen, Differenzen in den Überzeugungen, zu Tage fördern. Die Praxis zeigt, dass man nach einer Offenlegung damit gut umgehen kann. Denn häufig

- ist der Werte-Dissensbereich gemessen am gesamten Wertesystem eher von kleinem Gewicht
- lässt sich später im Prozessablauf doch noch eine Annäherung in den Werten erreichen (vgl. Kap. B/2.3.1).

Menschen

1.3.3.3 Ziele als handlungsorientierter Ausdruck von Werten

Werteklärung durch Zieldiskussion

(1) Der in der Praxis erfolgreiche Schlüssel der Werteklärung besteht in Zielanalysen. Damit lassen sich Werte methodisch erfassen, ordnen und gewichten.[1] Dieses Mittel ist seit langem erprobt und theoretisch fundiert.[2] Es lässt sich erlernen und in Gruppen gut anwenden.

In diesem Zusammenhang soll nur ein erster Überblick zur Frage der Ziele gegeben werden. Das geschieht mit den Themen:

- Begriffe
- Begriffsverwendung
- Praktische Auswirkungen von Zieltypen
- Zielsysteme
- Zielformulierung als Prozess

In Kapitel B/2.3.1 wird die für den Planungserfolg ausschlaggebende Zielfrage vertieft dargestellt.

Begriffe

(2) Werte und Ziele – wie hängen diese zusammen, was unterscheidet die Begriffe? Der Beantwortung dienen folgende Definitionen:

- **Werte** sind subjektive Grundauffassungen und Leitlinien für das Verhalten von Menschen (vgl. Kap. A/1.3.1)
- **Ziele** umreissen den zukünftigen Zustand eines Sachverhaltes oder Objektes, welcher als erstrebenswert angesehen wird.[3]

Ziele bilden daher den konkreten, handlungsorientierten Ausdruck von Werten in einer bestimmten Situation.[4] Sie drücken situativ das Erstrebenswerte, die Richtung für das Verhalten, aus. Daher eignen sie sich,

---

[1] Vgl. Von der Weth 2001, S. 213; Hill/Fehlbaum und Ulrich 1998, S. 141
[2] Vgl. Häcker/Platz 2004, S. 1049; Gäfgen 1974; Heinen 1971, S. 28 ff.;
[3] Vgl. Hill/Fehlbaum und Ulrich 1998, S. 24; Heinen 1971, S. 18
[4] Fisch/Wolf 1991, S. 22

Wertvorstellungen in eine Form zu bringen, welche methodische Analysen und Diskussionen in Gruppen erleichtern.

**Begriffs-
verwendung**

(3) Interessanterweise kommt das Wort „Ziel" im dreibändigen Lexikon „Der Brockhaus" aus dem Jahre 2000 nicht vor. Dabei wäre eine Klärung des Inhalts des Wortes „Ziel" im Deutschen dringend geboten. Wenn man im Englisch-Wörterbuch beim Wort „Ziel" nachschaut, dann bieten sich eine ganze Reihe verschiedener Begriffe an. Darunter befinden sich „objective", „goal" und „aim".

In unserer deutschen Sprache neigen wir dagegen dazu, selbst **Massnahmen** als Ziel zu bezeichnen. Das kommt angesichts der menschlichen Handlungsorientierung in der Praxis sehr oft vor (vgl. Kap. A/1.1.2.1).

Eine sehr häufige Begriffsverwendung (= Zieltyp) entspricht dem englischen Wort „goal". Der erstrebenswerte Zustand wird also als konkreter Punkt auf einem Zielpfeil verstanden (vgl. Abb. A/40). Man spricht hier auch von **Sachzielen**, weil die zu erreichende Sache konkret benannt wird.[1]

*Abbildung A/40
Hinter dem deutschen Wort „Ziel"
sind sehr verschiedene Zieltypen
verborgen*

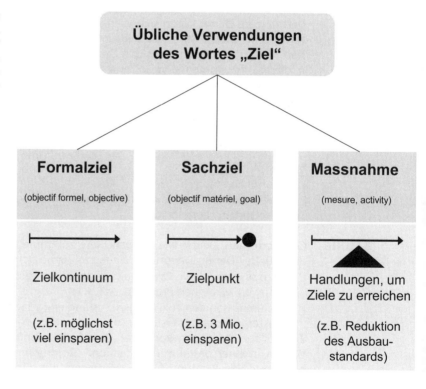

---

[1] Vgl. Thommen 2000, S. 101 ff.

Es lässt sich aber auch auf dem Zielpfeil der Punkt weglassen, also nur die Richtung angeben (vgl. Abb. A/40). Dann kann man von **Formalzielen**[1] oder auch Erfolgszielen sprechen.[2]

Praktische Auswirkungen Zieltypen

(4) Alle Zieltypen werden im deutschsprachigen Raum gebraucht. Das zwingt dazu, in der Zusammenarbeit zuallererst herauszufinden oder bewusst zu klären, was jemand mit dem Wort „Ziel" meint. Dieses Unterfangen ist nicht immer ganz einfach, weil sich gegen solche Fragen Widerstand regen kann. Man gerät leicht in den Verdacht, unnötig theoretisieren zu wollen.

Dabei haben die verschiedenen Zieltypen ganz praktische Auswirkungen. Werden etwa **Massnahmen** zum Ziel erklärt, dann erfolgt keine Diskussion mehr darüber, warum eine ausgewählte Massnahme die Wertvorstellungen am besten erfüllt.

Sachziele haben den verlockenden Vorteil, den Punkt, den man erreichen möchte (z.B. Fr. 3 Mio. einsparen), konkret zu benennen. Doch löst dieser Zieltyp keine Motivation aus, über den Punkt hinaus zu gehen, also zu versuchen, gar Fr. 5 Mio. einzusparen. Auch ist die Frage der Zielerreichung dann schwierig zu beantworten, wenn nur eine Einsparung von Fr. 2.6 Mio. nachgewiesen wurde. Muss man in diesem Fall von einem Misserfolg sprechen?

Formalziele lassen dagegen den Massstab der Zielerfüllung zunächst völlig offen. Sie geben „nur" die Zielrichtung an (z.B. möglichst viel einsparen). Daher wird auch die Unverbindlichkeit dieses Zieltyps kritisiert. Manche Autoren von Projektmanagement-Büchern oder Verfasser von Zielsystemen lehnen Formalziele aus diesem Grund völlig ab.[3] Damit begeben sich diese Autoren aber auf den „Holzweg" unnötiger oder gar irreführender methodischer Verengungen. Denn wenn man Formalziele verwendet, kann man die Zielerfüllung wesentlich differenzierter erfassen als mit Sachzielen. Es lassen sich z.B. Indikatoren formulieren und mit Hilfe detaillierter Skalen angemessene Beurteilungen vornehmen.

Zielsystem

(5) Man spricht bei den Sach- und Formalzielen auch von KANN-Zielen, weil man diese erfüllen kann, aber nicht muss. Daneben wird auch von MUSS-Zielen gesprochen, da diese im Rahmen einer Planung unabdingbar erfüllt werden müssen.

Die MUSS-Ziele werden hier **Prämissen** genannt. Diese umfassen aber neben den zwingenden Zielen auch allgemeine Rahmenbedingungen (z.B. die Präzisierung des Objektes der Zielanalyse).

Handelt es sich um mehrere Formalziele, so lassen sich diese in einer Art **Zielbaum** (auch Zielhierarchie genannt) gliedern. Ein Beispiel dafür zeigt Abbildung A/41. Auf die methodischen Regeln zur Erarbeitung eines Zielbaumes geht B/2.3.1 näher ein.

Menschen

---

[1] Vgl. Hill/Fehlbaum und Ulrich 1998, S. 159
[2] Vgl. Thommen 2000, S. 104
[3] Vgl. z.B. Schelle 2004, S. 67

Abbildung A/41
Dieser Zielbaum diente für Diskussionen der Standort- und Raumbedürfnisse der Dienstabteilungen der Stadtverwaltung von Zürich (hier mit Gewichtungsbeispiel)

Hauptziel	Oberziele	Teilziele	Gesamt-gewicht
		3 11 Hohe funktionale **Raumeignung** für die jeweiligen Zwecke	9 %
	3 **1.** **Raum-bedürfnisse**	**5** 12 Hohe **Flexibilität** in der Raumnutzung	15 %
		2 13 Gute **psychologische und physiologische Bedingungen**	6 %
		5 21 Gute Erfüllung der Zuordnungsbedürf-nisse **innerhalb der Dienstabteilung**	15 %
	3 **2.** **Zuordnungs-bedürfnisse**	**4** 22 Rasche Erreichbarkeit der **Departe-mentsleitung**	12 %
Gute lang-fristige Lösung Verwaltung 2010		**1** 23 Rasche Erreichbarkeit anderer relevanter **Dienstabteilungen sowie Behörden**	3 %
		4 31 Gute Erreichbarkeit für **Kunden**	12 %
	3 **3.** **Standort-bedürfnisse**	**3** 32 Gute Erreichbarkeit für **Mitarbeitende**	9 %
		3 33 Nahe **ergänzende Dienstleistungen**	9 %
		8 41 Möglichst kleines Risiko von **Störungen** durch **Bauprozesse**	8 %
	1 **4.** **Bedürfnisse Verände-rungs-prozesse**	**2** 42 Möglichst keine Störungen und Zeitaufwendungen durch **Umzüge**	2 %

Total   **100 %**

Die Kombination der Elemente „Prämissen" und „Zielbaum" (Zielhierarchie) nennen wir hier Zielsystem. Damit wird auch ausgedrückt, dass die
verschiedenen Elemente durch Beziehungen miteinander verbunden
sind.

**Ziel-
formulierung
als Prozess**

(6) Um der Bedeutung von Zielsystemen für die gute Problemlösung
gerecht zu werden, reicht ein Formulierungs-Anlauf am Anfang meist
nicht, denn dann weiss man in der Regel über das Problem und seine
Lösungsmöglichkeiten noch zu wenig Bescheid (s.o.). Es ist zwar meist
nützlich, zu Beginn eines Prozesses grobe Ziele zu formulieren (evtl. ein
bis drei Sachziele), später sollte (am besten nach der Situationsanalyse)
aber unbedingt eine vertiefende Diskussion der Ziele erfolgen. Nun ist
man besser informiert und kann die Ziele situationsgerechter und auch
im notwendigen Detaillierungsgrad formulieren.
Die Zielformulierung und -weiterentwicklung gilt es also als Prozess auf-
zufassen, der immer mehr Zielklarheit bringt (vgl. Abb. A/42).[1]

*Abbildung A/42
Erst im Prozess der
Lösungsfindung
gewinnen die
Gruppenmitglieder
oft die nötige
Klarheit über Ziele[2]*

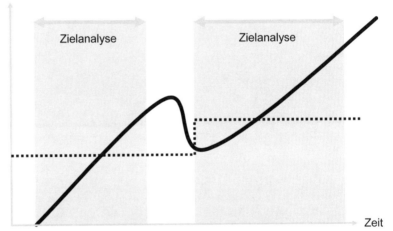

---

[1] Vgl. Fisch/Wolf 1991, S. 19 f.
[2] Quelle: Von der Weth 2001, S. 97

2. Zu lösende Probleme

Erfolg oder Misserfolg

(1) Planen bildet eine Form, Probleme zu lösen. Es ist daher wichtig zu erkennen und sich darüber zu verständigen, was man unter dem Begriff „Problem" in der jeweiligen Situation versteht. Sodann muss man in der Lage sein, die Art des Problems zu analysieren.

Denn verkennt man den Charakter eines Problems und seines Umfeldes, dann resultiert daraus eventuell die Wahl eines falschen Lösungsweges, sprich: Prozesses. In manchen Fällen wird in der Folge „mit Kanonen auf Spatzen geschossen". Häufiger aber noch werden Probleme in der Sache, in ihren menschlichen Anforderungen bzw. Auswirkungen unterschätzt.

Hauptkapitel

(2) Dieses Kapitel stellt die Grundlagen zur Verfügung, um ein **zu lösendes Problem richtig einschätzen zu können**. Dazu wird diese Thematik von verschiedenen Seiten her beleuchtet. Schwerpunkte bilden Analysen sowohl der sachlichen als auch der menschlichen Problemlagen.

Zudem erfolgen Überlegungen und Hinweise zur Sortierung von Problemen. Das ist nicht nur für die Praxis, sondern auch für das Verständnis dieses Handbuches wichtig. Denn hier werden primär komplexe Probleme behandelt. Somit gliedert sich dieses Kapitel in die Teile:

- **Über Probleme**

- **Problem-Sortierung**

2.1 Über Probleme

2.1.1 Kennzeichen und Entstehen von Problemen

Im Mittelpunkt: Schwierige Probleme

(1) Es gibt Menschen, die bezeichnen banale Aufgaben als „gut und wohl strukturierte Probleme" (z.B. eine Materialbestellung). Echte Probleme, bei denen erhebliche Schwierigkeiten zu überwinden sind, werden mit dem Attribut „Strukturdefekt" versehen.[1] Zu solcher Etikettierung führt die für jene Wissenschaftler wohl unangenehme Tatsache, dass bei

---

[1] Vgl. z.B. Adam 2001, S. 10

solchen Problemen mathematische Formeln und Computerprogramme, also mechanistische Ansätze, allein versagen (vgl. Abb. A/43).

Demgegenüber stehen hier Probleme im Mittelpunkt, welche nicht mit einem einfachen mechanistischen Prozess lösbar sind. Das ist der Normalfall beim Entwickeln von Lösungen für Neu- und Reorganisationen, bei der Erarbeitung von Marketing-Strategien, bei der Klärung von Standortfragen oder beim Konzipieren von Neu- und Umbauten.

Abbildung A/43
Für viele Menschen
stellt die mecha-
nistische Lösungs-
maschine, die mit
Sicherheit zu einer
optimierten Lö-
sung führt, schein-
bar das Ideal dar

Auswahl von Themen

(2) Mit solchen echten, weil schwierigen Problemen muss man sich bereits beschäftigen, bevor der eigentliche Prozess der Lösungsfindung beginnt. Mit anderen Worten: Es gilt, sich der Versuchung zu widersetzen, gleich zur Tat zu schreiten. Erst sollte man möglichst präzis klären: Haben wir überhaupt ein Problem, wenn ja, worin liegt dieses eigentlich? Es geht also um eine Problemklärung.

Daher ist die Beschäftigung mit den Kennzeichen und dem Entstehen von Problemen notwendig. Dazu wurden als Themen ausgewählt:

• Kennzeichen eines Problems

• Entstehen von Problemen

• Zweiseitige Betrachtung

2.1.1.1   Kennzeichen eines Problems

Definition
Probleme

(1) „Ich habe ein Problem mit dir", ist ein nicht selten zu hörender Ausspruch – und trifft ins Schwarze. Offensichtlich wünscht sich die Sprecherin ein anderes Verhalten der anderen Person, als sie jetzt im „Ist" erlebt. Dabei ist die Diskrepanz zwischen „Ist" und „Soll" nicht ganz einfach zu überwinden, bereitet Schwierigkeiten.

Probleme entstehen also, wenn einzelne Personen, Gruppen und Gebilde von Menschen (z.B. eine Verwaltung) eine Ist-Situation aufgrund ihrer Werte/Ziele,

○ für veränderungsbedürftig halten.
○ willentlich verändern möchten oder
○ im heutigen Zustand vor Veränderungen bewahren wollen.

Ein Problem kann auch als Störung eines Anpassungszustandes verstanden werden. Diese Störung empfinden irgendwelche Menschen als veränderungsbedürftig.[1]

Die entsprechende Definition bringt Abbildung A/44. Neben der Diskrepanz zwischen „Ist" und „Soll" wird dort von Schwierigkeiten gesprochen, die es zu überwinden gilt.[2]

Abbildung B/44
Probleme entstehen durch eine Diskrepanz zwischen Ist und Soll

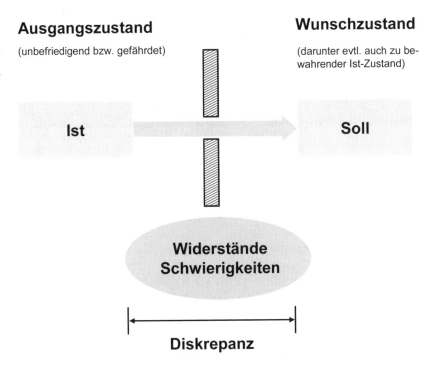

Ausgangszustand
(unbefriedigend bzw. gefährdet)

Wunschzustand
(darunter evtl. auch zu bewahrender Ist-Zustand)

Ist → **Soll**

Widerstände
Schwierigkeiten

|←   →|
Diskrepanz

---

[1] Vgl. Malik 2000, S. 361
[2] Vgl. Brauchlin/Heene 1995, S. 20; Ulrich/Probst 1995, S. 105

Schwierig-
keiten

(2) Entscheidendes Merkmal für die Definition des Wortes „Problem" stellt das Empfinden von Schwierigkeiten dar. Diese können emotionaler und sachlicher Art sein. Zu einer Schwierigkeit wird etwas, wenn Menschen eine Situation im Lichte ihrer **Wertvorstellungen** so einschätzen.[1] Umgekehrt ausgedrückt: Situationen, bei denen die Lösung einer Aufgabe beispielsweise durch mathematische Berechnungen (auch anspruchsvolle) oder durch die Wahl von Routinelösungen möglich ist, werden nicht als Problem bezeichnet.

Schwierigkeiten dagegen signalisieren, dass spezielle **menschliche An-strengungen** zur Überwindung der Diskrepanz zwischen Ist und Soll notwendig sind.

Ein Hoteldirektor mit Problemen[2]

Herr Dreger, Direktor eines Hotels, überdenkt die längerfristigen Zukunfts-aussichten seines Dienstleistungsbetriebes. Das Hotel, vor 15 Jahren erbaut, ist führend in einer Stadt mit 50'000 Einwohnern und wird zum Teil von Geschäftsleuten, zum Teil aber auch von Feriengästen besucht. Seine Gedanken kreisen insbesondere um die folgenden Punkte: Wie werden sich Geschäftsreisen in unserer Stadt und der lokale Tourismus entwickeln? Welche Anforderungen hinsichtlich Komfort und Preis werden an ein führendes Hotel gestellt? Drängt sich ferner eine Renovierung auf? Wie werden sich die Kosten entwickeln? Kann ich noch rationalisieren? Wie wird sich der Arbeitsmarkt entwickeln?

Antworten auf diese Fragen sind schwierig. Die wirtschaftliche Zukunft der Standort-Stadt ist sehr unsicher. Das gleiche gilt für die touristische Entwicklung. Auch liegt Herr Dreger mit der Nachbarschaft des Hotels im Streit, weil diese über nächtliche Ruhestörungen klagt.

Herr Dreger hat also Probleme. Er sollte in irgend einer Form zu einem Plan kommen und seine Probleme lösen. Dabei ist er angesichts des ständigen Tagesgeschäfts in Versuchung, die Problemlösung auf die lange Bank zu verschieben („... wenn ich dann mal genügend Zeit habe".).

2.1.1.2   Entstehen von Problemen

Problem-
Geschichten
und
Perspektiven

(1) Ohne handelnde Menschen gäbe es also keine Probleme, denn niemand würde Diskrepanzen feststellen und Schwierigkeiten empfinden. So aber müssen sich Menschen laufend mit dem Problemlösen beschäftigen.[3]

Im Umkehrschluss lässt sich ein Problem bereits dadurch lösen, dass die empfundenen Diskrepanzen und Schwierigkeiten wieder aus der Welt

---

[1] Vgl. Ulrich/Probst 1995, S. 105
[2] Nach Brauchlin/Heene 1995, S. 18
[3] Vgl. Franke 1999, S. 12

geschafft werden. So können z.B. Menschen ihre Wertvorstellungen bzw. Ziele nochmals überdenken und zum Schluss kommen, dass die empfundene Diskrepanz zwischen Ist und Soll gar nicht so schwerwiegend ist (wie vielleicht ursprünglich empfunden). Dann werden Planungen und Massnahmen verzichtbar.

Bleibt es beim Problemempfinden, so kann die menschliche Verursachung und Feststellung in zwei Dimensionen auftreten (vgl. Abb. A/45):

- Problem-Geschichte
  - Neu-Problem
  - Alt-Problem
- Problem-Perspektive
  - Aktuell
  - Zukünftig

Pro-
bleme

*Abbildung A/45
Probleme kommen
v.a. in zwei Di-
mensionen vor*

Problem-Perspektive	Problem-Geschichte	
	neu	*alt*
aktuell	Aktuell auftauchendes neues Problem (z.B. der nach einem langen Wachstum plötzliche Absatzeinbruch in einer Firma)	Aktuell wieder akut werdende alte Probleme (z.B. sich zuspitzende Konflikte infolge einer misslungenen Reorganisation)
zukünftig erwartbar	Zukünftig zu erwartendes neues Problem (z.B. Raummangel in einer Stadtverwaltung)	Zukünftig zu erwartende Neuauflage eines alten Problems (z.B. Umgang mit Atomkraftwerken)

Neu-Probleme

(2) Neu-Probleme entstehen einerseits durch die **laufenden Veränderungsprozesse**. Auf diese muss in irgendeiner Weise reagiert werden. Dazu gehören z.B. Änderungen im Konsumverhalten, neue Vorschriften oder eingetretene Ereignisse wie z.B. ein Verkehrsunfall.

Zudem können **neue Ziele** etwas verändern oder verbessern wollen. Ein Hotelbesitzer möchte z.B. sein Hotel so verändern, damit es eine höhere Stern-Kategorie erreicht. Oder ein Betrieb sieht Chancen, durch eine neue Prozessorganisation effizienter zu produzieren.

Alt-Probleme

(3) Vielleicht ebenso zahlreich wie neue Probleme sind die Alt-Probleme. Hier geht es um bereits bekannte und bearbeitete Probleme. Doch erwies sich eine **früher gefundene Problemlösung** als **unbefriedigend**. Dazu führten z.B. nicht hinreichend beachtete Nebenwirkungen, unerwartet hohe Realisierungskosten, nachhaltige Widerstände etc. Die Liste für das mögliche Entstehen von Alt-Problemen ist lang.[1]

---

[1] Watzlawick/Weakland und Fisch 2000, S. 51 ff.

Zu Alt-Problemen kommt es also häufig dadurch, dass die **Komplexität** einer Situation oder Aufgabe geleugnet oder **verkannt** wurde. In der Folge vereinfachte man die Problemlösung bzw. Planung in unangemessener Weise.[1]

Aktuelle Probleme

(4) Bei aktuellen Problemen ist eine Diskrepanz entsprechend Abbildung B/44 **hier und jetzt voll gegeben** und mit allen Nachteilen wirksam. Ein solches aktuelles Problem besteht z.B. in einer ständig zu Doppelspurigkeiten führenden Organisation, in der Undichtigkeit eines Hausdaches oder im Unfrieden zweier Partner.

Zukünftige Probleme

(5) Erwartbare zukünftige Probleme verursachen im Moment noch keine spürbaren oder feststellbaren Diskrepanzen. Es lässt sich aber mehr oder weniger klar absehen, dass **Diskrepanzen** zwischen dem Ist und Soll **zukünftig** auftreten werden oder können. Dazu gehören z.B. die wachsende Gefahr von Hochwasser, der erwartbare zusätzliche Raumbedarf bei einer expandierenden Firma oder die kommende Verknappung von finanziellen Mitteln bei Sparanstrengungen in einer Verwaltung.

Zünftige Probleme sind dann nicht leicht wahrzunehmen, wenn die **Änderungen schleichend** erfolgen. Menschen reagieren hier wie Frösche auf siedendes Wasser. Wirft man einen Frosch in siedendes Wasser, wird er die Lebensgefahr sofort spüren und dem Wasser zu entkommen suchen. Wird die Wassertemperatur nur in ganz kleinen Dosen erhöht, bleibt der Frosch hocken, bis die Hitze ihn tötet. Der Grund liegt darin, dass der Frosch die leichte Veränderung der Wassertemperatur nicht als Warnsignal empfindet.[2]

Ein etwas ranziges Organisationsproblem

In einem Schweizer Bundesamt sollte eine Reorganisation durchgeführt werden. Bei der Startsitzung der neu eingesetzten Projektgruppe referierte der Berater munter, wie er sich den Projektablauf vorstelle. Da war die Rede von systematischem Vorgehen, von Meilensteinen, von Teamarbeit und v.a. von einer guten Arbeitsteilung. Zudem appellierte der Berater an die Runde: Die Projektgruppe müsse sich kräftig engagieren, damit die neue Organisation ihren Bedürfnissen voll entspreche.

Dann schritt der Berater zum Thema der praktischen Verteilung der Arbeiten und zu den Terminabsprachen. Es sollten interne Erhebungen zur Ist-Situation durchgeführt und auf die nächste Sitzung hin bereitgestellt werden. Doch alle Projektgruppenmitglieder gaben vor, keine Zeit zu haben. Dabei konnten einige ein Grinsen nicht ganz verbergen.

Nun wollte der Berater wissen, was eigentlich los sei. Auf diese Frage hin bequemte sich ein Mitglied der Projektgruppe in der Kaffeepause, die Katze

---

[1] Watzlawick/Weakland und Fisch 2000, S. 60 ff.; Fisch/Wolf 1991, S. 24
[2] Nach Gomez/Probst 2001, S. 37

aus dem Sack zu lassen: „Sie sind nun innerhalb von drei Jahren der fünfte Berater zum Thema Reorganisation unseres Bundesamtes. Auch Sie werden scheitern. Wozu sollen wir uns also ein Bein ausreissen?"
Der Berater war also nun mit der besonderen Knacknuss eines Alt-Problems konfrontiert (was ihm vorher niemand gesagt hatte). Zum Wohl für das Amt und sein Honorar fand er jedoch Wege, diesen fünften Reorganisationsversuch zum Erfolg zu führen.

Kombination von Problem-Geschichten und -Perspektiven

(6) Oft drängt es sich auf, die Lösung aktueller Probleme gerade mit der Lösung erwartbarer Probleme zu verbinden. Solche Kombinationen in den Dimensionen können auch zwischen **Neu- und Altproblemen** auftauchen (einige Teile alt, andere Teile neu). Diese Kombinationen können sich aus der Sache heraus ergeben. Denkbar ist aber auch, die Kombination mehrerer Problem-Dimensionen bewusst anzusteuern („Wenn wir es jetzt schon anpacken, dann machen wir es gerade richtig").

Das gilt insbesondere für jede Planung, die ohnehin auf die Zukunft angelegt ist. Es geht dann z.B. darum, nicht nur aktuelle Doppelspurigkeiten in einer Organisation abzubauen, sondern diese gleichzeitig auf **zukünftige neue Herausforderungen** auszurichten. Das gleiche gilt für den Raumbedarf, bei dem man nicht nur einen aktuellen Engpass beseitigt, sondern auch die erwartbaren Flächenbedürfnisse in 10 Jahren zu berücksichtigen sucht.

2.1.1.3 Zweiseitige Betrachtung

Individuelle Voraussetzungen und sachliche Gegebenheiten

(1) Gerade die vielen Alt-Probleme sind ein Indiz dafür, dass der Charakter eines Problems oft nicht gesehen wird. Die Ursachen dafür werden in Kapitel A/1.1 eingehend erläutert. Angesprochen sind die individuellen Voraussetzungen, um Probleme lösen zu können und zu wollen. Sehr einfache Probleme können einzelne Menschen oder Gruppen bereits überfordern. Andere Personengruppen wiederum sind in der Lage, auch recht anspruchsvolle Probleme ohne Überlastung zu lösen.

Hinzu treten die sachlichen Gegebenheiten eines Problems. Hier lassen sich sogar Berechnungen, etwa die Anzahl von Variablen einer Lösung, durchführen.

Mehrebenen-Modell zu Problemen

(2) Auf diese Vielschichtigkeit machte speziell Rüdiger Von der Weth aufmerksam und präzisierte mit seinem Mehrebenen-Modell die bisher recht undifferenziert bzw. lückenhaft behandelte Fragestellung.[1] Er spricht von der Auftrags-, Anforderungs- und Erlebnisebene. Damit definiert er Probleme nicht nur durch die Eigenschaften der sachlichen Problemlage, sondern auch mit Blick auf die beteiligten Menschen als Problemlöser.

---

[1] Vgl. Von der Weth 2001, S. 15 ff.; Fisch/Wolf 1991, S. 12

Hier werden Grundgedanken von Von der Weth aufgenommen, aber etwas andere Zuteilungen vorgenommen. Weil die Anforderungs- und Erlebnisebene auf Menschen bezogen ist, bietet sich zudem deren Zusammenfassung an. Danach lässt sich zwischen „zwei Seiten der Medaille" unterscheiden (vgl. Abb. A/45):

- Sachliche Problemlage
- Menschliche Problemlage

Notwendige sorgfältige Klärung von Problemen

(3) Die sorgfältige Klärung eines Problems auf beiden Ebenen trägt wesentlich zur Problemlösung bei. Denn liegt ein Problem eher im sachlichen Bereich, so helfen Analysen und diverse „technische" Methoden gut weiter. Liegt das Problem eher bei menschlichen Gegebenheiten, so sind die „sozialen" Instrumente von besonderer Erfolgsrelevanz.[1]

2.1.2 Sachliche Problemlage

Identifizieren und Abgrenzen von Problem-Objekten

(1) Die sachliche Problemlage lässt sich annäherungsweise objektivieren. Dabei ist es möglich, die Problem-Objekte zu identifizieren und abzugrenzen. Das stellt oft einen schwierigen, aber wichtigen Vorgang dar (vgl. Kap. A/3.3.2 und B/1.2.1). Er sollte zu Beginn eines Planungs-Prozesses am besten in einer Gruppe stattfinden.

Möglich ist auch, dass diese wichtige Aufgabe durch einen Auftraggeber vor dem Start eines Problemlösungs-Prozesses bewältigt wird. Daher wird hier auch von der Auftragsebene gesprochen.[2] Diese wissenschaftliche Etikettierung erscheint aber etwas einseitig, da die Auftraggeber in der Praxis oft diese Leistung der klaren Identifikation und Abgrenzung vermissen lassen.

Unterscheidungen bei der sachlichen Problemlage

(2) Bei einer genaueren Betrachtung der Problemlage kann eine Unterscheidung vorgenommen werden zwischen (vgl. Abb. A/47):

- endogenen Gegebenheiten[3]
- exogenen Einflüssen[4]

Zu den direkten **endogenen Gegebenheiten** zählen der Problemumfang, die Dynamik der Problementwicklung, die Anzahl verschiedener Ziele zur Problemlösung etc.

Darüber hinaus lassen sich die **exogenen Einflüsse** auf eine Problemlösung erfassen. An erster Stelle ist hier der Grad der sachlichen Vernetzung zu nennen. Hinzu kommen Aspekte wie die zur Verfügung stehenden Informationen, die organisatorische Einbettung sowie die zur Verfügung stehenden Ressourcen und die Terminsetzungen.

---

[1] Vgl. Fisch/Wolf 1991, S. 24
[2] Vgl. Von der Weth 2001, S. 17 f.
[3] Endogen = von innen heraus, in der Sache selbst liegend
[4] Exogen = von aussen einwirkend

Abbildung A/46
Die Betrachtung
von Problemen hat
von zwei Seiten
her zu erfolgen

Menschliche Problemlage

Sachliche Problemlage

Pro-
bleme

Anforderungsebene

- Generelle Fähigkeiten und
  Grenzen des Denkapparates

- Spezifische Kompetenzen
  - Fach
  - Methoden
  - Sozial
  - Selbst

- Situative Gegebenheiten
  - Erfahrung mit gleichen
    und ähnlichen Problemen
  - Art des Soll-Zustands
  - Verschiedenartige Ziele,
    Intransparenz etc.

Auftragsebene

- Endogene Gegebenheiten[1]
  - Umfang der Problemaspekte
  - Diskrepanz zwischen Ist und
    Soll
  - Dynamik der Problementwick-
    lung
  - Transparenz

- Exogene Einflüsse[1]
  - Sachliche Vernetzung
  - Zur Verfügung stehende
    Informationen
  - Organisatorische Einbettung
  - Terminstruktur
  - Zur Verfügung stehende
    Ressourcen
  - Anzahl beteiligte Personen
  - Zielpluralität

Problem

Erlebnisebene

- Meinungen über sich selbst
  als Problemlöser

- Erfolgserwartungen

- Über- und Unterschätzungen

- Veränderungseinstellungen

---

[1] Teilweise werden diese Gegebenheiten auch subjektiv von den beteiligten Menschen erlebt,
gehören also auch auf die Anforderungsebene

Abbildung A/47
Man kann Prob-
leme einer endo-
genen (von innen)
und exogenen
(von aussen) Be-
trachtung unter-
ziehen (hier: Dar-
stellung zur Fusion
der Fachhochschu-
le Pädagogik Aar-
gau)

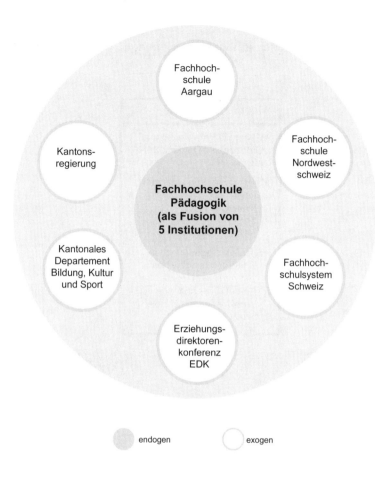

2.1.2.1 Endogene Gegebenheiten

Überblick

(1) Bei den endogenen Gegebenheiten geht es um das Problem selber. Dabei ist wiederum eine ganze Reihe von Aspekten zu beachten, welche je nach Einzelfall einen massgeblichen Einfluss ausüben können. Zudem sind die verschiedenen Aspekte miteinander vernetzt. Hier sollen einzeln kurz angesprochen werden:

- der Umfang der Problemaspekte
- die Diskrepanz zwischen Ist und Soll
- die Dynamik der Problementwicklung
- die Transparenz

Umfang der Problem-aspekte

(2) Beim Umfang der Problemaspekte geht es letztlich um die Anzahl Informationen, welche verarbeitet werden müssen. Systemtheoretisch betrachtet spricht man von der Anzahl zu berücksichtigender Elemente und deren Beziehungen (vgl. Kap. A/3.1.4). Jeder Organisator muss z.B. Aspekte wie diverse Prozesse und Produkte im Ist und Soll, die beste-

hende Aufbauorganisation sowie die Verhaltensweisen der mitwirkenden Akteure bzw. Betroffenen etc. im Auge behalten.

Hinzu kommt die **Varianz** derjenigen Grössen, die verschieden wirken bzw. gestaltet werden können. Systemtheoretisch gesehen geht es um die Mannigfaltigkeit von Zuständen, welche ein System annehmen kann.[1] Diese Varianz lässt sich theoretisch messen. Schon scheinbar sehr einfache Situationen zeichnen sich durch eine hohe Varianz aus, wenn man sie durchdenkt (vgl. Denksportaufgabe Nr. 6).

> *Denksportaufgabe Nr. 6 „Glühbirnen-Varianz"*[2]
>
> *a. Ein System besteht aus 5 Glühbirnen. Jede dieser Lampen kann entweder an- oder ausgestellt sein.*
> *Wie viele Zustände kann dieses System annehmen?*
>
>
>
> *b. Das gleiche System besteht aus Glühbirnen, die rot, blau, grün, gelb und weiss aufleuchten können.*
> *Wie viele Zustände kann nun das System annehmen?*
>
> *Die Lösung findet sich am Schluss von Kapitel A/2.1*

Pro-bleme

Diskrepanz zwischen Ist und Soll

(3) Die Varianz hängt eng mit dem Umfang der Diskrepanz zwischen dem Ist und Soll zusammen. Je grösser diese Diskrepanz ist, desto mehr gibt es in der Regel zu variieren. Wenn ein Einfamilienhaus nur renoviert wird, sind die Anzahl Variablen (z.B. neuer Teppich, neue Tapeten, neue Küchenelemente etc.) noch relativ überschaubar. Wird ein Einfamilienhaus neu gebaut, so ist bereits eine Fülle von Systemen und Teil-Systemen zu variieren (z.B. Materialien der Aussenwände und der Dacheindeckung, Art des Heizungssystems etc.). Das gleiche gilt für völlig neue Marketing-Strategien oder radikale Umstellungen von Organisationen (neu z.B. prozessorientiert).

---

[1] Vgl. Von der Weth 2001, S. 11 und S. 19 ff.; Malik 2000, S. 37 und S. 184 ff.
[2] Nach Malik 2000, S. 187 f.

Dynamik der Problement-wicklung

(4) Damit ist bereits die Dynamik der Problementwicklung angesprochen. Eine Situation kann sich während des Projektablaufs dramatisch verändern. Während man z.b. mit der Reorganisation einer Firma beschäftigt ist, kündigen mehrere Mitglieder des leitenden Managements.

In anderen Problemsituationen bleiben aber evtl. die wichtigen Elemente und deren Beziehungen relativ stabil.

Transparenz

(5) Dynamische Entwicklungen erzeugen oder steigern die Intransparenz eines Problems. Man spricht auch von **schwach strukturierten** Problemen. Darunter ist das Ausmass an vorhandener Unsicherheit und Unbestimmtheit über die Komponenten eines Problems zu verstehen. Man weiss nicht genug über den aktuellen Zustand, über Vernetzungen und über die Zuverlässigkeit der vorliegenden Informationen.[1] Man kann diese Situation mit dem Anfang vieler „Krimis" vergleichen.

Ein Teil der Intransparenz liegt aber oft nicht nur im Problem selber, sondern im Bereich der **Anforderungsebene**. Denn es geht hier um mangelndes Wissen zu einem Problem. Dieses kann auch dadurch entstehen, dass zwar Kenntnisse zur Struktur eines Problems möglich wären, die Beteiligten jedoch nicht über das entsprechende Wissen verfügen oder damit umgehen können. Dazu tragen auch Informationsüberflutungen bei.[2]

2.1.2.2 Exogene Einflüsse

Überblick

(1) Die Fragen der Zielpluralität und der Transparenz hängen eng mit den exogenen Einflüssen auf ein Problem bzw. dessen Lösung zusammen. Bei diesem Thema kann man auch von Rahmenbedingungen sprechen. Dazu zählen die (vgl. Abb. A/46):

• sachliche Vernetzung
• zur Verfügung stehenden Informationen
• organisatorische Einbettung
• Terminstruktur
• zur Verfügung stehenden Ressourcen
• Anzahl beteiligter Personen
• Zielpluralität

Sachliche Vernetzung

(2) Jedes Problem liegt in einem Problemfeld, mit dem mehr oder weniger starke Austauschbeziehungen bestehen. Hier spricht man auch von sachlicher Vernetzung. Abbildung A/48 zeigt dazu ein Beispiel.

Starke Vernetzungen können bei **dynamischen Entwicklungen** immer wieder neue Gegebenheiten für die Problemlösung und damit für die Planung erzeugen. Das gilt z.B. oft für die Beziehungen zwischen den Investitionen eines Unternehmens und der Marktentwicklung. Um-

---

[1] Vgl. Von der Weth 2001, S. 23; Fisch/Wolf 1991, S. 14
[2] Vgl. Franke 1999, S. 57; Fisch/Wolf 1991, S. 14

Pro-
bleme

Abbildung A/48
Das Netzwerk-
Diagramm zum
Problemfeld der
Anzahl Patientin-
nen und Ärzte im
Bereich Gynäkolo-
gie zeigt eine
Vielfalt an Zu-
sammenhängen
mit dem Prognose-
Problem „Anzahl
Patienten"[1]

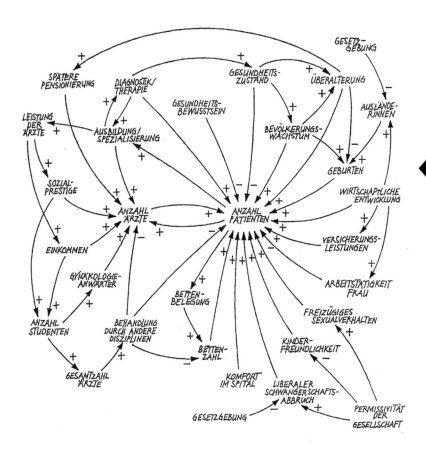

satzeinbrüche können zu einer Verkleinerung eines Investitionsvorha-
bens führen, ein anziehender Markt zu einer Vergrösserung. Dynamisch
sind auch die Beziehungen von Bauplanern in einem innerstädtischen
Gebiet mit diversen Behörden. Dieses Beispiel steht auch dafür, dass
Veränderungen eines Problems wiederum Rückwirkungen auf die externen Faktoren haben können (z.B. neue Planungsvorschläge und neue
Reaktionen der Behörden).

Die undurchschaubare Stellenfrage

Für die Stadtverwaltung von Zürich wurden Standort- und Raumoptimie-
rungen durchgeführt. Der betrachtete Zeithorizont reichte 10 Jahre voraus.
Wichtig erschien der Projektgruppe, als Planungsbasis die Entwicklung der
Personalstellenzahl zu prognostizieren. Davon wollte die Projektgruppe die
benötigte Arbeitsplatzzahl ableiten. Diese bildet wiederum die Basis für
Flächenbedarfsberechnungen.

---

[1] Aus Gomez/Probst 1987, S. 49

Im Rahmen einer Situationsanalyse stiess die Projektgruppe auf eine Fülle von Einflussfaktoren zur Stellen- und Arbeitsplatzfrage. Beispiele sind:
- *Angestrebte neue Verwaltungsstrukturen (7 statt 9 Departemente)*
- *Übernahme von Aufgaben vom Kanton Zürich (z.B. im Polizeiwesen)*
- *In Teilen zunehmende Aufgaben (z.B. im Bereich Freizeit und Sport)*
- *Entwicklungen im „Service public" mit Erhöhung der Bürgernähe bzw. mehr Wirkungsorientierung*
- *Entwicklungen im Bereich „Electronic Government" (mehr Geschäftsbeziehungen zwischen Bürgern und Stadt über elektronische Kanäle, mehr Kontaktmöglichkeiten und Anfragen)*
- *Neue Arbeitszeitmodelle (flexible Arbeitszeiten mit der Möglichkeit individueller Arbeitszeitverkürzungen, dadurch erhöhter Arbeitsplatzbedarf je Stelle)*

Die Projektgruppe untersuchte die Wirkungen dieser Faktoren. Doch die Aussagen erwiesen sich als widersprüchlich und vage. Kommt die Verwaltungsreform (7 statt 9) in Zürich und hat diese tatsächlich Auswirkungen auf die Stellenzahl? Wird E-Government zu mehr oder weniger Stellen führen? In welchem Umfang kommt es zu individuellen Arbeitszeitverkürzungen und wie stark wirkt sich das auf den Arbeitsplatzbedarf aus?

Die Projektgruppe kam nach längeren Bemühungen zur Überzeugung, dass die zukünftige Entwicklung des Stellenbedarfs in der Stadt Zürich derzeit zu undurchschaubar ist. Sie beschloss, vorerst vom Ist-Zustand als sicherem Boden auszugehen.
Für die Standort- und Raumoptimierung hiess das, der Flexibilität und den Flächenreserven einen hohen Stellenwert zu geben, um zukünftig sehr unterschiedlichen Entwicklungen Rechnung tragen zu können.

Zur Verfügung stehende Information

(3) Die Frage der zur Verfügung stehenden Information klingt bereits bei der endogenen Problembetrachtung an. Es steht manchmal zu viel und manchmal zu wenig Information über ein Problem bzw. zu dessen Bearbeitung zur Verfügung. Diese Informationen können sich zudem im Zeitablauf dynamisch verändern. Hier geht es v.a. um die Frage, **wer von extern welche Informationen wann zur Verfügung** stellt bzw. bearbeitet.

Der systematischen Informationsarbeit ist also bei Problemlösungs-Prozessen erhebliche Beachtung zu schenken. Dabei bildet die angemessene Position **zwischen zu viel und zu wenig** Informationen eine ständige Herausforderung (vgl. Kap. B/4.2.3.3).[1]

Zudem gilt es Informationen für eine Situationsanalyse möglichst gut von Ideen für Lösungs-Varianten zu trennen. Sonst kommt es zu unkontrollierbaren Vorspurungen von bestimmten Lösungen. Denn Vermischungen fördern die ohnehin vorhandene Tendenz, neue Lösungen

---

[1] Vgl. Fisch/Wolf 1991, S. 27

v.a. aus dem Ist-Zustand ableiten zu wollen oder diesen mit wenigen Korrekturen einfach zu belassen.

Organisatorische Einbettung

(4) Ein grosser Einfluss kann auch von der organisatorischen Einbettung einer Problembearbeitung ausgehen. Dazu gehört einerseits bereits die **Klarheit des Auftrages** für eine Problemlösung. Je mehr Klarheit besteht, desto besser lässt sich das Problemlösen zielgerichtet gestalten. Andererseits kommt die **Stellung einer auftraggebenden Organisation** in einem Gesamtgefüge hinzu. Ist diese Stellung schwach, so erfolgen erfahrungsgemäss ständig neue Beeinflussungsversuche von aussen. Die Folge besteht evtl. in einem Gezerre bzw. Zickzackkurs. Im politischen Bereich kann die starke Stellung eines Projektleiters nach einer Neuwahl eines Regierungsmitglieds rasch einmal in eine schwache kippen. Aber auch in Unternehmen fällt evtl. die auftraggebende Person in Ungnade steige der umgekehrt auf.

Neben den Beziehungen zum Auftraggeber einer Problembearbeitung sind evtl. zahlreiche Kommunikations- und Kooperationsnotwendigkeiten zu berücksichtigen.[1]

Terminstruktur

(5) Die Terminstruktur für eine Problembearbeitung kann ebenfalls erhebliche Folgen für die Planung haben. Besteht grosser **Zeitdruck**, so hat man andere Erwartungen an das Ergebnis, als wenn genügend Zeit zur Verfügung steht. Auch die Organisation des Problemlösungs-Prozesses kann eine andere sein, weil der Informationsaustausch unterschiedlich zu regeln ist. Bei Zeitnot wird man den Prozess so strukturieren, dass mehrere Gruppen parallel arbeiten. Steht genügend Zeit zur Verfügung, so wird man evtl. Bearbeitungsteile übersichtlich nacheinander anordnen.[2]

Viel Zeit für die Bearbeitung bringt aber auch nicht nur Vorteile. Die menschliche Neigung, zahlreiche Informationen, v.a. zu Details, zu sammeln, kann sich recht negativ auswirken (vgl. Kap. A/1.1.2.3). Gruppierungen sehen dann nach eine Weile den „Wald vor lauter Bäumen" nicht mehr.

Zur Verfügung stehende Ressourcen

(6) Die zur Verfügung stehenden Ressourcen bei einer Problemlösung sind oft eng mit der organisatorischen Einbettung verknüpft. Es geht also um die an der Bearbeitung beteiligten **Personen** (siehe auch unten), die benutzbaren **Räume** und **Maschinen** sowie um **finanzielle Mittel**, um Leistungen Dritter „einkaufen" zu können.

Auftraggeber können hier mit Knappheit reagieren, weil sie ein Problem für nicht so wichtig halten. Oft entsteht diese Knappheit auch aus einer Unterschätzung von endogenen und exogenen Faktoren (z.B. Informationsbedarf, Zeitbedarf für die Informationsbeschaffung). Mit diesem Problem sind häufig auch Berater konfrontiert. Auftraggeber sehen nur ein kleines Problem vorliegen und verweigern genügende finanzielle Mittel. Später erkennen sie evtl. die ganze Tragweite ihres Problems,

Pro-
bleme

---

[1] Vgl. Von der Weth 2001, S. 41
[2] Vgl. Von der Weth 2001, S. 41

verfügen aber nicht über die notwendige Finanzkraft (das notwendige Kapital).

Anzahl Personen

(7) Die zur Verfügung stehenden personellen Ressourcen können eine Problemlösung stark beeinflussen. Ist die Anzahl der zu beteiligenden Personen übergross, so wird das die Problemlösung erheblich erschweren oder gar zum Scheitern bringen. Zu wenig involvierte Personen kann später einen Mangel an Akzeptanz der Problemlösung verursachen. Auf die sozial-psychologischen Hintergründe dieser Aussagen geht Kapitel A/1.2 ein.

Zielpluralität

(8) Menschen verfolgen bei der Lösungsfindung meist nicht nur ein, sondern **mehrere Ziele gleichzeitig** (vgl. Kap. A/1.3.3). Diese können zueinander in Konkurrenz stehen oder sich sogar gegenseitig ausschliessen. Solche Ziele werden in der Regel unbereinigt von aussen mit dem Auftrag vor- und mitgegeben. Zur Zielpluralität gehört aber auch häufig, dass Ziele am Anfang nur vage formuliert sind, also eine Zielkonkretisierung noch erfolgen muss.[1]

Auch unterliegen Ziele **Veränderungen**. Im Zuge eines Problemlösungs-Prozesses können von aussen herangetragene Ziele neu relevant werden (infolge neuer Informationen), entfallen oder im Gewicht eine Veränderung erfahren (vgl. Abb. A/42).[2]

Die Frage der Zielpluralität ist eng auch mit den an einer Problemlösung direkt Beteiligten verknüpft. Daher taucht diese Frage auch nochmals auf der Anforderungsebene auf.

2.1.3 Menschliche Problemlage

Notwendige realistische Betrachtung

(1) Die menschlichen Problemlagen können für den Lösungsprozess wesentlich stärkere Auswirkungen haben als die sachlichen. Das wird immer wieder zu wenig berücksichtigt. Gründe dafür liegen in **Selbstüberschätzungen** oder der **Scheu**, über Problemlösungs-Defizite z.B. einer Gruppe zu sprechen.

Für den Erfolg beim Lösen von Problemen ist es sehr wichtig, diese Scheu zu überwinden bzw. die eigenen Fähigkeiten kritisch-realistisch zu betrachten.

Zwei Ebenen

(2) Menschliche Gegebenheiten wirken sich, wie oben bereits begründet wurde, auf zwei Ebenen aus:

• Anforderungsebene

• Erlebnisebene

---

[1] Vgl. Von der Weth 2001, S. 11 und S. 23; Franke 1999, S. 58
[2] Vgl. Von der Weth 2001, S. 181; Malik 2000, S. 327

Die **Anforderungsebene** besteht in den individuellen Voraussetzungen von Menschen, ein Problem zu lösen. Dazu gehören Erfahrungen mit der Lösung ähnlicher Probleme, die Möglichkeiten für Durchblick und Überblick, das Training mit diversen Aspekten sowie mit den Begrenzungen unseres Gehirns umzugehen etc.

Auf der **Erlebnisebene** spielt sich das subjektive Empfinden angesichts eines Problems ab. Menschen können z.B. die Problem-Gegebenheiten und die Notwendigkeiten auf der Anforderungsebene völlig unterschätzen. Man erlebt dann Probleme nicht so, wie sie wirklich sind, und verursacht damit evtl. eine schlechte Lösung – oft die Geburtsstunde eines Alt-Problems. Denkbar ist aber auch, dass ein eigentlich wenig anspruchsvolles Problem völlig überschätzt wird, was vielleicht im Vorfeld unnötige Ängste auslöst.

Pro-
bleme

2.1.3.1   Faktoren auf der Anforderungsebene

Überblick

(1) Auf der Anforderungsebene wirken sich, um einen Überblick zu geben, v.a. folgende Faktoren aus (vgl. Abb. A/46):[1]
* Generelle Fähigkeiten und Grenzen des Denkapparates
* Spezifische Kompetenzen
* Situative Gegebenheiten

Generelle Fähigkeiten und Grenzen des Denkapparates

(2) Die generellen Fähigkeiten und Grenzen des Denkapparates wurden in Kapitel A/1.1 eingehend erläutert. In diesem Zusammenhang sollen nur einige Stichworte zur Erinnerung beitragen.

Auf der **positiven Seite** steht die Schnelligkeit, mit der ein erstes Situationsbild entworfen und Handlungsentscheidungen getroffen werden können. Darauf ist unser Gehirn durch seine Entwicklungsgeschichte, speziell durch die Anpassung an die Umwelt des Jäger- und Sammlerdaseins, ausgerichtet.

Diese positive Seite hat aber bereits eine negative Kehrseite: Unser Gehirn neigt zu schnellen Handlungsimpulsen auch dann, wenn es der Sache nicht dienlich ist. Selbst bei komplexeren Problemen werden erste Eindrücke nicht mehr revidiert und erste Handlungsideen umgehend beschlossen. Dabei entwickelt unser Denkapparat oft unangemessen viel Vertrauen in die eigenen Fähigkeiten. Die Suche nach der bestmöglichen Lösung kommt auf diese Weise zu kurz (was sich später oft rächt, vgl. Kap. A/2.1.1.2). Hinzu kommt, dass unser Gehirn rasch überfordert ist, wenn:
○ sich die endogenen Problem-Gegebenheiten durch viele und wechselnde Aspekte auszeichnen (z.B. viele Problemaspekte, dynamische Prozesse etc.)
○ die exogenen Einflüsse sich stark auswirken (z.B. sachliche Vernetzung, Art der organisatorischen Einbindung etc.)

---

[1] Vgl. Von der Weth 2001, S. 18 ff.

Zu dieser Überforderung führt v.a. das, was Dietrich Dörner, die „niedrige Zuflussgeschwindigkeit" und die „niedrige Behaltensleistung" nennt.[1] Bestehen etliche Aspekte bzw. Faktoren, so können diese in den Informationen nicht rasch genug erfasst und miteinander verknüpft werden. Die Denksportaufgaben 1–5 verdeutlichen diese Aussage. Dabei bestehen allerdings individuelle Unterschiede in den Fähigkeiten des Denkapparates.

Denksportaufgabe Nr. 7 „Vier Linien durch 9 Punkte"

Die neun Punkte der folgenden Figur sind durch vier gerade Linien zu verbinden. Dabei darf der Bleistift nicht vom Papier abgehoben werden. Die Linien müssen also direkt einander anschliessend gezogen werden.

Die Lösung findet sich am Ende von Kapitel A/2.1.

Spezifische Kompetenzen

(3) Nun kann man gegen diese mentale Beschränkung etwas unternehmen. Dazu gehört v.a. die Entwicklung von spezifischen Kompetenzen, also der Fach-, Methoden-, Sozial- und Selbstkompetenz (vgl. Abb. A/91). Die letzten drei kompensieren auch gewisse Einseitigkeiten und Beschränkungen unseres Denkens. Sie werden daher zu Recht **Schlüsselkompetenzen** genannt.

Ein komplexes Problem wird um so leichter zu lösen sein, je ausgeprägter diese Schlüsselkompetenzen bei Individuen und Gruppen bestehen. Umgekehrt bereitet ein Mangel an Schlüsselkompetenzen und eine zu einseitige Betonung von Fachkompetenzen Schwierigkeiten bei der Bewältigung von komplexen Problemen. Oft werden diese Schwierigkeiten jedoch ignoriert (vgl. Kap. A/2.1.3.2).

---

[1] Vgl. Dörner 2004, S. 306; Von der Weth 2001, S. 19 f.

Situative
Gegeben-
heiten

(4) Neben den Schlüsselkompetenzen spielen auf der Anforderungsebene die situativen Gegebenheiten meist eine erhebliche Rolle. Hier
wirken sich positiv und negativ folgende zwei Aspekte aus:
- ◦ die Erfahrung mit gleichen oder ähnlichen Problemen
- ◦ die Art des Soll-Zustandes.

Besteht **Erfahrung mit gleichen oder ähnlichen Problemen**, dann
werden selbst sehr komplexe sachliche Problemlagen gut zu bewältigen
sein. So stellen Blinddarmoperationen auf der Seite der sachlichen Gegebenheiten sehr hohe Anforderungen. In einer Kombination von guter
Fachkompetenz und Erfahrungen mit dieser Operationsaufgabe wird
hier jedoch chirurgisch keine besonders hohe Herausforderung mehr
gesehen. Stellen sich Probleme jedoch erstmalig, sind sie also nicht „re-
petitiv", dann steigen die Anforderungen.

Eng damit zusammen hängt die **Art des Soll-Zustandes**. Geht es um die
Wiederherstellung eines Zustandes (z.B. die Renaturierung eines Fluss-
laufes), so besteht ein klares „Vorbild". Man kann sich also an dem orientieren, was war. Soll jedoch eine völlig neuartige Lösung für ein Problem ohne Vorbild entwickelt werden (z.B. eine völlig neue Organisationsform), wachsen die Schwierigkeiten auf der Anforderungsebene.
Dann muss z.B. das „Soll" überhaupt erst definiert werden.

Damit sind auch die Fragen der **Ziele und Intransparenz** angesprochen. Es geht hier darum, wie Problemlösungs-Gruppen mit diesen Anforderungen umgehen (vgl. Kap. A/1.3.3.3 und 2.1.2.1).

2.1.3.2   Faktoren auf der Erlebnisebene

Überblick

(1) Die Anforderungsebene zeichnet noch ein recht enger Bezug zur
Objektivierbarkeit aus (Fähigkeiten unseres Denkapparates, vorhandene
Fach- und Schlüsselkompetenzen, bestehende Erfahrungen mit der Lösung ähnlicher Probleme etc.). Das gilt nicht mehr für die Erlebnisebene.
Die gleiche sachliche Problemlage und die gleiche Situation auf der An-
forderungsebene können von verschiedenen Menschen sehr unter-
schiedlich erlebt werden.[1] Bei dieser Frage öffnet sich abermals das weite
Erkenntnisfeld von Menschen, die an Planungen beteiligt sind (vgl. ins-
besondere Kap. A/1.1.2 und 1.1.3). Für einen Überblick über die Erleb-
nisebene wurden folgende Themen ausgewählt:
- Meinungen der Problemlöser über sich selber
- Erfolgserwartungen
- Über- und Unterschätzungen
- Veränderungseinstellungen

Solche Faktoren entscheiden letztlich darüber, wie weit Probleme realistisch eingeschätzt werden und ob ein guter Lösungsweg gefunden wird.

---

[1] Vgl. Von der Weth 2001, S. 28 und S. 132 ff.

**Meinung über
sich selbst als
Problemlöser**

(2) Generell neigen Menschen zu einer guten Meinung über sich selbst als Problemlöser. Unser Gehirn ist auf Selbstüberschätzung angelegt (vgl. Kap. A/1.1.2). Die Gegebenheiten auf der Anforderungsebene werden also häufig mit einer „rosa Brille" gesehen. Doch gleichzeitig sind Menschen auch dazu in der Lage, kritisch über die eigenen Fähigkeiten und Grenzen zu reflektieren. Das gilt bis zum selbstkritischen Ausspruch, der Sokrates zugeschrieben wird: „Ich weiss, dass ich nichts weiss."

Zunächst wirkt sich bei dieser Frage daher das **Selbstbild** aus (vgl. Kap. A/1.2.1.1). Ist man kritisch gegenüber dem eigenen Denkvermögen eingestellt, oder neigt man zum selbstüberschätzenden „hoppla, jetzt komme ich".

Da aber oft nicht nur die eigene Meinung, sondern auch diejenigen der Anderen zählt, macht sich auch unser **Fremdbild** bemerkbar. Wir versuchen uns also ein Bild darüber zu machen, wie uns die anderen als Problemlöser sehen. Auch dabei kann es zu Unter- und Überschätzungen kommen. Wir sehen uns beispielsweise als gut an, glauben aber nicht daran, dass Andere uns eine betreffende Problemlösung zutrauen.

Schliesslich kommt es auch zu **direkten Auswirkungen der Meinungen Anderer** über uns. Ein entsprechender Einfluss macht sich z.B. bei der Zusammenstellung der Mitglieder eine Projektgruppe bemerkbar.

**Erfolgs-
erwartungen**

(3) Wie Menschen ein Problem sehen und angehen, hängt auch von den Erfolgserwartungen bzw. von deren Kontrollempfinden ab. Man möchte die Dinge ja „im Griff" haben (vgl. Kap. A/1.1.2.3). Niemand wird gerne eine Aufgabe übernehmen, deren Erfüllung sehr ungewiss ist bzw. die er nicht zu kontrollieren können glaubt. Hier wirken wiederum zwei Faktoren:[1]

○ die Einschätzung der Erfolgswahrscheinlichkeit

○ die Erfolgs-Risikobereitschaft

Die **Einschätzung der Erfolgswahrscheinlichkeit** hängt mit der grundsätzlichen persönlichen Lebenseinstellung zusammen. Entweder neigt man eher zum Optimismus oder zum Pessimismus. Pessimisten werden ein Problem als wesentlich schwieriger ansehen als Optimisten. Das kann einerseits zum Respekt vor einem Problem veranlassen (eher positiv) und andererseits aber auch ein zögerliches Verhalten beim Herangehen an ein Problem verursachen (eher negativ).

Selbst bei Annahme einer niedrigen Erfolgswahrscheinlichkeit können jedoch Problemlöser zupackend sein. Darin zeichnet diese eine hohe **Erfolgs-Risikobereitschaft** aus.[2] Mit anderen Worten: Ihre Furcht vor Misserfolgen ist vergleichsweise kleiner bzw. ihr Vermögen, Erfolglosigkeit wegzustecken, grösser. Prägungen z.B. von Mitarbeitenden in öffentlichen Verwaltungen können aber auch das Gegenteil hervorrufen: Sie wollen die „Nase nicht heraushängen", keine Risiken eingehen und sich daher möglichst umfassend absichern. Dazu führt ihre Erfahrung,

---

[1] Vgl. Von der Weth 2001, S. 113
[2] Vgl. Brauchlin/Heene 1995, S. 146 f.

dass sie häufig für Misserfolge haftbar gemacht werden, die Politiker sich jedoch die Erfolge oft zuschreiben.

Veränderungs-einstellungen

(4) Mit den Erfolgserwartungen hängen die Veränderungseinstellungen eng zusammen. Es geht dabei ebenfalls um grundsätzliche Werthaltungen (vgl. Kap. A/1.3.1).

Generell neigen Menschen einerseits zum **Widerstand gegen Veränderungen**, denn jeder Wandel ihrer Umwelt (z.B. Reorganisationen, Veränderungen eines gewohnten Stadtbildes etc.) verunsichert. Jedes Problem, dessen Lösung potenziell starke Veränderungen bringen kann, wird aus diesem Grund evtl. auf die „lange Bank" geschoben oder gar bekämpft. Bei dieser Schwierigkeit knüpft die neue Disziplin des Changemanagements an.[1]

Auf der anderen Seite besteht aber auch eine Art **Veränderungslust**. Man möchte wieder einmal die „Tapete wechseln", eine andere Organisationsform ausprobieren oder das Abenteuer einer Unternehmensfusion bestehen.

Welche Veränderungseinstellungen (Werthaltungen) bei einem Problem dominieren, kann in jeder Gruppe und Situation wieder anders sein, ja wechselt auch im Zeitablauf je nach kultureller Entwicklung oder wirtschaftlicher Konjunkturlage.

Unter- und Über-schätzungen

(5) Zudem kommt es zu Unter- und Überschätzungen der Gegebenheiten eines Problems.

Am häufigsten finden sich **Unterschätzungen** einer Problematik, weil seine Entwicklungsgeschichte den Menschen in dieser Richtung bestärkte. Es werden daher die Gegebenheiten eines Problems (Vielfalt der Aspekte, Vernetzungen, Dynamik etc.) nicht richtig wahrgenommen.[2] Man wählt in der Folge Lösungswege aus, die der gegebenen Komplexität unangemessen sind. Dazu gehören geläufige Planungsroutinen. Auch begnügt man sich mit einem „Reparaturdienstverhalten" (vgl. Kap. A/1.1.2.5) und unterlässt eine umsichtige Optimierung.

Es gibt aber auch nicht wenige Menschen, die dort grosse Probleme sehen, wo nur kleine sind. Sie **verkomplizieren eine Problemlösung** und neigen dazu, „mit Kanonen auf Spatzen" zu schiessen.

---

[1] Vgl. Osterloh/Frost 2003, S 229 ff.; Doppler/Lautenburg 2002
[2] Vgl. Watzlawick/Weakland und Fisch 2000, S. 60 ff.; Fisch/Boos 1991, S. 138

Lösungen der Denksportaufgaben in Kapitel A/2.1

Aufgabe Nr. 6: *Die 5 Glühbirnen führen zu folgender Varianz der Zustände:*

a. $V = 2^5 = 32$ *Zustände*

b. $V = 5^5 = 3125$ *Zustände*

Die Varianz in den Möglichkeiten kann also auch in einfachen Situationen eine ganz erhebliche Grössenordnung erreichen.

Aufgabe Nr. 7: *Die vier Linien durch 9 Punkte lassen sich tatsächlich an einem Stück ziehen.*

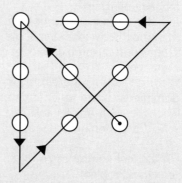

Zur Lösung der Aufgabe muss man die Routine, sich innerhalb eines scheinbaren Rahmens zu bewegen, verlassen.

2.2 Problem-Sortierung

2.2.1 Einfache und komplexe Probleme

Komplexe Probleme

(1) Es sollte in Kapitel A/2.1 deutlich geworden sein, wie wichtig es ist, ein Problem in allen Dimensionen wahrzunehmen. Dazu gehört auch, bei „aufgeblasenen" Problemen die „Luft" herauszulassen. Meist aber geht es darum, Problem-Herausforderungen in ihrem vollen Ausmass zu erkennen und angemessen darauf zu reagieren.

Besondere Herausforderungen stellen komplexe Probleme. Wie noch zu zeigen sein wird, lassen sich diese nicht auf einfache Weise lösen, obwohl das ein immer wiederkehrender, sehr verständlicher Wunsch ist. Das „Gesetz von Ashby", auf welches Kapitel A/3.1.4.4 näher eingeht, weist klar nach, dass nur einfache Probleme einfach zu lösen sind. Komplexe Probleme erfordern zu ihrer Lösung auch komplexe Ansätze.

Auswahl von Themen

(2) Also muss man Probleme sortieren, um die unproblematischen, aber auch die komplizierten und komplexen, zu erkennen. Dann kann eine angemessene Reaktion erfolgen.

Diese **Sortierung** ist aber nicht ganz einfach. Wie Kapitel A/2.1 zeigte, kann ja eine Vielfalt an Faktoren zur Kompliziertheit bzw. Komplexität beitragen. Zudem offenbaren Probleme ihren wahren Charakter nicht immer auf den ersten Blick. Diese Überlegungen führen zum Aufgreifen folgender Themen:

- Der Kern von Problemen
- Vertrackte Komplexität

2.2.1.1 Der Kern von Problemen

Wesentliche Diskrepanzen und Schwierigkeiten

(1) Wichtig für den Planungserfolg ist, möglichst früh im Prozess wesentlichen Diskrepanzen und Schwierigkeiten auf die Spur zu kommen (vgl. Kap. A/2.1.1.1). Es gilt „des Pudels Kern" zu entdecken. Die echten bzw. schwerwiegenden Probleme werden bei der Formulierung einer Aufgabenstellung häufig nicht erkannt oder benannt. Man spricht dann auch von „um den heissen Brei herumreden". Der offizielle Auftrag lautet beispielsweise, eine neue Computer-Lösung einzuführen. Darin ist aber das Ziel versteckt, die Anzahl Mitarbeitende zu reduzieren.

Nebenbei machen diese Ausführungen deutlich, dass am Anfang einer Problemlösung formulierte Ziele die falschen sein können (vgl. Kap. A/1.3.3.3).

Checkpunkte

(2) Wie kann man den Kern eines Problems herausdestillieren? Es gibt kein Geheimrezept. Wichtig ist eine umsichtige Aufgabenklärung (vgl.

Pro-bleme

Kap. A/3.3.3.2 und B/1.2.1. Dabei können folgende wichtige Check-punkte weiterhelfen:

◦ Was sind die wichtigsten Zielsetzungen zum Soll?
◦ Wo bestehen besonders grosse Diskrepanzen zwischen Ist und Soll?
◦ Wo liegen die eigentlichen menschlichen oder technischen „Knack-nüsse"?

Das letztgenannte Thema wird im Sinne von Aspekten in Kapitel A/2.1.2 besprochen. Kapitel B/2.1.1 liefert vertiefend weitere Anhaltspunkte. Der Kastentext „Ausbau ETHZ" zeigt ein typisches Beispiel aus der Praxis.

Ausbau ETHZ – ein Stolperstein im Verborgenen

„Seit Jahren bereitet das Fehlen eines verbindlichen Richtplanes für den Hönggerberg in verschiedener Hinsicht Probleme", schrieb die Schullei-tung der Eidg. Technischen Hochschule Zürich (ETHZ) Ende 1985 dem damaligen Schweizer Amt für Bundesbauten. Die Probleme lägen in der Unsicherheit, ob bestimmte geplante Massnahmen nicht spätere Entwick-lungsanforderungen verbauten, meinte man. Zudem fehlte eine Koordina-tion der Massnahmen in Richtung auf das Ziel, am Hönggerberg eine gute Gesamtüberbauung zu realisieren.

Das Problem wurde also als ein bauliches eingeschätzt. Als das oben zi-tierte Schreiben abgesandt wurde, waren 15 Jahre erfolglose Planungsge-schichte vergangen. Viele namhafte Architekten arbeiteten Vorschläge aus, doch kein Plan vermochte den Durchbruch zu erzielen. Immer gefiel wichtigen Interessengruppen und Entscheidungsträgern scheinbar die architektonische Haltung oder das städtebauliche Konzept zu wenig. Man bemängelte etwa das Fehlen von durchmischten Zonen oder von genü-gend Grün.

Nach Eintreffen des Schreibens wurde abermals eine Projektgruppe einge-setzt: Zum wiederholten Male sah der neue Auftrag das Problem im Be-reich von Städtebau und Architektur. Nun aber wurde durch eine einge-hende Situationsanalyse und auf der Basis einer Zieldiskussion erkannt, dass das eigentliche Problem ganz woanders liegt: Alle Lehrstühle wollten am ETH-Standort im Zentrum von Zürich verbleiben. Niemand zeigte Gefallen an dem Gedanken, sich zu den bereits nach aussen verlagerten Fachbereichen Architektur, Bauingenieurwesen und Physik zu gesellen. Man opponierte daher primär aus diesem Grund gegen alle bisherigen architektonischen Planungsvorschläge.

Daher musste das eigentliche Problem, wer nach aussen auf das Gelände des Hönggerberges ziehen soll, einer überzeugenden Lösung zugeführt werden. Mit der Bearbeitung und Lösung dieser Frage konnte endlich ein Durchbruch erzielt werden. Nun bereitete ein allseits akzeptierter Richt-plan keine grossen Probleme mehr. Nach Inkrafttreten der Regelungen des neuen Richtplanes konnten neue Gebäudeanlagen auf dem Höngger-berg realisiert werden (vgl. Kap. C/1.2.1).

2.2.1.2 Vertrackte Komplexität

Überblick

(1) Das Erkennen des eigentlichen Problems kann dessen Lösung trivial werden lassen, aber auch dessen Komplexität stärker ins Bewusstsein rücken und damit einen grösseren Einsatz für die Lösung erfordern. Die Erfahrung zeigt: Wesentlich mehr Probleme erweisen sich, entgegen dem ersten Eindruck, bei bewusstem Analysieren als komplex und hochkomplex.[1] Es wäre von Vorteil, den Grad der Komplexität auf irgendeine Art feststellen zu können. Das soll, um einen Überblick zu geben, an Hand folgender Themen verdeutlicht werden:

- Unterschiedliche Definitionen zur „Komplexität"
- Gewählte Definition
- Die drei Ebenen für Komplexität

Umschreibung des Begriffs

(2) Leider ist die Komplexitätsfrage bereits von so vertrackter Art, dass eine einheitliche, eindeutige und klare Umschreibung des Begriffs in der Literatur nicht zu finden ist. Ein Grund dafür liegt in der oben aufgezeigten Vielgestaltigkeit des Themas (vgl. Kap. A/2.1).

In Untersuchungen wurde zumindest ein Überblick erarbeitet, welche verschiedene Definitionen für den Begriff „Komplexität" bestehen.[2] Grob unterscheiden kann man in:

○ allein auf den sachlichen Gegebenheiten basierende Ansätze (z.B. der Umfang der Problemaspekte oder die Anzahl Zielsetzungen)
○ ganzheitliche Definitions-Ansätze inkl. des menschlichen Verhaltens und der Dynamik der Systeme

In der Literatur herrscht der erstgenannte Typ noch vor. Zunehmend wird aber eine ganzheitliche Betrachtung gewählt. Dazu gehört die in Kapitel A/2.1 zitierte Arbeit von Rüdiger von der Weth.

Bei einigen Autoren ist die Dynamik von Veränderungen nicht Teil der Komplexitäts-Definition. Doch wird die Dynamik quasi in „einem Atemzug" zusammen mit dem Komplexitäts-Begriff aufgeführt. Heijo Riekmann verbindet die beiden englischen Worte dynamics und complexity zum neuen Begriff Dynasity.[3] Dabei wird der Begriff „Dynamik" mit der Anzahl von Veränderungen je Zeiteinheit gleichgesetzt. Der Begriff Komplexität definiert die Anzahl der Systemelemente, ihre Verknüpfungen und Wechselwirkungen.

Gewählte Definition

(3) Wir gebrauchen hier den Begriff Komplexität gemäss dem Vorschlag von Peter Gomez und Gilbert Probst[4] sowie weiteren Autoren.[5] Diese Autoren unterscheiden in (vgl. Abb. A/49):

○ einfache Probleme
○ komplizierte Probleme
○ komplexe Probleme

---

[1] Vgl. Ulrich/Probst 1995, S. 101
[2] Vgl. Stüttgen 1999, S. 16 ff.; Malik 2000
[3] Vgl. Rieckmann 2000, S. 4 ff.
[4] Vgl. auch Ulrich/Probst 1995, S. 57 ff. und S. 106 ff.; Luft 1991, S. 17 ff.
[5] Siehe Gomez/Probst 2001; Stüttgen 1999, S. 16 ff.

Abbildung A/49
Probleme lassen
sich im Feld zwi-
schen Vielfalt der
Elemente und
deren Verände-
rung lokalisieren[1]

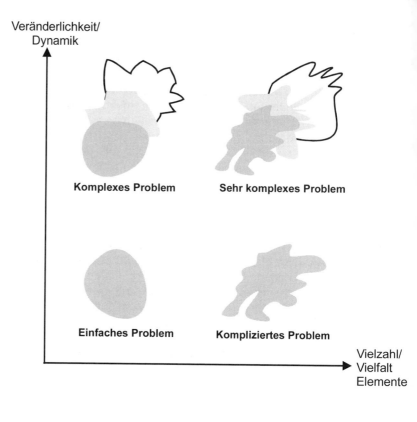

Als **einfache Probleme** kennzeichnen die Autoren Situationen oder Aufgaben, welche sich nur durch wenige Einflussgrössen, Verknüpfungen, Zielsetzungen, Beteiligte etc. auszeichnen. Die Problematik ist zudem relativ stabil. Das gleiche Problem taucht immer wieder in sehr ähnlicher Weise auf. Dann spricht man auch von Routineproblemen oder repetitiven Problemen.[2] Beispiele für solche einfachen Probleme bilden die Behandlung von Kundenreklamationen in einer Marketingabteilung, die Einsatzplanung für die Mitarbeitenden eines kleinen Architekturbüros, die Organisation einer Strassenreparatur, eine Suchaktion im Internet etc.

Komplizierte Probleme zeichnen sich durch eine Vielfalt bzw. Vielzahl von Elementen oder Einflussgrössen aus. Die ganze Problemsituation bleibt aber relativ stabil. Solche komplizierten Probleme ergeben sich beim Erlernen einer neuen Programmiersprache, bei statischen Berechnungen für eine vielgestaltige Gebäudeanlage, bei der Minimierung der Gabelstaplerwege in einem grossen Warenlager oder bei einer Laser-Augenoperation zur Behebung des grauen Stars.

---

[1] Nach Ulrich/Probst 1995, S. 109
[2] Vgl. Hässig 2000, S. 62 f.

Komplexe Probleme entstehen durch nicht klar vorhersehbar bzw. dynamische Veränderungen der Situationen, Zielsetzungen etc. im Zeitablauf. Beispiele dafür bilden Planungsprozesse für ein Einfamilienhaus (!), Reorganisationen von Verwaltungseinheiten, Marketingkonzept-Erarbeitungen in einem undurchsichtigen Markt, die Stabilisierung des ökologischen Systems eines Sees etc.

Drei Ebenen für Komplexität

(3) Diese allgemeine Beschreibung von einfachen, komplizierten und komplexen Problemen lässt sich an Hand der Aussagen in den Kapiteln A/2.1.2 und 2.1.3 präzisieren, welche hier wegen ihrer Bedeutung kurz rekapituliert werden. Danach sind die drei Ebenen für Komplexität zu unterscheiden (vgl. Abb. A/46),[1] die:

- Auftragsebene
- Anforderungsebene
- Erlebnisebene

Die objektivierbaren sachlichen Gegebenheiten bzw. Faktoren auf der **Auftragsebene** erlauben teilweise sogar Komplexitäts-Berechnungen. Dazu gehört die Feststellung von Varietät.[2] Die Denksportaufgabe Nr. 6 knüpft hier an. Es bestehen aber keine allgemein anerkannten Schwellenwerte für das Phänomen „Komplexität".

Das erscheint aber auch nicht gewinnbringend zu sein, weil bereits die **Anforderungsebene** Feststellungen zur „objektiven" Komplexität in Frage zu stellen vermag. Das illustriert ein einfaches Beispiel: Wenn Beschäftigte täglich die gleiche Büroadresse aufsuchen, dann haben diese selbst dann kein sonderliches Problem, wenn der Weg durch ein unübersichtliches Altstadtquartier führt. Will ein Autofahrer, der in der Stadt fremd ist, die gleiche Büroadresse erreichen, so entsteht für ihn vielleicht sogar ein komplexes Problem.[3] Jetzt wirken sich für diesen Fremdling primär der Mangel an Erfahrung in dieser Stadt, sekundär aber vielleicht auch ein schwaches räumliches Gedächtnis, ein unsystematisches Drauflosfahren oder eine fehlende Kontaktbereitschaft aus.

Auf der **Erlebnisebene** kann selbst dann der Eindruck von Komplexität entstehen, wenn die Dinge auf der Auftrags- und Anforderungsebene relativ einfach bzw. gut liegen. Um bei dem Bild des Fremdlings zu bleiben: Er kann den Weg zur Büroadresse als sehr komplex erleben, obwohl eine freundliche Person als Lotse voraus fährt. Der Weg kann intransparent bleiben und Ängste wecken (z.B. wie allein wieder herausfinden).

Folgen erkannter Komplexität

(4) Die Gegenüberstellung der Abbildung A/50 veranschaulicht zusammenfassend und prototypisch, was eine einfache und eine komplexe Situation charakterisiert. Sie macht auch die Unterschiede in der Erfassbarkeit deutlich.

---

[1] Vgl. Von der Weth 2001, S. 16 f.
[2] Vgl. Malik 2000, S. 184 ff.
[3] Nach Ulrich/Probst 1995, S. 107

Gefolgert wird von Peter Gomez und Gilbert Probst, dass für das Lösen komplexer Probleme das **ganzheitliche Denken** wichtig ist.
Bei den geeigneten Problemlösungs-Methoden empfehlen die Autoren „unexakte, qualitative Verfahren bzw. Heuristiken" (vgl. Kap. A/3.1.2.4). Exakte, quantitative Methoden bzw. Algorithmen (vgl. Kap. A/3.1.2.3) eignen sich nur für einfache Situationen.

Abbildung A/50
Einfache und komplexe Prob-lemsituationen unterscheiden sich deutlich[1]

	Situation	
Aspekt	**Einfache**	**Komplexe**
Charakteristik	○ Wenige, gleichartige Elemente	○ Viele verschiedene Elemente
	○ Geringe Vernetzung, wenig Verhaltensmög-lichkeiten der Elemente	○ Starke Vernetzung, viele verschiedene Verhaltensmög-lichkeiten der Elemente
	○ Determinierte, stabile Wirkungsverläufe	○ Viele veränderliche Wirkungs-verläufe
Erfassbarkeit	○ Vollständig analysierbar	○ Beschränkt analysierbar
	○ Quantifizierbar	○ Beschränkt quantifizierbar
	○ Verhalten	○ Verhaltensmuster
	○ Prognostizierbar = analytisch erklärbar = Sicherheit erreichbar	○ Erkennbar = synthetisch verstehbar = Unsicherheit reduzierbar
Geeignete Denkweise	○ Kausalanalytisches Den-ken	○ Ganzheitliches Denken
Geeignete Problemlö-sungs-Methoden	○ „Exakte", quantitative Methoden	○ „Unexakte", qualitative Me-thoden
	○ Algorithmen	○ Heuristiken

2.2.2   Grundsätzliche Sicht komplexer Probleme

Verschiedene Sichtweisen der „Komplexi-tät" in Wissen-schaft und Praxis

(1) Diese Aussagen entsprechen jedoch nicht unbedingt der Sichtweise aller betreffenden Gestaltungs- und Management-Wissenschaften und schon gar nicht verbreiteter Praxis. Im wissenschaftlichen Bereich lassen sich unterscheiden die[2]
○ analytisch-reduktionistische Sichtweise
○ systemisch-interaktivistische Sichtweise

---

[1] Nach Ulrich/Probst 1995, S. 110
[2] Nach Malik 2000, S. 185 f.

Analytisch-reduktionistische Sichtweise

(2) Der analytisch-reduktionistische Ansatz konzentriert sich auf **Ausschnitte eines komplexen Problems**. Das drückt die Wendung aus: „... nehmen wir der Einfachheit halber an, dass ...". Vorzugsweise wird ein Problem auf solche Teile reduziert, welche für analytisch-mathematische Verfahren zugänglich sind (vgl. Abb. A/64).

Solche Wissenschaftler benennen denn auch, wie eingangs des Kapitels A/2.1.1 zitiert, komplexe Probleme als „Strukturdefekt", weil sie schwer durchschaubar, mathematischen Formeln nicht zugänglich oder ständigen dynamischen Veränderungen unterworfen sind. Empfohlen wird bei einer solchen Problemlage: „... ist es Aufgabe der Planung, die gegebene Problemsituation durch eine möglichst sachgerechte Transformation des defekten Ausgangsproblems in ein nicht defektes Teil- oder Unterproblem zu überführen ...".[1]

Systemisch-interaktivistische Sichtweise

(3) Der systemisch-interaktivistische Ansatz betrachtet die Komplexität **ganzheitlich**. Es wird das gesamte System (vgl. Kap. A/3.1.4), mit dem das Problem vernetzt ist, wissenschaftlich untersucht. Wichtig sind dabei auch die laufenden Interaktionen zwischen den verschiedenen, von einem Problem tangierten Systemen. Die Forschungsfrage lautet nun, wie man solche komplexen Systeme gesamthaft beeinflussen oder gar beherrschen kann.[2]

Ausrichtung dieses Handbuches auf die systemisch-interaktionistische Sichtweise

(4) Beide Sichtweisen komplexer Probleme werden in Kapitel A/3.1 von verschiedenen Ansätzen her beleuchtet. Dort wird deutlich, dass beide Sichtweisen wertvolle Beiträge für die Praxis des Problemlösens liefern.

Die analytisch-reduktivistische Sichtweise hilft insbesondere bei der Gestaltung technischer Systeme (z.B. Berechnungen zur Statik einer Brücke) oder einfacher betriebswirtschaftlicher Fragen (z.B. Rendite-Berechnung).

Damit liefert diese Sicht auch methodische Beiträge, selbst wenn man die systemisch-interaktionistische Sichtweise bei komplexen Problemen in den Mittelpunkt stellt. Das ist, wie bereits die Definition für Komplexität in Kapitel A/2.2.1.2 zeigt, in diesem Handbuch der Fall.

Vernetzungen mit verschiedenen, überwiegend nicht beeinflussbaren Systemen

(5) Diese Sichtweise ist umso mehr angebracht, als alle komplexen Probleme in Systemen bzw. Ordnungen angesiedelt sind, die ohne menschliche Absicht entstanden und sich ohne menschliche Absicht weiter entwickeln.

Die Matrix der Abbildung A/51 zeigt, dass sich vier Ordnungen definieren lassen. Das Planen bzw. Problemlösen ist häufig einseitig auf den Quadrant III, also die Ergebnisse sowohl menschlicher Absicht als auch menschlichen Handelns, ausgerichtet. Komplexe Probleme sind jedoch meist mit den Quadranten II und insbesondere IV stark vernetzt.

Probleme

---

[1] Aus Adam 2001, S. 15. Vgl. ähnliche Sichtweisen bei Loderer 2002, S. 33 (Bewertung wird auf mathematisierbare Form reduziert).
[2] Vgl. Gomez/Probst 2001; Malik 2000; Riekmann 2000

Abbildung A/51
Die ganzheitliche Sicht komplexer Probleme muss auch die Bereiche berücksichtigen, welche sich menschlicher Absicht entziehen

Entstehung von Systemen oder Ordnungen	Ergebnis menschlicher Absicht	Ohne menschliche Absicht
Ohne menschliches Handeln	I Existieren nicht	II Rein natürliche Systeme, wie beispielsweise Planetensysteme, vormenschliche Erdentwicklung usw.
Als Ergebnis menschlichen Handelns	III Vor allem technische Systeme sowie sehr einfache soziale Systeme	IV Die meisten komplexen sozialen Systeme und Institutionen, wie Geld, Sprache, Recht, Moral, Familie, Gesellschaft, Unternehmung, Kirchen usw.

3.   Lösungsansätze und -instrumente

**Ausserordent-
lich weites
Feld**

(1) Die Ansätze und Instrumente für das Problemlösen umfassen ein ausserordentlich weites Feld menschlicher Handlungsmöglichkeiten. Die Spannweiten reichen

○ von streng rationalen bis hin zu emotionalen und gewohnheitsmässigen Handlungen,

○ von sehr freien bis genau reglementierten Lösungsprozessen und Methoden,

○ vom Einzelkämpfertum bis zu vernetzt arbeitenden Teams,

○ von konkreten und detaillierten planerischen Aussagen bis hin zu noch sehr offenen Lenkungssystemen und Strategien.

Instru-
mente

**Angestrebter
Überblick und
Einblick**

(2) Dieses weite Feld soll hier sichtbar gemacht werden. Im Sinne eines Handbuches gilt es, einen Überblick und Einblick zu geben. Dabei wird konkretes Wissen vermittelt, der Bezug zur Praxis hergestellt und auch wertend kommentiert.

Diese **Wertungen** basieren auf dem Wissen und den Erfahrungen des Autors und des als Kritiker mitwirkenden Personenkreises. Jede Wertung bleibt trotz dieser verbreiterten Basis subjektiv.

**Unterschied-
liche Begriffe
und
Denkweisen**

(3) Das gilt um so mehr, als jede Fachdisziplin und jede „Schule" ihre menschlichen Kreise kulturell prägt. Ingenieure entwickeln ein anderes Wertesystem und eine andere Sicht der Dinge als Naturwissenschafter, Psychologen oder Ökonomen. Betriebswirtschaftler unterstellen selbstverständlich eher das Problemfeld von Unternehmen, Ingenieure eher das der Konstruktion technischer Systeme.

Alle Disziplinen haben zudem die **Tendenz**, ihre **Begriffe** und Denkweisen in den Publikationen als selbstverständlich **vorauszusetzen**. Sie verwenden z.B. das Wort „Ziel" so, als sei es klar definiert. Dabei sehen die einen darunter nur oder eher den zu erreichenden Punkt bei einer Aktivität (goal) und die anderen die Stossrichtungen und Kriterien für die Bewertung von Lösungs-Varianten bzw. Zuständen (objectives). Die Dritten können sich unter dem Wort „Ziel" nur Massnahmen vorstellen. Missverständnisse sind also vorprogrammiert.

Hauptkapitel

(4) Wir gehen dennoch von der Überzeugung aus, dass ein **integrales Denken** bei den Lösungsansätzen und Instrumenten zunehmend notwendig wird. Es muss also ein gegenseitiges Durchdringen und einheitliches Zusammenwirken der verschiedenen Disziplinen gewagt werden. Daher wird trotz aller Probleme eine verständliche Gesamtschau versucht. Das geschieht auch in der Absicht, die verschiedenen möglichen Wege als Beiträge der verschiedenen Disziplinen und Bereiche sichtbar und damit nutzbar zu machen. Gleichzeitig geht es auch um eine Aus-

weitung der jeweils verengten Sichtweisen und Eigenbrötlereien. Diese Gesamtschau geschieht in der Kapitelgliederung:

- **Wissenschaftliche Fundierungen**
- **Problemlösungs-Möglichkeiten in der Praxis**
- **Überblick Problemlösungs-Instrumente**

3.1   Wissenschaftliche Fundierungen

Modelle als Voraussetzung

(1) Dieses Kapitel enthält als eine Art „Vorwort" Ausführungen zur Modellbildung. Diese sind selten Gegenstand der wissenschaftlichen Aussagen zu Problemlösungen. Modelle erweisen sich aber als unabdingbar dafür und werden meist einfach vorausgesetzt.
Ein wissenschaftlich orientiertes Reflektieren über Modelle erscheint wichtig für das Verständnis der folgenden Kapitel. Je nach Ansatz bzw. Instrument kommen andere Modelle mit anderen Eigenschaften zum Zuge.

Drei wissenschaftliche Richtungen

(2) Bei den wissenschaftlichen Grundlagen für das Problemlösen lassen sich drei wissenschaftliche Richtungen unterscheiden (vgl. Abb. A/52):[1]
- die entscheidungslogisch-mathematischen (präskriptiv)
- die sozialwissenschaftlich-empirischen (deskriptiv)
- die systemtheoretisch/kybernetischen

Die **entscheidungslogisch-mathematischen** Richtungen bezeichnet man als „präskriptiv" oder auch als „normativ". Der Grund dafür ist, dass diese Modelle in Form von Empfehlungen, Rezepten, Anwendungen, Regeln und Maximen bereits vor den Problemlösungen bestehen.[2]
Die beschreibenden **sozialwissenschaftlich-empirischen** Ansätze dagegen beschäftigen sich mit den Tatbeständen und Ursachen, nachdem evtl. „das Kind in den Brunnen gefallen" ist. Sie sind daher „deskriptiv".
Die **systemtheoretisch/kybernetischen** Ansätze helfen in besonderer Weise bei der Erfassung und Interpretation der Wirklichkeit und zur Strukturierung von Problemlösungs-Prozessen.

---

[1] Vgl. Brauchlin/Heene 1995, S. 25
[2] Vgl. Schregenberger 1982

Abbildung A/52
Für das Problemlö-
sen bieten drei
wissenschaftliche
Ansätze wesentli-
che Grundlagen[1]

Charakterisie- *rung*	*Ansatz*		
	Entscheidungslo- *gisch / mathema-* *tisch* *(Kap. A/3.1.2)*	*Sozialwissenschaft-* *lich / empirisch* *(Kap. A/3.1.3)*	*Systemtheoretisch /* *kybernetisch* *(Kap. A/3.1.4)*
Modell- *Prämissen*	Geschlossenes Mo- dell: Alle Informatio- nen über die Wirk- lichkeit liegen bereits vor	Offenes Modell: Informationen über die Wirklichkeit müs- sen noch beschafft werden	Offenes Modell: Informationen über die Wirklichkeit müs- sen noch beschafft werden
Zentrale Frage	Wie wähle ich die befriedigendste Alternative logisch richtig aus?	Wie entwickelt und verwendet ein Indivi- duum/eine Gruppe ein Modell?	Wie ist in sehr kom- plexen Problemsitua- tionen vorzugehen?
Grundvorstel- *lungen*	Axiomatik der ratio- nalen Wahl	Problemlösung als geistiger Erhellungs- und Strukturierungs- prozess	Interpretation der Wirklichkeit als ver- netztes kyberneti- sches System und des Problemlösungspro- zesses als Prozess der Informations-Gewin- nung und –Zerstö- rung
Beispiele von *spezifischen* *Methodiken* *und Methoden*	Investitionsrechnung; lineare Programmie- rung	Kreativitäts-Techni- ken; Moderation	Systems Engineering; Black-box-Methode

Instru-mente

Kapitel-
Gliederung

(3) Die Ausführungen oben führten für die Darstellung wissenschaftlicher Fundierungen zu folgender Kapitel-Gliederung:

• Modellbildung

• Entscheidungslogische und mathematische Ansätze

• Sozialwissenschaftliche und empirische Ansätze

• Systemtheoretische und kybernetische Ansätze

---

[1] Nach Brauchlin/Heene 1995, S. 25

3.1.1   Modellbildung

Abbilder der tatsächlichen oder erwünschten Wirklichkeit

(1) Modelle sind als Abbilder der tatsächlichen oder erwünschten Wirklichkeit zu verstehen. Das Arbeiten mit Modellen hat wiederum seine Ursache im Gehirn und dem typisch menschlichen Denken, Fühlen und Verhalten.[1] Hier sind stets Modelle im Spiel, weil Menschen die sogenannte Wirklichkeit gar nicht anders erfassen und gestalten können. Da die Denk-Kapazität von Menschen begrenzt ist (vgl. Kap. A/1.1.1), dienen ihnen Modelle dazu, dennoch mit der Wirklichkeit umgehen zu können. Modelle sind also „**Krücken für das Denken**" (vgl. Abb. A/56). Unausweichlich müssen auch alle wissenschaftlichen Ansätze zum Problemlösen sich solcher Krücken bedienen. Daher sind die Modelle Mütter aller kommunizierbaren und wissenschaftlich fundierten Problem-Lösungsansätze.

Auswahl von Themen

(2) Wir beschränken uns in der Darstellung auf wenige Ausschnitte. Als Themen aufgenommen werden:

- Modellbildung als „Griff" für das Problemlösen
- Modellarten und -zwecke
- Modell-Überprüfungen

3.1.1.1   Modellbildung als „Griff" für das Problemlösen

Überblick

(1) Das modellhafte Denken bedient sich einerseits rein geistiger Vorstellungen (innerer Modelle) und andererseits kommunizierbarer Modelle (äussere Modelle).[2] Die **inneren Modelle** bleiben den Aussenstehenden verborgen, sind uns aber häufig selbst nicht bewusst, wirken also im Unbewussten. Dazu gehören z.B. modellartige Vorgänge beim Sehen (vgl. Abb. A/6) oder intuitive Vorstellungen zur Lösung eines Problems.[3] Wir haben Modell-Vorstellungen von uns selber, von anderen Menschen, von einem guten Zusammenleben etc.

Die **äusseren Modelle** basieren auf den inneren, nur gedanklich vorhandenen Modellen. Doch stellt man mit diesen die eigenen Vorstellungen gegenüber anderen Menschen dar. Dazu dienen Texte, Grafiken, mathematische Formeln etc. Bei der Frage der Lösung von Problemen interessieren v.a. die äusseren Modelle, die kommunizierbar und daher für die Zusammenarbeit geeignet sind. Zum Zweck solcher Modelle für die Lösungsfindung soll ein kurzer Überblick mit folgenden Themen gegeben werden (vgl. Abb. A/53):

- Situationsmodelle (Abbilder)
- Lösungsfindungs-Modelle (Lösungsweg)
- Lösungskonzept-Modelle (Vorbilder)

---

[1] Vgl. Roth 2003 (a), S. 84 ff.; Von der Weth 2001, S. 143 f.
[2] Brauchlin/Heene 1995, S. 28
[3] Vgl. Roth 2003 (a), S. 75 ff; Hülshoff 2000, S. 135 ff.

Abbildung A/53
Nur über die Mo-
dellebene können
die bestmöglichen
Lösungen gefun-
den werden[1]

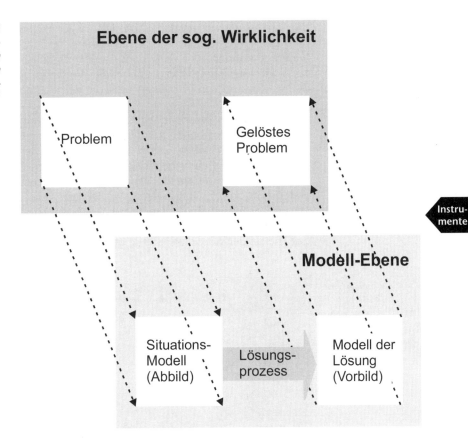

Instru-
mente

Situations-
Modelle

(2) Situations-Modelle sind wie folgt definiert: Vereinfachtes Abbild von Ausschnitten aus der Wirklichkeit oder der Wirklichkeit schlechthin.[2] Bei diesem Abbild erfolgt eine Abstrahierung so weit, wie es für die menschlichen Denkfähigkeiten notwendig bzw. für die Praktikabilität erforderlich ist. Modelle können in konkreten verkleinerten Nachbauten (z.B. das Stadtmodell der Innenstadt von München) bestehen. Es lassen sich aber auch abstrakte Modelle wie z.B. Organigramme für die Abbildung einer organisatorischen Wirklichkeit oder mathematische Modelle für die Abbildung der Verkehrsflüsse in einer Stadt konstruieren (vgl. Kap. A/3.1.2.2).

Der **Zweck und Charakter von Modellen** lässt sich gut am Beispiel von Kartenmaterial erläutern. Karten bieten Modelle der Wirklichkeit eines Gebietes (vgl. Abb. A/54). Sie erlauben, sich in den Darstellungen am jeweiligen Zweck auszurichten. Strassenverkehrskarten lassen z.B. Wanderwege weg. Karten erlauben zudem, einen dem jeweiligen Zweck angemessenen Detaillierungsgrad zu wählen. Will man sich einen Überblick über die Topografie Italiens verschaffen, so stören Details wie z.B.

---

[1] Nach Schweizer 2002, S. 49
[2] Vgl. Irrgang 2001, S. 328

die Darstellung von Waldflächen. Man wird folglich eine Karte mit einem geringeren Detaillierungsgrad wählen, um das Ganze gut im Auge haben zu können. Der Vorteil angepasster Detaillierungsgrade lässt sich auch für die Darstellung bestehender Verwaltungsorganisationen, für den Ist-Zustand von Gebäuden oder die Vernetzungen von einem Problemfeld nutzen.

In einem für den Zweck angemessenen Detaillierungsgrad einerseits und in einer möglichst hohen Wirklichkeitstreue andererseits liegt das **Spannungsfeld** für Modelle. Dabei kann man, um bei dem Kartenbild zu bleiben, auch bei einer generellen Darstellung in den Proportionen der Lage der grösseren Orte etc. wirklichkeitstreu bleiben. Italienische Karten bieten umgekehrt häufig wenig Wirklichkeitstreue – selbst wenn sie detailliert dargestellt sind (Wanderer können davon ein Lied singen). Karten können auch veralten (wie z.B. die Vorlage zu Abbildung A/54). Auf das Thema der Wirklichkeitstreue geht Kapitel A/3.1.1.3 nochmals ein.

Abbildung A/54
Landkarten sind
Modelle des jewei-
ligen Gebietes

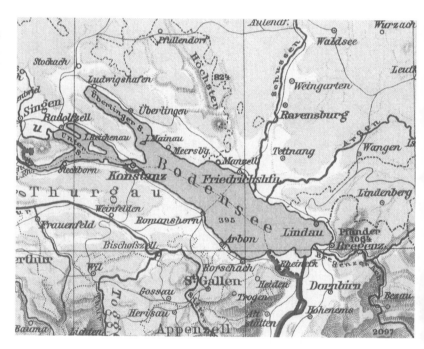

Lösungs-
Prozess-
Modelle

(3) Auch für den Prozess der Lösungsfindung bestehen Modelle. Dazu gehören sämtliche Methoden. Die Nutzwertanalyse basiert beispielsweise auf einem Modell des menschlichen Entscheidungsverhaltens.

Ein typisches Modell für Zusammenarbeit bildet die Teamarbeit, wie sie in Kapitel A/1.2.5 umrissen wird. Management-Modelle beziehen sich z.B. auf die Gestaltung von Unternehmungen oder spezifisch auf Projektorganisationen.

Modell der
Lösung

(4) Mit Hilfe von Modellen für Lösungs-Prozesse entsteht ein Modell der Lösung eines Problems, also ein **Plan**. Dieser lässt sich als „Vorbild" der Problemlösung bezeichnen. Das Problem ist ja zu diesem Zeitpunkt noch nicht real gelöst. Aber man hat nun ein klares Bild, wie die Lösung aussehen soll.

Umsetzung
in die
Wirklichkeit

(5) Ein wichtiger und schwieriger Vorgang ergibt sich oft bei der Umsetzung der modellartig gewonnenen Lösung zurück in die Wirklichkeit einer Organisation oder die Wirklichkeit eines Produktes. Häufig werden Modelle nicht konsequent genug umgesetzt. Nicht selten erscheint die gebaute Wirklichkeit doch sehr anders, als es sich ein Bauherr vorgestellt hatte. Probleme entstehen auch, wenn ein Modell in der Umsetzung stur beibehalten wird, obwohl es nicht (mehr) der Wirklichkeit angemessen ist. Das kommt beispielsweise im Architekturbereich oder im Strassenbau nicht selten vor.

Instru-
mente

Erst die erfolgte Umsetzung einer modellartig erarbeiteten Problemlösung bringt den Erfolg. Daher ist dieser **Umsetzung** auch **erhebliche Aufmerksamkei**t zu widmen.

3.1.1.2   Modellarten und -zwecke

Überblick

(1) Die Erläuterung des besonderen Stellenwertes von Modellen für das Problemlösen bediente sich einiger bestimmter Modelltypen. Diese haben auch für die Methodenfragen eine erhebliche Bedeutung. Daher sollen kurz folgende Merkmale von Modellen dargestellt werden:
- Modellarten
- Modellzwecke

Modellarten

(2) In den Modellarten lassen sich eine Reihe von Möglichkeiten unterscheiden (vgl. Abb. A/55):
- Verbale Modelle
- Bildhafte Modelle
- Analoge bzw. funktionale Modelle
- Formale, mathematische Modelle

Die grösste Gestaltungsfreiheit geben **verbale Modelle**. Dazu gehören die Szenariotechnik ebenso wie jeder Roman oder Krimi. Solche Modelle regen die Phantasie an, sind aber wenig direkt greifbar.

Bildhafte Modelle bestehen in direkten Abbildern der bestehenden oder geplanten Wirklichkeit, sind also konkret. Dazu gehören Modelle von geplanten Gebäuden und Stadtvierteln, von Autos und Flugzeugen oder auch von sozialen Situationen, die mit Menschen oder Figuren nachgestellt werden. Auch Modellversuche von Organisationen gehören in diese Kategorie. Es wirken allein die Abbilder. Kausale Zusammenhänge sind kaum darstellbar.

Analoge bzw. funktionale Modelle dienen vornehmlich der Erklärung von Sachverhalten und Zusammenhängen. Dazu gehören die bereits

Modellart	Beispiel	Zweck/Eignung
Verbale Modelle	(1) Die <u>Wohnbevölkerung</u> der S Winterthur ist als Folge der k quenten Wohnförderung gestiege nahm die Wohnungszahl in den 1 15 Jahren um 7'000 Einheiten z die Wohnförderung auch insbesc sowie die Schaffung neuer Frei Grünflächen einschloss, sank c nungsbelegung nur auf 2,0 Per: Dadurch stieg die Einwohn- wieder 92'000. Dami⊦ der der Einwoh- reicht. Da-	• Erfassungs- und Beschreibungsmodel- le • Erklärungsmodelle
Bildhafte Modelle		• Erfassungs- und Beschreibungsmodel- le
Analoge bzw. funktionale Modelle		• Erfassungs- und Beschreibungsmodel- le • Erklärungs- und Prognosemodelle
Formale, mathematische Modelle	$$R = \frac{I}{G}$$	• Erklärungs- und Prognosemodelle • Entscheidungs- und Gestaltungsmodelle

oben zitierten Landkarten ebenso wie Schaubilder zum Funktionieren eines Computers, Darstellungen von Prozessabläufen oder Abbildungen zu sozialen Prozessen. Die Kapitel A/1. und 2. bringen eine Fülle von Beispielen dazu. Solche Modelle sind nicht mehr so konkret wie bildhafte Modelle, erlauben aber dafür die Darstellung dynamischer Situationen, z.B. kybernetische Rückkopplungsprozesse (vgl. Abb. A/56 und A/80).

Formale, mathematische Modelle bedienen sich der Zahlen. Zu ihnen gehören Simulations-, Prognose-, Wirtschaftlichkeitsmodelle (z.B. Rentabilitätsmodelle) und der Bereich des Operations Research. Formale, mathematische Modelle geben die kausalen Beziehungen wieder, welche mittels mathematischer Formeln abgebildet werden. Einzig diese Modellart erlaubt es, optimale Lösungen zu entwickeln und mathematisch zu beweisen. Subjektiv bleiben dann aber immer noch die Rahmenbedingungen und Zahlen-Inputs.

Abbildung A/56 Modelle sind notwendige Krücken für das Denken (hier: Dynamisches Management als umfassender Ansatz)

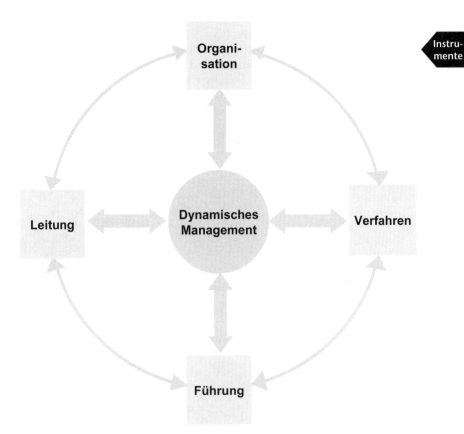

Instru-
mente

Modellzwecke (3) Bei den Modellzwecken geht es immer darum, den Denkapparat zu unterstützen. Man kann die Zwecke in drei Gruppen einteilen:[1]
- Erfassungs- und Beschreibungsmodelle
- Erklärungs- und Prognosemodelle
- Entscheidungs- und Gestaltungsmodelle

Die **Erfassungs- und Beschreibungsmodelle** dienen der direkten Veranschaulichung (vgl. Abb. A/57). Sie unterstützen unseren Denkapparat dabei, eine bestehende oder geplante Wirklichkeit zu erfassen. Da unser Denken auf Bildhaftigkeit und Plastizität sehr stark anspricht, erfüllen solche Modelle evtl. eine sehr wichtige Funktion.

Erklärungs- und Prognosemodelle sind demgegenüber abstrakter. Dafür eignen diese sich besonders für methodische Zwecke. Die meisten der hier vorgestellten Methoden gehören in diese Kategorie.

Entscheidungs- und Gestaltungsmodelle helfen, Entscheidungen systematisch vorzubereiten oder eine neue Wirklichkeit in abstrakter Weise zu gestalten. Können Zahlen verwendet werden und bestehen auch hinreichende Kenntnisse kausaler Zusammenhänge, dann lassen sich mathematische Optimierungen durchführen. Man nennt das auch: Verwendung von Algorithmen (Rechnungsverfahren).

Abbildung A/57
Schon immer
bauten sich Men-
schen Modelle
ihrer Welt, wobei
Unwissenheit zu
vielen Fehlern
führen kann[2]

---

[1] Vgl. Brauchlin/Heene 1995, S. 127
[2] Quelle: Internet www.baustelle-mensch.de

3.1.1.3   Modell-Überprüfungen

Grosse Möglichkeiten

(1) Kehren wir zurück zum Ausgangspunkt dieses Kapitels: Unser Denken ist ohne Modellbildung nicht möglich.[1] Dabei läuft das meiste in unserem Inneren ab (innere Modelle). Darüber hinaus können wir auch für Dritte sichtbar bzw. in Zusammenarbeit in Gruppen Modelle nutzen (äussere Modelle). Hier bieten diese Abbilder der Wirklichkeiten grosse Möglichkeiten, auch für das Lösen von Problemen bzw. Planen.

Hinweise auf Probleme

(2) Doch können auch schwerwiegende Fehler unterlaufen, unangemessene Massstäbe gewählt werden, Selbsttäuschungen entstehen oder Manipulationen bewusst gemacht werden:
- bei der Abbildung der sogenannten Wirklichkeit (Situationsmodell)
- beim Modelleinsatz auf dem Lösungsweg
- bei der Umsetzung eines Modells in die Wirklichkeit

Fehler entstehen durch **Unwissen, Fehleinschätzungen, unreflektierte Routinen** oder durch ein krampfhaftes Bemühen, die Wirklichkeit mit Zahlen erfassen zu wollen. So postulieren etliche Autoren von Fachbüchern, stets Ziele mit Zahlen messbar zu machen. Diese „Erbsenzähler-Mentalität" findet man in der Folge auch dort, wo es weitgehend um qualitative Aspekte geht (z.B. Flexibilität einer Lösung).

Instrumente

> **Tschechische Klumpfüsse**
>
> *In der Planwirtschaft der früheren sozialistischen Länder bestand das Bemühen, alles in Zahlen messbar zu machen. Bei den umfangreichen Zentral-Plänen zur Produktion wären differenzierte Qualitätsbeschreibungen kaum praktikabel gewesen. So wurden auch die Plansoll-Zahlen für Autos in Stückzahlen oder bei Maschinen in Tonnen gemessen. Eine differenzierte Erfassung der Auto- oder Maschinentypen und ihrer Qualität unterblieb.*
>
> *Die Nachfahren des Schwejk in der Tschechoslowakei fanden hier ihre eigenen Methoden, das Plansoll zu erreichen. Im Maschinenbau versah man die Maschinen infolge der Gewichts-Plansoll-Messung mit viel schwerem Gusseisen. Besonders gut liess sich das bei den Maschinenfüssen machen. Diese wurden breit und dick gestaltet, damit die Maschinen richtig schwer wogen. So konnte man, mit einer relativ kleineren Anzahl Maschinen, das Plansoll erfüllen.*
>
> *Die westlichen Importeure solcher Maschinen (sie waren im Westen sehr billig zu haben) sprachen in der Folge von den „Tschechischen Klumpfüssen".*
>
> *Doch dieses Plansoll-Problem bestand nicht nur in der Tschechoslowakei. Immer noch wird hier auch in Mitteleuropa die „Erbsenzählerei" betrieben. So bestand im Zuge der Einführung des New Public Management in den öffentlichen Verwaltungen eine starke Neigung, die Plan- bzw. Zielerfüllung mit rein quantitativen Modellen zu erfassen. So sei man, war zu*

---

[1] Vgl. Zimbardo/Gerrig 2004, S. 157 ff; Roth 2003 (a), S. 84 f.

hören und zu lesen, „objektiv". Zu welchen Fehlsteuerungen solche einseitig auf Zahlen fixierten Modelle führen können, zeigen die Tschechischen Klumpfüsse.

Eine grosse Kunst besteht auch darin, zweckgerichtet den **passenden Modell-Massstab** zu wählen. Modelle können, gemessen an ihrem Zweck, zu grob geraten (eine Karte im Massstab 1:200'000 eignet sich kaum für das Wandern) oder aber auch zu fein gestaltet sein. Im letztgenannten Fall geht evtl. der Überblick verloren oder entsteht ein unmässiger Aufwand.

Ein weites Feld entsteht durch **Selbsttäuschungen**. Bestimmte Darstellungen von Organigrammen können den Eindruck grosser Klarheit bzw. eines guten Kompromisses erzeugen. So entstehen viele Matrixorganisationen (vgl. Abb. A/73) vermutlich auch wegen des so eindrücklich erscheinenden Bildes. Die Wirklichkeit dieser Organisationsform sieht dann ganz anders, meist recht chaotisch aus. Auch die Proportionen in vielen neuen Siedlungen entstanden eher aus der Modellperspektive und weniger bezogen auf die Wirklichkeit. In den Proportionen unmenschliche Grossformen von Gebäudeanlagen und (zu) weite Zwischenräume waren die Folgen dieser Fixierungen auf Wettbewerbsmodelle statt auf reale Wirkungen (vgl. Abb. A/58).

Neben den Selbsttäuschungen geschehen auch **bewusste Manipulationen**. Jeder Architekturstudent lernte bei Gebäudemodellen, wie massige Gebäude etwa mit Hilfe von Plexiglas optisch zu verschlanken sind.

Abbildung A/58 Viele heute unmenschlich erscheinenden Gebäude oder neue Siedlungen entstanden aus einer falschen Fixierung auf Modelle

Auch bei Darstellungen von Ablaufschemata kann man durch Weglassen manipulativ den Eindruck von Einfachheit erzeugen.

Modell-Check-up

(3) Es empfiehlt sich daher, Modellen immer kritisch gegenüberzustehen. Dementsprechend lohnt es sich, einen Modell-Check-up mit folgenden Kriterien durchzuführen:

- Ist das Modell dem Zweck angemessen?
- Enthält das Modell die relevanten bzw. wichtigen Aspekte?
- Gibt das Modell die Situation bzw. die kausalen Zusammenhänge richtig wieder?
- Entspricht das Modell den Anforderungen der Empfänger bzw. Verwender des Modells?

Dort, wo möglich, sollte zumindest die **Ist-Situation falsifiziert** werden.[1] Wir können häufig leichter feststellen, ob etwas falsch ist, als ob etwas genau zutrifft. Bei Verkehrsmodellen lässt sich z.B. ermitteln, ob deren Ergebnisse von den gemessenen Verkehrszahlen nicht allzusehr abweichen. Selbst bei der Anwendung von Nutzwertanalysen kann man feststellen, ob in der Bewertung die Ist-Situation einigermassen zutreffend erscheint.

Eine wichtige Prüfinstanz beim Modell-Check-up bleibt der „**gesunde Menschenverstand**". Die Frage lautet, ob uns ein Modell der Ist-Situation oder das Ergebnis einer Modellanwendung einleuchtet. Wenn Zweifel entstehen, sollte man das Modell überprüfen.

3.1.2   Entscheidungslogisch-mathematische Ansätze

Orientierung an Rationalität und anderen Werthaltungen

(1) In diesem Kapitel geht es um die entscheidungslogisch-mathematischen (präskriptiven bzw. normativen) Ansätze. Diese versuchen bei dem Unterfangen zu unterstützten, Probleme und deren Lösung gedanklich so vorauszusehen, dass diese nicht entstehen oder bestmöglich bewältigt werden können. Das „bestmöglich" beinhaltet eine Werthaltung (Norm), welche ebenfalls Gegenstand dieses Ansatzes ist. Zudem geht es um das modellhafte Ersinnen von Situationen oder das Voraussehen von Gefahren.

Dieser präskriptive bzw. normative Ansatz ist zudem eng mit dem Thema „Denken" verknüpft. Vernunft und Rationalität gehören in dieser wissenschaftlichen Ausrichtung traditionell zu den grossen Themen.[2]

Auswahl von Themen

(2) Das Themenfeld der entscheidungslogischen und mathematischen Ansätze zeichnet sich durch eine grosse Weite und Tiefe aus. Daher kann es in diesem Zusammenhang nur darum gehen, einen kurzen Blick in

---

[1] Vgl. Irrgang 2001, S. 192
[2] Vgl. Irrgang 2001, S. 14 ff.

diesen „klassischen" geistigen Überbau des Problemlösens zu wagen. Das ermöglicht, einige praxisrelevante Schlüsse zu ziehen bzw. Vertiefungen vorzunehmen. Diese Absicht führt zu folgender Auswahl von Themen:

- Philosophische Annäherungen
- Entscheidungstheorie als Grundlage
- Mathematiker und Spieler
- Heuristische Ansätze
- Zusammenfassung und Würdigung

3.1.2.1 Philosophische Annäherungen

Überblick   (1) Wir sind schnell geneigt, in Zusammenhang mit unserem Denken und Handeln von einer Philosophie zu sprechen („Meine Philosophie beim Autokauf ist ..."). Doch was steckt dahinter? Nach Duden beschäftigt sich die Philosophie mit dem „Fragen und Suchen nach wahren Aussagen über das Sein, das Seiende, den Menschen". Wörtlich meint dieser aus dem Griechischen stammende Begriff „Liebe zur Weisheit" und „Streben nach Wissen".

Mit diesen Worten besteht durchaus auch ein Bezug zum Lösen von komplexen Problemen. Unsere Philosophie beschreibt dann den Denkansatz, die Grundhaltung (Werte, Normen).

Problemlösungs-Philosophien werden von Einzelnen und Gruppen übernommen oder entwickelt. Dafür bestehen auch wissenschaftliche Grundlagen, welche v.a. in Form der praktischen Philosophie hilfreich sein können.[1] Wir geben hier einen kurzen Überblick mit folgenden Themen:

- Grundfragen der Philosophie
- Philosophische Antworten und ihre Infragestellung
- Stossrichtungen moderner Philosophie
- Zwei philosophische Denkansätze beim Lösen von Problemen

Grundfragen der Philosophie   (2) Die Grundfragen der Philosophie haben sich im geschichtlichen Zeitablauf immer wieder schwerpunktmässig verlagert, blieben aber im Kern gleich. Sie lauten:

- Was **wissen** wir und was können wir wissen (Sokrates: „Ich weiss, dass ich nichts weiss")
- Wie **frei** sind wir in unserem Tun und Lassen? (Jean-Paul Sartre: „Der Mensch ist, wozu er sich macht")
- Welche ethischen **Wertvorstellungen** sollen uns leiten? (Immanuel Kant: „Handle so, dass du die Würde der Menschheit sowohl in deiner Person als in der jedes anderen jederzeit achtest und die Person immer zugleich als Zweck, nie als blosses Mittel gebrauchst")

---

[1] Vgl. Nida-Rümelin 2000, S. 9 ff.

○ Was ist **logisch** und was unlogisch? (indischer Weiser Bhagwan Shree Rajineesh: „Es gibt keine Logik")

Antworten und Infrage-stellungen

(3) Bei den alten Griechen und ihren Wiederentdeckern im Mittelalter verstand man unter Philosophie die alles übergreifende Gesamtwissenschaft. Philosophen wie Aristoteles oder Thomas von Aquin entwickelten Weltmodelle, welche alles zu begründen schienen. In der Neuzeit wurden diese philosophischen Gedankengebäude mit dem Menschen als Mittelpunkt der Erde erschüttert (z.B. durch Kopernikus und Kepler). Mit Charles Darwin sank der Mensch, um diesen ausgreifenden Bogen weiter zu schlagen, zur Enderscheinung einer natürlichen Evolutionsgeschichte herab. Etliche Vertreter der modernen Neurobiologie sehen uns heute genetisch vollständig vorprogrammiert. Unser Denken und Entscheiden sei durch chemische Prozesse im Gehirn vorbestimmt. Unser Bewusstsein begründe nur noch unsere genetisch programmierten Handlungen.[1]

Solche philosophischen Antworten fanden immer wieder auch ihre Infragestellung. Andere Philosophen der Gegenwart kommen zur Erkenntnis, dass es die Freiheit des Willens gibt. Dafür sei aber die Anstrengung des Denkens erforderlich. Die tatsächlich vorhandenen Vorprogrammierungen des Gehirns (vgl. Kap. A/1.1) gelte es also durch die Kraft und Erkenntnisse unseres Denkens zu korrigieren oder zu überwinden.[2]

Stossrichtungen moderner Philosophie

(4) Die Stossrichtungen moderner Philosophie gehen daher mehrheitlich in die Richtung, zwar die menschlichen Begrenzungen voll zu berücksichtigen, sich aber dennoch Handlungsfreiheit denkerisch zu erarbeiten. Dieser philosophische Ansatz ist wesentlich bescheidener als frühere Philosophien.

Auf diesen Weg begeben sich auch Wissenschafter, welche sich mit dem menschlichen Problemlösen beschäftigen.

Management-wissenschaften

(5) Im Bereich der Managementwissenschaften gehört Fredmund Malik zu den Wissenschaftlern, die sich kritisch mit den Möglichkeiten menschlichen Problemlösens und Planens auseinandersetzen. Er sieht zwei grundlegend verschiedene Philosophien (Theorietypen) für das Management und damit auch für das Lösen von Problemen:[3]

○ eher mechanistische (konstruktivistische-technomorphe)
○ eher dynamische (systemisch-evolutionäre)

Der erstgenannte **mechanistische** Ansatz versucht, sich von den biologischen Gegebenheiten des Menschen zu befreien und stellt das zweckrationale Planen und Gestalten in den Mittelpunkt der wissenschaftlichen Forschung. Hier findet die Idee der rationalen Entscheidung über Prob-

[1] Vgl. Roth 2003 (a), S. 166 ff.
[2] Vgl. Bieri 2003, S. 381 ff.; Irrgang 2001, S. 312 ff.
[3] Malik 2000, S. 36 ff, S. 253 ff.

leme ihre Basis. Man spricht hier auch von einem **konstruktivistischen Ansatz.**

Der dynamische Denkansatz unterstellt dagegen, dass Wachstums- und Entwicklungsprozesse für das erfolgreiche Problemlösen bzw. Planen entscheidend sind. Ein voll rationales Handeln bleibt angesichts ständiger Veränderungen und der begrenzten Denkfähigkeiten des Menschen ausgeschlossen (vgl. Kap. A/3.2.1.4). Das Wort „dynamisch" meint nach Duden „lebendig wirksam", „bewegt" und „die Kräfte betreffend". Es geht dementsprechend beim dynamischen Ansatz eher um Verhaltensweisen als um exakt definierte Vorgehensregeln und Sachen.[1] Man spricht hier auch von evolutionären Lösungsprozessen. Als Methoden werden daher solche bevorzugt, die eine grosse Steuerbarkeit eröffnen. Teamarbeit und die Kreativität der Beteiligten erhalten einen hohen Stellenwert. Die Abbildung A/59 verdeutlicht einige Unterschiede dieser Denkansätze für das Problemlösen.

Abbildung A/59
Der mechanisti-
sche und dynami-
sche Denkansatz
führen zu sehr
unterschiedlichen
Verhaltensweisen[2]

Beim Problemlösen bedeutet der ...	
... mechanistische Denkansatz (konstruktivistisch, techno-morph)	**... dynamische Denkansatz (systemisch, evolutionär)**
• die Suche nach der sachlich **optimalen Lösung**	• das Steuern auf **generelle Ziele** zu
• das laufende **direkte Einwirken** und detaillierte **Vorherbestimmen** (z.B. durch detaillierte Netzpläne)	• das eher **indirekte Einwirken** durch z.B. entsprechende Rahmenbedingungen (etwa um kybernetische Selbstorganisation der beim Problemlösen Beteiligten zu ermöglichen)
• im Projektmanagement eine **zentralistische Aufgaben- und Kompetenzverteilung** auf wenige und daher eher auch eine autoritäre Führung	• im Projektmanagement eine Aufgaben- und Kompetenzverteilung auf viele sowie eine **eher partizipative Führung**
• den **Glauben**, dass man im grossen und ganzen **ausreichende und zuverlässige Informationen** erarbeiten kann (evtl. mit einem grösseren Aufwand etwa durch Fachgutachter)	• das Eingeständnis, dass man **nie** ausreichende und **hinreichend zuverlässige Informationen** erhält (und daher auch nur ein begrenzter Aufwand dafür zweckmässig erscheint)
• eine vorwiegende Orientierung an einem **sachlich guten Kosten-Nutzen-Verhältnis**	• zusätzlich eine **bewusste Orientierung** auch an emotionalen Erfolgs-Zielen wie z.B. „hohe Akzeptanz"

---

[1] Vgl. Pümpin 1989, S. 30
[2] Nach Malik 2000, S. 49

3.1.2.2 Entscheidungstheorie als Grundlage

Überblick (1) Der dynamische Denkansatz erscheint nach heute vorherrschender wissenschaftlicher Auffassung für die Lösung komplexer Probleme besser geeignet als der mechanistische.[1] Dabei geht es nicht um „richtig" oder „falsch". Vielmehr muss die Frage beantwortet werden: Sind die Anforderungen des Verfahrens in der Praxis erfüllbar oder nicht? Die Antwort lautet für mechanistische Ansätze: Häufig nicht.

Wenn die Anforderungen einigermassen erfüllbar sind (vgl. Kap. A/3.2.1.4), so bietet der **mechanistische Denkansatz** (konstruktivistisch, technomorph) einige erhebliche **Vorteile**. So wurden auf dieser philosophischen Basis Methoden entwickelt, welche für etliche Probleme gute Lösungen ermöglichen (z.B. mit Hilfe des Operations Research oder Systems Engineering). Solche Ansätze lassen sich auch in dynamische Lösungsprozesse integrieren (z.B. mathematische Lageroptimierungen als Teil einer dynamisch orientierten Planung).

Instrumente

Manche Methoden, welche mit dynamischer Haltung anwendbar sind, fussen teilweise auf mechanistischen Ansätzen (z.B. die Nutzwertanalyse). Schliesslich bietet dieser Ansatz in Form der Entscheidungs- und Spieltheorie ein sehr wichtiges Feld des Denktrainings und der begrifflichen Klärung.[2] Daher sollen hier einige Ausführungen zur Entscheidungstheorie folgen. Behandelt werden, um einen Überblick zu geben, folgende Themen:

- Problemlösungen und Entscheidungen
- Grundzüge der betriebswirtschaftlichen Entscheidungstheorie
- Arten und Grenzen der Rationalität
- Qualität der Information und die Wahrscheinlichkeit

Problemlösungen und Entscheidungen (2) Die mechanistischen Ansätze für das Problemlösen bauen auf einem Teilgebiet der Philosophie, der analytischen Philosophie, auf. Das gilt speziell für das Entscheiden.[3]

Das Problemlösen umfasst das Entscheiden. Denn will eine Person oder eine Gruppe (in der Fachsprache Aktor) ein Problem in Form einer Planung lösen, so ergeben sich bei rationalem Vorgehen folgende Schritte (vgl. Abb. A/44):[4]

- Man muss die Ist-Situation, die Ausgangslage, kennen.
- Es gilt, in irgendeiner Weise Informationen zur Soll-Situation zu erarbeiten (z.B. Wertsetzungen operationalisiert durch Ziele).
- Um die Soll-Situation erreichen zu können, gilt es meist, Handlungs-Varianten zu konzipieren.
- Die Handlungs-Varianten sind auf die Frage hin zu bewerten, wie gut diese der Soll-Situation entsprechen.

---

[1] Vgl. Strohschneider/Von der Weth 2002, S. 1 ff.; Malik 2000, S. 49 ff.; Rieckmann 2000; Brauchlin/Heene 1995, S. 48
[2] Vgl. Brauchlin/Heene 1995, S. 36 und S. 47 f.
[3] Vgl. Gäfgen 1974, S. 8
[4] Vgl. Daenzer/Huber 2002, S. 48; Malik 2000, S. 368; Gäfgen 1974, S. 24

○ Es ist eine Entscheidung zu treffen, welche Handlung (z.B. eine der Varianten, eine Kombination davon bzw. eine Weiterentwicklung) am besten den Soll-Vorstellungen entspricht.

○ Die gefundene Problemlösung wird weiter ausgearbeitet bzw. realisiert.

Die Entscheidung nimmt danach eine zentrale Stellung ein und wurde ein bevorzugtes Feld der Betriebwissenschaft. Diese vernachlässigte dabei aber die Problemstrukturierung und die Kreierung von Varianten bzw. Alternativen.[1] Andere Disziplinen betonten demgegenüber eher den systematischen und sozialen Prozess oder das kreative Erzeugen von Varianten (vgl. Abb. A/59).[2]

Grundzüge der Entscheidungs-theorie

(3) Die Grundzüge der betriebswirtschaftlichen Entscheidungstheorie bestehen in einem funktionalen und teils formalen Modell (vgl. Abb. A/55). Dieses umfasst logische Regeln und Konventionen (Definitionen, zu erfüllende Forderungen). Man spricht wegen dieser Unabhängigkeit von praktischen Erfahrungen auch von normativer Entscheidungstheorie. Ihr Anliegen besteht darin, Entscheidungsmethoden und -modelle zu entwickeln, mit denen optimale oder zumindest befriedigende Verhaltensweisen ermittelt werden können.[3]

In seiner einfachsten Form beruht das Modell auf zwei Arten von **Rationalitätsprämissen:**[4]

○ Man nimmt an, die Entscheidung wird von einem einzigen Aktor gefällt

○ Dieser Aktor handelt rational, weil er
  • sich nach den Regeln der Logik verhält,
  • seine Handlungen streng nach einem Wertesystem ausrichtet, also im Einklang mit dem steht, was er für erstrebenswert hält.

Die Handlungen selber sind Teil des sogenannten **Objektsystems.**[5] Dazu gehören auch die Gegebenheiten einer Situation. Davon unterscheidet die Entscheidungstheorie klar das **Wertsystem** (vgl. Abb. A/60). In der Praxis werden die Wahrnehmung einer Situation, die möglichen Handlungen sowie Werte häufig verwischt (vgl. Kap. A/1.3.3).

Rationalität

(4) Die Entscheidungstheorie bemüht sich um Rationalität, erforscht aber auch ihre Grenzen.

Wenn der Aktor (Handelnder) sich nach allgemein in der Gesellschaft anerkannten Werten richtet, so spricht man von **substanzieller Rationalität**. Dann kann sich der Aktor objektiv richtigen Entscheidungen nähern.

Falls das nicht der Fall ist, so lässt sich die **formale Rationalität** erreichen. Dann besteht nur ein individuelles Wertesystem, welches aber

---

[1] Vgl. Fisch/Boos 1991, S. 19
[2] Vgl. Brauchlin/Heene 1995, S. 24 ff.
[3] Vgl. Hill/Fehlbaum und Ulrich 1998, S. 428
[4] Vgl. Brauchlin/Heene 1995, S. 34
[5] Zum Systembegriff vgl. Kap. A/3.1.4.1

widerspruchsfrei ist.[1] Formal rational kann dementsprechend auch ein Mafioso handeln, der einen Abtrünnigen erschiesst.[2]

Um feststellen zu können, ob überhaupt die Ausrichtung auf die Werte gelingt, muss der Aktor die **Situation und die Konsequenzen** seiner Handlung genau kennen. Um objektiv richtig handeln zu können, sollte dieser als Basis auch ein objektiv richtiges Bild der Situation entwickeln können. Je nach Erfüllung dieser Forderungen unterscheidet sich der Grad der erreichbaren Objektivität (vgl. Abb. A/61).

Wie erkennbar, lässt sich im Normalfall nur das Ergebnis „subjektiv-bestmöglich" erreichen. Dieses Thema greift, weil es für die Praxis so wichtig erscheint, Kapitel A/3.1.2.5 nochmals auf.

Abbildung A/60 Objektsystem und Wertsystem müssen klar auseinandergehalten werden. Als Brücke dient die Nutzen-Bewertung

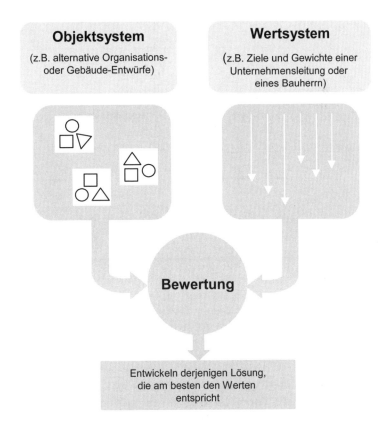

Instru-mente

Qualität der verfügbaren Informationen

(5) Der Frage der Objektivität von Entscheidungen und damit auch von Problemlösungen hängt also u.a. von der Qualität der verfügbaren Informationen ab. Auch hier brachte die Entscheidungstheorie einige Klärungen.

---

[1] Vgl. Gäfgen 1974, S. 24 ff.
[2] Vgl. Brauchlin/Heene 1995, S. 34

Abbildung A/61
Die Suche nach
objektiv-optimalen
Lösungen ist an
Bedingungen
geknüpft, die in
der Praxis nicht
oder nur teilweise
erfüllbar sind [1]

Grad der formalen Rationalität des situativen Bildes	Grad der substanziellen Rationalität des Wertesystems	
	Allgemein gültiges	Nur von Gruppen und Einzelnen präsentiertes
Objektiv, allgemeingültig	objektiv-optimal	objektiv-bestmöglich
Subjektiv, nur Gruppen-repräsentiatv	subjektiv-optimal	subjektiv-bestmöglich

Bei der Qualität der Informationen geht es um „Sicherheit", „Risiko" und „Unsicherheit" (vgl. Abb. A/62).[2] Wesentlich für die Differenzierung ist der Grad der Wahrscheinlichkeit, dass bestimmte Konsequenzen einer Entscheidung auch tatsächlich eintreten.

In der Praxis lässt sich beispielsweise häufig nicht mit Sicherheit voraussagen, ob ein bestimmtes Marketingkonzept wirklich zum Erfolg führt. Allerdings bietet die Entscheidungstheorie beim Typ „Risiko" Verfahren an, das Risiko auf der Basis von Erfahrungen bzw. Statistiken rechnerisch zu fassen. Entscheidungen bei Unsicherheit sind Gegenstand der Spieltheorie (vgl. Kap. 3.1.2.3).

Umschreibung der Konsequenzen einer Handlung

(6) Neben den verfügbaren Informationen interessiert auch besonders die Form der Umschreibung der Konsequenzen einer Handlung. Hier muss die Brücke zwischen den Werten eines Aktors und seinen Handlungen geschlagen werden. In den bereits eingangs dieses Kapitels gewählten Begriffen geht es um eine Brücke zwischen dem Objekt- und Wertesystem (vgl. Abb. A/60).

Die Aufgabe des Brückenschlages wird dadurch gelöst, dass man den einzelnen Konsequenzen von Handlungen (Varianten, Alternativen) im Lichte des Wertesystems einen **Nutzen** zuschreibt. Dieser Begriff um-

---

[1] Vgl. Gäfgen 1974, S. 26 ff.; Zangemeister 1973, S. 53
[2] Vgl. Nida-Rümelin/Schmidt 2000, S. 19; Brauchlin/Heene 1995, S. 35

reisst das Ausmass der Erfüllung von Werten. Werden diese in Zielen ausgedrückt (vgl. Kap. A/1.3.3.3), so geht es um das Ausmass der Zielerfüllung. Dafür lassen sich Messungen durchführen. Dann werden die Zielerfüllungen in Zahlen ausgedrückt. Diese Grade der Zielerfüllung entsprechen den „Noten" in Zeugnissen.

Wenn die Konsequenzen in Zahlen ausdrückbar sind, kann man auch eine **Nutzenfunktion** aufstellen (vgl. Abb. B/85 und 87).

Abbildung A/62
Die Qualität der Informationen beeinflusst die Art möglicher Verfahren auf der Basis der Entscheidungstheorie

Entscheidungssituation/Qualität der Information	Erläuterungen [1]	Beispiele für Methodenfamlien (vgl. Kap. A/3.1.2.3)
Sicherheit	Hierbei ist jede auch nur denkbare Handlung des Entscheidenden mit einer ganz bestimmten, im Voraus bekannten Folge verknüpft.	Lineares Programmieren
Risiko	Hierbei können die Aktionen des Entscheidungssubjekts zufallsbedingt von unterschiedlichen Folgen begleitet sein. Das Entscheidungssubjekt kennt diese Folgen und die Wahrscheinlichkeiten ihres Auftretens.	Statistische Entscheidungstheorie
Unsicherheit	Hierbei weiss das Entscheidungssubjekt zwar ebenfalls, dass sein Handeln zufallsbedingt von unterschiedlichen Folgen begleitet sein kann. Es besitzt aber keine Informationen über die Wahrscheinlichkeit ihres Eintretens.	Spieltheorie

Instrumente

Skalierung (7) Im Zusammenhang mit der Nutzendiskussion soll nochmals ein Thema aufgegriffen werden, welches bereits in Kapitel A/1.3.3.3 anklingt: Die Skalierung. Unterschieden wird bei der Frage der Operationalisierung von Werten in Sachziele und Formalziele. Beide Zieltypen umfassen eine bestimmte Form der Messung der Zielerfüllung. Bei Sachzielen wird nur die Frage „Ja" (Ziel erfüllt) oder „Nein" (Ziel nicht erfüllt) beantwortet. Bei Formalzielen geht es um eine bessere oder schlechtere Erfüllung von Zielen.

---

[1] Vgl. Brauchlin/Heene 1995, S. 35

Abbildung A/63
Die Wahl der Mess-Skala kann das Ergebnis massgeblich beeinflussen

Aufgabe

3 Sportler bestreiten drei Hundertmeter-Läufe mit folgendem Ergebnis:

Anhand dieser Ergebnisse soll ermittelt werden, welcher Sportler am besten abschnitt.

Läufer	Zeit im ... Lauf		
	1.	2.	3.
Anton	10.1	10.6	10.4
Bert	10.9	10.4	10.3
Carlo	11.0	10.5	10.2

Methode A

Es werden die Zeiten für alle drei Läufe addiert.

Es entsteht folgende Rangfolge:

I	Anton	(31.1 Sek.)
II	Bert	(31.6 Sek.)
III	Carlo	(31.7 Sek.)

Methode B

Für jeden Lauf wird eine Rangfolge der Sprinter aufgestellt. Dies ergibt:

Läufer	Zeit im ... Lauf		
	1.	2.	3.
Anton	I	III	III
Bert	II	I	II
Carlo	III	II	I

Es wird die Anzahl Ränge addiert (Rangsumme). Der mit dem kleinsten Ø ist am besten:

I	Bert	(5)
II	Carlo	(6)
III	Anton	(7)

Methode C

Gemessen wird, wie stark sich Läufer gesteigert haben, wie viel also die Differenz des Schlussresultates (3. Lauf) gegenüber dem 1. Lauf ist.

Dann lautet die Rangfolge:

I	Carlo	(- 0.8)
II	Bert	(- 0.6)
III	Anton	(+ 0.3)

Folgerungen

• Je nach Wahl der Methode erreicht ein anderer Läufer den ersten Rang.

• Hinter den Methoden stehen ganz bestimmte Werthaltungen.

Bei der Messung der Zielerfüllung werden also verschiedene Skalentypen angewandt.[1] In der Praxis werden diese oft verwischt oder gemischt. Die Entscheidungstheorie zeigt uns jedoch, dass Skalen eine **grosse Auswirkung auf die Ergebnisse** haben (vgl. Abb. A/63). Das wird bei Problemlösungs- bzw. Planungs-Prozessen oft verkannt.

Ein einfaches Beispiel aus der Schulpraxis soll diese Aussage nochmals verdeutlichen. Bei der Bewertung einer Mathematik-Prüfung hat der Lehrer zwei Möglichkeiten, (A) die Feststellung der Anzahl richtiger Rechenergebnisse (nominal = richtig oder falsch) oder (B) zusätzlich das

---

[1] Vgl. Brauchlin/Heene 1999, S. 142 f.

Verhältnis und die Beherrschung des mathematischen Lernstoffes (kardinal = besser oder schlechter). Wenn ein Schüler in der Aufregung zu Flüchtigkeitsfehlern neigt, dann beschert ihm die Variante A tendenziell eine schlechte Note. Angenommen, der gleiche Schüler hat eigentlich den Lernstoff bestens verstanden und der Lehrer würdigt das mit einer kardinalen Messung, so kann der gleiche Schüler trotz seiner Flüchtigkeitsfehler eine recht gute Note erreichen.

> **Warum wurden die Schweizer Nationalstrassen so teuer?**
>
> *Im Schweizer Nationalrat entstand Unmut darüber, dass der Bau des Autobahnnetzes die Schweizer etwa zehnmal so teuer zu stehen kam, als man Anfang der 60er Jahre annahm. Daher wurde eine Kommission gebildet, welche dieser Frage nachzugehen hatte.*
>
> *Diese nationalrätliche Kommission brachte einiges zu Tage (z.B. die gewachsenen Anforderungen im Bereich des Umweltschutzes). Bemerkenswert aber war auch, dass ein Skalentyp für einen Teil der Mehrkosten verantwortlich gemacht wurde: Die übliche Verwendung von Nominal-Skalen (ja/nein). Zunehmend formulierte man für die Nationalstrassen hochgeschraubte Anforderungs-Standards (z.B. Profilbreiten, Kurvenradien). Jede Nationalstrassen-Projektierung musste diese Standards erfüllen (nur Messergebnis „ja" erlaubt). Die Standards schaukelten sich in den Wirkungen gegenseitig hoch, was sich massiv in den Kosten niederschlug. Daher empfahl die nationalrätliche Kommission, weniger Nominalskalen, sondern mehr „Gleitskalen" (besser, schlechter), also kardinale Skalen, zu verwenden. Damit sollte geschmeidiger auf die einzelnen Situationen (z.B. im Gebirge oder in städtischen Agglomerationen) reagiert werden können.*
>
> *Schon lange vor dieser Erkenntnis der nationalrätlichen Kommission fällte das Bundesamt für Wohnungswesen eine dieser Erkenntnis entsprechende Entscheidung: Zur Förderung der Wohnqualität sollten nicht primär Normen (nominal) gesetzt, sondern flexible Messungen von besseren oder schlechteren Zielerfüllungen erfolgen (kardinal). Auf dieser Basis entstand 1975 das Wohnungs-Bewertungs-System (WBS), welches nach diversen Überarbeitungen auch heute noch in Gebrauch ist (vgl. Abb. B/80).[1] Es erlaubt, die Werte auch sehr unterschiedlich konzipierter Wohnungen zu würdigen.*

Instrumente

3.1.2.3   Mathematiker und Spieler

Überblick   (1) Auf der Basis der Entscheidungstheorie entwickelte sich eine mathematische Richtung, welche versucht, Lösungsansätze in Zahlen auszudrücken. Man spricht hier auch von **Verfahren mit Algorithmus** – ein aus dem Arabischen kommendes Wort für Rechnen (vgl. Abb. A/64).

---

[1] Vgl. Wiegand/Aellen und Keller 1986

Dabei bedient sich diese Richtung auch der Statistik und Wahrschein-
lichkeitsrechnung. Dieser Bereich wird wissenschaftlich breit bearbeitet
und ist auch Thema bzw. Basis einer grossen Zahl von Fachbüchern,
teilweise unter dem Titel Operations Research.[1]

Im öffentlichen Bereich wurde auf der Basis der Wohlfahrtstheorie die
Kosten-Nutzen-Analyse entwickelt. Gerade auch diese Methode zeigt
deutlich die Grenzen der mathematischen Ansätze. Hier wird nicht selten versucht, Dinge in Geld auszudrücken, die sich diesem Wertmasstab
entziehen. So wurden kluge Abhandlungen darüber geschrieben, was
ein Toter koste.

Man sollte also diesen methodischen Ansätzen bzw. einzelnen Formen
der Anwendung gegenüber kritisch sein. Dennoch können auch viele
mathematisch orientierte Methoden bei geeigneten Aufgaben der **Praxis** gute Dienste leisten. Hier soll daher ein kurzer Überblick gegeben
werden über die:

- Investitionsrechnung
- lineare Programmierung
- dynamische Programmierung
- statistische Entscheidungstheorie
- Spieltheorie

Abbildung A/64
Es bestehen zwei
Grundtypen von
Methodiken und
Methoden

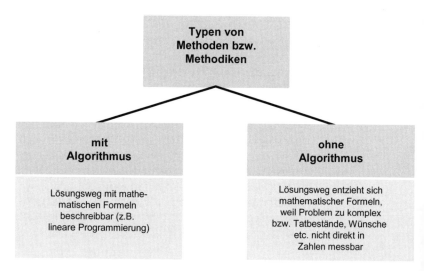

**Investitions-
rechnung**

(2) Unter Investition versteht man die längerfristige Bindung von Kapital
zur Erwirtschaftung zukünftiger Erträge.[2] Das Problem der Berechnung
der Wirtschaftlichkeit einer Investition besteht im **zeitlichen Auseinan-
derklaffen von Investition und Erträgen.**

[1] Vgl. Loderer 2002; Schierenbeck/Lister 2002; Gal 1992; Föllinger 1989
[2] Brauchlin/Heene 1995, S. 159

An dieser Stelle setzen die diversen Methoden der Investitionsrechnung an. Nach bestimmten Regeln werden die Geldwerte der Investition mit den Geldwerten der Erträge verrechnet. Zu den Regeln gehören die zeitliche Betrachtungsdauer und die Art der Anrechnung zukünftiger Erträge (zum vollen Geldwert oder vermindert, „abdiskontiert"). Zudem können die Investitionsrechnungen verschiedene Formen der Ergebnis-darstellung beinhalten. Abbildung A/65 stellt kurz einige bekannte Ver-fahren vor.[1]

Angesichts der Bedeutung der Investitionsrechnung für die Planungs-praxis wird dieses Thema in **Kapitel B/2.3.7** anwendungs-orientiert **vertieft.**

Abbildung A/65 Verschiedene Formen von Investitionsrech-nungen führen auch zu unter-schiedlichen Aus-sagen

Instru-mente

Bezeichnung		Erläuterungen
Statische Verfahren	**Kostenvergleichs-rechnung**	Einfacher Vergleich der jährlichen Kosten in den ersten Jahren Im strengeren Sinne keine Investitionsrech-nung
	Amortisations-rechnung (Pay-back-Methode)	Ermittlung des Break-even-points (BEP), der Zeitpunkt, zu dem der Kapitaleinsatz über die Erlöse wieder zurückgeflossen ist
	Rentabilitäts-rechnung (Return-on-Investment (ROI))	Rentabilität des investierten Kapitals in den ersten Jahren
Dynami-sche Verfahren	**Kapitalwert-methode** (Barwertmethode)	Investition abzüglich diskontierter Ausgaben und Einnahmen über eine längere Periode (z.B. 10 Jahre)
	Annuitäten-methode	Durchschnittlicher jährlicher Einnahmen-überschuss oder Fehlbetrag statt Gesamt-werte über eine längere Periode wie bei der Kapitalwertmethode
	Interne Zinsfuss-methode (Internal Rate of Return = IRR)	Wie Rentabilitätsrechnung, aber mit abdiskontierten Ausgaben und Einnahmen

Lineare Programmie-rung

(3) Die lineare Programmierung wurde entwickelt, um bei Problemen mit verschiedenen einzuhaltenden Nebenbedingungen eine optimale Lösung zu finden. Sie gehört zur Methoden-Familie des **Operations Research**. Die lineare Programmierung ist jeweils auf die Erfüllung eines einzigen Zieles beschränkt. Dabei bestehen v.a. zwei Richtungen der Zielgrössen:

---

[1] Vgl. Staehelin 1998 S. 40 ff.

    ◦ Entscheidungsmodelle der Maximierung des Wertes des Outputs bei fixiertem Input (z.B. Maximierung des Gesamtumsatzes eines Produktionssortimentes einer Firma)

    ◦ Entscheidungsmodelle der Minimierung des Wertes des Inputs bei fixiertem Output (z.B. Minimierung der Transportwege in einem grossen Lager)

Für die entsprechenden Optimierungsrichtungen gilt es, eine Zielfunktion zu erarbeiten. Auch die übrigen Faktoren der Problemlösung müssen sich in mathematischen Formeln (Gleichungen bzw. Ungleichungen) ausdrücken lassen und als sicher gelten (vgl. Abb. A/62).[1]

Dynamische Programmierung

(4) Die dynamische Programmierung dient mehreren Zielen bzw. Zeitpunkten. Dafür gestaltet sie, ebenfalls ein „Familienmitglied" des **Operations Research**, einen mehrstufigen Prozess.[2] Hier geht es dementsprechend nicht mehr um eine punktuelle Optimierung, sondern um eine Serie von Entscheidungen, die miteinander verkoppelt sind.

Ein einfaches Beispiel mag das verdeutlichen: Ein Bergsteiger möchte seinen Rucksack so packen, d.h. mit Gegenständen füllen, dass er einerseits für alle Eventualitäten gerüstet ist, andererseits aber nur ein Gewicht von 20 kg im Maximum tragen muss. 15 Gegenstände wie z.B. Wetterkleidung, Notverpflegung, Schlafsack, Kamera, Medikamente stehen mit unterschiedlichen Gewichten und Nutzengrössen zur Auswahl. Mit Hilfe der dynamischen Programmierung werden nun alle möglichen Konstellationen durchgerechnet, wobei diverse Nebenbedingungen zu beachten sind. Zudem spielen Wahrscheinlichkeitsannahmen bzw. Statistiken eine grosse Rolle (vgl. Abb. A/62). Daraus lässt sich schlussendlich der bestmögliche Inhalt des Rucksackes ermitteln.

Der grosse Rechenaufwand lohnt sich in der Praxis natürlich nicht für das Packen eines Rucksackes. Wichtige **Anwendungsgebiete** bilden vielmehr komplizierte Fragestellungen wie z.B.:

    ◦ Lagerhaltungsprobleme

    ◦ der Ersatz von industriellen Grossanlagen

    ◦ Berechnungen von geeigneten Etappen für Grossbauvorhaben

Spieltheorie

(5) Während die dynamische Programmierung noch von Wahrscheinlichkeitsannahmen und statistischen Erfahrungswerten ausgehen kann, begibt sich die Spieltheorie in den Bereich der Unsicherheit (vgl. Abb. A/62). In diesem Bereich werden mathematische Berechnungen durchgeführt, bei denen unsichere eigene Entscheidungen, unbekannte Entscheidungen der Gegenspieler und der Zufall Regie führen. Hier lässt sich auch kein Optimum mehr ermitteln, sondern es geht um die **bestmögliche Handlungs-Strategie**.[3]

Wie der Name sagt, begann diese wissenschaftliche Richtung im Ursprung beim Glücksspiel (z.B. Zahlenlotto). Wissenschaftler reizte die

---

[1] Vgl. Daenzer/Huber 2002, S. 494 ff.
[2] Vgl. Daenzer/Huber 2002, S. 461 ff.
[3] Vgl. Bühlmann 1989, S. 31 ff.

Frage, ob es Handlungs-Strategien im Glücksspiel gibt, welche die Erfolgschancen wesentlich erhöhen. Nach den Glücksspielern gerieten die Aktienspekulanten und irgendwann auch die Leitenden von Unternehmen sowie Politiker ins Visier der Spieltheoretiker. Das geschah unter Berücksichtigung der Anforderungen an Rationalität (vgl. Kap. A/3.2.1.4). Doch wurden nun **menschliche Verhaltensweisen** wie Vertrauen/Misstrauen und vorhandene/fehlende Kooperationsbereitschaft in die systematischen Überlegungen und Berechnungen **miteinbezogen**. Ein Musterbeispiel für die anschliessenden Überlegungen bietet das „Gefangenendilemma" (vgl. Kasten).[1]

Abbildung A/66 Eine kleinere Gesprächsabfolge in einem kooperativen Drei-Personen-Spiel offenbart das rationale Wesen der Spieltheorie und als Ergebnis eine Strategie[2]

Instrumente

Ausgangslage:

Drei marktbeherrschende Konkurrenten, vertreten durch die Geschäftsinhaber Suter, Erni und Hasenfratz, haben folgende Marktanteile: Die Firma des Herrn Suter hat 22%, diejenige von Erni hat 30% und Hasenfratz hat 48%.

Gesprächsablauf:

Suter zu Hasenfratz:	Wir wollen uns zusammentun und Erni vom Markt verdrängen.
Hasenfratz:	Gern, aber ich übernehme 80% von Erni (d.h. 24% zusätzlichen Marktanteil).
Suter:	Nein, das war meine Idee, ich will mindestens 70% von Erni (d.h. 21% zusätzlichen Marktanteil).
Hasenfratz:	Dann ist das uninteressant für mich.
Suter:	Dann werde ich mich mit Erni zusammentun, um den Markt zu beherrschen.
Hasenfratz:	Dann gehe ich doch lieber auf Ihren ersten Vorschlag (70%) ein.

Auch komplexere Situationen werden auf mathematischer Basis modellartig simuliert (z.B. mit Hilfe der linearen Programmierung) und dann unter Berücksichtigung verschiedener menschlicher Verhaltensweisen durchgespielt. Ein typisches Beispiel dafür bilden Unternehmensplanspiele oder auch die Laborversuche von Dietrich Dörner wie „Tanaland"

---

[1] Vgl. Brauchlin/Heene 1995, S. 46 f.
[2] Nach Daenzer/Huber 2002, S. 543

und „Lohhausen".[1] Auch Konfliktforscher bedienen sich der Spieltheorie und gewinnen interessante Ergebnisse. Bei solchen Anwendungen der Spieltheorie wird unterschieden in:

○ Zwei-Personen-Nullsummenspiele (der Gewinn des einen Spielers entspricht dem Verlust des anderen)

○ Mehr-Personen-Nichtnullsummenspiele (sehr offene Spielsituation, bei der auch Win-Win-Ergebnisse möglich sind)

Eine einfache Form des möglichen Ablaufs eines kooperativen Drei-Personen-Spiels gibt Abbildung A/66 wieder. Solche Kooperationen sind möglich, wenn wechselseitig zutreffende Erwartungen bestehen, die Partner ein gemeinsames Hintergrundwissen haben und gemeinsam akzeptierte Regeln befolgen.[2] Mit Hilfe der Spieltheorie lässt sich das gut zeigen – fast schon ein ethisches Programm.

Das Gefangenendilemma[3]

Zwei Komplizen werden in den USA nach einem gemeinsam verübten Mord ohne Zeugen gefasst, wobei ihnen unerlaubter Waffenbesitz nachgewiesen werden kann, der mit einem Jahr Gefängnis geahndet wird. Um nun zu einer Verurteilung wegen Mordes zu kommen, bietet der Staatsanwalt beiden getrennt Straffreiheit an (was in den USA möglich ist), wenn sie jeweils den anderen belasten. Sie bekommen aber nur ein Jahr Straferlass, wenn beide gestehen. Damit ergibt sich folgende Situation:

○ *Wenn beide gestehen, wandern sie für 9 Jahre hinter Gitter (1 Jahr für unerlaubten Waffenbesitz, 9 Jahre wegen Mordes minus 1 Jahr Straferlass für das Geständnis.)*

○ *Gesteht nur der Eine, so kommt er ungeschoren davon, der Andere aber muss für 10 Jahre in den Knast.*

○ *Halten beide dicht, dann verbringen sie wegen unerlaubten Waffenbesitzes 1 Jahr hinter Mauern.*

○ *Was wäre ein vernünftiges Verhalten der beiden Gefangenen gegenüber dem Staatsanwalt?*

Die Lösung findet sich am Ende des Kapitels A/3.1.2.5.

3.1.2.4   Heuristische Ansätze

Überblick   (1) Die mathematisch orientierten Verfahren der Problemlösung stossen mit zunehmender Komplexität rasch an Grenzen. Es fehlen Kenntnisse der kausalen Zusammenhänge und die notwendigen Daten. Gleichzeitig wirkt eine Vielzahl von Faktoren auf den Prozess der Lösungsfindung ein.

---

[1] Vgl. Dörner 2004, S. 22 ff. und 32 ff.
[2] Vgl. Vgl. Irrgang 2001, S. 255 ff.; Nida-Rümelin/Schmidt 2000, S. 193
[3] Text teilweise nach Irrgang 2001, S. 255 f.

Beim Beispiel gemäss Abbildung A/67 (Aufstellen eines Stundenplans in einer Schule) lässt sich angesichts der vielen Kombinationsmöglichkeiten eine mathematische Optimierung nicht mehr durchführen.
Die Lösungschance besteht darin, auf eine optimale Lösung zu verzichten und **nur noch eine bestmögliche Lösung** anzustreben (vgl. Abb. A/61). Heuristische Verfahren liefern auf dieser gesenkten Anspruchsbasis das Handwerkszeug für die notwendige Reduktion der Komplexität. Das Wort Heuristik stammt aus dem Griechischen und bedeutet so viel wie „zum Finden geeignet".

Abbildung A/67
Schon eine schein-
bar einfache
Aufgabe wie das
Aufstellen eines
Schul-Stunden-
plans lässt sich
nicht direkt ma-
thematisch opti-
mieren, weil die
Anzahl möglicher
Kombinationen zu
gross ist[1]

Aufgabe	Aufstellen eines Stundenplans in einer Schule
Situation	• Etwa 20 Lehrpersonen mit jeweils verschiedenen Fächern . Diverse zeitliche Spezialwünsche von Lehrpersonen (z.B. Seminarwoche durchführen) . Diverse Schülergruppen mit verschiedenen Jahrgängen und Schwerpunkten . Jeweils eine Anzahl zu gebender Stunden • Eine limitierte Anzahl Klassenräume mit verschiedenen Einrichtungen und Eignungen
Ziele	• Möglichst wenig Leerzeiten bei Schülern • Unterricht jeweils möglichst früh am Tage • Möglichst wenig Leerzeiten zwischen den Unterrichtsstunden für Lehrpersonen
Fazit	Die grosse Zahl möglicher Kombinationen macht ein Durchrechnen aller Kombinationen und ein mathematisches Optimieren selbst mit Hilfe leistungsfähiger Computer unmöglich.

Instrumente

Unter diesem Begriff werden alle Verfahren und Regeln vereint, welche zwar nicht zu nachweisbar optimalen, wohl aber zu bestmöglichen bzw. befriedigenden Lösungen führen. Einfacher ausgedrückt: Heurismen erhöhen die Wahrscheinlichkeit einer guten Lösung.[2] Man unterscheidet in diesem Bereich in:
• Heuristische Regeln
• Heuristische Methoden

Heuristische Regeln

(2) Alle Menschen wenden laufend heuristische Regeln an, um eine Problemlösung zu vereinfachen. Sie sind sich meist dessen gar nicht bewusst, weil das Heuristische den üblichen Denkstrukturen entspricht. Gute Schachspieler folgen z.B. der heuristischen Regel „Versuche, das Zentrum des Brettes zu beherrschen". Abbildung A/68 verdeutlicht mit Beispielen, was unter heuristischen Regeln zu verstehen ist. Diese Aufstellung, auf das Beispiel des Stundenplans der Schule angewandt (siehe Abb. A/67), lässt erkennen, dass die heuristischen Regeln „Schrittweises Vorgehen" und „Versuch und Irrtum" weiterhelfen können. Dabei lassen sich für Teilaufgaben auch ma-

[1] Beispiel nach Daenzer/Huber 2002, S. 477
[2] Vgl. Daenzer/Huber 2002, S. 477; Bromme/Hömberg 1977, S. 6 ff.

thematische Optimierungsmethoden einsetzen. In einzelnen Versuchs- und Bewertungsschritten erfolgt allmählich eine Näherung an eine Lösung, welche die betroffenen Lehrpersonen und Schüler für akzeptabel halten.

Abbildung A/68
Es besteht eine
Fülle an heuristi-
schen Regeln, von
denen hier nur
einige Beispiele
angeführt werden

Regeln ...

- **Zum Verfahren**[1]

  - Stufe durch Aufgliedern in eine Schrittfolge und Ausgrenzen das Problem so weit ab, dass du es mit deinen Mitteln bewältigen kannst
  - Nimm dir nie zu viel auf einmal vor, strebe nach kleinen Schritten
  - Ermögliche beim Vorgehen laufend ein Rückkoppeln, erlaube also bewusst ein Rückkommen auf frühere Zwischenergebnisse (man kann ja klüger werden)
  - Versuche durch systematisches Vorgehen Offenheit, Gleichzeitigkeit und Eindeutigkeit in der Informationsgewinnung und -verarbeitung zu erreichen
  - Lege dich erst am Ende eines Problemlösungs-Prozesses fest und vermeide voreilige Schlüsse

- **Zu einzelnen Lösungsschritten**

  - Eine umfassende Situationsübersicht ist wichtiger als eine punktuell vertiefte (sonst könnte man wichtige Faktoren übersehen)
  - Konkretisiere deine Ziele erst nach einer Situationsanalyse, weil du dann realistischere Einschätzungen vornehmen kannst
  - Beschränke dich auf maximal 5 Varianten, dann kannst du diese noch überblicken

- **Zur Verhaltensstrategie**[2]

  - Behalte beim Problemlösen immer die Initiative
  - Lasse dir immer auch eine Rückzugsmöglichkeiten offen
  - Habe den Mut zum Versuch und zum Irrtum
  - Stelle dich (massvoll) dümmer an als du bist. Dadurch lockst du Partner und Konkurrenten aus der Reserve und gibst ihnen das Gefühl der Überlegenheit.
  - Nimm andere Menschen bei ihren Stärken und nicht bei ihren Schwächen.
  - Mache es anderen Menschen nicht zu leicht, ihr Ziel zu erreichen. Erst durch Widerstand werden die anderen den Wert dessen, was du gibst, erkennen.
  - Führe deine Tat dann aus, wenn niemand damit rechnet.

Die Anwendung heuristischer Regeln bleibt **auf dem Boden der Rationalität**, indem die Regeln der Logik und die volle Orientierung an Werthaltungen gegeben ist. Doch man scheut sich nicht, Intuition, Erfahrung und kreative Ideen voll zu berücksichtigen.

Die **Wissenschaft** versucht einerseits, die Wirkungsweise von heuristischen Grundsätzen in der Praxis zu erforschen. Darauf geht Kapitel A/3.1.3 näher ein. Sie übernimmt es in normativer Weise auch, auf rati-

---

[1] Vgl. Wiegand 1981
[2] Vgl. Malik 2000, S. 428 ff.

onal besonders wichtige Heurismen hinzuweisen. Nicht selten handelt es sich dabei um Grundsätze, welche üblichen spontanen Verhaltensweisen oder dem menschlichen Bedürfnis nach Selbstdarstellung widersprechen. Dazu gehört z.B. der heuristische Grundsatz „Stelle dich (massvoll) dümmer dar als du bist" (vgl. Abb. A/68).

Heuristische Methoden

(3) Heuristische Methoden bieten mehr als nur Regeln. Sie helfen, durch Handlungsprogramme bestimmte Probleme bzw. Teile davon zu lösen. Dazu gehören praktisch **alle nicht-mathematischen Problemlösungs-Methoden** (also ohne Algorithmus, vgl. Abb. A/64). Als Beispiele sind zu nennen: Brainstorming, Morphologischer Kasten, Nutzwertanalyse. Solche Methoden beschreibt Kapitel A/3.3.3.

Ebenso gehören zu den heuristischen Methoden **logische Ablaufpläne** für das Problemlösen (vgl. Abb. A/95 und A/112 sowie B/29). Auch diese Heurismen führen nicht unbedingt zu optimalen Arbeitsweisen und Lösungen. Sie verhelfen aber zu einem zeitsparenden Vorgehen und zu einer hohen Wahrscheinlichkeit, zumindest eine befriedigende Lösung zu finden.

Instrumente

Unverschämter Ausbruch aus der Strafanstalt Lenzburg

Es gehört zu den Erfahrungen von Strafanstalts-Direktoren, dass Strafgefangene eine Chance zum Ausbruch haben müssen. Andernfalls drehen manche
Strafgefangene durch oder werden sehr rebellisch. Doch diese Chance für einen Ausbruch, von der hier die Rede ist, war auch für den betreffenden Anstalts-Direktor in Lenzburg jenseits der Vorstellungskraft.
Monatlich finden in der Strafanstalt Übungen zusammen mit der Kantonspolizei statt. Zu diesen Anlässen werden diverse Szenarien 1:1 durchgespielt. An allen Ecken und Enden der Strafanstalt sind dann Polizisten anzutreffen, teilweise begleitet von Spürhunden.

Im dritten Stock des zentralen Teiles der Strafanstalt sind die besonders gefährlichen Gefangenen untergebracht. Just aus diesem dritten Stock stieg ein Strafgefangener, nachdem er die Gitterstäbe durchsägt hatte, hinab. Er nutzte dazu den Klassiker zusammengeknoteter Teile des Bettlakens.
Das Unverschämte bestand darin, dass der Strafgefangene für seine Flucht den monatlichen Übungstag mit der Kantonspolizei ausgewählt hatte. Vor den Augen der auf dem Areal der Strafanstalt überall anwesenden Polizisten kletterte der Strafgefangene also an seinem Bettuch hinab. Dann schritt er an den Polizisten vorbei zur Aussenmauer und überstieg auch diese. Seine Flucht gelang.
Der Direktor der Strafanstalt meinte, wer sich so raffiniert seine Flucht überlegt, hat fast die Freiheit verdient.

Der Gefangene hatte in der Tat konsequent nach einer sehr einfachen heuristischen Regel gehandelt: „Führe dann deine Tat aus, wenn niemand damit rechnet."

3.1.2.5 Zusammenfassung und Würdigung der entscheidungslogisch-mathematischen Ansätze

Zusammen-fassende Stichworte

(1) Es sollte deutlich geworden sein, dass die entscheidungslogisch-mathematischen Ansätze ein sehr weites Feld bedecken. Nochmals zu erinnern ist an:

- ○ Philosophien im **Denkansatz** (z.B. Vor- und Nachteile des mechanistischen Ansatzes)
- ○ die **Rationalität** von Entscheidungen (bei komplexen Problemen lässt sich nicht „optimal", sondern nur „subjektiv-bestmöglich" erreichen)
- ○ die **Möglichkeiten und Grenzen** mathematisch ausgerichteter Verfahren (z.B. praxisrelevante Ansätze der Spieltheorie)
- ○ die **grosse Bedeutung** der **Heurismen** als unserem Denken gemässe Form des Umganges mit Komplexität (fast alle für komplexe Probleme konzipierten Methoden sind heuristisch).

Wichtige Basis für Methoden-anwendungen

(2) Mit den Heurismen wird auch deutlich, dass die Entscheidungstheorie und ihre Kinder eine wichtige Basis für Methodenanwendungen bilden. Ob ABC-Analyse, Morphologischer Kasten, Nutzwertanalyse oder Investitionsrechnung – sie alle nehmen Bezug auf Grundlagen der Entscheidungstheorie. Das gilt für den geistigen Ansatz der Logik ebenso wie für die Begriffe.

Diese Bedeutung der Entscheidungstheorie auch für das Lösen von Problemen in der Praxis entspricht in keiner Weise dem allgemeinen Kenntnisstand (vgl. Kap. A/3.2.2.3). In der Folge wird in der Praxis vieles falsch angedacht (z.B. der häufig anzutreffende Irrtum, es gäbe Entscheidungs-Methoden, die zu objektiv richtigen Ergebnissen führten).

Anwendungs-Gefahren

(3) Die Kenntnis entscheidungslogisch-mathematischer Ansätze ist auch wichtig, um mit deren Anwendungs-Gefahren gut umgehen zu können. Zu diesen Gefahren gehören (vgl. Kap. A/3.3.3):[1]

- ○ ein blindes Vertrauen in die Ergebnisse methodischer Bearbeitungen (selbst wenn man deren Rahmenbedingungen für Anwendungen nicht kennt)
- ○ ein unangemessenes Vertrauen insbesondere in Ergebnisse, die als Zahlen vorliegen
- ○ ein Bevorzugen mechanistischer (entscheidungslogisch-mathematischer) Verfahren auch dort, wo sie nicht geeignet sind
- ○ ein Zurechtrücken und Beschneiden der Probleme, bis sie in Schemata und Formeln passen
- ○ Versuche, auch dort Dinge in Zahlen und Formeln auszudrücken, wo das nur noch wenig Sinn macht (z.B. der Wert eines Toten)

---

[1] Strohschneider/Von der Weth 2002, S. 12 ff.

Verbindung mit dem dynamischen Denkansatz

(4) Die Kenntnis solcher Gefahren erlaubt, mit den entscheidungslogisch und mathematisch basierten Methoden angemessen umzugehen. Dann erscheint es auch möglich, eine gute Verbindung mit dem dynamischen Denkansatz herzustellen. Man kann nach Fredmund Malik von einer **evolutionären Überlagerung konstruktivistischer Problemlösungsansätze** sprechen.[1] So lässt sich z.B. die Nutzwertanalyse sehr gut für die Vorbereitung einer Entscheidung bzw. für die intensive Ausleuchtung der Vor- und Nachteile von Lösungs-Varianten einsetzen. Die eigentlichen Entscheidungen oder Weiterentwicklungen erfolgen aber relativ unabhängig von den methodischen Ergebnissen im Dialog z.B. in einer Planungsgruppe. Bei aller berechtigten Kritik an einem einseitigen Glauben an die Rationalität bleibt also das vernünftige Denken im Sinne von logischen Ansätzen eine sehr ernstzunehmende Herausforderung.

Instrumente

Antwort zum Gefangenendilemma[2]

Für beide optimal wäre natürlich beiderseitiges Schweigen. Doch für den einzelnen Spieler ist es immer besser zu gestehen, da er nicht weiss, wie der andere Spieler handelt und ihm Straferlass winkt. So wird sich aufgrund individueller-rationaler Wahl für beide ein schlechteres Ergebnis einstellen, als wenn ihre Strategie „irrational" gewesen wäre. Aus diesem Grunde wird diese Konstellation Gefangenendilemma genannt.

Kommentar:

Das Dilemma entsteht dadurch, dass eine gegenseitige Beeinflussung der Spieler nicht möglich ist. So könnte der Ausgang des Spiels ganz anders aussehen, wenn sie vorher einen Vertrag mit wirksamen Sanktionen hätten aushandeln können. Das zweite Problem besteht darin, dass es sich um ein Einmalspiel handelt. Also gibt es zwei Strategien, das Gefangenendilemma zu vermeiden, nämlich sich Informationen über Strategie des anderen zu verschaffen (dies wurde durch die Gefängnissituation künstlich ausgeschaltet, ist in der Alltagssituation aber normalerweise durchaus möglich), zweitens an Wiederholungen der Kooperation zu denken, was für erfolgreiche Kooperationen auch nahe liegt. Dann nämlich kann der künftige Verlust durch Abbruch der Kooperation viel gravierender sein als der kleine Gewinn eines Mogelns in einem der vorangegangenen Spiele.

Dies scheinbar so theoretische Gefangenendilemma ist durchaus praxisrelevant. So lässt sich feststellen, dass öffentliche Dienstleistungen und Hilfen, aber auch Versicherungsleistungen, mehr in Anspruch genommen werden als es dem wirklichen Bedarf entspräche. Da jedoch viele Menschen unterstellen, die anderen suchten nur den eigennützigen materiellen Vorteil, wollen sich diese selber auch ein genügend grosses Stück vom Kuchen abschneiden, selbst wenn sie im Moment keinen Appetit auf Kuchen haben.

---

[1] Vgl. Malik 2000, S. 367 ff.
[2] Text teilweise nach Irrgang 2001, S. 256

3.1.3 Sozialwissenschaftlich-empirische Ansätze

Heurismen wissenschaftlich grenzüberschreitend

(1) Mit den **Heurismen** (Kap. A/3.1.2.4) wird ein Themenfeld angesprochen, das wissenschaftlich zu Grenzüberschreitungen führt. Gemeint ist die Grenze zwischen entscheidungslogisch-mathematischen und sozialwissenschaftlich-empirischen Ansätzen.

Einerseits kann man das Feld der Heurismen (Finden neuer Erkenntnisse bzw. problemlösender Vorgehensweisen) von der normativ-rationalen Seite her untersuchen. Dann werden vernünftige Ideen entwickelt, unabhängig davon, ob die Praxis jene auch umsetzt. Dieses Feld lässt sich aber auch empirisch betrachten. In solchen Fällen wird untersucht, wie Menschen tatsächlich Probleme lösen.[1] Daraus versucht man, Hinweise für ein besonders erfolgversprechendes Vorgehen zu gewinnen.

Orientierung an empirischen Verfahren

(2) Dieser Ansatz dient also der Beschreibung und Erklärung tatsächlicher Problemlösungs-Prozesse. Sozialwissenschaftlich-empirisch nennt man diesen wegen der bevorzugten wissenschaftlichen Methoden. Hier werden nach sozialwissenschaftlichen Regeln Tatsachen erhoben und Erfahrungen gesammelt (Empirie).[2] Man nennt diesen Ansatz auch deskriptiv.

Notwendige Massstäbe

(3) Wenn Empiriker erkundete Tatbestände erklären wollen, dann können sie auf Erkenntnisse anderer Wissenschaften zurückgreifen (z.B. Erkenntnisse der Gehirnforschung und Denkpsychologie). Will man die vorgefundenen Tatbestände auch werten, dann benötigen die Wissenschaftler Massstäbe. Hier wird häufig auf die normativen (entscheidungslogisch-mathematischen) Ansätze zurückgegriffen.[3] Umgekehrt nutzen die entscheidungslogisch-empirischen Wissenschaftler häufig empirisches Material, um ihre Modelle bauen zu können.

Isolierung einzelner Faktoren

(4) Bei empirischen Untersuchungen besteht immer das Problem der Isolierung einzelner Faktoren. Man trifft bei der Erhebung vielfältig verflochtene Tatbestände an.[4] Was alles Auskunftspersonen beeinflussen kann, wird in Abbildung A/46 deutlich. Insbesondere wirken viele emotionale Aspekte hinein (z.B. Lust, Machtansprüche, Risikoscheu).

In dieser Ausgangslage bestehen zwei Möglichkeiten, zu interpretierbaren Ergebnissen zu kommen: Laborversuche und Simulationen oder detaillierte Erhebungen.

Auswahl von Themen

(5) Diese beiden Ansätze werden nun in den folgenden beiden Kapiteln mit wesentlichen Erkenntnissen kurz vorgestellt. Ergänzend erfolgt eine

---

[1] Vgl. Schregenberger 1982, S. 6 ff.
[2] Vgl. Von der Weth 2001, S. 39 ff.; Franke 1999; Hill/Fehlbaum und Ulrich 1998, S. 160
[3] Vgl. Franke 1999, S. 56 ff.
[4] Vgl. Franke 1999, S. 256 ff.; Fisch/Wolf 1991, S. 18 ff.; Streufert 1991, S. 202

Würdigung der mit Hilfe sozialwissenschaftlicher und empirischer Ansätze ermittelten Befunde. Daraus ergibt sich als Gliederung:

- Erkenntnisse durch Laborversuche und Simulationen
- Ergebnisse detaillierter empirischer Erhebungen
- Zusammenfassung und Würdigung

3.1.3.1 Erkenntnisse durch Laborversuche und Simulationen

Überblick (1) Der grosse Vorteil der Laborversuche und Simulation liegt in der möglichen Isolierung einzelner Einflussfaktoren. Man führt die Versuchspersonen (Probanden) in eine künstliche Welt. Den Einfluss verschiedener Informationsstände zu einem Problem kann man durch eine intensive Vorinformation aller Probanden zur gleichen Zeit reduzieren. Ein Simulationsrechner sorgt dafür, dass die Zusammenhänge zwischen Massnahmen der Probanden und den Konsequenzen immer nach der gleichen Logik ablaufen. Man kann die Zeitdauer der Übung gleich bestimmen, das Umfeld der Probanden gleich gestalten etc. Bekannte und dokumentierte Beispiele für solche Laborversuche sind die „Shamba-Simulation"[1] und das Bürgermeisterspiel Lohausen.[2]

Es gibt noch viele weitere interessante Beispiele für Simulationen bzw. Laborversuche. Leider können diese hochinteressanten Versuche und deren Ergebnisse nicht näher dargestellt werden. In diesem Zusammenhang muss eine Beschränkung auf einige wichtige Ergebnisse für das Lösen von Problemen erfolgen. Herausgegriffen werden, um einen Überblick zu geben:

- Notwendiger Denkeinsatz
- Hilfreiche Strategeme
- Ergebnisse zu Schritten im Planungsablauf
- Ergebnisse zu Verhaltensweisen und Stilen

Notwendiger Denkeinsatz für Problemlösungen (2) Die Laborversuche auf Simulationen bestätigen zunächst etwas sehr Einfaches: Zum Lösen von Problemen ist ein möglichst grosser Denkeinsatz notwendig. Dabei kommt es nicht darauf an, neue Rezepte zu entwickeln, mehr die rechte oder alternativ die linke Hirnhälfte zu benutzen, „fernöstliche Weisheiten" zu nutzen etc.[3] Es geht schlicht um zweierlei:

- mehr vorher denken
- richtiger Einsatz des „gesunden Menschenverstandes"

Mehr vorher denken heisst, sich dem natürlichen Impuls zu widersetzen, rasch handeln und sich sofort mit Massnahmen beschäftigen zu wollen (vgl. Kap. A/1.1.2.1).[4] Neben diesem Widerstand gegen die raschen Handlungsimpulse – ein Erbe der menschlichen Jäger- und Samm-

---

[1] Vgl. Streufert 1991, S. 203
[2] Vgl. Dörner 2004, S. 5 f.
[3] Vgl. Dörner 2004 S. 324 ff.
[4] Vgl. Dörner 2004, S. 308 ff.; Franke 1999, S. 394; Fisch/Boos 1991, S. 22

ler-Vorfahren – geht es auch darum, überhaupt die Anstrengung des Denkens auf sich zu nehmen. Der menschliche Denkapparat neigt zur Faulheit (vgl. Kap. A/1.1.1.2). Daher werden nicht selten nur wenige vordergründige Faktoren berücksichtigt. Man bedenkt nicht für jeden Einzelfall neu, was notwendig ist, sondern greift zu Schemata.[1] Auch führt diese Denkfaulheit dazu, bestimmte Denkschritte einfach auszulassen.[2]

Als zweites kommt es darauf an, wie Simulationen und Laborversuche immer wieder bestätigen, den **„gesunden Menschenverstand" in richtiger Weise einzusetzen**.[3] Dazu gehört die Notwendigkeit, über den Tag hinaus in Zeitabläufen zu denken. Zudem gilt es, die Vernetzungen der Gegebenheiten und Entwicklungen zu erkennen und zu analysieren (vgl. Kap. A/3.1.4). Damit in Zusammenhang muss der „gesunde Menschenverstand" dazu veranlassen, andere Menschen an der Problemlösung zu beteiligen, und nicht missliebige Personen zu umgehen. Schliesslich gilt es, die Resultate des Denkens immer wieder zu überprüfen. Haben wir richtig kalkuliert? Was sagt uns unser Gefühl?

Hilfreiche Strategeme

(3) Die Versuchspersonen legen in den Laborversuchen meist früh am Anfang fest, wonach sie sich ausrichten wollen. Es handelt sich um eine Art Strategie, die aber gar nicht bewusst entwickelt wird. Man spricht hier von Strategemen, welche helfen, das **Handeln** am Anfang einer komplexen Problemlösung **nach bestimmten Regeln auszurichten**.[4] Wie diese aussehen können, verdeutlicht Abbildung A/69. Dabei können die Strategeme je nach Ausgangssituationen variiert werden. Ähnliches begegnet uns in Kapitel A/3.1.2.4.

Die Untersuchungen zeigen, dass es hier mehr oder weniger erfolgreiche, unbewusste Strategien gibt. Das hängt nicht nur von Strategien absolut, sondern sehr stark von der Situation ab.[5] Die Strategeme müssen also situativ richtig gewählt werden.

Ergebnisse zu Schritten im Planungsablauf

(4) Die Laborversuche und Simulationen bringen auch Erkenntnisse zu einzelnen Schritten im Planungsablauf. Sie zeigen klare Ergebnisse zu folgenden Themen:[6]

- ○ Wahl einer passenden Korngrösse (Detaillierungsgrad) bei der Situationsanalyse
- ○ Konkretisierung der Zielausarbeitung
- ○ Ausarbeitung von Varianten bzw. Alternativen.

Auf diese Themen geht das zusammenfassende Kapitel A/3.1.3.3 näher ein, weil auch die direkten Erhebungen dazu einiges beitragen.

Weniger deutlich sind die Ergebnisse der Laborversuche und Simulationen im Bereich der Entscheidungen.

---

[1] Vgl. Dörner 2004, S. 310 f.
[2] Vgl. Dörner 2004, S. 308 f. und S. 324 f.
[3] Vgl. Dörner 2004, S. 325.; Streufert 1991, S. 200 f.
[4] Vgl. Franke 1999, S. 346
[5] Vgl. Von der Weth 1999, S. 382 ff.
[6] Vgl. Dörner 2004, S. 323 ff.; Streufert 1991, S. 197 ff.

Menschen im Labor[1]

Mehrere höher gestellte Personen eines Unternehmens nahmen an einem Laborversuch teil. Die Herren sollten Verbesserungsmassnahmen in der Kleinstadt Lohausen durchführen.

Sie waren sich alle einig! So müsste es gehen: Der Bürgermeister hatte sowohl Bürgerinitiativen als auch den ganzen Stadtrat hinter sich, denn Verkehrsdichte, Lärm und Luftverpestung in der Innenstadt waren ganz einfach unerträglich geworden. So wurde das Tempolimit für den Autoverkehr auf dreissig Kilometer gesenkt, und „Verkehrsberuhiger" aus Beton sorgten für Folgsamkeit. Nur einige Schönheitsfehler hatte das Ergebnis: Die Autos fuhren jetzt im zweiten statt im dritten Gang, also lauter und abgasreicher; die zuvor zwanzigminütige Einkaufsfahrt dauerte jetzt dreissig Minuten, so dass die Zahl der die Innenstadt gleichzeitig beengenden Autos deutlich anstieg. – Ein Flop? Nein, denn nun war es so nervtötend geworden dort einzukaufen, dass immer mehr Menschen es unterliessen. Also doch der gewünschte Erfolg? Nein, denn die Verkehrsdichte sank zwar allmählich fast wieder auf den Ausgangswert; Lärm und Abgase blieben aber beträchtlich. Die eine Hälfte der Einwohner wohnte im übrigen auf der „richtigen" Seite der Stadt und kaufte nun im nahe gelegenen Grossmarkt vor der Nachbargemeinde ein – und zwar gleich für die ganze Woche. Zuvor florierende Geschäfte gerieten zum Kummer des entschlussfreudigen Bürgermeisters an den Rand der Wirtschaftlichkeit, die Steuereinnahmen sanken beträchtlich. Also zum Schluss ein folgenschwerer Reinfall, der die Gemeinde noch lange belasten wird.

Das „Schicksal" dieser umweltbewussten norddeutschen Gemeinde ist ein Beispiel dafür, wie menschliche Planungs- und Entscheidungsprozesse schief gehen können, weil man Neben- und Fernwirkungen von Entscheidungen nicht genügend beachtet; weil man Massnahmen zu stark dosiert oder zu schwach; weil man Voraussetzungen, die man eigentlich berücksichtigen sollte, nicht beachtet etc.

Nachdem die Herren den Laborversuch absolviert hatten, war ihr anfänglicher Hochmut zu wissen, wie man die Dinge richtig an die Hand nehmen muss, ziemlich erschüttert worden. Dafür hatten sie einiges dazu gelernt.

**Verhaltens-
weisen und
-stile**

(5) Doch das nahe bei den Entscheidungsfragen liegende Thema der Verhaltensweisen und -stile wird wiederum sehr intensiv untersucht. Hier sind es drei Themen, die zu den erfolgsbestimmenden Bereichen gehören:

- die Handlungsflexibilität
- der Mut zu Fehlern bzw. Irrtümern
- die Wirkungs-Kontrolle

---

[1] Nach Dörner 2004, S. 5 f.

Leitsatz	Funktion	Risiko
Wer wagt, gewinnt!	Eine positivere Bewertung der Situation, insbesondere der eigenen Handlungsmöglichkeiten, eine Verbesserung des eigenen Kompetenzgefühls und eine Erhöhung der Risikobereitschaft	Unterschätzung der Komplexität einer Situation
Besser den Spatz in der Hand als die Taube auf dem Dach!	Vermeidung des Unterschätzens von Risiken, Erhöhung der Bereitschaft, sich auch mit negativen Folgen des eigenen Handelns auseinander zu setzen	Überschätzung der Komplexität einer Situation. Planungspessimismus zeigt sich an generell vorsichtigen Eingriffen. Die Schwierigkeit wird eher höher eingeschätzt.
Systematik, Ordnung muss sein!	Aktivierung und Differenzierung einer sehr allgemein gehaltenen prozessorientierten Strategie zur Bearbeitung eines Problems. Der Einsatz eines solchen vorgefertigten, strategischen Musters ermöglicht u.U. Zeit- und Aufwandsersparnis bei der Ausarbeitung des Handlungsplans für ein komplexes Problem	Starrheit des Vorgehens bei geänderten Bedingungen
Konzentriere dich auf das Wesentliche!	Reduzierung des Suchraums bei der Nutzung externer Informationen und des eigenen Wissensfundus. Steigerung der Effizienz durch Anpassen der Planung an die eigenen kognitiven Möglichkeiten	Nichtbeachtung von wichtigen Handlungsbereichen, Neben- und Fernwirkungen des eigenen Handelns
Halte dir alle Wege offen!	Effizienz-Divergenz-Streben ermöglicht auch in komplexen und unüberschaubaren Situationen die Planung unter Vermeidung von Risiken und Sackgassen	Effizienz-Divergenz-Streben verhindert unter Umständen das beherzte Zugreifen bei sehr guten, aber riskanten Gelegenheiten
Betrachte immer alles von verschiedenen Gesichtspunkten aus!	Entdeckung neuer Gesichtspunkte ermöglicht grundsätzlich andere Vorgehensweisen und die Bildung von Analogien in verschiedenen Bereichen	Mangel an Bereitschaft, sich auf einen Standpunkt festzulegen, falls dies notwendig ist
Nutze jede sich bietende Gelegenheit!	Anpassung des eigenen Handelns an plötzlich auftauchende Gelegenheiten und Risiken	Mangelnde Systematik, thematisches Vagabundieren

[1] Nach Von der Weth 1999, S. 363 ff.

Die Laborversuche und Simulationen zeigen deutlich, dass der **Handlungsflexibilität** eine grosse Bedeutung für das erfolgreiche Problemlösen zukommt. Das gilt bereits für die Wahl der Strategeme, die gewechselt werden müssen, wenn sie nicht mehr situationsgerecht sind. Das trifft auch für die Wahl von Methoden, die Offenheit für die Prüfung mehrerer Varianten bzw. Alternativen sowie für das freie Jonglieren zwischen fachlichen und sozial-kommunikativen Ansätzen zu.[1]

Handlungsflexibilität hängt eng auch mit dem **Mut zu Fehlern und Irrtümern** zusammen.[2] Unser Gehirn will immer Recht haben (vgl. Kap. A/1.1.2.2). Das ruft oft eine Scheu hervor, etwas auszuprobieren, weil man dann ja einen Fehler machen könnte. Wer sich davon befreit, gewinnt mehr Erfolgschancen.

Das setzt aber voraus, **laufend Wirkungs-Kontrollen** vorzunehmen. Erst dann entdeckt man, evtl. „auf dem falschen Pferd" zu sitzen. Aus dem gleichen Grund wie oben angeführt, unterbleiben häufig solche Kontrollen.[3] Manchmal gerieten die Versuchspersonen in Labors auch derart in einen Stress, dass sie nicht mehr an Kontrolle dachten oder meinten, auf dem eingeschlagenen Weg nur die Dosis in der Intensität der Massnahmen erhöhen zu müssen. Demgegenüber erweist es sich stets als Vorteil, kühlen Kopf zu bewahren und die Wirkungen von Handlungen kritisch zu überprüfen.[4]

Instrumente

3.1.3.2   Ergebnisse detaillierter empirischer Erhebungen

Überblick   (1) Der zweite empirische Weg besteht in Erhebungen, also in Auswertungen von Unterlagen, in Beobachtungen (teilnehmend bzw. nicht teilnehmend) und in Befragungen. So werden z.B. Personen, welche Entscheidungen treffen, detailliert nach ihren Beweggründen und später nach ihrer Erfolgseinschätzung befragt. Anders als bei Laborversuchen lässt sich der **Kontext der realen Situation** berücksichtigen z.B. der Einfluss des Projektmanagements.

Hierin liegt aber auch der Pferdefuss des Ansatzes: Man muss, will man das Problem der Isolierung einzelner Faktoren hinreichend lösen, eine erhebliche Detaillierung erreichen.[5] Dem Verfasser sind nur wenige Untersuchungen bekannt, welche diesen Ansprüchen genügen. Die Ursache liegt v.a. darin, dass solche Arbeiten **sehr aufwändig** sind.[6] Die in dieser Hinsicht ergiebigste Untersuchung liegt von Guido Franke (Hrsg.) vor.[7] Diese bezieht sich auf das Komplexitätsmanagement von Fach- und Führungskräften im Tätigkeitsfeld Absatzwirtschaft/Marketing.

---

[1] Vgl. Von der Weth 2001, S. 87; Franke 1999, S. 388 ff. und S. 415 ff.; Streufert 1991, S. 201
[2] Vgl. Dörner 2004, S. 325
[3] Vgl. Dörner 2004, S. 293 ff.
[4] Vgl. Badke-Schaub 2001, S. 135 f.
[5] Vgl. Kieser 2002, S. 161
[6] Vgl. Von der Weth 2001, S. 80
[7] Vgl. Franke 1999

Im Bereich des Ingenieurwesens der räumlichen Planung und des Bauens liegen zwar normative und systemanalytische Arbeiten vor (z.B. Prozessvorschläge), aber wenig genügend detaillierte empirische Untersuchungen zu erfolgreichen Ansätzen für das Problemlösen. Dies wird zu Recht auch immer wieder beklagt.[1] Besser ist die Lage wiederum im Bereich der gruppendynamischen Prozesse.[2] Es soll kurz ein Überblick über folgende Themenbereiche gegeben werden:

* Ergebnisse zu gruppendynamischen Prozessen
* Ergebnisse zum Projektmanagement
* Ergebnisse zu Verhaltensweisen, Strategien und Methoden

Ergebnisse zu gruppen-dynamischen Prozessen

(2) Über förderliche gruppendynamische Prozesse wird in Kapitel A/1.2 eingehend berichtet. Zusammenfassend sei an folgende Aussagen erinnert:

○ Praxisorientiertes Basiswissen und Training im Bereich der Individualpsychologie und der Gruppendynamik helfen, sich positiv in Gesprächen und im Rahmen von Gruppenarbeit zu verhalten

○ Bei komplexen Problemlösungs-Prozessen mit unterschiedlichen Interessenlagen sind professionelle Moderationen von Vorteil, um z.B. Offenheit und Klarheit im Austausch von Informationen zu fördern

Ergebnisse zum Projekt-management

(3) Beim Projektmanagement geht es um die **Planung, Organisation und Steuerung** der Projektdurchführung (vgl. Kap. A/3.3.5.3 und B/4.2). Zu diesem Themenfeld sind im deutschsprachigen Raum keine entsprechend detaillierten und umfassenden Studien zur Praxis bekannt.

Im Normalfall befassen sich entsprechende Studien mit spezialisierten Teilaspekten wie Budgetierung, Personalbeurteilung, Informatiksystem.[3] Empirische Untersuchungen zum Projektmanagement liegen einerseits nahe beim Thema „Gruppendynamik" und andererseits beim Thema „Verhalten, Strategien und Methoden". Speziell zum Projektmanagement werden in solchen Untersuchungen u.a. folgende **Einzelaspekte** für die erfolgreiche Problemlösung hervorgehoben:

○ Die Projektorganisation soll zu kleinen, überschaubaren Gruppen führen. Sind diverse Personen auf unterschiedlichen Ebenen bzw. mit unterschiedlichen Aufgaben einzusetzen, dann gliedert man diese in mehrere Gruppen, z.B. Steuergruppe oder Task-Force-Gruppe[4]

○ Die Projektleitungen sollten sich bei schwierigen Problemen bzw. fehlender Interessensneutralität durch Moderationen entlasten lassen[5]

○ Alternativ oder zusätzlich empfehlen sich die Supervision und das Coaching für Projektgruppen

---

[1] Vgl. Von der Weth 2001, S. 107 f.; Schregenberger 1992, S. 14 ff.
[2] Vgl. Fisch/Beck und Englich 2001
[3] Vgl. Schwaninger 1994, S. 32
[4] Vgl. Eberhardt 2001, S. 95 f.
[5] Vgl. zu dieser und den folgenden 4 Aussagen Eberhardt 2001, S. 99

- Projektgruppen neigen in der zweiten Hälfte ihrer Arbeit zu einem Nachlassen des Elans. Durch Transparenz im Gruppengeschehen sowie durch bewusste neue Impulse kann dem entgegengewirkt werden
- Bestehen mehrere Projektgruppen, so kann ein Austausch mehrerer Mitglieder von Vorteil sein
- Produktivitätsvorteile für ein Projekt lassen sich durch Selbstmanagement und Selbstorganisation aktivieren
- Die Projektgruppen bedürfen realistischer Zielsetzungen zu ihrer Arbeit, sonst sinkt die Motivation[1]
- Projektorganisationen sollten möglichst einfach und für alle Beteiligten klar sein[2]
- Bestimmte Muster von Rangordnungen in Projektgruppen behindern evtl. den Wissensaustausch. Hilfreich sind hier Moderationen, welche nicht in organisatorische Hierarchie eingebunden sind.[3]

Ergebnisse zu Verhaltensweisen, Strategien und Methoden

(4) Empirische Ergebnisse zu Verhaltensweisen, Strategien und Methoden werden in Forschungsberichten häufig in Kombinationen mit Ergebnissen von Laborversuchen wiedergegeben. Daher erfolgt eine zusammenfassende und vertiefende Darstellung integral im folgenden Kapitel.

3.1.3.3 Zusammenfassung und Würdigung der sozialwissenschaftlich-empirischen Ansätze

Überblick

(1) Die sozialwissenschaftlichen und empirischen Ansätze brachten für Theorie und Praxis eine Fülle von Erkenntnissen. Zusammenfassend sollen nochmals folgende Themen aufgegriffen und in den Aussagen vertieft werden:

- Problemanalysen für erfolgbestimmende Weichenstellungen
- Oft entscheidende Qualität menschlicher Zusammenarbeit
- Gutes Projektmanagement unabdingbar
- Durch methodisches Arbeiten mehr Erfolgschancen
- Situationen angemessen analysieren
- Kardinale Bedeutung der Zielanalyse
- Förderliche Varianten und Alternativen

Problemanalysen für Weichenstellungen

(2) Für den Erfolg einer Planung erweist es sich als sehr wichtig, sich am Anfang für Problemanalysen Zeit zu nehmen. Probleme können unter- und überschätzt werden. Für einfache Probleme verfügen die meisten Menschen heute über erfolgversprechende Instrumentarien.[4] Leider

---

[1] Vgl. Adamaschek 2000, S. 110; Becker-Beck/Fisch 2001, S. 31 f.
[2] Vgl. Adamaschek 2000, S. 110; Becker-Beck/Fisch 2001, S. 27 ff.
[3] Vgl. Beck/Orth 2001, S. 305
[4] Vgl. Fisch/Wolf 1991, S. 80

scheint es geradezu ein Gesetz zu sein, dass man zu Beginn einer Planung das Problem unterschätzt.[1]

Die Wichtigkeit der Problemanalysen ergibt sich dementsprechend konkret auch dadurch, dass Sie für **Weichenstellungen in der Methodenwahl** und Zusammensetzung von Projektgruppen gute Dienste leisten.[2] Ein wesentliches Teilgebiet der Problemanalyse besteht in der **bewussten Reduktion von Komplexität** durch Problemzerlegung und Suchraumreduktion. Darauf gehen die Kapitel A/3.3.3.1 und vertieft B/2.1 ein.

Oft entscheidende Qualität menschlicher Zusammenarbeit

(3) Viele Untersuchungen belegten die grosse Bedeutung der Qualität der menschlichen Zusammenarbeit für den Erfolg. In diesem Sinne gibt das Handbuch diesem Thema viel Raum (vgl. Kap. A/1. und B/3.).

Die wünschenswerte Qualität entsteht durch eine bewusste Gestaltung der Zusammenarbeit (z.B. Teamarbeit) und durch den Einsatz entsprechender Instrumente und Methoden.

Gutes Projektmanagement

(4) Ein gutes Projektmanagement ist für ein erfolgreiches Problemlösen bzw. Planen ebenfalls unabdingbar. Hierbei sind ergänzend noch drei Erkenntnisse wichtig:

○ Es sollen der jeweiligen Situation angemessen erfolgversprechende Strategeme (vgl. Abb. A/69) und Problemlösungs-Strategien gewählt werden[3]

○ Handlungsflexibilität und Mut zu Fehlern bzw. Irrtümern und Wirkungs-Kontrollen erhöhen die Erfolgschancen ganz massgeblich[4]

○ Gutes Problemlösen und damit Planen ist trainierbar[5]

Das Problemlösungs-Training sollte deswegen vom Projektmanagement bzw. der Prozessführung thematisiert und auch durchgeführt werden. Doch regen sich dazu in der Praxis oft erhebliche Widerstände (vgl. u.a. Kap. A/1.2.3.2).

Durch methodisches Arbeiten mehr Erfolgschancen

(5) Eindeutig zeigen Untersuchungen, dass methodisches Arbeiten mehr Erfolgschancen bietet als der Verzicht darauf.[6] Doch muss man Methoden passend für die jeweilige Situation anwenden.[7]

Methodisches Arbeiten ist allerdings auch wesentlich **anspruchsvoller** als das eher frei gestaltete Problemlösen. Sind Beteiligte nicht hinreichend sattelfest in der Anwendung von Methoden, so werden sie ihrer Sicherheit im Verhalten beraubt. So können sie nicht sofort auf konkrete Vorstellungen von Lösungen zusteuern, wozu die meisten Problemlöser neigen, sondern müssen zunächst im abstrakten Bereich diskutieren (z.B. Zielanalyse, Varianten-Studium). Das weckt Unlust und Ängste[1] (z.B. wie

---

[1] Zitiert bei Hauschildt 1991, S. 138
[2] Vgl. Von der Weth 2001, S. 116
[3] Franke 1999, S. 537 f.
[4] Vgl. Franke 1999, S. 536 f.
[5] Vgl. Von der Weth 2001, S. 179 ff.
[6] Vgl. Von der Weth 2001, S. 148
[7] Vgl. Dörner 2004, S. 309

soll man von den vielen möglichen Varianten zu einer konkreten Lösung vorstossen?). Um Ängste und Unlust zu überwinden, bedarf es daher des Methoden-Trainings.[2] Der Erfolg mit dem methodischen Arbeiten reduziert wiederum Ängste und weckt Lust.

Situationen angemessen analysieren

(6) Ein wichtiges Feld methodischen Arbeitens bilden Situationsanalysen. Sie geben auch wesentliche Erkenntnisse für die Gestaltung des weiteren Planungsprozesses. Situationen gilt es angemessen zu analysieren. Das heisst konkret, auf folgende Erkenntnisse von Laborversuchen und empirischen Studien zu achten:

- Es muss eine **passende Korngrösse** (Grad der Detaillierung der Informationen) der Situationswahrnehmung bei jeder Aufgabe neu gefunden werden.[3] Die Prozessanalyse in einer Verwaltung kann z.B. beim ganzheitlichen Prozess-Modell für eine Abteilung oder bei den Arbeitsabläufen jeden einzelnen Mitarbeiter ansetzen. Eine feinere Korngrösse bringt zwar mehr Kenntnisse und Sicherheit, beansprucht aber auch wesentlich mehr Aufwand und Gedächtniskapazität (Gefahr der Überforderung). Eine gröbere Korngrösse verhilft umgekehrt rascher zu einem Überblick, kann aber auch zur Oberflächlichkeit verleiten.

- Situationen gilt es nicht nur im Ist zu analysieren, sondern auch im Hinblick auf **zukünftige Entwicklungen** hin zu erkunden. Dazu gehören auch die möglichen Folgen von Massnahmen oder der Unterlassung von Massnahmen.[4]

Kardinale Bedeutung der Zielanalyse

(7) Die diversen Untersuchungen bestätigen eindrücklich die Bedeutung der Zielanalyse für den Erfolg.[5] Diese Zielanalyse hat **am Anfang des Problemlösungs-Prozesses** zu beginnen.
Sie sollte mit zunehmendem Wissen **überarbeitet und konkretisiert** werden (vgl. Kap. A/1.3.3.3). Eine wesentliche Rolle spielt sie auch bei der Bewertung von Varianten.

Förderliche Varianten und Alternativen

(8) Es konnte durch empirische Untersuchungen belegt werden, dass die Ausarbeitung von Varianten und Alternativen das Ergebnis einer Problemlösung verbessern.[6] Dabei ist die Qualitätsverbesserung des Ergebnisses mit einer Steigerung bereits von zwei auf drei Alternativen erheblich.
Dennoch wird in der Praxis häufig auf die Ausarbeitung von Varianten bzw. Alternativen verzichtet oder deren Zahl auf zwei begrenzt. Es lohnt offensichtlich, hier Türen aufzumachen.

Instrumente

---

[1] Vgl. Von der Weth 2001, S. 148; Franke 1999, S. 533
[2] Vgl. Franke 1999, S. 533; Streufert 1991, S. 211
[3] Vgl. Franke 1999, S. 528 f.
[4] Vgl. Franke 1999, S. 531
[5] Vgl. Dörner 2004, S. 324; Badke-Schaub 2001, S. 131; Von der Weth 2001, S. 96 f.; Franke 1999, S. 530
[6] Vgl. Hauschildt 1991, S. 142 f.

3.1.4 Systemtheoretisch-kybernetische Ansätze

Eine funktionale Modellsprache

(1) Kapitel A/3.1.1 zeigt, dass Modelle für das Lösen von Problemen unabdingbar sind. Ebenso wird dort sichtbar, dass Modelle auf verschiedene Art „gebaut" werden können: Konkret wie Architekturmodelle oder abstrakt wie etwa die mathematische Form einer Investitionsrechnung.

Bei den Modellen setzt sehr spezifisch der dritte wissenschaftliche Ansatz im Themenfeld der Problemlösungen an: Der **systemtechnisch-kybernetische Ansatz** (vgl. Abb. A/59). Es handelt sich dabei um einen sehr offenen Ansatz, um die Wirklichkeit oder auch Instrumente für das Problemlösen in Modellform abzubilden und zu gestalten. Man kann den systemtheoretisch-kybernetischen Ansatz auch als eine Art „Sprache für das Denken" bezeichnen.

In der Modellart geht es dementsprechend nicht um verbale oder bildhafte Darstellungen, sondern um die abstrahierenden Formen analoger bzw. funktionaler, formaler und mathematischer Modelle (vgl. Abb. A/55). Hierfür bietet die Systemtheorie einen sehr umfassenden „Modellbaukasten".

Systemisches Denken

(2) Weil es um eine Art Sprache für das modellhafte Denken geht, spricht man auch von systemischem Denken. Den Ansatz macht am besten folgendes Beispiel deutlich: „Im Frühling werden die Tage länger. Die Temperatur steigt allmählich. Der Schnee schmilzt. Bei den Pflanzen beginnt das Wachstum. Bald stehen die ersten Obstbäume in voller Blütenpracht da. Man freut sich auf die wärmere Jahreszeit."[1]

Man könnte solche Einzel-Entwicklungen für sich betrachten. Doch wir wissen, dass all die beschriebenen Vorgänge miteinander zusammenhängen, und die Systemtheorie liefert dazu die Modelle. Wenn die Tage länger werden, scheint auch die Sonne länger und intensiver. Dadurch wird das Wachstum der Pflanzen angeregt und gefördert etc. Systemisch Denken heisst, **in solchen Zusammenhängen** zu denken.

Systemisches Denken praktizierten bereits die griechischen Philosophen. „Das Ganze ist mehr als die Summe seiner Teile", verkündete Aristoteles. Von einer Systemtheorie wird aber erst in neuer Zeit gesprochen.[2] Grosse Impulse dafür gingen von der Biologie aus. Arbeiten aus diesem Bereich mündeten in die Wissenschaft der Kybernetik, welche 1948 von Norbert Wiener publiziert wurde.[3] Diese Wissenschaftsrichtung befasst sich mit dynamischen, lebensfähigen Systemen (vgl. Abb. A/70). In deren Schoss entstand in den 60er Jahren die moderne Systemtheorie.[4]

---

[1] Zitiert nach Züst 2004, S. 22
[2] Vgl. Züst 2000, S. 29
[3] Vgl. Malik 2000, S. 76 ff.; Züst 2004, S. 22
[4] Vgl. Irrgang 2001, S. 234

Abbildung A/70 Alles, auch das Geschehen in diesem See , lässt sich in Form von dynamischen Systemen abbilden. Man spricht hier auch von kybernetischen Systemen

Instru-
mente

Völlig neue Sichtweisen und Erkenntnisse

(3) Die Kybernetik und das Systemverständnis erschlossen der Wissenschaft völlig neue Sichtweisen und Erkenntnisse.[1] Man konnte mit Hilfe der Systemtheorie den ganzen Planeten als zusammenhängenden Organismus erkennen und darstellen.[2] So wurde im Rahmen der Klimaforschung ein Bild der weltweiten Wechselwirkungen zwischen der Atmosphäre, den Ozeanen und Wäldern entwickelt. Das führte zur überraschenden und auch beängstigenden Einsicht, dass das globale Klima unserer Erde, das lange Zeit als relativ statisch angesehen wurde, unvorhersehbar in andere Zustände kippen kann.[3]

So weit geht dieses Handbuch nicht. Vielmehr geht es hier um die praktischen Möglichkeiten des Problemlösens und Planens unter Nutzung von Erkenntnissen der Systemtheorie.

Auswahl von Themen

(4) In diesem Sinne erfolgte in dem weiten Feld der systemtheoretischen und kybernetischen Ansätze folgende Auswahl von Themen:

• Beschreibung von Systemen

• Systemabgrenzung und -typen

• Objekte und Instrumente als Systeme

• Inhalt und Folgen des Ashby-Gesetzes

• Zusammenfassende Würdigung der systemtheoretischen und kybernetischen Ansätze

---

[1] Vgl. Laszlo 1998, S. 18 ff.
[2] Nach Stähelin/Gassmann 2000, S. 9
[3] Vgl. Stähelin/Gassmann 2000, S. 9

3.1.4.1 Beschreibung von Systemen

Überblick

(1) Das systemische Denken geht von der System-Definition aus. Es beinhaltet sodann die Betrachtung der Zusammenhänge und macht diese überblickbar. Das systemische Denken zwingt zur Systematisierung und Strukturierung. Es fördert die Kommunikation durch einheitliche Begriffsapparate und die gleiche Sichtweise der Dinge.

In diesem Bestreben ist das systemische Denken **im Bereich der Rationalität** angesiedelt (vgl. Kap. A/3.2.1.4). Hier soll ein erster Überblick über das Systemverständnis mit folgenden Aspekten gegeben werden:

- der Begriff „System"
- die Ganzheit eines Systems
- die Elemente
- die Beziehungen
- Eigenschaften von Elementen und Beziehungen.

Begriff System

(2) Man spricht von Wirtschaftssystemen, ökologischen Systemen, Nachrichtensystemen, Waffensystemen, Systembetreuung etc. Generell signalisiert der Begriff „System", dass es nicht um isolierte Objekte oder Ereignisse, sondern um Umfassenderes und seine innere Struktur geht.[1] Genauer lassen sich Systeme wie folgt umschreiben:[2]

- ○ Ein System bildet eine „**Ganzheit**". Es ist gegenüber seiner Umwelt abgrenzbar.
- ○ Ein System lässt sich in **Elemente** (Objekte, Personen etc.) zerlegen, bis man auf Bausteine stösst, die man nicht mehr weiter zerlegen will.
- ○ Zwischen den Elementen existieren **Beziehungen** (Relationen, Zusammenhänge).
- ○ Die Elemente und deren Beziehungen zeichnen sich durch bestimmte **Eigenschaften** aus.

Abbildung A/71 veranschaulicht die Aussagen am Beispiel einer Gruppe. Diese Gruppe bildet eine organisatorische Ganzheit, z.B. eine Projektgruppe. Zwischen den Gruppenmitgliedern („Elementen") bestehen Beziehungen, hier in Form der Kommunikation. Die beteiligten Personen zeichnen bestimmte Eigenschaften aus. Auch ihr Beziehungsnetz ist spezieller Art, hier durch eine Leitung geprägt.

„Ganzheit" eines Systems

(3) Die „Ganzheit" eines Systems wird alternativ auch Gesamtheit genannt.[3] Ein Fahrrad ist z.B. ein Ganzes im Sinne der Systemtheorie, weil seine Einzelelemente einen inneren Zusammenhang haben (vgl. Abb. A/72). Das System Fahrrad lässt sich gegenüber anderen neben- und übergeordneten Systemen abgrenzen. Diese nennt man auch Umsystem oder Systemumgebung. Das System aller Verkehrsmittel bildet z.B. für das Fahrrad eine Systemumgebung.[4]

---

[1] Vgl. Bechmann 1981, S. 187
[2] Vgl. Züst 2004, S. 22 ff.
[3] Vgl. Ulrich/Probst 1995, S. 19 f.
[4] Vgl. Ulrich/Probst 1995, S. 19 f.

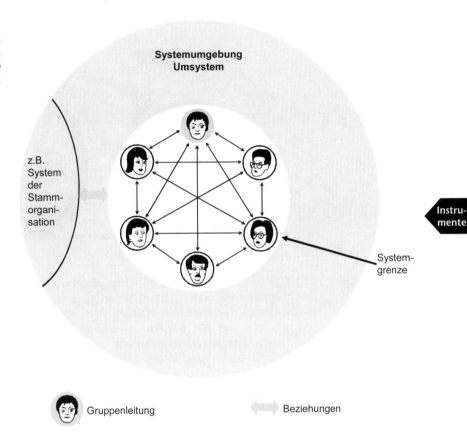

Systemumgebung
Umsystem

z.B.
System
der
Stamm-
organi-
sation

System-
grenze

Instru-
mente

Gruppenleitung   Beziehungen

Die ganzheitliche Betrachtung schliesst auch die Vernetzung eines Systems ein. Indem auf dem abstrakten Niveau eines Modelles das System Fahrrad in Bezug zum System der Verkehrsmittel dargestellt werden kann, wird das Ganze in seinen Beziehungen analysierbar und gestaltbar. Man kann auch die Vernetzungen übersichtlich darstellen.

Elemente (4) Die einzelnen „Kreise" in Abbildung A/71 entsprechen Elementen eines Systems. Dabei kann es sich um naturwissenschaftliche (z.B. chemische Elemente), soziale (einzelne Gruppen) oder materielle Elemente (z.B. der Drucker eines Computersystems) handeln. Um beim Fahrrad-Beispiel wieder anzuknüpfen: Ein Fahrrad besteht aus den Elementen Rahmen, Räder, Lenker, Gangschaltung etc.
Das Fahrrad als Ganzes kann wiederum ein Element des Systems der Verkehrsmittel sein. In umgekehrter Richtung lässt sich die Gangschaltung eines Fahrrads wiederum in einzelne Elemente gliedern. In letzter Konsequenz ist es möglich, die **Feinheit der Aufgliederung** bis hin zu den Molekülen fortzusetzen. Was also in einer jeweiligen Systembetrachtung den Status eines Elementes erhält, muss stets neu festgelegt werden (vgl. Kap. A/3.1.4.2).

Abbildung A/72
Das Fahrrad be-
steht in einem
System aus etli-
chen Elementen
wie z.B. Räder,
Rahmen, Sattel
etc.

Beziehungen

(5) Die Beziehungen zwischen den einzelnen Elementen nennt man auch Relationen oder Zusammenhänge. Beim Fahrrad bestehen feste Beziehungen zwischen den Rädern, dem Rahmen, dem Lenker etc. In diesem Fall sind die Beziehungen konstruktiv-materiell festgelegt. Es kann sich aber auch um definierte soziale Beziehungen handeln, z.B. den Innenbeziehungen in einem Organigramm. Bei diesem Typ bestehen Über- und Unterordnungen. Diese lassen sich entsprechend Abbildung A/73 wiederum sehr unterschiedlich gestalten.

In der Gruppe gemäss Abbildung A/71 können auch verschieden gefärbte psychologische Beziehungen bestehen. Denkbar sind zudem Wirkungsbeziehungen (wenn ich viel frischen Salat esse, dann tue ich etwas für meine Gesundheit). Viele, aber längst nicht alle Beziehungen, lassen sich auch mathematisch ausdrücken (z.B. durch eine exponentielle Funktion).

Eigenschaften

(6) Je nach Elementen und deren Beziehungen entwickeln Systeme verschiedene Eigenschaften.

Materielle Elemente können sich durch Farbe, Form, Belastbarkeit etc. unterscheiden bzw. variiert werden. Selbstverständlich zeichnen auch verschiedene soziale System-Elemente spezielle Eigenschaften aus. Das gilt z.B. für die verschiedenen Gruppen, welche im Rahmen einer Organisation zusammenwirken. Umgekehrt lassen sich Elemente nach Eigenschaften sortieren und jeweils der gleichen Kategorie zuordnen. Elemente mit teilweise gleichen Eigenschaften sind z.B. Primarschüler oder Holz-Stühle

Die Eigenschaften der Beziehungen können materieller Art sein (z.B. die Festigkeit der Radverschraubung am Fahrradrahmen). Ebenso sind verschiedenartige soziale Beziehungen möglich. Menschen stehen sich z.B. freundlich, neutral, sehr unfreundlich, kooperativ oder unkooperativ gegenüber (vgl. Abb. A/74). Es lohnt auch für die Praxis, sich solche

Abbildung A/73
Die Art der Beziehungen zwischen den Organisationselementen führt zu verschiedenen Typen von Organi-grammen[1]

Linien-Organisation

Grundsätze
- Einheit der Leitung
- Einheit des Auftragsempfangs

Eigenarten
- Linie = Dienstweg für Anordnung, Anrufung, Beschwerde, Information
- Linie = Delegationsweg
- Hierarchisches Denken
- Keine Spezialisierung bei der Leitungsfunktion

Stab-Linien-Organisation

Grundsätze
- Einheit der Leitung
- Spezialisierung von Stäben auf Leitungshilfsfunktionen ohne Kompetenzen gegenüber der Linie

Eigenarten
- Funktionsaufteilung der Leitung nach Phasen des Willensbildungsprozesses
- Entscheidungskompetenz von Fachkompetenz getrennt

Mehrlinien-Organisation

Grundsätze
- Spezialisierung der Leitung
- Direkter Weg
- Mehrfachunterstellung

Eigenarten
- Job-Spezialisierung der Leitungskräfte
- Übereinstimmung von Fachkompetenz und Entscheidungskompetenz

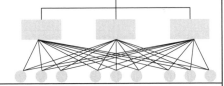

Matrix-Organisation

Grundsätze
- Spezialisierung der Leitung nach Dimensionen
- Gleichberechtigung der verschiedenen Dimensionen

Eigenarten
- Keine hierarchische Differenzierung zwischen verschiedenen Dimensionen
- Systematische Regelung der Kompetenzkreuzungen
- Teamarbeit der Dimensionsleiter

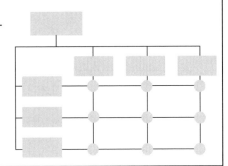

Instrumente

---

[1] Nach Hill/Fehlbaum und Ulrich 1998, S. 212 f.

Eigenschaften von sozialen Beziehungen klar zu machen. Dann versteht man evtl. besser, was in bestimmten Gruppen abläuft.

In dynamischen Systemen unterliegen die Eigenschaften verändernden Faktoren. Bei der Darstellung gemäss Abbildung A/74 muss man also offen dafür sein, dass Suter und Schulze plötzlich ihre gemeinsamen Interessen entdecken. Auch sollte man sich immer wieder fragen, ob man die Eigenschaften richtig erkannt oder vorausgesagt hat.

Abbildung A/74
Es hat sich in der Praxis bewährt, die Eigenschaften von Beziehungen zwischen verschiedenen Menschen aufzuzeichnen, um Verständnis für das Verhalten z.B. in einer Gruppe zu gewinnen

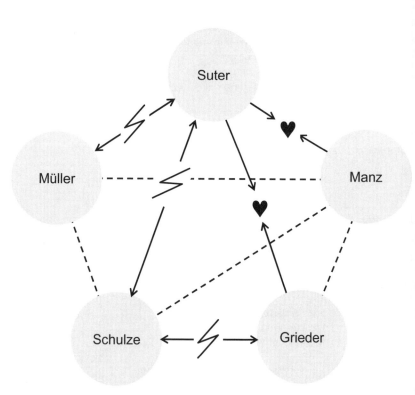

Legende:

⟵⚡⟶ Starker Interessenskonflikt bzw. unfreundliche Beziehung

➤♥⟨ Deutliche Interessensgemeinschaft bzw. freundliches oder gar herzliches Verhalten

- - - - Neutral

3.1.4.2 Systemabgrenzung und -typen

Überblick (1) Um den Vorteil der Systemtheorie für die Praxis nutzen zu können, müssen einige Fragen der Systemabgrenzung und -typen geklärt sein. Wichtig sind hier die Themen:

- Systemgrenze
- Systemhierarchie
- Systemtypen
- Input-Output-Modellvorstellung
- Kopplungen und Rückkopplungen
- Netzwerktheorie
- Chaotische Systeme

Systemgrenze (2) Kehren wir zurück zu Abbildung A/71. Diese zeigt, dass die dargestellte Gruppe nicht isoliert agiert. Sie befindet sich in einer **Systemumgebung**, auch Umsystem genannt. Von dort gehen Einflüsse auf die Projektgruppe aus. Diese Systemumgebung besteht z.B. in der Stammorganisation eines Unternehmens. Denkbar wäre je nach Aufgabe auch, das gesamte Unternehmen zu betrachten. Dann bestünde die Systemumgebung z.B. in Konkurrenzunternehmen, in Kundensystemen, Finanzsystemen.

Um mit Systemen als Modellen umgehen zu können, muss daher eine **Systemgrenze** gezogen werden. Diese drückt aus, was als System zu betrachten bzw. zu gestalten ist und was nur noch als Einflussfaktor von aussen berücksichtigt wird. Das System, welches näher betrachtet oder auch gestaltet wird, kann man auch Eingriffssystem nennen.

Das Ziehen der Systemgrenze bringt also die Eingrenzung des Problemfeldes und des zu lösenden Problems. Dieser Vorgang stellt einen wichtigen und notwendigerweise dynamischen Prozess, insbesondere im Rahmen einer Planung, dar. In diesem Prozess werden die Systemgrenzen geklärt, präzisiert oder neu angepasst. Darauf gehen die Kapitel A/3.3.3.1 und vertiefend B/2.1 ein.

System-hierarchie (3) Mit der Systemabgrenzung, also der Unterscheidung in System (Betrachtungsgegenstand) und Systemumgebung (nur in Form von Einflussfaktoren zu berücksichtigen), steckt man quasi das Feld ab. Auf jedem abgesteckten Feld besteht eine Systemhierarchie. Systeme lassen sich auf verschiedenen Ebenen betrachten, welche hierarchisch zusammenhängen. Das zeigte bereits das Fahrrad-Beispiel.

Ein weiteres Beispiel für die Hierarchie von Systemen bringt Abbildung A/75. Das abgegrenzte, betrachtete und zu gestaltende System (Eingriffssystem) besteht hier im Organigramm eines Fabrikationsbetriebes. In Form von Abteilungen lassen sich auch **Untersysteme** 1. Ordnung betrachten. Man kann auch von **Teilsystemen** sprechen. Eine fortgesetzte „Tiefenbohrung" führt schliesslich zu einzelnen Personen, Maschinen und Werkzeugen. Abbildung A/76 veranschaulicht das Gleiche am Beispiel eines Gemeindesystems.

Instru-mente

Auch in der Systemhierarchie müssen Festlegungen erfolgen. Es gilt diejenige Systemebene zu bestimmen, auf der das System z.B. in der Situationsanalyse und organisatorischen Neugestaltung betrachtet werden soll. Damit wird gleichzeitig der Grad der Detaillierung für Bearbeitungen definiert. Mit anderen Worten: Es wird die Korngrösse bestimmt (vgl. Kap. A/3.1.3.3 und Abb. B/38).

Die Gliederung nach **Systemebenen** (Detaillierungsgrade) hat für die Praxis eine grosse Relevanz (vgl. Kap. A/3.1.3.3 sowie B/2.1.2.2).

Abbildung A/75
Systeme lassen sich meist in mehrere Systemebenen (Detaillierungsgrade) gliedern[1]

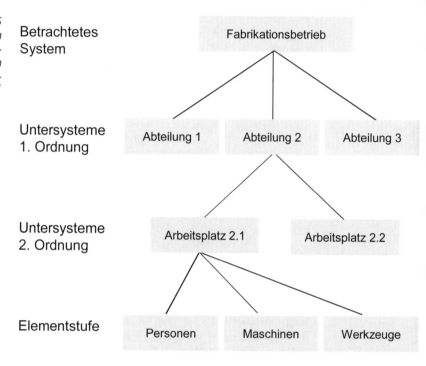

Systemtypen

(4) Jedes System zeichnet, wie oben beschrieben wurde, bestimmte Eigenschaften aus. Das gilt gemäss Kapitel A/3.1.4.1 sowohl für die Elemente als auch Beziehungen in einem System. Insbesondere die Art der Beziehungen charakterisiert verschiedene Systemtypen. In einer groben Gliederung unterscheiden wir (vgl. Abb. A/77):
o geschlossene und offene Systeme
o statische und dynamische Systeme
Geschlossene Systeme sind von ihrer Umwelt abgekapselt. Es kommt nichts hinein und geht nichts hinaus (z.B. ein Tisch). **Offene Systeme** nehmen dagegen Einflüsse von aussen auf und reagieren darauf (z.B. eine durch Thermostaten gesteuerte Heizung oder ein Team).

---

[1] Entnommen aus Daenzer/Huber 2002, S. 8

Abbildung A/76
Systeme lassen
sich in mehrere
Systemebenen
gliedern (hier:
Beispiel eines
Gemeindesys-
tems)[1]

Ebene 1

Politisches System
Gemeinde X

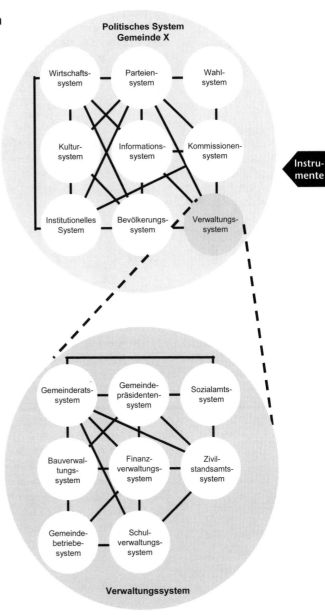

Ebene 2

Verwaltungs-
system

[1] Quelle: Fokusarbeit von Christian von Büren an der Fachhochschule Aargau, Studiengang BauProzessManagement, 4.7.2001

Statisch sind Systeme, wenn sich weder die Elemente noch die Form von deren Beziehungen ändert. Alles bleibt gleich (z.B. ein Tisch). **Dynamisch** sind Systeme dagegen, wenn sich die Elemente bzw. Beziehungen im Zeitablauf ändern (z.B. eine Kuckucks-Uhr oder ein Team). Das Beispiel Kuckucks-Uhr soll noch verdeutlicht werden. Alle Elemente bleiben zwar gleich und sind Teil eines geschlossenen Systems. Doch die Beziehungen der einzelnen Elemente verändern sich im Zeitablauf dynamisch in Form diverser (erzwungener) Bewegungen.

Abbildung A/77 Systeme können geschlossen oder offen statisch oder dynamisch sein

Eigenschaften	statisch	dynamisch
geschlossen	z.B. ein Tisch	z.B. eine Kuckucks-Uhr
offen	z.B. eine durch Thermostaten gesteuerte Heizung	z.B. ein Planungsteam

Input-Output-Modellvorstellung

(5) Offene Systeme zeichnen sich dadurch aus, dass sie Einflüsse von aussen aufnehmen. Man nennt diese auch **Inputs** (vgl. Abb. A/78). Solche Systeme lassen auch etwas heraus. Das wird auch **Output** genannt. Dazwischen liegt die Verarbeitung der Inputs im System, bis Outputs entstehen. Das nennt man auch **Transformation**. In offenen dynamischen Systemen entstehen sehr lebendige Input-Output-Beziehungen sowie Transformationen.[1] So nimmt z.B. ein Huhn Nahrung auf, trinkt und atmet (Input). Dann wandelt das Huhn die Inputs in Energie und andere Dinge wie z.B. Eier um (Transformation). Schliesslich legt das Huhn Eier und lässt auch andere Dinge hinaus (Output). Die Input-Output-Modellvorstellung dient in verschiedenen Bereichen zur Erklärung und als methodischer Ansatz. Eine grosse Rolle spielt sie z.B. beim New Public Management (weg von der Input-Steuerung und hin zur Output-Steuerung). Auch die Black-box-Methode basiert auf diesem Ansatz (vlg. Kap. B/2.1.2.1).

Kopplungen und Rückkopplungen

(6) Alle offenen Systeme stehen mit sich selber und/oder mit anderen Systemen bzw. ihrer Systemumgebung in Beziehung. Daher kommt es zu Kopplungen und Rückkopplungen. Abbildung A/79 gibt einen Hinweis auf die Vielfalt möglicher Beziehungen. Man spricht hier auch von **kybernetischen Systemen**.[2] Es handelt sich also um Systeme mit Steue-

---

[1] Vgl. Ulrich/Probst 1995, S. 50 f.
[2] Vgl. Malik 2000, S. 81

Instru-
mente

*Abbildung A/78
Die Input-Output-
Modelle kann man
sich auch plastisch
vorstellen*

rungs- und Regelungsmechanismen, welche auf Einflüsse von aussen reagieren. Dabei kann es sich um belebte (z.B. Organismen) oder unbelebte (z.B. Maschinen) Systeme handeln.

Ein Beispiel für sich selbst regelnde kybernetische Systeme bilden der Kreisverkehr. Ist der Kreisel voller Autos, kann kein Fahrzeug hinein gelangen. Erst wenn Lücken entstehen, ergibt sich „grünes Licht" für das Passieren. Ein anderes Beispiel bietet das Controlling im Organisationsbereich (vgl. Abb. A/80).

*Abbildung A/79
Zwischen ver-
schiedenen Syste-
men bestehen
diverse Formen der
Kopplung bzw.
Rückkopplung, hier
z.B. der indirekten
Rückkopplung*

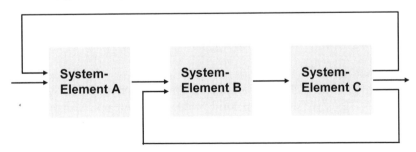

Abbildung A/80
Entsprechend
einem solchen
kybernetischen
Regelkreis arbeitet
auch das moderne
Controlling

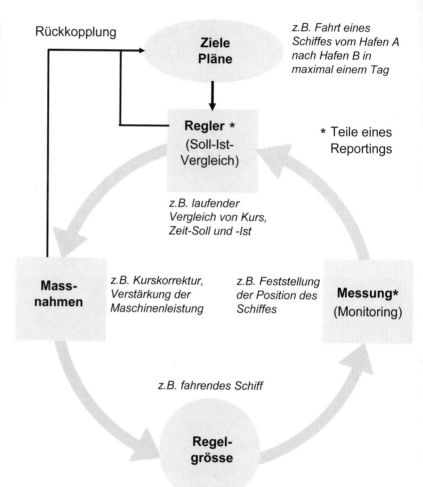

Rückkopplung

Ziele
Pläne

z.B. Fahrt eines
Schiffes vom Hafen A
nach Hafen B in
maximal einem Tag

Regler *
(Soll-Ist-
Vergleich)

* Teile eines
Reportings

z.B. laufender
Vergleich von Kurs,
Zeit-Soll und -Ist

Mass-
nahmen

z.B. Kurskorrektur,
Verstärkung der
Maschinenleistung

z.B. Feststellung
der Position des
Schiffes

Messung*
(Monitoring)

z.B. fahrendes Schiff

Regel-
grösse

Netzwerk-
theorie

(7) Es wird zunehmend versucht, auch bei sehr komplexen Systemzusammenhängen Gesetzmässigkeiten zu erforschen und zu berechnen.
Dabei zeigen sich erstaunliche Übereinstimmungen in den Reaktionsweisen ganz unterschiedlicher Netzwerksysteme. So entdeckte man z.B.
Gemeinsamkeiten zwischen der Ausbreitung der Sars-Epidemie und der
chemischen Reaktion in einer Hefezelle.

Chaotische
Systeme

(8) Neben solchen formal darstellbaren Systemtypen bestehen auch
chaotische Systeme. Das Verhalten solcher Systeme ist **kaum mehr vor-**
aussagbar, und wenn, dann nur noch kurzfristig. In chaotischen Systemen gelten zwar Gesetze und beschreibbare Mechanismen, aber sie

sind für unsere Betrachtung stark von Zufällen abhängig.[1] In diesem Sinne ist bereits ein Fussballspiel chaotisch (vgl. Abb. A/81). Der Spielverlauf ist nicht voraussehbar. Dennoch läuft dieser geordnet ab, weil Regeln eingehalten werden, das Ziel klar ist und sich die Spieler laufend (kybernetisch) selbst organisieren. Will man in chaotischen Systemen bewusst handeln, kommt es genau darauf an: Regeln, Ziele und Selbstorganisation.

Kleinste Ursachen können chaotische Systeme aus dem Gleichgewicht bringen und extreme Wirkungen zeitigen. So besagt zum Beispiel die „Schmetterlingstheorie", dass der Flügelschlag eines Schmetterlings in Südamerika im Pazifik einen Wirbelsturm auslösen kann. Ursachen dafür liegen in **Kopplungen und Rückkopplungen**, welche die Luftbewegungen verstärken bzw. andere Systeme zur Reaktion anregen. Das lässt sich übrigens auch mathematisch beweisen.

Abbildung A/81 Fussball kann als Muster für ein Verhalten in einem nicht voraussehbaren Ablauf, also in einem chaotischen System, angesehen werden[2]

3.1.4.3   Objekte und Instrumente als Systeme

Zwei Ansatzpunkte für das Problemlösen

(1) Das Systemdenken hilft, zwei Ansatzpunkte für das Problemlösen zu unterscheiden (vgl. Abb. A/82):[3]
- Betrachtete oder zu gestaltende Systeme (Objekte)
- Analyse- und Planungssysteme

Betrachtete oder zu gestaltende Systeme

(2) Betrachtete oder zu gestaltende Systeme bestehen z.B. in Organisationen, Marketingkonzepten oder Schulgebäuden. Sie sind **Objekte**, die als Systeme dargestellt werden können. Auch Kapitel A/3.1.2.2 spricht in diesem Sinne von Objektsystemen. Diese gilt es beim Problemlösen zunächst in ihrer gegebenen Wirklichkeit zu betrachten. Dazu kann auch die Situation, bevor etwas organisiert oder gebaut wurde, gehören.

---

[1] Vgl. Stähelin/Gassmann 2000, S. 104 f.
[2] Aus: Gomez/Probst 1987, S. 14
[3] Vgl. Züst 2000, S. 19

Wird ein System neu gestaltet, so besteht die Möglichkeit, das gerade in der Wirklichkeit zu tun. Kinder z.B. machen zu ihrer Hütte im Wald keinen Plan, sondern verständigen sich nur verbal und legen dann direkt 1:1 los. Für zweckgerichtete oder komplexe Angelegenheiten wird man jedoch zunächst Pläne zur gewünschten neuen Wirklichkeit anfertigen.

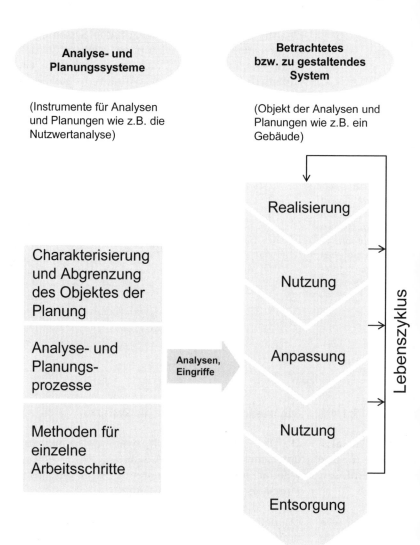

Abbildung A/82
Es bestehen beim
Problemlösen zwei
verschiedene An-
satzpunkte für
systemisches
Denken

Analyse- und Planungs- systeme

(3) Was nun im Einzelnen in den Plan gezeichnet oder verbal festgelegt wird, ist auf jeden Fall Teil des Analyse- und Planungssystems. Dieses bietet **Instrumente**, um von aussen auf die Objekt-Systeme einzuwirken. Zu solchen Instrumenten gehören Methoden, die Teamarbeit oder Management-Modelle. Mit solchen Systemen gewinnt man Erkenntnisse z.B. zur Dynamik eines Objektes, grenzt man das zu planende Objekt ab, kreiert man Lösungsideen, gewinnt man die notwendigen Unterlagen für Entscheidungen und konkretisiert man schliesslich die Planung.

Auswirkungen auf die Darstellung des Lebenszyklus

(4) In Abbildung A/82 wird gemäss diesen Gedankengängen eine entsprechende Aufteilung unternommen. Sichtbar wird der Lebenszyklus eines Objektsystems (z.B. eines Gebäudes). Die Analyse- und Planungsprozesse werden in diesem Fall nicht als Teil des Lebenszyklus betrachtet.[1] Andere Autoren stellen dagegen die Planungen als Teil des Lebenszyklus dar.

Instru- mente

Mit einer klaren Trennung zwischen dem Objektsystem und dem Planungssystem werden Vermischungen bzw. Missverständnisse vermieden. Es kann auch klarer dargestellt werden, dass während des Lebenszyklus eines Objektes (z.B. eine EDV-Anlage) immer wieder Planungen und Interventionen erfolgen können (z.B. Erweiterungen der Anlage).

In den Kapiteln A/3.3.2.3 und B/2.1, 2.2 sowie 4.2.1.1 wird diese Unterscheidung aufgenommen, um die Instrumente für das Problemlösen einordnen zu können.

3.1.4.4　Inhalt und Folgen des Ashby-Gesetzes

Betrachtungs- Basis: zwei Systeme

(1) Die in Abbildung A/82 vorgenommene Zweiteilung in zu betrachtende und gestaltende Systeme einerseits sowie in Analyse- und Planungssysteme andererseits bildet eine gute Basis zum Verständnis des Gesetzes des Kybernetikers Ross Ashby. Dieses hat für die Praxis eine grosse Relevanz.

Schickt man sich in dieser Praxis an, ein Problem zu lösen, so werden häufig Auftraggeber oder Planungs-Gruppen die Forderung aufstellen: „Bitte pragmatisch und einfach." Dagegen ist eigentlich nichts einzuwenden, wenn auch das Problem einfach ist. Schlecht wirkt sich diese Forderung jedoch aus, wenn ein Problem mit einem Objekt auf der Auftrags-, Anforderungs- oder Erlebnisebene als komplex angesehen werden muss (vgl. Kap. A/2.2). Dann lautet die Anmutung oft, das Problem „künstlich" zu vereinfachen, also die tatsächliche Komplexität zu ignorieren. Dass das in jedem Fall unangemessen ist, belegt das kybernetische Gesetz um Ashby in wissenschaftlicher Weise.

Ashby-Gesetz

(2) Das Gesetz lautet in der Original-Formulierung: „Nur Varietät kann Varietät absorbieren".[2] Für diesen Zusammenhang übersetzt bedeutet

---

[1] Vgl .Daenzer/Huber 2002, S. 37 und 245
[2] Zitiert nach Malik 2000, S. 192

das: **Wir können ein Problem mit gegebener Komplexität nur mit Hilfe eines mindestens ebenso komplexen „Werkzeugkastens" gut lösen.**

Ein komplexes Problem lässt sich also im Vorgehen nicht auf einfache Weise lösen, es sei denn, man verzichtet auf Umsichtigkeit, Nachhaltigkeit, Akzeptanz bzw. ganzheitliche Optimierung.

Man kann sich dieses Gesetz anhand einfacher Beispiele plastisch vor Augen führen:[1]

○ Nur eine im Variantenreichtum der Aktionen dem Gegner ebenbürtige Fussballmannschaft hat Aussicht auf Sieg

○ Nur ein interdisziplinär zusammengesetztes Team mit der Fähigkeit zur Beleuchtung unterschiedlichster Aspekte kann die Folgen einer Reorganisation gut abschätzen

○ Nur mit Hilfe eines differenzierten Bewertungssystems lässt sich die Vielfalt an Erscheinungen in einem Alters- und Pflegeheim (Pflege, Aktivierung und Unterhaltung, Essen und Service, Raumqualität, Sauberkeit und Unterhalt etc.) erfassen

Folgerungen für das Problemlösen

(3) Verzichtet man auf Instrumente, die der gegebenen Komplexität angemessen sind, so handelt man sich automatisch Nachteile ein, lässt beispielsweise wichtige Aspekte unberücksichtigt oder gerät im Werturteil einseitig und ungerecht. Ein scheinbar gelöstes Problem verursacht gerade das nächste, wird also zu einem Alt-Problem (vgl. Kap. A/2.1.1.2). Will man solche Nachteile vermeiden, so besteht die Folgerung aus dem Ashby-Gesetz darin, sich **angemessen der Komplexität zu stellen.**

Das Ashby-Gesetz bezieht sich primär auf die Auswirkungen sachlicher Problemlagen des Objektes der Planung (Auftragsebene gemäss Abb. A/46). Es lässt aber auch Schlüsse zur Anforderungsebene zu (Analyse- und Planungssystem). Dort von der Notwendigkeit eines der Komplexität angemessenen „Werkzeugkasten" zu überzeugen, ist in der **Praxis** immer wieder schwer. Der Glaube, dass man komplexe Probleme einfach lösen könne, ist manchmal überstark (vgl. Kap. A/1.1.2).

3.1.4.5 Zusammenfassende Würdigung der systemtheoretischen und kybernetischen Ansätze

Themen

(1) Seit der Wiederentdeckung alter griechischer Vorstellungen (Platon etc.) ist das systemische Denken zunehmend in aller Munde und prägt den Inhalt einer Unzahl von Veröffentlichungen. Das Panorama reicht von Erklärungen zur Welt und Weltentwicklung über Ökonomie, Psychologie, Ingenieurwissenschaften bis hin zur Gestaltung diverser Instrumenten für das Problemlösen. Operations Research, Systemanalyse und Systemtechnik bilden konkret auf dem Systemdenken bzw. der Kybernetik aufbauende Anwendungen in der Praxis (vgl. Kap. A/3.3).

---

[1] Vgl. Malik 2000, S. 192 ff.

Dieser Bedeutung entsprechend sollen zusammenfassend nochmals folgende Themen aufgegriffen werden:
- Kerngedanken und -effekte des systemischen Denkens
- Mögliche Vergleiche verschiedener Systeme
- Potenziale für die „echte" Komplexitäts-Bewältigung
- Gefahr der Einseitigkeit

Kerngedanken und -effekte des systemischen Denkens

(2) Das systemische Denken basiert auf dem **Modell-Denken**. Es bietet ein funktionales Modell, um die verschiedensten Erscheinungen und Entwicklungen darzustellen, zu erklären und gestaltbar zu machen. Dieses Modell basiert auf zunächst ganz einfachen Bausteinen:
- Elemente
- Beziehungen der Elemente
- Eigenschaften der Beziehungen und Elemente

Die Kybernetik befasst sich mit Systemen, in denen Elemente mit ihrer Umgebung in Beziehung stehen. Die Eigenschaft der Beziehungen werden dann durch Kopplungen und Rückkopplungen bestimmt.

Der systemisch-kybernetische Modellansatz erlaubt somit in besonderem Masse, die **Dinge im Kleinen und Grossen in ihren Vernetzungen darzustellen**.

Instrumente

Mögliche Vergleiche verschiedener Systeme

(3) Das systemische, kybernetische Modell erleichtert es auch, Vergleiche durchzuführen. Ohne systematische Darstellung ist das nicht gut möglich.

Vergleiche erlauben neue Erkenntnisse, die Entdeckung und Nutzung von Gemeinsamkeiten (z.B. bei Geschäftsprozessen) etc. Nur wenn die Dinge vergleichbar gemacht werden, lassen ich diese auch „gerecht" bewerten.

Potenziale für „echte" Komplexitäts-bewältigung

(4) Für das Problemlösen bieten die systemischen und kybernetischen Ansätze ein Instrumentarium für die „echte" Komplexitätsbewältigung. Unter „echt" wird hier verstanden, dass die tatsächliche Komplexität nicht durch unreflektiertes Weglassen von bestehenden wichtigen Elementen und Beziehungen zu bewältigen versucht wird (z.B. der Problemstrukturierung, vgl. Kap. A/3.3.3.1). Vielmehr berücksichtigt man diese vollumfänglich und setzt zur Handhabung der Komplexität geeignete Instrumente ein.

Gefahr der Verabsolutierung

(5) So wertvoll die systemischen und kybernetischen Ansätze sind – man darf diese auch nicht verabsolutieren. Als Gefahr scheint mancherorts zu bestehen, dass für alles nur noch das systemische, kybernetische Denken akzeptiert wird, ja, man setzt das Wort „System" mit Vernetzung oder Methoden gleich.

Bei dieser Verabsolutierung geht verloren, dass es sich bei Systemen immer nur um eine mögliche Form von Modellen handelt. Verbale, bildhafte oder mathematische Modelle bieten alternative und für etliche Zwecke auch bessere Modelle (vgl. Kap. A/3.1.1.2).

3.2   Problemlösungs-Möglichkeiten in der Praxis

Panorama-Blick

(1) Mit diesem Kapitel wird die Brücke von der wissenschaftlichen Theorie zur Praxis geschlagen. Das geschieht in einer Art Panorama-Blick. Wie von einer Aussichtsterrasse aus, etwa der Piazzale Michelangelo über Florenz, soll das Feld des Problemlösens betrachtet werden. Details zu den verschiedenen Ansätzen folgen dann in Kapitel A/3.3 und, in einer Auswahl noch weiter vertiefend, in Teil B.

*Abbildung A/83
Panorama-Blick
vom Piazzale
Michelangelo auf
Florenz*

**Ausschnitte zu
grundsätz-
lichen Lösungs-
Ansätzen**

(2) Auch ein Panorama-Blick bringt nur einen Ausschnitt und nicht das Ganze. Die Piazzale Michelangelo bietet in diesem Sinne primär einen Blick auf das Zentrum von Florenz und die Bergkette des Apennin in der Ferne (vgl. Abb. A/83).

Im vorliegenden Fall beschränkt sich das Panorama auf Ausschnitte zu grundsätzlichen Lösungsansätzen (vgl. Abb. A/84 sowie A/82). Um diese greifbar zu machen, werden einige wichtige Grundthemen für das Problemlösen aufgegriffen.

**Kapitel-
Gliederung**

(3) Die gewählten Ausschnitte in der Darstellung heutiger Problemlösungen und das gewählte Kriterien-Raster führen zu folgender Gliederung dieses Kapitels:

• Grundsätzliche Möglichkeiten in der Praxis

• Anwendungen in der Praxis

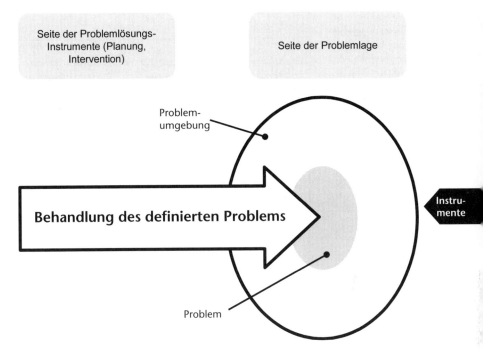

*Abbildung A/84
Begrenzung der
Aussagen auf die
Seite der Problem-
lösungs-
Instrumente*

3.2.1 Grundsätzliche Möglichkeiten in der Praxis

**Raster für die
Darstellung
der Problem-
lösungs-Praxis**

(1) Zunächst werden ausgewählte Merkmale und Ausprägungen für Verfahren zum Lösen von Problemen dargestellt. Das erfolgt in Form eines Morphologischen Kastens, eine Methode, welche in Kapitel B/2.3.5 vertiefend dargestellt wird.

Wie Abbildung A/85 zeigt, entsteht dadurch eine Art Raster der grundsätzlichen Möglichkeiten in der Praxis. Dieses erlaubt in Kapitel 3.2.2 zu zeigen, wie und in welchem Masse solche Möglichkeiten tatsächlich genutzt werden.

**Ausgewählte
Themen**

(2) Die hier gewählten Ausschnitte aus den grundsätzlichen Möglichkeiten für Problemlösungen beziehen sich auf folgende Themen:

- Grundsätzliche Formen für Ergebnisse
- Grundsätzliche Formen der Zusammenarbeit
- Grundsätzliche Prozessformen auf der Sachebene
- Grundsätzliche Behandlungsarten

Abbildung A/85
Dieser Morpholo-
gische Kasten zeigt
die verschiedenen
Wege für Problem-
lösungen auf. Die
einzelnen Teil-
Lösungsmöglich-
keiten a.–f. lassen
sich kombinieren

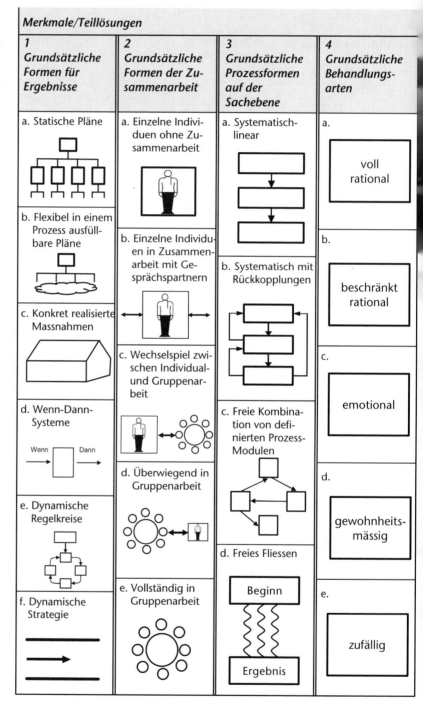

Merkmale/Teillösungen			
1 **Grundsätzliche Formen für Ergebnisse**	**2** **Grundsätzliche Formen der Zu- sammenarbeit**	**3** **Grundsätzliche Prozessformen auf der Sachebene**	**4** **Grundsätzliche Behandlungs- arten**
a. Statische Pläne	a. Einzelne Indivi- duen ohne Zu- sammenarbeit	a. Systematisch- linear	a. voll rational
b. Flexibel in einem Prozess ausfüll- bare Pläne	b. Einzelne Individu- en in Zusammen- arbeit mit Ge- sprächspartnern	b. Systematisch mit Rückkopplungen	b. beschränkt rational
c. Konkret realisierte Massnahmen	c. Wechselspiel zwi- schen Individual- und Gruppenar- beit		c. emotional
d. Wenn-Dann- Systeme	d. Überwiegend in Gruppenarbeit	c. Freie Kombina- tion von defi- nierten Prozess- Modulen	d. gewohnheits- mässig
e. Dynamische Regelkreise	e. Vollständig in Gruppenarbeit	d. Freies Fliessen	e. zufällig
f. Dynamische Strategie			

3.2.1.1 Grundsätzliche Formen für Ergebnisse

Überblick

(1) Problemlösen ist ergebnisbezogen. Dies unterscheidet es vom „Weg als Ziel" oder gemeinsamen Wirken als Selbstzweck. Am Schluss des Prozesses soll ein Ergebnis vorliegen, etwa ein „Produkt" herausschauen bzw. etwas Feststellbares bewirkt werden.

Zielt man auf Ergebnisse, so bietet sich eine grosse Spannweite von Möglichkeiten an. Ohne Anspruch auf Vollständigkeit sollen folgende Ergebnis-Kategorien erörtert werden (vgl. Abb. A/85):

- Eher direkt Massnahmen-orientierte Ergebnisse
  - a. Statische Pläne (z.B. ein Organigramm mit allen Einzelteilen)
  - b. Flexibel in einem Prozess ausfüllbare Pläne (z.B. in einem Organigramm nur die Leitungsstufe, sonst noch offen)
  - c. Konkret realisierte Massnahmen (z.B. ein durchgeführter Umbau)
- Eher Steuerungs-orientierte Ergebnisse
  - d. Wenn-Dann-Systeme (z.B. Anleitung zur Störungsbeseitigung von Kopierern)
  - e. Dynamische Regelkreise (z.B. etabliertes Steuerungs-System)
  - f. Dynamische Strategie (z.B. eine Marketing-Strategie).

Bei den eher **Massnahmen-orientierten Ergebnissen** liegt nach dem Lösungsfindings-Prozess ein konkretes Handlungskonzept vor, z.B. der statische Projektplan für ein Gebäude. Da mögen die geplanten Formen noch so dynamisch sein, der Plan legt die Einzelheiten fest (vgl. Abb. A/86).

Bei den eher **Steuerungs-orientierten Ergebnissen** geht es darum, Problemlösungs-Prozesse laufend auf Pläne bzw. Ziele auszurichten.[1] Dafür werden Leitplanken formuliert und Steuerungsinstrumente erarbeitet. Die konkreten Massnahmen werden erst später im Prozess gewählt und ausgearbeitet.

Statische Projektpläne (a.)

(2) Dieser Ergebnis-Typ (a.) legt fest, wie z.B. das Raumgefüge in einem Wohnhaus oder ein Organigramm für einen Betrieb aussehen sollen. Aus diesen Plänen ist ersichtlich, wo, wie und was gilt (vgl. Abb. A/86). Damit geben diese Pläne Sicherheit für das Handeln z.B. der Mitarbeitenden in einem Alters- und Pflegeheim (mittels Organigramm und Pflichtenheften).

Bei aller notwendigen Dynamik und Flexibilität kommt man nicht umhin, immer wieder **konkrete Festlegungen** zu treffen. Diese haben dann notgedrungen statischen Charakter. Eine offene Frage bleibt natürlich, zu welchem Zeitpunkt bzw. nach welcher Bearbeitungsintensität konkrete Pläne vorliegen.

Konkrete Planungsergebnisse können aber bereits dynamisiert werden. In der Praxis üblich sind z.B. Parallelplanungen. Es liegen dann alternative Pläne in der Schublade (z.B. Projekte für ein Geschäftshaus), welche je nach Marktsituation ausgewählt und realisiert werden können.

[1] Vgl. Von der Weth 2001, S. 73

Abbildung A/86
Jede Realisierung
setzt in der Regel
„statische" Pro-
jektpläne voraus
(hier: Stuhlmuse-
um von Architekt
Gehry in Weil/D)

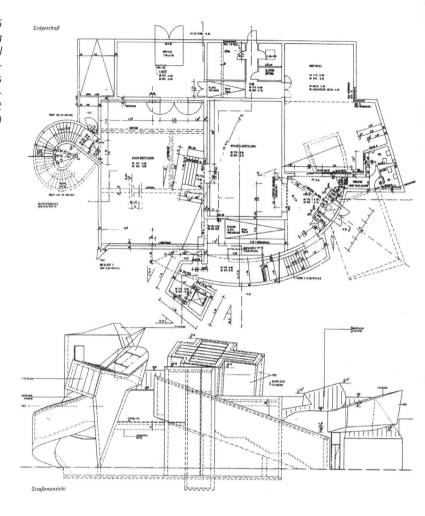

Eine andere Möglichkeit der Dynamisierung besteht darin, dass man sich in den konkreten Festlegungen jeweils auf das Notwendige beschränkt und spätere Veränderungen möglich macht.

Flexibel und in einem Prozess ausfüllbare Pläne bzw. Systeme (b.)

(3) Hier ist auch der Übergang zu den flexibel und in einem Prozess ausfüllbaren Plänen bzw. Systemen (b.) gegeben. Dazu gehören z.B. in der Praxis solche Einfamilienhäuser, in denen Teile nur im Rohbau erstellt und erst später ausgebaut werden. Auf diese Weise kann man sie später an die aktuellen Bedürfnisse anpassen (z.B. Dachstuhlausbau).

In die gleiche Kategorie fallen auch **provisorische Massnahmen** wie z.B. Verkehrsberuhigungen, die erst nach Test und Bewährung konkretisiert werden. Auch lässt sich eine neue Aufbau-Organisation zunächst nur in den wesentlichen Zügen festlegen und die detaillierte Struktur erst nach einigen Erfahrungen in einem weiteren Prozess erarbeiten.

Konkret realisierte Massnahmen (c.)

(4) Die im Alltagsleben besonders häufige Form von Ergebnissen besteht in konkret realisierten Massnahmen (c.). Das sind die schlüsselfertige Schule, die umgesetzte Organisation oder die konkreten Werbemassnahmen gemäss Marketing-Konzept.

Die konkret realisierten Massnahmen können auch in der Etablierung dynamischer, anpassungsfähiger Systeme bestehen. Eine spezifische Möglichkeit dazu zeigen die Ergebnistypen d und e.

Wenn-Dann-Systeme (d.)

(5) Schon überwiegend Steuerungs-orientiert sind Wenn-Dann-Systeme (d.) in Form von **Expertensystemen**. Diese bestehen in Sammlungen von Antworten und Lösungsvorschlägen verschiedener Konkretheitsgrade. Auf Fragen, die eine bestimmte Situation widerspiegeln, können dann zutreffende Problemlösungen herausgefiltert werden. Möglich sind sowohl mehrstufige Konkretisierungen der Fragestellung (Problem) als auch des Lösungsvorschlages. Eine sehr einfache Form bilden Anleitungen zur Störungsbeseitigung (z.B. für einen Kopierer). Komplexere Systeme sind heute z.B. bei Angeboten im Internet gebräuchlich.

Die Planung befasst sich in diesem Fall mit der **Etablierung einer Wissensbasis** (Selektion geeigneten Wissens), mit der Auswahl einer mehr oder minder grossen Zahl geeignet erscheinender Lösungen sowie mit einem Rückkopplungsteil zwischen Situations-Fragen, Wissen und Lösungen (Wenn-Dann-Regeln). Welche Wissensbereiche bzw. angebotenen Lösungen nach der Planung des Expertensystems tatsächlich abgefragt werden, bleibt offen bzw. der Situation des Fragestellers überlassen.

Dynamische Regelkreise (e.)

(6) Bei den dynamischen Systemen mit Regelkreisen (e.) werden Zielsetzungen und Prioritäten formuliert (vgl. Abb. A/80). Zudem wird ein Regelkreis geplant, mit dessen Hilfe auch in sehr unterschiedlichen (noch unbekannten) Situationen die Zielsetzungen bzw. Prioritäten angesteuert werden können.

Die Planung von Regelkreisen kommt in der Maschinen- und Elektrotechnik sehr häufig vor (z.B. Robotik). In der Unternehmensplanung stellt das ein Thema der Aufbau- und Ablauf-Organisation dar (vgl. Abb. B/131). In der Bauausführung bildet das K.O.P.F.-System (Kybernetische Organisation, Planung, Führung) zur Steuerung der Bauabläufe ein Beispiel.[1] Im Management von Unternehmen spielt die Sorge um die Steuerbarkeit der Vorgänge eine wachsende Rolle.[2]

Dynamische Strategien (f.)

(7) Dynamische Strategien (f.) entsprechen der Forderung nach Offenheit für Anpassungen, welche gerade bei umfassenden Plänen (z.B. Gesamtplan für einen Hochschulausbau) besonders wichtig sind.

Dynamische Strategien legen die wesentlichen Ziele und Leitplanken (Abgrenzungen, grundsätzliche Mittel, generelle Prozesse) fest. Doch die konkreten Massnahmen bleiben offen (vgl. Abb. A/87). Auch die Strate-

Instru-
mente

---

[1] Vgl. Grote 1988
[2] Vgl. Kunz 1994, S. 361; Gomez 1993, S. 46 ff.

gie wird periodisch überarbeitet. Damit trägt die dynamische Strategie dem Umstand Rechnung, dass immer wieder neue Informationen verarbeitet werden müssen.

*Abbildung A/87
Grundsätze kön-
nen einen wichti-
gen Baustein einer
dynamischen
Strategie bilden
(hier: Grundsätze
für die Standort-
und Raumoptimie-
rung der engeren
Verwaltung der
Stadt Zürich)*

Strategische Grundsätze der Immobilien-Bewirtschaftung der Stadt Zürich

- Der Stadtrat bezeichnet die Gebäude in der Innenstadt, welche zwingend der Nutzung durch die Verwaltung vorbehalten bleiben.

- Sämtliche Verwaltungsabteilungen verlagern geeignete Teile aus der Innenstadt nach aussen; d.h. Teile, die heute an zentralen Lagen mit grossem Wertschöpfungspotenzial untergebracht sind, sollen an gut erreichbare, aber preiswertere Standorte verlegt werden.

- Stadteigene Grundstücke sind zu bevorzugen. Bestehende Gebäude und Areale sind auf verdichtete Nutzungen und Optimierungen zu überprüfen und gegebenenfalls auszubauen.

- Neue Standorte sollen in der Regel aus grösseren Verwaltungszentren bestehen, um Vorteile der Flexibilität, der Publikumsnähe und der Beziehung zwischen verschiedenen Verwaltungsabteilungen nutzen zu können.

- Es soll eine Konzentration funktional ähnlicher Nutzungen erreicht werden, um spezifische Betriebs- und Managementvorteile zu erzielen.

- Von der Verwaltung genutzter Wohnraum soll frei gemacht und keine für Wohnnutzungen besonders geeigneten Areale beansprucht werden.

- Die Umsetzung der strategischen Grundsätze hat im Rahmen der vom Stadtrat definierten Zielsetzung und den damit verbundenen Massnahmen zu erfolgen.

- Mit den frei werdenden Flächen in der Innenstadt ist eine Wertschöpfung (Drittvermietung oder Verkauf zu Top-Preisen) zu erzielen.

**Meinungs-
bildung im
Zeitablauf**

(8) Die hier vorgestellten Ergebnisse können am Anfang nicht immer klar bestimmt werden. Oft muss ein Prozess erst anlaufen, um mehr Klarheit zu erreichen. Auch kann es notwendig werden, die Art des erzielbaren Ergebnisses während des Prozesses zu ändern. Bei der Ergebnis-Bestimmung handelt es sich daher immer wieder um eine Meinungsbildung im Zeitablauf.

Hartnäckiger Streit bei einem Problem der Deutschen Bundesbahn

Bei der Deutschen Bundesbahn (frühere Bezeichnung) ergab sich ein Streit, ob die eigenen Busse, Lastwagen, Lieferwagen und Personenwagen von DB-eigenen Reparaturwerkstätten oder besser von Dritten betreut werden sollten (Wartungen, Reparaturen). Einerseits sprach man über die Nutzenseite (Verfügbarkeit der Dienstleistungen, Erfahrungen mit DB-eigenen Systemen etc.). Andererseits gaben auch die Kosten Anlass zu verschiedenen Ansichten. Tests schienen zu beweisen, dass die DB-eigenen Werkstätten kostengünstiger seien. Dem wurde wiederum von anderen Gruppierungen widersprochen, welche die vorliegenden Kosten-vergleiche als schief bezeichneten.

Ein beauftragter Gutachter sollte den Streit lösen und ein Urteil fällen, ob die DB-eigenen Werkstätten oder Dritte das bessere Kosten-Nutzen-verhältnis aufweisen. Mit Akribie durchgeführte Kostenanalysen zeigten alsbald, dass über Kostenunterschiede ausserordentlich viele Faktoren entschieden. Dazu gehörten die Auslastung der Werkstätten, die Sozial-leistungen, die Qualifikation und Motivation der Mitarbeitenden, die Prei-se der Lieferanten und der anzurechnende Overhead (Managementkos-ten). Dazu waren seitens der DB Ende der 80er Jahre keine zuverlässigen bzw. quantifizierbaren Angaben zu erhalten.
Daher beendete der beauftragte Externe die Gutachter-Rolle. Die Frage war in statischer Weise nicht zu beantworten. Dafür nahm er nun eine Berater-Rolle ein und empfahl, ein dynamisches Regelungssystem zu etab-lieren. Die eigenen Werkstätten sollten reduziert und Private fortan eben-falls beauftragt werden. Eine Steuerungseinheit hatte nun laufend die Wartungs- und Reparatur-Aufträge zu verteilen. Kriterien bildeten die Kapazität und Kosten-Nutzenverhältnisse. Dabei wurden die Kosten der DB-eigenen Werkstätten mit Schlüsselzahlen ermittelt.

Nach zwei Jahren war hinreichend deutlich geworden, dass ein Outsour-cing der Wartung und Reparatur die auf Dauer wirtschaftlichste Lösung darstellt.

Instrumente

3.2.1.2 Grundsätzliche Formen der Zusammenarbeit

Überblick

(1) Bei der Erarbeitung von Ergebnissen sind einzelne Individuen, diver-se Gesprächspartner und Gruppen von Menschen beteiligt. Komplexe Probleme werden im Regelfall immer durch Zusammenarbeit verschie-dener Beteiligter gelöst. Doch ist „Einzelkämpfertum" nicht auszuschlies-sen. Der folgende Überblick bringt eine systematische Variation (vgl. Kap. A/1.2.1). Die Bearbeitung kann erfolgen (vgl. Abb. A/85).
a. durch einzelne Individuen ohne Zusammenarbeit
b. durch einzelne Individuen in Zusammenarbeit mit Gesprächspartnern
c. im Wechselspiel zwischen Individual- und Gruppenarbeiten
d. überwiegend in Gruppenarbeit
e. vollständig in Gruppen

Einzelne Individuen ohne Zusam-menarbeit (a.)

(2) Je nach Kulturkreis, momentaner Situation oder Verhaltenstyp wer-den auch komplexe Probleme durch einzelne Individuen ohne Zusam-menarbeit (a.) gelöst. Das kann auch nach einer gescheiterten Gruppen-arbeit geschehen. Zur Organisation eines Departementes einer Fach-hochschule bekannte die Leiterin: „Ein Jahr lang bemühte ich mich, in Zusammenarbeit mit einer Projektgruppe unsere Neuorganisation zu lösen. Doch es kam keine Einigung zustande. So entwickelte ich schliess-lich die Problemlösung im Alleingang."

Einzelne Individuen und Zusammenarbeit mit Gesprächspartnern (b.)

(3) Sehr häufig ist in der Praxis die Bearbeitung durch einzelne Individuen festzustellen, welche die Zusammenarbeit mit Gesprächspartnern (b.) suchen. Dabei kommt es evtl. zu einer grossen Zahl von Gesprächen mit diversen Informations-, Interessens- und Entscheidungsträgern. Doch bleibt die Informationsverarbeitung, Meinungsbildung und Entscheidungsfindung bei einzelnen Personen.

Zu dieser Form der Zusammenarbeit zählen auch Vorgehensweisen, bei denen Aufsichtsgremien (z.B. ein Verwaltungsrat) mitwirken oder gelegentliche Kommissionssitzungen stattfinden (z.B. eine Baukommission, welche sich auf den Austausch von Informationen beschränkt).

Wechselspiel mit zwischen Individual- und Gruppenarbeit (c.)

(4) Dabei sind die Grenzen zu Formen des Wechselspiels zwischen Individual- und Gruppenarbeit (c.) fliessend. In dieser Form übernehmen Gruppen wesentliche Funktionen in der Informationsverarbeitung, Meinungsbildung und Entscheidungsfindung. Das kann auch in Form von Teams geschehen (vgl. Kap. A/1.2.5). Zwischen Gruppensitzungen beschäftigen sich die Individuen mit Sacharbeit, Vernetzungen und Gesprächspartnern ausserhalb der Gruppe sowie mit der Lösungsfindung für Teil-Probleme.

Der Prozessablauf besteht dann meist aus festgelegten Gruppensitzungen, deren Rhythmus durch zwischenzeitliche individuelle Leistungen mitbestimmt wird.

Überwiegend in Gruppenarbeit (d.)

(5) Dieses Wechselspiel wird bei einer Bearbeitung überwiegend in Gruppenarbeit (d.) in Richtung der Dominanz gemeinsamer Arbeiten verschoben. Man erbringt die Leistungen dann meist in einer gemeinsamen Räumlichkeit, z.B. in einem Gruppenbüro. Ständig findet eine gemeinsame Informationsgewinnung, Meinungsbildung und Entscheidungsfindung statt. Nur hin und wieder werden Leistungen individuell zurückgezogen erbracht.

Vollständig in Gruppen (e.)

(6) Schliesslich werden auch Probleme vollständig in Gruppen (e.) bearbeitet. Eine typische Anwendungsform besteht in ein- und mehrtägigen Klausuren. Häufig werden solche Veranstaltungen jedoch vorher von einzelnen Individuen intensiv vorbereitet.

Veränderungen im Laufe von Prozessen

(7) Natürlich kann sich die Art der Zusammenarbeit im Ablauf eines Prozesses kurz- und längerfristig ändern. Das lässt sich so planen oder ergibt sich aufgrund dynamischer Entwicklungen (z.B. Auftauchen erheblicher Konflikte).

3.2.1.3   Grundsätzliche Prozessformen auf der Sachebene

Überblick

(1) Um Ergebnisse (Outputs, Produkte, Wirkungen) zu erzielen, finden mehr oder weniger ausgeprägte und bewusste Prozesse statt, die verän-

dern, verarbeiten, transformieren etc.[1] Dabei erfordern die verschiedenen Typen von Ergebnissen auch recht unterschiedliche Problemlösungs-Prozesse. Typische Unterschiede ergeben sich gemäss Abbildung A/85 z.B. zwischen den Planungstypen (a.) und (b.) auf der einen und dem Massnahmentyp c auf der anderen Seite. Das Planen entwirft Modellvorstellungen, wie es einmal sein soll (vgl. Kap. A/3.1.1). Konkret realisierte Massnahmen erfolgen gegenständlich und greifbar.

Darüber hinaus sind ganz unterschiedliche Problemlösungs-Prozesse möglich, wie folgender Überblick zeigt:

a. Systematisch-linear
b. Systematisch mit Rückkopplungen
c. Freie Kombination von definierten Prozess-Modulen
d. Freies Fliessen

Systematisch-linearer Problem lösungs-Prozess (a.)

(2) Der systematisch-lineare Problemlösungs-Prozess (a.) besteht in einer „eisernen" Abfolge von Schritten. Dem entspricht z.B. der Ablauf einer dynamischen Investitionsrechnung. Solche Vorgehensweisen werden auch als mechanistisch bezeichnet (vgl. Abb. A/59).

Diese systematisch linearen Prozesse können einen grossen Vorteil nutzen: Sie stützen sich vorwiegend auf klar definierbare Verfahren, quasi algorithmische Methoden (z.B. Operations Research).[2] Diese begegnen uns auch in vielen Formen und Inhalten der Ausbildung von Mathematikern, Naturwissenschaftlern, Architekten, Ingenieuren, Ökonomen, Juristen etc., denn es wird vorwiegend Fachwissen in Formen vermittelt, bei denen Abläufe als Kausalketten erscheinen (z.B. die statische Berechnung einer Brücke).[3]

Systematische Prozesse mit Rückkopplungen (b.)

(3) Bei systematischen Prozessen mit Rückkopplungen (b.) kommt ein dynamisches Element hinzu. Nun ist in der systematischen Schrittfolge ein Rückkommen auf frühere Schritte und Zwischenergebnisse möglich. Die Anwendungsweise der Schrittfolge ist also offener. Man kann z.B. zunächst grob Ziele formulieren, dann Lösungs-Varianten skizzieren, dann wieder die Ziele konkretisieren, sodann die Varianten bewerten und wieder auf die Ziele zurückkommen.[4] Man nennt diese Form der Annäherungen an befriedigende Zwischen- und Schlussergebnisse auch iterativ oder zyklisch.

Diese offene Anwendung bildet die Grundlage vieler Planungsprozesse. Sie bietet die „Sicherheit" einer klaren und logischen Systematik, erlaubt aber auch eine Lenkung und Anpassung des Lösungsprozesses (vgl. Kap. B/2.2.2).

---

[1] Vgl. Malik 2000, S. 363
[2] Vgl. für Beispiele Föllinger 1989
[3] Vgl. Bühlmann 1989, S. 31
[4] Vgl. Malik 2000, S. 367 f.

Instru-mente

Frei kombi-
nierbare
Prozess-
Module
(c.)

(4) Das Vorgehen mit frei kombinierbaren Prozess-Modulen (c.) folgt nicht mehr einer vorher bestimmten Schrittfolge.[1] Zwar gibt es klar unterscheidbare Lösungs-Module (z.B. Situationsanalyse, Zielanalyse, Ausarbeitung von Lösungs-Varianten, Kosten- und Nutzen-Bewertung etc.). Es wird jedoch situativ mit irgendeinem Modul begonnen und dann zum nächsten, geeignet erscheinenden, gewechselt.

Dabei geht man ebenfalls davon aus, dass es bewährte Prozess-Schritte gibt, die letztlich alle zur Problemlösung benötigt werden. Andererseits wird berücksichtigt, dass in komplexen Situationen das Wissen sehr eingeschränkt ist bzw. sich das Wissen und die Einflüsse laufend verändern können. Zudem bietet das ungebundene Modul-Vorgehen Raum für Spontaneität. Man startet zunächst mit Modulen, bei denen die Lust bzw. das Wissen im Augenblick am grössten ist.

Freies
Fliessen
(d.)

(5) Schliesslich kann ein Prozess auch als freies Fliessen (d.) konzipiert werden. Definiert sind im Wesentlichen nur die Ausgangslage und die Art der erwünschten Ergebnisse (Outputs, Produkte, Wirkungen). Den Problemlösungs-Prozess gestaltet die Gruppe situativ völlig selbst. Dabei kann sie bewährte Lösungs-Schritte aufgreifen (z.B. Zielanalyse), muss es aber nicht.

In diese Kategorie fällt die Flow-Team-Methode.[2] Dabei kommen zwar keine definierten Arbeitsschritte, wohl aber Flow-Regeln und -Stile zum Zuge.[3] Diese entsprechen Heurismen (vgl. Kap. A/3.1.2.4).

Wechsel im
zeitlichen
Ablauf

(6) Auch bei der sachlichen Gestaltung von Prozessen gilt, dass im Ablauf des Problemlösens die Prozessformen wechseln können. Denkbar ist z.B., die Gesamtstruktur des Prozesses in der Form „systematisch mit Rückkopplungen" (b.) zu gestalten, einzelne Teile des Gesamt-Prozesses aber in die Form „Freies Fliessen" (d.) durchzuführen.

3.2.1.4   Grundsätzliche Behandlungsarten

Überblick

(1) In einem Forschungsdisput scheute sich Jean-François Bergier, ein renommierter Schweizer Historiker und Dozent an der ETH Zürich, nicht zu bekennen: „Mein Instinkt und mein damaliges Wissen wiesen mir den richtigen Weg."[4] Damit mass dieser Forscher ohne Scheu auch dem nicht direkt Rationalen eine grosse Bedeutung für die Lösungsfindung zu. Das weist auf einen der möglichen Wege bei Problemlösungen hin. Es bestehen weitere, wie folgender Überblick über grundsätzliche Behandlungsarten zeigt (vgl. Abb. A/85):

a. Voll rationales Handeln
b. Beschränkt rationales Handeln
c. Emotionales Handeln

---

[1] Vgl. Malik 2000, S. 369
[2] Vgl. Gruner 1999, S. 9 ff.
[3] Vgl. Gerber/Gruner 1999, S. 53 ff.
[4] Aus: Neue Zürcher Zeitung (NZZ) im 2001, S. 60

d. Gewohnheitsmässiges Handeln
e. Zufälliges Handeln

Voll rationales Handeln (a.)

(2) Voll rationales Handeln (a.) bedeutet, dass die Vernunft allein bestimmend ist und man zu objektiv richtigen Lösungen gelangt. Für das Problemlösen bedeutet dies, dass folgende Bedingungen gelten:[1]

○ Den an der Problemlösung Beteiligten sind sämtliche mögliche Verhaltensweisen bekannt.
○ Das zugrundegelegte Bild der Situation gibt die Wirklichkeit vollständig und richtig wieder. Das gilt nötigenfalls auch für die Zukunft.
○ Die Beteiligten sind in der Lage, eine vollständige Ordnung der angestrebten Ziele (Werte) bzw. Grundsätze aufzustellen.
○ Es ist möglich, aus Sicht dieser Ziele bzw. Grundsätze die Handlungsvarianten eindeutig zu bewerten.

Kapitel A/1.1 macht diesen Anforderungen an die Rationalität gegenüber deutlich, dass Individuen bereits erhebliche Schwierigkeiten haben, die Wirklichkeit unverfälscht wahrzunehmen. Weitere Stolpersteine legen die Probleme selber (vgl. Kap. A/2.1).[2]

Wie Kapitel 3.1.2.2 zeigt, bestehen in der Praxis weitere unerfüllbare Bedingungen (vgl. Abb. A/61).

Instru-mente

Beschränkt rationales Handeln (b.)

(3) Beim beschränkt rationalen Handeln (b.) verzichtet man von vornherein darauf, objektiv richtige Ergebnisse erzielen zu wollen. Gesucht wird also nur noch die **bestmögliche Lösung** (vgl. Abb. A/61).[3] Wie weit man bei diesem Bemühen kommt, hängt von der Ausgangssituation, von den verfügbaren Informationen, von der Zusammenarbeit der Beteiligten etc. ab. Einzelne Menschen und Gruppen setzen dann die notwendigerweise sehr subjektiven Ziele und Anspruchsniveaus. Es wird in diesem Fall auch nicht die Forderung erhoben, sämtlich mögliche Lösungs-Varianten aufzuspüren. Schliesslich gibt man sich mit Lösungen zufrieden, welche die gesetzten Ziele vermutlich bestmöglich erfüllen. Denkbar ist bei einem solchen Vorgehen, dass es bessere Lösungen gibt, auf die man nicht gekommen ist oder die man zu spät entdeckt.

Das Bemühen um die bestmögliche Lösung, so vernünftig wie möglich, wird auch **formal-rational** genannt. Dahinter steht die Auffassung, dass man sich um ein möglichst zutreffendes Situationsbild, möglichst gut abgestützte Ziele, um die Breite möglicher Handlungsvarianten, um eine zutreffende Bewertung und eine gut abgestützte Entscheidung bemüht. Vor allem entspricht es dieser Handlungsart, die Informationsgewinnung und -verarbeitung logischen Gesetzen folgend zu gestalten. Wenn z.B. ein neues Organigramm dem Zielkriterium „kurze Entscheidungswege" entspricht, so ist es logisch, diesen Aspekt bei einer Bewertung entsprechend zu berücksichtigen, also nicht „unter den Tisch" fallen zu lassen.

---

[1] Vgl. Brauchlin/Heene 1995, S. 33
[2] Vgl. Strohschneider/Von der Weth 2002, S. 23 ff.
[3] Vgl. Hill/Fehlbaum und Ulrich 1998, S. 66; Strohschneider/Von der Weth 2002, S. 33 ff.

Emotionales Handeln (c.)

(4) Emotionales Handeln (c.) folgt Eingebungen wie Lust und Unlust, Bevorzugung von Vorschlägen sympathischer Menschen, Ablehnung von gefährlich erscheinenden Lösungen etc. (vgl. Kap. A/1.1.3). Gefühle machen auch auf Dinge aufmerksam, die das rationale Bemühen nicht entdeckt. In diesem Gebiet ist auch die „emotionale Intelligenz" angesiedelt.[1]

Dazu gehört die **Intuition**.[2] Man hat ein schwieriges Problem, und plötzlich, wie aus heiterem Himmel, fällt einem eine Lösung ein. Intuitiv kann auch blitzschnell das Wesentliche einer Situation erfasst werden. Die Intuition bildet eine besondere Fähigkeit unseres Denkapparates, um rasch Lösungswege finden und Entscheidungen treffen zu können. Dabei schöpfen wir aus dem grossen Vorrat an Bildern, Modellen etc., welche in unserem Gehirn abgespeichert sind. Der Weg zu einer Erkenntnis oder Problemlösung verläuft dabei weitgehend unbewusst.

Problemklärung infolge Wutanfall

Es sollte im Raum Zürich ein grösseres projektiertes Bauvorhaben im Forschungsbereich durch einen externen Gutachter überprüft werden. Es bestanden Zweifel, ob das Kosten-Nutzen-Verhältnis der projektierten Lösung hinreichend gut ist.

Der Gutachter fand rasch heraus, dass die Kosten weitgehend durch das betriebliche Konzept und die räumlichen Anforderungen bestimmt wurden. Also wollte er wissen:

• wie das betriebliche Konzept aussieht
• auf welcher Grundlage das Raumprogramm und die qualitativen Raumanforderungen entwickelt worden waren.

Auf diesbezügliche Fragen beschieden die Planer und Forschungsvertreter dem Gutachter, dass ein betriebliches Konzept in schriftlicher Form nicht vorliege. Zudem machte man deutlich, dass das Raumprogramm von relevanten Gremien beschlossen worden sei und daher nicht mehr zur Diskussion stünde. Es erübrige sich in der Folge auch, nach den Grundlagen zum Raumprogramm zu fragen.

Der Gutacher sah keine Möglichkeiten, ohne Unterlagen zu einem Urteil zu kommen, ob das vorliegende Projekt den notwendigen Nutzen verspricht und in den kalkulierten Kosten angemessene Schwellen nicht überschreitet.

Bevor er den Auftrag ohne Ergebnis zurück gab, unternahm er einen letzten Versuch. In einer Sitzung mit den Planern und den Forschungsvertretern provozierte er diese massiv. Er unterstellte, dass wohl die Grundlagen nichts taugten und man diese wohl deshalb nicht herausgeben wolle. Zudem drohte er an, das fehlende betriebliche Konzept als unprofessionelles Vorgehen zu brandmarken.

Die Provokation wirkte. Der Projektleiter bekam einen Wutanfall. Mit hochrotem Kopf schrie er, man würde dem Gutachter das umfangreich doku-

[1] Vgl. Goleman 2002, S. 21 ff.
[2] Vgl. Häcker/Stapf 2004, S. 460; Malik 2000, S. 344

> *mentierte Betriebskonzept an den Kopf und die Grundlagen auf die Füsse*
> *werfen. Dann könne er sehen, dass beste Arbeit geleistet worden sei.*
> *Nun war klar: Es gab ein Betriebskonzept und auch die Grundlagen be-*
> *standen in dokumentierter Form. Man wollte nur die unangenehme Über-*
> *prüfung ins Leere laufen lassen.*

Gewohnheits-
mässiges
Handeln
(d.)

(5) Ähnliches gilt auch für gewohnheitsmässiges Handeln (d.). Bei dieser Art der Behandlung werden Probleme gemäss gewohnten Verhaltensweisen angegangen bzw. nach bekannten Mustern gelöst. Die Formulierung von Zielen, die Suche nach Alternativen und die nachvollziehbare Bewertung entfallen dann.[1]

Zufälliges
Handeln
(e.)

(6) Schliesslich kommt es auch zum zufälligen Handeln (e.). Dazu kann
ein Irrtum führen. Man wählt den falschen Weg und landet in der Folge
an einem Ort, wo man gar nicht hin wollte. Vielleicht aber entpuppt sich
jedoch der irrtümliche Weg als grosser Erlebnis-Gewinn – Wanderer
kennen das.
Zufällige Handlungen können aber auch durch Würfeln oder andere
zufällige Auswahlprozesse zustandekommen. Wenn z.B. in komplexen
Situationen mehrere Möglichkeiten bestehen und jeweils wenig Wissen
über die Folgen bestehen, dann wird zunächst die erste Möglichkeit
ausprobiert. Führt diese nicht zum Ziel, wird die nächste Möglichkeit
getestet.

Mischung der
Formen

(7) Damit ist ein besonders häufiges Verfahren beim Problemlösen angesprochen: **Versuch und Irrtum** (Trial and Error).[2] Dazu gehört auch
das „Durchwursteln"[3] („Muddling through").[4] Bei diesem Vorgehen
kommt es zu mehr oder weniger rationalen und teils zufälligen Handlungen (Versuch). Laufend stellt man fest, ob diese Handlungen den
Zielen entsprechen bzw. sich in der Realität bewähren, führt also eine
Art Bewertung durch. Fällt das Urteil negativ aus (Irrtum), verlässt man
den eingeschlagenen Weg und versucht einen neuen. Im positiven Fall
wagt man den nächsten Schritt.
Bei diesem Vorgehen erfolgt also eine Mischung von beschränkt rationalen, von emotionalen, gewohnheitsmässigen bzw. zufälligen Handlungen. Wie diese Kombination jeweils aussieht, hängt wieder sehr stark
von den Situationen und beteiligten Menschen ab.
Bei Lösungsfindungen zu komplexen Problemen sind praktisch immer
Mischungen im Spiel.[5] Bei aller Orientierung an der Vernunft werden
Intuition bei der Lösungssuche, Zufalls-Entscheidungen über Untersu-
chungsfelder etc. mitregieren und auch positive Wirkungen entfalten.
Abbildung A/88 versucht das zu veranschaulichen. Dabei **befruchten**

Instru-
mente

---

[1] Vgl. Hill/Fehlbaum und Ulrich 1998, S. 63 f.; Von der Weth 2001, S. 125 ff.
[2] Vgl. Ulrich/Probst 1995, S. 105
[3] Vgl. Von der Weth 2001, S. 85
[4] Vgl. Franke 1999, S. 331 ff.
[5] Vgl. Hill/Fehlbaum und Ulrich 1998, S. 66; Riekhof 1991, S. 168 f.

sich die verschiedenen Handlungsarten gegenseitig. Im Sinne einer bestmöglichen Problemlösung (vgl. Abb. B/2) erscheint nur wichtig, dass die letzten Schritte bis zur Problemlösung vom Bemühen um Rationalität (Vernunft) geprägt sind.

Abbildung A/88
In der Praxis wer-
den komplexe
Probleme fast
immer in Mi-
schungen ver-
schiedener Hand-
lungsarten gelöst

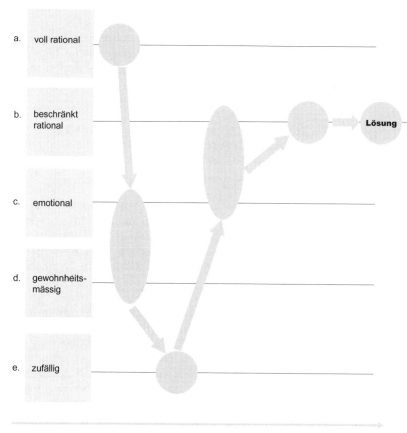

a.   voll rational

b.   beschränkt rational

c.   emotional

d.   gewohnheits- mässig

e.   zufällig

Lösung

Zeitachse

3.2.2   Anwendungen in der Praxis

Fragen der Anwendungs- häufigkeit und Erfolge

(1) Das Panorama der Problemlösungs-Möglichkeiten ist beeindruckend weit. An dieser Stelle interessiert nun, welche Formen der in Kapitel 3.2.1 aufgezeigten Möglichkeiten in der Praxis genutzt und bevorzugt werden. Auch interessiert, wie jeweils der Anwendungs-Erfolg zu beurteilen ist.

Teils magere Quellenlage

(2) Doch liegen zu den grundsätzlichen **Prozessformen auf der Sach- ebene** nur wenige empirische Untersuchungen vor (vgl. Abb. A/85).

Über die Nutzung der möglichen Wege in der Praxis können daher teilweise nur Vermutungen angestellt werden. Besser ist die Fundierung im Bereich der grundsätzlichen Behandlungsarten von Problemen. Viele Aussagen dazu stammen aus Laborexperimenten der „Dörner-Schule".[1]

Den **Erfolg** von **Problemlösungs-Prozessen** lassen ebenfalls Laborexperimente am besten erkennen. Das liegt daran, dass die Einflüsse der spezifischen Problemlage (vgl. Kap. A/2.1.2) ausgeschaltet werden können. Man hat ja immer die gleiche simulierte Situation. Zusätzlich besteht als Möglichkeit, Befragungen zum Erfolg von Problemlösungs-Prozessen durchzuführen. Dann erhält man gute Ergebnisse zur „Erlebnisebene" der am Prozess Beteiligten (vgl. Kap. A/2.1.3.2). Es ist aber schwer, diese Ergebnisse bestimmten Faktoren im Problemlösungs-Prozess zuzuordnen, also die spezifischen Ursachen zu isolieren.

Gliederung dieses Kapitels

(3) Mit diesem Kommentar zur Quellenlage wurde bereits eine Gliederung dieses Kapitels vorweggenommen. Angesprochen werden die Themen:

- Häufige Formen von Problemlösungs-Prozessen
- Erfolge und Misserfolge
- Situation im Bereich der Schlüsselqualifikationen

3.2.2.1   Häufige Formen von Problemlösungs-Prozessen

Überblick

(1) Gemäss Abbildung A/85 zeichnen sich die Wege für Problemlösungen durch folgende Merkmale aus:
- Grundsätzliche Formen für Ergebnisse
- Formen der Zusammenarbeit
- Grundsätzliche Prozessformen auf der Sachebene
- Grundsätzliche Behandlungsarten

Grundsätzliche Formen für Ergebnisse

(2) Zu vermuten ist, dass neben einem laufenden Fluss von Entscheidungen in Unternehmen und anderen Organisationen **konkret realisierte Massnahmen** und **statische Pläne** als Ergebnis dominieren. Das entspricht dem menschlichen Bedürfnis nach Sicherheit durch Festlegungen und Greifbarkeit von Ergebnissen bzw. Detailbearbeitung (vgl. Kap. A/1.1.2.3). Schon in Goethes Faust steht treffend: „Was man Schwarz auf Weiss besitzt, kann man getrost nach Hause tragen".
Häufig sind für einfache Probleme **Wenn-Dann-Systeme** (z.B. Anleitungen für Störungsbeseitigungen) anzutreffen. Durch die zunehmende Leistungsfähigkeit von Computern und durch das Internet wird diese Form aber auch für komplexere Probleme immer häufiger angewandt.

Demgegenüber scheinen **dynamische Regelkreise oder Strategien** immer noch ein unterentwickeltes Feld für Ergebnisse darzustellen. Die

---

[1] Vgl. Dörner 2004; Von der Weth 2001

Literatur bringt eher Soll-Vorschläge als erfolgreiche Umsetzungen. Doch nehmen speziell Steuerungssysteme (z.B. in der Computerentwicklung) zu.

Formen der Zusammenarbeit

(3) Gemäss Literaturauswertungen scheinen heute als Formen der Zusammenarbeit zu dominieren:

- Bearbeitungen durch einzelne Individuen in Zusammenarbeit mit Gesprächspartnern
- Wechselspiele zwischen Individual- und Gruppenarbeit

Die **Bearbeitung durch einzelne Individuen** ist nach wie vor in privaten Unternehmen und der öffentlichen Hand stark verbreitet. Dazu führen traditionelle Formen persönlicher Zuständigkeiten (z.B. Pflichtenhefte).

Literatur und Befragungen weisen als Trend in Richtung Gruppenarbeit. Dafür spricht auch eine beachtliche Wertschätzung dieser Bearbeitungsform. Man lobt insbesondere die Problemlösungseffizienz, aber auch generell die bessere Kommunikation.[1] Die Gruppenarbeit wird jedoch nicht ausschliesslich eingesetzt, sondern in der Regel im **Wechselspiel von Individual- und Gruppenarbeit.**

Grundsätzliche Prozessformen auf der Sachebene

(4) Bei den grundsätzlichen Prozessformen auf der Sachebene gibt es diverse Untersuchungsergebnisse. Wesentliche Aussagen lassen sich wie folgt zusammenfassen (vgl. Abb. A/89):

- Es existiert keine Optimalstrategie für den Umgang mit komplexen Problemen. Die Angemessenheit des Vorgehens hängt im Wesentlichen von den individuellen Voraussetzungen des Handelnden ab.
- In vielen Fällen werden sehr früh im Prozess wichtige inhaltliche Entscheidungen getroffen und zentrale Ziele festgelegt.
- Diese Entscheidungen werden im Allgemeinen nur durch wenige Informationen abgestützt. Die beobachteten Aktivitäten zur Informationssammlung reichen in diesen Fällen für eine Strategie aus, die sich an präskriptiven Modellen der Planung, der Konstruktion und des Projektmanagements orientiert.

Für die Aktivitäten von Fach- und Führungskräften im Tätigkeitsfeld Absatzwirtschaft/Marketing liegt eine **empirische Untersuchung** vor. Diese zeigt, wie einzelne typische Prozess-Schritte in der Praxis zur Anwendung kommen.[2] Die Untersuchung bediente sich minutiöser Arbeitsprotokolle. Zu den aufschlussreichen Ergebnissen gehört, dass etwa 60% der beobachteten Praktiker sich Gedanken zur Strukturierung ihres Planungs-Prozesses machen. Das erfolgt aber nicht starr und mechanistisch, sondern überwiegend unter Wahrung einer grossen Handlungsflexibilität. Das völlig unstrukturierte Vorgehen im Sinne des „Muddling through" wird weniger praktiziert. Weiterhin ergab die Untersuchung,

---

[1] Vgl. Von der Weth 2001, S. 108; Antoni/Schmitt 2001, S. 49; Fisch/Englich 2001, S. 139 ff.
[2] Vgl. Von der Weth 2001, S. 81 ff.; Franke 1999, S. 161 ff.

*Abbildung A/89
Empirische Ergeb-
nisse zeigen eine
Vielfalt an Prozess-
Strukturen, aber
auch einige fun-
damentale Ähn-
lichkeiten in der
Praxis (Synopse
auf der Basis diver-
ser Untersuchun-
gen in der Praxis
und im Labor)[1]*

1. Keine vom Individuum unabhängige Optimalstrategie

- **Konstrukteure** entwickeln individuell sehr unterschiedliche Lösungen für komplexe technische Probleme. Sie gehen bei derselben Aufgabe abhängig von ihrem jeweiligen Erfahrungshintergrund sehr unterschiedlich vor.
- Die Bandbreite individueller Handlungsstrategien von **Marketingexperten** erscheint ebenfalls sehr hoch.
- Es existiert in beiden Arbeitsfeldern keine für alle Individuen gleichermassen taugliche Optimalstrategie, um das individuelle Handeln zu steuern.

Instrumente

2. Schnelle Festlegung von Zielen

- Vor allem erfahrene **Konstruktionspraktiker** legen sich häufig rasch auf ein Lösungsprinzip fest und halten sich eher selten bewusst an methodische Ablaufpläne. Diese schnellen Entscheidungen haben häufig grundlegenden Einfluss auf die Qualität der Lösung. Sie resultieren nicht aus einer weitergehenden Analyse von Anforderungslisten oder vergleichbaren Vorgaben. Die Beschäftigung mit solchen Vorgaben wird als unangenehm empfunden.
- Bei der Untersuchung des individuellen Verhaltens von Marketingfachleuten zeigte sich, dass wesentliche erfolgbestimmende Grundzüge individueller Handlungsstrategien bei sehr unterschiedlichen Typen von Untersuchungsvorgaben immer sehr früh festgelegt werden. Solche Entscheidungen werden häufig getroffen, ohne dass sie über einen vollständigen Handlungsplan oder eine Strategie aus den globalen Zielen abgeleitet werden. Manchmal scheinen nicht einmal globale Ziele vorzuliegen.

3. Eingeschränkte und teilweise explizit nicht nachvollziehbare Beschaffung und Analyse von Informationen im Arbeitsprozess

- Es wird, ausser bei methodisch arbeitenden **Konstrukteuren**, meist nur ein Lösungsprinzip entwickelt. Eine Entscheidung auf Basis einer Entwicklung, Analyse und Bewertung von Alternativen erfolgt überwiegend nicht. Dies geschieht häufig ohne umfangreiche Informationssuche.
- Bei der Festlegung individueller Handlungsstrategien von Marketingmanagern ist nur selten die explizite Ausarbeitung, Analyse und Bewertung von strategischen Handlungsalternativen zu beobachten. Auch hier werden bei der Entwicklung von grundsätzlichen strategischen Stossrichtungen häufig unzureichende Informationen ausgewertet.

---

[1] Von der Weth 2001, S. 81 ff.

dass nur 43% der betreffenden Praktiker klar Ziele formulieren, wobei das teilweise erst am Schluss eines Problemlösungs-Prozesses geschieht. Relativ unklar sind Schritte der Ideenfindung angesiedelt. Die meisten der Test-Personen (95%) haben mit dieser Aktivität Mühe. Vielleicht damit in Zusammenhang werden auch eher selten Varianten bzw. Alternativen ausgearbeitet. Relativ diffus erscheint im Ganzen schliesslich die Entscheidungsfindung. Entsprechende Prozess-Module sind zwar bekannt und werden angesprochen. Doch war das Wissen, wie man bewusst und nachvollziehbar entscheiden kann, bei einer Mehrzahl der Test-Personen nicht vorhanden.

Behandlungs-arten

(5) Die Behandlungsarten von Problemen können ebenfalls mit Hilfe von Prozess-Begleitprotokollen erkundet oder durch Laborversuche herausgefiltert werden. Dabei ist eine grosse Varianz festzustellen, wie schon in Abbildung A/88 angedeutet.

Sehr verbreitet ist offenbar stark **emotionales Handeln** („Handeln nach Gefühl").[1] Dazu gehört die Intuition, welche teilweise durch frühere, nicht mehr bewusste, Erfahrungen geprägt wurde. Diese stehen wiederum durchaus unter rationalem Einfluss.

Daneben besteht ein **Bemühen um Rationalität**, wobei eine kaum entwirrbare Mischung von Gefühl und Rationalität entsteht. Im laufenden Problemlösen von Managern kommt es bei Formen der Zusammenarbeit etwa zu Äusserungen wie „... dies scheint mir kein viel versprechender Weg zu sein ..., ... da sollten wir uns vielleicht eher heraushalten ..." etc.[2] Es werden dann auf Befragen hin durchaus rationale Begründungen nachgeschoben.

Generell lässt sich aussagen, dass bei der Lösung komplexer Probleme (hier nur beschränkt rational möglich) überwiegend nicht rational gehandelt wird. Positiv ausgedrückt kann man in diesem Bereich auch von einem grossen Entwicklungspotenzial sprechen.[3]

3.2.2.2 Erfolge und Misserfolge

Überblick

(1) Das vorangegangene Kapitel versuchte möglichst wertungsfrei, die jetzige Situation zu schildern. In der letztgemachten Aussage vom Entwicklungspotenzial schimmert aber bereits, dass durch das Bemühen um Rationalität bei der Lösung von komplexen Problemen als gut anzusehen ist.

Dem könnte man entgegenhalten, dass doch unsere Bewältigung von komplexen Problemen nicht schlecht sein kann, wenn der erreichte Wohlstand als Massstab genommen wird. Die **Frage des Massstabes** ist für Aussagen zu diesem Kapitel entscheidend. Zudem müssen für Aussagen auch empirische Befunde vorliegen.

---

[1] Vgl. Von der Weth 2001, S. 109 f.; Malik 2000, S. 342; Franke 1999, S. 200
[2] Nach Malik 2000, S. 343
[3] Franke 1999, S. 251

Diese bestehen zwar in **zahlreichen Einzelfällen zum Erfolg** z.B. einer Reorganisation einer Verwaltung oder einer Baumassnahme (vgl. Abb. A/90), meist aber nicht in repräsentativer Form. Generelle Aussagen sind daher nur sehr begrenzt greifbar. Angesprochen werden hier als Themen, um einen Überblick zu geben:

* Empfinden von Beteiligten an Planungs-Prozessen
* Festgestellte Prozess-Defizite

Abbildung A/90 Vielerorts sind auch im deutschsprachigen Raum aufsehenerregende architektonische Leistungen zu bewundern. Der Erfolg lässt sich z.B. anhand der Anzahl Veröffentlichungen in internationalen Architekturzeitschriften messen.

Instru-mente

Empfinden von Beteiligten

(2)   Das Empfinden von Beteiligten an Planungsprozessen fällt sehr unterschiedlich aus.

Eine Untersuchung von Planungen und Entscheidungsbildungen in Organisationen kommt zum Schluss, dass wachsende Komplexität zunächst eine steigende Effizienz bringt. Offensichtlich fühlen sich die Beteiligten herausgefordert.[1] Steigt die Komplexität eines Problems bzw. einer Planung weiter an, so kippt die Effizienzkurve wieder. Eine weitere Untersuchung im **betriebswirtschaftlichen Bereich**, speziell im Marketing, deckte erhebliche individuelle Schwierigkeiten bzw. Probleme bei Problemlösungs-Prozessen auf. Besonders gross scheint die Unsicherheit in den Aufgabengebieten Ideenfindung und Entscheidung zu sein.[2]

Es steht zu vermuten, dass im **räumlich-baulichen Bereich** der Anteil der Personen mit Schwierigkeiten bei der Lösung komplexer Probleme ebenfalls gross sein dürfte. Darauf deuten auch mehrere unveröffentlichte Studien hin. Das ändert nichts daran, dass die Beteiligung an bauli-

---

[1] Vgl. Fisch/Boos 1991, S. 139 ff.
[2] Vgl. Vgl. Franke 1999, S. 252

chen Planungsprozessen vielen (z.B. Architekten) eine grosse persönliche Befriedigung bringt.[1]

Festgestellte Prozess-Defizite

(3) Relativ gut decken verschiedene Studien Defizite im Detail auf. Massstab für solche Defizit-Feststellungen bilden theoretische und normative Überlegungen bzw. Aussagen aus der Praxis. Einige Feststellungen dieser Art finden sich bereits in Abbildung A/89. Eine zusammenfassende „Mängelliste" geben wie folgt P. Gomez und G. Probst[2] (leicht gekürzt):

○ **Mangelhafte Zielerkennung**
  Es fällt uns schwer zu spezifizieren, was wir überhaupt erreichen wollen. Wir verhalten uns ähnlich wie Amateur-Schachspieler, die in den nächsten zwei bis drei Zügen denken.

○ **Beschränkung auf Ausschnitte**
  Unsere Ausbildung, unsere Fähigkeiten und unser Beruf verleiten uns dazu, jeweils jene Ausschnitte der Problemsituation hervorzuheben, in denen wir uns auskennen. Klassisches Beispiel dafür ist die Einteilung der betriebswirtschaftlichen Lehrstühle an unseren Universitäten. Für den Marketing-Professor ist die aufgetretene Schwierigkeit „nichts anderes als" ein Marketingproblem, für den Personal-Professor ist es ein Personalproblem.

○ **Einseitige Schwerpunktbildung**
  Dieser Fehler hängt eng mit dem vorangegangenen zusammen. Wenn wir die Welt durch eine bestimmte Brille sehen, werden wir auch unsere Aktionen mit dem dieser Brille zugehörenden Instrumentarium vornehmen. Dörner illustriert dies anhand eines Simulationsmodelles, bei dem die Versuchspersonen Bürgermeister/in spielen mussten. Manager bemühten sich sofort und meist ausschliesslich um die wirtschaftliche Gesundung der Stadt und führten sie ins Chaos. Andere Gruppen nahmen sich vorwiegend der sozial Benachteiligten an und führten die Stadt in den Ruin.

○ **Unbeachtete Nebenwirkungen**
  Von klein auf wurde uns in der Schule das monokausale Ursache-Wirkungs-Denken beigebracht. In komplexen Situationen hat aber jede Ursache verschiedene Wirkungen, genauso wie Wirkungen verschiedene Ursachen haben. Dörner illustriert dies an seinem Simulationsmodell „Tanaland", bei dem die Teilnehmenden Nomaden in der Sahelzone „beraten" sollen. Das Graben von Tiefwasserbrunnen erwies sich vordergründig als die ideale Lösung. Die Nomaden hatten Wasser, konnten sich niederlassen, das Vieh tränken. Dass dieses aber die Böden abweiden und die Nomaden zum Weiterziehen zwingen würde, wurde nicht bedacht. Diese negative Nebenwirkung übertraf aber bei weitem den positiven Effekt der Tiefwasserbrunnen.

---

[1] Vgl. Rösel 2000, S. 95 f.
[2] Vgl. auch Dörner 2004, S. 306; Roth 2003 (a), S. 164; Gomez/Probst 2001, S. 16; Von der Weth 2001, S. 81; Franke 1999, S. 82 ff., S. 250 ff.

○ **Tendenz zur Übersteuerung**

Komplexe Situationen sind u.a. durch zeitliche Verzögerungen charakterisiert. Kennen wir diese nicht, so neigen wir zur Übersteuerung des Systems. Ein gutes Beispiel dafür ist die Notenbankpolitik der 60er und 70er Jahre. Wurde die Geldmenge gedrosselt und trat nicht sofort der erwartete inflationsdämpfende Effekt ein, so wurde der Geldhahn weiter zugedreht und die Wirtschaftstätigkeit entsprechend abgewürgt. Die Kenntnis der involvierten zeitlichen Verzögerungen hätte ein solch oft fatales Verhalten verhindert.

○ **Tendenz zu autoritärem Verhalten**

Angesichts der Erfolglosigkeit unserer Massnahmen bei Eingriffen in komplexe Situationen neigen wir dazu, als letzte Rettung autoritär den eigenen Willen durchzusetzen. Es versteht sich von selbst, dass dadurch der angerichtete Schaden nur noch grösser wird.

Dieser Defizit-Überblick zum Lösen komplexer Probleme in der Praxis widerspiegelt nochmals das, was insbesondere in den Kapiteln A/1.1.1, 1.1.2, 1.3.2, 2.1.2 und 2.1.3 näher ausgeführt wird.

Instru-
mente

3.2.2.3 Situation im Bereich der Schlüsselqualifikationen

Überblick

(1) Ursachen für Defizite beim Problemlösen liegen offenbar primär im Bereich der Schlüsselkompetenzen (Methoden, Sozial- und Selbstkompetenz, vgl. Abb. A/91). Diese werden oft als entscheidend für den Erfolg angesehen.[1] Sie bilden auch Gegenstand eigener Publikationen.[2]

Defizite der Praxis im Bereich Schlüsselkompetenzen sollen in einem Überblick nochmals vor Augen geführt und punktuell vertieft werden. Dementsprechend gliedert sich dieses Kapitel in die Teile:

• Methodenkompetenz
• Sozialkompetenz
• Selbstkompetenz

**Methoden-
kompetenz**

(2) Die Methodenkompetenz ist aufgrund mangelnder Ausbildung nicht weit verbreitet. Merkwürdigerweise bestehen hier zwar häufig zugestandene Defizite (vgl. Abb. A/72), aber seltener auch die Erkenntnis, dass man dagegen auch etwas tun muss. Leider wird in der Folge auf diesem Felde auf breiter Front dilettiert. Methoden wie Zielanalysen, Nutzwertanalysen werden einseitig oder gar falsch angewandt.

Hinzu kommen Verunklärungen und Fehlinterpretationen methodisch erarbeiteter Ergebnisse. Das kann auch eine optisch verzerrende Darstellung (z.B. Wahl der Massstäbe in einem Diagramm) bewirken.

---

[1] Vgl. Dörner 2004, S. 314ff.; Kauffeld/Frieling 2001, S. 84 ff.; Strasmann/Schüller 1996, S. 14 f.
[2] Vgl. Deutscher Manager-Verband, Bd. I 2003, Bd. II und III 2004

Kompetenz	Wissen, Fähigkeiten
Fachkompetenz	• Spezifisches Wissen in einem Fach- und Sachgebiet (z.B. rechtliche Kenntnisse, Kenntnis der Organisationstheorie, Wissen um die Herstellung von Beton) • Fähigkeit, Wissen für neue Aufgaben anzupassen oder zu generieren • Fähigkeiten zum Erkennen und Darstellen spezifischer Probleme
Methoden-kompetenz	• Fähigkeit und Bereitschaft, für eine Problemlösung angemessene Instrumente systematisch zu finden und anzuwenden (z.B. Strukturierung eines Problems, Erkennen von Zusammenhängen, Ziele setzen, kreatives Suchen, Entscheidungen vorbereiten) • Fähigkeit, Zwischen- und Endergebnisse gut darzustellen • Fähigkeit, die Lösungsfindung und die Umsetzung zielgerecht zu steuern
Sozial-kompetenz	• Fähigkeit und Bereitschaft, mit anderen unvoreingenommen zusammenzuarbeiten und sich mit ihnen auseinanderzusetzen (z.B. Kommunikationsfähigkeit, Kooperationsfähigkeit, Konfliktfähigkeit, Fähigkeiten zur Delegation und Aufmunterung etc.) • Fähigkeit zur Anleitung bzw. Moderation von Gruppen (z.B. Unterstützung der Kommunikation, Erkennen von Körpersignalen, rechtzeitiges Eingehen auf Konflikte)
Selbst-kompetenz	• Fähigkeit und Bereitschaft zur Selbstentwicklung im Rahmen von Aufgaben bzw. in der Zusammenarbeit (z.B. Entfaltung der eigenen Motivation, Entwicklung und Erhalt von Selbstwert, Durchhaltevermögen etc.) • Fähigkeit und Bereitschaft zur Selbststeuerung (z.B. eigenes Zeitmanagement, Unterscheiden von wichtig und unwichtig etc.)

Die drei Kompetenzen Methoden-, Sozial- und Selbstkompetenz werden gemeinsam als **Schlüsselqualifikationen** bezeichnet.

Sozial-kompetenz

(3) Bei der Frage der Sozialkompetenz geht die Praxis häufig davon aus, dass in diesem Bereich nicht viel zu lernen sei. Daher fehlen an Universitäten und Hochschulen oft immer noch entsprechende Ausbildungsangebote, welche v.a. in Mischungen von Wissensvermittlung und direkt anschliessendem Training in Gruppen bestehen müssten. Wie breit und wichtig allein schon das Wissen auf diesem Gebiet sein kann, zeigt Kapitel A/1.2. Untersuchungen zeigen in der Folge, dass die Fähigkeiten in der Sozialkompetenz deutlich unterentwickelt sind.[2]

---

[1] Quellen: Kauffeld/Frieling 2001, S. 80 ff.; Strasmann/Schüller 1996, S. 11 ff.
[2] Vgl. Fisch/Beck und Englich 2001, S. 58 f., S. 307 ff.

**Selbst-
kompetenz**

(4) Ähnliches wie für die Sozialkompetenz gilt auch für die Selbstkompetenz (vgl. Abb. A/91). Es besteht ein grosser Mangel an Wissen über diesen Bereich des menschlichen Verhaltens und dementsprechend an bewusster Integration dieses Faktors in Problemlösungs-Prozesse.[1] Häufig begnügt man sich in Lehrbüchern oder methodischen Anleitungen mit moralischen Appellen.[2]

**Wissende und
Macher**

(5) Das Problem oft fehlender Schlüsselkompetenzen wird dadurch verschärft, dass die Wissenden im Bereich der Schlüsselkompetenzen nicht unbedingt die durchsetzungsfähigen „Macher" sind (vgl. Abb. A/92). Häufig bestehen zwar wichtige Schlüsselkompetenzen bei einzelnen Gruppenmitgliedern (z.B. Methodenkenntnisse), doch die Betreffenden sind nicht „am Drücker" und werden mit ihren Anregungen oder Bedenken beiseite geschoben. Anzustreben ist demgegenüber, dass auch die „Macher" über Schlüsselkompetenzen verfügen oder bereit sind, den Ratschlägen der Wissenden zu folgen.

Instru-
mente

*Abbildung A/92
Idealerweise bilden
Wissende und
Macher bei der
Lösungsfindung
eine Personalunion
oder zumindest
eine Koalition[3]*

Durchsetzungs-fähigkeit („Macher")	Wissen	
	eher tief	eher hoch
eher tief	Harmlos	Schwache Wirkung (häufig in der Praxis)
eher hoch	Gefährlich (häufig in der Praxis)	Ideale Kombination

---

[1] Vgl. Franke 1999, S. 525 f.
[2] Vgl. Deutscher Manager-Verband e.V., Bd. III, 2004, S. 112 ff.
[3] Nach Franke 1999, S. 435

3.3   Überblick Problemlösungs-Instrumente

**Überblick und
Charakterisie-
rung als Zweck**

(1) Nach einem Gesamt-Panorama der grundsätzlichen Möglichkeiten in der Praxis stellt dieses Kapitel Problemlösungs-Instrumente für das Planen dar.

Dabei geht es um einen Überblick. Teil A strebt nicht an, Anleitungen für die Anwendung zu bieten. Für ausgewählte Instrumente ist das Gegenstand von Teil B.

Die Darstellungen gehen jedoch soweit, dass sie den Charakter des Instrumentes verdeutlichen, evtl. auch einen Kommentar beinhalten.

**Arten von
Instrumenten
und Instru-
mentarien**

(2) Die Lehre und Praxis entwickelte seit dem zweiten Weltkrieg eine Fülle von Planungs-, Gestaltungs-, Berechnungs- und Führungsinstrumenten.[1] Dabei ging es um die Konstruktion von Maschinen, um die Planung von Bauten, die Beratung im Bereich Marketing oder die Führung ganzer Unternehmen. Grosse Problemlösungs-Anforderungen wie die Entwicklung der Mond-Raketen oder umfangreicher Softwareprogramme lösten regelrechte instrumentale Schübe aus. Parallel dazu entstanden auch Instrumentarien für den sozialen Bereich. Dazu gehören z.B. Verfahren der Konfliktlösung in Organisationen.

Begriffe

(3) Das Wort „**Instrument**" stellt zunächst eine sehr allgemeine Umschreibung dessen dar, um was es hier geht. Synonym kann man auch von Mittel oder Werkzeug sprechen.

Beim ebenso gebräuchlichen Wort „**Verfahren**" handelt es sich um die Art und Weise, wie etwas im Zeitablauf behandelt wird.

Methoden stellen Verfahren dar, die einen generellen Weg zum Ziel beschreiben.[2] Man kann sie auch als spezielle Instrumente bezeichnen.[3] Die jeweiligen Methoden lassen sich immer wieder in gleicher Weise anwenden. Eine Definition (engere Begriffsbestimmung) für Methoden bringt Kapitel A/3.3.3.

Methodiken umfassen mehrere Methoden und zusätzliche Aussagen. Diese empfehlen, regeln oder diskutieren die Anwendung der implizierten Methoden.[4] Sie lassen sich auch als Meta-Methode bezeichnen.[5] Einzelne Methodiken können quasi „Unter"-Methodiken enthalten. So gehört zum St. Galler Management-Modell auch die Methodik des „vernetzten Denkens".

---

[1] Vgl. Schregenberger 1982, S. 13
[2] Vgl. Schregenberger 1982, S. 179
[3] Vgl. Bechmann 1981, S. 119
[4] Vgl. Schregenberger 1982, S. 179
[5] Vgl. Malik 2000, S. 358

Kapitel-
Gliederung
(4) Dieses Kapitel befasst sich mit allen oben geschilderten Formen für Instrumente. Im Sinne des integralen Ansatzes beschränkt es sich jedoch nicht auf Problemlösungs-Methoden im engeren Sinne, sondern stellt auch Instrumente für die Zusammenarbeit und das Management dar. Daraus folgt als Gliederung:

- Methodiken

- Prozessgestaltung auf der Sachebene

- Methoden für Einzelaufgaben im Prozess

- Instrumente der Zusammenarbeit

- Instrumente für das Management

Instru-
mente

3.3.1 Methodiken

Massgebliche
Leitideen bzw.
Basis-
Wissenschaft
(1) Methodiken empfehlen, regeln bzw. diskutieren die Anwendung der implizierten (Unter-)Methodiken und Methoden (s.o.).
Dafür dienen in der Regel massgebliche Leitideen bzw. Basiswissenschaften. Für das Systems Engineering bildet z.B. die Systemwissenschaft die Basis (s.o.).

Auswahl von
Themen
(2) Es besteht eine beachtliche Vielfalt von allgemeinen, fachübergreifenden Methodiken. Das gilt auch für Problemlösungen in Form von Planungen. Daher kann hier nur eine Auswahl getroffen werden. Diese Auswahl bestimmt gleichzeitig folgende Kapitel-Gliederung:

- Systems Engineering
- St. Galler Management-Modell
- Wertanalyse (Value Management)

3.3.1.1 Systems Engineering

Überblick
(1) Das Systems Engineering (SE) „besteht in einer auf bestimmten Denkmodellen und Grundprinzipien beruhenden Wegleitung zur zweckmässigen und zielgerichteten Gestaltung komplexer Systeme".[1] Als Basis dienen die Systemwissenschaften. Das, was in diesem Rahmen propagiert wird, hat sich in der **Praxis** insbesondere der **Ingenieure bzw. Konstrukteure** bewährt. Das Systems Engineering folgt einer bestimmten Logik, ist aber nicht als „richtig" erwiesen. Es handelt sich also um einen heuristischen Ansatz (vgl. Kap. A/3.1.2.4). Dementsprechend werden die Vorgehensprinzipien auch je nach Autor anders zusammen-

---

[1] Zitiert nach Daenzer/Huber 2002, S. XVIII

gestellt. Das mindert nicht wesentlich den Wert der Aussagen, veranlasst aber zu einigen Relativierungen am Schluss dieses Kapitels.
Folgender Überblick zeigt die hier aufgenommenen Prinzipien und Themen:[1]

o Berücksichtigung der zeitlichen Veränderung
o Vom Groben zum Detail (Top-down)
o Prinzip der Phasengliederung als Makro-Logik
o Problemlösungszyklus als Mikrologik
o Denken in Varianten
o Zusammenfassung und Kritik

Berücksichtigung der zeitlichen Veränderung

(2) Das Prinzip der Berücksichtigung der zeitlichen Veränderung geht davon aus, dass komplexe Probleme immer dynamisch sind (vgl. Kap. A/2.2.1.2 und Abb. A/49). Also folgert das Systems Engineering, dass als heuristische Prinzipien besonders wichtig sind:[2]

o Künftige Veränderungen im Umfeld erkennen und im Planungsprozess berücksichtigen
o Bei neuen relevanten Systemerkenntnissen bisherige Planungsschritte und Zwischenentscheidungen überprüfen

Das erste Prinzip, das unabhängig von der Systemfrage gilt, postuliert die volle Zukunftsorientierung. Man soll **zukünftige Veränderungen erkennen und berücksichtigen.** Jede Planung muss ja auch auf zukünftige Bedürfnisse ausgerichtet sein, sonst werden nur die Probleme der Vergangenheit gelöst. In der Praxis hat man damit jedoch grosse Probleme, da Menschen zum Reparaturdienstverhalten neigen und sich gern vor Zukunftsbetrachtungen drücken (vgl. Kap. A/1.1.2.5 und A/2.1.1.2). Das zweite Prinzip setzt beim ersten an. Entwickeln sich im Rahmen eines Problemlösungs-Prozesses neue Erkenntnisse, so muss man Bisheriges revidieren. Es bereitet aber aus zwei Gründen Schwierigkeiten, bei neuen relevanten Systemerkenntnissen **bisherige Planungsschritte und Zwischenentscheide zu überprüfen**: Man irrt sich nicht gerne und scheut auch die Mühen des Revidierens. Dieses Prinzip erfordert also ebenfalls, sich bewusst gegen spontane Reaktionsweisen unseres Gehirns zu stellen (vgl. Kap. A/1.1.2.2). Diese bewusste Anstrengung lohnt sich und ist auch annäherungsweise in der positiven Auswirkung auf den Planungserfolg belegbar (vgl. Kap. C/1.).

Vom Groben zum Detail

(3) Ein wichtiges weiteres Prinzip des Systems Engineering lautet „vom Groben zum Detail". Man spricht auch vom **Top-down-Vorgehen.**[3] Es geht darum, erst einen Überblick zu gewinnen bzw. eine Konzeptidee zu entwickeln und sich erst dann (vielleicht nach mehreren Phasen) den Details zuzuwenden. Mit der Anwendung dieses Vorgehensprinzips soll Folgendes erreicht werden:

---

[1] Vgl. Daenzer/Huber 2002, S. 29 ff.; Züst 2000, S. 35 ff.
[2] Nach Züst 2004, S. 26 f.
[3] Vgl. Daenzer/Huber 2002, S. 30

- Entwickeln der Konzeptideen mit einem Gesamtüberblick und dem Beschränken auf das Wesentliche
- Reduktion der Komplexität der Bearbeitung durch ein schrittweises Vorgehen und Konkretisieren
- Begrenzung des Planungsaufwandes bei der Lösungsfindung (z.B. zu Beginn nur grob ausgearbeitete Varianten und Detaillierung erst, wenn man weiss, was man will)

Abbildung A/93 demonstriert dieses Prinzip an einem Beispiel der Prozessdarstellung. Im Standardwerk „Systems Engineering" wird aber treffend beschrieben, dass die Mentalität der an Planungen Beteiligten immer wieder anders gelagert ist. „Häufig gelten jene Planer als besonders tüchtig, die nicht lange über Fragen grundsätzlicher Natur diskutieren, sondern möglichst rasch konkrete Lösungsvorschläge vorlegen können. Damit schaffen sie nämlich die Voraussetzungen dafür, sich schon bald den allseits beliebten Detailfragen zuwenden zu können, in denen bekanntlich der Teufel steckt. Es soll hier keiner grossen Diskussion auf allgemeiner, wenig konkreter Ebene das Wort geredet werden. Doch halten wir es für wenig sinnvoll, den Teufel sofort im Detail bewältigen zu wollen – und seine Grosseltern zu ignorieren, die möglicherweise in einem unzweckmässigen, verfehlten oder gar nicht vorhandenen Gesamtkonzept stecken."[1] Auch dieses Prinzip stellt sich gegen die in unserem Gehirn vorgegebene Detailorientierung (vgl. Kap. A/1.1.2.3).

Abbildung A/93
Eines der Prinzi-
pien des Systems
Engineering lautet
„Vom Groben zum
Detail"[2]

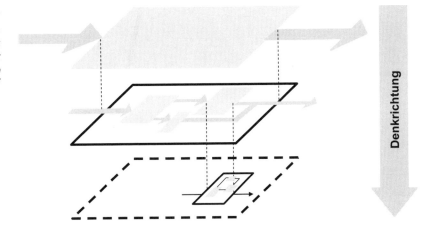

Prinzip der
Phasengliede-
rung als
Makrologik

(4) Das Prinzip der Phasengliederung als Makrologik schliesst direkt an das Prinzip „vom Groben zum Detail an".[3] Man kann z.B. jede Systemebene als **Phase** bearbeiten. Abbildung B/26 zeigt das abstrakt, während Abbildung A/107 zu diesem Prinzip ein praktisches Beispiel bringt.

---

[1] Zitiert aus: Daenzer/Huber 2002, S. 30
[2] Nach Züst 2004, S. 28
[3] Vgl. Daenzer/Huber 2002, S. 37 f.; Züst 2000, S. 42

Dieses zeigt auch, dass das Prinzip der Phasengliederung relativ unabhängig vom Systems Engineering Geltung besitzt.

Ob ein Projekt in Phasen gegliedert wird, hängt von der Situation und dem Grad der Komplexität ab. Die Versuchung ist in der **Praxis** immer gross, **zuviel auf einmal** machen zu wollen, also auf eine angemessene Phasengliederung zu verzichten. Auch leidet häufig die Intensität der Bearbeitung in den anfänglichen (abstrakten) Phasen, wodurch die „grossen" Optimierungschancen nicht wahrgenommen werden (vgl. Abb. A/94).[1]

*Abbildung A/94
Die anfänglichen Phasen sind entscheidend für den Projekterfolg (hier aufgezeigt am Beispiel der Bauplanung und -realisierung)*

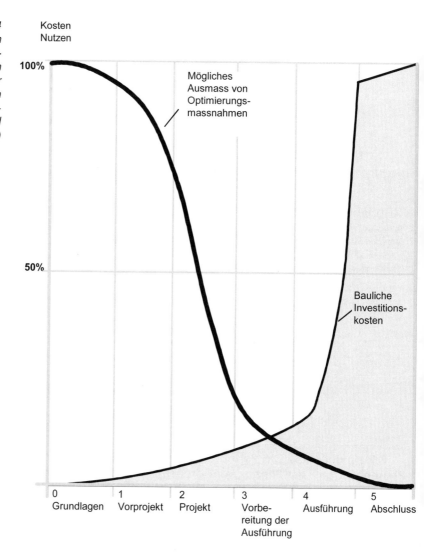

---

[1] Vgl. Wiegand 1991, S. 1155

**Problem-
lösungs-Zyklus
als Mikrologik**

(5) Der Problemlösungszyklus als Mikrologik bezieht sich auf das Problemlösen auf jeweils einer Systemebene.

Innerhalb jeder Phase bestehen ein oder mehrere Problemlösungs-Zyklen. Deren Anzahl hängt von der Komplexität der Problemstellung, deren Untergliederbarkeit und den gestellten Teilaufgaben ab. Als Problemlösungs-Zyklus wird eine definierte Abfolge von Schritten verstanden, welche zur Lösung eines Problemes führen. Jeweils ein eigener Problemlösungs-Zyklus liegt auch vor, wenn zunächst ein Problem auf der höheren Systemebene behandelt wird und dann auf einer tieferen, detaillierteren.

*Abbildung A/95
Problemlösungs-
zyklen werden im
Systems Enginee-
ring in einzelne
Arbeitsschritte
aufgeteilt (hier
eine der üblichen
Formen)[1]*

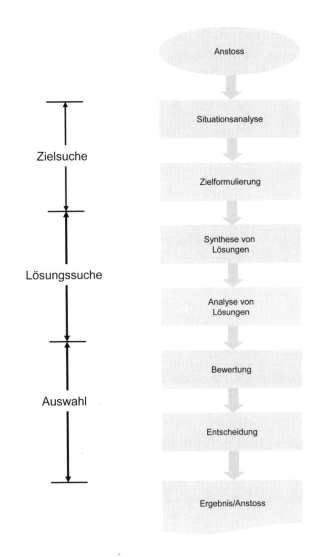

---

[1] Nach Daenzer/Huber 2002, S. 48

Jeder Problemlösungs-Zyklus gliedert sich wiederum in **einzelne Arbeitsschritte**. Abbildung A/95 zeigt dazu ein Beispiel.[1] Im Rahmen des Systems Engineering ist die Grundlogik immer etwa die gleiche und folgt etwa der Reihenfolge folgender Fragen:

- Was ist meine Aufgabe?
- Wie sieht die Situation aus und was erwarte ich zukünftig?
- Was will ich erreichen?
- Welche Handlungsmöglichkeiten (Problemlösungs-Möglichkeiten) habe ich?
- Was ist die beste Möglichkeit?
- Wie soll die Handlung (Problemlösung) konkret aussehen und umgesetzt werden?

Denken in Varianten

(6) Das Denken in Varianten bei der Lösung von komplexen Problemen erscheint eigentlich selbstverständlich. Für die Gestaltung komplexer Systeme bestehen immer verschiedene Möglichkeiten der Problemlösung. Diese gilt es darzustellen, um die beste bzw. die besten Ansätze bewusst auswählen zu können.

Demgegenüber neigt die Praxis überwiegend zum Verzicht auf Varianten. Man steuert sehr häufig gleich auf die eine Lösung zu (vgl. Kap. A/3.2.2.1).

Zusammenfassende Würdigung

(7) Zusammenfassend bleibt festzuhalten, dass die aufgeführten Vorgehensprinzipien des Systems Engineering **wichtige Anstösse für das Problemlösen** geben. Abbildung A/96 fasst diese und die Vorteile des systemischen Denkens generell nochmals zusammen. Diese Prinzipien werden in der Praxis jedoch nur ungern angewendet, weil das spontane Verhalten der Menschen eher anders ausgerichtet ist (z.B. Bevorzugung der Detail-Orientierung).

Kritisch muss besonders zum Systems Engineering angefügt werden, dass die oben aufgeführten Vorgehensprinzipien häufig zu absolut gesehen werden. Zwar ist einem Vorgehen „Vom Groben zum Detail" (Top-down) in der Regel der Vorzug zu geben, doch können bestimmte Situationen auch ein Bottom-up-Vorgehen als besser erscheinen lassen. Man muss also die Vor- und Nachteile abwägen (vgl. Abb. A/97) und eventuell Kompromiss-Wege gehen (z.B. beide Wege parallel).

Zudem werden einige sehr wichtige Punkte bei manchen Autoren unter dem Titel „Prinzipien" gar nicht angesprochen.[2] Dazu gehören:

- die notwendige Berücksichtigung der Werte (erst dann macht die Forderung nach Varianten Sinn, weil diese ja bewertet werden müssen)
- die notwendige Berücksichtigung der Rückkopplungen (eine Grundforderung der Systemwissenschaft)

---

[1] Vgl. auch Litke 2004, S. 26 ff.; Züst 2004, S. 25
[2] Vgl. Daenzer/Huber 2002, S. 27 ff.

Generell stützt sich das System Engineering zu sehr auf das rationale und methodisch konsequente Verhalten von Menschen (vgl. Abb. A/85). Ferdinand Malik nennt solche Ansätze „konstruktivistisch".[1] Wesentlich **zu kurz kommen** beim Systems Engineering einerseits der Bereich des Emotionalen und andererseits förderliche Formen einer intensiven Zusammenarbeit. Zwar wurde von verschiedenen Autoren etwas über Gruppenarbeit und psychologische Fragen „nachgeschoben",[2] doch werden diese Fragen nicht eigentlich in das Systems Engineering integriert.

Diese kritischen Bemerkungen ändern nichts an dem grossen Verdienst des Systems Engineering für das erfolgreiche Problemlösen. Viele der in Kapitel A/3.3.2 vorgestellten Ansätze basieren auf dieser Methodik.

Instru-
mente

Abbildung A/96
Das systemische
Denken und kon-
kret das Systems
Engineering bieten
erhebliche Vorteile[3]

Das **systemische Denken** ...

- ist ein allgemeiner Ansatz, mit dessen Hilfe komplexe Situationen überblickbar gemacht werden können
- ist eine besondere Art und Weise, die Realität (erfahrbare Welt) zu sehen
- ist ein Interpretationsmuster zur Ordnung der Wahrnehmung und zur Strukturierung der Realität
- unterstützt die ganzheitliche Denkweise
- zwingt zur Systematisierung und Strukturierung
- ist die Basis zur Quantifizierung und mathematischer Behandlung des Systemverhaltens
- stellt eine Grundlage dar für Analogieschlüsse
- fördert die Kommunikation
- betont die funktionelle und prozessorientierte Sicht
- ist interdisziplinär hinsichtlich der Wissensgebiete sowie bereichsübergreifend innerhalb von Organisationen
- bildet damit einen erwünschten Gegensatz zum lokalen, isolierten und abteilungsbezogenen Denken
- ist zudem ein Hilfsmittel zur Integration verschiedener Betrachtungsweisen
- ist eine Denkweise, die man sich nur durch (viel) Übung aneignen kann

---

[1] Vgl. Malik 2000, S. 253 ff.
[2] Vgl. Daenzer/Huber 2002, S. 282
[3] Nach Züst 2004, S. 25

Abbildung A/97
In der Bearbei-
tungsrichtung
empfiehlt sich
gemäss Systems
Engineering das
Prinzip „vom
Groben zum De-
tail" (Top-down).
Doch bietet auch
der Bottom-up-
Ansatz einige
Vorteile

Ansatz	Vorteile	Nachteile
Top-down *(Vom Groben zum Detail)*	• Konzeptionell zunächst das Ganze mit seinen Vernetzungen im Blick • Höhere Wahrscheinlichkeit, die Probleme gezielt erkennen, angemessen strukturieren und gewichten zu können • Relativ rasches Vorgehen gesamthaft möglich • Relativ kostengünstiges Verfahren	• Hohe, manchmal zu hohe Ansprüche an die Abstraktionsfähigkeit der an der Planung Beteiligten (Denken eher detailorientiert) • Dringende Detail-Probleme müssen auf ihre Lösung warten, bis ein Gesamt-Konzept erarbeitet ist. • Ungelöste Detail-Probleme können das Gesamt-Konzept am Schluss noch zum Scheitern bringen
Bottom-up *(Vom Detail zum Gesamtkonzept)*	• Den Denkfähigkeiten eher angemessen, daher auch weniger verunsichernd • Rasche Lösung von dringenden Detail-Problemen möglich (besonders vorteilhaft, wenn ein neues Gesamt-Konzept nicht unbedingt notwendig ist) • Synthese zum Ganzen im Wissen um die Lösbarkeit der Detail-Probleme	• Fehlender Überblick über das Ganze mit seinen Vernetzungen • Gefahr einseitiger Schwerpunktsetzungen z.B. bei dringenden Detail-Problemen (jedoch nicht den wichtigen) • Gefahr der Vorspurung der Gesamt-Lösung durch Detail-Lösungen (Sachzwänge) • Bei komplexen Problemen relativ (zeit-)aufwendiges Verfahren mit der Gefahr, bereits bei einzelnen Detail-Problemen „hängen" zu bleiben

3.3.1.2   St. Galler Management-Modell

Leitideen und Basis

(1) Das St. Galler Management-Modell verbindet die **Managementwissenschaften** mit dem **systemischen Denken.**[1] Die ersten Ideen dazu entstanden 1974 an der Universität St. Gallen, um Studierenden und Führungskräften der Wirtschaft einen integralen Bezugsrahmen bieten zu können. Angesichts der zunehmenden Auffächerung in der Betriebswirtschaft sollte erreicht werden, komplexe Probleme in einem Zusammenhang zu sehen und wirksam zu bearbeiten.

Mit dem Verständnis von Management als Gestalten, Lenken und Entwickeln entstand auf dieser Basis eine **Vielzahl theoretischer Vertiefungen** (z.B. die hier viel zitierten Arbeiten von Fredmund Malik). Dabei wurde die Aufgabe des Managements in eine normative, strategische und operative Dimension aufgegliedert.

---

[1] Vgl. Ruegg-Stürm 2003, S. 6 ff.

Vernetztes Denken

(2) Zu den Vertiefungen gehörten dementsprechend auch Anleitungen für praktische Umsetzungen. Inspiriert u.a. auch durch Ideen von Frederic Vester[1] entstand zunächst durch Ulrich und Probst eine „Anleitung zum ganzheitlichen Denken und Handeln".[2] Im Dialog mit der Praxis und der Ausbildung kam es zu ständigen Weiterentwicklungen bis hin zur Methodik-Fassung von Gomez und Probst.[3]

Im Kern besteht diese Methodik aus einer Schrittfolge mit integrierten einzelnen Methoden und Techniken (z.B. Aufbau von Netzwerken, Szenariotechnik). Dabei liegt, wie die folgenden Schritte zeigen, die Betonung einerseits auf der Analyse von Vernetzungen und andererseits auf der Lenkung von Systemen (vgl. Abb. A/98):

- Probleme entdecken und identifizieren
- Zusammenhänge und Spannungsfelder der Problemsituation verstehen
- Gestaltungs- und Lenkungsmöglichkeiten erarbeiten
- Mögliche Problemlösungen beurteilen
- Problemlösungen umsetzen und verankern

Verbunden wird das vernetzte Denken mit dem unternehmerischen Handeln und dem persönlichen Überzeugen. Dazu werden Handlungsanregungen gegeben.

Anwendungs-Schwerpunkte Unternehmenslenkung

(3) Die Betonung des Lenkens von Systemen entspricht dem Schwerpunkt der Anwendungsausrichtung: Management privater Unternehmen (s.o.). Anders als in der Welt der Konstrukteure von neuen Systemen spielt hier die Entwicklung von Varianten nur eine zweitrangige Rolle, die Analyse von Vernetzungen und der Lenkbarkeit der Systeme jedoch eine grosse.

Deutliche Verhaltensorientierung

(4) Die Methodik geht dementsprechend deutlich über die Prozessgestaltung auf der Sachebene hinaus. Postuliert wird gleichrangig auch die Verhaltensorientierung. Daher werden zwei weitere Dimensionen betont:[4]

- das unternehmerische Handeln
- das persönliche Überzeugen

Zusammenfassende Würdigung

(5) Das St. Galler Management-Modell hat im deutschsprachigen Raum eine grosse Verbreitung gefunden. Dabei bestehen auch mit anderen, auf dem Ideengut des systemischen Denkens basierenden Methodiken, Ähnlichkeiten, so z.B. dem OSTO-System-Modell (Offenes Sozio-Techno-Oekonomisches System).[5] Anders als im Systems Engineering wird das **Verhalten und Handeln** der beteiligten Menschen und insbesondere von Führungskräften voll integriert.

---

[1] Vgl. Vester 1998
[2] Siehe Ulrich/Probst 1995
[3] Siehe Gomez/Probst 2001
[4] Siehe Gomez/Probst 2001, S. 26 ff.
[5] Vgl. Rieckmann 2000

Abbildung A/98
Die Schritte der
ganzheitlichen
Problemlösungs-
methodik gemäss
vernetztem Den-
ken lassen sich
auch als Kreis und
Netzwerk darstel-
len[1]

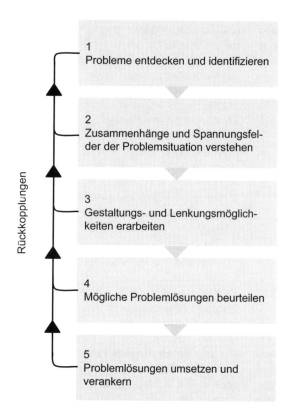

Rückkopplungen

1
Probleme entdecken und identifizieren

2
Zusammenhänge und Spannungsfelder der Problemsituation verstehen

3
Gestaltungs- und Lenkungsmöglichkeiten erarbeiten

4
Mögliche Problemlösungen beurteilen

5
Problemlösungen umsetzen und
verankern

Das St. Galler Management-Modell schliesst die Methodik des vernetzten Denkens mit ein. Bei dieser Anleitung für das Vorgehen in der Praxis
wird die **Lenkbarkeit von privaten Unternehmen** in den Mittelpunkt
der Betrachtung gestellt. Das gilt es beim Übertragen dieses Ansatzes auf
andere Anwendungsbereiche zu berücksichtigen. Die Methodik „Vernetztes Denken" wurde nicht eigentlich für die Planung neuer Systeme
entwickelt, doch lassen sich zumindest Teilelemente auch für solche
Aufgaben nutzen.

3.3.1.3   Wertanalyse (Value Management)

**Leitideen der
Wertorientie-
rung und
Funktionsana-
lyse**

(1) Die Wertanalyse entstand 1947 als Kind der Nachkriegszeit. Lawren-
ce D.M. Miles entdeckte 1947 in den USA, dass kriegsbedingte einfache
Ersatzlösungen häufig mindestens so gut ihren Zwecken dienten wie die
aufwendigeren ursprünglichen Lösungen.[2] Das brachte ihn auf die Idee,
systematisch die **Funktionen eines Produktes** zu analysieren und nach

---

[1] Quelle: Gomez/Probst 2001, S. 28 f.
[2] Vgl. Verein Deutscher Ingenieure 1995, S. 10 f.

den kostengünstigsten Lösungen für die Erfüllung der funktionalen Anforderungen zu suchen.

Diese funktionalen Anforderungen entsprechen den **Werten**, welche Käufer eines Produktes leiten. Dafür wird zwischen Hauptfunktion, Nebenfunktion und unerwünschter Funktion unterschieden. Durch diesen Ansatz entstand der Begriff „Wertanalyse". Im Kern der „klassischen" Wertanalyse steht also die Methode der Funktionsanalyse (vgl. Abb. A/99) und die Bewertung der einzelnen Funktionen im Hinblick auf ihre Bedeutung für den Wert eines Produktes.

Abbildung A/99
Die Analyse von
Funktionen gehört
zu den Kernvor-
gängen der Wert-
analyse (hier:
Beispiel für die
Entwicklung einer
neuen Ver-
packung)

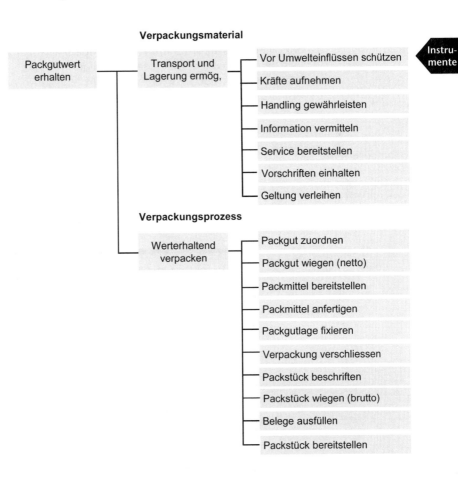

(2) Die Wertanalyse kombinierte diese Ansätze mit der Nutzung weiterer Methoden und der Teamarbeit. Hierin lag eine weitere wichtige Innovation. Der Erfolg dieser Methodik auch in Europa veranlasste zu immer breiteren Anwendungen.

Integration der Teamarbeit als Innovation

Demzufolge musste man, um gute Ergebnisse zu erzielen, teilweise vom ursprünglichen Kern der Methodik, der Funktionenanalyse, abweichen.

Das geschah z.B. in Form der Baulichen Wertanalyse,[1] in welcher die Funktionenanalyse durch die Instrumente der Zielanalyse und des Morphologischen Kastens ersetzt wurde.

Weiterentwicklungen zum Value Management

(3) Generell erwies sich die „klassische Wertanalyse", welche in einer DIN-Norm (DIN 69 910) fixiert wurde, als zu eng. Sie war zu stark an der Produktentwicklung orientiert (z.B. die Optimierung einzelner Teile des Airbus).

Es erfolgten daher Loslösungen und Weiterentwicklungen verschiedener Art. Daran beteiligte sich auch der Autor. Diese Bemühungen führten zur „offiziellen" Öffnung des Systems Wertanalyse unter dem Titel „Value Management"[2] Diese Öffnung und Erweiterung wurde durch ein Innovationsförderprogramm der Europäischen Union (EU) unterstützt.[3] Die neuen Stossrichtungen zeigt Abbildung A/100.

Dabei kam es auch zur europaweiten Normung. Auf diese Weise entstand die EN 12973.[4]

*Abbildung A/100
Die Idee des Value Management – ein neues Dach auch für die Wertanalyse*

Value Management

Projektoptimierung	Allgemeines Management
Wertanalyse in neuer, erweiterter Form	Wertorientiertes Führen und Leiten in Unternehmungen und öffentlichen Verwaltungen
Weitere wertorientierte Verfahren (z.B. im Bereich Qualiätsmanagement)	

---

[1] Vgl. Wiegand 1995, S. 58 ff.
[2] Wiegand 1997
[3] European Commission 1995
[4] Vgl. Deutsches Institut für Normung 2002

Zusammen-
fassende
Würdigung
(4) Die Wertanalyse fand ihr Anwendungsfeld primär bei der Veränderung und Neugestaltung von technischen Systemen, also **primär im Arbeitsfeld von Ingenieuren**. Das prägte auch den Umgang mit dieser Methodik, insbesondere in den Verbänden (z.B. Verband Deutscher Ingenieure). Nicht zuletzt dadurch brachte vermutlich auch der Ausbruchsversuch mit der Idee des Value Management nicht die erhoffte wesentliche Verbreiterung der Anwendungen.

Doch verfügt diese Methode in jeweils angepasster Form auch weiterhin über ein grosses Potenzial für das Lösen komplexer Probleme. Die Ausrichtung und Methodenwahl in Teil B stützt sich zu einem erheblichen Teil auf **Ideen der Wertanalyse**. Auch einige Beispiele in Teil C entstanden unter dem Methodik-Titel „Wertanalyse".

Instru-
mente

3.3.2   Prozessgestaltung auf der Sachebene

Prozessbegriffe
(1) **Prozesse** sind Vorgänge auf verschiedenen Systemebenen. Auf der Sachebene laufen zielgerichtete Aktivitäten von Menschen, erfolgt z.B. die Anwendung von Methoden. Auf der Managementebene geht es um Prozesse in organisatorischen Strukturen, um das Führen, Entscheiden, Kontrollieren etc. Auf der Ebene der Zusammenarbeit laufen Beziehungen von Menschen untereinander, z.B. die internen Beziehungen in einer Problemlösungs-Gruppe oder die Aussenbeziehungen dieser Gruppe, z.B. zum Auftraggeber. Es liessen sich hier noch weitere Ebenen unterschieden.

So gesehen erscheint es etwas einseitig, unter Prozessen allein ein „System von Tätigkeiten, das Eingaben mit Hilfe von Mitteln in Ergebnisse umwandelt", zu sehen.[1] Zumindest sind Missverständnisse vorprogrammiert. Darauf geht Kapitel A/3.3.2.4 zu den Geschäftsprozessen noch näher ein.

Sachebene
(2) Wie oben sichtbar wurde, laufen Prozesse, systemisch gesprochen, auf verschiedenen Ebenen ab. Hier geht es um die Sachebene, also um die funktionale Beschreibung von einzelnen Tätigkeiten in einer sinnvollen Schrittfolge.[2] Instrumente für Prozesse auf den Ebenen der Zusammenarbeit und des Managements werden in den Kapiteln A/3.3.4 und 3.3.5 beschrieben.

Den sachlichen Prozessen dienen u.a. Methoden als Handlungsprogramme für einen generellen Weg zum Ziel (bzw. Produkt, Ergebnis, Wirkung). Diese werden hier unterschieden in zwei Anwendungsbereiche (vgl. Abb. A/101):

---

[1] Begriffsdefinition in Anlehnung an die EN ISO 9000, zitiert bei Jung 2002, S. 14 sowie an Häcker/Stapf 2004, S. 739
[2] Aus Struchen, U.A. und Kündig; D.: ProzessNavigator, Publikation für den Studiengang BauProzessManagement an der Fachhochschule Aargau, 2003 (nicht als Literatur veröffentlicht).

○ Prozess-Phasen und -Schritte (Schwerpunkt Kapitel A/3.3.2)
○ Methoden für Einzelaufgaben im Prozess (Thema von Kapitel 3.3.3)
In diesem Kapitel wird der erste methodische Anwendungsbereich in den Mittelpunkt gestellt. Es geht also zunächst um eine ganzheitliche Sicht der Prozessgestaltung mit Schwerpunkt bei den Prozess-Phasen und -Schritten.

*Abbildung A/101
Prozesse auf der
Sachebene umfas-
sen Prozess-
Phasen und
-Schritte sowie
Methoden für
Einzelaufgaben*

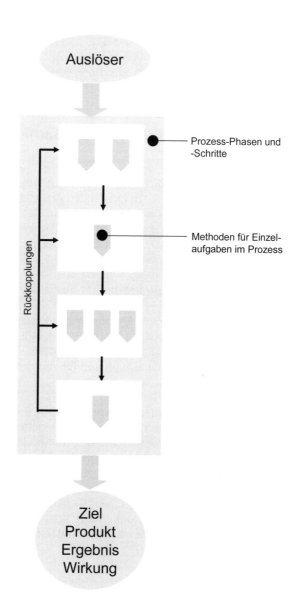

**Viele Wege
nach Rom**

(3) Es stimmt: „Viele Wege führen nach Rom." Prozesse auf der Sachebene können also sehr verschieden ablaufen. Das hängt mit den unterschiedlichen Anforderungen, Möglichkeiten und Ansatzpunkten zusammen.
Alle diese Prozesse helfen, Ziele zu erreichen. Man kann auch von er-
wünschtem Ergebnis oder „Output" sprechen. Hierüber Klarheit zu gewinnen, ist wesentlich oder gar ausschlaggebend für den Erfolg eines
Prozesses. Nur dann kann dieser ja besonders treffend gestaltet werden.
Es muss also die Position „Rom" möglichst gut bestimmt werden. Das ist
bereits begrifflich nicht leicht bzw. missverständlich (vgl. Abb. A/102).
Kennt man „Rom", so bleibt immer noch eine Vielfalt möglicher Wege
offen. Es gibt direkte und bequeme. Es sind aber auch grosse Umwege
möglich.

**Instru-
mente**

**Ausgewählte
Themen**

(4) Einen Einblick in die Vielfalt möglicher Prozesse auf der Sachebene
gibt der Morphologische Kasten der Abbildung A/103.
Die morphologische Übersicht bringt auch die Themen, welche hier in
folgender Gliederung kurz dargestellt werden sollen:

• Prozessanforderungen

• Prozesstypen und -formen

• Grundsätzlicher Weg zum Soll

• Geschäftsprozesse und Projekte

3.3.2.1   Prozessanforderungen

**Problem-
Komplexität**

(1) Bei den Prozessanforderungen spielt die Problem-Komplexität eine
grosse Rolle. Diese ist durch die sachliche und menschliche Problemlage
bestimmt (vgl. Kap. A/2.1). Komplexe Probleme zeichnen sich zudem
durch dynamische Entwicklungen aus (vgl. Abb. A/49).

**Wieder-
holungs-
häufigkeit**

(2) Einen grossen Einfluss auf die Prozessgestaltung übt die Wiederholungshäufigkeit aus (vgl. Abb. A/103). Es herrschen andere Bedingungen
und Anforderungen, wenn ein Prozess einmalig für eine Problemlösung
gestaltet werden muss oder in der gleichen Art immer wieder abläuft.

**Art der
Prozesse**

(3) Wenn man die beiden vorgenannten Dimensionen miteinander in
einer Matrix verbindet, dann resultiert eine Typologie der Art der Prozesse. Abbildung A/104 bringt auf einer Achse die Komplexität und auf der
anderen die Häufigkeit gleich zu lösender Probleme. Daraus resultieren
als typische Kategorien:

○ laufende Einzelarbeit mit Routine

○ anspruchsvolle Routinearbeit

○ immer wieder neue Einzelarbeiten

○ spezielle, anspruchsvolle Prozesse

Abbildung A/102
Diese Beschrei-
bungen sollen im
Begriffswirrwar
helfen[1]

Begriff	Definition
Aufgabe	Leistungsverpflichtung, um einen Ist-Zustand in einen Soll-Zustand zu überführen. Dazu sind Aktivitäten von Menschen und evtl. der Einsatz von Sachmitteln erforderlich. Bei der Erfüllung von Aufgaben geht es um erwünschte Outputs. Die Aufgabe von Organisationseinheiten besteht also darin, solche Outputs zu erzeugen.
Auftrag	Konkrete Leistungsverpflichtung des Auftragnehmers gegenüber einem Auftraggeber (Besteller). Dabei wird eine Aufgabe für einen spezifischen Fall, z.B. ein Auftrag für ein Projekt, umrissen (Thema, Ziele, Abgrenzung, Budgets, Zeit etc.).
Ergebnis *(s. Output)*	Vorliegende sachliche und geistige Güter nach Aktivitäten von Personen
Input	Die für die Erledigung einer Aufgabe zur Verfügung stehenden Mittel. Meist werden darunter Personal-, Sach- und Finanzmittel verstanden.
Leistung	Mengen- und/oder wertmässiger Ausdruck für erstellte Güter.
Leistungs- auftrag	Festlegung der zu erbringenden Leistungen in Verfassungen (z.B. von Kantonen), Gesetzen, Verordnungen, Dekreten bzw. in den grundlegenden Plänen der Staatstätigkeit. Der Begriff Leistungsauftrag wird mancherorts auch synonym zu Leistungsvereinbarung verwendet.
Output *(s. Ergebnis)*	Vorliegende sachliche und geistige Güter nach Aktivitäten von Personen
Prämisse	Vorausgesetzte Rahmenbedingung bzw. definiertes Minimum oder Maximum der Zielerfüllung (Muss-Ziel).
Produkt	Leistungseinheit, die eine Organisationseinheit in abgeschlossener Form verlässt und an identifizierbare Kunden abgegeben wird. Die Leistungseinheit entsteht durch eine Wertschöpfung. Zu den Produkten zählen dementsprechend auch Dienstleistungen. Produkte dienen in der Regel intern im Rechnungswesen als Kostenträger.
Wirkung	Folgen bzw. Einflüsse von Aktivitäten, Leistungen, Outputs bzw. Produkten.
Ziel(e)	
• *Allgemein*	Werte, deren Erfüllung in einer bestimmten Richtung angestrebt wird.
• *Bedeutung I Sachziel*	Konkreter zukünftiger Zustand bzw. klar formulierter Zielpunkt (vgl. Abb. A/40). Gemessen wird erfüllt/nicht erfüllt.
• *Bedeutung II Formalziel*	Richtung, in welcher ein erwünschter zukünftiger Zustand liegt. Für die Messung der Zielerfüllung müssen Indikatoren und Skalen bestimmt werden (vgl. Abb. A/40).

---

[1] Aus Wiegand 2000

Abbildung A/103
Morphologie zur Prozessgestaltung auf der Sachebene

Merkmale		Ausprägung			
		A	B	C	D
1 **Prozessanfor-** **derungen**	*1.1* *Problem-* *Komplexität*	Tief	Mittel	Hoch	
	1.2 *Wiederholungs-* *häufigkeit*	Hohe Häufigkeit	Gelegentlich	Einmalig in der Art	
	1.3 *Art der Prozesse* *(Prototypen)*	Laufende Einzel-arbeit mit Routine	Anspruchsvolle Routinearbeit	Immer wieder neue Einzelarbeit	Spezielle an-spruchsvolle Prozesse
2 **Prozesstypen** **und -formen**	*2.1* *Prozesstypen*	Erkenntnisgewinn	Planung	Herstellung	Beurteilung und Steuerung
	2.2 *Prozessformen*	Systematisch-linear	Systematisch mit Rückkopplungen	Freie Kombinati-on von definier-ten Prozess-Modulen	Freies Fliessen
	2.3 *Grad und Art* *der Vorstruktu-* *rierung*	Keine Vorstruktu-rierung, situative Entwicklung	Prozesse auf der Basis anwen-dungs-neutraler Methodiken	Fachlich vorstruk-turierte Prozesse	Sonstige
3 **Grundsätzliche** **Wege zum Soll**	*3.1* *Form der Inter-* *vention*	Laufende Beein-flussung eines Systems	Direkter Umbau eines bestehen-den Systems	Direkte Schaffung eines neuen Systems	Mischungen
	3.2 *Vorgehens-* *Modelle*	Management-Systeme	Phasen-Modelle	Sonstige	
	3.3 *Ansatzpunkt* *(vgl. Abb.* *A/106)*	Seite der Lösung definierter Prob-leme	Seite der Prob-lemstrukturierung und -reduktion		

Instru-mente

Je nach typischem Fall wird die Prozessgestaltung eine andere Intensität, andere Formen und andere Auswirkungen haben. **Teil B** dieses Handbuches wird sich primär mit **speziellen, anspruchsvollen Prozessen** beschäftigen.

Projekte sind primär bei der Einzigartigkeit einer Problemstellung angesiedelt (vgl. Kap. A/3.3.2.4 und vertiefend B/4.2.1.1). **Geschäftsprozesse** werden v.a. für häufige, gleich zu lösende Probleme formuliert (vgl. Kap. A/3.3.2.4).

Abbildung A/104
Die Komplexität und Häufigkeit von Problemen bestimmen die notwendige Art der Prozesse

Komplexität

	hohe Häufigkeit gleich zu lösender Probleme	mittel	hohe Einzigartigkeit der Problemstellung
hoch	Anspruchsvolle Routinearbeit (Einzel-Bearbeitung möglich)		Spezielle, anspruchsvolle Prozesse (in der Regel auch viele Beteiligte und Betroffene)
mittel			
tief	Laufende Einzelarbeit mit Routine		Immer wieder neue Einzelarbeiten

= Themenfeld von Teil B

3.3.2.2 Prozesstypen und -formen

Prozesstypen (1) Die Prozesstypen werden von den **Zwecken** eines Prozesses her definiert. Das ist die in der Praxis besonders geläufige Form. Grob lassen sich vier typische Zwecke von Prozessen definieren:

- Erkenntnisgewinn
- Planung
- Herstellung
- Beurteilung und Steuerung

Viele Prozesse dienen dem **Erkenntnisgewinn**. Der „Output" soll neues Wissen in einem Bereich oder über ein Objekt generieren. Dabei kann es sich um Forschungsprojekte, aber auch um Analyseprozesse in einem medizinischen Labor handeln.

Planung nimmt in Gedanken, Zeichnungen, Texten etc. voraus, was die Realität der Zukunft werden soll.[1] Dabei geht es in der Regel um Optimierungen von Problemlösungen. Ursprünglich handelte es sich um ein Teilgebiet der Mathematik, in dem das rechnerische Optimum ermittelt wird. In der Ökonomie versteht man unter dem Optimierungsprinzip, Input- und Output-Grössen so aufeinander abzustimmen, dass ein Problem nach festgelegten Kriterien optimal gelöst ist.[2] Hier geht es in Anlehnung an das ökonomische Optimierungsprinzip darum, bei verschiedenen Zielsetzungen die bestmögliche planerische Lösung für ein Problem zu finden (vgl. Beispiele in Abb. A/108). Mit dem Wort „planerisch" wird ausgedrückt, dass das Ergebnis als Plan vorliegt. Es kann sich um eine Organisations- oder um eine Innovationsplanung handeln. Die Optimierung baut in der Regel auf einem Erkenntnisprozess, etwa einer Situationsanalyse, auf.

Herstellungsprozesse setzen Planungen real um. Darunter fallen Prozesse der Pflege von Kranken ebenso wie das Herstellen eines Autos oder eines Buches. Natürlich umfassen Herstellungsprozesse evtl. eine Vielzahl von Teilprozessen, z.B. die Produktionsvorbereitung oder die Vermarktung eines Produktes. Herstellungsprozessen gehen meist Optimierungsprozesse in Form von Planungen voraus.

Ein weiterer Prozesstyp dient der **Beurteilung und Steuerung**. Hier handelt es sich um einen kybernetischen Prozess, weil nach bestimmten Vorgaben bzw. Kriterien Messungen erfolgen, diese mit dem Soll (Zielsetzungen) verglichen werden, der Befund registriert wird (z.B. in Form eines Reportings) und nötigenfalls Massnahmen vorgeschlagen werden. Diesem Prozesstyp entspricht die Steuerung von Projekten ebenso wie die Durchführung von Prüfungen oder Gerichtsprozessen.

In der **Praxis** begegnet man diesen Typen eher verdeckt unter **fachtechnischen Bezeichnungen oder Beschreibungen** von Aufgaben. Es macht jedoch Sinn, die hinter solchen Beschreibungen liegenden Prozesstypen freizulegen. Durch den Vergleich mit typischen Prozessabläufen lassen sich Potenziale für Optimierungen erkennen.

Instrumente

---

[1] Vgl. Salin 1964, S. 2
[2] Thommen 2000, S. 105

Prozessformen

(2) Verschiedene typische Prozessformen werden in Kapitel A/3.2.1.3 behandelt. Es handelt sich um Prozessformen wie:
- systematisch-linear
- systematisch mit Rückkopplungen
- freie Kombination von definierten Prozess-Modulen
- freies Fliessen

Die systematischen Formen entsprechen dem Anspruch von Methoden (s.o.), die freie Kombination von definierten Prozess-Modulen teilweise.

Grad und Art der Vorstrukturierung

(3) Mit den Prozessformen hängen der Grad und die Art der Vorstrukturierung eng zusammen. Systematisch-lineare Prozessabläufe sind bereits per se vorstrukturiert. Man kann aber auch völlig frei und unbekümmert einen Prozess anfangen, also auf eine Strukturierung verzichten. Dann kommt es zum „freien Fliessen". Denkbar ist zudem, mehr oder weniger strukturierte Prozesse auf der Basis anwendungsneutraler Methodiken zu gebrauchen (vgl. Abb. A/98). Sehr häufig bieten auch einzelne Fachdisziplinen vorstrukturierte Prozesse an. Abbildung A/105 zeigt das am Beispiel Marketing. Aus diesen Ausführungen resultieren die Ausprägungen in Abbildung A/103:
- keine Vorstrukturierung, situative Entwicklung
- Prozesse auf der Basis anwendungsneutraler Methodiken
- fachlich vorstrukturierte Prozesse
- sonstige Prozesse

3.3.2.3 Grundsätzlicher Weg zum Soll

Form der Intervention

(1) Man kann als Gärtner den Pflanzenwuchs und das Pflanzenumfeld laufend beeinflussen. Man lockert den Boden, giesst, jätet Unkraut, düngt und beschneidet evtl. die Pflanze. Das wird in Abbildung A/98 als **laufende Beeinflussung eines Systems** bezeichnet. In Unternehmen geht es hier um Lenkung des Systems z.B. eines Betriebes.

Der Gärtner kann aber auch ein völlig neues Beet anlegen und neue Setzlinge hinein pflanzen. Diese Setzlinge züchtet oder wählt er vorher nach seinen Zielsetzungen. Dann geht es um die **direkte Schaffung eines neuen Systems**. Das ist z.B. oft die Aufgabe von Ingenieuren und Architekten.

Diese beschäftigen sich aber auch mit dem direkten **Umbau eines bestehenden Systems**, etwa der Verbreiterung einer bestehenden Brücke.

Die Form der Intervention kann sehr starke **Auswirkungen auf die Prozessgestaltung** haben. So ist die Methodik des „Vernetzten Denkens" im Rahmen des St. Galler Management-Modells (vgl. Kap. A/3.3.1.2) eher auf die laufende Beeinflussung eines Systems ausgerichtet. Die Methodiken der Wertanalyse und das Systems Engineering sind eher für die direkte Schaffung neuer Systeme oder deren Umbau konzipiert. Für den Planungs-Erfolg ist sehr wichtig, das bei der Wahl von Methodiken bzw. Methoden für Teilaufgaben zu beachten.

Abbildung A/105
Solche Planungs-
phasen und
-schritte sind in
der Unterneh-
mensplanung und
speziell im Marke-
ting nicht unüb-
lich[1]

„Unternehmens"-Strategie

- Grundstrategie
- Grundsätze Teil-Strategien

Teilstrategien, darunter als wichtigste die

I Marketing-Strategie

- Situationsanalyse
- Marketingziele
- Strategische Erfolgspositionen
- Leistungsprogramm
- Marketing-Mix-Leitideen

Strategie-Beschlüsse

Operationalisierung in Form von

II Marketing-Konzepten

- Marketing-Mix
  * Produktpolitik
  * Konditionenpolitik
  * Distributionspolitik
  * Kommunikationspolitik

- Aktionsplan

Konzept-Beschlüsse
Umsetzung

Instrumente

Vorgehens-
Modelle

(2) Von der Form der Intervention sind auch Vorgehensmodelle stark beeinflusst. Als Beispiele sind anzuführen:

○ Management-Systeme
  · St. Galler Management-Modell (siehe Kap. A/3.3.1.2)
  · Das OSTO-System-Modell[2]
  · Total Quality-Management[3]
  · Controlling-Systeme[4]
○ Phasen-Modelle
  · Gemäss Systems Engineering (siehe Kap. A/3.3.1.1)
  · Weitere Modelle wie z.B. Prototyping, Spiralmodell, Rational Unified Process[5]

---

[1] Vgl. Bruhn 2001, S. 41 ff.
[2] Vgl. Rieckmann 2000, S. 38 ff.
[3] Vgl. Bruhn 2004, S. 52 ff.; Litke 2004, S. 262 ff.
[4] Vgl. Horváth 1995; siehe auch Kap. A/3.3.5.2 und B/4.2.3.2
[5] Vgl. Litke 2004, S. 262 ff.

Diese Modelle und Systeme gehen teils deutlich über Prozessgestaltungen im engeren Sinne hinaus. Dahinter stehen auch grundsätzliche wissenschaftliche Ausrichtungen (z.B. kybernetische Ansätze) bzw. gesellschaftliche und ethische Sichtweisen (z.B. Sinngrund beim OSTO-System-Modell).

Ansatzpunkte

(3) Schliesslich zeichnen sich Prozesse auch durch verschiedene Ansatzpunkte aus. Hier lassen sich grundsätzlich zwei Ansatzpunkte herausschälen, die Seiten der (vgl. Abb. A/106):
- Problemstrukturierung und -reduktion (Bestimmung der zu betrachtenden und lösenden Systeme)
- Lösung definierter Probleme und Teil-Probleme

Die Prozesse der **Problemstrukturierung und -reduktion** dienen in der Regel dazu, ein Problem besser lösbar zu machen. Dabei helfen u.a. die Problemzerlegung und die Suchraumreduktion. Die Problemzerlegung teilt ein Problem z.B. in verschiedene Teilgebiete (Teilsysteme) auf, bei Gebäuden z.B. in Fassade, Haustechnik, Innenausbau. Die zeitliche Strukturierung gliedert die Problemlösung in Phasen und Schritte (vgl. Kap. A/3.3.3.1 und Abb. A/107). Die Suchraumreduktion grenzt das Problem ein und unterscheidet in Eingriffssysteme und Systemumge-

Abbildung A/106
Mit Hilfe verschiedener Prozesse lassen sich sowohl ein Problem gestalten als auch definierte Probleme und Teilprobleme lösen

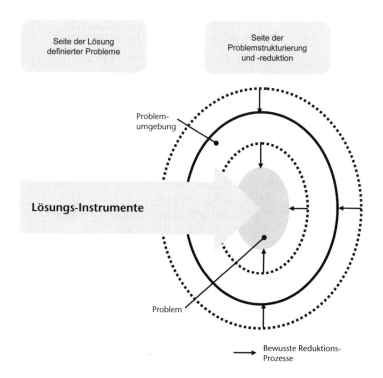

Seite der Lösung
definierter Probleme

Seite der
Problemstrukturierung
und -reduktion

Problem-
umgebung

Lösungs-Instrumente

Problem

Bewusste Reduktions-
Prozesse

bung. Sie setzt auch Heurismen ein, um z.B. absehbar kaum lösbar Probleme bzw. -teile auszusuchen. Sie sucht zudem nach ähnlich gelagerten Problemen und deren Lösung.

Die Prozesse zur **Lösung definierter Probleme und Teilprobleme** führen dazu, für das abgegrenzte und umschriebene Problem eine Lösung zu finden.

Für beide Ansatzpunkte bestehen Instrumente, zu denen die Kapitel A/3.3.3 bis 3.3.5 einen Überblick geben.

Abbildung A/107
Vorgehens-Phasen
beim Projekt
Standort- und
Raumoptimierung
für die engere
Verwaltung der
Stadt Zürich

Phase	Erwartete Ergebnisse	Termin Vorliegen Ergebnis
I Strategische Grundsätze	○ Analyse der Situation 2000 ○ Problem-Strukturierung ○ Zielvorgaben ○ Grundsätze ○ Strukturierung des weiteren Vorgehens	Februar 2000
II Gesamtkonzept Standort- und Raumzuteilungen Stufe 1	○ Generelles Detailkonzept ○ Wirtschaftlichkeitsnachweis ○ Aussagen zum möglichen Verwaltungszentrum Werd ○ Aussagen zu den Aufgaben und zur organisatorischen Eingliederung der „Fachstelle Raum"	August 2000
III Gesamtkonzept Standort- und Raumoptimierung Stufe 2	○ Projektbezogenes Detailkonzept ○ Wirtschaftlichkeitsnachweis ○ Aussagen zur Belegung des geplanten Verwaltungszentrums Werd ○ Planungen der zeitlichen Abfolge (Rochadeplan, Feinplanung bis 2004)	Juni 2001
IV Umsetzungen	○ An neuen Standorten bzw. in neuen Räumen etablierte Dienstabteilungen ○ An bestehenden Standorten neu etablierte Dienstabteilungen (modernisierte Flächen)	Laufend seit 2001

Instrumente

Prozesstyp	Prozess-Schritte
A. Erkenntnisgewinn und Planung	1 Vorbereitung → 2 Erkenntnisgewinnung (Situationsanalyse) → 3 Optimierung → 4 Ausarbeitung
B. Herstellung (Dienstleistung, reale Erzeugung)	1 Vorbereitung → 2 Reale Umsetzungs-Leistung → 3 Weitergabe
C. Beurteilung und Steuerung	1 Vorbereitung → 2 Messung, Feststellung → 3 Soll-Ist-Vergleich → 4 Ausarbeitung Massnahmen

3.3.2.4   Geschäftsprozesse und Projekte

Geschäftsprozesse

(1) In einem Geschäftsprozess werden alle Aktivitäten organisatorisch zusammengefasst, die an der Bereitstellung von Leistungen für externe Kunden beteiligt sind.[1] Bei Geschäftsprozessen handelt es sich also um **Prozesse in Organisationen** auf der Sachebene (Unternehmen, öffentliche Verwaltung etc.). In der Praxis der Organisatoren wird in diesem Anwendungsbereich verkürzt auch nur von Prozessen oder Prozessmanagement gesprochen. Doch handelt es sich nur um Vorgänge auf der Sachebene. Das kann zu Missverständnissen führen.

---

[1] Vgl. Schmelzer/Sesselmann 2004; Becker/Kugeler und Rosemann 2003; Fischermanns/ Liebelt 2000; Hässig 2000; Griese/Sieber 1999

Produktart	Beispiele Kantonale Verwaltung
a 1 Rechtserlasse	Waldgesetz , Verfassungsänderungen
a 2 Konzepte, Pläne	Richtpläne, Gesamtkonzept Schule
a 3 Budgetanträge	Gesamtbudget, Nachtragsbudget
a 4 Forschungs- und Entwicklungsergebnisse	Situationsbericht Fachhochschulen
b 1 Physische Erzeugnisse	Lehrmittel, EDV-Programme, Landwirtschaftliche Erzeugnisse
b 2 Betreuung	Heimbetreuung, Spitalpflege
b 3 Information	Information im Gesundheitsbereich
b 4 Beratung	Sozialberatung
b 5 Aus- und Weiterbildung	Mittelschulabschluss
b 6 Auszahlung	Lohnauszahlung
c 1 Geprüfte Sachverhalte	Direktzahlung, Fürsorgebeitrag, veranlagte Steuern
c 2 Kontroll-/ Korrekturaussagen, Bestätigungen	Finanzbewirtschaftung, Budgetüberwachung/-controlling, Lebensmittelkontrollen
c 3 Dokumentierte Urteile	Obergerichtsentscheid

Instrumente

Gemäss der morphologischen Darstellung in Abbildung A/103 sind Geschäftsprozesse neben ihrem organisatorischen Charakter durch folgende Merkmale und Ausprägungen gekennzeichnet:

1.1 Problem-Komplexität: In der Regel mittel und tief
1.2 Wiederholungshäufigkeit: hoch bis gelegentlich
1.3 Art der Prozesse: Routinearbeiten
2.1 Prozesstypen: Sämtliche Formen (vgl. Beispiel die Abb. A/108)
2.2 Prozessformen: Systematisch-linear und systematisch mit Rückkopplungen
2.3 Grad und Art der Vorstrukturierung: Auf der Basis von Methodiken oder fachlicher Entwicklungen voll vorstrukturiert

Weitere Differenzierungen in diesem Bereich können nach **Kern-, Steuerungs- und Supportprozessen** vorgenommen werden (vgl. Abb. C/19). Diese Aufteilung gilt jedoch nur für eine Unternehmung oder eine Organisationseinheit. Planung kann z.B. in dem einen Unternehmen der Kernprozess sein (z.B. Ingenieurunternehmen) und in dem anderen ein Supportprozess (z.B. in einem Chemieunternehmen). Eine solche Unterteilung erscheint immer dann zweckmässig, wenn das Hauptaugenmerk auf die Kernaufgaben gelenkt oder die oft grossen Rationalisierungspotenziale bei den Supportprozessen bewusst genutzt werden sollen.

Projekte

(2) Auch Projekte lassen sich in der morphologischen Darstellung der Abbildung A/103 orten. Projekte werden gemeinhin wie folgt definiert:[1]

a. Sonderaufgabe, welche in ihren Bedingungen einmalig ist

b. komplexere Aufgabe, deren Erfüllung nicht nach einer einfachen Routine möglich ist

c. Aufgabe, an deren Erfüllung mit Vorteil mehrere Personen mitarbeiten

d. klarer Beginn der Aufgabenbearbeitung und absehbare Beendung

e. spezifische, festgelegte personelle, finanzielle und zeitliche Ressourcen

f. projektspezifische Organisation mit klar bezeichnetem Projektleiter und festgelegten Aufgaben und Kompetenzen

Generell darf im Folgenden unterstellt werden, dass nicht-komplexe Probleme keine Projekte erfordern. In den weiteren **Prozessanforderungen** zeichnen sich Projekte in der kleinen Wiederholungshäufigkeit aus. Es können zwar immer wieder ähnliche, aber nie gleiche Projekte durchgeführt werden (gemäss Definition Einmaligkeit). Die Art der Prozesse ist durch ein relativ hohes Anspruchsniveau gekennzeichnet. In der Matrix der Abbildung A/104 entspricht diese Positionierung von Projekten dem Rasterfeld der sehr anspruchsvollen Prozesse.

In den **Prozesstypen und -formen** kommen alle denkbaren Ausprägungen vor (vgl. Abb. A/103). Das gleiche gilt auch für **grundsätzliche Wege zum Soll**.

Projekte und Geschäftsprozesse als organisatorische Grössen

(3) Auch **Projekte** sind gemäss dieser Definition primär eine organisatorische Grösse.[2] Es geht um Aufgaben, zeitliche Begrenzungen im Ablauf, festgelegte personelle Ressourcen etc. Prozesse können daher durch Projekte organisatorisch gefasst werden. Umgekehrt laufen auch in Projekten Prozesse ab. Beim **Projektmanagement** geht es darum, die Projekte zu planen, organisieren und zu führen.[3]

Auch **Geschäftsprozesse** bilden, wie oben erläutert, primär eine organisatorische Grösse. Ziel des **Prozessmanagements** ist es, die Erfüllung von Kundenerwartungen sicherzustellen, den Einsatz von Menschen, Materialien etc. effizient zu gestalten sowie die evtl. notwendigen Anpassungen vorzunehmen. Dabei gilt es, organisatorisch die vertikalen Funktionsstrukturen zu überwinden und horizontal fliessende Prozesse (auf der Sachebene) zu gestalten.[4]

---

[1] Das entspricht auch der DIN 69 901, 1980
[2] Vgl. Burghardt 2002, S. 15 und S. 21
[3] Vgl. Jenny 2003, S. 23; Chrobok 1996, S. 18; DIN 69 901
[4] Vgl. Jung 2002, S. 14 ff.

3.3.3 Methoden für Einzelaufgaben im Prozess

**Das Typische
von Methoden**

(1) Methoden gehören zu den Prozessen auf der Sachebene (vgl. Kap. A/3.3.2). Sie sind, wie oben bereits kurz gezeigt wurde, generalisierte Handlungsprogramme. Diese können präskriptiv (empfehlend) oder normativ (man muss) formuliert werden. Bei den Methoden unterscheidet man Algorithmen (vgl. Abb. A/64), Techniken und Heurismen. **Algorithmen** führen mathematisch-logisch sicher zum Ziel. **Techniken** sind solche, die praktisch sicher die gestellte Aufgabe erfüllen helfen (z.B. Netzplantechnik). **Heurismen** machen die Zielerreichung wahrscheinlich (vgl. Kap. A/3.1.2.4). Dementsprechend können Methoden folgende Eigenschaften auszeichnen:

○ Aufzeigen einer logischen, evtl. mathematisch untermauerten Abfolge von Operationen (z.B. Berechnung der Rentabilität mit Hilfe des „Return on Investment"

○ Aufgliedern eines komplizierten Vorganges in besser beherrschbare einzelne Schritte (z.B. Nutzwertanalyse)

○ Aktivieren des Denkapparates inkl. des Teil- und Unbewussten, etwa durch Emotionalisieren oder Assoziieren[1] (z.B. Brainstorming)

○ Analytische Darstellungen nach bestimmten Regeln (z.B. Morphologischer Kasten)

Solche Ansätze können auch kombiniert auftreten. So besteht z.B. die Szenariotechnik einerseits in einem Vorgang des Aufgliederns (Aufgabenanalyse, Einflussanalyse, Projektion etc.) und andererseits in einer Art analytischer Darstellung. Auch der Morphologische Kasten entfaltet seine besondere Wirkung durch das Aufgliedern, Aktivieren des Denkapparates und die analytische Darstellung.

Wirkungen

(2) Die Wirkungen von Methoden (vgl. Kap. A/3.1.3.3) auf das Problemlösen sind in der Regel überwiegend positiver Art, wenn man einige **Rahmenbedingungen** berücksichtigt. Zu den positiven Wirkungen von Methoden zählen:[2]

○ Sie machen das Problemlösen von vornherein kalkulierbarer, da sich in ihnen die einzelnen Schritte, die zur Lösung eines bestimmten Planungsproblems notwendig sind, überschaubar darstellen.

○ Sie geben Problemlösern eine Hilfe und Anleitung, sich in komplexen Situationen zurecht zu finden, d.h. sie helfen, Komplexität zu reduzieren.

○ Sie enthalten eine Arbeitsanleitung, in der die gewonnene Erfahrung anderer Problemlöser aufgehoben ist und weitergegeben wird.
Der Einsatz vieler Methoden führt bei Problemen quasi zwingend zu Ergebnissen. Die Verwendung von Methoden „garantiert" also – zumindest in formaler Hinsicht –, dass ein bestimmtes Problem gelöst

---

[1] Assoziieren = gedankliches Verbinden und gegenseitiges Anregen
[2] Vgl. Bechmann 1981, S. 116

wird. So führen z.B. Bewertungsmethoden immer zu einer Einstufung der zu bewertenden Objekte.

○ Methoden bieten aufgrund ihrer Schematisierung die Möglichkeit, mit fest umrissenen Handlungen zu reagieren (vgl. Kap. A/3.3.2).

○ Auf bestimmte Probleme, die immer wieder auftreten, wird mit bereits entwickelten Methoden relativ automatisch eine Lösung gegeben.

Neben-wirkungen (3) Diese Auflistung der Vorteile spricht bereits etliche mögliche Nebenwirkungen an. Auf der **positiven Seite** lässt sich zusätzlich anführen, dass Methodenanwendungen die Akzeptanz fördern. Dazu tragen die Transparenz und Nachvollziehbarkeit des Vorgehens sowie das Vertrauen insbesondere in Schemata und Zahlenwerte bei. Zudem ist eine Zeitersparnis möglich. Diese resultiert aus der Vermeidung von langen Such- und Irrwegen, der Verbesserung der Kommunikation unter Gruppenmitgliedern bzw. mit dem Umfeld sowie aus der „Garantie" von Ergebnissen.

Diese Beispiele machen aber bereits auch auf mögliche **negative Nebenwirkungen** aufmerksam. Denn Akzeptanz und Vertrauen können bei methodisch zu wenig kompetenten und unkritischen Personen auch dann entstehen, wenn falsche Methodenanwendungen erfolgen (vgl. Abb. B/93). Die Zeitersparnis wird evtl. zum Bumerang, weil das „garantierte" Ergebnis auf einen „Holzweg" führte.

Generell muss man daher bei allen Vorteilen den Methodenanwendungen im besten Sinne **kritisch** gegenüberstehen. Besonders das Typische von Methoden erzeugt jeweils auch Nachteile, wie die Auflistung der Abbildung A/109 zeigt.

Rahmen-bedingungen für den Einsatz (4) Bei der Wahl und dem Einsatz von Methoden gilt es daher auch die Rahmenbedingungen für den Einsatz zu beachten. Hier sind als **Checkpunkte** u.a. anzuführen:

○ der Grad der wirklichen Beherrschung der betreffenden Methodik, Methode bzw. Technik

○ die Akzeptanz der Methodik bzw. Methoden durch eine Problemlösungs-Gruppe

○ die Bedingungen und Formen der Zusammenarbeit (z.B. Konfliktpotenziale, Teamarbeit)

○ Die Management-Bedingungen (z.B. Unterstützung durch das übergeordnete Management)

○ die zur Verfügung stehende Zeit (Meilensteine, Schlusstermine)

○ der Umfang von Aussen-Einflüssen (z.B. Störungen, neue Informationen) im Zeitablauf

○ die zur Verfügung stehende Bearbeitungskapazität (quantitativ und qualitativ) und Infrastruktur (Räume, Maschinen etc.)

Die Erfahrung in der Praxis zeigt, dass solche Rahmenbedingungen häufig zu wenig berücksichtigt bzw. offen gelegt werden. Auch herrscht **oft zu viel Optimismus** vor, was das versammelte Methodenwissen und die

Abbildung A/109
Methoden bringen
bei allen Vorteilen
auch Gefahren
und Nachteile

Typ des methodischen Ansatzes	Mögliche Gefahren und Nachteile	
	Methode selber	Input- und Output-Aspekt
Logische Abfolge von (mathematischen) Operationen	○ Unzureichendes mathematisches Modell ○ Ungeeignete Anwendungssituation (z.B. dynamische Investitionsrechnung in einer Gruppe ohne methodische Vorkenntnisse) ○ Nicht offen gelegte und diskutierte Wert-Annahmen (z.B. ein sehr niedriger Zins von 1.5% für die Abdiskontierung)	○ Schlechte Zahlenbasis (Input), welche wegen der klaren Zahlen-Ergebnisse (Output) „vergessen" wird ○ Überinterpretation der Ergebnisse unter Hintanstellung der Modell-Annahmen (z.B. nur in Geld ausdrückbare Teile einer Entscheidungsfrage berücksichtigt)
Aufgliedern in einzelne Schritte	○ Ungünstige Art der Aufgliederung ○ Methodisch unzureichende Form des Wiederzusammenfügens der Einzelteile (z.B. falsche Form der Wertsynthese im Rahmen einer Nutzwertanalyse)	○ Schlechte Zahlenbasis (Input) wird wegen der klaren Ergebnisse (z.B. Nutzwerte bei der Nutzwertanalyse) „vergessen" ○ Überinterpretation der Ergebnisse unter Hintanstellung der Modell-Annahmen (z.B. bei der Gewichtung eines Zielbaumes)
Aktivieren des Denkapparates	○ Unzureichende Durchführung (z.B. beim Brainstorming Einreissen einer Diskussion zu den Nennungen) ○ Falsche Methodenanwendung (z.B. Ideen-Delphi für die Bewertung von Varianten)	○ Gestörter Kreationsprozess (z.B. durch Lärm von aussen) ○ Fehlende kritische Einstellung gegenüber den entstandenen Ideen (evtl. nur schwache Brauchbarkeit und dennoch Nutzung als Basis)
Analytisches Darstellen	○ Unzureichende analytische Durchdringung bzw. zu wenig Durchführungs-Runden oder falsch ausgewählte Beteiligte (z.B. beim Ideen-Delphi) ○ Missverständliche bzw. irreführende und dabei suggestive Darstellungen (z.B. in einem Szenario)	○ Unzureichende Informationsinputs ○ Unkritische Interpretation der Ergebnisses (Outputs) und „Vergessen" der Modellannahmen

Instrumente

Lösbarkeit des Problems anbetrifft. Zum letzten Punkt: Immer wieder nimmt man sich zu viel auf einmal vor, grenzt das Problem zu weit ab oder versucht, zwei oder drei potenzielle Phasen in „einem Abwasch" zu bewältigen.

Versuch eines Überblicks

(5) Sich über die Rahmen für den Methoden-Einsatz Klarheit zu verschaffen ist auch deshalb sehr wichtig, weil die Methoden-Angebote kaum überschaubar sind. Abbildung A/114 unternimmt hier den Versuch eines Überblicks über in der Praxis gebräuchliche Methoden für

Prozesse auf der Sachebene. Doch auch diese lange Liste ist noch sehr unvollständig. W. Hürlimann kommt in seinem Methodenkatalog auf über 3'000 Problemlösungsmethoden.[1]

Aber bereits die Auswahl der Abbildung A/114 macht auf einfache Weise deutlich, dass selbst eine nur knappe Beschreibung aller in der Literatur und Praxis vorkommenden Methoden und Methodiken den hier gegebenen Rahmen sprengen würde. Die Erfahrung zeigt auch, dass allzu kurze Beschreibungen nicht sonderlich weiterhelfen.

Begrenzung auf Einzelaufgaben

(6) Bereits das Kapitel A/3.3.2 zu den Prozessen auf der Sachebene handelt von Methoden, dort zur Strukturierung v.a. in Phasen und Schritte. In diesem Kapitel geht es um Einzelaufgaben wie z.B. die Analyse der Bedeutung verschiedener Aspekte (ABC-Analyse), kreative Suche nach Ideen (z.B. Methode 635) oder die Bewertung der finanziellen Seite (z.B. dynamische Investitionsrechnung).

Ausgewählte Themen

(7) Für die Kurzbeschreibungen in Kapitel A/3.3.3 erfolgte daher eine weitere Auswahl. (Eine abermalige Auswahl bringt Teil B, nun mit dem Zweck detaillierter Beschreibungen für die praktische Anwendung.)

Die Strukturierung der Darstellung erfolgt gemäss den Ansatzpunkten, wie sie Abbildung A/84 wiedergibt. Danach wird unterschieden in die Seite der:

- Methoden für die Problemstrukturierung und -reduktion
- Lösung definierter Probleme (Analyse- und Planungsprozesse)
  ○ Methoden für die Prozessgestaltung auf der Sachebene
  ○ Methoden für Einzel-Aufgaben im Prozess

3.3.3.1 Methoden für die Problemstrukturierung und -reduktion

Überblick

(1) In diesem Kapitel stehen konkrete Methoden zur Diskussion, mit deren Hilfe Probleme strukturiert und im Bearbeitungsumfang reduziert werden können, wie folgender Überblick zeigt:

- Bewusste Reduktion des zu betrachtenden Problems und seines Umfeldes
  ○ Problem-Check
  ○ Systemabgrenzungs-Methode (SAM)
- Reduktion des Probleminhaltes
  ○ Black-box-Methode
  ○ Wechsel der Systemebene

Problem-Check

(2) Eine Form der bewussten Reduktion des zu betrachtenden Problems mit seinen Umfeldern liegt in einer nüchternen Analyse der Situation zu Beginn des Lösungsfindungs-Prozesses. Das ändert eigentlich am betrachteten Problem überhaupt nichts. Aber man lernt, es richtig einzu-

---

[1] Vgl. Hürlimann 1981

schätzen. Wie wichtig das ist, zeigt Kapitel A/3.2.2. Ein unangebrachter Optimismus kann sehr schaden.

Der Problemcheck basiert auf den theoretischen Ausführungen in den Kapiteln A/2.1.2 und 2.1.3. Er wird **in Kapitel B/2.1.1.1 vertiefend** dargestellt.

System-
abgrenzungs-
Methode

(3) Die Systemabgrenzungs-Methode (SAM) nimmt direkt Einfluss auf den Umfang des zu lösenden Problems und seines Umfeldes. Im systemischen Denken spricht man hier von zu betrachtenden und gestaltenden Systemen und ihrer Umgebung (Umsystem, vgl. Abb. A/71).

Der Autor entwickelte für das Ziehen dieser Systemgrenze ein einfaches Vorgehen. Diese Methode wird **in Kapitel B/2.1.1.2 vertiefend** dargestellt.

Black-box-
Methode

(4) Die Black-box-Methode wählt einen anderen Weg der Komplexitäts-Beherrschung: Die Reduktion des Probleminhaltes.[1] Diese Methode basiert ebenfalls auf dem systemischen Denken. Wie in Kapitel A/3.1.4.2 und besonders mit Abbildung A/78 gezeigt wird, lassen sich für alle Systeme Inputs- und Outputs analysieren. Dazwischen liegt die Transformation im System. Dieses Systeminnere ignoriert man bei der Black-box-Methode.

Wenn man z.B. die Umweltverträglichkeit einer Müllverbrennungsanlage analysieren will, dann kann man auf die Kenntnis von deren komplexen „Innereien" wenigstens am Anfang verzichten. Es reicht, sich auf die Inputs und Outputs zu konzentrieren (vgl. Abb. B/22). Zu dieser Methode erfolgt in **Kapitel B/2.1.2.1** eine **vertiefende** Darstellung.

Wechsel der
Systemebene

(5) Eine andere Form zur Reduktion des Probleminhaltes besteht im Wechsel der Systemebene (vgl. Abb. A/75 und A/76). Durch Nutzung der nächsthöheren Ebene reduziert sich die „Körnigkeit" der Betrachtung. Eine **Vertiefung** dieser Methode bringt Kapitel B/2.1.2.2. Mit dieser Möglichkeit ist bereits der Übergang zum Instrumentarium für die Lösung definierter Probleme (Gestaltung der Analyse- und Planungsprozesse) gegeben.

3.3.3.2　Methoden für die Prozessgestaltung auf der Sachebene

Überblick

(1) Unter dem Gesichtspunkt Praxis-bewährter methodischer Ansätze sollen folgende Möglichkeiten kurz vorgestellt werden:

- Auftrags- bzw. Zielanalyse
- Strukturierung nach Phasen und Problemlösungs-Zyklen
- Anpassung von Prozess-Mustern
- Netzplantechnik

---

[1] Vgl. Züst 2004, S. 69 ff.; Daenzer/Huber 2002, S. 34 und 443

Auftrags- bzw. Zielanalyse

(2) Die Auftrags- bzw. Zielanalyse dient der Ausrichtung des Prozesses auf das angestrebte Ziel bzw. die erwünschten Ergebnisse, Outputs oder Wirkungen und ist mehrfach Gegenstand von Erläuterungen. **Vertiefungen** erfolgen in Kapitel **B/1.2.1.1** und 4.2.2.1.
Einsetzbar sind auch Techniken wie Checklisten. Abbildung A/110 zeigt ein einfaches praktisches Beispiel.

Abbildung A/110
Die Beantwortung
dieser Check-
Fragen zum Pro-
dukt, zur Wirkung
bzw. zum Ziel
lohnen zu Beginn
der Prozessgestal-
tung immer

Fragen
1. Wer ist der Adressat bzw. Auftraggeber?
2. Wer soll von den Produkt-Wirkungen profitieren? (Bei mehreren Kunden evtl. Rangfolge)
3. Welche Bedeutung hat das Produkt aus der Sicht der Auftraggeber bzw. Begünstigten?
4. Welche Prämissen bzw. Randbedingungen sind einzuhalten? (z.B. Termine)
5. Welche qualitativen Ziele zum Ergebnis sind zu beachten?

Strukturierung nach Phasen und Problemlösungs-Zyklen

(3) Für die Strukturierung nach Phasen und Problemlösungs-Zyklen (vgl. Abb. B/26) bedient man sich zu Beginn am besten der Problem-Checkliste gemäss Abbildung B/20. Insbesondere Signale für Schwierigkeiten in folgenden Bereichen sprechen grundsätzlich für Phasen-Gliederungen im Prozess:

- Hoher Umfang der Problemaspekte
- Niedrige Transparenz des Problems
- Hohe sachliche Vernetzung
- Unsicherheiten in den zur Verfügung stehenden Informationen
- Sehr komplizierte organisatorische Einbettung
- Unsicherheiten in den benötigten Ressourcen
- Zu wenig bzw. unklare zur Verfügung stehende Fachkompetenzen
- Fehlende Erfahrung mit gleichen und ähnlichen Projekten

Nach einem solchen, meist rasch durchführbaren Check ist eine Entscheidung herbeizuführen, ob mehrere Phasen und Lösungszyklen definiert werden sollen oder nicht.
Fällt die Entscheidung positiv aus, so kann man sich diverser **Strukturierungs-Muster** bedienen. Die Abbildungen A/112 und B/26 zeigen Möglichkeiten in abstrakter Form. Die Abbildungen A/107 und A/111 bringen dazu Beispiele aus der Praxis. Im SIA-Leistungsmodell gemäss der

letztgenannten Abbildung werden auch Ideen der Lebensphasen-
Betrachtung übernommen.

Abbildung A/111
Der Schweizer
Ingenieur- und
Architektenverein
(SIA) bietet für das
Bauwesen ein
Leistungsmodell
mit Phasen (hier:
Leistungsmodell
112)[1]

Phase	Teilphase	Ziele[2]
1 **Strategische Planung**	11 Bedürfnisformulierung, Lösungsstrategien	○ Bedürfnisse, Ziele und Rahmenbedingungen definiert, Lösungsstrategie festgelegt
2 **Vorstudien**	21 Projektdefinition, Machbarkeitsstudie	○ Vorgehen und Organisation festgelegt, Projektierungsgrundlagen definiert, Machbarkeit nachgewiesen
	22 Wettbewerbsvorbereitung und -durchführung	○ Anbieter/Projekt ausgewählt, welche den Anforderungen am besten entsprechen
3 **Projektierung**	31 Vorprojekt	○ Konzeption und Wirtschaftlichkeit optimiert
	32 Bauprojekt	○ Projekt und Kosten definiert
	33 Bewilligungsverfahren, Auflageprojekt	○ Termine definiert
4 **Ausschreibung**	41 Ausschreibung, Offertvergleich, Vergabeantrag	○ Vergabereife erreicht
5 **Realisierung**	51 Ausführungsprojekt	○ Ausführungsreife erreicht
	52 Ausführung	○ Bauwerk gemäss Pflichtenheft und Vertrag erstellt
	53 Inbetriebsetzung, Abschluss	○ Bauwerk übernommen und in Betrieb genommen, Schlussabrechnung abgenommen, Mängel behoben
6 **Bewirtschaftung**	61 Betrieb	○ Betrieb sichergestellt und optimiert
	62 Erhaltung	○ Gebrauchstauglichkeit und Wert des Bauwerks für definierten Zeitraum aufrechterhalten

Instrumente

---

[1] Aus Meyer-Meierling 2003, S. 14
[2] Anmerkung: Typ „Sachziele"

Abbildung A/112
Diese Grundversi-
on eines Phasen-
Konzeptes gemäss
Systems Enginee-
ring orientiert sich
tendenziell an der
Produktgestaltung
in der Industrie[1]

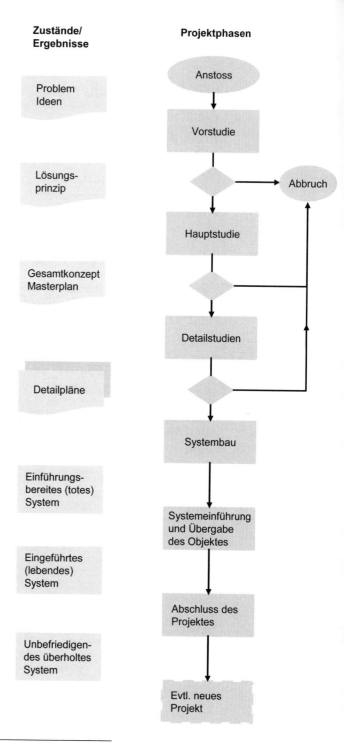

Zustände/
Ergebnisse

Projektphasen

Problem
Ideen

Anstoss

Vorstudie

Lösungs-
prinzip

Abbruch

Hauptstudie

Gesamtkonzept
Masterplan

Detailstudien

Detailpläne

Systembau

Einführungs-
bereites (totes)
System

Systemeinführung
und Übergabe
des Objektes

Eingeführtes
(lebendes)
System

Abschluss des
Projektes

Unbefriedigen-
des überholtes
System

Evtl. neues
Projekt

---

[1] Nach Daenzer/Huber 2002, S. 93

Den Vorteil der Strukturierung nach Phasen und Problemlösungs-Zyklen machen bereits die Erläuterungen oben deutlich: Reduktion der Komplexität und Übernahme Praxis-bewährter Vorgehensweisen. Ein möglicher Nachteil besteht in einer zu komplizierten Vorgehensweise.

Anpassung von Prozess-Mustern

(4) Geht es um die Gestaltung von Prozessen auf einer bestimmten Detaillierungsebene, so sprudeln die betriebswirtschaftlichen Quellen. Auf diesem Gebiet hat im Zuge der Entwicklung zur prozessorientierten Organisation ein grosser Schub stattgefunden. Ausrichtungen von Muster-Prozessarten für Unternehmen zeigt Abbildung A/113.[1] Im Zusammenhang mit der Problemlösung interessieren v.a. zwei Prozessarten:

○ Analyse- und Planungsprozesse
○ Steuerungsprozesse

Abbildung A/113
Dieses Beispiel eines Standardmodells zeigt verschiedene Prozessarten für Unternehmen

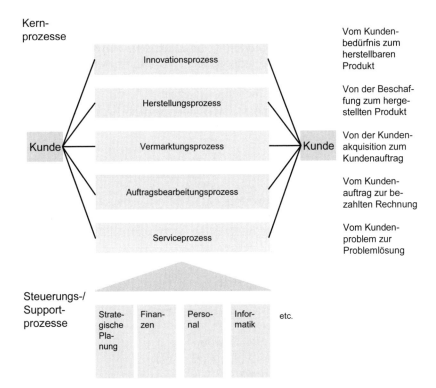

Die typischen Prozess-Schritte für einen Steuerungsprozess macht Abbildung A/80 deutlich. Einen Praxis-bewährten Analyse- und Planungsprozess bringen die Abbildungen A/115 und B/29.

Wichtig erscheint, dass eine Überprüfung und situative Anpassung von Prozess-Mustern erfolgt. Diese müssen v.a. den Anforderungen des

---

[1] Vgl. Hässig 2000, S. 108 ff.; Bogaschewsky/Rollberg 1998, S. 207 ff.

Problems, der Informationslage und dem Verständnis der Beteiligten entsprechen. Das ändert nichts an der bewährten Grundlogik (vgl. auch Kapitel A/3.3.1.1 und Abb. A/95).

Netzplan-technik

(4) Einen speziellen Ansatz bietet die Netzplantechnik. Diese vernetzt definierte Teilaufgaben bzw. Schritte in einem Problemlösungs-Prozess bzw. Projekt und stellt diese grafisch dar. Dabei geht es primär um Zeit- und Kapazitätsberechnungen.

Im Rahmen dieser allgemeinen Zweckbestimmung bestehen verschiedene methodische Ausprägungen. Prozessorientiert lassen sie sich unterscheiden in Methoden für:[1]

○ deterministische[2] Prozesse

○ stochastische[3] Prozesse

Bei **deterministischen Prozessen** nimmt man an, dass diese relativ zuverlässig vorherbestimmbar sind – eine oft zu mechanistische Sichtweise. Zu dieser Methodengruppe gehören z.B. die Critical Path Method (CPM) oder die Program Evaluation and Review Technique (PERT).

Die Methoden für **stochastische Prozesse** berücksichtigen, dass Prozesse verschiedene, nicht von vornherein bestimmbare Verläufe nehmen können. Ein Beispiel für diesen Typ bildet die Graphical Evaluation and Review Technique (GERT).

Das Thema „Netzpläne" wird in Kap. A/3.3.5. beim Thema Projektmanagement nochmals aufgegriffen.

3.3.3.3 Methoden für Einzelaufgaben im Prozess

Überblick

(1) Abbildung A/113 bringt einen Ausschnitt brauchbarer Methoden. Ein Teil davon wird in diesem Kapitel A/3.3.3 sowie vertiefend in Kapitel B/2. beschrieben. Als Methoden für Einzel-Aufgaben im Prozess werden hier kurz vorgestellt:

○ ABC-Analyse

○ Brainstorming

○ Delphimethode

○ Entscheidungsbaum-Verfahren

○ Interviews

○ Kosten-Nutzen-Analyse

○ Kosten-Wirksamkeits-Analyse

○ Methode 635

○ Mind Mapping

○ Morphologischer Kasten

○ Nutzwertanalyse

○ Portfolioanalyse

○ Relevanzbaum-Verfahren

---

[1] Vgl. Burghardt 2002, S. 218 ff.
[2] Deterministisch = in allen Teilen vorherbestimmt
[3] Stochastisch = vom Zufall bzw. anderen äusseren Einflüssen abhängig

- Statische Investitionsrechnung
- SWOT-Analyse
- Synektik
- Szenariotechnik
- Zielanalyse und Indikatorbildung
- Ziel-orientierte Rentabilitäts-Analyse (ZORA)

Diese 18 Methoden werden inhaltlich kurz vorgestellt. Es folgen **Hinweise zu Anwendungsschwerpunkten** (vgl. Abb. A/115). Schliesslich werden kurz wesentliche Vor- und Nachteile bzw. wichtige Fehlermöglichkeiten gestreift.

Eigentliche **Handlungsanleitungen** zu besonders wichtig erscheinenden Methoden bringt Kapitel B/2.

Instru-
mente

ABC-Analyse

(2) Die ABC-Analysen dienen dem Aufgliedern der Kenngrössen von Massenphänomenen, z.B. Umsätze einzelner Artikel.[1] Dabei erfolgt ein Sortieren nach besonders hohen Beiträgen (A), mittleren (B) und kleinen (C). Möglich ist z.B., dass auf nur 20% der Produkte 50% des Gesamtumsatzes entfallen (= A-Produkte). Weitere 15% der Produkte erzielen z.B. nochmals 25% des Umsatzes (= B-Produkte). Daraus kann der Analytiker erkennen, welche Produkte durch das Marketing besonders gepflegt werden sollten (A und B). Dahinter steht die Pareto-Kurve, welche besagt, dass mit 20–30% des Aufwandes häufig 70–80% des maximal möglichen Nutzens erreichbar ist.

Ähnliche Überlegungen sind bei Analysen und Planungen denkbar. Hier gilt es schwerpunktartig, sich mit den A- und B-Bereichen zu beschäftigen, also nicht in den C-Bereichen zu verlieren. Wichtige **Anwendungsschwerpunkte** bei Problemlösungen liegen dementsprechend bei Machbarkeitsabklärungen und Analysen der Ist-Situation (vgl. Abb. A/115).

Als **Vorteil** bietet die Methode Möglichkeiten der Vereinfachungen der Analyse einer Situation und Lösungsfindung, weil sie eine Konzentration auf das Wesentliche erleichtert.

Potenzielle **Nachteile** ergeben sich durch möglicherweise voreilige Schlüsse aus Vergangenheitszahlen und durch die potenzielle Vernachlässigung von Vernetzungen und Nebeneffekten.

Brainstorming

(3) Das Brainstorming gehört zu den meistangewandten Kreativitätsmethoden in Gruppen.[2] Das liegt an der leichten Durchführbarkeit.

Das Brainstorming lässt sich jedoch nicht nur als Kreativitäts-Instrument einsetzen. Es erlaubt auch, relativ rasch Aspekte zu einem Problem zu sammeln oder sich gegenseitig (unwidersprochen) unbequeme Wahrheiten zu sagen. Wichtige **Anwendungsschwerpunkte** liegen dementsprechend bei der Problemerfassung, Analyse zukünftiger Entwicklungen, Zielformulierung, Lösungssuche, Konkretisierung von Teillösungen (vgl. Abb. A/115) sowie bei der Gestaltung von Gruppenprozessen.

---

[1] Vgl. Daenzer/Huber 2002, S. 130 f.; Brauchlin/Heene 1995, S. 129 f.
[2] Vgl. Daenzer/Huber 2002, S. 446; Brauchlin/Heene 1995, S. 194

Abbildung A/114
Die Zahl brauch-
barer Methoden ist
schier unüber-
schaubar

Nr.	Methode	Teil A (Kurz-beschrei-bung) Kapitel	Teil B (Vertiefung und Anlei-tung) Kapitel
1.	ABC-Analyse	3.3.3.3	–
2.	Abweichungsanalyse	–	–
3.	Analogschluss-Verfahren	–	–
4.	Balkendiagramm	3.3.5.3	–
5.	Beobachtung, nicht teilnehmende	–	2.3.2
6.	Beobachtung, teilnehmende	–	2.3.2
7.	Black-box-Methode	3.3.3.1	2.1.2.1
8.	Brainstorming	3.3.3.3	2.3.4.4
9.	Branch and Bound	–	–
10.	Delphimethode	3.3.3.3	2.3.4.6
11.	Dokumentenanalyse	–	2.3.2
12.	Dynamische Programmierung (Optimierung)	3.1.2.3	–
13.	Entscheidungsbaum-Verfahren	3.3.3.3	–
14.	Erweiterte Wirtschaftlichkeits-Analyse (EWA)	–	2.3.6.3
15.	Funktionenanalyse	3.3.1.3	2.3.4.7
16.	Indikatorbildung	3.3.3.3	2.3.6.2
17.	Input-Output-Analyse	3.1.42.	–
18.	Interaktionsanalyse	–	–
19.	Interdependenzanalyse	–	–
20.	Interview	3.3.3.3	2.3.2
21.	Investitionsrechnung, dynamische	3.3.3.3	2.3.7
22.	Investitionsrechnung, statische	3.3.3.3	2.3.7
23.	Kärtchentechnik	–	–
24.	Katastrophenanalyse	–	–
25.	Kennziffern	–	–
26.	Konferenztechnik	3.3.4.2	–
27.	Konstruktions-Methode	–	–
28.	Kosten-Nutzen-Analyse	3.3.3.3	–
29.	Kosten-Wirksamkeits-Analyse	3.3.3.3	2.3.6.3
30.	Lineare Programmierung (Optimierung)	3.1.2.3	–
31.	Methode 635	3.3.3.3	2.3.4.5

Fortsetzung Abbildung A/114

Nr.	Methode	Teil A (Kurz-beschrei-bung) Kapitel	Teil B (Vertie-fung und Anleitung) Kapitel
32.	Mind Mapping	3.3.3.3	2.3.4.3
33.	Morphologische Methode / Morphologischer Kasten	3.3.3.3	2.3.5
34.	Multimoment-Aufnahme	–	–
35.	Netzplantechnik	3.3.3.5	–
36.	Nutzwertanalyse (Bewertungsmatrix, Multikriterienverfahren, etc.)	3.3.3.3	2.3.6
37.	Operations Research	3.1.2.3	–
38.	Paarweiser Vergleich	–	2.3.1.1
39.	Polaritätsprofil	–	2.1.1.1
40.	Präsentationstechniken	3.3.4.2	–
41.	Portfolioanalyse	3.3.3.3	–
42.	Problem-Check	3.3.3.1	2.1.1.1
43.	Prognosetechniken	–	–
44.	Program Evaluation and Review Technique (PERT)	3.3.3.2	–
45.	Quality Function Deployment (QFD)	–	–
46.	Regressionsanalyse	–	–
47.	Relevanzbaum-Verfahren	3.3.3.3	–
48.	Richtwerte	–	–
49.	Risikoanalyse	3.3.5.2	4.2.2.1
50.	Sensibilitätsanalyse	–	–
51.	Shift-Analyse	–	–
52.	Simulationsmodelle	3.1.3.1	–
53.	Synektik	3.3.3.3	–
54.	Systemabgrenzungs-Methode (SAM)	3.3.3.1	2.1.1.2
55.	Szenariotechnik	3.3.3.1	2.3.3
56.	Trendanalyse	–	–
57.	Trial and Error	3.2.1.4	–
58.	Wertanalyse	3.3.1.3	–
59.	Zielanalyse	3.3.3.3	2.3.1
60.	Ziel-orientierte Rentabilitäts-Analyse (ZORA)	3.3.3.3	–

Instru-mente

Abbildung A/115
Viele Methoden
lassen sich bei
diversen Prozess-
Schritten anwen-
den (hier am
Beispiel eines
Planungs-/
Optimierungs-
Prozesses)

Prozess-Schritte (vgl. Abb. B/29)	Anwendungsschwerpunkte von Methoden (Auswahl)
1. Vorbereitung	
1.1 Problemerfassung, Aufgabenanalyse	• Brainstorming, Interviews, Zielanalyse
1.2 Machbarkeitsabklärung	• ABC-Analyse, Interviews, Investitionsrechnung, Methode 635, Nutzwertanalyse, Relevanzbaumverfahren, Systemabgrenzungs-Methode (SAM), Zielanalyse
1.3 Projektplanung und -organisation	• Netzplantechnik
2. Situationsanalyse	
2.1 Systemuntersuchung und Abgrenzung	• Relevanzbaum-Verfahren, Systemabgrenzungs-Methode (SAM)
2.2 Analyse der Ist-Situation	• ABC-Analyse, Brainstorming, Interviews, Morphologischer Kasten, Relevanzbaum-Verfahren, SWOT-Analyse
2.3 Analyse zukünftiger Entwicklungen	• Brainstorming, Interviews, Szenariotechnik, Portfolioanalyse
2.4 Ableitung von Folgerungen und Programmen	• Methode 635, Zielanalyse, SWOT-Analyse
3. Optimierung	• Entscheidungsbaum-Verfahren
3.1 Zielformulierung	• Brainstorming, Interviews, Zielanalyse
3.2 Lösungssuche/-varianten	• Brainstorming, Methode 635, Morphologischer Kasten, Relevanzbaum-Verfahren
3.3 Bewertung (Kosten, Nutzen)	• Investitionsrechnung, Kosten-Wirksamkeits-Analyse, Nutzwertanalyse, Zielanalyse, ZORA
3.4 Folgerungen, genereller Lösungsvorschlag	• Zielanalyse
4. Ausarbeitung	
4.1 Ausarbeitung der Gesamtlösung	• Nutzwertanalyse (zur Überprüfung), Investitionsrechnung
4.2 Konkretisierung von Teillösungen	• Brainstorming, Investitionsrechnung, Morphologischer Kasten, Methode 635, Nutzwertanalyse, ZORA
4.3 Diskussionen/Überprüfungen/Anpassungen	• Zielanalyse

Als **Vorteile** ergeben sich die sehr breite Anwendbarkeit und der nur kleine Zeitbedarf. Auch erlaubt die Methode einen guten Einbezug einer Gruppe.

Als **Nachteile** bzw. **Fehler** sind die oft völlig unzureichende Durchführung (z.B. statt „Gedanken-Sturm" bereits Diskussion) und eine mangelnde kritische Analyse des tatsächlichen Wertes der gesammelten Aspekte und Ideen festzustellen.[1]

Das Brainstorming und weitere Kreativitäts-Methoden werden **in Kapitel B/2.3.4 vertieft.**

Delphi-methode

(4) Die Delphimethode dient dazu, in einem systematischen Prozess Meinungen von Fachleuten einzuholen. Dabei erfolgt ein Wechsel von Fragenbeantwortungen durch Fachleute, deren Auswertung und Weiterleitung als Informationsbasis für die Fachleute.

Anwendungsschwerpunkte liegen bei der Erarbeitung von Zukunftsaussagen, bei der Entwicklung von Ideen und beim systematischen Austausch von Meinungen. In der letztgenannten Form empfiehlt sich die Methode in verkürzter Form für Zielgewichtungen (vgl. Abb. B/51).

Ein **Vorteil** des Verfahrens liegt darin, eine grössere Zahl von Expertinnen in die Befragung und Meinungsbildung miteinzubeziehen. Dabei besteht genügend Zeit zum Nachdenken. Zudem lässt sich die Qualität der Aussagen durch den systematischen Meinungsaustausch steigern.

Zu den **Nachteilen** gehört, dass die emontionalisierenden zwischenmenschlichen Beziehungen fehlen. Das kann speziell die Kreativität beeinträchtigen. Zudem beanspruchen bestimmte Anwendungsformen (aber längst nicht alle) erhebliche Zeit.

In Form des Ideen-Delphi erfolgt in **Kapitel B/2.3.4.6** eine vertiefende Darstellung.

Entschei-dungsbaum-Verfahren

(5) Das Entscheidungsbaum-Verfahren dient der bewertenden Strukturierung von Varianten bzw. Alternativen.[2] Dieses Verfahren darf man als „Klassiker" der Entscheidungstheorie bezeichnen (vgl. Kap. A/3.1.2.2). Dabei wird ein Problem grafisch in eine Folge von Einzel-Entscheidungen zu Teil-Varianten bzw. -Alternativen aufgegliedert (vgl. Abb. A/116). Man spricht daher auch von einem mehrstufigen Entscheidungsmodell. Bei der Anwendung des Entscheidungsbaumverfahrens sind drei Schritte zu bewältigen:[3]

○ Darstellung des Struktur-Modells in Form eines Baumes
○ Quantifizierungen im Struktur-Modell
○ Bewertende Analyse der Äste, durch Zurück-Rechnen von den Ästen bis zur Wurzel, wobei Wahrscheinlichkeiten und Erwartungswerte ermittelt werden

Der **Anwendungsschwerpunkt** des Entscheidungsbaum-Verfahrens liegt in der Optimierung. Einsetzbar ist diese Methode aber nur, wenn

Instru-mente

---

[1] Vgl. Deutscher Manager-Verband, Bd. III, 2004, S. 129
[2] Vgl. Daenzer/Huber 2002, S. 466 ff.; Brauchlin/Heene 1995, S. 149 ff.
[3] Vgl. Brauchlin/Heene 1995, S. 152 ff.

ein einziges Optimierungsziel besteht, die Dinge sich relativ einfach quantifizieren lassen, die Varianten für sich genommen nicht komplex sind und eine Schrittfolge im Entscheidungsablauf gestaltbar ist.

Der **Vorteil** des Verfahrens liegt in der mathematischen Klarheit des Ergebnisses.

Der **Nachteil** ergibt sich durch die vielen oben genannten Anwendungs-Bedingungen, welche eigentlich nur Lösungen einfacher Probleme (evtl. aber mit grosser finanzieller Tragweite) erlauben.

Abbildung A/116
Mit diesem Ent-
scheidungsbaum
lässt sich die Frage
beantworten:
Bohren nach Öl?[1]

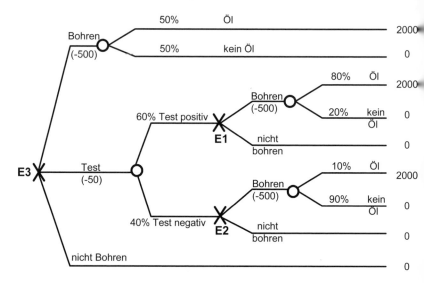

X = Entscheidungspunkte

O = Wahrscheinlichkeitspunkte

Interviews   (6) Interviews werden oft nicht zu den Methoden gezählt. Gute Interviews mit einer ergiebigen Informationsgewinnung bedürfen jedoch eines methodischen Vorgehens:[2]

∘ Vorbereitung
∘ Durchführung
∘ Auswertungen

Zusätzlich müssen einige „technische Bedingungen" während des Interviews gegeben sein. Dazu gehören ein angemessenes Verhalten (Zuhören, Zuhören, Zuhören) sowie das klare und sehr knappe Stellen von Fragen.

Anwendungsschwerpunkte für Interviews liegen in der Problemerfassung und Aufgabenanalyse, Machbarkeitsabklärung, Analyse der Ist-

---

[1] Aus Daenzer/Huber 2002, S. 467
[2] Vgl. Schmidt 2003, S. 168 ff.; Flick 2002, S. 117 ff.; Friedrichs 1990, S. 207 ff.

Situation, Analyse zukünftiger Entwicklungen und Zielformulierung (vgl. Abb. A/115). Man kann sie zudem gezielt einsetzen, um neben dem sachlichen Zweck die Gesprächspartner menschlich besser kennenzulernen.

Der **Vorteil** von Interviews besteht in der intensiven Informationsgewinnung. Man erfährt durch ein gut vorbereitetes und geführtes Interview von einer Stunde evtl. mehr als in einem tagelangen Studium von Unterlagen oder Büchern.

Nachteile ergeben sich insbesondere durch fehlerhafte Durchführungen (z.B. Kommentieren von Antworten, bereits über Lösungen spekulieren etc.).

Interviews bilden trotz der Fehlermöglichkeiten und des Aufwandes ein sehr wichtiges Instrument für Planungs-Prozesse. Daher erfolgt eine **Vertiefung** in Kapitel **B/2.3.2**.

Instrumente

Kosten-Nutzen-Analyse

(7) Der Begriff Kosten-Nutzen-Analyse wird oft falsch verwendet. Streng methodisch steht dahinter eine Bewertungsmethode auf der Basis der ökonomischen Theorie für öffentliche Projekte mit Analogien zur Investitionsrechnung.[1] Es wird die gesamte Lebenserwartung des Projektes berücksichtigt. Sämtliche Kosten und Nutzen drückt die Methode in Geld aus, so dass das Ergebnis einen klaren Massstab für die Wirtschaftlichkeit bietet. Nicht in Geld ausdrückbare Nutzen (z.B. Akzeptanz) bleiben jedoch unberücksichtigt.

Der **Anwendungsschwerpunkt** liegt bei der Bewertung von Varianten und Alternativen im Rahmen von grossen Projekten der öffentlichen Hand. Dazu gehören neue Bahnlinien, Standorte von Hochschulen etc.

Ein wichtiger **Vorteil** des Verfahrens besteht in den eindeutigen Zahlenergebnissen, ausgedrückt in Geldeinheiten.

Nachteile ergeben sich durch die Beschränkung auf monetarisierbare Aspekte sowie die vielen verdeckten Wertannahmen (z.B. Zinssatz für Abdiskontierungen). Das kann leicht zu Fehlinterpretationen von Ergebnissen führen. Um solche Fehlinterpretationen zu vermeiden, werden Kosten-Nutzen-Analysen immer wieder mit Nutzwertanalysen kombiniert.

Kosten-Wirksamkeits-Analyse

(8) Die Kosten-Wirksamkeits-Analyse kombiniert Nutzwertanalysen (s.u.) mit den ermittelten Kosten.[2] Dabei wurden die ermittelten Punktwerte (Nutzwerte) durch die ermittelten Kosten dividiert. Das Ergebnis besteht z.B. in Nutzwert-Punkten je 100 investierte Franken oder Euro.

Der **Anwendungsschwerpunkt** liegt in der Bewertung von Varianten bzw. Alternativen (vgl. Abb. A/115).

Als **Vorteil** lässt sich anführen, dass am Schluss ein eindeutiges Gesamt-Resultat erzielt werden kann.

Ihre **Nachteile** überwiegen jedoch: Automatisch werden Kosten und Nutzen mit je 50% gewichtet. Dabei sind es oft eher Zufälle, ob ein

---

[1] Vgl. Daenzer/Huber 2002, S. 490 ff.; Witte 1989, S. 15 ff.
[2] Vgl. Daenzer/Huber 2002, S. 200 ff.; Witte 1989, S. 28 f.

Aspekt auf der Kosten- oder der auf der Nutzenseite landet. Zudem ist es methodisch problematisch, direkt durch Division zwei völlig verschiedene Dimensionen zu verbinden, da Verzerrungen entstehen können.[1] Kostendifferenzen folgen anderen Massstäben als Nutzendifferenzen.

Methode 635

(9) Die Methode 635 unterstützt die Kreativität durch ein geregeltes Vorgehen. Dabei lässt eine Gruppe systematisch Papierblätter kreisen. Auf diese sind nach bestimmten Regeln Ideen zu notieren.[2]

Der Einsatz dieser Methode bietet sich besonders dann an, wenn Ausgangs-Ideen bereits vorliegen und nun weiterentwickelt bzw. kombiniert werden sollen. Als **Anwendungsschwerpunkte** beim Problemlösen ergeben sich dementsprechend die Machbarkeitsabklärung, Ableitung von Folgerungen, Lösungssuche und Konkretisierung von Teillösungen.

Als **Vorteil** ist anzuführen, dass diese Methode rasch zu vielen Ideen führt. Zudem bauen die Ideen aufeinander auf.

Der **Nachteil** liegt u.a. darin, dass die Ideen ungesteuert produziert werden und daher vom Problemschwerpunkt wegführen können.

Eine **vertiefte Darstellung** dieser Methode erfolgt in **Kapitel B/2.3.4.5**, da sie in etlichen Situationen in der Praxis gute Dienste leistet.

Mind Mapping

(10) Die Technik des Mind Mapping verbindet sprachliches und bildhaftes Denken, um Ideen zu einem Thema zu gewinnen und zu gliedern.[3] Das Thema wird in den Mittelpunkt eines Papierbogens oder einer Folie gestellt und umkreist. Von dort zeichnet man verschiedene Äste und Zweige mit Ideen und Detaillierungen dazu.

Anwendungsschwerpunkte liegen beim Beginn eines Prozesses, bei der Situationsanalyse und beim Kreieren von Problemlösungen. Das kann einzeln und in Gruppen geschehen.

Eine Diskussion der **Vor- und Nachteile** sowie eine **Vertiefung** erfolgen in **Kapitel B/2.3.4.3**.

Morphologischer Kasten

(11) Im Rahmen der Methodik der Morphologie[4] entstand als der Morphologische Kasten, auch Zwicky-Box genannt, als eines der methodischen Instrumente (vgl. als Beispiel Abb. A/85 und B/77).[5] Im Kern geht es bei dieser Methode um folgende **Schritte**:

o Bestimmung der Merkmale (Parameter) einer gesuchten Problemlösung oder eines darzustellenden Sachverhaltes

o Kreieren von denkbaren Teil-Lösungen (Ausprägungen) zu den Merkmalen in Form einer Art „Perlschnüre"

o Auswahl und Kombination von Teillösungen, welche eine prüfenswerte Variante ergeben oder aber eine bestimmte Situation kennzeichnen.

---

[1] Vgl. Daenzer/Huber 2002, S. 200; Witte 1989, S. 28 f.
[2] Vgl. Schmidt 2003, S. 296; Daenzer/Huber 2002, S. 501
[3] Vgl. Brauchlin/Heene 1995, S. 195
[4] Vgl. Zwicky 1989
[5] Vgl. Schmidt 2003, S. 298; Daenzer/Huber 2002, S. 503 f.

Anwendungsschwerpunkte des Morphologischen Kastens liegen einerseits bei der Kreation von Lösungs-Varianten bzw. Alternativen (vgl. Abb. A/115). Andererseits lässt sich diese Methode auch für die übersichtliche Darstellung der vielfältigen Erscheinungen einer Ist-Situation einsetzen (vgl. Abb. A/85).

Der **Vorteil** des Verfahrens besteht in der analytischen Durchdringung einer Situation bzw. eines Problems, der breiten Darstellung des möglichen Lösungsfeldes[1] und in der „Sogwirkung", auch abwegig erscheinende Varianten zu skizzieren. Der Aufwand dafür ist minim.

Eine dumme Idee

Das kantonale Zeughaus in Zürich sollte neu auf einem ehemaligen Industrieareal untergebracht werden. Dabei waren zwei 70 m voneinander entfernt liegende Gebäude zu nutzen und durch einen Neubau zu verbinden.

Der beauftragte Architekt führte die Vorgaben des Bauherrn aus, die Verbindung unterirdisch vorzunehmen. Dabei zeigte jedoch die Kostenschätzung, dass das Projekt die vom Kanton gesetzte Kostenschwelle massiv überschreiten würde. Der Architekt legte ein anderes, kostengünstigeres Projekt vor, erfüllte damit aber die Nutzen-Vorstellungen des Bauherrn (räumliche Zuordnungen, Sicherheit) nicht. In dieser Situation wurde beschlossen, auf anderem Wege eine bessere Lösung zu suchen.

In diesem Rahmen eines neu aufgegleisten Prozesses wurde ein Morphologischer Kasten eingesetzt. Das Team kreierte mit diesem Instrument diverse Lösungs-Varianten. Animiert durch die befreiende Wirkung des Morphologischen Kastens schlug ein Team-Mitglied vor, die beiden Gebäude mit Hilfe einer Brücke zu verbinden. Dieser Vorschlag für die Konzeption der baulichen Verbindung wurde zunächst als Scherz aufgefasst. Als jedoch der Kreator der Brücken-Idee bei seinem Vorschlag blieb, wurde von mehreren Teammitgliedern der Ausdruck „dumme Idee" gebraucht.

Der Moderator griff dennoch diese Idee auf. Sie wurde als eine der Varianten ausgearbeitet. Die anschliessende Bewertung der verschiedenen Lösungs-Varianten mit Hilfe einer Nutzwertanalyse und Investitionsrechnung zeigte zu aller Überraschung, dass die Brücken-Idee nicht nur im Nutzen am besten abschnitt (v.a. bestmögliche funktionale Verbindung der beiden bestehenden Gebäude auf dem Niveau des ersten Stockes), sondern auch am kostengünstigsten war. Denn es erwies sich, dass man die Brücke auf einfache Weise vorfertigen kann. Zudem liessen sich durch nur 4 Brückenpfeiler die schwierigen Baugrundverhältnisse mit den niedrigsten Kosten meistern.

So wurden, nach anfänglichen Akzeptanzproblemen im Team, schlussendlich ein Teil des Zeughauses als Brücke gebaut.

---

[1] Vgl. Deutscher Manager-Verband e.V. 2004, S. 122

Als **Nachteile** des Morphologischen Kastens können Probleme mit einem Zuviel an Varianten gehören. Ein häufig gemachter Fehler besteht in der zu grossen Detaillierung, wodurch die Kreativitäts-fördernde Übersicht verloren geht.

Der Morphologische Kasten hat sich gesamthaft jedoch in der Praxis sehr bewährt. Eine anwendungsorientierte **Vertiefung** erfolgt daher in **Kapitel B/2.3.5.**

Nutzwert-analyse

(12) Die Nutzwertanalyse ist ein Bewertungsverfahren für Varianten bzw. Alternativen. Das Ergebnis besteht in abstrakten Punktwerten, auch Nutzwerte genannt.

Die Methoden-Familie der Nutzwertanalyse, welche auch als Multikriterienverfahren, Entscheidungs-Matrix, Punktwert-Verfahren etc. bezeichnet wird, bietet sehr verschiedene Möglichkeiten des Vorgehens. Entscheidend sind dabei zwei Grössen (vgl. Abb. B/83):[1]

○ Die Anzahl und Art der Ziele (vgl. Abb. A/40 und B/41)
○ Die Skalierung bei der Gewichtung der Ziele und Beurteilung der Zielerträge durch die Varianten (vgl. Abb. B/84).

Die besondere **Bedeutung** der Nutzwertanalyse liegt darin, dass sie das einzige Instrument darstellt, um entscheidungslogisch tragbar bzw. praxistauglich mehrere Ziele zu berücksichtigen. Zudem lassen sich nicht direkt quantifizierbare Aspekte mit Hilfe von Zahlen bewerten. In der Praxis hängen die komplexen Probleme immer sowohl mit mehreren Zielen als auch mit vielen nicht quantifizierbaren Fragen zusammen.

Die wichtigsten **Anwendungsschwerpunkte** der Nutzwertanalyse liegen in der Machbarkeitsabklärung, der Bewertung von konzeptionellen Varianten bzw. Alternativen sowie in der Bewertung von verschiedenen Teillösungen (vgl. Abb. A/115).

Die **Vorteile** der Nutzwertanalyse klangen oben bereits an: Ihre universelle Anwendbarkeit bei Bewertungen sowie ein Ergebnis in Form von Zahlen. Damit hilft die Methode insbesondere die einseitige Orientierung an quantifizierbaren Aspekten wie z.B. Kosten zu relativieren.

Der grösste **Nachteil** besteht in methodischen Prämissen, die oft nicht hinreichend eingehalten werden können oder eingehalten werden. In der Praxis geschehen v.a. aus diesem Grund viele die Ergebnisse verfälschende Fehler. Zudem erfolgen oft unzulässige Interpretationen auch kleiner Zahlendifferenzen, obgleich die Nutzwertanalyse eine solche Genauigkeit gar nicht bieten kann.

Trotz aller Fehlermöglichkeiten bleibt die Nutzwertanalyse die einzige formale Methode, mit deren Hilfe nicht monetarisierbare Aspekte in Form von Zahlen erfasst werden kann. Daher wird diese Methode im **Kapitel B/2.3.6 vertiefend** dargestellt.

Portfolio-analyse

(13) Ein Portfolio besteht aus einer zweidimensionalen Darstellung. In der „klassischen" Portfoliomatrix werden die beiden Achsen wie folgt gebildet:

---

[1] Vgl. Zangemeister 2000; Zangemeister 1973

- Senkrechte Achse: Externe Variable, wie z.B. Markt-Attraktivität
- Waagerechte Achse: Interne Variable in Unternehmen etc., wie z.B. die eigene Wettbewerbsstärke

Portfolioanalysen geben in den ursprünglichen **Anwendungsschwerpunkten** einen Überblick über die Marktsituation von strategischen Geschäftseinheiten, Produkten, Kunden, Wettbewerbern oder anderen Analyseobjekten, um daraus Schlussfolgerungen für eine strategische Neuorientierung zu ziehen.[1] Je nach Einschätzung spricht man in der Folge von „Stars", „Cash-Cows", „Questions" und „poor dogs". Man verwendet diese einfache und anschauliche Darstellungsform heute auch für andere Zwecke.

Damit sind die **Vorteile** dieser Methode ebenfalls genannt: die Anschaulichkeit und die direkte Aussagekraft. Portfolio-Matrizen sind zudem leicht zu erstellen.

Als **Nachteile** können sich ergeben, dass die Aussagekraft von Portfolio-Aussagen überschätzt werden. Die Portfoliomatrix bleibt ein grobes Instrument.

Instrumente

Relevanzbaum-Verfahren

(14) Das Relevanzbaum-Verfahren wird auch als Problembaum oder Variantenbaum bezeichnet.[2] Die letztgenannten Bezeichnungen verdeutlichen den Zweck dieses Instrumentes. Im Verfahren wird ein Problem bzw. eine Lösungsmöglichkeit baumartig in Äste aufgeschlüsselt und detailliert (vgl. Abb. A/117). Die ersten Astgabeln bringen grundsätzliche Unterscheidungen. Bei jeder weiteren Gabelung, auch Knoten genannt, erfolgen zusätzliche Untergliederungen. So gesehen hat der Relevanzbaum eine grosse Ähnlichkeit mit einem Zielbaum sowie mit einem Entscheidungsbaum. Auch die strukturelle Ähnlichkeit mit Mind Maps ist gegeben. Der Unterschied liegt einerseits im Thema – hier Ziele, dort Probleme bzw. Lösungsvarianten oder Ideen – und andererseits im Aufgliederungsverfahren.

Die **Anwendungsschwerpunkte** des Relevanzbaum-Verfahrens bilden die Machbarkeitsabklärung, die Systemuntersuchung und -abgrenzung, die Situationsanalyse sowie die Lösungssuche.

Der besondere **Vorteil** des Verfahrens besteht darin, dass Zusammenhänge klar werden und auch die Zeitachse mit verschiedenen „Problem-Weichen" berücksichtigt werden kann.

Ein **Nachteil** kann durch falsche, analytisch zu wenig durchdachte Aufgliederungen entstehen.

---

[1] Vgl. Baum/Coenenberg und Günther 2004, S. 176 ff; Bruhn, 2001, S. 69 ff.
[2] Vgl. Daenzer/Huber 2002, S. 522

Abbildung A/117
Dieser Relevanz-
baum stellt Bewer-
tungs-Ansätze
zum Thema „Wirt-
schaftlichkeit" dar

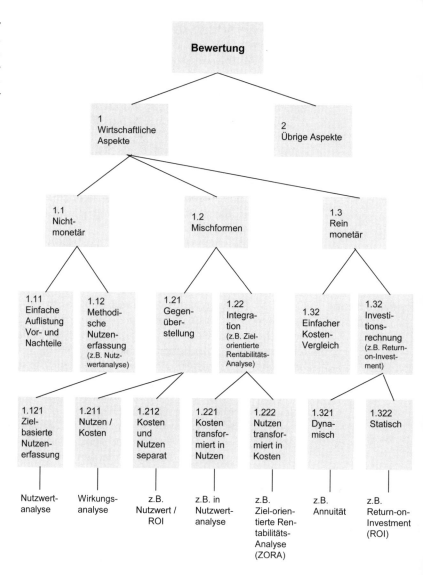

Statische
Investitions-
rechnung

(15) Die statische Investitionsrechnung wurde bereits in Kapitel A/3.1.2.3 kurz angesprochen.[1] Von statisch spricht man, weil in diesem Ansatz zukünftige Kosten und Erträge gleich wie gegenwärtig behandelt werden. Es erfolgt also kein „Zukunftsabzug" durch Abdiskontierung. Gemäss Abbildung A/65 werden bei der statischen Investitionsrechnung v.a. drei Instrumenten-Varianten unterschieden, die:

○ Kostenvergleichsrechnung

○ Amortisationsrechnung (Payback-Methode)

○ Rentabilitätsrechnung (Return-on-Investment, ROI)

---

[1] Vgl. Daenzer/Huber 2002, S. 194 ff.; Loderer 2002, S. 33 ff.; Brauchlin/Heene 1995, S. 139 ff.

Um letztere zu vertiefen: Hier werden die jährlichen Erträge (z.B. Miet-einnahmen) in Prozent des eingesetzten Kapitals ermittelt. Zum Kapital gehören z.B. die Land- und Baukosten. Den erreichten Prozentsatz be-zeichnet man als Rendite (z.B. 6.5%). Wenn von den Erträgen auch die laufenden Kosten abgezogen werden, spricht man von Netto-Rendite. Geschieht das nicht, so liegt eine Brutto-Rendite vor.

Der **Anwendungsschwerpunkt** der Methode der Investitionsrechnung liegt bei der Machbarkeitsabklärung und bei der Bewertung.

Als **Vorteil** der Investitionsrechnung bietet sich eine klare finanzielle Aussage. Die Ergebnisse der Rendite-Berechnungen erlauben zudem, Vergleiche mit alternativen Anlagemöglichkeiten für Kapital zu ziehen.

Der wichtigste **Nachteil** besteht in der einseitigen finanziellen Fixierung. Andere Aspekte wie z.B. die emotionale Verbundenheit mit einem Ge-bäude oder die langfristige Sicherung der Erträge kommen nicht direkt zum Tragen. Zudem verleiten die Zahlen dazu, ihnen unkritisch Glauben zu schenken.

Auf Investitionsrechnungen, welche bei den meisten Planungs-Projekten anstehen, geht **vertiefend Kapitel B/2.3.7** ein.

SWOT-Analyse   (16) Die SWOT-Analyse wurde entwickelt, um zunächst die **Stärken** (strength) und **Schwächen** (weakness) eines Unternehmens im Ver-gleich zur Konkurrenz herauszuarbeiten.[1] Sodann werden auch die **Chancen** (Opportunities) und **Risiken** (Threats) betrachtet. Alle vier As-pekte werden sodann in der SWOT-Matrix miteinander verknüpft. Dar-aus lässt sich die Marketing-Problemstellung einer Unternehmung er-kennen (vgl. Abb. A/118). Im Rahmen der SWOT-Analyse erfolgen nun Untersuchungen der Zusammenhänge. Es lassen sich auch erste Folge-rungen für Strategie-Entwicklungen ziehen, wie z.B. im Bereich der Ty-pen:

- auf Stärken aufbauen und Chancen nutzen
- auf Stärken aufbauen und Gefahren minimieren
- Schwächen beheben und Chancen nutzen
- Schwächen beheben und Gefahren minimieren

Diese im Prinzip einfache Matrix wurde zunehmend auch für andere Anwendungen eingesetzt, etwa für ein Bild der Stärken und Schwächen, Chancen und Risiken eines Projektes.

Mit der SWOT-Analyse werden, ähnlich wie bei der Portfolioanalyse, Zusammenhänge dargestellt und analysiert. Zu den besonderen **Vortei-len** gehört die einfache und übersichtliche Darstellung.

Das bringt aber auch **Nachteile** bzw. Gefahren. Der Vorteil der Über-sichtlichkeit erfordert auch eine knappe Darstellung der wesentlichen Punkte, eine Herausforderung, welche nicht immer leicht umsetzbar ist.

---

[1] Vgl. Baum/Coenenberg und Günther 2004, S. 72 f.; Bruhn 2001, S. 43 f.

Dimensionen	*Chancen*	*Risiken*
Stärken	Weltweit wachsende Automobilmärkte　　　Internationale Unternehmenspräsenz	Weltweite Verschärfung der Sicherheitsstandards　　　Führende Position im Insassenschutz
Schwächen	Besonderes Wachstum im Bereich kleiner Fahrzeuge　　　Fehlende Erfahrung im Kleinwagensegment	Weltweite Verschärfung der Emissionsvorschriften　　　Keine serienreifen alternativen Antriebskonzepte

Synektik

(17) Diese Kreativitätstechnik ist aus dem Ideengut des Brainstormings heraus entwickelt worden, bildet aber eine ganz eigenständige Methode für die Ideensuche in Gruppen.[2] Diese sollte bei Anwendung der Methode der Synektik zwischen 4 und 7 Personen umfassen. Grösser als 7 darf die Zahl der Teilnehmenden nicht sein, da die Anforderungen an die Kommunikation sehr hoch sind. Das Vorgehen besteht in folgenden vier Hauptschritten:

- Beschäftigen mit dem Problem
- Entfernen vom Problem
- Herstellung von Verbindungen
- Entwicklung von Lösungsideen

Zu diesen 4 Hauptschritten gibt es gesamthaft 11 definierte Teilschritte. Dazu muss sich, anders als beim Brainstorming, die Gruppe eventuell zu mehreren Sitzungen treffen.

Der **Anwendungsschwerpunkt** dieser Methode konzentriert sich in der Regel auf die Lösungssuche. Zu empfehlen ist die Synektik dann, wenn sich eine Gruppe nur schwer von vorgefassten Meinungen bzw. fixierten Lösungsideen lösen kann oder neue, originelle Lösungen besonders dringend erscheinen.

Die **Vorteile** der Synektik liegen in der relativ hohen Wahrscheinlichkeit auf neue und teilweise überraschende Ideen zu kommen. Durch den Prozess der verschiedenen Schritte löst sich die Gruppe relativ leicht von Fixierungen auf bestimmte Lösungen. Die Phantasie wird in besonders hohem Masse angeregt.

---

[1] Aus Bruhn 2001, S. 44
[2] Vgl. Daenzer/Huber 2002, S. 544 f.; Brauchlin/Heene 1995, S. 198 ff.

Als **Nachteile** bestehen, dass die Anforderungen an die Gruppe intellektuell sowie in der Toleranz und der Geduld relativ hoch sind. Auch sprengt häufig der Einsatz dieser Technik die zeitlichen Möglichkeiten einer Gruppe.

Szenario-technik

(18) Das Wort Szenariotechnik deutet darauf hin, dass zu Beginn des Einsatzes dieser Methode nur die Technik einer Darstellung stand (vgl. Kap. A/3.3.1.1).[1] Denn unter Szenario verstand man ursprünglich nur eine Bühnenanweisung. Im übertragenen Sinne verwendet man diesen Begriff heute für plastische Bilder möglicher zukünftiger Situationen bzw. Entwicklungen. Die Methode beinhaltet Vorschläge eines systematischen Vorgehens mit folgenden **Schritten:**[2]

- Aufgabenanalyse (Worum geht es bei den Szenarios? Was will man an Wirkungen erzielen?)
- Einflussanalyse (Was spielt alles in welcher Form in das Szenario hinein?)
- Projektionen (Prognosen, kreative Zukunftsideen)
- Bündelung zu Varianten bzw. Alternativen (ausgehend von Leitideen, konsistente Darstellung von Bildern in verbaler und grafischer Form)

Anwendungsschwerpunkte bilden die plastische Darstellung einer Ist-Situation und die Analyse zukünftiger Entwicklungen.

Der grosse **Vorteil** von Szenarios liegt in ihrer Bildhaftigkeit. Mit Szenarios kann man auch provozieren oder Extreme ausleuchten.

Als **Nachteile** ergeben sich evtl. zu reale Interpretationen der (plastischen) Inhalte durch Aussenstehende. Zudem verleiten Szenarioentwicklungen zu Verzettelungen und unnötig breiten Panoramen.

Die Szenariotechnik, passend für eine Situation eingesetzt, kann gute Dienste leisten. Sie wird in **Kapitel B/2.3.3 vertiefend** dargestellt.

Zielanalyse und Indikator-bildung

(19) Die Zielanalyse und Indikatorbildung sind in vorangegangenen Kapiteln bereits verschiedentlich Thema. Insbesondere Kapitel A/1.3.3.3 verdeutlicht, dass **Ziele** die handlungsorientierten Werte konkret auszudrücken vermögen.[3] Da sich das deutsche Wort Ziel sehr weitläufig interpretieren lässt, erfolgten Konkretisierungen in Form verschiedener Zieltypen (vgl. Abb. A/40 und B/41). Während die Massnahmen streng genommen keine Ziele darstellen, lassen sich sowohl Sach- als auch Formalziele in der Praxis der Zielanalyse gebrauchen.

Um Ziele messbar[4] zu machen, lassen sich **Indikatoren** einsetzen. Diese geben an, was festzustellen ist, wie man die Feststellungen zu treffen hat (Messregel) und in welcher Art die vorgefundenen Fakten beurteilt werden sollen (Skalentyp). Abbildung B/85 gibt ein solches Indikatorblatt wieder. Bereits Abbildung B/82 machte darauf aufmerksam, dass die

Instru-mente

---

[1] Vgl. Daenzer/Huber 2002, S. 545 f.
[2] Vgl. Daenzer/Huber 2002, S. 545 f.; Reibnitz 1987, S. 31 ff.
[3] Vgl. Daenzer/Huber 2002, S. 135 ff. und 511; Gäfgen 1974, S. 111 ff.; Zangemeister 1973, S. 89 ff.
[4] Das Wort „messen" bedeutet die Zuordnung von Zahlen zu festgestellten Objekteigenschaften. Letztere können auch qualitativ sein.

Erfüllungsbedingungen im Falle verfügbarer Daten auch in Form von Funktionen dargestellt werden können.

Da Ziele eine massgebliche Orientierungsgrösse für das Problemlösen darstellen, ergeben sich eine ganze Reihe von **Anwendungsschwerpunkten**. Einerseits liegen diese zu Beginn eines Projektes und sind dann fortlaufend den neuen Erkenntnissen anzupassen. Die gleichen Zielformulierungen dienen zudem der Bewertung von Varianten bzw. Alternativen. Das kann in Form einer Nutzwertanalyse geschehen (vgl. Abb. B/83).

Der **Vorteil** der Zielanalyse und Indikatorbildung liegt in der Klärung des zu erreichenden Soll-Zustandes. Besonders wichtig sind daher Zielanalysen bei Beteiligung bzw. Betroffenheit verschiedener Menschen.

Als **Nachteil** muss in Kauf genommen werden, dass die Klärungsprozesse analytisch anspruchsvoll sind und das Denken infolge der Abstraktheit überfordern können. Das gilt insbesondere für die Formalziele, welche aber umgekehrt erst bewusste Optimierungen ermöglichen.

Der Bedeutung der Zielanalyse für das Problemlösen entsprechend erfolgen in **Kapitel B/2.3.1 Vertiefungen**.

*Abbildung A/119
Dieser Überblick
über die Elemente
der Ziel-
orientierten Ren-
tabilitäts-Analyse
(ZORA) zeigt die
Kombination zwei-
er methodischer
Ansätze*

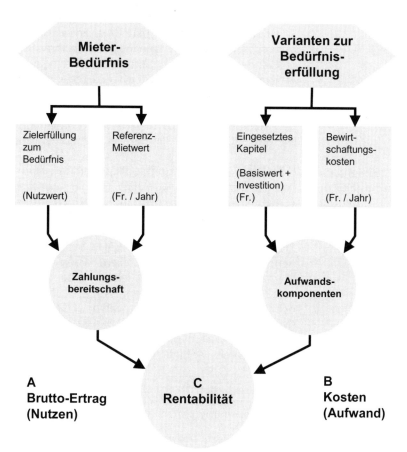

Ziel-orientierte Rentabilitäts-Analyse (ZORA)

(20) Die Ziel-orientierte Rentabilitäts-Analyse (ZORA) verbindet die Rentabilitätsanalyse mit der Nutzwertanalyse. Das erlaubt, auch nicht direkt in Geldeinheiten erfassbare Werte in die Bestimmung der Rentabilität einfliessen zu lassen. Entwickelt wurde diese Methode primär für das Immobilienwesen. ZORA geht von der Erkenntnis aus, dass die Mietzahlungsbereitschaft mit dem Grad wächst, in dem Ziele der Mieter durch Wohnungen oder Büroräume etc. erfüllt werden.

Die Zielerfüllung misst die Methode mit Hilfe einer Nutzwertanalyse. Deren Ergebnisse werden dazu benutzt, Referenz-Mieten entsprechend anzuheben oder zu senken. Daraus resultiert eine simulierte Mietzahlungsbereitschaft. Damit gewinnt man ein Bild möglicher Erträge und kann mit diesen Werten in üblicher Form die Rentabilität einer Immobilien-Investition ermitteln (vgl. Abb. A/119).

Der **Anwendungsschwerpunkt** der Ziel-orientierten Rentabilitäts-Analyse liegt bei der Bewertung von Varianten im Immobilienwesen. Es lassen sich aber so auch generell Mieten z.B. für Gebäude der öffentlichen Hand simulieren.

Als **Vorteil** der Methode ergibt sich ein klares Ergebnis in Zahlen, welches auch Vergleiche möglich macht. Bei der Bestimmung der Zahlen können auch qualitative Werte nachvollziehbar berücksichtigt werden. Als **Nachteile** sind methodisch schwierige Umsetzungen sowie eine unangemessene Interpretation der Zahlen möglich.

3.3.4   Instrumente der Zusammenarbeit

Methoden-Nutzen auch für die Zusammenarbeit

(1) Viele der oben genannten Methoden dienen auch der Zusammenarbeit der an einem Prozess Beteiligten und ihres Umfeldes. So hilft die methodische Durchführung einer Zielanalyse auch dabei, die Diskussionen in einer Gruppe zu strukturieren.

Auswahl von Themen

(2) Daneben bestehen diverse Instrumente der Zusammenarbeit wie hilfreiche Regeln, Fertigkeiten, Ansatzpunkte oder Massnahmen. Zum weiten Feld der Instrumente für die Zusammenarbeit wurden folgende Themen ausgewählt:[1]

- Kommunikation und Moderation
- Präsentations-, Rhetorik- und Verhandlungstechnik
- Körpersprache
- Konfliktmanagement und Mediation
- Teamarbeit

Etliche dieser Themen werden in Kapitel A/1.1 und 1.2 beleuchtet. Vertiefungen erfolgen in Kapitel B/3.

---

[1] In Anlehnung an Déutscher Manager-Verband Bd. I, 2003, S. 11 ff.

Abbildung A/120
Sechs Grundregeln
für eine erfolgrei-
che Kommunika-
tion¹

Grundregel	Erläuterungen, Beispiele
1 **Alles, was wir tun, ist Kommunikation**	Wir kommunizieren keinesfalls nur mündlich oder schriftlich. Tatsächlich macht das, was wir aussprechen, je nach Situation nur 7 bis 24 Prozent der Gesamtinformation aus. Wir senden ständig verbale, nonverbale, beabsichtigte und unbeabsichtigte Botschaften aus. Allein unsere Kleidung, unsere Mimik und Gestik und unsere Körperhaltung beeinflusst die Kommunikation mit dem Gegenüber. Daneben ist unsere Wortwahl und die Art, wie wir sprechen, von zentraler Bedeutung.
2 **Die Art, wie eine Nachricht übermittelt wird, ist ebenso wichtig wie die Nachricht selbst**	Nachrichten sind mehr als blosse Worte, die ausgesprochen werden. Lautstärke, Tonfall, Blickkontakt, Körperhaltung und viele weitere Faktoren, die über den Inhalt der Nachricht hinausgehen, tragen erheblich zur Interpretation unserer Nachricht durch andere bei.
3 **Für eine erfolgreiche Kommunikation ist nicht die gesendete, sondern die richtig empfangene Botschaft ausschlaggebend**	Wer hat nicht schon erlebt, dass seine Botschaft völlig anders als beabsichtigt ankam? Daher gilt, dass die tatsächliche Kommunikation aus der empfangenen Information besteht – ganz gleich, was wir beabsichtigt hatten auszudrücken. Denn gute Absichten bedeuten noch lange nicht, dass die Verständigung auch wirklich gelungen ist. Die richtig empfangene Botschaft ist also das A und O der erfolgreichen Kommunikation.
4 **In den allermeisten Fällen bestimmt der Beginn das Gesprächsergebnis**	Der Beginn eines Gesprächs ist für dessen weiteren Verlauf mehr als wichtig. Sie haben bestimmt auch schon einmal erlebt, dass Ihnen die Art, wie jemand sprach, von Anfang an unsympathisch war. Jemand, der sich ungeschickt anstellt, muss damit rechnen, dass seine Zuhörer schon zu Beginn abschalten oder sich verschliessen – und dass somit die gesamte Botschaft abgelehnt wird.
5 **Erfolgreiche Kommunikation ist immer auf ein Du gerichtet**	Erfolgreiche Kommunikation lässt sich mit einem einfachen Satz definieren: gute Informationen zu geben und gute Informationen zu erhalten. Es versteht sich von selbst, dass jeder seinen Standpunkt klar und überzeugend darzustellen versucht. Doch wenn es dabei bleibt, entsteht keine Kommunikation, sondern lediglich ein Monolog. Wir müssen also lernen, auch dem anderen aufmerksam zuzuhören, wenn das Gespräch erfolgreich sein soll.
6 **Kommunikation ist ein gemeinsamer Tanz**	Kommunikation beruht auf Wechselseitigkeit. Sie findet erst dann statt, wenn die gesendete Botschaft ihren Empfänger erreicht. Kommunikation ist deshalb wie ein gemeinsamer Tanz. Erst wenn wir mit – nicht nur zu – jemandem sprechen, ist die Kommunikation geglückt.

---

¹ Aus Deutscher Manager-Verband, Bd. I 2003, S. 16

3.3.4.1 Kommunikation und Moderation

Überblick

(1) Im Bereich der Kommunikation werden hier folgende Instrumente kurz erläutert:
- Grundregeln der Kommunikation als Check-Punkte
- Aufstellen von Spielregeln
- Feedback
- Spiele für die Teamentwicklung
- Moderationstechniken

Grundregeln als Check-Punkte

(2) Wichtige Grundregeln dienen dazu, sich vor Interviews, Gesprächen oder Gruppenarbeit immer wieder wesentliche Punkte bewusst zu machen (vgl. Abb. A/120). Denn gute Kommunikation setzt auch ein erhebliches Mass an Selbstbeherrschung voraus.

Instru-mente

Spielregeln

(3) Dabei kann in Gruppen das gemeinsame Aufstellen von **Spielregeln** helfen. Diese bestehen aus Regeln, welche für die Kommunikation und Zielerreichung als besonders wichtig angesehen werden. **Kapitel B/3.2.3.2 vertieft** dieses bewährte Werkzeug für die Gruppenarbeit.

Feedback

(4) Feedback stellt ein besonders wichtiges Mittel der Kommunikation dar. Mit diesem Instrument erfährt man, was die anderen über einen als Person und das, was man getan hat, denken. Feedbacks sollten bestimmte Regeln beachten, so z.B. die Bevorzugung konstruktiver Aussagen. Das Thema **vertieft Kapitel B/3.2.2.3**.

Spiele für die Team-entwicklung

(5) Zur Verbesserung der Kommunikation können auch Spiele für die Teamentwicklung dienen. Sie helfen beim Feedback, beim gegenseitigen Kennen lernen oder auch bei der Streitschlichtung. Sie heissen „Problemkerze", „Nasa-Spiel" oder „Power-Point".[1]

Moderations-techniken

(6) Eine grosse Rolle für die Kommunikation kann eine professionelle Moderation spielen. Moderatorinnen lassen sich verkürzt als **Kommunikationshelferinnen** bezeichnen. Für diese Aufgabe werden Moderationstechniken eingesetzt. Autoren sprechen auch von der Moderations-Methode.[2] Dazu gehören Verhaltensregeln ebenso wie Techniken der Darstellung (z.B. Metaplan-Technik). Eine **Vertiefung** dieses Themas erfolgt in **Kapitel B/3.2**.

3.3.4.2 Präsentations-, Rhetorik- und Verhandlungstechniken

Überblick

(1) Ein wichtiges Gebiet innerhalb des Feldes der Kommunikation bilden die Präsentations-, Rhetorik- und Verhandlungstechniken. Die Stossrichtung dieses Themen-Gebietes ist es, anderen Informationen zu ge-

---

[1] Einen grossen Überblick und eine Anleitung bieten Maass/Ritschl 1998
[2] Vgl. Klebert/Schrader und Straub 2002

ben und diese von den eigenen Aussagen zu überzeugen. Viele Problemlöser befinden sich in einer **Denkfalle**. Sie konzentrieren sich auf die Erarbeitung guter Ergebnisse und meinen, dass Aussenstehende die eigene Anstrengung sowie die Qualität der Ergebnisse schon selber merken werden. Die Praxis sieht jedoch anders aus. Können die Beteiligten an einem Problemlösungs-Prozess die Entscheidungsträger und ihre Beeinflusser nicht von einem Zwischen- oder Schluss-Ergebnis überzeugen, dann waren die Anstrengungen, Ideen etc. bezogen auf die Aufgaben zu Ziele vergeblich. Hier werden daher Techniken zu folgenden Themen angesprochen:

○ Präsentationstechniken
○ Techniken der Rhetorik und Verhandlungsführung

Präsentations-
techniken

(2) Die Präsentationstechniken basieren auf Erkenntnissen zu den Fähigkeiten und Verhaltensweisen von Menschen. Kapitel A/1.1.1.3 bringt dazu wichtige Informationen (z.B. die kleine Zuflussgeschwindigkeit des Gehirns). Es wird dort auch darauf aufmerksam gemacht, dass der Erfolg beim Präsentieren massgeblich davon abhängt, dass die Botschaften mit speziellen Reizen und Gefühlen verbunden werden.

Zu den Präsentations-Instrumenten gehören Tageslichtprojektoren, Beamer, Flip-Charts, Stellwände (vgl. Abb. A/121). Wie man mit solchen Instrumenten gut umgeht, vermitteln hilfreiche Aussagen in der Literatur.[1]

Abbildung A/121
Es besteht eine
reiche Palette an
Darstellungsmög-
lichkeiten an einer
Pinwand (Stell-
wand)[2]

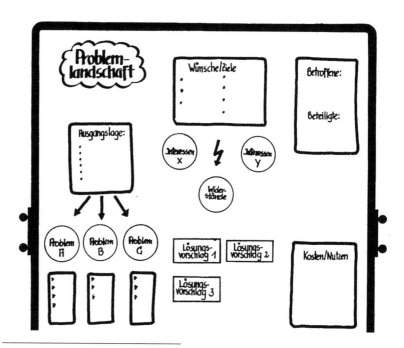

---

[1] Siehe Friedrich 2003, S. 19 ff.; Janka 2001, S. 77 ff.; Hartmann/Funk und Nietmann 2000, S. 128 f.; Thiele 2000, S. 19 ff.
[2] Entnommen bei Klebert/Schrader und Straub 1996, S. 119 ff.

Techniken der Rhetorik und Verhandlungen

(3) Ein Vertiefungsgebiet der Präsentation bildet die Rhetorik und Verhandlungstechnik. Rhetorik bietet aber auch ein gutes Instrumentarium für direkte Gespräche am Telefon oder „face to face". Dabei ist als Basis immer wichtig, sich die eigenen Zielsetzungen vor Augen zu halten und bewusst sowohl Strategie als auch Taktik festzulegen.

In der Umsetzung helfen dann etliche Handwerksregeln, wie sie Abbildung A/122 in einigen Beispielen aufführt.[1]

3.3.4.3   Körpersprache

Bedeutung

(1) Auch die Körpersprache bildet ein sehr wichtiges Teilgebiet der Kommunikation, welches bereits in Kapitel A/1.1.3 thematisiert wurde. Die Bedeutung der Körpersprache lässt sich an der Erkenntnis ermessen, dass mit folgenden Anteilen der **Eindruck von einem Menschen** gemäss einer Untersuchung wahrgenommen wird:[2]

- zu 8% durch die Wortwahl
- zu 23% aus der Betonung des Gesagten
- zu 69% aus Signalen der Körpersprache

Beispiele für hilfreiche Regeln

(2) Signale der Körpersprache (z.B. Erröten, Ausdrucksform der Hände) erfolgen ohne bewusste eigene Beeinflussung auf der Ebene des Unbewussten. Doch kann man auch auf diesem Feld einiges erlernen und bewusst einsetzen. Dazu gehören auch hilfreiche Regeln wie z.B. folgende Zitate:[3]

- Überprüfen Sie Ihre Körpersprache und arbeiten Sie an Ihren Schwachstellen.
- Beobachten Sie die Gruppenmitglieder bzw. Ihr Gegenüber genau. Beachten Sie insbesondere Signale der Körpersprache (siehe vertiefend Kap. B/3.2.2.2).
- Fällen Sie ein Urteil über Menschen und ihre Aussagen erst dann, wenn mehrere Körpersignale in die gleiche Richtung weisen.

3.3.4.4   Konfliktmanagement und Mediation

Bedeutung

(1) Über das Entstehen von Konflikten, verschiedene Konfliktarten und Techniken zu ihrer Bewältigung besteht eine reiche Literatur.[4] Dieses Thema ist auch Gegenstand einer **Vertiefung in Kapitel B/3.1.1**.

Die hohe Bedeutung für das Problemlösen ergibt sich bereits dadurch, dass entstandene Probleme häufig auf Konflikte zurückgehen (vgl. Kap. B/3.1.1.1).

Instrumente

---

[1] Siehe als Vertiefung: Deutscher Manager-Verband Bd. I, 2003, S. 73 ff.
[2] Nach Deutscher Manager-Verband, Bd. I 2003, S. 124
[3] Vgl. Deutscher Manager-Verband Bd. I, 2003, S. 143
[4] Vgl. Glasl 2004; Risto 2003; Schwäbisch/Siems 2001; Schulz von Thun 2001

Abbildung A/122
Regeln zur Rheto-
rik und Verhand-
lungstechnik

Grundregeln

- Bereiten Sie sich immer gründlicher vor als die andere Seite

- Bemühen Sie sich um eine stressfreie und angenehme Atmosphäre

- Stellen Sie Ihre Argumentationsführung bedacht an

- Halten Sie bei Verhandlungen das Ergebnis schriftlich fest

Verhaltensregeln

- Tauchen Sie mit Ihren Verhandlungsabsichten niemals unangemeldet auf – weder bei Kollegen, Vorgesetzten und Mitarbeitern noch bei anderen Personen.

- Werden Sie nicht persönlich und grenzen Sie heikle Themen aus, die mit der eigentlichen Verhandlungssache nichts zu tun haben.

- Überhören Sie selbst persönliche Attacken, Wut- oder sonstige Gefühlsausbrüche der Gegenseite. Verzichten Sie auf Belehrungen und bleiben Sie sachlich.

- Stellen Sie sicher, dass Ihr Verhandlungspartner mehr Redeanteile hat als Sie selbst.

- Fassen Sie sich kurz, halten Sie keine Monologe, die leicht ermüdend und belehrend wirken können, und hacken Sie nicht auf Wortdefinitionen herum. Kommen Sie schnell zum Punkt und verwenden Sie dabei prägnante Wörter.

- Berufen Sie sich keinesfalls auf abwesende Dritte, wie etwa „Herr Müller ist auch meiner Meinung!", „Frau Meier sieht das genauso wie ich." oder „Diese Probleme sind mit anderen Mitarbeitern noch nie aufgetaucht."

- Wahren Sie körperlichen Abstand. Berühren Sie Ihren Verhandlungspartner ausser mit einem kurzen Händedruck am Anfang nicht. Wenn der andere sich zurücklehnt oder mit seinem Stuhl wegrückt, rücken Sie auf keinen Fall hinterher!

- Schauen Sie Ihren Gesprächspartner an, wenn er mit Ihnen spricht. Lesen Sie nicht in Ihren Unterlagen herum und versuchen Sie niemals, in den Unterlagen der Gegenseite mitzulesen.

Beispiele für hilfreiche Regeln

(2) Viele der in Kapitel A/3.3.3 aufgeführten Methoden dienen auch der Konfliktlösung (z.B. einer Nutzwertanalyse). Darüber hinaus bestehen spezifische hilfreiche Regeln, wie z.B.:[1]

○ für eine offene und aufrichtige Kommunikation sorgen (s.o.)
○ Konflikt durch Überzeugen und nicht durch Druckausübung beilegen
○ Vertrauen zu den Gruppenmitgliedern oder Gesprächspartnern aufbauen
○ Konflikte als grundsätzlich lösbares Problem betrachten
○ dort, wo zweckmässig, Instrumente der Moderation oder Mediation einsetzen

Unter **Mediation** wird ein systematischer Prozess verstanden, in dessen Rahmen die jeweiligen Interessen der Konfliktparteien herausgearbeitet werden, um anschliessend nach einem tragfähigen Interessenausgleich zu suchen.[2]

Instrumente

3.3.4.5   Teamarbeit

Bedeutung

(1) Auch das Instrument der Teamarbeit erweist sich häufig als sehr hilfreich und evtl. auch als unabdingbar für das Lösen komplexer Probleme. Es wird daher intensiv in den Kapiteln **A/1.2.5.3 theoretisch** und **B/3.1 anwendungsorientiert vertieft**. Teamarbeit wird aus diesem Grund in diesem Kontext nur der Vollständigkeit halber aufgeführt.

Förderliche Regeln

(2) Nicht selten bezeichnet man Teamarbeit auch als Methode. Jedoch besteht sie nicht in einem Handlungsprogramm, bei dem sach- und zielgerichtet etwas herausschaut (vgl. Kap. A/3.3). Als Instrumente fördern die Teamarbeit v.a. die Einhaltung folgender Bedingungen (vgl. Kap. B/3.):

○ Beachtung von Kriterien geeigneter Teamzusammensetzung und -grösse
○ Sorge für körperliches Wohlbefinden der Gruppenmitglieder
○ Einhaltung von Sitzungsregeln (s.o.)
○ Einhaltung von Regeln für den Informationsaustausch
○ Beachtung von Ablaufregeln
○ Befolgung von Moderationsregeln

Selektiver Einsatz

(3) Die Aufzählung solcher Bedingungen macht deutlich: Teamarbeit ist anspruchsvoll sowohl für die Moderation als auch für die Mitglieder der Gruppe. Daher muss auch sorgfältig erwogen werden, für welche Teilaufgaben Teamarbeit eingesetzt werden soll und wo die Sacharbeit einzelner genügt (vgl. Kap. A/1.2.5.6).

---

[1] Vgl. Deutscher Manager-Verband, Bd. I 2003, S. 202
[2] Vgl. Deutscher Manager-Verband, Bd. I 2003, S. 91

3.3.5 Instrumente für das Management

(1) Das englische Wort „to manage" bedeutet „handhaben", „lenken", „führen", „leiten". Hier gilt folgende Definition: Management bedeutet sachbezogenes Leiten und personenbezogenes Führen auf allen Leitungsstufen von zweckgerichteten Systemen wie Unternehmen, Betrieben oder öffentlichen Organisationen (Ämter, Schulen etc.).[1]

Abbildung A/123
Das Veralbern deutet auf ein Problem

Management by Helicopter
Kommt mit Getöse, wirbelt Staub auf und verschwindet wieder.

Management by Nilpferd
Das Wasser bis zum Hals, trotzdem ein grosses Maul.

Management by Känguruh
Mit leerem Beutel grosse Sprünge machen.

Management by Happening
Das Resultat zum Ziel erklären.

Management by Jeans
An alle wichtigen Stellen Nieten setzen.

Aufgaben des Managements sind Ziele setzen, planen, Lösungsmöglichkeiten suchen sowie Entscheidungen über Menschen und Sachmittel treffen.

Diese Definition betont die Funktion. Oft wird diese in Organisationen mit der oberen Hierarchiestufe gleichgesetzt. Fehler dieser Stufe werden dem „Management" angelastet. Daher wird dieses Wort häufig auch mit Fehlleistungen Leitender gleichgesetzt (vgl. Abb. A/123).

Nutzung der Management-Potenziale

(2) Doch geht es hier um das Managen mit seinen positiven Potenzialen. Die grosse Bedeutung des Managements für das Problemlösen liegt darin, dass hier wichtige Prozesse und Teilprozesse veranlasst und zusammengeführt werden. Das Management sorgt für:
- die Identifikation von Problemen
- die Planung der Problemlösung
- die klare Aufgabendefinition für die Problemlösung gesamthaft und für einzelne Projekte
- die Aufstellung einer Projektorganisation

---

[1] Vgl. Ulrich/Probst 1995, S. 140; Malik 1992, S. 25; Ulrich/Fluri 1995, S. 13

○ die Schaffung guter Rahmenbedingungen für Gruppen- bzw. Teamarbeit

○ die Auswahl geeigneter Methoden

○ die rechtzeitigen Zwischen- und Schlussentscheidungen zu Problemlösungen

○ die Umsetzung von Vorschlägen bzw. die Entscheidungen zur Fortsetzung eines Problemlösungs-Prozesses bzw. der Planung

Auswahl von Themen

(3) Die oben angeführte Definition nennt sachbezogenes Leiten und personenbezogenes Führen. Sie entspricht damit den Definitionen und grundlegenden Aussagen in Kapitel A/1.2.6, welche dieses Thema von der theoretischen Seite her beleuchtet.

Hier wird ein **Überblick** über **Instrumente** gegeben, welche Leitende und Führende zum Lösen von Problemen bzw. Planen direkt oder indirekt einsetzen können. Eine besondere Rolle spielt in diesem Zusammenhang das Projektmanagement. Daher werden als Themen behandelt:

Instrumente

• Instrumente der Leitung und Organisation

• Instrumente der Führung

• Instrumente des Projektmanagements

3.3.5.1 Instrumente der Leitung und Organisation

Überblick

(1) Als **Leiten** wird in Kapitel A/1.2.6.1 definiert, Kompetenzen (Handlungsrechte) in einer bestehenden Organisation wahrzunehmen. Von bestehender Organisation sprechen wir hier auch dann, wenn diese im Aufbau oder im Wandel begriffen ist.

Auf Leitungsstrukturen und ihre Ausformung geht vertiefend Kapitel B/4.1.2.4 ein. Hier soll im Sinne des Überblicks eine Auswahl von Leitungsinstrumenten vorgestellt werden. Es sind dies:

• das Organisieren allgemein

• das Lean Management

• das Reengineering

• die Organisationsentwicklung

Das Organisieren

(2) Das Organisieren gehört zu den wichtigen Instrumenten der Leitungen. Grundsätzliche Formen von Organisationen stellt Kapitel B/4.1.2 vor. Typische Einzelinstrumente bilden:[1]

○ Organisationsanalysen

○ Prozessanalysen (Geschäftsprozesse)

○ Entwicklungen des Soll-Zustandes

○ Implementierungen und Fixierungen

---

[1] Vgl. Hill/Fehlbaum und Ulrich 1998, S. 468 ff.

Beim Einsatz solcher Instrumente wirken sich häufig Leitideen stark aus. Dazu gehören das Lean Management, die Prozess-Organisation oder die Teamorganisation. Je nach Organisationsform läuft das Problemlösen in einem anderen Rahmen ab.

Lean Mana-gement

(3) Das Lean Management stammt als Idee aus Japan. Wie bereits das Wort ausdrückt, soll aus einer schwerfälligen Organisation ein „leichtes, flinkes Wiesel" werden. Dieses Ziel wird durch einen ganzheitlichen Ansatz mit vielen, integrierten Einzelmassnahmen zu erreichen versucht. Dazu zählen v.a.:

- flache Aufbau-Organisationen
- einfache Abläufe bzw. Prozesse mit wenig Schnittstellen
- starke Delegation von Aufgaben und Kompetenzen an die „Front"
- intensive Teamarbeit (statt starker funktionaler Aufteilung der Arbeit)
- Konzentration auf Kernfähigkeiten und Stärken des Unternehmens
- Integration der Kunden bzw. Zulieferer zur Optimierung der eigenen Organisation und Entscheidungen

Wie diese Aufzählung zeigt, bezieht der Ansatz auch **Elemente der Leitung und Führung** mit ein, beschränkt sich also nicht nur auf organisatorische Fragen.

Neben dem Lean Management wird auch von **Lean Production** gesprochen. Dabei geht es v.a. um den Verzicht auf all diejenigen Produktionstätigkeiten, welche keinen Beitrag zur Wertschöpfung leisten. Entsprechende Produkt-Komponenten werden von externen Anbietern bezogen (Outsourcing).

Reengineering

(4) Eine der Reorganisationsmethodiken bildet das Reengineering. Darunter versteht man die **grundlegende Neugestaltung der Produktion** in privaten Unternehmen und im Bereich der öffentlichen Hand. Es geht also im übertragenen Sinn um ein neues „Haus auf der grünen Wiese".

Dazu werden insbesondere die **Prozesse** für Produkt-Herstellungen (auch Dienstleistungen können Produkte sein) als Ganzes betrachtet und bestmöglich gestaltet. Als Folge davon entstehen statt vertikaler Bereichshierarchien eher horizontale Organisationen, auch als Prozessorganisationen bezeichnet.[1]

Organisations-entwicklung

(5) In einem gewissen Gegensatz zum Reengineering steht das Instrument der Organisationsentwicklung. Dieses Vorgehen sieht das Ziel weniger in der Gestaltung organisations-theoretisch guter Lösungen. Vielmehr geht es primär um die **Einstellungen und das Verhalten der Mitarbeitenden** sowie die Verbesserung der Prozesse in Gruppen und zwischen Gruppen.[2]

---

[1] Vgl. Osterloh/Frost 2003; Jung 2002; Hafen/Künzler und Fischer 2000; Hässig 2000; Bogaschewky/Rollberg 1998
[2] Vgl. Wimmer 2004, S. 221 ff.; Kieser 2002, S. 119 ff.; Hill/Fehlbaum und Ulrich 1998, S. 452 ff. und 480 ff.

Dabei spielt die **persönliche Zufriedenheit** eine grosse Rolle. Dementsprechend werden auf diese Weise auch selten tiefgreifende, verunsichernde Umgestaltungen von Organisations-Strukturen durchgeführt. Es wird zudem dem Wunsch der Mitarbeitenden Rechnung getragen, zwischenzeitlich wieder „organisatorische Ruhe" einkehren zu lassen.

Mit dem Instrument der Organisationsentwicklung lässt sich eine hohe Akzeptanz der Ergebnisse und ein nachhaltiges Lernen erreichen. Daher fanden Ideen der Organisationsentwicklung auch Eingang in Problemlösungs-Prozesse.

3.3.5.2   Instrumente der Führung

Überblick

(1) Die Organisationsentwicklung lässt sich auch als Führungsinstrument bezeichnen. Ihr Produkt jedoch bilden neue feste Strukturen.

Die Organisations- und Leitungs-Systeme geben den dauerhaft festgelegten Rahmen in öffentlichen Verwaltungen bzw. Unternehmen oder Betrieben vor. Was aber innerhalb solcher Strukturen im Zeitablauf tatsächlich an Verhalten und Handlungen der Leitenden geschieht, bleibt eine Führungsfrage. Was unter Führung im Einzelnen zu verstehen ist, erläutert Kapitel A/1.2.6.1.

Moderne Führung findet nach heutiger Auffassung nur bei partizipativen Verhalten der Leitenden statt. Sie besteht in einem geeigneten Führungsverhalten, im integrierenden Handeln und in **Führungstechniken**. Letztere stehen hier als Instrumente im Vordergrund, und zwar in einer Auswahl das:

- Balanced Scorecard
- Controlling
- Total Quality Management
- Management by Objectives

Sämtliche dieser Führungstechniken sind auch relevant bzw. einsetzbar für Problemlösungs-Prozesse.

Balanced Scorecard (BSC)

(2) Die BSC bietet ein effektives Instrument zur Strategieumsetzung.[1] Basis für eine BSC ist somit immer eine vorhandene Strategie. Die Strategieentwicklung gehört nicht zum Konzept.

Die BSC umfasst die vier hierarchisch geordneten Perspektiven (vgl. Abb. A/124):

- Finanzen
- Kunden
- Interne Prozesse
- Innovation

Anhand von logischen Ursache-Wirkungsketten werden die relevanten Indikatoren den vier Perspektiven zugeordnet. Diese sind für jede Unternehmung bzw. Strategie verschieden und somit individuell zu erarbeiten.

---

[1] Vgl. Baum/Coenenberg und Günther 2004, S. 33345 ff.

Die BSC ist somit eine logisch aufgebaute Sammlung von etwa 20 bis 25 Indikatoren. Diese Indikatoren bilden die Hypothesen über die (vereinfachten) Wirkungszusammenhänge in der Unternehmung ab.

Abbildung A/124 Balanced Scorecard hilft, mit vier Perspektiven Strategien umzusetzen

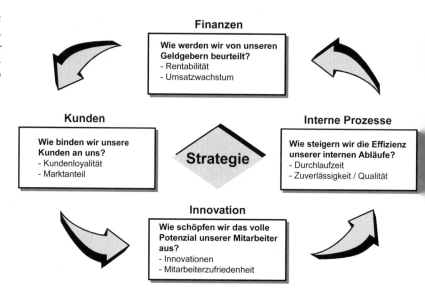

Controlling

(3) Jede engagierte leitende Kraft sowohl in Unternehmen als auch in der öffentlichen Verwaltung nimmt die Controlling-Funktion wahr. Denn die Leitenden müssen besorgt sein um die:

- Definition klarer Ziele, damit die Voraussetzungen für eine zielkonforme, nach Prioritäten geordnete Aufgabenerfüllung bestehen
- rasche Identifikation der Schwachstellen, Risiken und Chancen, damit sie unmittelbar auf Veränderungen reagieren und bei Bedarf auch die Zielsetzungen anpassen können
- Sicherstellung eines wirtschaftlichen Mitteleinsatzes durch optimierte Verfahrensabläufe.

Diese Führungs-Philosophie entspricht in besonderem Masse dem Grundsatz **Vorbeugen** (statt Schuldige suchen). Das Controlling schafft Transparenz, ist zukunftsgerichtet und setzt die Führungsinstanzen in die Lage, rechtzeitig und an der richtigen Stelle einzugreifen. Dementsprechend gilt es, das Controlling auch klar von Kontrolle zu unterscheiden (vgl. Abb. A/125).

Das Controlling erfolgt gemäss einem kybernetischen Regelkreis (vgl. Abb. A/80). Dazu gehören viele Teil-Methoden bzw. Instrumente wie z.B. das Reporting und die Risikoanalyse. Das **Reporting** lässt sich mit der Schiffsnavigation vergleichen. Der Navigator hat periodisch die tatsächliche Position eines Schiffes zu bestimmen und mit Soll-Grössen (Zielsetzungen) zu vergleichen.

Mit **Risikoanalysen** versucht man, potenzielle Gefahren vorausschauend zu erkennen und bewerten, z.B. nach der Wahrscheinlichkeit des Eintretens und der Schwere der Folgen (vgl. Kap. B/4.2.2.1).[1]

Abbildung A/125
Es bestehen deutliche Unterschiede zwischen Kontrolle und Controlling

Kriterium	Kontrolle	Controlling
Zeitpunkt	Prozessfolgend	Prozessbegleitend
Art	Überprüfend	Unterstützend
Arbeits-Orientierung	Exakt, detail-orientiert	Generalistisch, das Ganze im Blick

Instrumente

Total Quality Management

(4) In moderner Form hat das Total Quality Management (TQM) sehr grosse Ähnlichkeit mit dem Controlling. Das TQM wird in der DIN/ISO 8402 definiert als: „Auf der Mitwirkung aller ihrer Mitglieder beruhende Führungsmethode einer Organisation, die Qualität in den Mittelpunkt stellt und durch Zufriedenstellung der Kunden auf langfristigen Geschäftserfolg sowie Nutzen für die Mitglieder der Organisation und für die Gesellschaft zielt." Damit Fehler gar nicht erst entstehen, muss der Produktionsprozess in geeigneter Weise gestaltet werden. Entscheidend ist aber eine entsprechende Motivation der Mitarbeitenden.[2]

Management by Objectives

(5) Die Führungstechnik Management by Objectives (MbO) strebt eine lückenlose vertikale Zielauflösung an. Für jeden Bereich (Abteilung, Gruppe, Stäbe) werden möglichst klar abgrenzbare Unterziele formuliert. Das geschieht in partizipativen Führungsformen. Die Art und Weise, wie die Ziele erfüllt werden, bleibt den Mitarbeitenden in den betreffenden Organisationseinheiten überlassen.[3]

3.3.5.3 Instrumente des Projektmanagements

Überblick

(1) In Kapitel A/3.3.2.4 werden **Projekte** als Sonderform für die Lösung komplexer Probleme definiert. Das Projektmanagement befasst sich mit der Führung und Leitung solcher Projekte. Es geht also einerseits um den persönlichen Einfluss auf die Mitglieder einer Projektgruppe, um Ziele zu formulieren und zu erreichen. Andererseits müssen Leitungsfunktionen

---

[1] Vgl. Litke 2004, S. 148 ff.
[2] Vgl. Bruhn 2004, S. 213 ff.
[3] Vgl. Schwaninger 1994, S. 76; Ulrich/Fluri 1995, S. 99

wie die Information, Organisation, Planung, Entscheidung etc. wahrgenommen werden.
Dazu werden in Kapitel A/1.2.6 grundlegende Ausführungen gemacht. Kapitel B/4.2 gibt für die Praxis einige Vorschläge und Anleitungen. Hier sollen im Sinne des Überblicks einige Instrumente angeführt werden. Es sind dies:

- Strukturierungs-Instrumente
  - der Projektstrukturplan
  - das Simultaneous Engineering
  - das Multiprojektmanagement
- Planungs-, Steuerungs- und Führungsinstrumente
  - Gestaltung von Projektabläufen
  - die Kapazitäts- und Terminplanungstechnik
  - Projektmarketing
  - Projektcontrolling
  - Projekt-Wissensmanagement
  - das Projektphasen-Audit

Projekt-strukturplan (PSP)

(2) Der Projektstrukturplan (PSP) umfasst eine vollständige, hierarchisch strukturierte Aufstellung aller Arbeitspakete der Projektabwicklung. Dazu besteht eine Beschreibung in der DIN 6901. Die Strukturierung kann erfolgen:[1]

- Objektorientiert (beim Fotoapparat z.B. die hierarchische Gliederung nach Teilen wie Optik, Gehäuse etc.)
- Aufgabenorientiert (beim Fotoapparat z.B. Konstruktion, Fertigung, Marketing)
- Phasenorientiert (beim Fotoapparat z.B. Ideenentwicklung, Entwurf Detailkonstruktion)

Projektstrukturpläne erlauben einen Gesamtüberblick und die Zerlegung eines Gesamtproblems in lösbare Teilprobleme. Sie helfen damit bei der Projektplanung und der Erfassung der einzelnen Aufgaben. Methodisch ähneln sie sehr stark Relevanzbäumen (vgl. Kap. A/3.3.3.3).

Simultaneous Engineering

(3) Ebenfalls in der Projektplanung angesiedelt ist das Simultaneous Engineering. Dabei werden als Ziele verfolgt:[2]

- Reduktion der Zeit für das Problemlösen
- Förderung der Vernetzung zwischen verschiedenen Projekten und damit der Qualität der Ergebnisse

Dazu wird die lineare Aufeinanderfolge von Projekten aufgegeben (z.B. zunächst Analyse von Geschäftsprozessen und dann Ableitung von Informatik-Bedürfnissen). Es erfolgt vielmehr, wo das möglich ist, eine parallele Bearbeitung. Dazu muss eine starke Vernetzung zwischen den Projekten organisiert werden („runde Tische", gemeinsame Informations-Plattform etc.).

---

[1] Vgl. Burghardt 2002, S. 141 ff.; Litke 2004, S. 90 ff.; Daenzer/Huber 2002, S. 528 ff.
[2] Vgl. Daenzer/Huber 2002, S. 68 f.

Multiprojekt-management

(4) Sehr ähnlich ist das Multiprojektmanagement gelagert. Hier liegt aber der Akzent auf der Organisation und Steuerung. Man spricht auch von **Projekt-Portfoliomanagement**.[1] Es geht um die organisatorische Zuordnung mehrerer paralleler Projekte, die Lösung von Ressourcenproblemen (Mitarbeitende, Räume, finanzielle Mittel) und die organisatorischen Voraussetzungen für Projektleiter, mehrere Projekte gleichzeitig zu steuern. Dafür werden Priorisierungs-, Koordinations-, Kontroll- und Unterstützungsinstrumente eingesetzt.

Als Mittel werden Projektstrukturpläne (s.o.), Ziel- und Prioritätenfestlegungen, Systeme der starken Delegation und dezentralen Projektsteuerung etc. eingesetzt.[2]

Gestaltung von Projekt-abläufen

(5) Der Vollständigkeit halber soll auch in diesem Zusammenhang das Feld der Gestaltung von Prozessabläufen angesprochen werden. Es geht dabei um Auftrags- und Zielanalysen, Planung der Prozess-Schritte etc. Diese Themen bringen in einem Überblick Kapitel A/3.3.3.2 und in einer Auswahl **vertiefend Kapitel B/4.2.**

Instru-mente

Kapazitäts- und Termin-planungs-technik

(6) Eine wichtige Frage der Projektplanung und -steuerung bildet die Kapazitäts- und Zeitplanung. Die Bedeutung dieser Techniken liegt in drei Bereichen:
  ◦ in der Kalkulation des Zeitbedarfs der Beteiligten
  ◦ in der Unterstützung von Beteiligten bei der zeitlichen Koordination und Arbeitsteilung
  ◦ im sichtbaren Nachweis, wie die Aufgabe in dem gesetzten oder angenommenen Zeitrahmen erfüllt werden kann

Die beiden wichtigsten Terminplanungstechniken für mehrere Beteiligte sind, um einen Überblick zu geben: Balkendiagramme, Netzpläne (vgl. Abb. A/125).

Balkendiagramme bestehen aus einem zweidimensionalen Koordinationssystem. Horizontal wird üblicherweise ein Zeitmassstab eingetragen, vertikal einzelne Projektaufgaben, Personen oder Sachmittel. Die Länge der Balken gibt die geplante oder tatsächliche Dauer für die Durchführung an. Die Lage der Balken zueinander zeigt die zeitlichen Abhängigkeiten. Zu dieser grundsätzlichen Darstellungsform bestehen als Varianten (vgl. Abb. B/129 und C/18): Einfaches Balkendiagramm, Kombiniertes Balkendiagramm, Vernetztes Balkendiagramm.

Die **Netzplantechnik (NPT)** umfasst wesentlich mehr als ein Balkendiagramm. Sie dient als Hilfsmittel zum Analysieren, Beschreiben, Planen, Kontrollieren und Steuern von Projektabläufen. Die Anwendung kommt bei Beteiligung zahlreicher Mitarbeiter, Abteilungen oder Firmen und bei einer grösseren Projektdauer in Frage (vgl. Kap. A/3.3.5.3).[3] Dabei besteht aber die Gefahr, dass zu deterministisch gedacht, Projekte also zu stark und zu detailliert vorausbestimmt werden. Damit sinkt evtl. die

---

[1] Vgl. Jenny 2003, S. 195 ff.
[2] Vgl. Litke 2004, S. 79 f.
[3] Vgl. Litke 2004, S. 104 ff.; Daenzer/Huber 2002, S. 519 f.; Burghardt 2002, S. 217 ff.

Offenheit, dynamische Entwicklungen voll und rechtzeitig zu berücksichtigen.

Projekt-marketing

(7) Beim Projektmarketing geht es um das Ausrichten eines Projektes auf die Bedürfnisse der Kunden, hier vorab des Auftraggebers.[1] Dazu muss man die Bedürfnisse der Kunden in Erfahrung bringen (z.B. mit Hilfe von Interviews) und dann entsprechende Marketing-Instrumente (z.B. Kommunikationspolitik) einsetzen. Zu diesem Thema erfolgt eine **Vertiefung in Kapitel B/4.2.3.1).**

Projekt-controlling

(8) Das Projektcontrolling unterstützt in spezifischer Weise die Steuerung von Projekten.[2] Massgeblich dafür sind die Projektziele (vgl. Kap. A/3.3.5.2). Dieses Thema wird in **Kapitel B/4.2.3.2 vertieft.**

Projektphasen-Audit

(9) Das Prozessphasen-Audit stellt ein Controlling-Instrument dar (vgl. Kap. A/3.3.5.2).[3] Ein Begriff ähnlichen Inhaltes ist „Zwischen-Review". Dementsprechend dient es dazu, zu bestimmten Zeitpunkten die Situation eines oder mehrerer Projekte durch eine **Projekt-externe Gruppe** diskutieren zu lassen. Das kann eine ohnehin bestehende Steuergruppe sein (vgl. Kap. B/1.2.1) oder eine speziell zusammengestellte Gruppe. Diese trifft sich je nach Prozessstruktur jeweils am Ende einer Phase (bei mehreren Projekten neben oder nacheinander) oder aber nach bestimmten Schritten in einem Projekt (z.B. nach der Situationsanalyse).

Die Mitglieder der Audit-Gruppe erhalten Unterlagen zum Projekt und Fragen dazu bzw. zum Prozessablauf. Dann treffen sie sich mit der Projektgruppe zu einem Workshop. Abschliessend macht die Audit-Gruppe Empfehlungen zur weiteren Prozessgestaltung bzw. zu zusätzlichem Untersuchungsbedarf.

Projekt-Wissensmana-gement

(10) Wissen hilft, Projektziele effizient und effektiv zu erreichen. Dabei geht es u.a. um die Weitergabe individueller Fähigkeiten, die Verallgemeinerung einzelner Problemlösungen und die Sorge um Transparenz in relevanten Wissensbereichen.[4] Zu diesem wichtigen Thema erfolgen **Vertiefungen in Kapitel B/4.2.3.3.**

---

[1] Vgl. Hansel/Lomnitz 2003, S. 136; Jenny 2003, S. 128
[2] Vgl. Streich/Marquardt und Sanden 1996, S. 170 ff.
[3] Vgl. Hafen/Fischer und Künzler 2000, S. 206 ff.
[4] Vgl. Burghardt 2002, S. 276 ff.

Teil B

Vertiefungen und Anleitungen

1. Integraler Prozess

Eingrenzung (1) Diese Anleitung soll helfen, komplexe Planungs-Probleme mit Erfolg zu lösen. Dabei muss jedoch eine erste Eingrenzung erfolgen: Es geht hier um Probleme, die das **Ergebnis menschlichen Handelns** und menschlicher **Absicht** sind (vgl. Abb. A/51).
Danach handelt sich um technische Systeme (z.B. eine neue Informatik-Konzeption für ein Ausbildungszentrum) oder soziale Systeme (z.B. eine Neuorganisation in einem Bundesamt). Wie diese Beispiele zeigen, geht es um **komplexe Probleme.**

Abbildung B/1 Gegenstand des Kapitels B/1 sind Lösungen für komplexe Planungs-Probleme (hier: Konzept für die Neugestaltung des Bundesplatzes in Bern, vgl. Abb. B/53 und Kapitel C/1.2.2)

Prozess

Erfolgsziele (2) Bei solchen menschlichen Absichten geht es immer um **Werte**. Man möchte etwas erreichen und das mit Erfolg. Was diesen Erfolg im Einzelnen ausmacht, muss bei jedem zu lösenden Problem neu bestimmt werden. Doch lassen sich die **generellen Ziele** gemäss Abbildung B/2 formulieren (siehe auch Vorwort).

1

Unter Nutzen- und Kosten-
gesichtspunkten bestmögliche
sachliche Lösung

2

Hohe Akzeptanz der Lösung

3

Angemessen kurze Entwicklungs-,
Planungs- und Realisierungszeit

4

Niedriger Aufwand für den
Lösungsprozess (personelle Kräfte,
Hilfsmittel)

Generelle Prozess-Positionierung

(3) Eine erste grobe Positionierung der hier beschriebenen Methodik findet sich in Abbildung B/3, welche bereits in Kapitel A/3.2.1 vorgestellt wurde. Danach deckt der Ansatz ab:

1. Alle grundsätzlichen Formen von Ergebnissen mit Ausnahme der Massnahme-Realisierung (a, b, d, e und f)
2. Bei den grundsätzlichen Formen der Zusammenarbeit primär das Wechselspiel zwischen Individual- und Gruppenarbeit (c)
3. Bei den grundsätzlichen Lösungsprozessen vor allem ein systematisches Vorgehen mit Rückkopplungen (b)
4. In den grundsätzlichen Behandlungsarten das Streben nach und die Möglichkeiten beschränkt rationalen Handelns (b) bei Berücksichtigung auch des emotional geleiteten Handelns (c)

Positionierung in der Prozess-gestaltung

(4) Die Positionierung in der Prozessgestaltung auf der Sachebene zeigt Abbildung B/4 (vgl. Kap. A/3.2.1). Danach geht es hier um:

1. Prozessanforderungen
   - hohe und mittlere Komplexität
   - eher einmalige oder nur gelegentlich wiederkehrende gleiche Problemstellungen
   - daher spezielle, anspruchsvolle Prozesse
2. Prozesstypen und -formen
   - Planungen (Organigramme, Konstruktionspläne etc.)
   - Prozess auf der Basis einer anwendungsneutralen Methodik
3. Grundsätzliche Wege zum Soll
   - aufbauend auf einem Phasen-Modell
   - Ansatzpunkte sowohl auf der Seite der Problemstrukturierung und -reduktion als auch auf der Seite der Lösung definierter Probleme

Prozess

INtegraler PROzess

(5) Die hier vorgenommene Positionierung in Anwendungsgebieten und praktischen Durchführungsformen wird in Teil C noch plastischer. Dort werden Beispiele aus der Praxis dokumentiert.

Wie die Positionierung und die Beispiele zeigen, wird hier ein INtegraler PROzess für Planungen auch in Form einer Anleitung beschrieben. Vereinfachend sprechen wir von der **INPRO-Methodik**.

Kapitel-gliederung

(6) Die INPRO-Methodik wurde aus der Wertanalyse bzw. dem Value Management heraus weiterentwickelt (vgl. Kap. A/3.3.1.3). Dabei standen die Bedürfnisse und Erfahrungen in der Praxis Pate. Vor diesem Hintergrund folgt als Kapitelgliederung:

- **Leitideen**

- **Anleitung für die Prozessgestaltung**

*Abbildung B/3
Der Morphologi-
sche Kasten zeigt
die grundsätzliche
Positionierung von
Teil B bei ausge-
wählten Merkma-
len zur Prozess-
gestaltung*

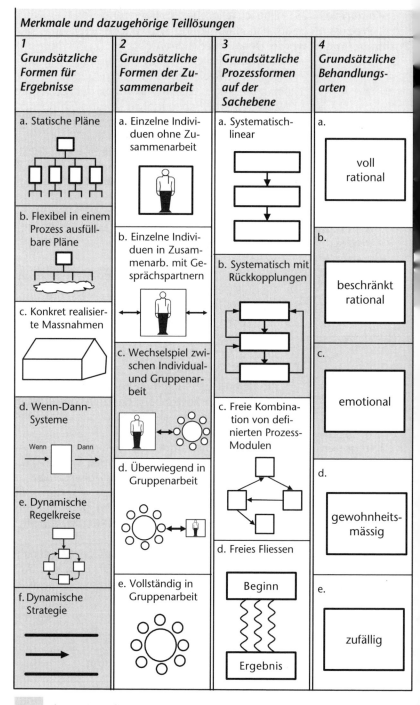

Abbildung B/3
Der Morphologische Kasten zeigt die grundsätzliche Positionierung von Teil B bei ausgewählten Merkmalen zur Prozessgestaltung

Thema in Teil B

Abbildung B/4
Dieser Morphologische Kasten zeigt die Fein-Positionierung von Teil B, den Aspekt der Prozessgestaltung auf der Sachebene vertiefend

Merkmale		Ausprägung			
		A	B	C	D
1 **Prozessanfor-derungen**	*1.1* *Problem-Komplexität*	Tief	Mittel	Hoch	
	1.2 *Wiederholungs-häufigkeit*	Hohe Häufigkeit	Gelegentlich	Einmalig in der Art	
	1.3 *Art der Prozesse* *(Prototypen)*	Laufende Einzel-arbeit mit Routine	Anspruchsvolle Routinearbeit	Immer wieder neue Einzelarbeit	Spezielle an-spruchsvolle Prozesse
2 **Prozesstypen und -formen**	*2.1* *Prozesstypen*	Erkenntnisgewinn	Planung	Herstellung	Beurteilung und Steuerung
	2.2 *Prozessformen*	Systematisch-linear	Systematisch mit Rückkopplungen	Freie Kombinati-on von definier-ten Prozess-Modulen	Freies Fliessen
	2.3 *Grad und Art der Vorstruktu-rierung*	Keine Vorstruktu-rierung, situative Entwicklung	Prozesse auf der Basis anwen-dungs-neutraler Methodiken	Fachlich vorstruk-turierte Prozesse	Sonstige
3 **Grundsätzliche Wege zum Soll**	*3.1* *Form der Inter-vention*	Laufende Beein-flussung eines Systems	Direkter Umbau eines bestehen-den Systems	Direkte Schaffung eines neuen Systems	Mischungen
	3.2 *Vorgehens-Modelle*	Management-Systeme	Phasen-Modelle	Sonstige	
	3.3 *Ansatzpunkt* *(vgl. Abb. A/106)*	Seite der Lösung definierter Prob-leme	Seite der Prob-lemstrukturierung und -reduktion		

Themen in Teil B

Prozess

1.1 Leitideen

1.1.1 Ganzheitliche Sicht des Prozesses

Menschen als Problemlöser

(1) Die Menschen als Problemlöser stehen auch im Teil B im Mittelpunkt der Überlegungen und Aussagen. Ausgegangen wird für diese Vertiefung und Anleitung von drei wesentlichen **menschlichen Gegebenheiten im Denken**:

- Menschen zeichnen bestimmte Denk- und Handlungsfähigkeiten, also Vorprägungen, aus.
- Manches kann der menschliche Denkapparat sehr gut (z.B. sich sehr rasch in einfachen Situationen zurecht finden etc.).
- Anderes fällt dem menschlichen Denken sehr schwer (z.B. komplexe Situationen umsichtig zu erfassen, Werthaltungen differenziert auszudrücken etc.).

Dort, wo das menschliche Denken gemessen an heutigen Herausforderungen Schwächen aufweist, erscheint es als Gebot der Klugheit, Unterstützungsmöglichkeiten zu nutzen. Dazu gehören diverse für das Problemlösen nützliche **Methoden**.

Soziale Wesen

(2) Menschen sind soziale Wesen, welche zusammen wirken wollen und müssen. Unsere komplexe Gesellschaft erzwingt das Müssen. Menschen gehören Organisationen wie Planungsbüros, Forschungsabteilungen, Studiengängen etc. an. Sie haben unweigerlich mit anderen Organisationen von Staat (z.B. Bewilligungsinstanzen), Wirtschaft (z.B. Lieferanten von Software) und Sozialbereich (z.B. Fussballclub) zu tun. Zudem besteht ein starkes Bedürfnis nach menschlichem Kontakt, nach Anerkennung, Freundschaft etc.

Jede Lösung komplexer Probleme erfordert daher die **Zusammenarbeit**. Dabei gilt es, viele psychologische und soziale Einflüsse in positiver Weise zu berücksichtigen. Zudem müssen die Werthaltungen der Beteiligten einfliessen können. Eingebettet ist das Ganze daher in eine Kultur.

Prozess-Planung, Organisation und Führung

(3) Um die Zusammenarbeit darüber hinaus effizient und effektiv gestalten zu können, bedarf es der Prozess-Planung, Organisation und Führung. Das gilt sowohl für das Umfeld des zu lösenden Problems als auch für den Lösungsprozess selber. Die übergeordneten Führungen bzw. Leitungen müssen auch darum besorgt sein, dass rechtzeitig die notwendigen Entscheidungen getroffen werden und anschliessend der Prozess weitergeht bzw. die gefundene Problemlösung realisiert wird.

Es ist, mit anderen Worten, ein gutes **Management** gefordert. Dafür sind Wissen, Training und gute Selbststeuerung vonnöten.

Prozessebenen   (4) Mit diesen Aussagen liegt auch die Begründung für die Auswahl
und Betonung der drei Prozessebenen der INPRO-Methodik vor (vgl.
Abb. B/5):

- **Methoden**
- **Zusammenarbeit**
- **Management**

Abbildung B/5
Die INPRO-
Methodik umfasst
drei Prozessebe-
nen mit intensiven
Beziehungen

- Prozess-Phasen und
  -Schritte
- Methoden für Teilaufgaben

Methoden

Integration

Prozess

**Zusammen-
arbeit**

Management

- Gespräche
- Moderierte Gruppenarbeit
  (nach Möglichkeit Team-
  arbeit)

- Beeinflussung der Rahmen-
  bedingungen für das
  Problemlösen
- Projektmanagement

1.1.1.1 Prozessebene der Methoden

Überblick (1) Gemeinsames Kennzeichen der Methoden ist, dass es sich um wiederholbare Verfahren handelt, mit denen sich bestimmte Aufgaben lösen lassen (vgl. Kap. A/3.3). Auf dieser Ebene ist Methodenkompetenz erforderlich (vgl. Abb. A/91).

Die Methoden für die Lösung komplexer Planungs-Probleme gliedern sich in drei Anwendungs-Bereiche (vgl. Abb. B/19 und 25):

- Problemstrukturierung und -reduktion (vgl. Kap. B/2.1)
- Prozess-Phasen und -Schritte (vgl. Kap. B/2.2)
- Methoden für Einzelaufgaben (vgl. Kap. B/2.3)

Problemstruk-turierung und -reduktion (2) Methoden der Problemstrukturierung und -reduktion setzen beim Problem selber ein. Sie helfen, ein Problem überlegt abzugrenzen und die angemessene Systemebene (Körnigkeit) der Bearbeitung zu finden.

Prozess-Phasen und -Schritte (3) Die Prozess-Phasen und -Schritte legen fest, mit welchem Vorgehen eine Aufgabe gelöst werden soll. Man kann auch von einem Vorgehens-, Ablauf- oder Arbeitsplan sprechen. Abbildung B/3 zeigt grundsätzlich mögliche Formen.

Für die Auswahl in diesem Handbuch bestimmend ist der **dynamische Denkansatz** (vgl. Abb. B/6 und Kapitel A/3.1.2.1). Bevorzugt wird daher zwar ein systematisches Vorgehen. Doch ganz wesentlich sind die Rückkopplungen, mit denen laufend auf neue Informationen und veränderte Situationen reagiert werden kann. Denkbar ist aber auch die freie Kombination von definierten Prozess-Modulen oder zeitweilig die Form des „freien Fliessens" (vgl. Abb. B/3).

Abbildung B/6 Die Prozesse werden in der Vertiefung und Anleitung gemäss dem dynamischen Denkansatz gestaltet und ausgerichtet

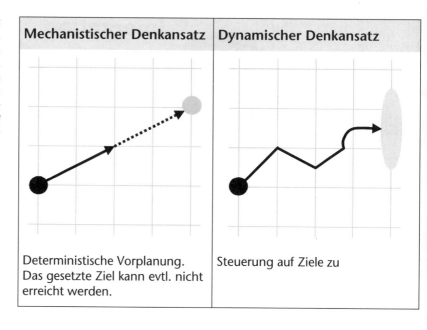

Mechanistischer Denkansatz	Dynamischer Denkansatz
Deterministische Vorplanung. Das gesetzte Ziel kann evtl. nicht erreicht werden.	Steuerung auf Ziele zu

Methoden für Teilaufgaben

(4) Methoden für Einzelaufgaben werden mit ca. 60 Beispielen in Abbildung A/114 aufgelistet. Sie helfen, innerhalb einzelner Prozess-Schritte bestimmte Teilprobleme zu lösen. Denkbar ist auch, dass Methoden einzelner Schritte übergreifend angewandt werden. So kann der Schritt „Zielanalyse" in einem Prozess bereits die Grundlage für eine Nutzwertanalyse zur Varianten-Bewertung legen.

Entscheidend für den Erfolg der Methodenanwendungen sind die Auswahl einer situativ richtigen Methode und deren richtige Anwendung.

1.1.1.2 Prozessebene der Zusammenarbeit

Überblick

(1) Beim Element „Zusammenarbeit" geht es darum, mit anderen Menschen zusammenzukommen, zu kommunizieren und zu handeln. Das geschieht, wie schon der Begriff verdeutlicht, als Arbeit mit einem gemeinsamen Ziel. Wichtig dafür ist die Sozialkompetenz (vgl. Abb. A/91). Abbildung B/3 zeigt verschiedene Formen der Zusammenarbeit auf. Berücksichtigt werden hier:

- Gespräche
- Gruppenarbeit
- Wechselspiel von Gesprächen und Gruppenarbeit

Prozess

Gespräche

(2) Gespräche bilden die freieste und üblichste Form der Wort-Kommunikation. (Man kommuniziert ausserdem auch non-verbal, z.B. mit der Körpersprache). Für Gespräche kommen zwei oder mehrere Personen zusammen. Meist gibt es dafür weder einen offiziellen Vorsitz noch eine Richtlinie für die Zusammensetzung der Gesprächspartner oder die Anzahl der Treffen in einer Periode.

Von echten Gesprächen wird man aber wohl nur dann reden können, wenn die **Anzahl der Teilnehmenden limitiert** ist. Sonst besteht kaum eine Chance, dass alle Teilnehmenden aktiv am Gespräch teilnehmen.

Gespräche gelingen dann besonders gut, wenn dafür eine **förderliche Kultur** besteht und sich die Beteiligten in den psychologischen und sozialen Gefilden der Kommunikation auskennen. Einige Grundlagen dafür werden in Kapitel A/1.2 beschrieben. Zur Anwendung empfehlen sich auch gelegentlich einige Instrumente (vgl. Kap. A/3.3.4). Unter diesen Voraussetzungen können ein gegenseitiges Verstehen beim Informationsaustausch, eine gegenseitig befruchtende Meinungsbildung, ein zuverlässiges Absprechen und gegenseitige Wertschätzung erreicht werden. Das fördert wiederum die Akzeptanz von Problemlösungen.

Gruppen

(3) Gruppen bieten einen Rahmen für Gespräche und andere Formen der Kommunikation bzw. Zusammenarbeit. Für die Lösung komplexer Planungsprobleme erweit sich Gruppenarbeit als unabdingbar, um für einen effizienten Informationsaustausch zu sorgen, ein gemeinsames

Lernen zu ermöglichen und umsichtig Entscheidungen vorzubereiten Der Rahmen wird dadurch gebildet, dass:

∘ eine gemeinsame Aufgabe besteht (zumindest vermutet wird)
∘ eine gewisse Ordnung in den Beziehungen der Gruppenmitglieder eingehalten wird (evtl. unter einer Gruppenleitung)
∘ sich die Gruppenmitglieder mehrmals in gleicher Besetzung treffen
∘ dabei mehr als zwei Personen beteiligt sind

Die **Grösse von Gruppen** kann zwischen 3 und etwa 30 Personen liegen. Der letztgenannte Grenzbereich gilt aber mehr als Hinweis dafür, dass eine gewisse Ordnung und die gewünschte Kommunikation keine beliebige Mitgliederzahl erlauben.[1]

Es lassen sich u.a. **formale und informelle Gruppen** unterscheiden. Bei formalen Gruppen ist das Zusammentreffen organisatorisch geregelt (z.B. Arbeitsgruppe, Schulklasse). Informelle Gruppen treffen sich, ohne dass das geregelt ist, z.B. bei der Kaffeepause.

Die hier vorgestellte Methodik tendiert auf **professionell moderierte Gruppenarbeit**, um für eine gute Kommunikation zu sorgen und den gemeinsamen Prozess (ohne Druck) zu beschleunigen.

Nach Möglichkeit findet die Lösungs-Findung im menschlichen Rahmen von **Teamarbeit** statt. Diese ist aber an Voraussetzungen geknüpft, welche nicht immer zu schaffen sind (vgl. Teil A, Kap. A/1.2.5).

Wechselspiel zwischen Gesprächen und Gruppenarbeit

(4) Es dient jedoch in der Regel nicht den Zielsetzungen der effizienten Lösungsfindung, ständig im Team bzw. der Gruppe zusammen zu sein. Neben der für viele Teilaufgaben besseren Einzelarbeit bedarf es häufig auch vieler und intensiver **Gespräche mit einem weiteren Personenkreis**. Auf die Gefahren von zu sehr auf sich selber fixierten Gruppen machte speziell Kapitel A/1.2.1.3 aufmerksam.

In der Zusammenarbeit tendiert die INPRO-Methodik daher auf ein bewusstes Wechselspiel zwischen Gesprächen und Gruppenarbeit. Dabei sollten nach Möglichkeit Wissen und Training bestehen, um die Zusammenarbeit besonders effizient und effektiv zu gestalten.

1.1.1.3   Prozessebene Management

Überblick

(1) Der Begriff Management wird hier gemäss Kapitel A/3.3.5 als sachbezogenes Leiten und personenbezogenes Führen auf allen Leitungsstufen von Unternehmen, Betrieben oder öffentlichen Organisationen (Ämter, Schulen etc.) verstanden. Aufgaben des Managements bilden u.a. das Setzen von Zielen, das Planen, das Suchen nach Problemlösungen, das Informieren und das Treffen von Entscheidungen.

Damit bildet das Management die treibende oder auch bremsende Kraft bei Prozessen der Problemlösung bzw. Planung.

Gute Manager bedürfen der Methoden- und Sozialkompetenz, insbesondere aber auch der Selbstkompetenz (vgl. Abb. A/91).

---

[1] Vgl. Schütz 1989, S. 10 ff.

Für das Management im Rahmen der hier beschriebenen INPRO-Methodik bestehen zwei wichtige Tätigkeitsfelder:
- die Schaffung günstiger Rahmenbedingungen für das Problem-Lösen
- das Projektmanagement

Schaffung günstiger Rahmenbedingungen für das Problemlösen

(2) Die Schaffung günstiger Rahmenbedingungen für das Problemlösen bezieht sich v.a. auf folgende Management-Aufgaben:
- Bereitschaft und Anleitung zur angemessenen Lösung von komplexen Aufgaben
- Formulierung möglichst klarer Aufgaben und Zielsetzungen für die Lösungsfindung
- Hilfe bei der Offenlegung relevanter Wertvorstellungen, denen die Lösung eines Problems genügen soll
- „Flankenschutz" gegen unnötige Verunsicherungen bzw. „Sperrfeuer" während des Prozesses der Lösungsfindung
- Bereitschaft zur Übernahme gut fundierter Lösungsvorschläge und zu deren Umsetzung.

Die Praxis zeigt, dass viele gute Prozesse der Lösungsfindung letztlich an schlechten Rahmenbedingungen scheitern. Umgekehrt kann ein positives Verhalten des Managements viel zu einem Erfolg beitragen.

Wenn immer möglich, sollte daher auch eine Projektgruppe in Richtung Management-Bedingungen ihren Einfluss geltend machen. Sind dagegen schlechte Bedingungen nicht zu ändern, sollten Gruppen nach Möglichkeit die Übernahme einer Aufgabe ablehnen.

Prozess

Projektmanagement

(3) Neben den günstigen Rahmenbedingungen bedarf die Lösung komplexer Probleme eines guten Projektmanagements.

Was in diesem Zusammenhang unter **Projekt** zu verstehen ist, beschreibt Kapitel A/3.3.2.4 und vertiefend Kapitel B/4.2.1. Es geht dabei um die Neuorganisation einer Fachhochschule ebenso wie das Vorprojekt für ein Wohnhaus. Dort erfolgt auch eine kurze Darstellung dessen, was unter Projektmanagement verstanden wird. Dieses hat u.a. folgende Beiträge zu leisten:[1]
- Klärung des zu lösenden Problems (inkl. bewusste Reduktion des Problems und seines Umfeldes)
- Klärung der Projektaufgabe und -zielsetzungen
- Gestaltung des Analyse- und Planungsprozesses
- Pflege des Informationsaustausches, Meinungsbildungsprozesses und der menschlichen Beziehungen zum auftraggebenden Management
- Controlling und Kontrolle des Projektablaufs in den Dimensionen Inhalt, Qualität, Termine und Kosten

---

[1] Vgl. Litke 2004, S. 23 f.; Daenzer/Huber 2002, S. 242

1.1.2   Erfolgversprechende Integration

Zentrale Aussage der INPRO-Methodik

(1) Die Aussage der INPRO-Methodik besteht darin, **stets alle drei Elemente gleichzeitig** und aufeinander bewusst bezogen einzusetzen. Diese Integration von Methoden, Zusammenarbeit und Management erschliesst in der Regel die höchsten Erfolgschancen beim Planen.

Auswahl von Themen

(2) Begründungen und Belege für den Nutzen der Integration bringen die folgenden drei Kapitel.

Das **Besondere** der INPRO-Methodik verdeutlicht zudem ein Vergleich mit anderen publizierten Ansätzen. Aus dieser Absicht heraus folgen hier die Kapitel:

- Konkreter Nutzen der Integration

- Voraussetzungen der Integration

- Der wesentliche Unterschied zu anderen Ansätzen

1.1.2.1   Konkreter Nutzen der Integration

Überblick

(1) Was die konsequente Integration in der Praxis bringen kann, verdeutlicht die folgende Betrachtung aller drei möglichen Beziehungen der drei Elemente (vgl. Abb. B/5):
- Methoden – Zusammenarbeit
- Zusammenarbeit – Management
- Management – Methoden

Beziehungen Methoden – Zusammenarbeit

(2) Die Beziehung Methoden – Zusammenarbeit aktiviert die Vorteile beider Elemente und dämpft gleichzeitig ihre Nachteile. Die Kombination von Methoden und Zusammenarbeit bringt, um einige **Beispiele** zu nennen, folgende Vorteile:
- Die **Zusammenarbeit gewinnt** von der Methodenanwendung durch die:
  - klarere Strukturierung des gemeinsamen Vorgehens infolge eines offengelegten Prozessablaufs
  - (damit in Zusammenhang): Übersichtlichkeit und Kontrollmöglichkeit im Prozess
  - verbesserte und vereinfachte Kommunikation (geklärte Begriffe, methodisch vorgegebene Strukturierung der Diskussion etc.)
  - grösseren Chancen für gemeinsame Schwerpunktsetzungen zur Aufgabenstellung (z.B. mit Hilfe einer ABC-Analyse)
  - besseren Klärungs- und Einigungsmöglichkeiten im Bereich der Wertvorstellungen (z.B. durch Interviewtechnik und Zielanalysen)
  - erhöhten Chancen, störende soziale Einflüsse wie Rangordnungskämpfe, Dominanz von Chefs etc. zu vermeiden (z.B. mit Hilfe methodischer Vorgaben zum Meinungs- und Informationsaustausch)

- Die **Methodenanwendung profitiert** von der Zusammenarbeit durch:
  - Begründungszwang und Hinterfragung der Methodenanwendung (man muss sich die Anwendung gut überlegen, um überzeugend begründen zu können)
  - umsichtigere und besser abgestützte Informations-Inputs
  - durch Leistungsvorteile und daher Zeitersparnis beim Einsatz von Methoden (z.B. raschere Entwicklung von Merkmalen und Teillösungen für einen Morphologischen Kasten)
  - die verbesserte Akzeptanz der methodisch erarbeiteten Ergebnisse (weil bereits von mehreren Personen in den Vorteilen erkannt und mitgetragen).

Beziehungen Zusammenarbeit – Management

(3) Die Beziehung Zusammenarbeit – Management erweist sich ebenfalls als sehr fruchtbar, verstärkt potenziell die Vorteile der Ansätze und dämpft potenzielle Nachteile, wie die folgenden **Beispiele** zeigen:
- Die **Zusammenarbeit** wird durch das Element Management **unterstützt**, weil:
  - klare strukturelle Gegebenheiten geschaffen werden (Bezeichnung des Auftraggebers, Prozess-Festlegungen, Festlegung der Gruppenleitung etc.)
  - die Beziehung zum Umfeld und zur auftraggebenden Instanz potenziell besser gepflegt wird (z.B. durch Verminderung der Ingroup-Gefahren)
  - ein potenzielles Eingreifen in den Gruppenprozess, sofern er auf Abwege kommt bzw. nicht rasch genug die nötigen Zwischen-Ergebnisse bringt, bereits als Möglichkeit vorgegeben ist (und damit auch beschleunigende bzw. einigende Wirkung auf den Gruppenprozess hat)
- Das **Management profitiert** von einer guten Zusammenarbeit durch:
  - die Erleichterung der Führung (weniger zeitraubende Konflikte, besserer Informationsfluss, mehr Konsenschancen)
  - breiter abgestützte und damit auch umsichtiger erarbeitete Zwischen- und Schlussresultate
  - potenzielle Unterstützung bei Auseinandersetzungen mit Dritten (moralisch und sachlich).

Wie wichtig diese gegenseitige Befruchtung einerseits ist und welche Gefahren hier andererseits lauern, zeigt Abbildung B/7.

Beziehungen Management – Methoden

(4) Der Kreis schliesst sich mit den gegenseitig förderlichen Beziehungen Management – Methoden. Als **Beispiele** lassen sich anführen:
- Das **Management** gewinnt als Vorteile aus der Methodenanwendung:
  - Unterstützung bei der Klärung eines Problems, so dass es besser lösbar wird (z.B. mit Hilfe des Problem-Checks)
  - klarere Strukturen und damit ein besseres Abschätzen des Zeitaufwandes und der Kosten (z.B. durch Anwendung bewährter Prozessabläufe)

Prozess

Abbildung B/7
Vieles kann im
Management bzw.
in der Beziehung
Management –
Zusammenarbeit
ungünstig verlau-
fen[1]

Ein „Sündenkatalog"

- Bei der Auswahl der Projekte wird nicht systematisch vorgegangen. Klar definierte Kriterien für die Entscheidung gibt es nicht. Sie geschieht häufig nach „Gefühl und Wellenschlag".

- Projekte werden ohne eindeutigen Projektauftrag gestartet (sog. „Machen-Sie-mal"-Projekte).

- Das Top-Management lässt sich nicht regelmässig über den Projektfortschritt berichten und gibt auch den Vorhaben im Bedarfsfall nicht immer wieder „neuen Schwung". Die Folge ist, dass viele Projekte nicht planmässig beendet oder bewusst abgebrochen werden, sondern „verdursten".

- Das Projektteam wird mehr oder weniger „auf Zuruf" zusammengestellt. Eine formelle Abordnung und Verpflichtung findet nicht statt.

- Mitarbeiter werden zur Projektarbeit abgestellt, aber nicht von der täglichen Routinearbeit entlastet.

- Linienvorgesetzte entsenden die Mitarbeiter, die am leichtesten entbehrlich sind.

- „Linienfürsten", in manchen Unternehmen nicht ohne Grund auch „Säulenheilige" genannt, boykottieren die Projektarbeit, weil sie sie als Eingriff in ihre Machtsphäre sehen.

- Der Projektleiter hat nur Verantwortung und eine Fülle von Aufgaben, aber erhält keine Handlungsrechte (Kompetenzen).

- Der Projektleiter und die Mitglieder des Projektteams haben noch nicht einmal elementare Kenntnisse im Projektmanagement.

- Es fehlt jegliche Methodenunterstützung durch eine Serviceabteilung des Unternehmens oder durch eine Moderation.

- Für Projektarbeit gibt es kaum Anreize. Der erhöhten Arbeitsbelastung, der Gefahr, sich nach Abschluss des Vorhabens einige Feinde im Unternehmen geschaffen zu haben, und dem Risiko des Scheiterns stehen nicht die Aussicht auf formelle Anerkennung, eine Prämie oder verbesserte Aufstiegschancen gegenüber. Noch schlimmer: Ein „Kollege" benutzt die Zeit der Projektabordnung, um am „Stuhl des Konkurrenten zu sägen".

- · durch die im Voraus gut planbaren Strukturen und Schrittfolgen auch bessere Ansätze für das Controlling und für Kontrollen (z.B. eine Überprüfungsmöglichkeit, ob die vorgesehene Erarbeitung von Varianten tatsächlich auch umsichtig und rechtzeitig durchgeführt wurde)
  - · eine stark erhöhte Chance, die erwünschten Ergebnisse in hoher Qualität, rechtzeitig, mit Akzeptanz und vergleichsweise niedrigem Aufwand zu erzielen
- ○ Die Anwendung von **Methoden** wird durch ein gutes Management **unterstützt**, indem dieses:
  - · zur Methodenanwendung motiviert („wir begrüssen die Anwendung der Szenariotechnik")
  - · Flankenschutz gegen Angriffe auf das methodische Vorgehen bietet

---

[1] Nach Schelle 2004, S. 22 f.

- bereit ist, methodisch erarbeiteten Ergebnissen Vertrauen zu schenken und diesen zur Umsetzung zu verhelfen
- nötigenfalls auch die Methodenanwendung abbricht, weil eine Gruppe dafür nicht reif ist bzw. auf Abwege zu geraten droht (kein Durchboxen einer bestimmten Methodenanwendung gegen den andauernden Widerstand einer Gruppe)

Methodenanwendung in Serie

Das zentrale Management einer Schweizer Grossbank lernte den Nutzen von Methodenanwendungen insbesondere in den Zielbereichen Akzeptanz und Zeit schätzen. Das galt insbesondere für das Vorfeld von Bauvorhaben. Wurden Kontroversen sichtbar oder die Zeitverhältnisse eng, so sandte die zentrale Leitung einen methodisch versierten externen Moderator an den entsprechenden Ort. Als kontroverse Fragestellungen zu bewältigen waren beispielsweise:

- *Umfang und Ausrichtung der geplanten Expansion in Frankfurt*
- *Umfang der geplanten Expansion der Niederlassung Luxemburg*
- *Standortwahl für ein Backoffice der Niederlassung Lausanne*
- *Eignung eines kaufbaren Bürogebäudes für die Bank-Zwecke in Lugano*
- *Belegung eines geplanten Bürogebäudes in Basel (welche Abteilung kommt in den Neubau?)*

Doch immer, wenn das Management in der Zentrale der Grossbank einen methodisch unterstützten Prozess zur Problemlösung vorschlug, regte sich heftiger Widerstand. Man fürchtete einerseits eine zu grosse Einflussnahme der Zentrale in der Sache und andererseits die Herausforderungen eines methodischen Vorgehens.

Beruhigend wirkte im weiteren Prozess, dass stets Projektgruppen gebildet und die „Ortsansässigen" die Mitglieder sowie die Projektleitung bestimmen konnten. Die Zentrale begnügte sich mit einer Minderheit von ein bis zwei Vertretungen.

Doch in einer Frage blieb das Management der Zentrale hart: Es musste von der Projektgruppe methodisch-systematisch vorgegangen und die externe Moderation akzeptiert werden.

Dennoch verebbte in den Projektgruppen der Widerstand nicht sofort. Trotz schwieriger erster Schritte gelang es aber stets, gemeinsam gute Arbeit zu leisten und im Konsens einen Lösungsvorschlag zu erarbeiten. Der Druck des Managements in Richtung methodisches Arbeiten wurde am Schluss in der Regel als hilfreich anerkannt.

Das motivierte das zentrale Management, weiterhin auf ein methodisch-systematisches Vorgehen mit externer Moderation zu achten.

Prozess

1.1.2.2 Voraussetzungen der Integration

Überblick

(1) Damit die hier angeführten Vorteile der Integration eintreten, müssen die drei Elemente aufeinander abgestimmt werden. Die positiven Wirkungen des Dreiklanges haben also ihren Preis. Das lässt sich wiederum an den drei Beziehungen und Konsequenzen verdeutlichen:
- Methoden – Zusammenarbeit
- Zusammenarbeit – Management
- Management – Methoden

Voraussetzungen Methoden – Zusammenarbeit

(2) Die wichtigsten Voraussetzungen für eine gute Beziehung zwischen den Elementen Methoden – Zusammenarbeit bestehen in der:
- Gruppentauglichkeit von Methoden
- Moderation von Gruppen durch v.a. methodisch versierte Personen

Die **Gruppentauglichkeit** ergibt sich dadurch, dass die Methoden für die Gruppenmitglieder in wesentlichen Zügen durchschaubar und beherrschbar sind (vgl. Kap. A/1.1.2.2). Diese müssen nicht trainiert sein, einen Zielbaum (vgl. Abb. B/53) zu erarbeiten. Doch sollten die Gruppenmitglieder durchschauen können, wie der Zielbaum entstanden ist und was er aussagt. Dann auch wird das Arbeiten mit dem Zielbaum (z.B. in Form einer Gewichtung) für die Beteiligten beherrschbar. Dieser Anforderung genügen demgegenüber beispielsweise dynamische Programmierungen oder Kosten-Nutzen-Analysen (KNA, vgl. Abb. A/97) nicht. Diese berücksichtigen viele Einzel-Faktoren und erfordern sehr spezifische methodische bzw. volkswirtschaftliche Kenntnisse. Erfahrungsgemäss gut in Gruppen anwendbare Methoden bringt Kapitel B/2.3.

Da im Regelfall in der Praxis nicht davon ausgegangen werden kann, dass die Gruppenmitglieder genügend Kenntnisse zu tauglichen Methoden mitbringen, bedürfen sie der entsprechenden Anleitung und Unterstützung. Diese Rolle müssen **methodisch versierte Moderatorinnen** übernehmen. Die zweitbeste Lösung besteht darin, dass Methoden-Fachleute die Gruppenleitung bzw. Moderation unterstützen. Das kann aber zur Konkurrenz bzw. Disharmonie in der Leitungs- bzw. Moderationsfunktion führen.

Voraussetzungen Zusammenarbeit – Management

(3) Im Beziehungsfeld Zusammenarbeit – Management sind v.a. zwei Voraussetzungen wichtig:
- Gestaltung einer förderlichen Gruppenarbeit
- „Gehorsam" gegenüber den Managementvorgaben

Zur **Gestaltung einer förderlichen Gruppenarbeit** gehört die geeignete Zusammensetzung von Gruppen. Zudem müssen die Gruppenmitglieder zeitlich hinreichend frei gestellt werden. Auch bedürfen sie der notwendigen Kompetenzen. Welche Faktoren insbesondere bei Teams zu beachten sind, beschreiben die Kapitel A/1.2.5 und B/3.1.

Gruppen können eine erhebliche Eigendynamik entwickeln, sich selbst überschätzen und abkapseln, Vorgaben des Managements zunehmend ignorieren und damit ins Abseits geraten. Entsprechende Effekte schildert insbesondere Kapitel A/1.2.1.3. Daher muss insbesondere die Gruppenleitung dafür sorgen, dass **„Gehorsam" gegenüber den Managementvorgaben** herrscht. Das schliesst in einem dynamischen und kooperativen Prozess keinesfalls aus, die vom Management formulierten Aufgaben und Bedingungen infrage zu stellen und zu verändern. Wichtig ist aber, den laufenden Informationsaustausch mit dem Management zu pflegen.

Voraussetzungen Management – Methoden

(4) Eine fruchtbare Beziehung zwischen den Elementen Management – Methoden entsteht, wenn v.a. folgende Voraussetzungen erfüllt werden:
○ Förderung von Methoden-Anwendungen
○ Durchschaubarkeit und Beeinflussbarkeit der Methoden-Anwendung
Die **Förderung der Methoden-Anwendung** bildet eine der wesentlichen Erfolgsfaktoren für die INPRO-Methodik. Wenn sich übergeordnete Instanzen in Organisationen und die Projektleiter dazu nicht klar bereit erklären, sind die Erfolgsaussichten klein. Entweder kommt es zu einem Verzicht oder nur zu einem halbherzigen Dulden. Das ist weder motivierend noch eine gute Voraussetzung dafür, allseits akzeptierte Problemlösungen zu erreichen.

Um solche Fördereffekte erzielen zu können, muss die **Methoden-Anwendung** für das Management **durchschaubar und beeinflussbar** sein. Was schon für einzelne Gruppenmitglieder gefordert und begründet wurde, gilt selbstverständlich auch für die Projektleitung und die übergeordneten Instanzen. Hinzu treten sehr stark die Effekte des Rollenverhaltens. Leitungen von Projekten und übergeordnete Instanzen nehmen sehr häufig die ALPHA-Position ein (vgl. Kap. A/1.2.3). Dem kann man durch gute Erläuterungen und durch ein Eingehen auf spezielle methodische Wünsche entsprechen.

Prozess

1.1.2.3 Der wesentliche Unterschied zu anderen Ansätzen

Drei Elemente gleichrangig

(1) Die INPRO-Methodik, wie sie hier skizziert wird, macht bei vielen alternativen Ansätzen Anlehnungen. Doch unterscheidet sie sich von diesen v.a. dadurch, dass die drei Elemente gleichrangig behandelt werden. Darauf ging das Vorwort bereits kurz ein. Vertiefend sollen folgende Beispiele diese Aussagen stützen:
○ Die Literatur zum **„Systems Engineering"** behandelt Fragen der Zusammenarbeit, wenn überhaupt, meist nur am Rande.[1]
○ Die immer zahlreicheren Bücher über **Teamarbeit und Moderationsmethoden** befassen sich zwar in hilfreicher Weise mit einer erfolgversprechenden Führung von Gruppen. Zu zweckmässigen Formen des systematischen Vorgehens, zum Einsatz von Analyse- und Bewer-

---

[1] Vgl. Daenzer/Huber 2002, S. 282

tungsmethoden oder zum Projektmanagement sagen sie jedoch in der Regel wenig oder gar nichts aus.[1]

○ Die inzwischen umfangreiche Literatur zum **Prozessmanagement** erweist sich ebenfalls als sehr nützlich für die Praxis. Doch behandelt diese den Bezug zur menschlichen Zusammenarbeit sowie zum Einfluss des Managements nur am Rande oder überhaupt nicht .[2] Das ist nicht als Kritik zu verstehen, sondern stimmt mit der primär technisch-organisatorischen Ausrichtung des Prozessmanagements überein.

○ Fachbücher über **Methoden für Teilaufgaben** lassen oft den Bezug zur menschlichen Zusammenarbeit missen. Auch der grosse Einfluss des Managements auf die Auswahl und Anwendung von Methoden wird meist ausgeklammert.[3]

○ Die Literatur im Bereich des **Projektmanagements** steht zwar in der Regel in enger Verbindung mit methodischen Ausführungen. Letztere stellen aber oft nur katalogartige Darstellungen dar, welche zu wenig konkrete Handlungsanleitungen bieten. Die menschliche Zusammenarbeit und auch individual-psychologische Fragen werden in neueren Werken zwar angeschnitten, erlangen jedoch nicht einmal annäherungsweise Gleichwertigkeit mit den Ausführungen zum technisch-organisatorischen Projektmanagement.[4]

Integrale Sicht

(2) Daneben bestehen zwei Ansätze, die eine integrale Sicht von vornherein anstreben (wenn auch gewisse technische bzw. betriebswirtschaftliche Schlagseiten unübersehbar sind):

○ Das ganzheitliche Problemlösen nach Gomez und Probst[5]
○ Das Value Management auf der Basis der Wertanalyse[6]

Beide Ansätze werden in Kap. A/3.3.1 vorgestellt. Sie versuchen, systematisch-methodische Vorgehensweisen mit den Ansätzen des Managements sowie mit Anleitungen zur erfolgreichen Zusammenarbeit zu verbinden.

INPRO-Methodik

(3) Die INPRO-Methodik geht hier noch einen Schritt weiter. Sie ist einerseits offener in der Schrittfolge. Andererseits verstärkt sie die Elemente der professionellen Zusammenarbeit und des Managements. Sie gibt diesen Prozessebenen mindestens soviel Bedeutung wie den Elemente Methoden auf der Sachebene.

Zusätzlich wird der **Wert-Orientierung** ein besonders hoher Stellenwert gegeben. Das gilt zwar verbal auch für die Wertanalyse. In der prakti-

---

[1] Vgl. als Beispiele Klebert/Schrader und Straub 2002; Ueberschaer 2000
[2] Vgl. als Beispiele Schmelzer/Sesselmann 2004; Becker/Kugeler und Rosemann 2003
[3] Vgl. als Beispiele Grünig/Kühn 2004; Loderer 2002. Demgegenüber erhält die menschliche Dimension einen deutlich grösseren Stellenwert bei Brauchlin/Heene 1995 und Schweizer 2002
[4] Vgl. als Beispiele Schelle 2004; Mehrmann/Wirtz 2000. Stärker in Richtung eines ganzheitlichen Ansatzes gehen Litke 2004 und Hansel/Lomnitz 2003.
[5] Vgl. Gomez/Probst 2001
[6] Vgl. Verein Deutscher Ingenieure (VDI) 1995

schen Umsetzung bestehen jedoch bei der „klassischen" Wertanalyse gemäss VDI-Richtlinie erhebliche Schwachstellen.[1]

Höchste Anforderungen an die praktische Durchführung

(4) Es kann aber leider nicht geleugnet werden, dass der ganzheitliche Ansatz, also die ausgewogene Integration der Prozessebenen bzw. Methoden, Zusammenarbeit und Management, auch die relativ höchsten Anforderungen an die praktische Durchführung mit sich bringt.

Auf diesen Ebenen besteht in der Praxis ohnehin ein grosses Wissens- und Trainingsdefizit. Man ist dann bereits eine Stufe weiter, wenn Wissen und Training wenigstens für eines der Elemente besteht. Das Streben nach ausgewogener Kombination aller drei Elemente Methoden, Zusammenarbeit und Management, kann leicht zur Überforderung führen.

Dennoch vertreten wir hier die Ansicht, dass das Streben in dieser Richtung aufrecht erhalten werden sollte. **Die Integration aller drei Prozessebenen verspricht selbst dann den grösstmöglichen Erfolg beim Lösen komplexer Probleme, wenn die Umsetzung vom Ideal noch weit entfernt bleibt (vgl. Abb. B/2).**

Man sollte sich also von den besonderen Herausforderungen des „Dreiklanges" nicht entmutigen lassen. Durch Probieren und hartnäckiges Weitermachen entsteht der Trainingsstand, der ein besonders erfolgreiches Lösen von Problemen bzw. Planen ermöglicht.

Prozess

---

[1] Vgl. Wiegand 1995, S. 58 ff.

1.2 Anleitung für die Prozessgestaltung

Reichhaltiger Werkzeug-kasten

(1) Die drei Elemente Methoden, Zusammenarbeit und Management bilden den Dreiklang für die integrale Prozessgestaltung. Abbildung B/8 verdeutlicht diesen Ansatz.

Für die drei Prozessebenen besteht ein grosser Fundus an Instrumenten, also ein reichhaltiger Werkzeugkasten (Abb. B/9). Dieser wird in den Kapiteln B/2., 3. und 4. mit besonders wichtigen Instrumenten konkret beschrieben.

Abbildung B/8
Die drei Elemente
Methoden, Zu-
sammenarbeit und
Management
bestimmen integ-
ral den gesamten
Prozess

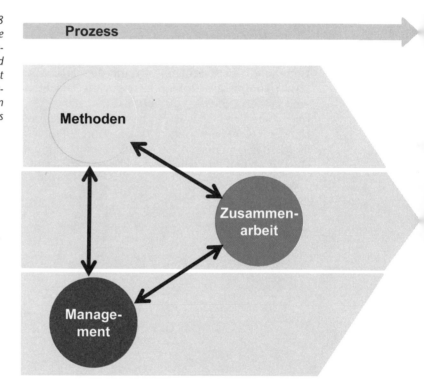

Beispiel Handwerker

(2) Doch man muss mit diesem Fundus, diesem Werkzeugkasten, umgehen können. Dazu gehört viel mehr, als eine mit Instrumenten voll gepackte Kiste.

Nehmen wir als Beispiel an, ein Handwerker erfährt von diversen möglichen Aufträgen. Dann wird er sich erkundigen, welche für ihn von besonderem Interesse sind. Er wird die eine oder andere Auftragsmöglichkeit zu ergreifen suchen und andere links liegen lassen. Hat er einen neuen Auftrag erhalten, z.B. die Heizung in einem Mehrfamilienhaus einzubauen, dann wird der **umsichtige und kluge Handwerker** die Gesamtheit der zu erbringenden Leistungen gut vorplanen. Dazu muss er den Auftrag und die zu lösenden Probleme eingehend studieren. Daraus werden evtl. verschiedene Teilaufgaben entstehen (Rohre verlegen, Heizungsanlage montieren etc.). Zu jeder der Teilaufgaben werden spezifische Prozesse zu planen sein. Schliesslich bestimmt er die Vorarbeiter und Mitarbeiter, macht Kosten- und Zeitplanungen und bespricht die Baustellen-Organisation, die Materialbestellungen etc.

Erst nach all diesen Vorplanungen werden die verschiedenen Gruppen von Arbeitern an der Baustelle tätig. Dann bestimmen sie den **Einsatz ihrer Werkzeuge** und verlegen die Rohre, montieren die Heizkörper, stellen den Heizkessel auf etc. Parallel dazu steuert der Handwerksmeister den Gesamteinsatz der Arbeiter.

Dieser umsichtige und kluge Handwerker, der weit vor dem praktischen Handeln nachdenkt, priorisiert und plant, braucht dafür mehr Zeit als der einfach auf Anfragen reagierende und pragmatisch-direkt Handelnde. Aber letztlich sind seine **Chancen viel grösser**, die richtigen Arbeiten zur richtigen Zeit durchzuführen, eine Kunden-gerechte Qualität zu erreichen und wirtschaftlich zu arbeiten.

Prozess

Abbildung B/9
Die drei Elemente
Methoden, Zu-
sammenarbeit und
Management
bieten einen reich-
lich gefüllten
Werkzeugkasten

Zwei Ebenen   (3) Die Umsicht des klugen Handwerkers, auf das Lösen von Problemen übertragen, bedeutet, stets auf zwei Ebenen zu denken und zu handeln, und zwar die Ebene der (vgl. Abb. B/10 und 11):

- I Meta-Prozessplanung und -steuerung (Makro-Ebene)

- II Problemlösungs-Zyklen (Mikro-Ebene)

Die **Meta-Prozessplanung** (Makro-Ebene)[1] steht über dem Lösungsprozess. Sie betrachtet ein Problem bzw. ein Vorhaben gesamthaft und dient der Konstruktion von „Problemlösungs-Prozeduren".[2] Dazu gehören auch die übergeordneten Vernetzungen mit dem Umfeld und be-

---

[1] Begriffe in Anlehnung an das Systems Engineering, vgl. Kap. A/3.3.1.1
[2] Vgl. Malik 2000, S. 363

sonders den übergeordneten organisatorischen Instanzen (Management). Aus dieser Betrachtung heraus erfolgt die Formulierung einer oder mehrerer Prozess-Phasen und -Schritte. Diese können parallellaufend organisiert werden oder aufeinander folgen. Die Abbildung A/107 bringt dazu ein Beispiel aus der Praxis. Die Meta-Prozessplanung sollte auf jeden Fall zu Beginn eines Problemlösungs-Prozesses stattfinden, wie das Beispiel des klugen Handwerkers ausdrücken möchte (s.o.). Es wird also eine Prozess-Vorplanung postuliert. Diese hat auch zu klären, was organisatorisch als Projekt oder Teilprojekt zu definieren ist. Nach der Prozess-Vorplanung geht es darum, die weiteren Prozesse in den Phasen und Problemlösungs-Zyklen zu verfolgen und nötigenfalls steuernd zu beeinflussen.

Die **Problemlösungs-Zyklen** (Mikro-Ebene) beziehen sich auf das praktische Vorgehen bei Teilen einer Problemlösung oder bei einem Problem. Der erste Fall gilt, wenn der Prozess in mehrere Phasen bzw. Problemlösungszyklen unterteilt wurde. Der zweite Fall trifft zu, wenn ein Problem mit einem einzigen Problemlösungs-Zyklus gut bewältigt werden kann.

Wenn mehrere Problemlösungs-Zyklen geplant sind, dann kann das System der Prozessplanung und -steuerung gemäss Abbildung B/11 dargestellt werden.

1.2.1 Meta-Prozessplanung und -steuerung

(1) In diesem Kapitel geht es um die Anleitung für die Meta-Prozessplanung und -steuerung, also die Ebene I, gemäss Abbildung B/10. Deren grosse Bedeutung für den Erfolg beim Problem-Lösen wird immer wieder unterschätzt (vgl. Kap. A/2.1.3.2, 3.1.3.1 und 3.2.2.2). Vor allem herrscht am Anfang eines Problemlösungs-Prozesses häufig ein grosser Tatendrang. Doch trägt dieser wenig zum Erfolg bei. Es können durch zu rasches Handeln leicht die falschen Pferde gesattelt werden. Dann mag ein Problemlösungs-Zyklus noch so gut bearbeitet worden sein – die Anstrengung bringt keinen Nutzen und damit keinen Erfolg.

Die Arbeiten auf dieser Ebene lassen sich in zwei Teile gliedern (vgl. Abb. B/12):

A. Prozess-Vorplanung (inkl. spätere Anpassungen)

B. Prozesssteuerung

Die **Prozess-Vorplanung** sollte zu Beginn jeder Lösung komplexer Probleme erfolgen. Eventuell bedarf es dazu nur weniger Minuten der Reflexion, weil die Dinge klar liegen bzw. alles Notwendige bereits hinreichend vorgegeben wurde. Doch kann es zweckmässig sein, dieser Aktivität viel Aufmerksamkeit und Zeit zu widmen.

Die **Prozesssteuerung** begleitet die Projekte auf der Meta-Ebene. Als Begriffe finden hier auch „Reflexionsebene", „Metaprozess", „Review" und „Redesign" Verwendung. Die Prozesssteuerung baut auf der Pro-

*Abbildung B/10
Für den Prozessab-
lauf gilt es, geeig-
nete Instrumente
und Werkzeuge
auszuwählen,
anzupassen und
zu integrieren*

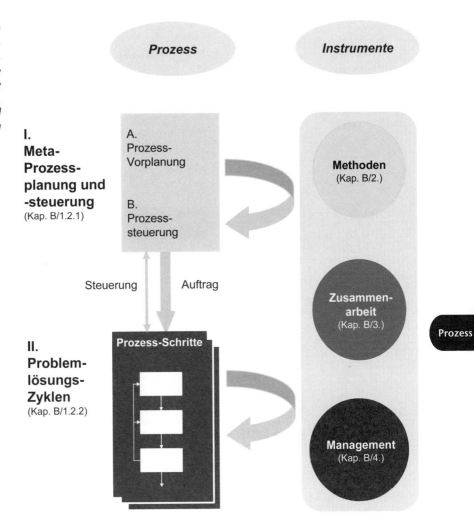

zess-Vorplanung auf, empfängt aber ständig neue Impulse von übergeordneten Instanzen und Entwicklungen im Umfeld. Zudem reagiert sie
auf Entwicklungen innerhalb eines Problemlösungs-Zyklus (z.B. erhöhter
Ressourcenbedarf). In der Folge müssen Annahmen und Vorgaben der
Prozess-Vorplanung bedarfsgerecht angepasst werden (vgl. Abb. B/13).

**Elemente der
INPRO-
Methodik**
(2) Eingangs dieses Kapitels B/1.2.1 wird betont, dass die drei Prozessebenen der INPRO-Methodik bereits auch Richtschnur der Meta-
Prozessplanung und -steuerung bilden. Dementsprechend gliedert sich
dieses Kapitel in (vgl. Abb. B/14):

• Methoden

• Zusammenarbeit

• Management

Abbildung B/11
Zwischen den
Ebenen der Pro-
zessplanung und
-steuerung sowie
den Problemlö-
sungs-Zyklen
bestehen starke
Beziehungen

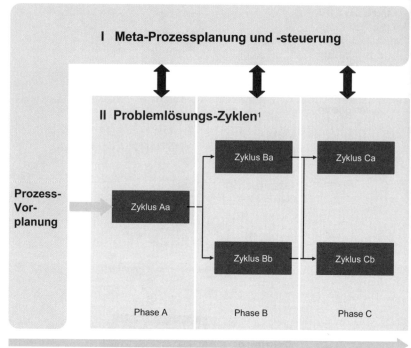

1.2.1.1 Methoden

Ablauf der
Problem-
Lösung

(1) Abbildung B/12 unterscheidet auf der Meta-Ebene zwischen folgenden Teilen im Prozess der Problemlösung:
- A. Prozess-Vorplanung
- B. Prozesssteuerung

Prozess-
Vorplanung
(A)

(2) Die empfehlenswerten Schritte der Prozess-Vorplanung (A.) geben die Abbildung B/14 und 15 wieder. Sie gliedern sich in:[2]

a. Problem-Ortung
  ○ Wahrnehmung des Problems
  ○ Einordnung und Klassifizierung
  ○ Problemanalyse
  ○ Problemreduktion

b. Wahl geeigneter Prozesse und grundsätzlicher Verfahren
  ○ Erwünschte und mögliche Ergebnisse, Zielsetzungen
  ○ Strukturierung nach Phasen und Problemlösungs-Zyklus
  ○ Prozessgestaltung bzw. -anpassung (je Problemlösungs-Zyklus)

---

[1] Als Teilprojekte organisierbar (vgl. Kap. B/4.2.1.1)
[2] Vgl. Malik 2000, S. 399 ff.

Abbildung B/12
Die Meta-
Prozessplanung
und -steuerung
umfasst zwei
verschiedene Akti-
vitätsbereiche

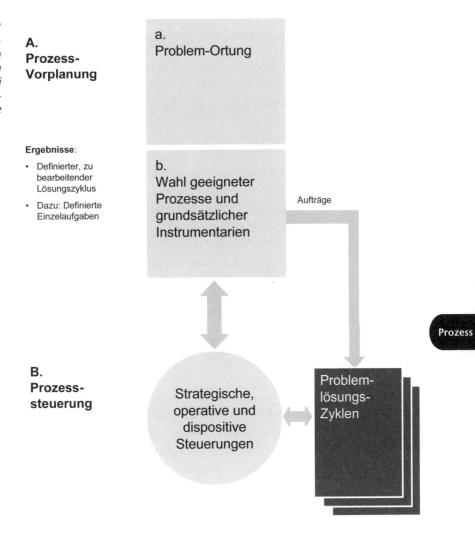

A.
Prozess-
Vorplanung

a.
Problem-Ortung

Ergebnisse:

- Definierter, zu
  bearbeitender
  Lösungszyklus

- Dazu: Definierte
  Einzelaufgaben

b.
Wahl geeigneter
Prozesse und
grundsätzlicher
Instrumentarien

Aufträge

B.
Prozess-
steuerung

Strategische,
operative und
dispositive
Steuerungen

Problem-
lösungs-
Zyklen

Prozess

Bei der **Wahrnehmung des Problems** geht es um eine erste Feldbe-stimmung und Definition. Das Problem sollte fassbar und kommunizier-bar werden. Hier muss man sich häufig auch die Frage stellen: „Soll ich das als mein Problem betrachten?" Es stellt sich bereits auch die Heraus-forderung, die Problematik zu umschreiben[2] bzw. als Lösungs-Feld aus-zusuchen. Fühlt man sich zuständig und beauftragt, so sind einerseits unternehmens-strategische Überlegungen zu berücksichtigen und ande-rerseits Methoden (z.B. ABC-Analyse, Szenariotechnik, Zielanalyse) an-zuwenden. Hier ist v.a. das Management gefordert.

---

[1] Als Teilprojekte organisierbar (vgl. Kap. B/4.2.1.1)
[2] Vgl. Grünig/Kühn 2004, S. 17 f.

Abbildung B/13
Die Prozesssteue-
rung auf der Meta-
Ebene muss viele
Checkpunkte zum
Problemlösungs-
Prozess im Auge
behalten[1] (vgl.
Abb. A/46)

Auswahl von Check-Fragen zur Prozesssteuerung

- Wie ist die fachliche Qualifikation und die Erfahrung der Personen, die an der Problemlösung mitwirken, einzuschätzen?
- Woraus resultiert die Motivation der Teammitglieder („Earning a salary or serving a cause")?
- Ist eine Entwicklung zum Team festzustellen oder bestehen diesbezüglich Hindernisse?
- Gibt es persönliche Spannungen, Konflikte und Intrigen?
- Sind bestimmte Schlüsselpersonen (Opinion-leaders) festzustellen? Dominieren diese einseitig?
- Gibt es Abnützungserscheinungen bei den Gruppenmitgliedern, stehen sie unter Stress und Information-Overload?
- Sind genügend Meinungskontroversen festzustellen? Wie steht es mit der Kritikbereitschaft und mit der Art des Kritisierens?
- Sind gewisse Aversionen oder Abschliessungen festzustellen gegen bestimmte Arten von Informationen, gegen bestimmte Methoden oder gegen bestimmte Personen?
- Woran orientieren sich die Mitglieder der Gruppe: Am Maximum, das erreicht werden kann, oder am Minimum, das gerade noch akzeptiert wird?
- Wie verhält sich die Gruppe, wenn Fehler passieren? Sucht sie die Ursachen nur ausserhalb oder auch innerhalb des Teams?
- Welche Führungstypen sind in welchen Prozessphasen erforderlich? Müssen die Führer ausgewechselt werden?
- Wie ist die Feed-back-Sensitivität der Teamführer und der Mitglieder entwickelt? Sind sie selbstkritisch?
- Sind sie in der Lage, die eigenen Lösungen in Frage zu stellen und anzuzweifeln? Haben sie aber auch genügend Vertrauen zu ihren eigenen Ergebnissen? Wären sie bereit, im Zusammenhang mit ihren Vorschlägen auch eigene Risiken einzugehen?
- Wie werden die Führungsprozesse abgewickelt? Können Projektleitung bzw. Moderation zuhören?
- Wie gründlich und genau erfolgt die Bearbeitung der einzelnen Teilaufgaben? Unterlaufen Oberflächlichkeiten?
- Wie steht es mit der Schärfe der Argumente, die für oder gegen bestimmte Überlegungen vorgebracht werden?
- Wie erfolgt der Einsatz der vorgegebenen Methoden?
- Gibt es bestimmte Schlüsselmeinungen (Dogmen) und Grundannahmen (Axiome)?

[1] Nach Malik 2000, S. 406 f.

Abbildung B/14
Die Meta-
Prozessplanung
und -steuerung
muss auf den
verschiedenen
Ebenen wichtige
Aktivitäten
entfallen

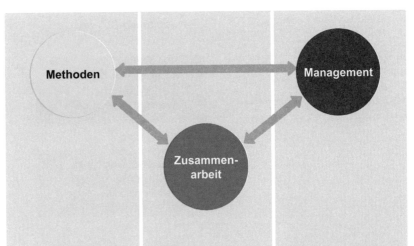

- **Prozess-Vorplanung**
  - Problem-Ortung
  - Wahl geeigneter Prozesse und grundsätzlicher Instrumentarien

- **Prozesssteuerung**
  - Formulierung von Soll-Vorgaben bzw. Zielsetzungen auf der Basis der Prozess-Vorplanung in Form von Indikatoren
  - Periodische Messung des Prozessfortschrittes
  - Periodische Soll-Ist-Vergleiche
  - Bei inakzeptablen Abweichungen: Ergreifen geeigneter Massnahmen oder Revision der Zielvorgaben (Rückkopplung)

- **Prozess-Vorplanung**
  - Durchführung von Gesprächen zur Problem-Ortung und zur Wahl geeigneter Prozesse und grundsätzlicher Instrumentarien
  - Evtl. Bildung einer Gruppe für die Prozess-Vorplanung. Moderation dieser Gruppe

- **Prozesssteuerung**
  - Laufend/periodisch Gespräche zur Erkundung der Prozess-Situation und zur Diskussion von Korrekturmassnahmen
  - Evtl. Bildung einer Steuerungsgruppe (Projektausschuss, Begleitgremium etc.)

- **Prozess-Vorplanung**
  - Initiieren der Prozess-Vorplanung
  - Folgerungen aus der Problemanalyse
  - Aufträge zur Durchführung von Einzelprojekten
  - Auftrag zur Durchführung der Prozesssteuerung
  - Evtl. Bildung der Steuerungsgruppe

- **Prozesssteuerung**
  - Entgegennahme der Steuerungs-Berichte (Reporting)
  - Evtl. Beschluss von Korrekturmassnahmen

Prozess

*Abbildung B/15
Im Rahmen der
Prozess-
Vorplanung auf
der Meta-Ebene
ergeben sich etli-
che wichtige Bear-
beitungs-Schritte*

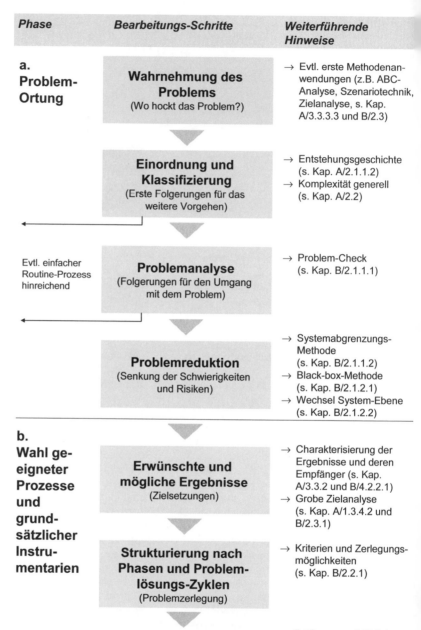

Phase	Bearbeitungs-Schritte	Weiterführende Hinweise
a. Problem-Ortung	**Wahrnehmung des Problems** (Wo hockt das Problem?)	→ Evtl. erste Methodenanwendungen (z.B. ABC-Analyse, Szenariotechnik, Zielanalyse, s. Kap. A/3.3.3.3 und B/2.3)
	Einordnung und Klassifizierung (Erste Folgerungen für das weitere Vorgehen)	→ Entstehungsgeschichte (s. Kap. A/2.1.1.2) → Komplexität generell (s. Kap. A/2.2)
Evtl. einfacher Routine-Prozess hinreichend	**Problemanalyse** (Folgerungen für den Umgang mit dem Problem)	→ Problem-Check (s. Kap. B/2.1.1.1)
	Problemreduktion (Senkung der Schwierigkeiten und Risiken)	→ Systemabgrenzungs-Methode (s. Kap. B/2.1.1.2) → Black-box-Methode (s. Kap. B/2.1.2.1) → Wechsel System-Ebene (s. Kap. B/2.1.2.2)
b. Wahl geeigneter Prozesse und grundsätzlicher Instrumentarien	**Erwünschte und mögliche Ergebnisse** (Zielsetzungen)	→ Charakterisierung der Ergebnisse und deren Empfänger (s. Kap. A/3.3.2 und B/4.2.2.1) → Grobe Zielanalyse (s. Kap. A/1.3.4.2 und B/2.3.1)
	Strukturierung nach Phasen und Problemlösungs-Zyklen (Problemzerlegung)	→ Kriterien und Zerlegungsmöglichkeiten (s. Kap. B/2.2.1)
	Prozessgestaltung bzw. -anpassung (je Problemlösungs-Zyklus)	→ Prüfung grundsätzlicher Möglichkeiten (s. Kap. A/3.3.2) → Konkrete Bestimmung des Prozesses (s. Kap. B/2.2)

Die **Einordnung und Klassifizierung** bringt erste Charakterisierungen. Als Ergebnis am Ende dieses Schrittes kann sich ergeben, dass es sich um ein einfaches oder nur kompliziertes Problem handelt. Dann lässt sich meist ein Routineprozess nutzen bzw. ein einfaches Vorgehen wählen. Weitere Planungsschritte erübrigen sich.

Handelt es sich jedoch um ein komplexes Problem, so empfiehlt sich eine eingehende **Problemanalyse** mit den Dimensionen der sachlichen und menschlichen Problemlage. Abbildung B/20 bietet dazu eine Checkliste bzw. ein Bewertungs-Schema. Auch diese Prüfung kann als Ergebnis bringen, dass das Problem mit gängigen Verfahren der betreffenden Fachdisziplinen ohne Gefahr grosser Schwierigkeiten zu lösen ist. Allerdings neigen die Fachdisziplinen nicht selten zu einem Unterschätzen der Schwierigkeiten und zu einem Überschätzen ihrer Instrumentarien.

Im Regelfall dürfte die Problemanalyse nahelegen, eine **Problemreduktion** vorzunehmen. Dazu beginnt man am besten mit der Systemabgrenzungs-Methode (SAM, vgl. Abb. B/21). Weitere Möglichkeiten bilden die Black-box-Methode und ein Wechsel der Systemebene (vgl. Kap. B/2.1.2).

Nach diesen Schritten der Problem-Ortung folgt die Wahl geeigneter Prozesse und grundsätzlicher Instrumentarien. Dazu sollten die **erwünschten und möglichen Ergebnisse** bzw. Zielsetzungen diskutiert und festgehalten werden. Das geschieht noch auf das gesamte Problem bezogen, nicht auf einzelne Problemlösungs-Zyklen.

Denn erst der nächste Schritt bringt eine Klärung, ob für die Lösung des Problems diverse Problemlösungs-Zyklen zu definieren sind oder ob ein einziger Problemlösungszyklus ausreicht. Im Regelfall erfordern komplexe Probleme deren Zerlegung. Es muss also eine **Strukturierung nach Phasen und Problemlösungs-Zyklen** erfolgen (vgl. Abb. B/26). der resultierende Prozess kann, um Zeit zu sparen, stark überlappend organisiert werden (Simultaneous Engineering[1]).

Abschliessend folgt die **Prozessgestaltung bzw. -anpassung** je Problemlösungs-Zyklus. Manchmal wird man das bereits von vornherein für mehrere Problemlösungs-Zyklen tun können (vgl. als Beispiel Abb. A/105). Manchmal muss man dafür auch erst auf die Ergebnisse der ersten Phase bzw. von entsprechenden Vorstudien warten. Für die Prozessgestaltung auf dieser Ebene lassen sich auch bestehende Prozessmodelle für den gesamten Ablauf nutzen oder weiterentwickeln (vgl. Kap. A/3.3.2).

Prozesssteuerung (3) Die Prozesssteuerung folgt methodisch grundsätzlich dem kybernetischen Ansatz, wie ihn Abbildung A/80 darstellt. Danach sind folgende Vorgänge wichtig:

  ○ Formulierung von Soll-Vorgaben bzw. Zielsetzungen auf der Basis der Prozess-Vorplanung in Form von Indikatoren

---

[1] Vgl. Daenzer/Huber 2002, S. 45

- Periodische Messung des Prozess-Fortschrittes an Hand der Indikatoren sowie Prognosen (!) zur Zielerreichung
- Periodische Soll-Ist-Vergleiche zur Ist-Situation und prognostizierter Zielerreichung (z.B. der Prozess hinkt zwar hinter dem Zeitplan hinterher, doch lässt sich der Rückstand sehr leicht wieder aufholen)
- Bei inakzeptablen Abweichungen: Ergreifen geeigneter Massnahmen oder Revision der Zielvorgaben (Rückkopplung).

Bei der Steuerung lassen sich verschiedene Ebenen und Informationsquellen unterscheiden. So werden sehr grosse und langfristige Prozesse bzw. Projekte auch auf der **strategischen Ebene** eines Unternehmens gesteuert. Die **operative Steuerung** bezieht sich auf mehrere Zyklen eines Vorhabens zur Problemlösung oder auf mehrere parallele Prozesse in einer überschaubaren Zeitperiode. Schliesslich beschäftigt sich die **dispositive Steuerung** mit einem einzelnen Prozess, Problemlösungs-Zyklus bzw. Projekt.

Ins Projekt gestolpert

Eine grosse Behörde beschloss, eine weit verbreitete Software für das Ressourcenmanagement und Rechnungswesen flächendeckend für alle ihre Ämter einzuführen.

Beschloss? Die „Entscheidung" fiel anlässlich einer Konferenz der leitenden Informatik-Fachleute dieser Behörde. Die Informatik-Fachleute schätzten die betreffende Software technisch als am besten ein. Das war so ziemlich das einzige Kriterium für die Wahl.

Das zentrale Informatik-Amt nahm sogleich die Arbeit auf. Vorsorglich hatte sich das Amt schon ein gewisses Budget gesichert.

Doch bald kamen die Probleme. Die Software ist zwar in der Funktionsweise sehr gut, doch beim Implementieren potenziell auch besonders aufwendig. Das gilt v.a. dann, wenn man versucht, die Möglichkeiten der Software maximal auszuschöpfen. Vor dieser Versuchung war man nicht gefeit. Gleichzeitig fühlten sich etliche betroffene Ämter zunehmend übergangen. Das verursachte zahlreiche Konfliktgespräche. Beide Effekte erforderten viel Zeit und Geld. Alsbald war das Budget des zentralen Informatik-Amtes aufgebraucht und man war noch nicht entscheidend weiter.

Nun herrschte grosse Ratlosigkeit, ob und wie das Projekt fortgeführt werden sollte. Es war diesem Informatik-Amt sowohl in den Kosten als auch im Projektmanagement über den Kopf gewachsen. Zu allem Überdruss stellte nun noch die Finanzkontrolle unbequeme Fragen.

Diese erzwang eine Überprüfung des Projektes. Neben der Feststellung einer völlig unprofessionellen Prozess-Aufgleisung kam man auch gemeinsam zu einem konstruktiven Massnahmen-Paket. Es wurde eine realistische Kostenkalkulation erstellt, eine Projektorganisation gebildet und das Ganze der obersten Leitung der öffentlichen Behörde zum Beschluss vorgelegt. Diese kritisierte zwar massiv, quasi im Nachhinein ein Projekt dieser grossen Kostendimension bewilligen zu müssen. Doch sie fällte eine positive Entscheidung.

1.2.1.2   Zusammenarbeit

Ablauf der Problemlösung

(1) Angesichts der Bedeutung der Meta-Prozessplanung und -steuerung spielt die Zusammenarbeit auch hier eine grosse Rolle. Sie darf also nicht erst bei Problemlösungs-Zyklen zum Thema werden. Zu beleuchten ist die Frage der Zusammenarbeit abermals im Ablauf der Problemlösung mit den Phasen
- A. Prozess-Vorplanung
- B. Prozesssteuerung

Prozess-Vorplanung (A)

(2) Im Rahmen der Prozess-Vorplanung (A) sollten spätestens nachdem die Problem-Ortung eine gewisse Komplexität zu Tage gebracht hat, die Signale auf Zusammenarbeit gestellt werden. Hier sind zwei mögliche Mittel einzusetzen:
- Gespräche (Interviews)
- Moderierte Gruppenarbeit.

Mit Hilfe der **Gespräche** lassen sich die Schritte der Wahrnehmung des Problems, seine Einordnung und Klassifizierung und v.a. die Problemanalyse entscheidend verbessern (vgl. Abb. B/14). Methodisch sollten sich die Gespräche an den Erkenntnissen zur Interviewtechnik orientieren (vgl. Kap. B/2.3.2).

Es ist in der Praxis eher ungewöhnlich, bereits für die Prozess-Vorplanung eine moderierte **Gruppe** bzw. ein Team einzusetzen. Und doch empfiehlt sich das bei grösseren Problemen. Hier umsichtig zu handeln und auch die Abstützung bei relevanten Informations- und Entscheidungsträgern in Form einer Gruppenarbeit zu suchen, ist oft ein Gebot der Klugheit. Verzichtet man bei anspruchsvollen, komplexen Problemen auf die Bildung einer Gruppe für die Vorplanung, so kann das sehr viel Zeit kosten. Denn bereits vor dem eigentlichen Beginn konkreter Problemlösungs-Zyklen treten oft Störungen auf (z.B. Versuche der Projektverhinderung) und werden immer wieder kategorische Beteiligungs-Forderungen erhoben. Zudem stellt sich ja die Herausforderung, ein relevantes und wichtiges Problem überhaupt aufzugreifen und den Lösungsprozess günstig zu strukturieren.

Prozess

Arbeiten für den Schrotthändler [1]

Für die deutsche Luftwaffe sollte ein neues Leitsystem entwickelt werden. Das Projekt lief unter dem Namen SETAC.

Einige Akteure waren sich scheinbar sehr sicher, dass nur ein bestimmtes System in Frage komme. Sie begannen bereits mit dessen Erprobung. Dabei hatte noch keinerlei genaue Ortung des Problems stattgefunden und das Projekt war in den erwünschten Ergebnissen bzw. Zielsetzungen noch gar nicht definiert worden.

---

[1] Auf der Basis von Schelle 2004, S. 36 f.

> *Eine dem Tatendrang der vorpreschenden Akteure nachfolgende Prozess-Vorplanung zeigte sehr rasch, dass ein solches Projekt gar nicht die erkannten Probleme lösen würde. Man brach die Übung ab. Die fertig gestellten Erprobungsgeräte, die niemals eingesetzt worden waren und viel Geld kosteten, landeten beim Schrotthändler. Der Steuerzahler hatte das Nachsehen.*

Prozess-steuerung (B)

(3) Die Prozesssteuerung wird ebenfalls mit Vorteil als Zusammenarbeit organisiert. Die Steuerung muss ja laufend Informationen zu Prozessen sowie bei neben- und übergeordneten Instanzen sammeln bzw. austauschen. Sie ist also à priori auf Zusammenarbeit angewiesen. Dazu dienen zum einen laufende **Gespräche**. Da diese oft sachlich und menschlich anspruchsvoll sind (z.B. Weitergabe von Kritik an einen Projektleiter) spielt die Sozialkompetenz eine grosse Rolle (vgl. Kap. A/1.2).

Zum anderen bewährte sich bei grösseren Problemlösungs-Prozessen, eine **Steuerungsgruppe** zu bilden. Tituliert werden solche Gruppen etwa mit „Steuerungsgremium" oder „Aufsichtsgremium". In solche Gruppen lassen sich Vertreter übergeordneter Instanzen und Vertretungen der jeweiligen Prozesse bzw. Projekte berufen. Auch hier bewährt es sich, geeignete Instrumentarien zu aktivieren (vgl. Kap. A/3.3.4, B/3. und speziell 4.2.1.2), also die Gruppenarbeit bewusst und nach den Regeln der Kunst zu gestalten.

1.2.1.3 Management

Ablauf Problemlösung

(1) Bei der Frage des Managements empfiehlt es sich, sowohl die übergeordneten Instanzen, welche für die Rahmenbedingungen eines Problemlösungs-Prozesses verantwortlich sind, als auch das eigentliche Projektmanagement[1] zu berücksichtigen. Letzteres leitet und führt ein Projekt.

Bei der Meta-Prozessplanung und -steuerung kommen beide Formen des Managements zum Tragen. Deren Aktivitäten sind abermals zu unterscheiden in die Phasen:

• A. Prozess-Vorplanung
• B. Prozesssteuerung

Prozess-Vorplanung (A)

(2) Bei der Prozess-Vorplanung stellen sich dem Management v.a. folgende wichtige Aufgaben (in einer ratsamen Reihenfolge):

○ Beschluss und Organisation einer angemessenen Prozess-Vorplanung
○ Dazu eventuell bereits Definition eines Projektes und Beauftragung einer Projektgruppe
○ Diskussion der Problemrelevanz und Klärung des bzw. der zu lösenden Probleme. Dazu Ableitungen z.B. aus der Unternehmensstrategie einer Firma oder einer Behörde

---

[1] Zum Verhältnis von Prozess und Projekt vgl. Kap. A/3.3.2.4 und B/4.2.1.1

- Bereits Einsatz von Methoden wie z.B. ABC-Analyse, Szenariotechnik, Delphimethode und v.a. Zielanalyse (zunächst in grober Form, z.B. in Form von Sachzielen, vgl. Abb. B/42)
- Gesamthafte Definition der erwünschten Ergebnisse bzw. der Zielsetzungen (z.B. auf den Markt bezogen gerichtete Aktivitäten wie eine bauliche Grossinvestition und die Organisation dazu)[1]
- Bewilligung der Strukturierung nach Phasen und Problemlösungszyklen und damit eines Prozessplans für einzelne Phasen und Schritte (soweit bereits möglich)
- Aufstellen und Beauftragung einer Projektorganisation für das Gesamt-Projekt und der Projektleitungen für Teilprojekte (vgl. Abb. B/16)

Zu den beiden letztgenannten Punkten: Häufig werden Projektorganisationen aufgestellt, noch bevor ein Problem in seiner Struktur analysiert und Problemlösungs-Prozesse in geeignete Teile zerlegt wurde. Immer wieder greift man dafür auf Routine-Organisationsformen zurück. Damit erfolgen jedoch Vorspurungen, die sich auf eine zweckmässige Prozessgestaltung und offene Lösungsfindung sehr fatal auswirken können. Das gleiche gilt, wenn es das Management bzw. die Projektorganisation versäumt, klare Aufgaben bzw. Zielsetzungen für Problemlösungs-Phasen und -Schritte zu formulieren.

Prozesssteuerung (B)

Prozess

(3) Die Prozesssteuerung bildet eine der wesentlichen Aufgaben des **übergeordneten Managements**. Man spricht hier auch von **Projekt-Controlling**. Dieses kann nötigenfalls eine Reihe von Projekten gleichzeitig im Auge behalten. Professionelle Controlling-Systeme arbeiten hier mit vorgegebenen Indikatorensystemen, welche auf den Zielsetzungen zum Gesamt-Projekt und zu den Teilprojekten basieren (vgl. Abb. B/132). Die Zeit, die Kosten und die Qualität bilden Standard-Indikatoren.

Darüber hinaus muss jeder **Projektleiter** selber ein Projekt-Controlling durchführen. Die Systeme des Projektleiters und der übergeordneten Instanzen lassen sich miteinander verknüpfen.

1.2.2 Problemlösungs-Zyklen

Evtl. bereits Vorspurungen

(1) Die Meta-Prozessplanung spurt die Prozess-Schritte der einzelnen Lösungszyklen evtl. bereits in starkem Masse vor. Bei kleineren Aufgaben mit nur einem Problemlösungs-Zyklus müssen einige wichtige Arbeiten noch nachgeholt bzw. erstmalig durchgeführt werden: Problemerfassung und Aufgabenanalyse, Machbarkeitsabklärung, Projektplanung und -organisation. Bei den „vorgespurten" Prozessen geht es um eine Überprüfung und Konkretisierung entsprechender Vorgaben.

---

[1] Vgl. Schweizer 2002, S. 83 f.

Abbildung B/16
Grosse Vorhaben können komplexe Projektorganisationen erfordern, wie dieses Beispiel der Basler Schulreform (BS) zeigt

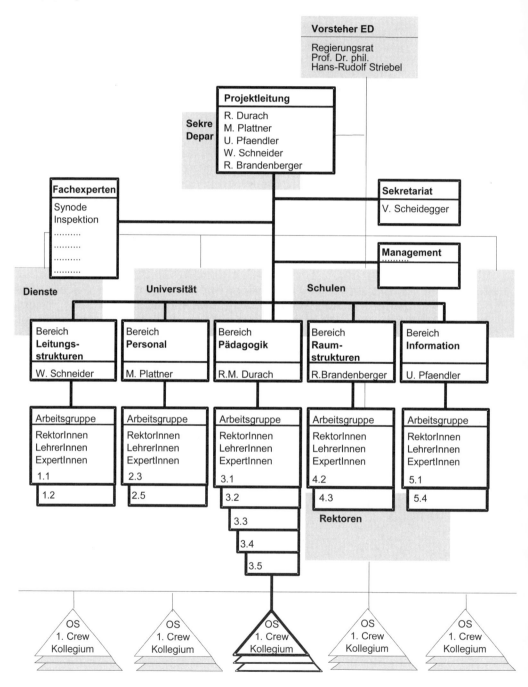

Geeignete Instrumente

(2) Wesentlich ist zudem, sich auf den Prozessebenen Methoden, Zusammenarbeit und Management geeigneter Instrumente zu bedienen (vgl. Abb. B/10). Das will gut überlegt sein. Dazu sollen die folgenden Ausführungen als eine **generelle Anleitung** dienen. Dies geschieht abermals in der Gliederung (vgl. Abb. B/17):

- Methoden
- Zusammenarbeit
- Management

1.2.2.1 Methoden

Überblick

(1) Der Vorgang der Wahl, Anpassung und Integration von Methoden lässt sich grob gliedern in:
- Prozess-Schritte für einen Lösungszyklus (vgl. Abb. B/28 und Kap. B/2.2.2)
- Methoden für Einzelaufgaben im Prozess (vgl. Kap. B/2.3)

Prozess-Schritte

(2) Alle Prozesse für einen Lösungszyklus haben eines gemeinsam: einen konkreten Beginn und ein konkretes Ende. Damit sind sehr ähnliche Standard-Tätigkeiten verbunden:

Prozess

- Vorbereitungsarbeiten
- Durchführungsarbeiten
- Schlussarbeiten

Bei den **Vorbereitungsarbeiten** geht es meist um eine Konkretisierung der Aufgabe bzw. um ein gutes gegenseitiges Verstehen, um die Prüfung der Machbarkeit und um die Projektplanung in den Bereichen Methoden, Zusammenarbeit und Management.

Die eigentlichen **Durchführungsarbeiten** im Prozess hängen von der Aufgabenstellung und den erwünschten Ergebnissen, der Situation (z.B. mehr oder weniger Zeit) und dem Ansatz ab. Zu den verschiedenen Möglichkeiten bringt Kapitel A/3.3.2 einen Einblick. Es gibt bekanntlich mehrere „Wege nach Rom", darunter auch falsche oder sehr umständliche. Diese verschiedenen „Wege nach Rom" greift Kap. B/2.2.2 wieder auf und bringt in erster Linie eine detaillierte Beschreibung für ein systematisches Vorgehen mit Rückkopplungen. Wenn für Planungsaufgaben v.a. dieses Vorgehen empfohlen wird (vgl. Abb. B/29), so stecken dahinter eine Philosophie in Anlehnung an das Systems Engineering und die Basis guter Erfahrungen in der Praxis. Doch bleibt es eine Frage der wohl überlegten Wahl, ob dieser Empfehlung gefolgt wird oder andere Möglichkeiten genutzt werden. Zudem besteht hier die grosse Herausforderung, gewählte methodische Vorgehensweisen an die jeweilige Situation anzupassen.

Die **Schlussarbeiten** umfassen in der Regel die Ausarbeitung, Dokumentation und Präsentation der Prozessergebnisse sowie Vorschläge für das weitere Vorgehen. Es geht also um eine Überleitung in folgende Prozesse bzw. Aktivitäten.

Abbildung B/17
Dieser Überblick
für einen Problem-
lösungs-Zyklus
zeigt die Vielfalt zu
berücksichtigender
Aspekte

- **Prozess-Schritte für einen Lösungs-Zyklus**
  - Wahl des grundsätzlichen Prozesstyps (je nach Aufgabe, Situation und Ansatz)
  - Empfehlung: Systematisches Vorgehen mit Rückkopplungen

- **Methoden für Einzelaufgaben im Prozess**
  - Wahl der Methode
  - Situative Anpassung
  - Integration in den Prozess

- **Bestimmung der Moderation**
  - Anforderungen an die Moderation
  - Projektleiter oder zusätzlich geeignete Person?
  - Externe Moderationskraft?

- **Bestimmung der Gruppenzusammensetzung und Form der Zusammenarbeit**
  - Gruppenzusammensetzung
  - Form der Zusammenarbeit

- **Schaffen günstiger Bedingungen für die Gruppenarbeit**
  - Sorge für das körperliche Wohl
  - Kommunikationsförderung
  - Konsenssuche

- **Sorge für anhaltend günstige Prozess-Rahmenbedingungen**
  - Austausch mit den übergeordneten Instanzen
  - Motivation

- **Erfüllen der Projektmanagementaufgaben**
  - Projektorganisation (Aufbau- und Ablauforganisation)
  - Projektplanung (Klärung der Aufgabe, Bestimmung der Art der Durchführung, Zeitbedarf und Kosten)
  - Projekt-Führungsinstrumente (Projektmarketing, -controlling, -Wissensmanagement)

Methoden für Einzelaufgaben

(3) Das Kapitel A/3.3.3.3 gibt bereits einen Einblick in das bestehende reichliche Methoden-Arsenal. In diesem Zusammenhang gilt es, zu Beginn der Projekt-Aktivitäten ebenso wie beim Prozessablauf eine bewusste **Wahl** von Methoden für Teilaufgaben zu treffen. Dafür wird in Kapitel B/2.3 eine Auswahl von Methoden im Sinne von Anleitungen beschrieben. Diese bewährten sich in der Praxis im Zusammenhang mit einem systematischen Vorgehen und in Gruppenarbeit.

Doch muss unbedingt eine **situative Anpassung** erfolgen, wie in Teil B immer wieder angemerkt und begründet wird. Der konkreten Aufgabenstellung unangemessene Durchführungsformen bzw. Routinen sind zu vermeiden. Sie kosten unnötig Zeit und führen evtl. zu suboptimalen oder gar falschen Ergebnissen.

Herausfordernd kann auch die **Integration** der Methoden in die Abfolge der Prozess-Schritte sein. Methoden für Einzelaufgaben bringen automatisch spezifische Schrittfolgen, wie das Beispiel der Nutzwertanalyse zeigt (vgl. Kap. B/2.3.6). Die Arbeiten für die Nutzwertanalyse können sich auf mehrere Prozess-Schritte verteilen. Legt man Prozess-Schritte gemäss Abb. B/29 zugrunde, so findet ein Teil der Nutzwertanalyse mit dem Punkt „3.1 Zielfindung" und der andere Teil unter dem Punkt „3.3 Bewertung (Nutzen)" statt. Integrieren bedeutet auch, die Anforderungen der Elemente „Zusammenarbeit" und „Management" zu berücksichtigen. So sollten die methodischen Anforderungen zur Zusammenarbeit der beteiligten Personen passen. Auch muss das Management, z.B. ein Steuerungsausschuss, die Methodenanwendung durchschauen können.

Prozess

1.2.2.2 Zusammenarbeit

Überblick

(1) Die INPRO-Methodik für komplexe Planungs-Probleme legt für jeden Problemlösungs-Zyklus die moderierte **Gruppenarbeit** nahe (vgl. Kap. B/3.). Ausgehend von dieser **Prämisse** zeigt folgender thematischer Überblick, was zu regeln und zu beachten ist:

- Bestimmung der Moderation
- Bestimmung der Gruppenzusammensetzung und Form der Zusammenarbeit
- Schaffen günstiger Bedingungen für die Gruppenarbeit

Bestimmung der Moderation

(2) Die Bestimmung der Moderation wirft noch vor Beginn der Gruppenarbeit etliche Fragen auf:

- ○ Was sind die Qualifikationsanforderungen an die Moderation?
- ○ Soll der Projektleiter selber die Moderation übernehmen oder ist dafür eine geeignete Person hinzuzuziehen?
- ○ Soll die Moderation gar von einem externen Büro übernommen werden, das gleichzeitig auch Sacharbeit leistet?

Auf diese Fragen gibt **Kapitel B/3.2 Antworten.** Einige theoretische Grundlagen und Belege für die Notwendigkeit einer Moderation mit hoher Sozial- und Methodenkompetenz bieten die Kapitel A/1.1 und 1.2.

Bestimmung der Gruppenzusammensetzung

(3) Auf die Bestimmung der Gruppenzusammensetzung und Form der Zusammenarbeit geht Kapitel A/1.2.5 ein. Dabei ist zu bedenken, dass **Teams** bezüglich der **Zusammensetzung** die höchsten Ansprüche stellen (vgl. Abb. B/18). Eine wichtige Teilfrage der Zusammensetzung bildet die Gruppengrösse. Werden mehr als 10 Personen „gemeldet", so müssen Überlegungen zur Bildung mehrerer parallel arbeitenden Gruppen anschliessen. Praktische Hinweise für die Segmentierung von Gruppen gibt Abbildung B/128.

Bei der **Form der Zusammenarbeit** ist es wichtig, die Frage von gemeinsamen Klausuren (1 Tag und mehr) zu klären. Zusätzlich geht es um den gemeinsamen Sitzungs- bzw. Klausurrhythmus. Auch hier sollten bewährte Regeln beachtet werden Dieses Thema vertieft Kapitel B/3.1.3.

Schaffen günstiger Bedingungen für die Gruppenarbeit

(4) Das Schaffen günstiger Bedingungen für die Gruppenarbeit stellt eine Dauerherausforderung für die Projektleitung bzw. Moderation dar. Doch auch die übrigen Gruppenmitglieder sind gefordert. Es geht um die:

○ Sorge für das körperliche Wohl
○ Kommunikationsförderung
○ Konsenssuche

Abbildung B/18
Teams stellen die höchsten Anforderungen an die Zusammensetzung der Gruppenmitglieder

Die **Sorge für das körperliche Wohl** wird oft in der Gestaltung der Gruppenarbeit vernachlässigt. Das gilt insbesondere für reine Männergruppen. Pausen, Essen und Trinken sowie die Räume stellen jedoch wichtige Faktoren der Leistungsfähigkeit, Kreativität und Motivation von Gruppen dar. Entsprechende Hinweise bringt Kapitel B/3.1.2.

Der **Kommunikationsförderung** dienen eine Reihe von hilfreichen Techniken und Verhaltensregeln. Einige sollten bereits zu Beginn der Gruppenarbeit besprochen werden, z.B. die Vereinbarung gemeinsamer Spielregeln. Auf solche Fragen gibt Kapitel B/3.1.3 Antwort.

Schliesslich muss man offen besprechen, ob eine **Konsenssuche** stattfinden soll. In der Regel ist das zu empfehlen. Im positiven Fall muss man sich über das, was man mit Konsens meint, klar werden. Auf dem Weg dazu ist eine Reihe von Anforderungen zu erfüllen (z.B. keine Abstimmungen in der Gruppe). Solche Fragen behandelt Kapitel B/3.1.1.

1.2.2.3 Management

Überblick

(1) Das Management bleibt auch während der Durchführung eines Einzel-Projektes in der Pflicht. Umgekehrt hat eine Projektgruppe mit dem Management laufend Kontakt zu halten. Zudem bringt jedes Einzel-Projekt Herausforderungen für das Projektmanagement. Daraus folgt hier, um einen Überblick zu geben, als Gliederung:

- Sorge für anhaltend günstige Projekt-Rahmenbedingungen
- Erfüllen der Projektmanagement-Aufgaben

Sorge für anhaltend günstige Prozess-Rahmenbedingungen

(2) Die Sorge für anhaltend günstige Prozess-Rahmenbedingungen erfordert u.a. die laufende Berücksichtigung der folgenden zwei Punkte:

- den Austausch mit den übergeordneten Instanzen
- die Motivation der übergeordneten Instanzen

Beim **Austausch mit den übergeordneten Instanzen** geht es sachlich um Informationen. Damit verbunden sind aber auch Vertrauen und gegenseitige tatkräftige Unterstützung. Bei Projekten bildet die Informationsfrage v.a. eine „Bringschuld", weil die übergeordneten Instanzen meist mit anderen Fragen beschäftigt sind als mit dem betreffenden Prozess bzw. Projekt.[1] Hinweise für den Informationsaustausch gibt Kapitel B/4.1.1. Spezifische psychologische Hintergründe vermitteln die Kapitel A/1.1 und 1.2.

Information stellt die Voraussetzung für die **Motivation** dar. Doch geht es bei dieser Frage um mehr. Dazu gehören Übereinstimmungen in den Zielsetzungen, die Erfolgserlebnisse, die Kultur in der Zusammenarbeit, der einfühlende persönliche Umgang etc. Hier sind die übergeordneten Instanzen gefordert. Doch eine Moderatorin bzw. Projektleiterin tut gut daran, hier „anzustossen" und nachzuhelfen. Hinweise dafür bringt Kapitel B/4.1.1.

---

[1] Zum Verhältnis von Prozessen und Projekten vgl. Kap. A/3.3.2.4 und B/4.2.1.1

Erfüllen der Projektmanagement-Aufgaben

(3) Für das Erfüllen der Projektmanagement-Aufgaben bietet eine breite Spezialliteratur viele beachtenswerte Aussagen. In der Praxis haben sich folgende Punkte als besonders wichtig erwiesen:

- Projektorganisation
- Projektplanung
- Projekt-Führungsinstrumente

Wesentliche Inhalte der **Projektplanung** bringen die Ausführungen zu den Methoden (Kap. B/1.2.1.1) und zur Zusammenarbeit (Kap. B/1.2.1.2). Eine wichtige Herausforderung der Projektplanung bildet die Klärung der Aufgabe. Zusätzlich geht es hier um die Integration aller Prozessebenen und die konkrete Ablaufplanung. Diese mündet in einen Zeitplan. Das Ganze muss natürlich auch unter Aufwandsgesichtspunkten (interne und externe Kosten bzw. Beanspruchungen von Ressourcen) optimiert werden. Auf diese Fragen geht Kapitel B/4.2.2 näher ein.

Die **Projektorganisation** befasst sich mit der Ablauf- und Aufbauorganisation. Bei grösseren Vorhaben kann diese Organisation recht umfangreiche und komplizierte Formen annehmen, wie Abbildung B/16 zeigt. Die Projektorganisation innerhalb eines Einzel-Projektes ist in der Regel wesentlich einfacher, bedarf aber dennoch der Klärung. Diese Fragen vertieft Kapitel B/4.2.1.

Zu den Projekt-Führungsinstrumenten zählen u.a. das Marketing, Controlling und Wissensmanagement. Zu berücksichtigen sind auch die Instrumente der EDV-Unterstützung. Dieses Themenfeld vertieft Kapitel B/4.2.3.

2. Methoden

Methoden als Instrumente

(1) In Kapitel B/1. geht es um die ganzheitliche Sicht der Prozessgestaltung. Daher wird dort die Methodenfrage im Zusammenklang mit den Prozessebenen Zusammenarbeit und Management behandelt. In Kapitel B/1. interessieren der Stellenwert und die Einsatzmöglichkeiten von Methoden. Nun werden diese soweit vertieft dargestellt, dass sie als Instrumente zur Verfügung stehen.

Kapitelgliederung

(2) Entsprechend den bereits oben beschriebenen Ansatzpunkten für den Einsatz von Methoden ist das Kapitel gegliedert:

- **Problemstrukturierung und -reduktion**

- **Prozess-Phasen und -Schritte**

- **Methoden für Einzelaufgaben**

Metho-
den

2.1 Problemstrukturierung und -reduktion

2.1.1 Erkennen und Abgrenzen zu lösender Probleme

Bedeutung

(1) Die Prozesse der Problemstrukturierung und -reduktion dienen dazu, Probleme besser lösbar zu machen. In diesem Kapitel geht es um Methoden, welche beim Erkennen und Abgrenzen zu lösender Probleme helfen. Den Ansatzpunkt zeigt Abbildung B/19.
Die Bedeutung dieser Methoden ist hoch einzustufen, weil bei komplexen Problemen auf diesem Feld oft die grössten Schwierigkeiten bestehen. Man unterschätzt z.B. den Grad der Komplexität oder grenzt ein zu lösendes Problem zu klein oder zu gross ab (vgl. Kap. A/2.).

Ansatzpunkte

(2) Prozesse zeichnen sich durch verschiedene Ansatzpunkte aus. Hier lassen sich grundsätzlich zwei Ansatzpunkte herausschälen (vgl. Abb. B/19).
- ○ Problemstrukturierung und -reduktion (Bestimmung der zu betrachtenden und lösenden Systeme)
- ○ Lösung definierter Probleme und Teilprobleme

Die Prozesse der **Problemstrukturierung und -reduktion** dienen in der Regel dazu, ein Problem besser lösbar zu machen. Dabei helfen u.a. die Problemzerlegung und die Suchraumreduktion. Die Problemzerlegung besteht darin, ein definiertes Problem in verschiedene separat bearbeitbare Teilprobleme (bei Gebäuden z.B. in Fassade, Haustechnik, Innenausbau) zu unterteilen. Die Problembearbeitung erfolgt dann phasen- und schrittweise (vgl. Kap. A/3.3.1.1). Die Suchraumreduktion grenzt das Problem ein und unterscheidet in Eingriffssysteme und Systemumgebung. Sie sucht zudem nach ähnlich gelagerten Problemen und deren Lösung.

Definierte Probleme und Teilprobleme erfordern je einen Problemlösungs-Zyklus. Zu dessen Gestaltung geben Kapitel B/2.2 und 2.3 Anleitungen.

Dieses Kapitel B/2.1 bezieht sich gemäss Abbildung B/19 auf den Ansatzpunkt der Problemstrukturierung und -reduktion, wie er oben beschrieben wurde.

Abbildung B/19
Die hier vorgestellten Methoden setzen auf der Seite der Problemstrukturierung und -reduktion an

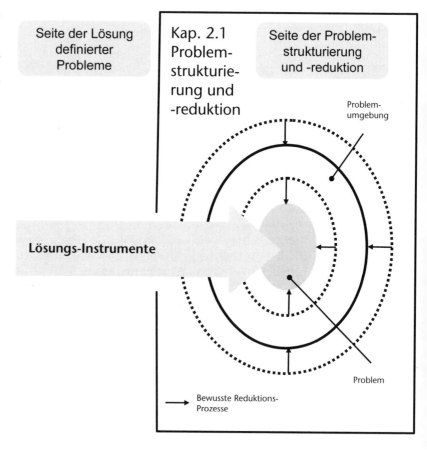

Auswahl von Themen

(3) Merkwürdigerweise ist das Methodenangebot im Bereich der Problemstrukturierung und -reduktion eher schmal. Mehrheitlich begnügt man sich mit Listen kritischer Fragen bzw. einer Aufgabenanalyse. Am ehesten widmet sich diesem Bereich das Systems Engineering, z.B. in Form von Systemdarstellungen.[1] Wir beschreiben hier zwei selbst entwickelte Methoden:

- den Problem-Check
- die System-Abgrenzungs-Methode (SAM)

2.1.1.1 Problem-Check

Überblick Vorgehensschritte

(1) Der Problem-Check basiert auf den Ausführungen in den Kapiteln A/2.1.2 und 2.1.3 sowie der Abbildung A/46. Kurz beschrieben wird die Methode bereits in Kapitel A/3.3.3.1. Als Vorgehensschritte empfehlen sich:

- Erstellen eines Problemprofils
- Herausarbeiten der Aspekte mit erwartbaren Schwierigkeiten
- Skizzieren von Massnahmen zur Reduktion von Schwierigkeiten beim Problemlösen

Erstellen eines Problemprofils

(2) Für das Erstellen eines Problemprofils geht man Aspekt um Aspekt der Abbildung B/20 durch. Erläuterungen zu den Aspekten finden sich in den Kapiteln A/2.1.2 und 2.1.3. Dabei werden die erwartbaren Schwierigkeiten beim Problemlösen mit folgender Skala eingetragen:

1 = Geringe Schwierigkeiten bei diesem Aspekt zu erwarten
5 = Grosse Schwierigkeiten bei diesem Aspekt zu erwarten
Es empfiehlt sich, diese Arbeit **in einer Gruppe** durchzuführen. Bei abweichenden Einschätzungen führt man eine klärende Diskussion durch. Evtl. müssen auch zusätzliche Informationen eingeholt werden.

Herausarbeiten der Aspekte mit erwartbaren Schwierigkeiten

(3) Ist das Problemprofil erstellt und kritisch überprüft, werden die Aspekte mit erwartbaren hohen und sehr hohen Schwierigkeitspotenzialen näher beleuchtet. Aufzulisten sind detaillierter:
- Worin bestehen die potenziellen Schwierigkeiten?
- Warum treten diese ein, was ist die Ursache?
Auch hier empfiehlt sich eine **Gruppendiskussion**. Es ist wichtig, gemeinsam die Schwierigkeiten bzw. Risiken für den Prozess genauer zu erkennen oder unterschiedliche Einschätzungen zu dokumentieren.
Man kann hier auch eine Art gemeinsamer **Risikoanalyse** durchführen. Dann bewertet man auch die Tragweite des Risikos und die Wahrscheinlichkeit des Eintretens.[2] Im Regelfall dürfte diese Verfeinerung nicht nötig sein.

---

[1] Vgl. Züst 2004, S. 23 f. und 50 f.
[2] Daenzer/Huber 2002, S. 215 f.

Abbildung B/20
Durch einen Prob-
lem-Check zu
Beginn kann man
sich ein Bild der
Chancen und
Gefahren machen.
Hilfreich ist dabei
ein Polaritätsprofil
(s. eingetragenes
Beispiel)

Aspekt	Schwierigkeitsgrad [1] tief — hoch				
	1	2	3	4	5
A Objektivierbare Aspekte (vgl. Kapitel 2.12)					
• **Die endogenen Gegebenheiten** (innere Problem-Betrachtung)					
– **Umfang der Problemaspekte** (Wie viel Informationen sind zu verarbeiten, wie stark variieren mögliche Lösungsansätze?)				●	
– **Diskrepanz zwischen Ist und Soll** (**Geht es um eine Wiederherstellung** früherer Zustände oder soll etwas völlig Neues entstehen?)			●		
– **Transparenz** (Ist das Problem voll durchschaubar oder noch sehr unscharf in seinen Strukturen?)					●
– **Dynamik der Problementwicklung** (Bleibt die Problem-Situation etwa gleich oder kann sich diese dynamisch oder gar dramatisch verändern?)				●	
• **Die exogenen Einflüsse** (von aussen)					
– **sachliche Vernetzung** (Ist ein Problem relativ isoliert zu betrachten oder müssen viele von aussen kommende Einflussfaktoren berücksichtigt werden?)					●
– **zur Verfügung stehenden Informationen** (Stellen Auftraggeber hinreichend benötigte Unterlagen zur Verfügung oder müssen diese weitgehend neu erarbeitet werden?)				●	
– **organisatorische Einbettung** (Vermag die Organisation eine klare Aufgabe zu stellen? Nimmt die auftraggebende Stelle eine hinreichend starke Position ein?)		●			
– **Terminstruktur** (Besteht Zeitdruck oder ist die Terminsituation sehr offen, evtl. zu offen?)				●	
– **Zur Verfügung stehende Ressourcen** (Werden genügend Bearbeitungskapazität, Geldmittel, Räume etc. bereitgestellt?)		●			
– **zu beteiligende Anzahl Personen** (Erlaubt die Personenzahl eine gute Zusammenarbeit oder lässt eine zu grosse Zahl Kommunikationsschwierigkeiten erwarten?)					●
– **Zielpluralität** (Besteht nur ein einziges Ziel oder sind im Gegenteil sehr viele und konkurrierende Ziele zu erfüllen?)				●	
B Aspekte der Anforderungsebene (vgl. Kapitel 2.13)					
• **Generelle Kompetenzen der Beteiligten**					
– **Fachkompetenzen** (Besteht für die Problemstellung generell das relevante Fachwissen?)		●			
– **Methodenkompetenzen** (Beherrschen Beteiligte für das Problem hilfreiche Methoden bzw. Methodiken?)			●		
• **Situative Gegebenheiten**					
– **Erfahrung** mit gleichen und ähnlichen Projekten (Haben Beteiligte mit ähnlichen Projekten Erfahrung sammeln können?)	●				
– **Art des Soll-Zustandes** (Wird Neuland betreten oder ein bekannter Zustand wieder hergestellt?)		●			

1 Skala:

1 = Bei diesem Aspekt sind sehr **geringe Schwierigkeiten** zu erwarten, weil eine kleine Anzahl Problemaspekte bzw. Diskrepanz, kleine Vernetzung, viel Ressourcen, viel Erfahrung etc. vorliegen

5 = Bei diesem Aspekt sind sehr **grosse Schwierigkeiten** zu erwarten, weil eine grosse Anzahl von Problemaspekten, grosse Diskrepanz zwischen Ist und Soll, niedrige Transparenz etc. vorliegen

Skizzieren von Massnahmen zur Reduktion von Schwierigkeiten beim Problemlösen

(3) Im dritten Schritt werden die Aspekte mit erheblichem Schwierigkeitspotential daraufhin untersucht, welche Reduktions- oder Gegenmassnahmen sich aufdrängen. Denkbar sind beispielsweise auf der Basis der Abbildung A/46:

- Einengen der Problemabgrenzung (jedoch weiterhin Beachten der Vernetzungen des Problems)
- Weitere Informationsgewinnung und analytische Durchdringung des Problems, um mehr Transparenz zu gewinnen
- Bewusste Reduktion bei der Betrachtung der Einflussfaktoren durch deren Gewichtung (danach vernachlässigen weniger wichtiger Faktoren)
- Eventuell Antrag auf Terminverlängerung bei der Bearbeitung
- Reduktion der Zahl der Personen im Projektteam bzw. Aufspaltung in eine Steuergruppe mit zugeordneten Arbeitsgruppen
- Suche nach Analog-Beispielen beim Betreten von Neuland.

2.1.1.2 System-Abgrenzungs-Methode

Überblick Vorgehensschritte

(1) Die System-Abgrenzungs-Methode (SAM) wird ebenfalls in Kapitel A/3.3.3.1 kurz vorgestellt. Sie dient direkt der Bestimmung des zu lösenden Problems und seiner Abgrenzung zur Umwelt (Umsystem). Dabei wird Wert auf eine Analyse der System-Beziehungen gelegt.

Als Hilfe für Studenten, ihre Diplomarbeiten in der Abgrenzung besser in den Griff zu bekommen, entwickelte der Autor dafür ein einfaches Vorgehen mit folgenden Schritten:

- Lockere Sammlung von System-Ideen zum Problem und seinem Umfeld
- Darstellung in einem System-Raster
- Beziehungs-Analyse zwischen den einzelnen Elementen
- Ziehen der Grenze des direkt zu beeinflussenden bzw. zu gestaltenden Systems

Metho-den

Sammlung von System-Ideen

(2) Die lockere Sammlung von Ideen zu Systemelementen lässt sich z.B. mit Hilfe eines Brainstormings durchführen. Dafür kann eine erste Problemanalyse Basis sein. Evtl. leistet dabei eine Expertenbefragung nützliche Dienste (vgl. Kap. B/2.3.2).

Darstellung in einem Systemraster

(3) Danach erfolgt die Darstellung in einem System-Raster, bestehend aus ca. 12–16 gleichmässig verteilten Kreisen (vgl. Abb. B/21). Dabei wird einerseits auf irrelevante Ideen verzichtet und andererseits bereits eine gewisse Ordnung angestrebt. Die vermutlich zum Kern des Problems gehörenden Systeme werden eher im zentralen Bereich angeordnet.

Beziehungsanalyse

(4) Alle dargestellten Systemelemente bilden die Basis für eine Beziehungsanalyse. Dabei werden die Beziehungen verschieden stark gewichtet.

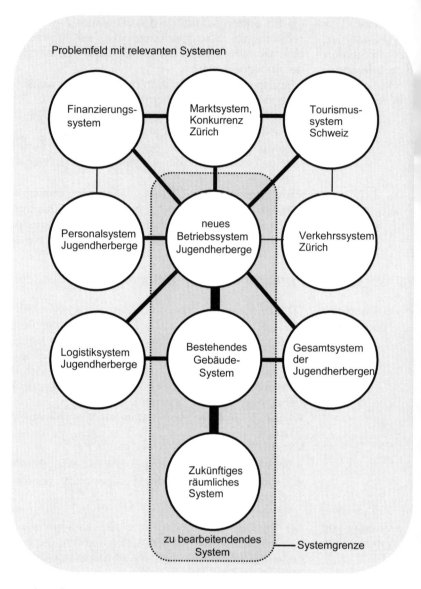

Abbildung B/21
Auf relativ lockere
Weise kann man
systemisch ein
Problem und sein
Umfeld darstellen
und abgrenzen
(hier Beispiel des
Umbau- und Er-
weiterungsprojekts
Jugendherberge
Zürich)

Abbildung B/21
Auf relativ lockere Weise kann man systemisch ein Problem und sein Umfeld darstellen und abgrenzen (hier Beispiel des Umbau- und Erweiterungsprojekts Jugendherberge Zürich)

Ziehen der Systemgrenze

(5) Das so entstandene Bild der Element-Beziehungen erlaubt ein bewusstes Ziehen der Systemgrenze. Dabei wird man sich bemühen, sehr starke Beziehungen nach Möglichkeit nicht zu zerschneiden.

Abbildung B/21 zeigt als **Beispiel** die Bestimmung der Systemgrenze zum Umbau- und Erweiterungsprojekt Jugendherberge Zürich. Diese

Analyse ergab, dass das zu gestaltende System relativ weit abzugrenzen ist. Die Gestaltung des zukünftigen räumlichen Systems ohne gleichzeitige oder vorlaufende Gestaltung des Betriebssystems schien nicht vertretbar. Quasi als Entlastung wurde aufgrund dieser Analyse auch sichtbar, dass man für die Problemlösung teils zeitlich gestaffelt arbeiten kann.

Wie dieses Beispiel zeigt, müssen die Vor- und Nachteile eher enger oder eher weiterer Systemabgrenzungen sorgfältig überlegt werden. In der Praxis wird oft eher zu weit abgegrenzt, aus Sorge, wichtige Aspekte nicht zu berücksichtigen. Die vorgestellte Methode macht auch bei eher enger Abgrenzung die Problem-Vernetzungen bewusst und analysierbar.

2.1.2 Reduktion des Probleminhalts

Bedeutung

(1) Bei der Reduktion des Probleminhalts werden nicht Problemfelder ganzheitlich analysiert und zu bearbeitende Probleme abgegrenzt, sondern der Probleminhalt reduziert.

Die Bedeutung dieser Instrumente liegt in der Möglichkeit, den Überblick zu wahren und sich nicht im Detail zu verlieren. Das erlaubt auch, Bearbeitungszeit zu sparen.

Metho-den

Auswahl von Themen

(2) In den Beschreibungen für die Anwendung konzentrieren wir uns auf zwei Methoden:

- Black-box-Methode

- Wechsel der Systemebenen

2.1.2.1 Black-box-Methode

Überblick Black-box-Methode

(1) Die Black-box-Methode besteht in einem Kunstgriff zur Reduktion von Komplexität: Das Ausklammern des „Inneren" von Systemen und die Begrenzung der Betrachtung auf ihre Inputs bzw. Outputs.

Dahinter steht das systemische Denken, wie es in Kapitel A/3.1.4.2 und besonders mit Abbildung A/78 gezeigt wird. Wie dort ersichtlich, lassen sich für alle Systeme Inputs und Outputs analysieren. Die Art und Weise der Transformation im System wird hier ignoriert (vgl. Abb. B/22). Das Vorgehen geschieht mit den Schritten:

- Systemdarstellung

- Erfassung und Analyse der Inputs und Outputs

System-darstellung

(2) Für die Anwendung der Methode wird das betrachtete Objekt als System dargestellt (vgl. Abb. B/22). Danach können System-Elemente zur „Black-box" erklärt werden. Das ist dann möglich, wenn das Innere vorerst nicht oder überhaupt nicht verändert bzw. gestaltet wird.

Beziehungs-analyse

(3) Anschliessend werden die Beziehungen der Black-box-Elemente erfasst, quantifiziert und qualifiziert. Dazu lassen sich auch **Input-Output-Matrizen** erarbeiten, um alle Beziehungen lückenlos zu erfassen (z.B. Installation neuer Technologien in der Müllverbrennungsanlage).

Auf dieser Basis kann man dann Analysen und Prognosen durchführen oder auch die Inputs und Outputs neu gestalten. Es lässt sich z.B. ein Sollwert für die Rauchgasrückstände bestimmen.

Später ist es durchaus möglich, auch in das Innere der Black-box vorzudringen und diese ganz oder teilweise neuen Lösungen zuzuführen, Lösungen, welche die veränderten Inputs und Outputs tatsächlich liefern (z.B. Installation neuer Technologien in der Müllverbrennungsanlage).

Abbildung B/22 Für manche Aufgaben wie z.B. eine Umweltverträglichkeitsprüfung kann man das System (hier eine Müllverbrennungsanlage) als Black-box behandeln und nur die Inputs und Outputs analysieren[1]

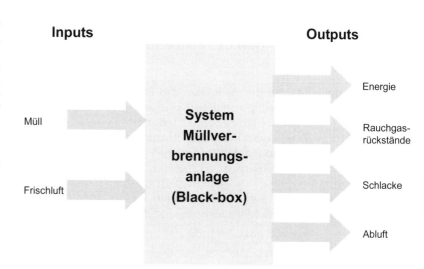

2.1.2.2 Wechsel der Systemebenen

Vorgehens-Überblick

(1) Eine andere wichtige Form zur Reduktion des Probleminhaltes besteht im Wechsel der Systemebene. Durch Nutzung der nächst höheren Ebene reduziert sich die „Körnigkeit" der Betrachtung. Auf einer höheren Systemebene lässt sich, wie das die Abbildungen A/75, 76 und 93 zeigen, der Überblick gewinnen und der Aufwand gezielt reduzieren. Das Vorgehen besteht in folgenden Schritten:

• Skizzierung eines Problems auf verschiedenen Systemebenen
• Wahl der Systemebene, welche den zeitlichen und sonstigen Ressourcen entspricht (vgl. Abb. B/23)

---

[1] Nach Züst 2004, S. 69 f.

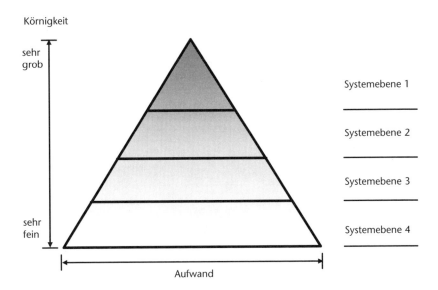

Abbildung B/23 Durch Wechsel der Systemebene lässt sich die „Körnigkeit" des zu analysierenden bzw. zu gestaltenden Objektes verändern

Skizzierung eines Problems auf verschiedenen Systemebenen

(2) Zunächst müssen ein System und seine Umwelt auf verschiedenen Ebenen (also in verschiedenen Körnigkeiten) skizziert werden. Abbildung A/75 und 76 zeigen dazu Beispiele. Abbildung C/19 gibt als weiteres Beispiel die oberste Systemebene bei Geschäftsprozessen wieder. Auf der Ebene darunter werden die Teilsysteme gesamthaft oder in ausgewählten „Exemplaren" dargestellt. Für die Entscheidung reichen dabei zunächst nur erste Skizzen.

Wahl der Systemebenen

(3) Auf der Basis dieser Skizzen erfolgt bewusst die Wahl der Systemebene und der Wahl der Bearbeitung auf den verschiedenen Ebenen, wie sie Abbildung B/24 in Form grundsätzlicher Möglichkeiten zeigt. Dazu werden folgende Aspekte geprüft:

- Übersichtlichkeit des gesamten Systems und der Probleminhalte
- Geschätzter Aufwand zur Analyse und Gestaltung auf der jeweiligen Systemebene. Vergleich mit den bestehenden zeitlichen, personellen und sonstigen Ressourcen.

Metho-den

Abbildung B/24
Systemebenen und
mögliche Breite
bzw. Tiefe der
Bearbeitung

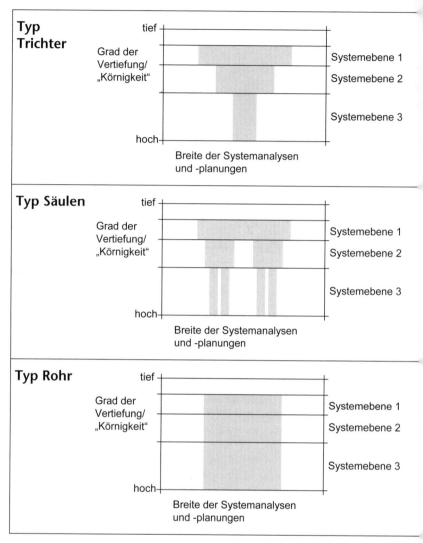

Legende:
- Die Systemebene 1 ist hier die grobkörnigste und die Systemebene 3 die detaillierteste.
- Die Breite der Systemanalysen und -planungen bezieht sich auf die Anzahl Themen bzw. betrachteten Systeme.

2.2 Prozess-Phasen und -Schritte

Seite der Lösung definierter Probleme

(1) Ist die Seite der Problemstrukturierung und -reduktion hinreichend fortgeschritten und das Problem definiert, so tritt dessen Lösung in den Mittelpunkt der Überlegungen (vgl. Abb. B/25). Dabei gliedern wir hier angesichts der Stoffmenge in zwei Kapitel, und zwar:

• Kapitel 2.2 Prozess-Phasen und -Schritte

• Kapitel 2.3 Methoden für Einzelaufgaben

Problemlösung durch Optimierung

(2) Im **Prozesstyp** erfolgt hier eine Konzentration auf die Optimierung im Rahmen von Planungen (vgl. Abb. B/25). Es geht also um eine neue Marketing-Strategie, die Reorganisation einer Verwaltung oder die Erneuerung einer Gebäudeanlage. Dabei wird von mittlerer oder gar hoher Komplexität der Problemstellung ausgegangen.

Ebenso liegt in diesem ausgewählten Prozess fest, dass er durch die anwendungs-neutrale INPRO-Methodik **vorstrukturiert** wird.

Abbildung B/25
Die in den Kapiteln 2.2 und 2.3 vorgestellten Methoden helfen auf der Seite der Lösung definierter Probleme

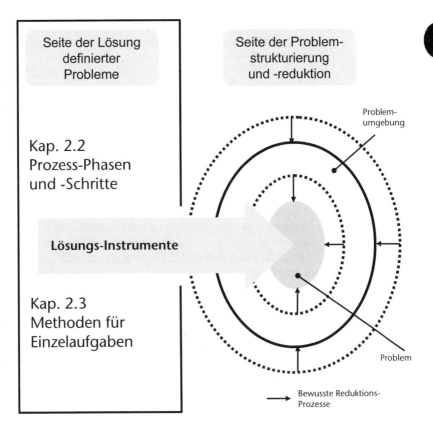

**Kapitel-
Gliederung**

(3) Je nach Situation und Ablauf der Problemlösung liegt bereits eine formulierte Meta-Prozessplanung vor oder auch nicht. Auf jeden Fall muss auch im ersten Fall ein zu lösendes Problem in den Prozess-Phasen und -Schritten geplant und später laufend gesteuert werden. Daraus resultieren folgende zwei Kapitel:

- Strukturierung nach Phasen und Problemlösungs-Zyklen
- Prozessablauf für ein Optimierungs-Projekt (ein Problemlösungs-Zyklus)

2.2.1 Strukturierung nach Phasen und Problemlösungs-Zyklen

**Auswahl von
Themen**

(1) Es geht um eine zeitliche Strukturierung in der Projektbearbeitung (zeitliche Problemzerlegung). Diese basiert hier auf dem Gedankengut des **Systems Engineering** (vgl. Kap. A/3.3.1.1),[1] ist aber auch unabhängig davon häufig angewandte Praxis. Die Phasengliederung klang in den Instrumenten bereits verschiedenenorts an. Hier geben wir folgende Hinweise und Anregungen für das praktische Vorgehen:
- Bewährte Grundphasen
- Phasen und Lösungszyklen
- Andere Phasenmodelle

**Bewährte
Grundphasen**

(2) Das Systems Engineering unterscheidet in Projekt- und Lebensphasen eines Systems.[2] Für die Projekt-Phase, also für das Planen der Neu- und Umgestaltungen von Systemen, werden gemäss Abbildung A/112 vorgeschlagen:
- Anstoss
- Vorstudie
- Hauptstudie
- Detailstudien

Die **Anstoss-Phase** dient dem Erfassen eines Problems sowie ersten Vorentscheiden (z.B. Bearbeiten oder Aufschieben). In Abbildung B/15 entspricht diese Phase der Wahrnehmung des Problems sowie der Einordnung und Klassifizierung. Es geht also um den ersten Teil einer Problem-Ortung.

Im Rahmen der **Vorstudien-Phase** erfolgt eine vertiefende Problemanalyse. Zudem werden Möglichkeiten der Problemabgrenzung und -reduktion erläutert. Nach diesem zweiten Teil der Problem-Ortung kann sich die Vorstudie der Wahl geeigneter Prozesse und grundsätzlicher Verfahren zuwenden. Manche Vorstudien widmen sich auch bereits der sachlichen Bearbeitung auf der oberen Systemebene (Grobkörnung). Denkbar ist, nach einer Vorstudie ein Projekt abzubrechen.

---

[1] Vgl. Daenzer/Huber 2002, S. 37 ff.
[2] Vgl. Daenzer/Huber 2002, S. 37

Der Zweck der **Hauptstudie** besteht darin, eine Gesamtlösung zu erarbeiten.

Auf dieser Basis werden dann **Detailstudien** zu Teilbereichen des Gesamt-Konzeptes durchgeführt. Damit wird die Problemlösung weiter konkretisiert und gleichzeitig die technische Lösbarkeit nachgewiesen.

Phasen und Problemlösungs-Zyklen

(3) Die **Phasengliederung** kann auch anders aufgebaut werden, sich also z.B. stärker an den verschiedenen Systemebenen orientieren (vgl. Abb. B/26).

Wie das gehandhabt wird: In jeder Phase fällt mindestens ein **Problemlösungs-Zyklus** an. Ergeben sich mehrere in einer Phase, so können diese parallel oder nacheinander ablaufen (vgl. Abb. B/11).

Abbildung B/26
Die Bearbeitung lässt sich in Form von Phasen differenzieren und zeitlich staffeln

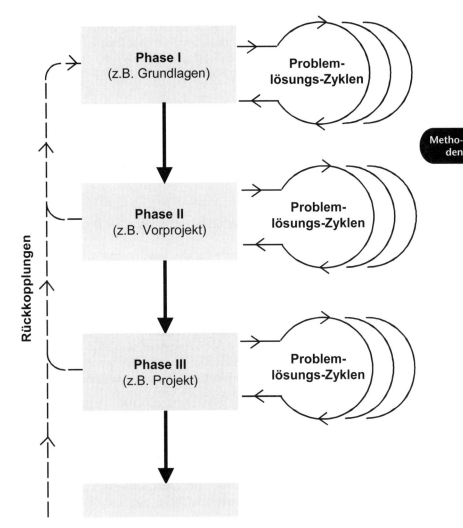

Andere Phasenmodelle

(4) Ausgehend von der Grundidee einer zeitlichen Strukturierung nach Phasen und Problemlösungs-Zyklen bietet die Praxis verschiedene Modelle an (vgl. Kap. A/3.3.2.3), beispielsweise für das Marketing die Abbildung A/105 und für das Bauwesen die Abbildung A/112.

2.2.2   Prozess-Schritte

Systematischer Prozess mit Rückkopplung

(1) Bei Planungs-Projekten empfiehlt sich ein systematischer Prozess mit Rückkopplungen. Dabei wird jedoch nicht verschwiegen, dass jede Festlegung auf Abfolgen bestimmter Prozess-Schritte Vorteile bringt, aber auch Nachteile in Kauf nehmen muss.

Wichtig ist auch, dass man die hinter einen Abfolge von bestimmten Prozess-Schritten stehende Philosophie kennt und zu nutzen weiss.

Schliesslich sind auch Kenntnisse der Inhalte und (Zwischen-)Produkte der einzelnen Prozess-Schritte wichtig.

Auswahl von Themen

(2) Aus diesen Überlegungen heraus wird die folgende Auswahl von Themen getroffen:

- Vor- und Nachteile systematischer Prozesse mit Rückkopplung
- Philosophie der Prozess-Schritte
- Beschreibung der Prozess-Schritte

2.2.2.1   Vor- und Nachteile systematischer Prozesse mit Rückkopplung

Überblick

(1) Die **Gründe für die Bevorzugung** des systematischen Prozesses mit Rückkopplung gehen aus der Gesamtbetrachtung des Kapitels A/3.2.1.3 hervor. Die Gewichtung der einzelnen Faktoren ist für das Urteil entscheidend. Was, detaillierter betrachtet, für und gegen einen systematischen Prozess für Problemlösungen bzw. Planungen spricht, soll nun vertiefend diskutiert werden. Dementsprechend bringt dieses Kapitel, um einen Überblick zu geben, folgende Themen (vgl. Abb. B/27):

- Vorteile bzw. Chancen systematischer Prozesse
- Nachteile bzw. Gefahren systematischer Prozesse
- Folgerungen

Vorteile und Chancen

(2) Wenn man von Vorteilen spricht, dann kommt es (wie bei den Nachteilen) stark auf die Situation, die Beteiligten und den Geist der Anwendung an. Daher handelt es sich um Chancen, welche nicht zwingend auch genutzt werden.

Zusätzlich ist bei einer Diskussion der Vor- und Nachteile auch der **Beurteilungsmassstab** wichtig. Hier wurde dieser primär aus den Kapiteln

A/3.1 und 3.2 sowie aus der betreffenden Literatur[1] gewonnen. Das Gleiche gilt für die Fundierung der Urteile.

Wie Abbildung B/27 zeigt, liegen die Schwerpunkte der Vorteile bzw. Chancen einer systematischen Folge von Prozess-Schritten mit Rückkopplungen bei folgenden Kriterien:

○ Kalkulierbarkeit
○ Nutzung von Erfahrungen
○ Wahrscheinlichkeit des Findens von Problemlösungen
○ Umsichtiges Vorgehen

Für die **Nutzung der Potenziale der Beteiligten** können ebenfalls Vorteile angeführt werden (z.B. gute Vorbereitungsmöglichkeiten für einzelne Schritte). Dem stehen aber auch deutliche Nachteile gegenüber.

Nachteile und Gefahren

(3) Viele Nachteile des vorstrukturierten, systematischen Vorgehens müssen nicht eintreten, wenn man die mögliche Flexibilität wahrt und die Möglichkeit der Rückkopplungen gut nutzt. Doch bestehen jeweils Gefahren, dass die Bearbeitungstiefe und -breite nicht situativ angepasst und vor allem das Rückkoppeln mit neuen Informationen, Erkenntnissen etc. vernachlässigt wird. Solche Nachteile bzw. Gefahren ergeben sich v.a. bei folgenden Kriterien (vgl. Abb. B/27):

○ Eingehen auf die Erfordernisse der Situation
○ Nutzung der Potenziale der Beteiligten
○ Abholen der Beteiligten in ihrer Denkungsart

Metho-
den

Folgerungen

(4) Je nach Situation und Aufgabe werden die jeweiligen Vor- und Nachteile anders zu **gewichten** sein. So spielt z.B. die Vorgehensflexibilität beim kreativen Entwurf eines Gebäudes eine grössere Rolle als bei dessen Ausführungsplanung im Detail. Bei der kreativen Suche nach Geschäftsfeldern im Immobilienbereich wird man den intuitiven Fähigkeiten der Beteiligten mehr Raum geben wollen als bei der Erarbeitung von Marketingkonzepten für einzelne Kundensegmente.

Zu den Folgerungen gehört daher einmal mehr, dass man sich im Rahmen der Meta-Vorplanung bzw. zu Beginn eines Problemlösungs-Zyklus gut überlegt, worauf es ankommt. Dann dürfte sich zeigen:

○ Häufiger als in der Praxis, insbesondere als von Fachleuten angenommen, kann **ein vorstrukturierter, systematischer Prozess mit Rückkopplungen** die bestmögliche Form für das Vorgehen sein.
○ Das gilt insbesondere für Aufgaben, bei denen **innerhalb nützlicher Frist ein konkretes Ergebnis** vorliegen soll.
○ Handelt es sich dagegen um die Lenkung ganzer Unternehmen oder einen **längeren Entwicklungsprozess** mit noch nicht erkennbaren Ergebnissen, so empfehlen sich in den Prozess-Schritten **stärker geöffnete Verfahren** gemäss Abbildung B/3 des Typs c (freie Kombination von definierten Prozess-Modulen) oder d (freies Fliessen).

---

[1] Vgl. Gomez/Probst 2001; u.a. Von der Weth 2001; Malik 2000; Brauchlin/Heene 1995

Abbildung B/27
Systematische Prozess-Schritte mit Rückkopplung haben gewichtige Vor- aber auch Nachteile

| Kriterien | **Systematische Prozess-Schritte mit Rückkopplung bieten ...** | |
	Vorteile bzw. Chancen	**Nachteile bzw. Gefahren**
Kalkulierbarkeit	Die vorgegebene Schrittfolge sowie die häufig dazu vorhandenen Erfahrungen erlauben eine gute Kalkulierbarkeit von Zeitbedarf, Personalbedarf, Informationsbedarf etc.	Die erwünschten Rückkopplungen bringen ein gewisses Element der Unsicherheit (evtl. z.B. zusätzlich erforderliche Gruppenarbeit)
Nutzen von Erfahrungen	In der Regel geben die im Rahmen von Methodiken publizierten Schrittfolgen und -inhalte wichtiges Erfahrungswissen weiter	Erfahrungen aus rein fachlich vorstrukturierten Prozessen können vielleicht nicht befriedigend integriert werden
Findewahrscheinlichkeit Problemlösung	Es bestehen ein hohes Potenzial für die sprachlich-abstrakte Durchdringung des Problems sowie eine hohe Wahrscheinlichkeit, eine befriedigende Lösung zu finden.	Wenn das Element der Rückkopplungen zu wenig genutzt wird, kann der Prozess am Zielpunkt vorbeiführen
Umsichtiges Vorgehen	Die Strukturierung des Vorgehens erleichtert ein umsichtiges Vorgehen. Die Struktur bietet dafür eine Art „Checkliste".	Es werden zu wenig bedachte, vorstrukturierte Schrittfolgen angewandt. Es entsteht eine Scheinsicherheit.
Eingehen auf die Erfordernisse der Situation	Ein gut vorstrukturierter Prozess bietet für den Regelfall gute Möglichkeiten für eine situative Anpassung (Breite und Tiefe der Bearbeitung, Beteiligte, Form der Gruppenarbeit etc.)	Das systematische Vorgehen mit definierten Schritten und Inhalten kann z.B. der Situation zu wenig angemessen sein. Evtl. wird aus einem Routinedenken heraus das Anpassungspotenzial zu wenig genutzt.
Nutzung der Potenziale der Beteiligten	Bei vorstrukturierten, systematischen Vorgehensweisen können die Beteiligten sich auf die Schrittfolge und -inhalte von vornherein einstellen und sich entsprechend vorbereiten.	Spontane Einfälle und intuitive Infragestellungen können mit der Systematik der Schritte kollidieren.
„Abholen" der Beteiligten in ihrer Denkungsart	Den Beteiligten wird ein Gefühl der Vorgehenssicherheit und Durchschaubarkeit gegeben, was ihrem Bedürfnis entsprechen kann.	Die frühzeitige Weiterentwicklung von bildhaften bzw. konkreten Lösungsideen der Beteiligten werden tendenziell unterdrückt. Die Vorgehensweise kann als einengender Zwang empfunden werden, welcher der eigenen Kreativität und Erfahrung zu wenig Raum gibt. Die Prozess-Schritte werden als Dogma, als einzuhaltendes „Schema" missverstanden.

○ Diese **offenen Formen** in den Prozess-Schritten können aber auch bei **sozialen Fragestellungen** (z.B. Bewältigung eines Konfliktes) oder bei weniger komplexen Problemen geeigneter sein. Bei hohen Anforderungen an die Kreativität empfehlen sich ebenfalls eher die Prozessformen c und d gemäss Abbildung B/3.

○ **Vorstrukturierte, systematische Prozesse rein linearer Art** sind bei komplexen Aufgaben **abzulehnen.** Sie taugen nur für einfache bzw. komplizierte Probleme (vgl. Abb. A/49).

○ Schliesslich muss als Folgerung auch in diesem Zusammenhang betont werden, dass die Vor- und Nachteile stark von der **Qualität** der **Zusammenarbeit** und des **Managements** abhängen.[1]

Empfohlener Prozess

(5) Den im Folgenden empfohlenen Prozess gibt Abbildung B/29 wieder. Die Abbildungen B/30 bis 34 detaillieren einzelne Teilschritte. Die jeweiligen **Zwischen- bzw. Endergebnisse** werden ebenso dargestellt. Dies unterstreicht auch, dass der Prozess von vornherein auf bestimmte Schritte limitiert werden kann. Ebenso lässt sich der Prozess auch infolge neuer Erkenntnisse jederzeit abbrechen.

Auf dem „Planungs-Markt" werden etliche, ähnlich konzipierte Prozesse auf der Sachebene angeboten (vgl. z.B. Abb. A/95). Das ist immerhin ein Beleg dafür, dass systemisch Denkende zu ähnlichen logischen Schrittfolgen kommen.[2] Unterschiede liegen dabei teils im Begrifflichen. So wird häufig am Anfang von Zieldefinition gesprochen, womit aber oft die Aufgabenanalyse und Definition der erwünschten Ergebnisse gemeint ist (vgl. Abb. B/28). Wenn man das berücksichtigt, so plädieren auch Autoren der empirisch-psychologischen Literatur für ähnliche Prozesse.[3]

Methoden

Abbildung B/28
Die Begriffe zu den Aufgaben und erwünschten Ergebnissen eines Prozesses sind verschiedenartig in Bezug und Inhalt

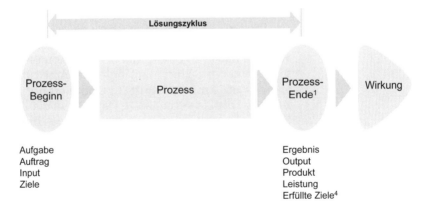

Aufgabe
Auftrag
Input
Ziele

Ergebnis
Output
Produkt
Leistung
Erfüllte Ziele[4]

---

[1] Vgl. Streich/Marquardt und Sanden 1996, S. 24 f.
[2] Vgl. Litke 2004, S. 29 ff.; Schweizer 2001, S. 81 ff.;
[3] Vgl. Dörner 2004, S. 67; Franke 1999, S. 419
[4] Als Sachziele (goal) oder als die erwünschten Qualitäten umreissend Formalziele in Ergänzung z.B. zum formulierten Produkt

Themen (6) Obschon es sich auch hier um eine **Anleitung** handelt, darf das nicht zum reinen mechanistischen Tun verführen. Der empfohlene vorstrukturierte, systematische Prozess mit Rückkopplungen muss mit Sinn und Verstand eingesetzt werden, um die oben geschilderten Vorteile gewinnen zu können. In diesem Sinne werden hier folgende Themen behandelt:

- Philosophie der Prozess-Schritte
- Beschreibung der Prozess-Schritte

2.2.2.2 Philosophie der Prozess-Schritte

Überblick (1) Unter Philosophie wird in diesem Zusammenhang der „Denkansatz und die Grundhaltung" verstanden (vgl. Kap. A/3.1.2.1). In diesem Sinne behandelt dieses Kapitel folgende Themen:
- Vorgegebene Schrittfolge
- Notwendige Rückkopplungen
- Tiefe und Art der Bearbeitung
- Bearbeitungsdauer durch Gruppen (Teams)
- Offenhalten von Problem-Lösungen
- Prozess- und Schritt-Veränderung

Vorgegebene Schrittfolge (2) Abbildungen B/29 bis 34 zeigten die vorgegebene Schrittfolge. Diese orientiert sich an logischen Überlegungen, wie folgende Erläuterungen der Zusammenhänge zeigen:
- Beim **Prozess-Schritt 1 „Vorbereitung"** geht es darum, bestmögliche Voraussetzungen für die Problemlösung zu schaffen. Dazu gehören die Aufgabenklärung und Zielsetzung, die Klärung der Machbarkeit sowie die Prozessplanung.
- Der **Prozess-Schritt 2 „Situationsanalyse"** verhilft dazu, einerseits die Ausgangslage zu untersuchen und andererseits die zukünftigen Herausforderungen zu beleuchten bzw. darzustellen. Es kann sich bei diesem Schritt um ein recht umfangreiches Arbeitspaket handeln.
- Schliesst der **Prozess-Schritt 3 „Optimierung"** an, so empfiehlt sich zunächst, die Zielsetzungen zu klären bzw. die Zielformulierungen des Schrittes 1 anzupassen, zu ergänzen und zu konkretisieren. Hierfür bieten die Ergebnisse der Situationsanalyse eine wichtige Basis.
  Es folgt die kreative Suche nach Lösungsvarianten, welche ebenfalls auf der Situationsanalyse und zusätzlich auf dem Zielsystem (Zielsetzungen, Prämissen) aufbauen sollte. Das zumindest erweist sich als Erleichterung bei diesem Teilschritt.
  Die nachfolgende Bewertung dient dazu, die Vor- und Nachteile der Lösungsvarianten im Lichte der Zielsetzungen und Prämissen zu erkennen. Eine Bewertung macht also im Rahmen von Optimierungen erst dann Sinn, wenn ein Zielsystem besteht und Varianten ausgearbeitet vorliegen.

Abbildung B/29
Für viele Aufgaben und Situationen haben sich diese 5 Prozess-Schritte für einen Problemlösungs-Zyklus bewährt

Prozess mit den Schritten 1 – 5

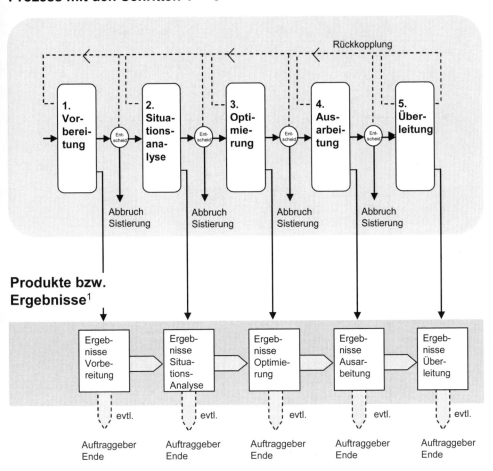

Legende:

⬦ Bei Fortsetzung des Prozesses: Zwischen-Produkt
   als Basis für die nächsten Phasen dienend

⬦ Evtl.
   Definitives Produkt, wenn der Prozess hier endet

---

[1] Jeweils am Ende des Prozess-Schrittes

Abbildung B/30
Der Prozess-Schritt 1 „Vorbereitung" und die möglichen Teilschritte

Prozess-Schritt 1 Vorbereitung

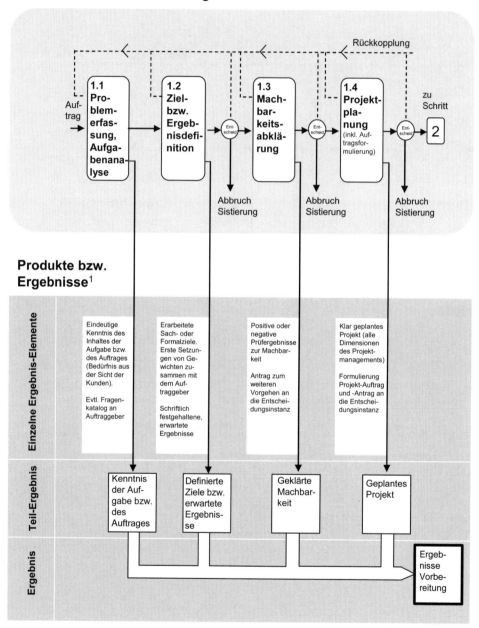

Abbildung B/31
Der Schritt 2 „Situationsanalyse" und die möglichen Teilschritte

Prozess-Schritt 2 Situationsanalyse

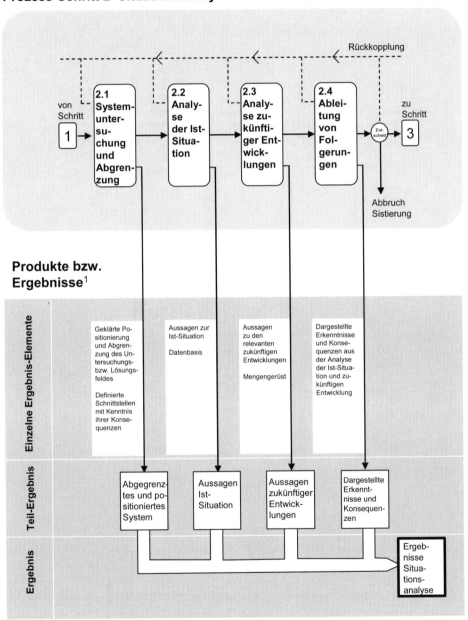

Abbildung B/32
Der Schritt 3 „Optimierung" und die möglichen Teilschritte

Prozess-Schritt 3 Optimierung

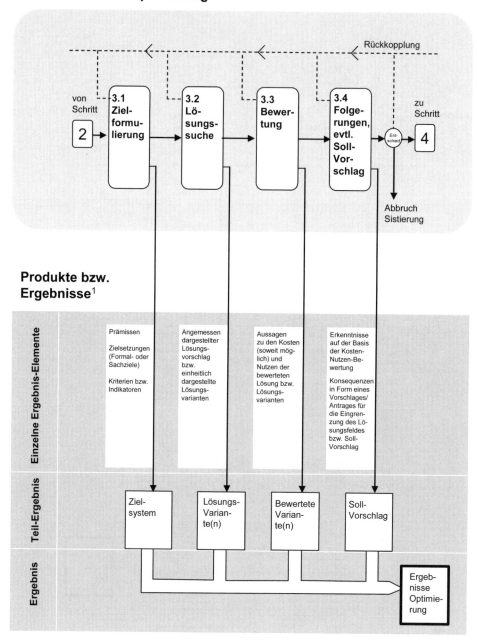

Produkte bzw. Ergebnisse[1]

---
[1] Jeweils am Ende des Prozess-Schrittes

Abbildung B/33
Der Schritt 4 „Ausarbeitung" und die möglichen Teilschritte

Prozess-Schritt 4 Ausarbeitung

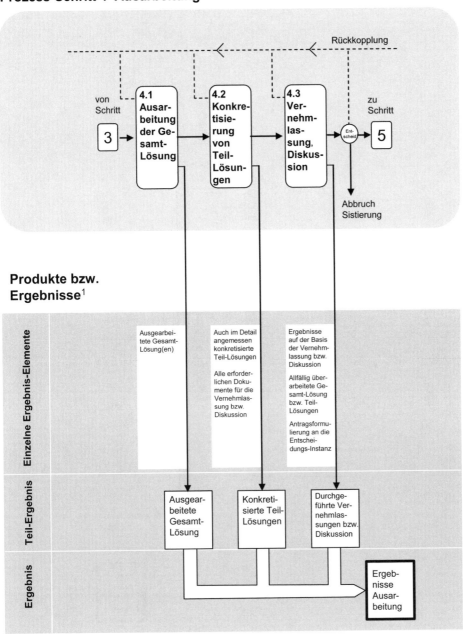

---

¹ Jeweils am Ende des Prozess-Schrittes

Abbildung B/34
Der Schritt 5 „Überleitung" und die möglichen Teilschritte

Prozess-Schritt 5 Überleitung

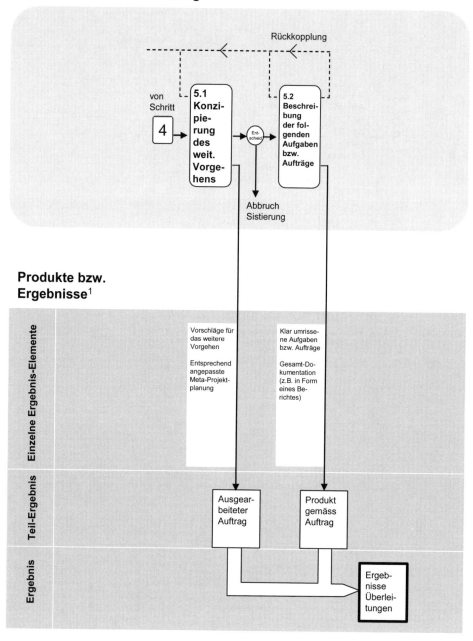

Produkte bzw. Ergebnisse[1]

---

[1] Jeweils am Ende des Prozess-Schrittes

Diese Informationsbasis, welche durch die vorangegangenen Teilschritte entsteht, ermöglicht anschliessend, Schlüsse zu ziehen.

○ Der Schritt „Optimierung" begnügte sich aus Informations- und Aufwandsgründen mit grundsätzlichen Fragen einer Problem-Lösung. Nun geht es beim **Prozess-Schritt 4 „Ausarbeitung"** um die Erarbeitung der detaillierten Problemlösung.

○ Schliesslich sollte es nicht unterlassen werden, die Brücke zu den nachfolgenden Arbeiten (weitere Problemlösungs-Zyklen bzw. Planungsphasen oder Umsetzung der gefundenen Lösung) zu schlagen. Dem dient **Prozess-Schritt 5 „Überleitung"**. Hier werden Aussagen zum weiteren Vorgehen gemacht. Zudem werden alle wesentlichen erarbeiteten Unterlagen dokumentiert (z.B. in Form eines Berichtes).

Die Schritte in der Informationserarbeitung und Meinungsbildung bauen aufeinander auf. Die Abfolge trennt auch mehr kreative und mehr analytisch-bewertende Schritte voneinander. Damit gilt es u.a. zu verhindern, dass aufkeimende Ideen zu früh durch vorschnelle Bewertungen verworfen werden.

Wegen der zweckmässigen Aufeinanderfolge und eigenständigen Bedeutung eines jeden Prozess-Schrittes ist es empfehlenswert, **sämtliche Schritte in der vorgegebenen Reihenfolge** zu bearbeiten. Aus den gleichen Gründen sollen sämtliche Mitglieder einer beteiligten Gruppe, etwa einer Projektgruppe, bei sämtlichen Prozess-Schritten mitwirken. Diese Forderung muss vom Management durchgesetzt werden.

Metho-den

Rück-kopplungen (3) So sehr man die Abfolge der einzelnen Prozess-Schritte beachten sollte, so frei bleibt die beteiligte Gruppe, auf einzelne Schritte zurückzukommen, deren Ergebnisse in Frage zu stellen und gegebenenfalls zu überarbeiten. Dazu sollten Moderatorinnen oder Projektleiter immer wieder ganz bewusst **ermuntern**. Solche Rückkopplungen (Iterationen) können sich ergeben, weil

○ die Gruppe zu neuen Erkenntnissen über den Informationsbedarf kommt

○ man mit den Zwischenergebnissen unzufrieden ist und diese überprüfen bzw. revidieren möchte

○ von extern neue Erkenntnisse, Randbedingungen etc. herangetragen werden, denen Rechnung zu tragen ist.

Zum letztgenannten Punkt: Häufig sind die Auftraggeber vor Beginn eines Prozesses bzw. Projektes zu wenig gut informiert und daher auch in der Meinungsbildung unzureichend fortgeschritten. Animiert durch die Arbeit einer beteiligten Gruppe kommt es dann eventuell zu **einem parallelen Informations- und Meinungsbildungsprozess der Auftraggeber** und in der Folge zu Revisionen des Auftrages.

Das vermehrt zwar die Arbeit der Projektgruppe. Doch erscheint eine solche Rückkopplung immer noch besser, als einen Auftrag zu bearbeiten, der sich am Schluss als nicht mehr treffend erweist.

Tiefe und Art der Bearbeitung

(4) Im Rahmen der einzelnen Schritte lässt sich die Tiefe und Art der Bearbeitung anpassen. Diese Möglichkeit muss genutzt werden, um der jeweiligen Situation und Problematik voll gerecht zu werden.[1]

Es kann sich eine sehr breite und vertiefte Bearbeitung als notwendig erweisen, etwa eine intensive Situationsanalyse zur Erarbeitung der zukünftigen Betriebsabläufe in einem Lager. Wenn aber die Situation bereits wirklich hinreichend vor Prozessbeginn geklärt wurde, reicht ein Zusammenstellen entsprechender Unterlagen zuhanden der beteiligten Gruppe sowie ein gemeinsames Besprechen (gleiches Verständnis der Aussagen) aus.

Bearbeitungsdauer durch die Projektgruppe

(5) Die flexible Tiefe und Art der Bearbeitung der Prozess-Schritte ermöglicht auch Problemlösungszyklen von sehr kurzer Bearbeitungsdauer durch die beteiligte Gruppe. Es gibt Aufgabenstellungen, die sich hinreichend umsichtig in drei Stunden erfüllen lassen. Andere Aufgabenstellungen im Bereich der Planung dauern für einen Problemlösungsz-Zyklus drei oder gar sechs Monate.

Wesentlich länger sollte sich allerdings aus Gründen der Gruppendynamik nach Möglichkeit keine Bearbeitung eines Lösungszyklus hinziehen. Das ist in der Regel erreichbar, wenn der Prozess auf allen Ebenen entsprechend den Vorschlägen in diesem Teil B durchgeführt wird. Belege für diese Behauptung liefert Teil C.

Möglichst langes Offenhalten von Lösungen

(6) Voraussetzung für wirksame Rückkopplungen bildet das möglichst lange Offenhalten von Lösungen. Das gilt für jeweils einen Problemlösungs-Zyklus (vgl. Abb. B/26). Schnelle Eingrenzungen des Lösungsfeldes durch Vorentscheidungen, z.B. in Form von Prämissen, sind also zu vermeiden.

Das Offenhalten soll jedoch nicht nur Rückkopplungen ermöglichen, sondern entspricht auch Erkenntnissen zum **Informationsstand von Projektgruppen und Auftraggebern**. Sie können die erforderlichen Informationen wegen der begrenzten Aufnahmefähigkeit unseres Gehirns nur stufenweise verarbeiten.[2] Meist sind die Beteiligten erst nach Bearbeiten aller Prozess-Schritte so hinreichend tief und gleichmässig informiert, dass Entscheidungen im Sinne der Lösungsauswahl fallen dürfen (vgl. Abb. B/35). Diese Offenheit zu bewahren, gehört zu den wichtigen Erfolgsfaktoren einer Lösungsfindung, wie auch Untersuchungen zeigen.[3]

Diese Erkenntnisse bereiten jedoch vielen Gruppenmitgliedern in der **Praxis** Mühe. Sie sind es gewohnt, frühzeitig weitgehende Vorentscheidungen zu treffen, um die weitere Lösungssuche (scheinbar) zu vereinfachen. In solchen Fällen muss die Projektleitung bzw. Moderation wichtige Überzeugungsarbeit leisten.

---

[1] Vgl. Von der Weth 2001, S. 87
[2] Vgl. Streufert 1991, S. 201
[3] Vgl. Franke 1999, S. 394 f. und 415 f.

Abbildung B/35
Im Rahmen des
systematischen
Prozesses mit
Rückkopplungen
werden definitive
Lösungseingren-
zungen und
-entscheidungen
möglichst lange
offen gehalten

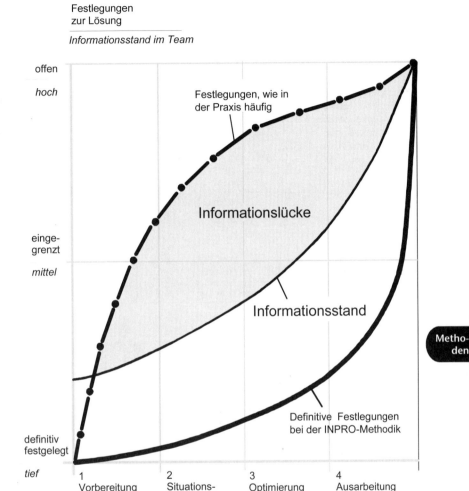

Prozess-Form
und Reihenfol-
ge der Schritte
verändern

(7) Zur Offenheit gehört auch, eventuell die Prozessform zu verändern (vgl. Abb. B/2). Es kann sich z.B. situativ ergeben, dass die Gruppe beim systematischen Vorgehen gemäss Abbildungen B/29 bis 34 nur unwillig mitmacht. Dann dürfte es angebracht sein, zwischenzeitlich oder den weiteren ganzen Prozessverlauf in Form des freien Fliessens (vgl. Abb. B/3) zu gestalten. Das gilt z.B. im Falle anhaltend starker Konflikte.

Eine etwas mildere Abwandlung besteht z.B. darin, die Reihenfolge der Schritte entsprechend den Wünschen der beteiligten Gruppe ganz oder zeitweilig zu verändern. Damit ergibt sich eventuell eine Fortsetzung in der Prozessform „freie Kombination von Prozess-Modulen". So kann es vorkommen, dass man während der Optimierung einen Vorgriff auf den Prozess-Schritt 4 „Ausarbeitung" machen möchte. In solchen Fällen inte-

Abbildung B/36
Eventuell möchte
eine Projektgruppe
während des
Prozess-Schrittes 3
„Optimierung"
bereits einen
„Blick" in die
Möglichkeiten
einer detaillierten
Ausarbeitung
machen[1]

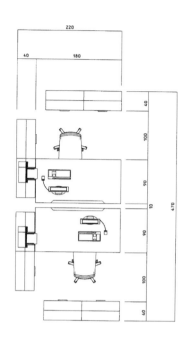

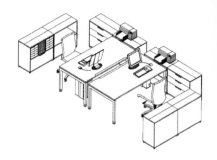

Doppel-Arbeitsplatz (vis-à-vis-Konfiguration):
Grundriss Mst. 1:50

ressiert eventuell stark, wie eine Lösung etwa für eine Gebäudebelegung im Detail aussehen könnte. Die beteiligte Gruppe glaubt z.B. nicht an die Machbarkeit bestimmter Lösungen, will das noch relativ abstrakte Niveau der Zieldiskussion verlassen und ganz konkret sehen, wie die

---

[1] Quelle: Immobilienbewirtschaftung der Stadt Zürich

Schreibtische und Regale in einem Bürogebäude arrangiert werden können (vgl. Abb. B/36).

Ein solches Ausscheren aus der systematischen Folge von Prozess-Schritten ist selbstverständlich möglich und manchmal auch sehr angebracht. Doch sollte das als bewusster Vorgang in der Gruppe besprochen und nach Möglichkeit auch im Konsens entschieden werden.

Im Regelfall führt man jedoch den systematischen Prozess mit Rückkopplungen mit Vorteil konsequent weiter. In diesem Sinne sollen hier auch die einzelnen Prozess-Schritte vertiefend beschrieben werden.

2.2.2.3 Beschreibung der Prozess-Schritte

Überblick   (1) Der hier für bestimmte Situationen und Aufgaben empfohlene Prozess mit Rückkopplungen ist in den Abbildungen B/29 bis 34 detailliert dargestellt. Ebenso geben diese Abbildungen wieder, welche Ergebnisse bzw. Zwischenergebnisse nach den jeweiligen Schritten zu erwarten sind.

Hier sollen einige zusätzliche Erläuterungen zur Bedeutung der Prozess-Schritte erfolgen sowie einige Erfahrungen und Beispiele beschrieben werden. Wie der folgende Überblick zeigt, geschieht das in der Reihenfolge der Prozess-Schritte:

- Vorbereitung
- Situationsanalyse
- Optimierung
- Ausarbeitung
- Überleitung

Vorbereitung   (2) Mit dem Prozess-Schritt 1 „Vorbereitung" erfolgt bereits eine wichtige Weichenstellung für den Erfolg der Planung. „Sage mir, wie ein Projekt beginnt, und ich sage Dir, wie es endet",[1] ist zwar als Aussage übertrieben. Doch erscheint der „Mahnfinger" vollkommen berechtigt, denn im Vorfeld von Problemlösungs-Prozessen wird bereits „Politik" gemacht und werden Fronten gebildet, Spekulationen angestellt und Taktiken zurechtgelegt. Die praktische **Bedeutung** dieses Prozess-Schrittes zeigt sich bereits daran, dass eine evtl. falsch gestellte Aufgabe (z.B. infolge von Vorschriften kein Verbesserungspotential vorhanden) die Erfolgsmöglichkeiten stark einschränkt oder gar unmöglich macht. Ähnlich schwerwiegend sind die Festlegungen der erwarteten Ergebnisse bzw. die Zielsetzungen, die Klärung der Machbarkeit sowie die Projektplanung. Im Rahmen des letztgenannten Teilschrittes kommt es sehr auf Umsicht beim Planen des Prozesses (vgl. Abb. B/37) und in der Zusammensetzung der begleitenden Gruppe (Projektgruppe) an.

Die bereits mehrfach angeführte **Erfahrung** zeigt, dass Auftraggeber und beteiligte Gruppen der Vorbereitung immer wieder zu wenig Gewicht beimessen. In anderen Fällen wird aber auch übertrieben. Man

Metho-den

---

[1] Vgl. Hansel/Lomnitz 2003, S. 25

möchte dann bereits alles im Vorfeld regeln bzw. die für notwendig gehaltenen Machtpositionen aufbauen.

Der Bedeutung der Vorbereitung entsprechend kann bereits am Anfang der Einsatz von **Methoden für Einzelaufgaben** zweckmässig sein (vgl Abb. B/131). Bewährt haben sich:

○ System-Abgrenzungs-Methode SAM (→ Kap. B/2.1.1.2)
○ Zielanalyse (→ Kap. B/2.3.1)
○ Interviewtechnik (→ Kap. B/2.3.2)
○ Brainstorming (→ Kap. B/2.3.4.4)
○ Terminplanungstechniken (→ Kap. A/3.3.5.3)

Abbildung B/37
Diese Checkliste
bedenkenswerter
Aspekte kann der
Prozessplanung im
Rahmen des
Prozess-Schrittes
„Vorbereitung" die-
nen

Checkpunkte Prozessplanung

a) Information über das Problem und Projekt (auch Hintergrund-Informationen)

b) Vom Projekt betroffene Interessens- und Entscheidungsträger

c) Aspekte der Vertraulichkeit, Geheimhaltung

d) Verträge bzw. schriftliche Abmachungen mit verschiedenen Partnern im Projekt

e) Selektion nach wünschbaren und notwendigen Arbeiten, Bearbeitungskosten dazu

f) Art und Umfang vorhandener Unterlagen. Quellen, Zuverlässigkeit und arbeitsgerechte Aufgliederung der Unterlagen. Zeithorizont bezogen auf die Anforderungen des Projektes

g) Detaillierungsgrad der erwünschten Ergebnisse

h) Festlegung der Bearbeitungstiefe bei jedem einzelnen Prozess-Schritt (soweit bereits möglich)

i) Festlegung des theoretischen Zeitaufwandes für jeden Prozess-Schritt und gesamthaft

k) Auswahl von Mitgliedern der Projektgruppe. Dazu: Gibt es Probleme, bei denen die Berufung mehrerer Fachleute der gleichen Fachrichtung zweckmässig ist (um nicht dem Urteil eines einzigen Fachmannes ausgeliefert zu sein)?

l) Prüfung, ob die Zeitvorstellungen mit den Termin-Möglichkeiten der Gruppenmitglieder und den Aufwendungen der Beschaffung von Unterlagen übereinstimmt

m) Prüfung, ob ein Bedarf an zusätzlichen Arbeitsgruppen (Gremien) besteht

---

Verschlafene Frage der Projektgruppen-Zusammensetzung

Am Telefon teilte der Auftraggeber dem Moderator mit, dass er eine ausgezeichnete, mit der Problematik fachlich sehr erfahrene Projektgruppe zusammengestellt habe. Frohgemut fuhr nun der beauftragte Moderator nach Lübeck, um dort mit dem Projekt „Überprüfung der Planung der Signalanlagen im Raum Lübeck" beginnen zu können. Anlass des Projektes waren Zweifel, ob die von Fachdiensten der damaligen Deutschen

Bundesbahn durchgeführten Planungen tatsächlich zur bestmöglichen Lösung führen.

Anlässlich der Startsitzung wunderte sich der Moderator über die menschliche Kälte ihm gegenüber. Auch war sehr wenig Engagement zu verspüren.

In der Kaffeepause fragte der Moderator jemanden, der immerhin ein paar Worte mit ihm wechselte, was eigentlich mit der Projektgruppe los sei. Da hörte er zu seinem Erstaunen: „Wir sind eigentlich nicht gegen Sie als Mensch eingestellt. Aber wir sind die genau gleiche Projektgruppe, die mit Engagement die neuen Signalanlagen geplant hat. Nach unserer Überzeugung legten wir die bestmögliche Lösung zur Entscheidung vor. Nun werden Sie geschickt, um mit uns die eigene Arbeit infrage zu stellen. Das finden wir nicht lustig."

Nun schoss es dem Moderator durch den Kopf, dass er der Projektgruppen-Zusammensetzung eine besondere Aufmerksamkeit hätte schenken sollen. V.a. durfte es nicht geschehen, dass zwar fachlich bestausgewiesene, aber sämtlich persönlich stark betroffene Personen die Projektgruppe bilden. Mindestens die Hälfte der Gruppe hätte aus „neutralen" Fachleuten bestehen müssen.

Nach einer offenen Aussprache gelang es dem Moderator doch noch, das Projekt aufzugleisen. Im Projektablauf arbeitete die Gruppe zunehmend besser zusammen und entwickelte am Schluss Ideen, wie man die vorliegende Lösung doch noch kostengünstiger als bisher geplant realisieren kann.

Situations-analyse

(3) Die **Bedeutung** des Prozess-Schrittes 2 „Situationsanalyse" liegt sowohl in der Sache als auch im Anliegen einer erfolgreichen Gruppenarbeit begründet. Geht man in der Sache von falschen Voraussetzungen und Einschätzungen aus, so leidet in den nachfolgenden Schritten eventuell die Zielerarbeitung und Gewichtung darunter. Auch die Lösungssuche könnte in die falsche Richtung gehen. Wenn man beispielsweise nicht erkennt, dass in einer bestimmten Situation das Problem organisatorischer und gar nicht räumlich-baulicher Natur ist, so wird man auch nicht die geeigneten Lösungs-Varianten vorschlagen. Ebenso gefährdet es den Erfolg, wenn man zu sehr an den Problemen des Ist-Zustandes hängen bleibt. Der Prozess muss Lösungen für die Zukunft bringen und nicht auf Probleme von gestern reagieren. Die **Bedeutung** der Situationsanalyse liegt aber auch darin, dass eine beteiligte Gruppe zu einem gemeinsam getragenen Verständnis der Ist-Situation und der zukünftigen Herausforderungen kommen sollte. Denn nur dann wird man sich im Konsens auf Lösungen und Bewertungen einigen können.

Die **Erfahrung** zeigt, dass bei Situationsanalysen teils sehr einseitig das Netz ausgeworfen wird. Hier wirken sich die menschlichen Prägungen in dem Sinne aus, dass Themen, bei denen man sich kompetent fühlt, stark ausgewalzt werden. Auch begegnet man oft einer irreführenden Zahlengläubigkeit. Schliesslich kommt immer wieder die menschliche

Metho-den

Sammlerleidenschaft zum Tragen (vgl. Kap. A/1.1.2). Abbildung B/38 gibt einige hilfreiche Regeln für die Durchführung von Situationsanalysen wieder.

Die anwendbaren **Methoden für Einzelaufgaben** sind teilweise die gleichen wie beim Prozess-Schritt der Vorbereitung – nun aber mit anderen Aufgaben und Inhalten. In Frage kommen u.a.:

- System-Abgrenzungs-Methode SAM (→ Kap. Kap. B/2.1.1.2)
- Interviewtechnik (→ Kap. B/2.3.2)
- Szenariotechnik (→ Kap. B/2.3.3)
- Brainstorming (→ Kap. B/2.3.4.4)
- Morphologischer Kasten (→ Kap. B/2.3.5)
- Statistische Analysemethoden

Optimierung (4) Manche Projekte werden mit der Situationsanalyse abgeschlossen. Wenn aber die bestmögliche Lösung für ein Problem gesucht wird, muss der Prozess-Schritt 3 „Optimierung" folgen. Die **Bedeutung** dieses Schrittes geht bereits aus den Teilschritten hervor: Zielsetzungen formulieren (Voraussetzung für das Finden bestmöglicher Lösungen), Lösungssuche durchführen (ohne Lösungs-Varianten gibt es keine Optimierung), Bewertung vornehmen (ohne Kenntnis der Vor- und Nachteile einer Lösung kann man sich nicht für das Bessere entscheiden).

Die **Erfahrung** und wissenschaftliche Untersuchungen zeigen leider, dass diesen logischen Erkenntnissen zum Vorgehen in der Praxis oft nicht entsprochen wird (vgl. Kap. A/3.2.2.1). Häufig wird dafür Zeitdruck angeführt, was sich aber bei näherem Zusehen als Schutzbehauptung entpuppt. Schwierigkeiten bereitet auch, den geeigneten Detaillierungsgrad bei den Zielkriterien, Ausarbeitungen von Varianten und Bewertungen zu finden. Häufig kommt man beim Schritt der Optimierung mit wesentlich weniger detaillierten Varianten aus, als etliche Praktiker meinen. Umgekehrt fehlt es bei den Zielkriterien und Bewertungen immer wieder an der notwendigen Differenzierung.

Als **Methoden für Einzelaufgaben** können je nach Situation besonders empfohlen werden:

- Zielanalyse (→ Kap. B/2.3.1)
- Interviewtechnik (→ Kap. B/2.3.2)
- Kreativitätstechniken (→ Kap. B/2.3.4)
- Morphologischer Kasten (→ Kap. B/2.3.5)
- Nutzwertanalyse (→ Kap. B/2.3.6)
- Investitionsrechnung (→ Kap. B/2.3.7)

Ausarbeitung (5) Die umfassend optimierte Lösung entsteht vollumfänglich erst im Rahmen des Prozess-Schrittes 4 „Ausarbeitung". Die vorangegangene Optimierung lieferte das Gerüst, die Grundzüge. Nun muss „mehr Fleisch an den Knochen" kommen. Die **Bedeutung** dieses Prozess-Schrittes liegt also in der Konkretisierung und weiteren Verbesserung. In

Abbildung B/38
Einige wichtige
Regeln helfen,
nützliche Situati-
onsanalysen mit
begrenztem Auf-
wand durchzufüh-
ren

Regeln für Situationsanalysen

- **Abstufen in der Informationsgewinnung und -verarbeitung**
  - ➜ Nur solche Informationen erfassen, die für die Bedürfnisermittlung, Lösungssuche und Bewertung unverzichtbar sind.

- **Systematischer Umgang mit den Informationen**
  - ➜ Ganzheitlich orientierte Situationsanalysen sind wichtiger als partiell vertiefte. Teilweise sehr vertiefte (z.B. dort, wo Zahlen verfügbar sind) und teilweise lückenhafte Situationsanalysen schaden mehr, als dass sie nutzen.

- **Gleichen Detaillierungsgrad der verschiedenen Informationsbereiche anstreben**
  - ➜ Dort, wo detaillierte Informationen vorhanden sind, sollte man der Versuchung sehr detaillierter Darstellungen nicht nachgeben, wenn andere Bereiche nur sehr grob behandelt werden können. Nötigenfalls sind erhebliche Anstrengungen zu unternehmen, um mehr Informationen in bisher schwach dokumentierten Bereichen zu gewinnen. Sonst entsteht in der beteiligten Gruppe ein „schiefes" Bild.

- **Informationen gut absichern und kritisch hinterfragen**
  - ➜ Man darf nicht einfach nach Zahlen greifen und diese glauben. Auch irgendwelche Behauptungen in der beteiligten Gruppe sind kritisch zu hinterfragen. Dazu gehört eine Prüfung der Quelle auf methodisch tragbare Informationsgewinnung und -verarbeitung.

- **Für gleichzeitige Informationsweitergabe an alle Gruppen-Mitglieder sorgen**
  - ➜ „Wissen ist Macht." Weiss in der beteiligten Gruppe daher einer mehr als der andere, entsteht leicht Misstrauen oder pauschale Ablehnung bzw. Verweigerung der Zusammenarbeit.

- **Die Informationen möglichst eindeutig und unmissverständlich darstellen**
  - ➜ In die gute Darstellung von Informationen in Form verständlicher Texte, Tabellen und Abbildungen sollte man viel Energie investieren (vgl. Kap. B/3.1.3.2 und 3.2.2.2). Zudem bedarf die beteiligte Gruppe hinreichend Zeit zum Studium und zur Kritik der Informationen.

Metho-
den

diesem Rahmen besteht auch die Chance, den auf der Basis der Optimierung möglicherweise gereiften Gruppenkonsens noch zu festigen. Allerdings sind Gruppenmitglieder nicht davor gefeit, die gefundene Problemlösung noch etwas mehr in die eigene Wunschrichtung schieben zu wollen. Ihr „Druckmittel" besteht in der Gefährdung des Konsenses (vgl. Kap. B/3.1.1). Zusätzlich zeigt die **Erfahrung**, dass nochmals Rückkopplungen mit der Situationsanalyse bzw. eine neue Erhebungsrunde (z.B. Interviews) notwendig werden können. Das ist oft nicht nur aus Informations-, sondern auch aus Akzeptanzgründen wichtig. Ebenso sollten immer wieder Rückkopplungen zu den Zielformulierungen und Bewertungen erfolgen. Sonst wirkt sich die menschliche Eigenschaft aus, wieder nur zwei, drei Kriterien allein in den Vordergrund zu rücken und die anderen unter den Tisch fallen zu lassen. Als organisatorisches Gefäss für Ausarbeitungen haben sich Klausuren sehr bewährt (vgl. Kap. B/4.2.2.2).

Im Rahmen der Ausarbeitung kommen im Kleinformat eventuell vorangegangene Prozess-Schritte nochmals zur Geltung. So können nicht nur Situationsanalysen partiell vertieft, sondern für Einzelfragen auch nochmals Optimierungen durchgeführt werden. Nach der Einigung, z.B. auf ein Konzept für die Fernsteuerung der Deutschen Bundesbahn (alte Bezeichnung) im Raum Hamburg, müssen nun noch wichtige Teile des Konzeptes bzw. Details erarbeitet werden (z.B. die genauen Standorte einzelner Stellwerke, vgl. Kap. C/2.2.1). Daher kommt fast die ganze Palette empfohlener **Methoden für Einzelaufgaben** wieder zum Tragen, v.a. die:

- Zielanalysen (→ Kap. B/2.3.1)
- Interviews (→ Kap. B/2.3.2)
- Kreativitätstechniken (→ Kap. B/2.3.4)
- Nutzwertanalyse (→ Kap. B/2.3.6)
- Investitionsrechnung (→ Kap. B/2.3.7)

Überleitung   (6) Mit dem Prozess-Schritt 5 „Überleitung" wird nicht nur der jeweilige Problemlösungszyklus abgeschlossen. Es gilt auch alle Vorbereitungen zu treffen, damit die nachfolgenden Aktivitäten möglichst nahtlos anschliessen können. Dazu gehört als Basis eine angemessene Dokumentation der gefundenen Lösung und eventuell des Weges, der dahin führte. Die **Bedeutung** dieses Schrittes liegt aber auch darin, gut informiert aufzuzeigen, wie es weitergehen soll. Das wird möglicherweise auch zu Revisionsvorschlägen zur vorliegenden Meta-Projektplanung führen (vgl. Kap. B/1.2.1). Daneben muss das Naheliegende gut vorbereitet werden: Die Beschlussfassung über den Lösungsvorschlag z.B. durch übergeordnete Instanzen.

Die **Erfahrung** zeigt, dass der Überleitung in der Praxis zu wenig Bedeutung beigemessen bzw. Zeit gewidmet wird. Oft begnügt man sich mit der Dokumentation zur gefundenen Lösung. Empfehlungen, wie diese weiter bearbeitet bzw. umgesetzt werden soll, fehlen. In der Folge belässt man einerseits Unsicherheit über das weitere Vorgehen und lädt andererseits nachfolgende Arbeitsgruppen dazu ein, die „Welt" abermals neu zu „erfinden". Oft wird auch übersehen, dass das Umfeld einer beteiligten Gruppe deren Entwicklung nicht mitgemacht hat. Dann werden die Schwierigkeiten der Kommunikation und Akzeptanz einer Lösung unterschätzt.

Die Überleitung wird v.a. durch Techniken der Planung und Kommunikation unterstützt. Als **Methoden für Einzelaufgaben** sind fallweise zu empfehlen:

- Präsentationstechniken (→ Kap. A/3.3.4.2)
- Terminplanungstechniken (→ Kap. A/3.3.5.3)

2.3 Methoden für Einzelaufgaben

2.3.1 Zielanalyse

Bedeutung

(1) „Würdest du mir bitte sagen, wie ich von hier aus am besten weiter gehe?" fragte Alice die orakelnde Cheshire-Katze. Die maunzt: „Das hängt sehr davon ab, wo du hin willst." Diese Szene aus „Alice through the Looking Glass" von Lewis Caroll zeigt nochmals ganz einfach die Bedeutung der Zielanalyse auf. Nur wenn **treffende Ziele** formuliert sind, lässt sich auch die **bestmögliche Lösung** finden (vgl. Abb. B/39). Darauf weist auch Kapitel A/1.3.3 hin.

Abbildung B/39
Dieser Spruch des römischen Dichters Seneca verdeutlicht den hohen Stellenwert der Zielanalyse

Metho-den

„Wer den Hafen nicht kennt, in den er segeln will, für den ist kein Wind ein guter."
SENECA

Anwendungs-notwendig-keiten und -möglichkeiten

(2) Der Bedeutung der Zielanalyse entsprechend sind die Anwendungs-notwendigkeiten und -möglichkeiten in einem Problemlösungs-Prozess breit gelagert. Geht man von den systematischen Prozess-Schritten ge-mäss Abb. B/29 aus, so sind Zielanalysen besonders zu empfehlen bzw. notwendigerweise durchzuführen im Rahmen der Schritte:

1 Vorbereitung
   (Erste Festlegung von Zielen für das Projekt)
3 Optimierung
   (Ziele zur Lösungsfindung und Bewertungsgrundlage)
4 Ausarbeitung
   (Optimierungen im Detail)

Auswahl von Themen

(3) Für die Durchführung der Zielanalyse kommen mehrere Varianten in Frage. Zudem sind für die praktische Durchführung einige methodische Vertiefungen zu den Aussagen in Teil A erforderlich. Das Kernstück dieses Kapitels bilden die Anleitungen zum praktischen Vorgehen. Schliesslich soll auf Fehlerquellen in der Praxis aufmerksam gemacht werden. Daraus resultieren als Themen in diesem Kapitel:

- Auswahl unter Methoden-Varianten

- Vertiefung methodischer Grundlagen zu Formalzielen

- Praktisches Vorgehen

- Vermeiden von Fehlern

2.3.1.1 Auswahl unter Methoden-Varianten

Grundsätzliche methodische Möglichkeiten

(1) Man sollte die Zielanalyse vom **erwünschten Ergebnis** her strukturieren. Der kleine Morphologische Kasten der Abbildung B/40 listet die grundsätzlichen methodischen Möglichkeiten bei Zielanalysen auf. Entsprechende Erläuterungen bringen die Kapitel A/1.3.3 und 3.3.3.3. Wie ersichtlich, bestehen ganz unterschiedliche **Zwecke**. Im Rahmen von einzelnen Problemlösungs-Zyklen eignen sich im Morphologischen Kasten jedoch nur die Teillösungen b (erwünschte Ergebnisse) und c (Bewertung von Varianten mit der Absicht der Optimierung).

Man kann allgemein Ziele formulieren, ohne deren Erfüllung alsbald feststellen zu wollen (z.B. bei visionären Zielen). Handelt es sich um Planungsprozesse bzw. Projekte, so sollte man jedoch entweder eine direkte Urteilsbildung ermöglichen (z.B. an Hand klar formulierter Sachziele) oder gar Indikatoren formulieren (vgl. Abb. B/82). Diese **Grundlage der Messung** kann bereits für Sachziele zweckmässig sein, ist aber v.a. bei Verwendung von Formalzielen zu empfehlen.

Es wurde bereits deutlich: Die Grundlage der Messung hängt eng mit dem **Zieltyp** zusammen. Hier herrscht in der Praxis viel Unklarheit. Dabei hat der Zieltyp einen massgebenden Einfluss auf das, was die Ziele bedeuten und zur Folge haben. Die grundsätzlichen Unterschiede zeigte bereits Abbildung A/40 auf. In Abbildung B/41 werden diese nochmals rekapituliert.

Die **Skalierung der Gewichtung** kann nominal (grösser/kleiner), ordinal (Rangfolge der Ziele nach ihrer Bedeutung) und kardinal (Abstand der wichtigen und weniger wichtigen Ziele voneinander) erfolgen.

Schliesslich lässt sich auch das **Verfahren der Gewichtung** variieren. Abbildung B/42 führt vier prinzipielle Verfahren auf. Am häufigsten wird vermutlich in der Praxis die „direkte Gewichtszuordnung" verwendet. Aber auch der „paarweise Vergleich" kann in bestimmten Situationen zweckmässig sein.

Abbildung B/40 Für die Zielanalyse und deren Ergebnisse bestehen verschiedene grundsätzliche methodische Möglichkeiten, die sich teilweise kombinieren lassen

Merkmale	Teillösungen			
1. **Zweck der Ziel- analyse**	a Allgemeine Ausrichtungen (z.B. Führung einer Gruppe)	b Erwünschte Ergebnisse eines Projektes ●	c Bewertung von Varianten (Optimierung) ●	d Bewertungs- Raster (z.B. zur Qualität von Wohnungen) ●
2. **Grundlage der Messung der Zielerfüllung**	a Keine Messung	b Direkte Urteilsbildung ●	c Indikatoren (nomina- le, ordinale oder kardinale Messung) ●	
3. **Zieltyp** *(vgl. Abb. B/41)*	a Visionäres **Sachziel** „Zwischen den Fachhochschu- len herrscht eine intensive Zusammenar- beit"	b **Sachziel** als Appell „Die Einspa- rung von € 2 Mio. ist si- cherzustellen"	c **Sachziel** mit realistischem Zielpunkt „Das Projekt wird in 5 Monaten beendet"	d **Formalziel** „Möglichst gute architek- tonische Lö- sung" ●
4. **Skalierung der Gewichtung** *(vgl. Abb. B/84)*	a Keine Gewich- tung	b **Nominal** Ziele in der Bedeutung grösser/klei- ner	c **Ordinal** Rangfolge der Zielbe- deutung	d **Kardinal** Intervall- Skala (ohne 0- Punkt) ● e **Kardinal** Verhältnis- Skala (mit 0-Punkt)
5. **Verfahren der Gewichtung** *(vgl. Abb. B/42)*	a Keine Gewich- tung	b Direkte Gewichts- zuordnung ●	c Direkter paarweiser Vergleich	d Sukzessi- ver Ver- gleich e Verfahren der kon- stanten Summen

●   Teillösungen, welche in Kapitel B/2.3.1.3 zugrundegelegt bzw. näher umschrieben werden

Folgende drei der im Morphologischen Kasten angeführten Merkmale sollen noch vertiefend behandelt werden:
- Auswahl des Zieltyps
- Skalierung der Gewichtung
- Verfahren der Gewichtung

Metho- den

*Abbildung B/41
In der Praxis sind
verschiedene Ziel-
typen in Gebrauch*

Zieltyp	Beschreibung, Bemerkungen	Beispiele
Massnahme	• In der Praxis wird häufig eine Massnahme zum Ziel erklärt. Doch erklärt eine Massnahme nicht, was damit erreicht werden soll, warum diese ergriffen wird (z.B. Kosten einsparen).	Einfacher Ausbaustandard
Sachziel	• Sachziele nennen die Zielrichtung und den Zielpunkt. Damit wird die Sache, um die es geht, konkret benannt. Gemessen wird, ob der Zielpunkt erreicht wird oder nicht (ja/nein). • Die Formulierung des Zielpunktes kann visionär, in Form von Appellen oder für die Situation realistisch erreichbar formuliert werden.	Maximale Investition von Fr. 3 Mio.
Formalziel	• Formalziele nennen die Richtung, in der der erstrebenswerte Zustand liegt. Dieser wird jedoch nicht als Punkt oder sachlicher Zustand definiert, sondern mit einer Skala gemessen (besser oder schlechter). • Formalziele erlauben dadurch, die Zielerreichung bzw. Wirkung differenziert zu messen.	Möglichst niedrige Investitionskosten

**Auswahl des
Zieltyps**

(2) Entscheidend für die Ergebnisse der Zielanalyse ist die Auswahl des Zieltyps. Die generellen Vor- und Nachteile der Typen Sach- und Formalziel beschreibt Abbildung B/41. Ab Kapitel B/2.3.1.2 geht es einzig um Formalziele (Messung besser/schlechter).

Ein Zusammenhang besteht zwischen Sachzielen und **Prämissen**, weil in beiden Fällen nominal (erfüllt/nicht erfüllt) gemessen wird. Prämissen nennt man auch Muss-Ziele, obgleich es sich eigentlich nicht um Ziele handelt, sondern um Voraussetzungen, Minimal- oder Maximalschwellen. Man kann also durchaus eine Prämisse formulieren (im Minimum Fr. 2 Mio. einsparen) und ein Sachziel (Fr. 3 Mio. einsparen). Die Prämisse muss von jeder Lösung eingehalten, das Sachziel soll erreicht werden.

Nicht speziell behandelt werden hier **einfache Kriterienlisten**, welche in der Praxis sehr üblich sind. Unter Kriterien versteht man Unterscheidungsmerkmale. Diese lassen oft nicht erkennen, welche Werthaltungen (Ziele) dahinter stecken. In einfachen bzw. durchschaubaren Fällen ist die Ziel-unabhängige Verwendung von Kriterien unproblematisch. Werden bei komplexeren Problemen auf diese Art Qualitätsmerkmale bestimmt bzw. Varianten ausgewählt, dann ist die Basis verschwommen.

Klare Werteformulierungen, Ausrichtungen auf das zu erreichende Ergebnis bzw. Entscheidungsgrundlagen entstehen auf diese Weise nicht.

Auswahl der Skalierung der Gewichtung

(3) Bei der Auswahl der Skalierung der Gewichtung ist die **Kardinalskala** in Form einer **Intervallskala** zu empfehlen (vgl. Abb. B/84). Dabei wird eine endliche Punktsumme wie etwa 100% unter die betreffenden Ziele aufgeteilt. Dadurch kommt ein klarer relativer Vergleich zustande.[1]

In der Praxis sind auch kardinale Verhältnisskalen üblich. Das Gewicht 0 bildet dann den 0-Punkt (Ziel irrelevant). Das Gewicht 1 gibt z.B. ein niedriges Gewicht, 3 ein hohes an. Für leicht überschaubare Situationen mit wenigen Kriterien ist dieses Verfahren denkbar (z.B. bei einer Gewichtung der Schulnoten, bei denen „Deutsch" doppelt soviel zählt wie „Geografie"). Bei komplexeren Zielsystemen haben Verhältnisskalen den Nachteil, dass der 0-Punkt bei Werten nicht klar bestimmbar ist. Bei dieser Skalierung werden daher rasch einmal alle Ziele als sehr wichtig eingestuft. Das verwischt die Unterschiede zwischen den Zielen. Zudem wird das Maximalgewicht durch die Anzahl Zielkriterien vorgegeben. Jenes beträgt bei drei Gewichtungsstufen und bei 5 Kriterien noch 43%, bei 10 Kriterien aber nur noch 25% (vgl. auch die Lösung in der Denksportaufgabe Nr. 8).

Verfahren der Gewichtung

(4) Beim Verfahren der Gewichtung ist im Regelfall die **direkte Gewichtszuordnung** zu empfehlen (vgl. Abb. B/42). Bei mehr als 5 Zielen bedingt das, will man wirklich bewusst vergleichen können, einen Zielbaum zu erarbeiten (vgl. Abb. B/43). Dieser wird bei mehr als 5 Kriterien aber auch empfohlen, um strukturell eine klare Ordnung und einen guten Überblick zu bieten.

In der Literatur wird immer wieder das Verfahren der **direkten paarweisen Vergleiche** angeführt und auch in der Praxis verschiedenenorts eingesetzt. Man nennt das Verfahren auch Präferenzmatrix. Der Vorteil des direkten paarweisen Vergleichs liegt darin, dass direkt nur zwei Ziele miteinander verglichen werden müssen und nicht 3, 4 oder gar 5. Durch das Verfahren wird es auch möglich, 6 oder 7 Ziele miteinander zu vergleichen, ohne dass Überforderungen der Beteiligten eintreten. Doch stumpfen diese umgekehrt rasch ab. Bei 7 Zielen müssen bereits 21 Vergleiche durchgeführt werden, bei 10 Zielen bereits 45. Will man zudem ein kardinales Skalenniveau erreichen, muss bei jedem Vergleich noch die Differenz in der Beziehung angegeben werden (z.B. 4 = Ziel A gegenüber Ziel B stark bevorzugt). Damit wird der Prozess sehr langwierig. Wohl auch aus diesem Grund geht man in der Praxis häufig nicht diesen korrekten Weg, was dann aber zu falschen Gewichtungen führt (vgl. Kap. A/2.3.1.4).

Metho-den

---

[1] Vgl. Zangemeister 2000, S. 92

Abbildung B/42
Auch bei den
Verfahren der
Gewichtung be-
stehen Varianten[1]

Verfahren	Beschreibung
Direkte Gewichts-zuordnung	In diesem Fall ordnet der Entscheidungsträger den Zielelementen die Zielgewichte direkt zu, indem er eine vorgegebene Punktzahl (z.B. 100 oder 1000) entsprechend seiner subjektiven Einschätzung der relativen Bedeutung der Ziele verteilt.
Direkte Paar-vergleiche	Bei diesem Verfahren werden die Ziele mit Hilfe einer Matrix jeweils paarweise miteinander verglichen und anhand einer vorzugebenden Punkteskala in ihrer relativen Wichtigkeit eingestuft. Zwecks Normierung werden dann die vergebenen Punktwerte je Ziel addiert und durch die Gesamtsumme aller vergebenen Punkte dividiert. Der Vergleich kann nominal, ordinal und kardinal durchgeführt werden.
Sukzessive Vergleiche	Nach diesem Verfahren werden die Ziele zunächst nach ihrer Wichtigkeit in eine Rangordnung (ordinal) gebracht und dazu passende, vorläufige Gewichtungspunkte zugeordnet. Davon ausgehend werden sukzessive Vergleiche zwischen einzelnen dieser vorläufigen Gewichte und verschiedenen Teilsummen der Gewichte mehrerer zusammengefasster Ziele vorgenommen. Aufgrund dieser Vergleiche werden dann die Zahlenwerte der vorläufigen Gewichte solange angepasst, bis die numerischen Relationen zwischen diesen Zahlen mit den empfunden Präferenzrelationen übereinstimmen. Abschliessend erfolgt eine Normierung, indem die zugeordneten Gewichtungspunkte durch die Gesamtsumme aller Punkte dividiert werden.
Konstante Summen	Bei diesem Verfahren werden die Ziele ebenfalls paarweise gegenübergestellt und durch Aufteilung von jeweils 100 Prozentpunkten auf jedes Paar (z.B. 80% zu 20%) vorläufig gewichtet. Die resultierende Matrix dieser Prozentzahlen kann dann unter Beachtung von Optimierungskriterien (Minimierung der Fehlerquadratsumme) zwecks Bestimmung der endgültigen Zielgewichte rechnerisch ausgewertet werden. Dabei lässt sich zugleich ein quantitatives Mass für die Konsistenz der paarweisen Zielgewichtseinstufungen angeben.

Vertiefung Methoden-Varianten

(5) Die folgende Vertiefung basiert auf einer Methoden-Variante für die Zielanalyse, welche sich in der Praxis sehr bewährt hat. Sie zeichnet sich durch folgende Teillösungen aus (vgl. Abb. B/40):

- Formalziele (in der Regel als Zielbaum)
- Kardinale Intervallskala
- Direkte Gewichtszuordnung

Zu Recht wird bei dieser Methoden-Variante in der Wissenschaft die Frage gestellt, ob nicht die **Anforderungen an das menschliche Ur-**

---

[1] Aus Zangemeister, Ch.: Grundzüge der Nutzwertanalyse von Projektalternativen, unveröffentlichtes Vorlesungsmanuskript, Hamburg o.J., S. 18

teilsvermögen in vielen Fällen zu hoch sind.[1] Deswegen aber weniger klare Zielformulierungen oder primitivere Formen der Messung (z.B. nur ordinal) zu akzeptieren, heisst, das „Kind mit dem Bade ausschütten". Man verzichtet auf das Bemühen um möglichst konkrete Zielbeschreibungen und angemessene Gewichtungen auch dann, wenn diese gut möglich sind. Besser erscheint es daher, sich um ein hohes Niveau der Zielaussagen zu bemühen, bei der Interpretation der Ergebnisse der Zielanalyse aber an die in Kauf genommenen Schwächen menschlicher Urteilsfähigkeit zu denken.

Abbildung B/43
Auch geübte Personen haben Mühe, mehr als 5 Aspekte gleichzeitig bewusst abzuwägen

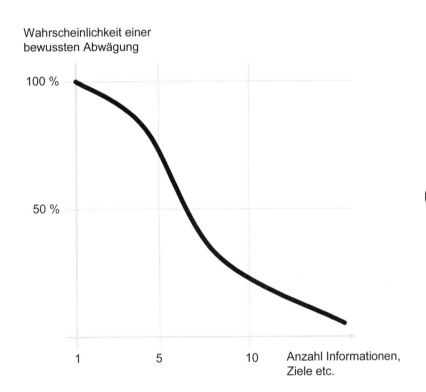

Methoden

2.3.1.2   Vertiefung methodischer Grundlagen zu Formalzielen

Überblick   (1) Die Vertiefung methodischer Grundlagen bezieht sich auf Formalziele. Diese erlauben es, differenzierter als bei Sachzielen, die Erfüllung zu messen (vgl. Abb. B/41). Dieses Kapitel wendet sich folgenden Themen zu:
- Zielkriterien
- Mehrdimensionales Zielsystem

---

[1] Vgl. Bechmann 1981, S. 31 ff.

- Zielbeziehungen
- Zielhierarchie
- Zielhierarchie-Regeln
- Zielgewichtung

Ziel-Kriterien

(2) Die Ziele müssen so formuliert werden, dass sie für die Anwendung im Rahmen der INPRO-Methodik geeignet sind. Dieser Anforderung wird dann entsprochen, wenn man mit Hilfe dieser Ziele klare Aussagen machen und die Zielerfüllung feststellen kann.

Man benötigt dazu Ziel-Kriterien, die das Beurteilen mit dem Ergebnis von Zielerreichungsgraden (ZEG) erlauben. Letztere besagen, wie gut die jeweiligen Ziel-Kriterien erfüllt werden.[1] **Je zutreffender und einfacher** die Zielkriterien formuliert sind, **desto besser** erfüllen sie ihren Zweck. Dabei sind versteckte Sachziele („die Planerfüllung ist erreicht") zu vermeiden. Ansonsten kann der Formulierungsstil frei gewählt werden. Um Verwirrungen zu vermeiden, sollte der gewählte Stil jedoch durchgehalten werden.

Wichtig ist auch, den **Geltungsbereich der Ziele** anzugeben.[2] Am klarsten macht man das bei mehrdimensionalen Zielsystemen durch die Formulierung eines Hauptziels (s.u., vgl. Abb. B/49 und 53).

Mehrdimensionales Zielsystem

(3) Bei komplexeren Problemen liegt nie nur ein Ziel vor, sondern das Wertsystem besteht aus einer ganzen Reihe von verschiedenen Zielen sowie Prämissen. Man spricht hier von einem mehrdimensionalen Zielsystem.

Selbst bei scheinbar so einfachen Aufgaben wie die Auswahl eines Fensterrahmens für ein Einfamilienhaus können sich beispielsweise schon als Ziele ergeben: bequemes Bedienen, ästhetisch gute Gestaltung, Luftdichtigkeit, gute Wärmedämmung, kurze Montagezeit, niedrige Investitionskosten etc. (vgl. Abb. B/49).

Zielbeziehungen

(4) Die Ziele in mehrdimensionalen Zielsystemen stehen untereinander in Beziehung. Bei diesen Zielbeziehungen unterscheidet man in:
- Unabhängigkeit
- Konkurrenz
- Komplementarität

Von **Unabhängigkeit** der Ziele kann dann gesprochen werden, wenn der Erfüllungsgrad des einen Zieles den der anderen nicht beeinflusst. Für die Auswahl eines Fensterrahmens ist das z.B. bei den Zielen „ästhetische Anliegen" und „bequemes Bedienen" weitgehend gegeben. Ein Fensterrahmen kann heutzutage völlig unabhängig von seinem ästhetischen Erscheinungsbild ein bequemes Bedienen erlauben. Fraglich ist das aber bei den Investitionskosten. Die Erfüllung bestimmter Wünsche etwa im ästhetischen Bereich verursacht evtl. mehr oder weniger hohe Kosten.

---

[1] Vgl. Schneeweiss 1991, S. 58
[2] Vgl. Grünig/Kühn 2004, S. 18 f.

Beim letztgenannten Beispiel wird auch eine mögliche **Konkurrenz** sichtbar, weil die Erfüllung des einen Zieles die Erfüllung des anderen möglicherweise beeinträchtigt. Das bildet bei mehrdimensionalen Zielsystemen eine normale Erscheinung. Daher stehen an der „Wiege" vieler Probleme Zielkonkurrenzen (vgl. Abb. B/44 und B/46).

Umgekehrt kann in Zielbeziehungen auch **Komplementarität** bestehen. In diesem Falle unterstützt die Erfüllung des einen Zieles auch die Erfüllung eines anderen Zieles (vgl. Abb. B/44 und B/45). So ist es beim Fensterbeispiel möglich, dass die Erfüllung ästhetischer Anliegen gleichzeitig ökologische Anliegen erfüllen hilft.

Abbildung B/44
Zu unterscheiden
sind die Begriffe
Zielkonkurrenz
und
-komplementarität

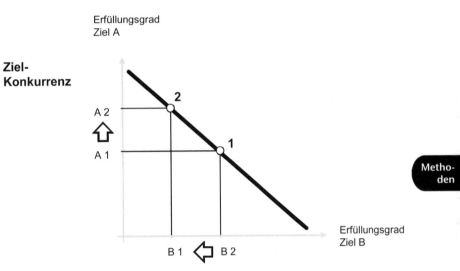

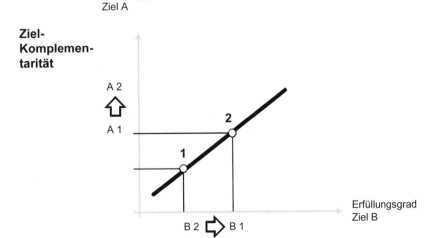

Metho-
den

Abbildung B/45
Überschneidungen
bei den Kriterien
müssen sorgfältig
analysiert werden

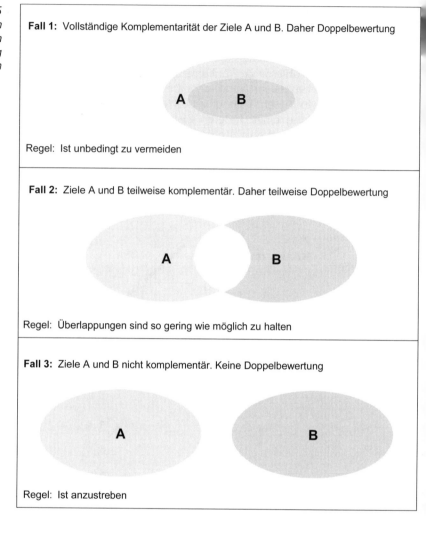

Fall 1: Vollständige Komplementarität der Ziele A und B. Daher Doppelbewertung

Regel: Ist unbedingt zu vermeiden

Fall 2: Ziele A und B teilweise komplementär. Daher teilweise Doppelbewertung

Regel: Überlappungen sind so gering wie möglich zu halten

Fall 3: Ziele A und B nicht komplementär. Keine Doppelbewertung

Regel: Ist anzustreben

Zielbaum

(5) Mehrdimensionale Zielsammlungen müssen so gestaltet werden, dass sie sich gut für Gewichtungen und die Feststellung des Zielerfüllungsgrades eignen. Das erreicht man durch Ordnen der Ziele in Form einer Zielhierarchie, auch Zielbaum genannt.

Die Ordnung ist dann für die **Feststellung des Zielerfüllungsgrades operational**, wenn die Ziele soweit aufgegliedert werden, bis sie sich als konkrete Messkriterien (Ziel-Kriterien) anwenden lassen. Der Wunsch „Möglichst gute Möblierbarkeit" wird z.B. für eine Wohnungsbewertung so detailliert, dass Messkriterien wie „Ausmass der nutzbaren Stellflächen", „Breite des Raumes" und „Fläche des Raumes" resultieren.

Zielhierarchien eignen sich in der Praxis dann für die **Gewichtung**, wenn bei einem einzelnen Gewichtsverteilungs-Vorgang höchstens 5 Ziele untereinander zu vergleichen sind (vgl. Abb. B/43). Um die dadurch

notwendige Bildung geeigneter „Portionen" für die Gewichtungsvorgänge zu erreichen, werden die Ziele hierarchisch aufgegliedert. Das geschieht mit Hilfe von Zweck-Mittel-Beziehungen (vgl. Abb. B/46).[1]
Die Spitze der Zielhierarchie bildet ein **Hauptziel**. Es folgen als Mittel zur Erreichung des Hauptzieles die Oberziele, welche wiederum durch Teilziele definiert werden. Die Teilziele sagen also, was der Inhalt der Oberziele ist. Bei einer dreistufigen Hierarchie folgen die Zielkriterien, welche die Teilziele inhaltlich definieren. Evtl. muss man auch eine vierstufige Zielhierarchie bilden. Dann werden zwischen Teilziele und Zielkriterien noch Unterziele geschoben (vgl. auch Kap. B/2.3.6.2).

Zielbaum-Regeln
(6) Bei der Aufstellung einer Zielhierarchie müssen folgende methodische Regeln beachtet werden:
○ Zielsysteme haben im Hinblick auf die Suche nach der bestmöglichen Lösung **situationsgerecht vollständig** zu sein.
○ „Ziele", die wie z.B. gesetzliche Normen in bestimmter Art einzuhalten sind (auch Muss-Ziele genannt), erfüllen die Anforderungen an Formal-Ziele nicht. Sie sind separat als **Prämissen** zu erfassen. Sämtliche diskutablen Lösungen haben dann den Prämissen zu entsprechen.
○ Zielhierarchien sind für die Operationalität zwar notwendig, sollten aber vier Stufen nicht übersteigen. Sie dürfen auch **nicht mehr als 50 Ziel-Kriterien** umfassen (eher wesentlich weniger), sonst geht die Übersichtlichkeit für die Gruppenmitglieder verloren.
○ Die **Unabhängigkeit in der Erfüllung der verschiedenen Ziele** muss zumindest bis zu einem gewissen Grad gegeben sein, sofern man das Zielsystem für eine Nutzwertanalyse einsetzen möchte (vgl. Kap. B/2.3.6). Ein Mittel, um das annäherungsweise zu erreichen, bildet die Festlegung von Sollgrenzen.[2] Diese können, falls notwendig, als Prämissen formuliert werden.
○ **Komplementäre Ziele** sollten daraufhin geprüft werden, ob sie nicht besser in einem Ziel zusammengefasst werden. Das dient der Verkleinerung der Zielhierarchie. Zudem vermindert das bei Ermittlungen der Zielerfüllungen und Bewertungen die Gefahr, dass ein Zielaspekt unbewusst überbetont wird.
○ **Ziel-Konkurrenzen** sind voll im Zielsystem abzubilden. Konkurrierende Ziele dürfen also auf keinen Fall eliminiert werden. Durch eine Ziel-Gewichtung lässt sich aber festlegen, welches der konkurrierenden Ziele bei der Zielerfüllung stärker zu berücksichtigen ist (s.u.).

Ziel-Gewichtung
(7) Die geordneten Ziele in Form eines Zielbaumes können für die Lösungsfindung eine recht unterschiedliche Bedeutung haben. Da praktisch nie alle Ziele gut erfüllbar sind, man denke nur an die Ziel-Konkurrenzen (s.o.), müssen Prioritäten in Form einer Ziel-Gewichtung gesetzt werden.

Metho-den

---

[1] Vgl. Schneeweiss 1991, S. 59; Zangemeister 1973, S. 103
[2] Vgl. Zangemeister 1973, S. 78

Abbildung B/46
Zielhierarchien
lassen sich mit
Hilfe von Zweck-
Mittel-
Beziehungen struk-
turieren

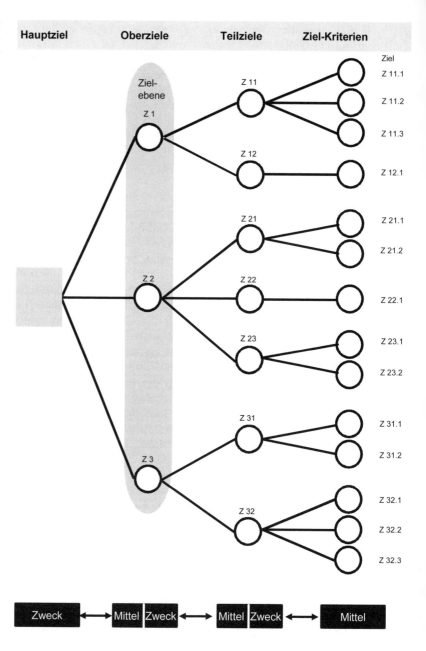

Die Ziel-Gewichtung besteht darin, auf die Ziel-Kriterien (diese sind ja letztlich massgeblich) eine endliche Menge von Gewichtungspunkten zu verteilen (z.B. Brüche von 1 oder Teile von 1000).

Die Gewichte, welche die Ziel-Kriterien erhalten, müssen untereinander vergleichbar sein. Sie sind zudem dann „richtig" gesetzt, wenn sie die Präferenzordnung der betreffenden Personen widerspiegeln.

Zudem müssen Zielsysteme in den Oberzielen, Teilzielen und Zielkriterien immer schriftlich und dabei möglichst klar und verständlich formuliert werden. Damit diese Qualität in einer Gruppe erreicht wird, gilt es dort, sehr **eingehend über Ziele zu diskutieren**. Dieses Diskutieren geschieht mit Vorteil im Rahmen der Zielgewichtung.

2.3.1.3 Praktisches Vorgehen

Vorgehens-Schritte

(1) Grundsätzlich stellt das Aufstellen eines Zielsystems und besonders eines Zielbaums einen **kreativen Prozess** dar. Denn abgesehen von den oben genannten Regeln ist man frei, wie das Zielsystem gestaltet wird. Es gibt also nicht nur das eine logisch richtige Zielsystem, wohl aber ein für eine bestimmte Situation besonders gut geeignetes.

In den meisten Fällen lässt sich das für eine Situation besonders gut geeignete Zielsystem auch nicht auf Anhieb schaffen. Man sollte daher die Zielanalyse zu einem Prozess mit **Rückkopplungen** gestalten. Dabei haben sich folgende Vorgehens-Schritte bewährt (vgl. Abb. B/47):

- A Sammlung
- B Sortierung
- C Ordnung
- D Überprüfung
- E Gewichtung

Metho-den

Abbildung B/47 Diese Vorgehensschritte bewährten sich für die Zielanalyse

A **Sammlung**

B **Sortierung**

C **Ordnung**

D **Überprüfung**

E **Gewichtung**

**Sammlung
(A)**

(2) Die Sammlung (A) der Ziele beginnt in der Regel bereits mit dem ersten Prozess-Schritt gemäss Abbildung B/29 und setzt sich in den weiteren Schritten fort. Wichtige **Quellen** für die Sammlung bilden:
- die Vorgaben zur Aufgabe (vom Auftraggeber)
- die Ergebnisse von Interviews bei den Gruppenmitgliedern und weiteren Interessens- bzw. Entscheidungsträgern
- Materialien zur Problemstellung der Aufgabe (Gutachten, andere schriftliche Dokumente, eigene Ist-Analysen)
- die Ergebnisse einer Ist-Situationsanalyse (z.B. Stärken und Schwächen)
- die Ergebnisse einer Gruppen-Diskussionen zur Frage zukünftiger Entwicklungen (z.B. auf der Basis von Szenarien, vgl. Kap. 2.3.3)
- evtl. ein spezielles Brainstorming (vgl. Kap. 2.3.4.4)

Die gesammelten Ziele werden ungeordnet und zunächst unkorrigiert in Form eines Zielkataloges aufgeschrieben. Für die spätere Verständigung erscheint es sehr wichtig, dass zunächst einmal die „Original-Sprache" erfasst wird (vgl. Abb. B/48).

**Sortierung
(B)**

(3) Im Rahmen der Sortierung (B) geht es darum, die gesammelten Formulierungen zunächst zu untersuchen auf:
- Prämissen
- Formal- und Sachziele
- Komplementäre Ziele
- Situationsrelevanz

Als erstes gilt es zu identifizieren, ob im Zielkatalog **Prämissen** enthalten sind. Diese sind dann im Prämissenkatalog aufzuführen (in Abbildung B/48 werden diese mit * gekennzeichnet). Weitere Sachziele sowie Massnahmen liessen sich, wenn man das will, auch als Prämissen formulieren (z.B. „kein Kunststoff und kein Aluminium innen"), was jedoch die Lösungssuche stark einschränkt.

Wie oben geschildert, kommt es bei der hier bevorzugten Form sodann darauf an, **Formalziele** herauszudestillieren. In der üblichen Praxis wird häufig mit Sachzielen oder gar Massnahmen operiert. Demzufolge enthält die Sammlung mit Hilfe eines Brainstormings in der Regel viele Nennungen dieses Typs. Im Beispiel der Abbildung B/48 sind einige mit ** gekennzeichnet. Man entdeckt sie mit der „WARUM-Frage". Wenn z.B. die Formulierung aufgrund des Brainstormings für den Fensterrahmen heisst „kein periodisches Streichen erforderlich", so fragt man, WARUM dies so sein solle. Man entdeckt auf diese Weise dahinter stehende Formal-Ziele wie „niedriges Risiko von Schäden" und „niedrige Unterhaltskosten". Bei sehr pauschalen Stichworten (z.B. hohe Qualität des Rahmens soll man die WORIN-Frage stellen. WORIN besteht etwa die Qualität des Fensterrahmens?

Wenn sämtliche Formulierungen in Formalziele umgewandelt sind, lassen sich auch **komplementäre Zielbeziehungen** gut erkennen. Man sieht nach dieser Arbeit z.B., dass die Formulierung „kein periodisches Streichen erforderlich" ja bereits mit anderen Zielen (z.B. wenig Zeitbedarf für die Pflege) abgedeckt ist. Auf diese Weise ist es oft möglich, den Katalog der Zielformulierungen deutlich zu raffen.

Bei den übrigbleibenden Nennungen gilt es nochmals eingehend die **Situationsrelevanz** zu prüfen. Zielformulierungen, die sich eigentlich nicht auf das vorliegende zu lösende Problem beziehen, soll man ebenfalls aussortieren. Die Formulierung z.B. „kein getöntes Glas" erscheint für die Frage des Fensterrahmens kaum relevant (vgl. Abb. B/48).

Abbildung B/48
Die Zielsammlung erfolgte bei diesem Beispiel mit Hilfe eines Brainstormings (hier: für die Wahl von Fensterrahmen-Materialien für eine Fenstersanierung in einer Einfamilienhaussiedlung)

Spontane Formulierungen der Gruppen-Mitglieder

- Den Vorschriften und Normen entsprechend *
- Gutes Aussehen
- Kein Kunststoff und kein Aluminium innen **
- Nur kurze Zeit Handwerker im Haus **
- Preisgünstig
- Wenig Dreck-Erzeugung beim Montieren
- Niedriges Risiko von Schäden
- Hohe Qualität des Rahmens
- Niedriger Energieverbrauch
- Niedrige Unterhaltskosten
- Tiefe Anschaffungskosten
- Keine Zugerscheinungen
- Förderung der Behaglichkeit im Zimmer
- Kein periodisches Streichen notwendig **
- Fenster mit Holz-Güte Siegel **
- Guter Sonnenschutz ***
- Für die Doppelscheibenverglasung hinreichende konstruktive Haltbarkeit *
- Käso-Beschläge **
- Angenehm für das Tastgefühl
- Naturnahe Baustoffe fördern
- Keine klobig wirkenden Fensterrahmen
- Doppelscheibenverglasung (Gewicht) *
- Kein getöntes Glas ***

* Prämisse   ** Sachziel/Massnahme   *** irrelevantes Ziel

Metho-den

Ordnung (C)

(4) Für die Ordnung (C) wird man die verbliebenen Formalziele mit Vorteil nochmals in einem Katalog zusammenstellen.

Auf dieser Bottom-up-Basis erfolgt nun ein Ordnen nach Ober-, Teil-, evtl. Unterzielen und Ziel-Kriterien. Mit Vorteil wählt man dafür nun einen **Top-down-Ansatz**. Man formuliert das Haupt-Ziel und ordnet Oberziele dazu. Dabei ist es möglich, die gesammelten und sortierten Oberziele zu ergänzen, wenn entsprechende Aspekte im Zielkatalog bisher fehlten (vgl. Abb. B/49). Der gleiche Vorgang wiederholt sich bei den unteren Zielebenen.

Abbildung B/49
Dieser Entwurf
„Auswahl Fenster-
rahmen-Material"
verdeutlicht das
Vorgehen

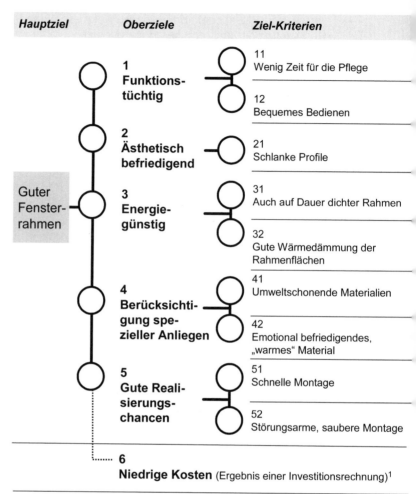

Hauptziel	Oberziele	Ziel-Kriterien

Guter Fensterrahmen

1 Funktionstüchtig
- **11** Wenig Zeit für die Pflege
- **12** Bequemes Bedienen

2 Ästhetisch befriedigend
- **21** Schlanke Profile

3 Energiegünstig
- **31** Auch auf Dauer dichter Rahmen
- **32** Gute Wärmedämmung der Rahmenflächen

4 Berücksichtigung spezieller Anliegen
- **41** Umweltschonende Materialien
- **42** Emotional befriedigendes, „warmes" Material

5 Gute Realisierungschancen
- **51** Schnelle Montage
- **52** Störungsarme, saubere Montage

6 Niedrige Kosten (Ergebnis einer Investitionsrechnung)[1]

Legende:

◯ = zum Eintrag von Gewichten, siehe Abb. B/53

In diesem Prozess kann sich ergeben, dass Zieläste mit mehr als 5 Zielen entstehen. In diesen Fällen ist zu prüfen, ob man einzelne Ziele noch zusammenlegen kann oder auf der Zielebene darüber ein zusätzliches Ziel eine Reduktion der Äste erlaubt. Eventuell wird man eine Weile verschiedene Ordnungsmöglichkeiten probieren müssen, bis die Zielhierarchie als Entwurf befriedigt. Das gilt selbst für langjährig erfahrene Praktiker.

Überprüfung (D)

(5) Dieser Entwurf ist nochmals einer kritischen Überprüfung (D) zu unterziehen. Als **Checkfragen** können gelten:

- Ist das Hauptziel klar formuliert und damit der Geltungsbereich abgesteckt?

Erläuterungen, Stichworte aus dem Brainstorming *(vgl. Abb. B/48)*

Kein periodisches Streichen notwendig, niedriges Risiko von Schäden

Praktische Beläge

Gutes Aussehen, kein klotzig wirkender Fensterrahmen

Niedriger Energieverbrauch, keine Zugerscheinungen, Förderung der Behaglichkeit im Zimmer

Niedriger Energieverbrauch

Naturnahe Baustoffe fördern

Angenehm für das Tastgefühl, kein Kunststoff und kein Aluminium innen

Nur kurze Zeit Handwerker im Haus

Wenig Dreckerzeugung beim Montieren, wenig Lärmbelästigung der Nachbarschaft

Preisgünstig, niedrige Anschaffungskosten, niedrige Unterhaltskosten

Methoden

- Sind durchgängig Formalziele formuliert? (Die gleiche Forderung nach einheitlichem Zieltyp stellt sich auch bei Sachzielen)
- Hat man lösungsneutrale Ziele formuliert?
- Sind sämtliche Ziel-Kriterien situationsrelevant?
- Sind die Formulierungen der Ziele klar verständlich und deutlich voneinander abgrenzbar?
- Sind komplementäre Zielbeziehungen entdeckt und, wo machbar, bereinigt?
- Eignen sich die Zielformulierungen für eine Gewichtung, sind also die Zielkonkurrenzen deutlich herausgearbeitet?

Für den Prüfungsvorgang haben sich **Probegewichtungen** im kleinen Kreis der Bearbeiter des Zielsystems bewährt.

Abbildung B/50
Um ein wohlüber-
legtes Gewichten
zu ermöglichen,
unterteilt man den
Vorgang in einzel-
ne, überschaubare
Arbeitsschritte
(vgl. Abb. B/51)

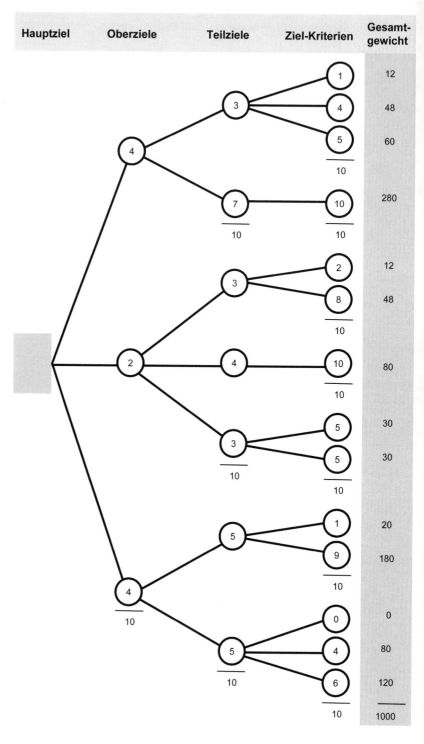

Gewichtung (E)

(6) Die eigentliche Gewichtung (E) erfolgt für jede Zielebene separat. Das zeigt in einem bewährten Verfahren schematisch Abbildung B/50. Entsprechende Praxisbeispiele führen die Abbildungen B/52, C/3, 6, 14, 20 und 28 vor Augen.

Dabei kann in der Hierarchie **von oben nach unten** oder von **unten nach oben** vorgegangen werden. Die erste Variante ist methodisch „reiner", geht es doch um eine schrittweise Aufteilung eines Gesamtgewichtes. Die zweite Variante entspricht eher der Logik der Zweck-Mittel-Beziehungen, nach der immer ein übergeordnetes Ziel durch die untergeordneten abschliessend definiert wird. Man muss also die untergeordneten Ziele gut kennen lernen, wozu die Gewichtungsdiskussion beiträgt. Das erleichtert es, die abstrakter formulierten übergeordneten Ziele zu gewichten. In der Praxis bewährt hat sich daher die zweite Variante (von unten nach oben).

Das **praktische Gewichten** erfolgt am besten in Form einer verkürzten Delphimethode (vgl. Kap. B/2.3.4.6) mit den in Abbildung B/51 wiedergegebenen Teilschritten.

Es bestehen neben dem hier dargestellten Gewichtungs-Verfahren noch eine Reihe anderer Möglichkeiten (vgl. Abb. B/42).[1]

Abbildung B/51 Diese Teilschritte bei der Gewichtung in Anlehnung an die Delphimethode haben sich in der Praxis bewährt

Metho-den

Gewichtungs-Schritte

1. Jedes Mitglied der Projektgruppe gewichtet in einer **1. Runde** für sich alleine.

2. Die **Gewichte** werden in der beteiligten Gruppe **offen ausgetauscht**. Insbesondere die nun deutlichen Differenzen diskutiert man unter Leitung einer Moderation. Dabei werden auch Missverständnisse zu Zielformulierungen geklärt und die verschiedenen Aspekte verdeutlicht.

3. In einer **2. Runde** wird, nun auf wesentlich klarerer und verbreiteter Informationsbasis, nochmals gewichtet.

4. Die **Einzel-Gewichtungen** werden **wieder offen ausgetauscht**. Sind die Differenzen klein, darf man vereinfachend arithmetische Durchschnitte bilden. Sind die Differenzen noch zu gross, so kann man nochmals mit dem Ziel der Differenzbereinigung diskutieren oder mit Gewichtungs-Varianten weiterarbeiten. Entscheidungen darüber müssen in der Gruppe fallen.

5. Sind die Gewichtungen auf allen Zielebenen vorgenommen, so werden die **Gesamtgewichte der Ziel-Kriterien** ermittelt (Multiplikation der Gewichte auf den verschiedenen Zielebenen).

6. Die beteiligte Gruppe überprüft abschliessend, ob die auf diese Weise in einzelnen Teilschritten ermittelten Gesamtgewichte der Ziel-Kriterien **plausibel** erscheinen. Dazu werden die Gewichte paarweise miteinander verglichen. Sie müssen bei einem Vergleich die Prioritäten aufgrund der Zieldiskussion widerspiegeln.

7. Werden **Inplausibilitäten** festgestellt, nimmt die Gruppe Korrekturen vor. Das kann auch anlässlich der nächsten gemeinsamen Sitzung erfolgen.

---

[1] Vgl. Zangemeister 1973, S. 156 ff.

Abbildung B/52
Dieses Beispiel
zeigt eine dreistu-
fige Zielhierarchie
(hier für die Ent-
wicklung eines
Konzeptes zur
Neugestaltung des
Bundesplatzes in
Bern)

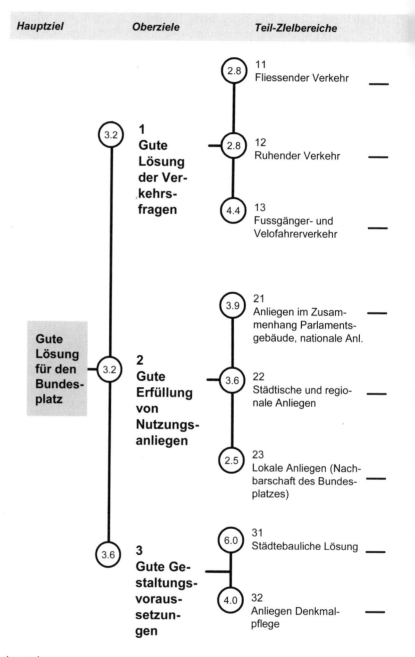

Hauptziel   **Oberziele**   **Teil-Zielbereiche**

Gute Lösung für den Bundesplatz

(3.2) **1 Gute Lösung der Verkehrsfragen**

- (2.8) 11 Fliessender Verkehr —
- (2.8) 12 Ruhender Verkehr —
- (4.4) 13 Fussgänger- und Velofahrerverkehr —

(3.2) **2 Gute Erfüllung von Nutzungsanliegen**

- (3.9) 21 Anliegen im Zusammenhang Parlamentsgebäude, nationale Anl. —
- (3.6) 22 Städtische und regionale Anliegen —
- (2.5) 23 Lokale Anliegen (Nachbarschaft des Bundesplatzes) —

(3.6) **3 Gute Gestaltungsvoraussetzungen**

- (6.0) 31 Städtebauliche Lösung —
- (4.0) 32 Anliegen Denkmalpflege —

Legende:

(3.6) = Durchschnitts-Gewichtung der Projektgruppe auf den Zielebenen. Summe je Ast hier gleich 10.

Ziel-Kriterien	Gesamt-gewicht
(5.0) 11.1 Gute Bedingungen für den **öffentlichen Verkehr**	45
(2.0) 11.2 Gute Bedingungen für den querenden **Individualverkehr mit PW**	18
(3.0) 11.3 Gute **Erschliessungsbedingungen** (z.B. für Parlamentsgebäude, sonstige Anlieger)	27
(2.0) 12.1 Möglichst **viele Parkplätze** (über die Prämisse 90 Stellplätze hinaus)	18
(8.0) 12.2 Möglichst **gut gelegenes Parkplatzangebot** (Erreichbarkeit mit PKW, günstige Lage zu den Läden etc.)	72
(6.0) 13.1 Gute Lösung für die **Fussgängerverbindungen** (inkl. Sicherheit)	84
(2.0) 13.2 Gute Lösung für die **querenden Velofahrer**	28
(2.0) 13.3 Gute Möglichkeiten für das **Abstellen von Velos**	28
(4.5) 21.1 Geeigneter öffentlicher **Raum für Manifestationen**	56
(4.4) 21.2 Gute Möglichkeiten für **Empfänge** bzw. die Vorfahrt von Gästen	55
(1.1) 21.3 Chancen für **zusätzliche Nutzungsmöglichkeiten** (z.B. ergänzende Räume)	14
(7.1) 22.1 Eignung für **Märkte, Feste und kulturelle Veranstaltungen**	81
(2.2) 22.2 Eignung als **Treffpunkt**	25
(0.7) 22.3 Eignung als **Erholungsort** (z.B. Grün-Oase)	8
(3.8) 23.1 Wenig Möglichkeiten für **Störungen** von Ruhe und Ordnung (z.B. Blockaden etc.)	31
(3.7) 23.2 Wenig Anlässe für **Vandalismus**	30
(2.5) 23.3 Möglichst wenig **Immissionen** (z.B. durch Touristencars)	20
(5.1) 31.1 Grosse **Offenheit für die Gestaltung** (Programm für allfälligen Wettbewerb, auch später)	110
(4.9) 31.2 Eignung als Ort der nationalen Repräsentation und **Identifikation**	106
(7.0) 32.1 Erhalt bzw. Förderung der **Wirkung der Gebäude** der Rand-bebauung	101
(3.0) 32.2 Gute Einpassung in die **umgebenden Strukturen**	43
Total	1000

Metho-den

2.3.1.4   Vermeiden von Fehlern

Überblick (1) Der folgende Überblick zeigt, welche Probleme neben Regelverstössen (vgl. Kap. B/2.3.1.2) in der Praxis häufig unterlaufen:
- diverse Routinen
- zu viele Prämissen
- zu wenig operable Ziel-Kriterien
- zu umfangreiche Zielbäume
- unreflektiert übernommene Zielsysteme
- für Dritte unverständliche Zielsysteme
- unzureichende Gewichtungen

Diverse Routinen (2) Unter dem Titel diverse Routinen sind all diejenigen Verfahren und Regeln gemeint, welche in der Praxis üblich sind, aber nicht hinreichend methodisch fundiert oder schlicht falsch sind. Das letztgenannte Urteil basiert auf logischen Überlegungen. Diese Art der Praxis wird an verschiedenen Stellen in diesem Handbuch mit folgenden Beispielen vor Augen geführt:
- Abbildung B/93 (+/– Bewertung)
- Abbildung A/109 (Gefahren bei Methodenanwendungen)
- Denksportaufgabe Nr. 8 (Falsche Verwendung einer Präferenzmatrix)
- Kasten in Kap. A/3.1.2.2 (Warum wurden die Schweizer Nationalstrassen so teuer?)

Es halten sich zudem merkwürdige Regeln. So wird immer wieder versucht, die **Zielvielfalt in einen Satz** zu pressen. Dabei mischt man auch Verfahrensfragen und Termine darunter. Unproblematisch ist dagegen, ein Hauptziel zu formulieren, dem weitere Ziele zugeordnet werden. Möglich ist auch, ein prägnantes Ziel zu formulieren und diesem ergänzende Aussagen zuzuordnen. [1]

In der Praxis weit verbreitet ist auch die Meinung, man könne bei Zielformulierungen und bei Messungen der Zielerfüllung eine Art Objektivität erreichen. Diese wird v.a. dann angenommen, wenn in Sachziel-Formulierungen Zahlen aufgenommen werden. Man richtet dann die Zielauswahl sogar nach der Verfügbarkeit von Zahlen. Da aber jede Zielformulierung subjektiv ist, kann auch die Zahl nur subjektive Bedeutung haben.[2] Der **Objektivitätswahn** ist also als Gefahr zu erkennen und zu vermeiden.

Zu viele Prämissen (3) Manche Menschen sind es gewohnt, viele harte Prämissen aufzustellen. Sie kämpfen auf diese Weise für „ihre" Lösung oder umgehen so einen bewussten Entscheidungsprozess, den sie als mühsam erachten.
In solchen Fällen muss dafür gesorgt werden, dass wirklich nur die unbedingt notwendigen und sämtliche Gruppenmitglieder überzeugenden Prämissen aufgestellt werden. Denn zu viele Prämissen engen den Spielraum für die Lösungssuche und die Entfaltung der Kreativität ein.

---

[1] Vgl. dazu Wyhler 2001, S. 24
[2] Vgl. Von der Weth 2001, S. 214; Ulrich/Probst 1995, S. 119 f.

Zu wenig operable Zielkriterien

(4) Nicht selten bemüht man sich zu wenig darum, verständliche Zielkriterien, die ein klares und rasches Urteilen erlauben, auszuarbeiten (vgl. Abb. B/53).[1] Die Ordnung bleibt also bei noch relativ abstrakten, missverständlichen Zielformulierungen stehen.

Dazu führen evtl. auch falsche Vorstellungen, ein Zielbaum müsse auf jeden Fall klein gehalten werden, dürfe also beispielsweise höchstens 20 Kriterien umfassen. Solche Zwänge führen oft zum Gegenteil von dem, was man erreichen wollte: Zu sehr langen Diskussionen bei der Gewichtung, weil die Kriterien für die Mitglieder der Gruppe noch zu wenig klar

Denksportaufgabe Nr. 8: Was ist an dieser sogenannten Präferenzmatrix falsch?

Gewicht %	Faktoren	Ziele
9	4	a. Betriebskosten
9	4	b. Anschaffungskosten
9	4	c. Störanfälligkeit der Maschine
7	3	d. Leistung der Maschine
11	5	e. Leichte Bedienung
7	3	f. Ergonomische Gestaltung
13	6	g. Benutzerfreundlichkeit
11	5	h. Schöne optische Gestaltung
11	5	i. Schneller Service
13	6	j. Gute Ersatzteil-Versorgung
100	45	

Vorgang gemäss den Angaben in einer Quelle:

Jedes Ziel wird in einem paarweisen Vergleich mit jedem anderen verglichen. Der Buchstaben des jeweils wichtigeren Zieles kommt in das Matrixfeld. Dann werden die Anzahl Buchstaben ausgezählt und als Faktoren aufgeschrieben (z.B. a = 4 mal).
Die einzelnen Faktoren werden addiert und dann prozentuiert.

Fragen:
1. Kann auf diese Weise logisch korrekt eine Kardinalskala entstehen?
2. Was ist System-bedingt das Maximalgewicht? Darf dieses auf 20% begrenzt werden?
3. Welches Maximalgewicht entsteht bei 15 Kriterien?

Die Auflösung findet sich am Schluss von Kapitel B/2.3.1.

Methoden

---

[1] Vgl. Dörner 2004, S. 317; Strohschneider/von der Weth 2002, S. 27 f.

und konkret sind. Zudem rufen zu vage formulierte Ziele die Gefahr hervor, dass aus Missverständnissen heraus die Gewichte unangemessen gesetzt werden.

Abbildung B/53
Häufig werden
Worthülsen, die
jeder beliebig
interpretieren
kann, für Zielfor-
mulierungen
herangezogen

Worthülsen als Teil von Zielformulierungen (ohne weitere Erläuterung unbrauchbar)	
• angemessen	• qualitativ
• glaubwürdig	• sparsam
• kostengünstig	• strategisch
• kulturell	• teamartig
• nachhaltig	• umweltfreundlich
• ökologisch	• verantwortlich
• operativ	• vernetzt
• optimal	• vertretbar
• prozesshaft	• wirtschaftlich

Zu umfang-
reiche
Zielbäume

(5) Umgekehrt besteht aber auch das Problem, dass zu umfangreiche Zielbäume entstehen. Es werden dann zu viele Detaillierungen vorgenommen und zu viele Zielebenen gebildet.

Auch bei sehr komplexen Problemstellungen sollte erreicht werden, die Zielgewichtung innerhalb eines normalen Arbeitstages zu bewältigen. Denn Projektgruppen sollten einen Überblick über das gesamte Zielsystem haben, um wohl abgewogen auf den oberen Zielebenen gewichten zu können.

Es ist daher ratsam, sich auf maximal 4 Zielebenen und maximal 50 Ziel-Kriterien zu beschränken. Bei Gruppen mit 7 Mitgliedern muss die Zahl der Ziel-Kriterien kleiner sein, um mit einem Tag durchzukommen (vgl. Abb. B/52). Grössere Gruppen benötigen mehr Zeit zum diskutieren und sich gegenseitig zu verständigen (vgl. Abb. A/29).

Unreflektiert
übernommene
Zielsysteme

(6) Da es nicht ganz leicht fällt, gut geeignete Zielsysteme zu erarbeiten, besteht in der Praxis die Neigung, unreflektiert Zielsysteme von anderen Projekten zu übernehmen.

Das erweist sich als **sehr gefährlich**, weil die Eignung dann meistens nicht gegeben ist. Denn

○ kaum ein Prozess bzw. Projekt gleicht dem anderen

○ jede Gruppe denkt und verständigt sich anders.

Nimmt ein Zielsystem zu wenig auf die konkrete Situation (Aufgabe, Zusammensetzung der beteiligten Gruppe) Bezug, so werden evtl. bestimmte Aspekte zu wenig oder zu stark berücksichtigt sowie unangemessen gewichtet. Kurz: In diesem Fall kann eine Gruppe in ihrer weiteren Arbeit auf Abwege geraten.

Für **immer wiederkehrende Bewertungen mit dem gleichen Zweck** (z.B. Priorisierung förderungswürdiger Wohnbauprojekte im sozialen Wohnungsbau) lassen sich dagegen Standard-Zielsysteme vertreten. Sie müssen aber besonders sorgfältig ausgearbeitet und ständig neu überprüft werden.[1]

Für Dritte unverständliche Zielsysteme

(7) Ein besonderes Problem bilden Zielsysteme, die für ihren Zweck gut und situationsrelevant, für Dritte aber recht unverständlich sind. Die oben genannten Regeln (Auswahl von Formalzielen, Bereinigung von komplementären Zielbeziehungen, Ordnung in der Form eines Zielbaumes) können dazu führen, dass sich das Zielsystem Dritten inhaltlich nicht erschliesst. Durch die Berücksichtigung der methodischen Regeln geriet es evtl. zu abstrakt.

Dieses Problem lässt sich reduzieren, indem man den Ziel-Kriterien Stichworte aus dem üblichen Sprachgebrauch bzw. der Zielsammlung der beteiligten Gruppe zuordnet. Abbildung B/49 zeigt ein entsprechendes Beispiel.

Unzureichende Gewichtungen

(8) Unzureichende Gewichtungen entstehen nicht selten sowohl bei den direkten Gewichtszuordnungen als auch bei den direkten paarweisen Vergleichen.

Bei den **direkten Gewichtszuordnungen** wird oft auf Gruppendiskussionen verzichtet. Jeder gibt einfach isoliert seine Gewichtung ab (eventuell sogar auf dem postalischen Weg, per Fax oder Internet). Da auch bei intensivem Bemühen um klare Zielformulierungen Missverständnisse häufig vorkommen, bleibt der Wert solcher diskussionsloser Zielgewichtungen mehr als fraglich.

Logisch falsch geraten immer wieder Gewichtungen beim Verfahren des direkten **paarweisen Vergleichs**. Das Beispiel der Denksportaufgabe 8 bringt einen nominalen Vergleich, der direkt in eine Kardinalskala überführt wird. Das tatsächliche Ergebnis wäre aber eigentlich nur ordinal (Rangfolge).

Metho-
den

Lösungen der Denksportaufgabe Nr. 8 in Kapitel B/2.3.1

Frage 1: Es kann auf diese Weise keine Kardinalskala entstehen. Man darf nur eine Rangfolge (Ordinalskala) ableiten. Die Prozentuierung führt also zu falschen Gewichten.

Frage 2: Das Maximalgewicht wird bei dieser Form des paarweisen Vergleichs durch die Anzahl Kriterien vorgegeben (mathematisch leicht zu errechnen). In diesem Fall bei 10 Kriterien beträgt es maximal 20%. Diese Begrenzung ist willkürlich.

Frage 3: Bei 15 Kriterien beträgt das Maximalgewicht nur noch 13%.

---

[1] Vgl. Wiegand/Aellen und Keller 1986

2.3.2 Interviews

Feld der Erhebungstechniken

(1) Zunächst soll das weite Feld der Erhebungstechniken angesprochen. Dazu gehören u.a.:
- Dokumentenstudien
- Beobachtungen
- Befragungen.

Bei den **Dokumentenstudien** geht es um „Erhebungen am Schreibtisch". Ausgewertet werden Korrespondenzen, Berichte, Dateien, Akten, Gutachten und Statistiken. Obgleich auch hier das Vorgehen sehr wichtig ist, kann dieses Thema an dieser Stelle nicht vertieft, sondern muss auf die Literatur verwiesen werden.[1]

Das gleiche gilt auch für die Erhebungstechnik der **Beobachtung**.[2] Die nicht teilnehmende Beobachtung besteht in der optischen Aufnahme von Sachverhalten und Vorgängen. Bei der teilnehmenden Beobachtung wirken die Analytikerinnen z.B. in einer Gruppe mit, erfassen aber separat ihre Beobachtungen.

Befragungen

(2) Näher eingegangen wird hier auf Befragungen. Wie der kleine Morphologische Kasten der Abbildung B/54 zeigt, eröffnet sich auf diesem Gebiet abermals ein breites Feld. Wenn auch nicht alle theoretischen Kombinationsmöglichkeiten im Morphologischen Kasten Sinn machen, so stehen doch etwa 20 diskutable Varianten zur Auswahl.

Besonders beliebt scheinen in der Praxis **schriftliche Befragungen** zu sein. Doch bringen diese nur unter ganz bestimmten Bedingungen brauchbare Ergebnisse, wie Abbildung B/55 verdeutlicht. Gegen solche Bedingungen wird in der Praxis von Befragungs-Laien häufig verstossen. Das gilt insbesondere für die Einschätzung der Frage der Rücklaufquote. Liegt diese tiefer als 70%, so ist die Repräsentativität bereits eingeschränkt. Diese Aussage muss vor dem Hintergrund vieler schriftlicher Befragungen gesehen werden, welche eine Rücklaufquote von nur 40% oder gar nur 20% aufweisen. Man bekommt zwar Antworten und kanndiese eventuell sogar statistisch auswerten, doch sind die Ergebnisse potenziell trügerisch – und viele merken das nicht einmal.[3]

Demgegenüber vereinbart man bei der mündlichen Befragung, dem **Interview**, einen Gesprächstermin. Die „Rücklaufquote" beträgt also 100%, wenn man Absagen einzelner Adressaten durch repräsentative Ersatzadressen ausgleicht.

---

[1] Vgl. Schmidt 2003, S. 200; Bruhn 2002, S. 110 f.; Daenzer/Huber, 2002, S. 126 f.
[2] Vgl. Schmidt 2003, S. 185; Flick 2002, S. 206 ff.; Bruhn 2001, S. 103
[3] Kurzes Rechenexempel zur Rücklaufquote:
- Angenommen, von 500 versandten Fragebögen kommen 200 (= 40%) zurück.
- Bei einer Frage antworten 150 mit ja (75%) und 50 mit nein.
- Dann können unter denen, die nicht antworten, immer noch 300 Nein-Sager sein.
- Im Extrem sähe also das wirkliche Gesamtbild so aus: 350 Nein-Sager und 150 Ja-Sager (nur 30%).

Vgl. zu dieser Problematik Friedrichs 1990, S. 236 ff.

Abbildung B/54
Die Morphologie
der Befragungen
zeigt eine grosse
Breite möglicher
Durchführungs-
formen

Merkmal	Teillösungen		
	a	*b*	*c*
1. **Form**	Schriftlich	Mündlich telefonisch	Mündlich face to face ●
2. **Standardisie-rung**	Standardisiert	Halb standardisiert ●	Nicht standardisiert ●
3. **Repräsen-tativität**	Vollerhebung	Stichprobe ●	Keine Repräsenta-tivität (z.B. nur Schlüsselpersonen) ●
4. **Auswertung**	Rein statistische Auswertungen	Teils qualitativ, teils statistisch ●	Nur Verdichten und Zusammenfassen der qualitativen Antworten ●

Metho-den

● In der Praxis der INPRO-Methodik besonders bewährt

Interviews (3) Den Interviews wird im Rahmen der INPRO-Methodik in den meisten Fällen auch aus anderen Gründen der Vorzug gegeben. Denn deren „Ertrag" geht weit über die Informationsgewinnung zur Sache hinaus. Mit den Interviews lernt man die verschiedenen Mitglieder beteiligter Gruppen kennen. Umgekehrt erhalten diese die Gelegenheit, in Einzelgesprächen ihre Informationsbedürfnisse zum Prozess bzw. Projekt und zur Methodik zu decken. Zudem können sie ihre Erwartungen, Wünsche, Ängste etc. „unter vier Augen" mitteilen.

Checkpunkte[1] (um die Eignung für eine schriftliche Befragung festzustellen)

- Es handelt sich um quantitative Sachverhalte, d.h. die Befragung dient dem Zählen oder Messen.

- Es handelt sich um sensitive Inhalte. Da bei Fragebogen Anonymität hergestellt werden kann, sind eher ehrliche Antworten zu erwarten.

- Dem Erheber ist bekannt, zu welchen Sachverhalten Informationen erhoben werden müssen.

- Die zu erhebende Thematik betrifft gleichzeitig eine grössere Anzahl von Personen.

- Die Fragen sind nicht erklärungsbedürftig.

- Die Inhalte liegen weitgehend auf der rationalen Ebene. Sie wurden zumindest nicht in jüngster Zeit emotional hochgespielt.

- Der Kreis der Befragten ist relativ homogen.

- Die Befragten sprechen alle in etwa die gleiche (Fach-)Sprache.

- Es lässt sich eine Rücklaufquote von über 70% sicherstellen.

Anwendungs-
notwendig-
keiten und
-möglichkeiten

(4) Dementsprechend sind die Anwendungsnotwendigkeiten und -möglichkeiten breit gefächert. Wann immer Informationsbedarf oder eine persönliche Form von Kommunikation angezeigt sind, sollte man die Möglichkeit von Interviews in Betracht ziehen. Das gilt bei dem vorstrukturierten Problemlösungs-Prozess gemäss Abbildung B/29 besonders für die Schritte:
1 Vorbereitung
2 Situationsanalyse
4 Ausarbeitung

Auswahl von
Themen

(5) Für die Durchführung von Interviews kommen mehrere Varianten in Frage. Auch sind einige methodisch-psychologische Fragen zu behandeln. Auf dieser Basis erfolgt eine Anleitung für das Vorgehen. Schliesslich gilt es, einige Fallstricke zu beachten. Daraus resultieren wie bei der Zielanalyse folgende Themen in diesem Kapitel:

- Auswahl unter Methoden-Varianten

- Vertiefung einiger methodischer und psychologischer Grundlagen

- Praktisches Vorgehen

- Vermeiden von Fehlern

---

[1] Nach Schmidt 2003, S. 181; vgl. Friedrichs 1990, S. 236 f.

2.3.2.1 Auswahl unter Methoden-Varianten

**Variations-
möglichkeiten**

(1) Der Morphologische Kasten gemäss Abbildung B/54 umfasst, auch wenn man die schriftliche Befragung ausklammert, noch eine Reihe von Variationsmöglichkeiten, welche hier anhand folgender Merkmale erörtert werden sollen:[1]

- Form
- Standardisierung
- Repräsentativität
- Auswertung

Form

(2) In der Form sollten **mündliche Interviews** (face to face) immer dann bevorzugt werden, wenn es auf eine persönliche Kommunikation ankommt. Man kann dann auch die Körpersprache, die „Duftnote" und Emotionalität wahrnehmen. Die Chancen gegenseitiger Verständigung sind grösser. Unterlagen lassen sich direkt zeigen und weiterreichen. Neben solchen starken Vorteilen muss allerdings der Nachteil eines relativ hohen Aufwandes in Kauf genommen werden. Weitere Nachteile sind möglicherweise Voreingenommenheit und Antipathie gegenüber dem Interviewer.

Telefonische Interviews können nach dem persönlichen Kennenlernen eine gute Ergänzung bieten. Ihre Vorteile liegen in der spontanen Durchführbarkeit und dem relativ kleinen Aufwand.

Methoden

**Standardi-
sierung**

(3) Es entspricht dem Zweck der Interviews im Rahmen der INPRO-Methodik, in der Standardisierung zurückhaltend zu sein (vgl. Abb. B/56). Meist ist einem **nicht standardisierten Interview** der Vorzug zu geben. Die Interviews dürfen also nicht durch einen vorab ausformulierten Fragenkatalog schematisiert werden. Das Gespräch sollte vielmehr relativ frei und ungezwungen verlaufen, um die emotionale Ebene voll zum Zuge kommen zu lassen. Auch müssen die Interviewerinnen für qualitative, weitgehend noch unbekannte Sachverhalte offen bleiben. Demgegenüber tritt das „Abfragen" aller Themen, welche interessieren könnten, in den Hintergrund.

Geht es mehr um sachliche Fragen und will man eine hohe Vergleichbarkeit der Interviewergebnisse erreichen, dann empfehlen sich **halbstandardisierte Interviews**. Abbildung B/58 zeigt dazu ein Beispiel. Wie weit man mit der Formulierung und Differenzierung der Fragen geht, hängt von der Situation ab. Als Grundsatz sollte aber immer beachtet werden, so wenig wie möglich vorformulierte Fragen zum Interview mitzubringen. Denn es gilt: Antworten bekommt man fast immer. Ob diese aber die wirkliche Meinung widerspiegeln, bleibt offen. Die höchste Wahrscheinlichkeit zutreffender Antworten besteht dann, wenn das Gespräch fliesst und spontan geantwortet wird.

---

[1] Vgl. Flick 2002, S. 117 ff.

Abbildung B/56
Man unterscheidet bei Interviews verschiedene Standardisie-rungsgrade. Für die INPRO-Methodik eignen sich in der Regel nur halb- und nicht-standardisierte Interviews[1]

Merkmale	Standardisiertes Interview	Halbstandardi-siertes Interview	Nicht-standar-disiertes Inter-view
Anzahl der Fragen	feststehend	im Kern feststehend freier Bereich	frei (nur stichwort-artiger Interview-Leitfaden)
Inhalt der Fragen	feststehend	im Kern feststehend	weitgehend frei
Formulierung	feststehend	teils feststehend, teils frei	frei
Reihenfolge	feststehend	Grundgerüst steht fest	frei
Antwortmög-lichkeiten	meist feststehend	teilweise feststehend	frei
Anwendung, Inhalte	quantitative, bekan-nte Sachverhalte	quantitative und qualitative, weitge-hend bekannte Sach-verhalte	qualitative, weitge-hend unbekannte Sachverhalte
	Erhebung von Vor-handenem, rein rationale Ebene	Erhebung von Vor-handenem, vorwie-gend rationale Ebene	Gewinnung neuer Aspekte, weitge-hend emotionale Ebene
Kreis der Befragten	homogen, untere Ebene	weitgehend homo-gen, untere und mittlere Ebene	heterogen, mittlere und obere Ebene
Terminologie	einheitlich	weitgehend einheit-lich	uneinheitlich (nicht notwendig)
Kenntnisse der Interviewer über			
○ **Interview-techniken**	gering	mittel bis hoch	hoch
○ **Gegenstand des Inter-views**	gering	mittel bis hoch	hoch

---

[1] Aus Schmidt 2003, S. 172

Repräsen-
tativität

(4) Die Notwendigkeit der Repräsentativität spielt nur dann eine Rolle, wenn die Situationsanalyse thematisch darauf angewiesen ist. Auch in diesem Fall genügt eine **Stichprobe**, welche die entsprechenden Regeln einhält. Dabei bestehen Verfahren der:[1]

○ bewussten Auswahl (z.B. Quotierung)

○ Zufallsauswahl (z.B. jede fünfte Adresse in einer alphabetischen Liste).

Im Rahmen der INPRO-Methodik dürfte es jedoch in der Regel reichen, Interviews bei gut ausgewählten Schlüsselpersonen durchzuführen. Damit erreicht man zwar **keine Repräsentativität**, aber ein um so besseres Ausleuchten der Ist-Situation und der erkennbaren zukünftigen Herausforderungen. Dafür reichen meist 10 bis 20 Interviews. Manchmal muss man einige zusätzlich durchführen, um einem gewissen Prestigedenken oder auch Ängsten der Beteiligten und Betroffenen Rechnung zu tragen.

Auswertung

(5) Wurde keine Repräsentativität geplant, so besteht die Auswertung in einem Verdichten und Zusammenfassen der Gesprächsnotizen. Dieser Vorgang kann, angereichert durch andere Erhebungsergebnisse in einen Zwischenbericht münden.

Wurden eine Stichprobe und eine gewisse Standardisierung gewählt, dann bietet sich **teils eine statistische und teils eine qualitative** Auswertung an.

Rein **statistische Auswertungen** sind nur bei voll-standardisierten schriftlichen Befragungen angezeigt.

Metho-
den

2.3.2.2 Vertiefung einiger methodischer und psychologischer Grundlagen

Überblick

(1) Hier werden, um einen Überblick zu geben, einige für die Praxis besonders relevante Themen vertieft. Es sind dies:

• Situation der Befragten

• Anzahl Interviewerinnen

• Abbau psychologischer Belastungen

• Hinweise für die Durchführung

Situation der
Befragten

(2) Die Situation der Befragten muss vor dem Hintergrund gesehen werden, dass komplexe Probleme meist auch **viele Werte, eigene Wünsche und Ziele, eigene Planungen, Konkurrenz sowie Konflikte mit** anderen Personen berühren. Das geht so weit, dass die Befragten ganz elementar in ihrer beruflichen Situation betroffen sein können (z.B. mögliche Beeinträchtigung des Selbstverständnisses, Verlust oder Gewinn von Verdienstmöglichkeiten, organisatorische Veränderung der eigenen Stelle).

Interviewer müssen sich diese mehr oder minder starke **persönliche Betroffenheit und psychologische Belastung** ihrer Gesprächspartner vor Augen halten und das berücksichtigen.[2]

---

[1] Vgl. Bruhn 2001, S. 94 ff.
[2] Schmidt 2003, S. 168

**Zahl der Inter-
viewerinnen**

(3) Diese Situation legt es auch nahe, das **Gespräch möglichst als Ein-
zelperson** zu führen. Denn wenn die Zahl der Interviewerinnen zwei
oder mehr beträgt, findet bereits kein Gespräch mehr unter vier Augen
statt und die Seite der Interviewer ist schon allein personell stärker. Dadurch wächst die Gefahr, dass eine „Atmosphäre des Kreuzverhörs"
entsteht.

Wenn die Interviewerin alleine geht, ergibt sich jedoch als Problem, dass
sie sowohl aktiv zuhören als auch laufend die Fragen formulieren und
die Antworten notieren muss. Geübte Interviewer können zwar mit wenigen notierten Stichworten und einem anschliessenden Gedächtnis-
Protokoll auskommen. Weniger Geübte werden jedoch bei komplexeren
Themen schnell einmal überfordert. Zudem stört das viele Notieren den
Blickkontakt.

Aus diesem Grunde ist auch die Zahl von (maximal) zwei Interviewerinnen zu erwägen. Wenn man **zu zweit** geht, sollte es zur **klaren Rollenverteilung** kommen. Ein Interviewer führt das Gespräch, stellt die notwendigen Fragen und hält den Blickkontakt. Die andere Person sitzt wie
ein Protokollführer dabei. Während des Interviews lassen sich die Rollen
tauschen.

**Mittel zum
Abbau der
psychologi-
schen
Belastung**

(4) Die Interviewerinnen können durch drei Mittel versuchen, den Abbau der psychologischen Belastung zu erreichen:
○ offene Information
○ Aufbau eines positiven Gesprächsklimas
○ Gespräche am Arbeitsplatz

Mit der **offenen Information** lassen sich Befürchtungen entkräften und
Spekulationen eindämmen. Man gibt daher am Anfang einen Überblick
über den Zweck des Interviews und stellt sich für Fragen der Gesprächspartner zur Verfügung (vgl. Abb. B/58). Die offene Information darf sich
aber nur auf das Gesprächsziel beziehen, also auf das Vorgehen im
Rahmen der Lösungsfindung oder die Art der Verwendung der Interviewergebnisse. Eigene Äusserungen, Spekulationen über andere Interviewpartner oder über mögliche Ergebnisse des Prozesses sind zu unterlassen.

Daneben kann man versuchen, ein **positives Gesprächsklima** aufzubauen. Dazu gehört, dass Interviewpartner sich grundsätzlich frei aussprechen dürfen. Selber bleibt man zunächst einmal Zuhörer und überlässt der Gesprächspartnerin das „Zepter". Denn würde der Interviewer
am Anfang versuchen, das Gespräch straff „nach Plan" zu führen, wäre
er sogleich im Gespräch dominant, was die psychologische Belastung
des anderen verstärkt.

Für das positive Gesprächsklima erweist es sich als zudem günstig, den
Gesprächspartner **am Arbeitsplatz** in seiner vertrauten Umgebung aufzusuchen. Dort verfügt er eher über eine gewisse emotionale Sicherheit.
Als Interviewerin gewinnt man am Arbeitsplatz des Interviewpartners zugleich auch zusätzliche Eindrücke und Anknüpfungspunkte für das Gespräch. Ebenso empfiehlt es sich, bei Gelegenheit auch das Interesse an

persönlichen Dingen zu zeigen (Hobbies, Kinder, persönlich arrangierter Bildschmuck, die Ausbildung und frühere Arbeitsorte).

Hinweise für die praktische Durchführung

(5) Wie oben angesprochen, lässt man in der praktischen Durchführung des nicht standardisierten Interviews dem Gesprächspartner zunächst einmal die Möglichkeit, sich nach dem eigenen „Gusto" auszusprechen. Man greift auf die eigenen Fragen erst dann zurück, wenn das Gespräch stockt bzw. die eigenen Fragen von der Gesprächspartnerin nicht von selber angesprochen werden.

Für die praktische Durchführung von Interviews sind noch folgende **Hinweise** wichtig:

- ○ Interviewer sollten zuhören und nochmals zuhören
- ○ Damit im Zusammenhang: Interviewerinnen müssen für den Gesprächspartner erkennbar aktiv zuhören und das auch durch ihre Körpersprache ausdrücken (nach vorne, zum Gesprächspartner hin gebeugt, also nicht nach hinten gelehnt mit übergeschlagenen Beinen). Zum aktiven Zuhören gehören auch kurze Fragen zum Nachhaken.
- ○ Generell sollen die Fragen der Interviewerin kurz, prägnant sowie offen sein und sich jeweils nur auf einen Sachverhalt beziehen. Lange Vorab-Erklärungen sind zu vermeiden. (Wenn der Gesprächspartner etwas nicht verstanden hat, kann er ja um weitere Erläuterungen bitten.)
- ○ Suggestivfragen sind zu vermeiden, um auch offene Antworten bzw. unbekannte Sachverhalte zu erfahren.
- ○ Der ständige Blickkontakt erweist sich als wichtig, um eine persönliche Beziehung zu bekommen und auch die nonverbalen „Äusserungen" etwa durch die Körpersprache zu „hören".
- ○ Lange Interviews ermüden. Daher sollte die Gesprächsdauer nie mehr als anderthalb Stunden betragen (und vorher auch so angekündigt werden).
- ○ Aller Anschein von Hast oder Zeitnot gilt es von Seiten der Interviewerin zu vermeiden, damit der Gesprächspartner in einer möglichst entspannten Atmosphäre seine Aussagen machen kann. (Sind wichtige Fragen offen geblieben, macht man ein zweites Gespräch ab.)

Metho-den

2.3.2.3   Praktisches Vorgehen

Überblick

(1) Beim praktischen Vorgehen kommt es im Arbeitsinhalt stark darauf an, ob eine Stichprobe gezogen wird oder eine Beschränkung auf Schlüsselpersonen erfolgt. Dennoch ergeben sich in der Struktur die gleichen Schritte gemäss folgendem Überblick (vgl. Abb. B/57):

- • A Klärung der Interviewaufgabe und -fragen
- • B Bestimmung der Interviewanzahl und etwa der Stichprobe
- • C Anbahnung der Interviews
- • D Durchführung der Interviews
- • E Auswertung

Abbildung B/5 7
Interviews können
mit fünf Schritten
vorbereitet und
durchgeführt
werden

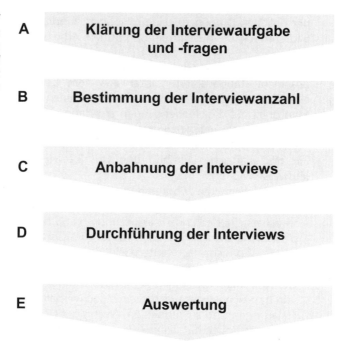

A   **Klärung der Interviewaufgabe und -fragen**

B   **Bestimmung der Interviewanzahl**

C   **Anbahnung der Interviews**

D   **Durchführung der Interviews**

E   **Auswertung**

Klärung der Interviewaufgaben und -fragen (A)

(2) Die Klärung der Interviewaufgaben und -fragen (A) bedürfen intensiver Überlegungen. Interviews sind zeitaufwendig und sollten daher bestmögliche Ergebnisse bringen. Wichtig ist bei der **Aufgabenklärung,** den Zweck im Gesamtrahmen des Prozesses zu berücksichtigen. Häufiger, als es dem Wissensdurst entspricht, sollte die emotionale Seite des Interviews in den Vordergrund gerückt werden.

Das bedingt, sich auf wenige wichtige **Fragen** zu beschränken. Ausnahmen ergeben sich, wenn tatsächlich eine gut basierte Informationsgewinnung angestrebt wird (z.B. Klärung der Zufriedenheit von Mitarbeitenden in einem Alters- und Pflegeheim) und dafür eine Stichprobe gezogen wird.

Für die Erarbeitung der Fragen kann das Aufstellen von **Hypothesen** nützlich sein. Das bewährte sich bei Forschungsprojekten.

Bestimmung der Interviewanzahl (B)

(3) Von der Interviewaufgabe ist also auch die Bestimmung der Interviewanzahl (B) abhängig. Damit verbunden stellt sich die Frage, evtl. eine Stichprobe zu ziehen.

Bei **Verzicht auf Repräsentativität** wird man bei der Anzahl der Interviews sehr pragmatisch vorgehen. Zum Kreis der Interviewten sollten nach Möglichkeit alle Mitglieder der Projektgruppe (!), der Auftraggeber sowie wichtige Interessens- und Entscheidungsträger gehören. Weitere Gesprächspartner ergeben sich durch besonders wichtige Sachthemen. Eine Begrenzung der Interviewzahl bringt häufig das Budget (Zeit, Kosten).

Bei **repräsentativen Stichproben** geht es darum, die Verteilung aller interessierenden Merkmale so zu erhalten, dass diese der Verteilung in der Grundgesamtheit (z.B. alle über 65jährigen in Wien) entsprechen. Als Verfahren sind anwendbar:

- Willkürliche Auswahl
- Konzentrationsverfahren
- typische Auswahl und Quotenauswahl[1]

Anbahnung der Interviews (C)

(4) Die Anbahnung von Interviews (C) kann **eventuell mehr Zeit** beanspruchen, **als die eigentliche Durchführung.** Einerseits handelt es sich häufig um vielbeschäftigte Personen mit vollem Terminkalender. Andererseits gehört es auch zu den „Spielen" v.a. zu Beginn von Problemlösungs-Prozessen bzw. Projekten, sich rar zu machen bzw. bewusst zu verzögern.

Ein erheblicher Zeitaufwand bei **Stichproben** entsteht oft dadurch, eine repräsentative Adresskartei (Grundgesamtheit) zu finden oder zu erarbeiten. Für die Gewinnung von repräsentativen Adressen kann eine erste Welle von Interviews bei Schlüsselpersonen erforderlich werden.

Durchführung der Interviews (D)

(5) Die Durchführung der Interviews (D) sollte zeitlich begrenzt sein (max. 1 ½ Stunden). Ansonsten gilt es, die Hinweise in Kapitel B/2.3.2.2 zu beachten.

Auswertung (E)

(6) Nach den Interviews liegen Protokolle, ausgefüllte Fragebögen und möglicherweise Tonbandaufzeichnungen vor.

Bei der anschliessenden Auswertung der notierten Informationen aus den Interviews stellen sich als Fragen:

- die Form der Auswertung
- die Interpretation der gewonnenen Informationen
- die Weiterverwendung der Informationen

Bei der **Form der Auswertung** entfallen wegen der Art der Fragen und der Anzahl Interviews in der Regel statistische Zusammenstellungen (s.o.). Die Gesprächsprotokolle können zunächst einmal direkt als Material für die weiteren Arbeitsschritte dienen.

Hierbei muss man sich bewusst sein, dass jeder Interviewpartner seine Aussagen färbt. Das gilt selbst für scheinbar genaue Statistiken, die er eventuell überreicht. Aus ihrer Betroffenheit heraus wollen die Gesprächspartnerinnen ja beim Interviewer bestimmte Nachrichten „einpflanzen", ihn unbewusst oder bewusst manipulieren. Bei der **Interpretation** ist diesem Gesichtspunkt Rechnung zu tragen. Doch kann man, wenn mehrere Interviews mit verschiedenen Gesprächspartnern zur gleichen Sache durchgeführt wurden, die manipulativen Antworten leicht entdecken. Damit weiss man aber noch nicht, wo die eigentliche Wahrheit liegt.

Metho-den

---

[1] Vgl. Bruhn 2001, S. 95 ff.; Friedrichs 1990, S. 144 ff.

*Abbildung B/58
Einige generelle
Standardfragen
haben sich bei
ersten Interviews
im Rahmen der
INPRO-Methodik
bewährt*

Beginn: Man stellt sich vor und dankt für die Gesprächsbereitschaft und den gewährten Termin

1. Einstieg

1.1 Wünschen Sie eine Erläuterung zum Auftrag und zum Vorgehen?
1.2 Was ist Ihr persönliches Tätigkeitsfeld?
1.3 Können Sie uns ein Organigramm zeigen, damit wir Ihr Tätigkeitsfeld organisatorisch einordnen können?

2. Ist-Zustand

2.1 Bitte schildern Sie uns die heutige Situation (z.B. die heutige räumliche Unterbringung, falls es um ein Konzept für einen Neubau geht)
2.2 Was sehen Sie als die Stärken und Schwächen der heutigen Situation an?
2.3 Was meinen Sie zur Ansicht, dass ... (keine Namen anderer Gesprächspartner nennen, jedoch mit bereits gehörten Aussichten konfrontieren)?

3. Wünsche und Anliegen zum Soll-Zustand

3.1 Haben Sie Vorstellungen, wie man die Schwächen abbauen kann?
3.2 Wie lassen sich die Stärken ausbauen?
3.3 Welche Ziele sollte eine neue Lösung erfüllen helfen? (Anmerkung: Lösungen des Problems anhören, Verständnisfragen stellen, jedoch auf keinen Fall den Lösungsvorschlag qualitativ kommentieren.)

4. Schluss-Fragen

4.1 Gibt es einen Punkt, den wir zu fragen vergessen haben?
4.2 Können Sie uns noch einen Ratschlag geben, wo wir beim weiteren Vorgehen im Rahmen des Lösungs-Prozesses besonders aufpassen müssen?
4.3 Dürfen wir, wenn beim weiteren Vorgehen zusätzliche Fragen kommen, einfach anrufen oder um ein weiteres Gespräch bitten?

Günstig wirkt sich aus, unsichere Antworten bzw. offene Fragen in Form einer Zusammenfassung der Interviewergebnisse in die am Prozess beteiligten Gruppe zu tragen. Die Diskussion dort lässt dann meist gut erkennen, was zutrifft und was nicht. Diese Form der **Weiterverwendung der Informationen** empfiehlt sich generell auch bei allen kontroversen Themen, etwa bei der Einschätzung der Stärken und Schwächen der Ist-Situation.

> *Merkwürdige Interviewergebnisse*
>
> *In einem Stadtviertel einer deutschen Grossstadt wurden auf der Basis einer repräsentativen Stichprobe Interviews durchgeführt. Anlass dazu bot die bauliche Sanierungsbedürftigkeit des Gebietes. Die Häuser sahen ziemlich heruntergekommen aus. Die Wohnungen entsprachen in keiner Weise mehr dem Standard des sozialen Wohnungsbaus (z.B. WC's auf dem Hof). Auch das Erscheinungsbild von Strassen und Plätzen war alles andere als gut. Ein Teil der Bevölkerung und Gewerbebetriebe war angesichts dieses Zustandes bereits fortgezogen.*
>
> *Die Auswertung der Interviews brachte demgegenüber merkwürdige Ergebnisse: Die verbliebenen Bewohner kritisierten zwar das Erscheinungsbild der Strassen und Plätze. Doch lobten sie überwiegend das Viertel als guten Wohnort. Auch ihre Wohnungen fanden Lob und Anerkennung. Eine Sanierung wurde nicht etwa begrüsst, sondern befürchtet.*
>
> *Wie kam dieses merkwürdige Ergebnis zustande? Ein beigezogener Psychologe fand eine einfache und einleuchtende Erklärung: Wer beschmutzt schon das eigene Nest?*

**Metho-
den**

2.3.2.4   Vermeiden von Fehlern

Fehlerquellen

(1) Die vorangegangenen Kapitel verdeutlichten, worauf es bei den Interviews ankommt. Zusammengefasst erscheinen folgende Fehlerquellen als besonders beachtenswert:

- Zu wenig bewusste Nutzung der Interviews als gutes Instrument der Kommunikation insbesondere im emotionalen Bereich
- Zu grosser Wissensdurst und dadurch zu viele bzw. zu stark standardisierte Fragen
- Damit in Zusammenhang: Zu stark quantitative und zu wenig qualitative Ausrichtung der Fragen
- Eine zu schwache Berücksichtigung der psychologischen Situation der Befragten
- Ein Unterschätzen des Zeitaufwands für die Interviewanbahnung
- Ein ungünstiges Verhalten während des Interviews

**Verhalten
während des
Interviews**

(2) Dieses Verhalten während des Interviews ist entscheidend für die Qualität der Antworten und die positive emotionale Wirkung. Neben dem bescheidenen Auftreten, einer angemessen guten Bekleidung (bei Männern in vielen Situationen Anzug mit Krawatte) kommt es stark auf die Art der Fragen an. Um hier ein günstiges Verhalten zu zeigen, bietet sich als eine Art der Zusammenfassung die **Krokus-Regel** an:

- **K**urze Fragen stellen und selber so wenig wie möglich reden
- **R**edundante, wiederholende Fragen vermeiden

      ° **O**ffene Fragen stellen und Zeit zum Nachdenken geben
      ° **K**onkrete Fragen stellen
      ° **U**nterfragen und Kettenfragen vermeiden
      ° **S**uggestive Fragen vermeiden

2.3.3   Szenariotechnik

Zukunftsfragen

(1) Die Beschäftigung mit den Prägungen des menschlichen Denkens insbesondere in Kapitel A/1.1.2.4 zeigte: Zukunftsfragen haben es schwer, hinreichend beachtet zu werden. Neben diesem emotionalen Widerstand stellt sich bei Zukunftsfragen auch das Problem der schwachen und häufig widersprüchlichen Zukunfts-Signale. Bedeutsame Veränderungen werden auf diese Weise nicht oder nicht rechtzeitig erkannt.[1]

Das steht im Gegensatz zur **Grundherausforderung jeder Problemlösung**: Sie muss **zukunftsgerichtet** sein. Nicht das Lösen der Probleme von gestern ist angesagt, sondern eine tragfähige Antwort auf Bedürfnisse von morgen.

Begriff Szenario

(2) Für eine intensive Beschäftigung mit der Zukunft, die Verarbeitung schwacher und widersprüchlicher Signale und das Erkennen möglicher Entwicklungen eignet sich vorzugsweise die Szenariotechnik.

Unter einem Szenario versteht man im ursprünglichen Sinn eine Bühnenanweisung. Sie beschreibt, wie sich die Vorgänge auf der Bühne abspielen sollen (vgl. Abb. B/59).

Im übertragenen Sinne verwendet man diesen Begriff heute für Bilder über mögliche zukünftige Entwicklungen bzw. Situationen.

Vorteile von Szenarien

(3) Der besondere Vorteil von Szenarien liegt für Problemlösungs-Gruppen in der:
° plastischen Darstellung
° Möglichkeit einer vernetzten, ganzheitlichen Darstellung
° Vermittlung neuer Erkenntnisse
° bewusstseins-erweiternden, befreienden Wirkung und damit in der Anregung zur Kreativität

Szenarien lassen sich in einer besonders **plastischen Darstellung** entwerfen (vgl. Kap. 2.3.3.2). Dadurch gehen sie mehr „unter die Haut", als analytisch-trockene Texte.

Die Szenariotechnik belässt grosse Freiheiten, verschiedene Dinge darzustellen und miteinander zu verknüpfen (z.B. quantitative Prognosen und Werthaltungen). Dadurch bestehen gute Möglichkeiten einer **vernetzten, ganzheitlichen Darstellung.**

---

[1] Vgl. Brauchlin/Heene 1995, S. 247; Reibnitz 1987, S. 21 ff.

*Abbildung B/59
Die Vorgänge auf
der Bühne führten
zur Idee der Sze-
nariotechnik*

Das wiederum führt zur **Vermittlung neuer Erkenntnisse**. Es lässt sich z.B. aus den Darstellungen der zukünftigen Aufgaben der Altershilfe erkennen, ob ein System auf Dauer seine Aufgaben erfüllen kann.

Für die INPRO-Methodik erscheint die **Bewusstseinserweiterung, die befreiende Wirkung** und damit die **Anregung zur Kreativität** in der Gruppe mindestens ebenso wichtig. Man erkennt z.B., dass sich die Vergangenheit nicht einfach fortschreiben lässt, sondern dass neue Rahmenbedingungen entstehen werden. Das erleichtert die Einsicht, dass zumindest in Teilbereichen neue Lösungen zu suchen sind.

Metho-
den

Ein erschreckendes Szenario

Eine grosse Treuhandfirma hatte eine neue Unternehmensstrategie im vollen Einvernehmen der Direktionsmitglieder beschlossen. Dazu gehörte auch eine kräftige Wachstumsvorgabe. Ein auf diesem Beschluss aufbau-endes Szenario machte den Verantwortlichen in bildhaft konkreter Weise die Folgen klar – und man erschrak.

Sichtbar wurde, dass die Expansion zu einer ganz anderen Firma führt: Neue Führungsstrukturen müssen aufgebaut werden, die Unternehmens-kultur, auf welche man stolz war, gerät in Gefahr und die intensive Zu-sammenarbeit verschiedener Unternehmensbereiche ist nicht mehr ge-währleistet.

In einer ersten Reaktion war man wütend auf den Verfasser des Szena-rien. Es erklang der Vorwurf massloser Übertreibung. Dann wurde man nachdenklicher und stellte die eigene Strategie infrage. Schliesslich wur-

den die Aussagen als eine Entwicklung akzeptiert, welche neben ange-strebten Vorteilen auch Nachteile bringt.

Anwendungs-möglichkeiten

(4) Selbstverständlich bildet die Szenariotechnik nicht das einzige für solche Zwecke anwendbare Verfahren. Doch hat sie sich zumindest bei komplexeren Problemen bzw. grösseren Projekten sehr bewährt. Die **Anwendungsbreite** ist **erheblich**, wie Abbildung B/60 belegt.

Abbildung B/60 Szenarien können für verschiedenste Themen und unterschiedliche Anforderungen entwickelt werden, wie diese Themen-Beispiele zeigen

Thema	Erwünschte Erkenntnisse
Umfeld- und Unternehmensszenario Ein Treuhand-Unternehmen	Umweltszenarien der möglichen Entwicklung von Wirtschaft, Bevölkerung, Politik, Verhaltensweisen der Arbeitskräfte in der Zukunft. Unternehmensszenario zur Verdeutlichung und Überprüfung der eigenen Unternehmensstrategie. Nach Bewertung der UnternehmensSzenarien: Ableitung von Raum- und Standortbedürfnissen
Umfeld- und Verwaltungsszenario Stadt Zürich	Umfeldszenarien der möglichen Entwicklungen von Wirtschaft, Bevölkerung, Verhaltensweisen, sozialen Herausforderungen für die Stadt. Verwaltungsszenarien in Varianten zur Entwicklung der Aufgaben der Stadtverwaltung ◦ Aufgaben-angepasstes Wachstum ◦ Beschränkung der direkten Aufgabenerfüllung Ableitung des Personal- und Flächenbedarfs sowie der Standortbedürfnisse der Verwaltung in Varianten
Alternative Stadtentwicklungsmöglichkeiten Stadt Winterthur	Ausarbeitung der möglichen Entwicklungen und zukünftigen Situationen der Stadt Winterthur bei den Leitideen ◦ Arbeitsstadt ◦ Wohnstadt ◦ Umweltgerechte Stadt Ableitung von Konsequenzen für Politik, Wirtschaft, Investitionsverhalten, Steueraufkommen etc.
Technisches Wissenschaftsszenario ETH Zürich	Darstellung der Entwicklung heutiger und möglicher neuer Wissenschaftsfelder. Ableitung der zukünftigen räumlichen Bedürfnisse für die Eidg. Technische Hochschule Zürich
Fabrik 2010 Ein Generalunternehmen	Plastische Vorstellung, wie eine Fabrik für den Maschinenbau oder die Elektronik-Industrie im Jahr 2010 aussehen könnte bzw. sollte. Ableitung bautechnischer Entwicklungsbedürfnisse

Der **Aufwand** für die Entwicklung und Diskussion von Szenarien kann für den Zweck der Zukunftsöffnung und der Darstellung möglicher Entwicklungen vergleichsweise klein ausfallen. Bedingung dafür ist, dass man Szenarien nicht als Selbstzweck über Gebühr ausdehnt.

Dementsprechend liegen die Anwendungsmöglichkeiten der Szenariotechnik bei folgenden Schritten im systematischen Prozess gemäss Abbildung B/29:

2 Situationsanalyse
   (insbesondere zukünftige Herausforderungen)
3 Optimierung
   (insbesondere Lösungs-Varianten)
4 Ausarbeitung
   (insbesondere plastische Darstellung der gefundenen Lösung)

Abbildung B/61
Das Umfeld von Unternehmen und Verwaltungen ist komplex und vernetzt. Szenarien sollten das bewusst machen und daher im Themenfeld nicht allzu eingeschränkt werden[1]

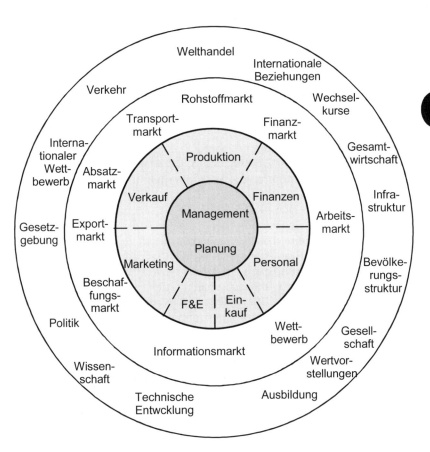

Methoden

[1] Aus Reibnitz 1987, S. 27

Auswahl von Themen

(5) Die folgende Anleitung zur Anwendung der Szenariotechnik erfolgt wiederum in der gleichen Struktur wie oben. Dementsprechend werden als Themen aufgegriffen:

- Auswahl unter Methoden- und Ergebnis-Varianten
- Vertiefung einiger methodischer Grundlagen
- Praktisches Vorgehen
- Vermeiden von Fehlern

2.3.3.1 Auswahl unter Methoden- und Ergebnis-Varianten

Überblick

(1) Am Anfang gilt es zu klären, für welchen Erkenntnis-Zweck die Szenarien auszuarbeiten sind. Geht es z.B. um das Erkennen von potentiellen Konflikten bzw. Störfällen im Prozess? Spielt das Erkennen der Bandbreite einer Entwicklung, etwa des eigenen Marktes und damit der Umsatzmöglichkeiten, eine besondere Rolle?

Davon ist abzuleiten, in welcher Form die Szenarien auszuarbeiten sind. Zu bestimmen sind gemäss folgendem Überblick:

- die Themenabgrenzung (Umfeldszenarien und/oder Unternehmens- bzw. Verwaltungsszenarien)
- die Anzahl Varianten
- die Form der Prozess-Darstellung bis zum Jahre X und/oder eines Zustandes im Jahre X
- der Zeithorizont (5, 10 oder 15 Jahre)
- Autoren der Szenarioentwürfe

Themen-abgrenzung

(2) Im Rahmen der INPRO-Methodik haben Umfeldszenarien vor allem die Aufgabe, den Beteiligten die Entwicklung der Rahmenbedingungen ihrer Lösungssuche vor Augen zu führen. Bei diesem Bestreben sollte die Themenabgrenzung nicht zu eng gewählt werden, um die tatsächliche komplexe Vernetzung bewusst werden zu lassen (vgl. Abb. B/61). Dafür kann und soll man in der Tiefe der Darstellung eher Zurückhaltung üben. Das gleiche gilt, wenn man zusätzlich Unternehmens- bzw. Verwaltungsszenarien entwirft, um mögliche Entwicklungen bzw. Wirkungen von Entscheidungen darzulegen.

Varianten

(3) Es liegt auf der Hand, dass für die zukünftigen Entwicklungen bzw. Situationen viele Varianten ausgedacht werden können. Hier erscheint kluge Beschränkung angebracht. Macht man nur Umfeld-Szenarien, so stellen drei das Maximum dar. Wenn auch Unternehmens- bzw. Verwaltungsszenarien entworfen werden, sollte man sich für nur ein Umfeld-Szenario entscheiden und maximal drei Szenarien für die Prozesse bzw. Situationen des Unternehmens bzw. der Verwaltung ausarbeiten. Ansonsten verlieren die Beteiligten den Überblick und der eigentliche Zweck kann nicht mehr erreicht werden.

Prozesse oder zukünftige Situation

(4) Zusätzlich muss man sich entscheiden, ob man Prozesse bis zum Jahre X verdeutlichen und/oder eine mögliche zukünftige Situation veranschaulichen möchte (vgl. Abb. B/62). Das hängt ganz vom Zweck der Szenarien ab (z.B. Erkennen von Problemen im Entwicklungs-Prozess, plastische Darstellung einer zukünftigen Situation als Folge heutiger Entscheidungen).

Abbildung B/62
Die Ausschnitte aus Szenarien für die Stadtentwicklung von Winterthur zeigen eine (zunächst) prozess-orientierte und dann situations-orientierte Darstellung

---

Prozessorientierte Darstellung

3.   Planungs- und Realisierungsabläufe 1990 bis 2005

3.1   Gesamt-
       Stadt

1993   Beginn der Tätigkeit des „Delegierten für Wohnungsbau"

1995   Die Wohnungsproduktion steigt infolge der ergriffenen Massnahmen zunächst in den Aussenquartieren

1997   Fertigstellung Neubauprojekt (Annahme) eines grossen Dienstleistungsunternehmens nahe einer S-Bahnstation (Grund: Gute Verkehr~ sung, gutes Wohnumf~' '

bis 2005 und   K~ ''
weiterh~

Metho-den

Situationsorientierte Darstellung

4.   Erreichter Stand Jahr 2005

4.1   Gesamt-
       Stadt

(1) Die **_Wohnbevölkerung_** der Stadt Winterthur ist als Folge der konsequenten Wohnförderung gestiegen. So nahm die Wohnungszahl in den letzten 15 Jahren um 7'000 Einheiten zu. Da die Wohnförderung auch insbesondere die Förderung von Familienwohnungen sowie die Schaffung neuer Frei- und Grünflächen einschloss, san~ ~' Wohnungsbelegung nur auf 2 ^ ^ Dadurch stieg die ^' 92'0^^

Zeithorizont

(5) Im Zeithorizont bewährten sich für die Planung etwa 10 Jahre. Hat man den Ehrgeiz, einen Horizont von 15 Jahren ins Auge zu fassen, so muss man realistischerweise berücksichtigen, dass die Beteiligten meist geistig nicht einmal 5 Jahre „springen" können. Es bedarf also erheblicher Anstrengungen bzw. befreiender Prozesse, in Gruppen wirklich eine Zeitspanne von 10 Jahren zu betrachten.

Autoren der Szenario-entwürfe

(6) Beim Vorgehen stellt sich sodann die oft heikle Frage, wer als Autorin der Szenarioentwürfe geeignet ist.

Grundsätzlich soll die ganze Problemlösungs-Gruppe sich mit den Szenarien auseinandersetzen, sonst erfüllen diese ihren Zweck nicht.

Das beste wäre daher auch, dass **einzelne Gruppenmitglieder** ganze Szenarien oder Teile davon für die gemeinsame Arbeit beisteuern. Leider zeigt die Praxis, dass das häufig zeitlich oder sachlich nicht hinreichend gut geht. Etliche Menschen haben besondere Mühe, sich in die Zukunft mit Phantasie einzudenken. Andere unterliegen evtl. der Versuchung, zu viele Details auszumalen.

Als Kompromiss haben sich daher folgende Varianten in der **Arbeitsteilung** bewährt:

a. Die Moderatorin entwirft die Szenarien. Die Gruppenmitglieder ergänzen und verändern sie.

b. Gruppenmitglieder steuern in relativ freier Form (jedoch mit vorgegebenem Themenkatalog) Elemente bei. Eine Person, z.B. ein Moderator, entwirft teilweise auf dieser Basis und teilweise mit eigenen inhaltlichen Ergänzungen die Szenarien.

2.3.3.2　Vertiefung einiger methodischer Grundlagen

Überblick

(1) Zwei methodische und sachliche Hinweise sollen die Szenarioarbeit unterstützen:

• Herausarbeiten konträrer Positionen
• Form der Darstellung

Konträre Positionen

(2) Bei der Formulierung der Ideen für die Alternativen bzw. Varianten sollten relativ konträre Positionen gewählt werden. Wenn man das Feld möglichst breit ausleuchtet, dann ist der Erkenntniswert für die Beteiligten grösser. Die Auswirkungen bzw. Vor- und Nachteile einer denkbaren Entwicklung treten deutlicher hervor. Die mögliche Dynamik der Entwicklungen lässt sich besser erkennen.

In diesem Sinne hilfreich sind bei der Suche nach Ideen für Alternativen bzw. Varianten **Gegensatzpaare** (auch scheinbare) wie:[1]

◦ progressives und konservatives Szenario
◦ optimistisches und pessimistisches Szenario
◦ Haben- und Sein-Szenario

---

[1] Vgl. von Reibnitz 1987, S. 52

  ○ Kontinuitäts- und Diskontinuitäts-Szenario
  ○ Harmonie- und Disharmonie-Szenario

Darstellungen (3) Für die Bereitschaft von Gruppen, sich intensiv mit möglichen zukünftigen Entwicklungen auseinanderzusetzen, müssen sich die Darstellungen auszeichnen durch:
  ○ Provokation
  ○ Bildhaftigkeit
  ○ extreme Ausleuchtung

Abbildung B/63
Diese zwei Szenario-
Ideen zeigen Extreme
im Führungsverständ-
nis[1]

Bild der Pyramide
(Leitungsbreite und -tiefe
mit abgetrennten Abtei-
lungen und Mitarbeiten
den als Untergebene)

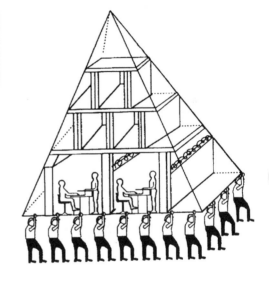

**„Upside-down-
Pyramide"**
(Leitidee von Führenden
als helfende Hand und
Kunden als „Chef")

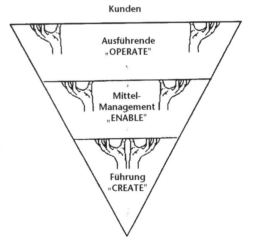

Methoden

---

[1] Aus: Servatius 1994; S. 76

Die **Provokation** ist nicht Selbstzweck, sondern dient dem „Aufrütteln" der eher vergangenheits-orientierten Gruppenmitglieder. Die Szenarien dürfen daher in Grenzen bewusst überzeichnen, damit bestimmte Entwicklungslinien deutlicher vor Augen treten. Dabei helfen bereits die oben angeführten Gegensatzpaare. Unterstützend wirken insbesondere auch provozierende Einzelthemen, etwa die Beschreibung der Abschaffung einer Institution, an der Beteiligte hängen.

Als wichtig erweist sich auch die **Bildhaftigkeit** der Sprache und Abbildungen. Dabei können eine Darstellung im Präsens sowie die ganz konkrete Umschreibung einzelner Szenen nützlich sein. Passende Abbildungen haben natürlich ebenfalls eine starke Wirkung.

Damit in Zusammenhang soll die Darstellung der Szenarien in den Alternativen bzw. Varianten so ausfallen, dass die Aussagen „unter die Haut" gehen. Als Mittel dazu dient eine **extreme Ausleuchtung**. Abbildung B/63 zeigt dazu ein Beispiel.

2.3.3.3   Praktisches Vorgehen

Überblick   (1) Als Vorgehen zur Erarbeitung und Diskussion von Szenarien bewähren sich folgende Schritte (vgl. Abb. B/64):
- A   Materialsammlung und Analysen
- B   Bündelung zu Alternativen bzw. Varianten
- C   Diskussion
- D   Bewertung (fakultativ)

Abbildung B/64
Das Arbeiten mit der Szenariotechnik kann in drei oder vier Schritten erfolgen

A   Materialsammlung und Analysen

B   Bündelung zu Alternativen bzw. Varianten

C   Diskussion

D   Bewertung (fakultativ)

**Material-
sammlung und
Analysen (A)**

(2) Die Szenarioarbeit beginnt mit der Materialsammlung und mit darauf aufbauenden Analysen (A). Dafür eignen sich folgende Schritte (welche aber nicht in jedem Fall notwendig sind):[1]

- Aufgabenanalyse
- Materialsammlung
- Einflussanalyse
- Projektionen

Die **Aufgabenanalyse** wird im Rahmen des vorstrukturierten Prozesses gemäss Abbildung B/29 in der Regel bereits bei den Grundsschritten „Vorbereitung" und „Situationsanalyse" (Ist-Analyse) vorgenommen. Doch kann es sein, dass nun konkretere Formulierungen oder Ergänzungen notwendig bzw. möglich sind.

Die Situationsanalyse liefert auch bereits wesentliche Teile der **Materialsammlung**. Je nach Aufgabe müssen aber weitere Unterlagen gesucht und aufbereitet werden.

Zweck der **Einflussanalyse** ist es, die relevanten Einflussfaktoren und deren Wirkung bzw. Vernetzung zu erkennen. Wie wichtig und schwierig das zugleich ist, lässt Abbildung B/61 erkennen. Welche Techniken dabei helfen können, wird in der Literatur beschrieben. Wie man Vernetzungen analysieren und darstellen kann, zeigt als Beispiel Abbildung A/48.

Durch **Projektion** in die Zukunft werden nun mögliche Entwicklungen zu den Einflussfaktoren erfasst, prognostiziert oder kreiert. Man kann hier z.B. auf Prognosen verschiedener Institutionen (z.B. Bevölkerungsprognosen statistischer Ämter) zurückgreifen, Planungen in ihren Wirkungen auswerten, Bücher über die Zukunft studieren oder dort, wo angebracht, der Kreativität freien Lauf lassen. Dafür dient evtl. ein Brainstorming in der Gruppe (vgl. Kap. B/2.3.4.4).

**Alternativen
bzw. Varianten
(B)**

(3) In Rückkopplung mit den Projektionen müssen nun die Einzelergebnisse zu Alternativen bzw. Varianten (B) gebündelt werden. Hier ist wichtig, dass für innere Konsistenz der einzelnen Bilder gesorgt wird. Die einzelnen Bildelemente müssen also logisch und verträglich zueinander passen, um aussagekräftig zu sein. Bei komplexeren Szenarien empfiehlt sich, dazu eine Konsistenzmatrix aufzustellen. Damit kann man feststellen, ob die verschiedenen Annahmen sich nicht widersprechen.

Diskussion (C)

(4) Damit Szenarien für die Beteiligten als Mittel wirksam werden, muss eine eingehende Diskussion (C) erfolgen und dafür auch genug Zeit eingeräumt werden. Das geht natürlich um so leichter, je besser die Beteiligten in die Szenarien-Erarbeitung eingebunden bzw. durch die Darstellung provoziert werden.

Bewertung (D)

(5) Eine spezielle Form der Diskussion besteht in der Bewertung (D) der Szenarien. Das erweist sich natürlich nur dort als sinnvoll, wo Szenarien

---

[1] Vgl. von Reibnitz 1987, S. 31 ff.

als Arbeitshypothese für den weiteren Planungs-Prozess ausgewählt werden sollen.[1]

Die **Bewertungsfrage** lautet dann: „Welche Zukunft bzw. welchen Entwicklungsprozess wollen wir oder wollen wir annehmen?" Die Bewertung kann methodisch durch eine einfache Form der Nutzwertanalyse (vgl. Kap. B/2.3.6) durchgeführt werden.

2.2.3.4 Vermeiden von Fehlern

Überblick

(1) Die Szenariotechnik kam zeitweilig in Verruf, weil erhebliche Fehler unterliefen. Der folgende Überblick bringt besonders wichtig erscheinende Hinweise:

- Fehlinterpretationen der Szenarioaussagen
- Widerstand gegen Zukunftsbetrachtungen
- Szenarien als Selbstzweck

Missverstehen der Szenarioausagen

(2) Je besser Szenarien ausgewählt und dargestellt werden, desto eher laufen sie in Gefahr, dass man sie missversteht. Immer wieder lässt sich feststellen, dass Beteiligte Realität und Szenario durcheinander bringen. Das Szenario wird mit einer gewollten Realität verwechselt. Durch die oben beschriebene Bewertung lässt sich dieses Problem jedoch bewusst machen und bewältigen.

Als weitere Fehlinterpretation der Szenarioaussagen kann sich ergeben, dass eine wissenschaftliche Fundierung im Sinne von methodisch erarbeiteten Prognosen angenommen wird. Hier sollte immer wieder an den spekulativen Charakter der Darstellungen erinnert werden.

Widerstand gegen Zukunftsbetrachtungen

(3) Nicht selten entsteht ein Problem bereits im Vorfeld von Szenarien: Widerstand von Mitgliedern beteiligter Gruppen gegen Zukunftsbetrachtungen.

Als Argument gegen Szenarien ist immer wieder zu hören, dass sich Prognosen meist als falsch erwiesen hätten. Oder man sagt: „Lösen wir doch wenigstens die Probleme der Gegenwart – die der Zukunft schaffen wir heute doch nicht." In solchen Situationen muss mit Geduld intensive Überzeugungsarbeit geleistet werden.

Szenarien als Selbstzweck

(4) Allerdings gilt es, ein weiteres Gegenargument zu entkräften, um überzeugen zu können: Szenarien als Selbstzweck. Wenn letzteres geschieht, löst sich die Szenarioarbeit von der eigentlichen Aufgabenstellung und ufert aus. Die Arbeit erfordert in der Folge auch unmässig viel Zeit.

Eine geübte Moderation oder Projektleitung sollte aber in der Lage sein, dieses Problem zu meistern. Dazu dient, die Zielsetzung der Szenarioarbeit klar zu definieren und zu begrenzen.

---

[1] Vgl. von Reibnitz 1987, S. 47 f.

2.3.4 Kreativitätsmethoden

Begriff
„Kreativität"

(1) Das Wort „Kreativität" kommt in der betriebswirtschaftlichen Literatur auch heute noch selten oder nur am Rande vor. Um so mehr ist von Zielen und Entscheidungen die Rede. Dabei nützen auch die klarsten und treffendsten Ziele nichts, wenn nicht Lösungsideen zur Zielerfüllung vorliegen.

Kreativität bezeichnet eine schöpferische Fähigkeit von Menschen, Neues hervorzubringen.[1] Neben der Kreativität zeichnen Menschen Wissen (abgespeichert im Gedächtnis) und Intelligenz (Verarbeitungsfähigkeit von Informationen) aus (vgl. Abb. B/65).

Kreativität stellt also einen Teil der geistigen Leistungsfähigkeit von Menschen dar. Ohne Wissen und Intelligenz entsteht auch keine Kreativität im definierten Sinne. Damit ergibt sich selbstverständlich, dass Wissen und Intelligenz auf der einen und Kreativität auf der anderen Seite keine Gegensätze, sondern sich ergänzende Eigenschaften von Menschen sind.

Abbildung B/65
Kreativität gehört
zu den drei sich
ergänzenden
Eigenschaften von
Menschen[2]

Metho-
den

Kreative
Menschen

(2) Allerdings sind diese Bereiche bei Menschen nicht alle gleich stark ausgeprägt. Es gibt daher auch mehr oder weniger kreative Menschen. Die besonders kreativen zeichnen sich durch spezifische Fähigkeiten aus.

---

[1] Vgl. zu den Begriffen Häcker/Stapf 2004, S. 447, 517 und 1037; Brauchlin/Heene 1995, S. 60
[2] Vgl. zu den Begriffen Häcker/Stapf 2004, S. 447, 517 und 1037

Dazu gehören:[1]
- Assoziationsvermögen (gedankliche Verbindungen herstellen)
- Kombinationsvermögen (vergleichen, zusammenfügen)
- Fliessendes und springendes Denken (laterales Denken)[2]
- Multiples Denken (gleichzeitig mehrere Denkprozesse)

Kreative Menschen können sich daher auch eher in komplexen, unübersichtlichen Situationen geistig bewegen und die Spannung der Ungelöstheit und Mehrdeutigkeit von Problemen ertragen.

Geeignete Reize

(3) Solche Fähigkeiten von Menschen kommen aber in den Problemlösungs-Prozessen nicht automatisch zum Zuge. Kreative Ideen können z.B. durch einen Sitzungsleiter oder durch Mitglieder einer Gruppe unterdrückt werden.

Umgekehrt entfalten scheinbar weniger kreative Menschen dennoch erstaunliche Fähigkeiten, wenn sie sich in einem für sie kreativitätsfördernden Umfeld bewegen und sich durch geeignete Reize (z.B. ein gemeinsamer Spaziergang) anregen lassen.

Solche Reize können auch durch den Einsatz von **Kreativitätsmethoden** entstehen. Zudem legen diese in jedem Menschen angelegte kreative Energien frei. Kreativitätsmethoden dienen einerseits dazu, kreative Menschen zum Zuge kommen zu lassen. Andererseits helfen sie, die kreativen Fähigkeiten der Beteiligten zu aktivieren.

Adoption

(4) Damit sich Kreativität entfalten kann und neue Ideen überhaupt aufgenommen werden, bedarf es der Adoption, also der Übernahme und Anwendung. Kreative Ideen müssen entdeckt, aufgenommen und auf ihre Eignung geprüft werden. Ohne eine adoptive Umwelt, etwa die Offenheit in einer Gruppe, verdorrt jede kreative Idee.[3]

Diese **Zwillingsschwester der Kreativität** bedarf also auch der Förderung. Adoption gehört daher ebenfalls zu den guten Wirkungen von Kreativitätsmethoden.

Eine spezielle und systematische Form der Adoption erfolgt durch die **systematische Bewertung**. Damit lässt sich feststellen, ob bestimmte kreative Ideen den Zielen für eine Problemlösung entsprechen. Ist das nicht der Fall, kann eine noch so verlockende Idee keinen weiterführenden Beitrag leisten. (Dabei ist nicht ausgeschlossen, dass kreative Ideen auch zu Veränderungen von Zielen beitragen können).

Bedeutung

(5) Die Bedeutung der kreativitätsfördernden Stimulierungen (Anregungen) und Massnahmen sowie speziell der Kreativitätsmethoden liegt also darin, dass diese:
- die bei allen Menschen bestehende Kreativität freilegt und fördert
- helfen, kreative Ideen aufzunehmen und weiter zu verfolgen

---

[1] Vgl. Deutscher Manager-Verband e.V., Bd. III, 2004, S. 88 ff.
[2] Vgl. Novak 2001, S. 14
[3] Vgl. Schnetzler 2004, S. 169 ff.; Brauchlin/Heene 1995, S. 63

Anwendung (6) Für die Anwendung kreativitätsfördernder Stimulationen und Massnahmen, insbesondere von Kreativitätsmethoden, bestehen bei Problemlösungs-Prozessen zahlreiche Gelegenheiten. Nimmt man den systematischen Prozess mit Rückkopplung gemäss Abbildung B/29 als Leitlinie, so helfen Kreativitätsförderungen bei sämtlichen Schritten und folgenden Inhalten:

1. Vorbereitung
   (z.B. Formulierung von Fragen zur Aufgabe, Auflistung der Machbarkeits-Risiken, zu berücksichtigende Aspekte bei der Projektplanung)
2. Situationsanalyse
   (z.B. zu beachtende Aspekte, mögliche zukünftige Entwicklungstendenzen)
3. Optimierung
   (z.B. Kreation von Ziel-Ideen, Suche nach Lösungsideen für Konzepte, Kreation von Bewertungs-Kriterien)
4. Ausarbeitung
   (z.B. Suche nach Lösungsideen für das Gesamtkonzept, Suche nach Lösungsideen für Teillösungen)
5. Überleitung
   (Kreation von Präsentations-Ideen, Lösungsansätze für das weitere Vorgehen)

Auswahl von Themen (7) Die Kreativitätsförderung profitiert selber von kreativen Ideen. Das führte einerseits dazu, dass sehr viele Methoden entwickelt wurden. Zudem: Wenn man die entsprechenden psychologischen und methodischen Grundlagen kennt, lassen sich für bestimmte Situationen kreativ geeignete Methoden selber entwickeln. Daher soll hier auch zu einem **kreativen Umgang mit Kreativitätsmethoden ermuntert werden**.

Daneben bieten sich bewährte bzw. häufig in der Literatur genannte Kreativitäts-Methoden an. Auch zu diesen erfolgen Anleitungen.

Das führt zu einer von den übrigen Kapiteln abweichenden Struktur der Themen mit folgenden Inhalten:

- Vertiefung einiger methodischer und psychologischer Grundlagen
- Generelle Förderung der Kreativität
- Mind Mapping
- Brainstorming
- Methode 635
- Ideen-Delphi
- Funktionenanalyse

2.3.4.1 Vertiefung einiger methodischer und psychologischer Grundlagen

Überblick (1) Der Morphologische Kasten in Abbildung B/66 zeigt, wie weit das Feld der Kreativitätsförderung und -methoden ist. Die folgenden Ausfüh-

Abbildung B/66
Der Morphologische Kasten zeigt die Vielfalt, Einordnung und Wirkungsweise der Kreativitätsmethoden

Merkmale	Teillösungen[1]									
	A	**B**	**C**	**D**	**E**	**F**	**G**	**H**	**I**	**K**
1 Denkprozesse	Bewusstes Denken ■ ◆ ▲	Unbewusstes Denken ●	Vorbewusstes Denken ● ■							
2 Einstellungen *(zu Beginn eines kreativen Prozesses)*	Zweifelsspiel ▲	Glaubensspiel ● ■ ◆	Sonstige							
3 Informationskanäle	Sehen ● ▲	Hören ●	Riechen	Schmecken	Fühlen	Sprechen ●	Schreiben ● ■ ◆ ▲	Zeichnen ■ ◆	Formen	Sonstige
4 Instrumente	Emotionalisieren ●	Assoziieren ● ■ ◆	Sammeln, Ordnen ▬	Kombinieren	Deduzieren ◆ ▲	Sonstige				
5 Hilfsmittel	Verhaltensregeln ●	Herausfordernde Konkurrenz ● ◆	Konfrontation mit Ideen ● ■ ◆	Gegenüberstellen Bilder + Reizworte	Analogien bilden	Suchfeldmatrizen ▬ ▲	Körperliche Bewe-	Entspannungsübungen	Förderliche Orte	Sonstige

▬ Mind Map (Kap. B/2.3.4.3)   ■ Methode 635 (Kap. B/2.3.4.5)   ▲ Funktionenanalyse (Kap. B/2.3.4.7)

● Brainstorming (Kap. B/2.3.4.4)   ◆ Ideen-Delphi (Kap. B/2.3.4.6)

---

[1] Anmerkung: Statt jede Kombinations-Teillösung darzustellen, wurden bei dieser Situationsdarstellung einfach die entsprechenden Felder markiert.

rungen richten sich, um einen Überblick zu geben, nach den **Merkmalen:**

- Denkprozesse
- Einstellungen
- Informationskanäle
- Instrumente
- Hilfsmittel

Denkprozesse

(2) Denken zeichnet den Menschen in besonderer Weise aus. Er kann über die blossen Sinneseindrücke hinaus zu geistigen Erkenntnissen kommen. Das geschieht durch Denkprozesse.

Das Kapitel A/1.1 breitet dieses Themenfeld aus. Besonders hingewiesen wird auf die vielen Denkbarrieren, aber auch auf das grosse Potenzial an abgespeicherten Informationen, Lösungsansätzen, Werthaltungen etc. Da die Kreativität in unserem Denkapparat entsteht und nach Möglichkeit das ganze Potenzial nutzt, werden folgende relevante Formen des Denkens in Erinnerung gerufen:[1]

- bewusstes Denken
- vorbewusstes Denken
- unbewusstes Denken

Das **bewusste Denken** geschieht in geordneter und direkt nachvollziehbarer Form nach den Regeln der Logik. Es nutzt die Sprache und Mathematik mit definierten Begriffen. Typisch für diesen Prozess des bewussten Denkens ist die Analyse.

Beim **vorbewussten Denken** laufen Prozesse primär in freien Assoziationen von Bildern, durch Intuition, in ungewöhnlichen Verbindungen von Informationsteilen etc. ab.[2] Dabei bestehen jedoch Verbindungen zum bewussten Denken. Man kann sich die Vorgänge bzw. die Bilder bewusst machen und sich z.B. an ihre Ursprünge erinnern. Etliche bekannte Kreativitätsmethoden fussen auf dem vorbewussten Denken (z.B. Brainstorming).

Als **unbewusstes Denken** bezeichnen wir, wenn zwar geistige Erkenntnisse entstehen, der Prozess dazu aber unbewusst abläuft. Dem liegen Muster für Denkabläufe zugrunde, die wir gar nicht mehr bewusst wahrnehmen. Man kann das mit der Informationsaufnahme und Umsetzung beim Fahrradfahren vergleichen. Wie dieses Beispiel zeigt, hat das unbewusste Denken einen grossen praktischen Wert. Bei der Suche nach neuen Lösungen kann diese Form des Denkprozesses jedoch sehr hinderlich sein, weil er zur unreflektierten Wiederholung neigt, Antipathien erzeugt etc. Umgekehrt bringt ein Impuls aus dem Unbewussten auch viele neue Einsichten.

Einstellungen

(3) Bei den Einstellungen geht es um Grundhaltungen, wie man an Fragen herangeht. Im Zusammenhang mit den Kreativitätsmethoden sind zwei Einstellungen möglich, das:

Metho-den

---

[1] Vgl. Häcker/Stapf 2004, S. 137, 984 und 1019; Schmidbauer 1991, S. 52 f.
[2] Vgl. Damasio 1997, S. 256 ff.

   ◦ „Zweifelsspiel"
   ◦ „Glaubensspiel"

Beim **Zweifeln** werden Ideen und Annahmen laufend hinterfragt und zu gegebener Zeit analytisch bewertet. Man kann das „Zweifelsspiel" verschieden variieren. Das „laterale Denken" bedient sich z.B. der Verfahren „Entrinnen" und „Provokation".[1]

Beim „**Glaubensspiel**" wird umgekehrt vorgegangen: Man unterstellt, dass bestimmte Annahmen stimmen. Aus dieser Haltung heraus werden auch die verrücktesten Ideen zunächst als bedenkenswert angenommen. Zweifel werden also zumindest eine Weile ausgeklammert.

Kreativitätsmethoden bedienen sich beider Einstellungen. Doch müssen sie nacheinander angewandt werden. Man arbeitet z.B. zunächst nach den Glaubens-Spielregeln und dann nach den Regeln des Zweifelsspiels.

Informations-
kanäle

(4) Unter Informationskanälen versteht man die Medien, mit denen Informationen aufgenommen, gespeichert und weitergegeben werden. Menschen speichern Informationen im Gedächtnis nicht abstrakt, sondern mit Sinneseindrücken verbunden. Die Informationen zu einem Menschen werden etwa mit einem Geruch abgespeichert und durch diesen Geruch wieder in Erinnerung gerufen (vgl. Kap. A/1.1.1.2 und 1.1.1.3). Entscheidend sind denn auch für die Informationskanäle die menschlichen Sinne und Fähigkeiten

◦ **Sinne**
   · Sehen
   · Hören
   · Riechen
   · Schmecken
   · Fühlen
◦ **Fähigkeiten** wie z.B.
   · Sprechen
   · Schreiben
   · Zeichnen und Bilder darstellen
   · Formen von Sachen (z.B. Modellieren).

Sehr starke Empfindungen erhalten wir bei den **Sinnen** über Riechreize. Das liegt an der stammesgeschichtlichen Entwicklung des Menschen. Gerüche können daher beim Menschen sehr viel auslösen, nicht nur Stress, sondern auch positive Assoziationen. Dieser Tatsache wird in der Praxis viel zu wenig Rechnung getragen. Eine erhebliche und wachsende Bedeutung hat daneben das Sehen. Der Mensch kann mit dem Auge bedeutend schneller, mehr und nachhaltiger Informationen aufnehmen als mit dem Ohr.[2]

In Beziehung zu den Sinnen können sich bei den Informationskanälen auch verschiedene menschliche **Fähigkeiten** auswirken. Neben der

---

[1] Vgl. Novak 2001, S. 27 ff.; De Bono 1986, S. 52 f.
[2] Vgl. Thiele 2000, S. 110 ff.; Bredemeier/Schlegel 1991, S. 10 ff.

Sprache spielen das Rechnen, das Darstellen von Bildern oder gar das Modellieren, Zusammenbauen bzw. demontieren eine Rolle.[1]

Da Menschen verschieden stark auf die Informationskanäle reagieren („Augen-Menschen", Hörmenschen etc.), werden meist mehrere Kanäle gleichzeitig benutzt.[2] Einige Kanäle werden in der Praxis viel zu wenig berücksichtigt. Dazu gehört der Einfluss über das Riechen und Schmecken. Letzteren kann man nutzen, wenn man z.B. mit einer beteiligten Gruppe gut essen geht.

Instrumente   (5) Eng mit den Informationskanälen hängen die Instrumente der Kreativitätsmethoden zusammen. Systematisch lassen sich hier unterscheiden das

- Emotionalisieren
- Assoziieren
- Sammeln, Ordnen
- Kombinieren
- Deduzieren.

Unter Emotionen werden heftige Gemütsbewegungen und Gefühlsäusserungen verstanden (vgl. Kap. A/1.1.3). Das **Emotionalisieren** besteht darin, die beteiligten Personen zu gefühlsmässigen Äusserungen und ungehemmter Diskussion zu veranlassen. Dazu können z.B. Gerüche, Regeln oder spezielle Orte animieren (siehe oben und unten). Das Brainstorming beruht teilweise auf dem Emotionalisieren und teilweise auf dem Assoziieren.

Das **Assoziieren** besteht im relativ ungebundenen Verknüpfen von Gedanken, Ideen, Erlebnissen, Bildern etc. Die „Intuition" basiert auf dem Assoziieren. Dieses Instrument liegt vielen bekannten Kreativitätsmethoden ganz oder teilweise zugrunde (z.B. dem oben angeführten Brainstorming oder der Methode 635).

Beim **Sammeln und Ordnen** handelt es sich um eine Zwischenform zwischen dem relativ ungebundenen Assoziieren und dem systematischen Deduzieren. Zwar spielt das ungebundene Denken noch eine gewisse Rolle, doch wird bereits mit Strukturen, Rangfolgen oder Begriffen gearbeitet. Dazu gehören heuristische Ansätze wie das Arbeiten mit Checklisten oder das Relevanzbaumverfahren. Auch die Konferenztechnik und die Moderationsmethode zählen dazu.[3]

Das **Kombinieren** besteht im Assoziieren auf einer höheren Ebene, weil es durch eine spezielle Systematik unterstützt wird. Dazu zählt z.B. die Synektik (vgl. Kap. A/3.3.3.3).

Beim **Deduzieren** herrscht das logische oder gar zwangsläufige Denken vor, ohne dass aber völlig auf das Assoziieren und Kombinieren verzichtet wird. Ein Beispiel für diesen Ansatz bietet die Funktionenanalyse.

Metho-den

---

[1] Vgl. Kaniowsky/Freitag 1990, S. 13
[2] Vgl. Vester 1998, S. 35 ff.
[3] Vgl. Klebert/Schrader und Straub 2002; Ammelburg 1991

Hilfsmittel   (6) Die verschiedenen Instrumente bedienen sich einer ganzen Reihe von Hilfsmitteln. Dazu gehören:

- Verhaltensregeln
  (z.B. wider Ideen-Killer-Phrasen, vgl. Abb. B/67)
- Herausfordernde Konkurrenzen
  (z.B. Konkurrenz verschiedener Personen um besonders originelle Ideen)
- Konfrontationen mit Ideen und anderen Meinungen
  (z.B. der anonyme Ideen-Austausch des Delphi-Verfahrens)
- Gegenüberstellen von Bildern und Reizwörtern
  (z.B. Verfremden des Problems, indem man es in eine ganz andere Situation versetzt)
- Analogien bilden
  (z.B. Prüfung von Problemlösungen in anderen Situationen auf ihre Übertragbarkeit)
- Suchfeld-Matrizen
  (z.B. Aufstellen einer systematischen Ordnung, die durch ihre Felder zum Suchen neuer Lösungen provoziert)
- Körperliche Bewegung und Anstrengung
  (z.B. ein lockerer Dauerlauf)
- Entspannungsübungen
  (z.B. Hinlegen und Dösen)
- Förderliche Orte
  (z.B. Gruppensitzungen in einer ganz andersartigen Umgebung wie etwa in einer Waldhütte)
- Diverse, sonstige
  (z.B. Aufenthalt an einem „Kraftort", etwa am Standort einer alten Klosteranlage wie in der Schweiz Romainmôtier im Kanton Waadt)[1]

Gerade in den letztgenannten Hilfsmitteln liegen sehr grosse, noch viel zu wenig genutzte Potentiale. Ein gemeinsamer Dauerlauf oder der gemeinsame Besuch eines Konzertes können Denkblockaden lösen und die Kreativität der Beteiligten sehr beflügeln.

Zahlreiche Kombinationen von Teillösungen   (7) Dieser systematische Darstellungsversuch dürfte deutlich gemacht haben, wie vielfältig das Feld der Kreativitätsförderung und -methoden ist. Es lassen sich, wie auch der Morphologische Kasten der Abbildung B/66 zeigt, zahlreiche Kombinationen von Teillösungen zu interessanten Ansätzen bilden.

Solche einzelne Teillösungen können auch unabhängig von umfassenderen Kreativitätsmethoden angewandt werden. Das folgende Kapitel B/2.3.4.2 zeigt, wie solche Möglichkeiten genutzt werden.

---

[1] Vgl. Jung u.a. 1999

Abbildung B/67
Wichtige Regeln
dienen der Ideen-
findung im Rah-
men der Gruppen-
arbeit

Killerphrasen zurückbinden

- Geht nicht ...
- Keine Zeit ...
- Die Finanzlage erlaubt uns nicht ...
- Alles graue Theorie
- Schon wieder Sie mit Ihrem ...
- Das ist doch gegen die Vorschriften ...
- Zu altmodisch ...
- Das bringt doch nichts ...
- Dazu fehlen uns die Arbeitskräfte ...
- Macht mir einen Haufen Arbeit ...
- Man wird sich aufregen ...
- Wenn Sie erst mal so lange beim Unternehmen sind wie ich ...
- Haben Sie denn da Erfahrungen ...

Denkanstösse geben

- Warum eigentlich nicht?
- Was lässt sich kombinieren?
- Was liegt drumherum?
- Was spricht dafür, was dagegen?
- Was kann ich verändern?
- Was kann ich vergrössern oder verkleinern?
- Was kann ich weglassen oder dazutun?
- Wo kann ich es überall einsetzen?
- Kann ich die Anordnung ändern?
- Was kann ich umkehren?
- Was kann ich anpassen?
- Was kann ich für den Komfort tun?
- Wie kann ich das Design verbessern?

Metho-
den

Eine kreative Schifffahrt

Eine Projektgruppe befasste sich mit der Erweiterung einer grossen Flug-
zeug-Produktionshalle in Emmen (Schweiz). Als ideale Möglichkeit bot
sich einfach die Verlängerung der bestehenden Halle an. Dem widerspra-
chen jedoch die Werksvertreter, weil dort mehrere Leitungen und Installa-
tionen für das hoch explosive Flugbenzin (Kerosin) im Boden lägen. Des-
wegen sei dieses Gelände nie überbaut worden. Alle verstanden: Hier geht
es um Explosionsgefahr und das heisst: „Hände weg".
Leider zeigte sich aber, dass sich sämtliche übrigen Erweiterungs-Vari-
anten als zu teuer oder zu ungünstig für den Produktionsbetrieb erwiesen
(nach durchgeführter Nutzwertanalyse und Investitionsrechnung).

Die Projektgruppe fühlte sich blockiert. Es schien nur ein wenig befriedigendes Ergebnis möglich zu sein: Die am wenigsten schlechte Lösung zu wählen.

In dieser Situation unternahm die Projektgruppe einen Ausflug zum Sarner See südlich von Luzern. Während der Schiffsfahrt warf ein Gruppenmitglied im lockeren Gespräch und mit Blick auf die Bugwellen die Frage auf, warum eigentlich die Explosionsgefahr wachse, wenn man Leitungen und Installationen überbaue. Durch eine Betondecke darüber würde diese eigentlich besser geschützt. Sein Gesprächspartner antwortete, dass er das auch nicht wisse. Nun machte die Frage die Runde. Es zeigte sich, dass auch die Vertreter des Flugzeugwerkes über keine fundierte Antwort verfügten.

Wieder an Land, beschloss die Gruppe, dieser Frage sofort nachzugehen. Kurze Zeit darauf ergaben die Gespräche mit Experten, dass das Gelände sehr wohl überbaubar ist, wenn man einige Vorsichtsmassnahmen berücksichtigt.

In der Folge wurde diese Erweiterungslösung über den Kerosinleitungen und -installationen ausgearbeitet und realisiert. Noch lange danach fragten sich die Projektgruppenmitglieder, warum sie kollektiv so vorschnell eine Lösung ausschlossen. Froh war man, dass der Sichtkontakt mit Bugwellen des Schiffes und das lockere Gespräch zur Auflösung der Denkblockade führte.

2.3.4.2 Generelle Förderung der Kreativität

Überblick (1) Im Rahmen der INPRO-Methodik gilt es die Möglichkeiten der Kreativitätsförderung intensiv zu nutzen. Darum sollten sich insbesondere die Moderation und Projektleitung kümmern. Der folgende Überblick bringt die empfohlenen Mittel:

- Teamarbeit
- Geeignete Prozess-Gestaltung
- Aktivierung durch Stress

Teamarbeit (2) Eine besonders günstige Voraussetzung für Kreativität entsteht durch echte Teamarbeit (vgl. Kap. A/1.2.5). Dabei geht bereits ein grosser Einfluss von der **Zusammensetzung** des Teams aus. Durch Einbezug besonders kreativer Persönlichkeiten und von Querdenkerinnen lassen sich bereits gute Vorbedingungen schaffen.[1]

Eine **professionelle Moderation des Teams** wird dafür sorgen, dass folgende Merkmale kreativer Prozesse zum Tragen kommen:

- ○ Neben bewussten auch vorbewusste Denkprozesse. Durch Team-Diskussionen Erkennen von Ergebnissen unbewusster Denkprozesse (welche zu vorgespurten, unkreativen Lösungen führen können).

---

[1] Vgl. Schnetzler 2004, S. 81 ff.

○ Anregender Wechsel in den Einstellungen. „Zweifels-Spiele" wechseln mit „Glaubens-Spielen".

○ Nutzung verschiedener Informationskanäle wie Sehen, Hören, Sprechen, Schreiben, Zeichnen. Ebenfalls möglich: Die Nutzung von Sinnesempfindungen wie Riechen oder Fühlen.

○ Wechselnde Anwendungen von Instrumenten wie Emotionalisieren, Assoziieren, Sammeln, Ordnen, Kombinieren und Deduzieren

○ Nutzung von für die Kreativität förderlichen Hilfsmitteln wie Verhaltensregeln, herausfordernde Konkurrenz, Konfrontationen mit Ideen und Meinungen, Tagung des Teams an anregenden Orten.

Zudem führt die Teamarbeit durch die geregelte Reihe von Sitzungen dazu, dass **gegenseitiges Vertrauen** und **gegenseitige Anerkennung** entsteht. Damit wächst die Bereitschaft, sich in der Gruppe auch durch ausgefallene Ideen zu exponieren. Zudem werden die Chancen für die offene Aufnahme von Ideen (Adoption) wesentlich erhöht. Damit in Zusammenhang bildet es eine vornehmliche Aufgabe der Moderation bzw. Projektleitung, Freiräume für Kreativität zu schaffen und zu sichern, Killerphrasen nicht zur Geltung kommen zu lassen und Denkanstösse zu geben (vgl. Abb. B/67).

Prozess-gestaltung

(3) Ein erheblicher Einfluss auf die Förderung der Kreativität geht von der Prozessgestaltung aus. In Kapitel B/2.2.2.3 wurde dieses Thema bereits erörtert.

Dabei sollte man allerdings nicht der Illusion anhängen, eine bestimmte **Prozessform** erzeuge Kreativität und ein anderer Typ verhindere diese. Anhänger sehr offen oder spontan gestalteter Prozesse nehmen die Kreativitätsförderung nicht selten für sich allein in Anspruch. Tatsächlich erlaubt der grosse Freiheitsgrad in der situativen Gestaltung der Zusammenarbeit einen hohen Grad an Spontaneität. Doch wirkt sich die Unklarheit über den Prozessverlauf für manche Gruppenmitglieder auch wieder hemmend aus. Systematische und vorstrukturierte Prozesse bringen zwar eine Einengung in der spontanen Gestaltung der Prozess-Schritte, aktivieren aber ein förderliches Erfahrungswissen.

Zum **förderlichen Erfahrungswissen** gehört, dass eine vorstrukturierte Schrittfolge Vertrauen schafft. Man weiss z.B., wann insbesondere Lösungsideen gefragt sind, und man weiss auch, dass diese im Rahmen einer Bewertung gewürdigt werden. Zudem zeichnen sich systematische Prozesse wie der in Abbildung B/29 bis 34 dargestellte durch einen Wechsel von mehr analytisch und mehr kreativen Teilschritten aus, was erfahrungsgemäss animierend wirkt.

Zusätzlich fördern etliche **Methoden für Einzelaufgaben** die Kreativität. Denn deren wichtige Haupt- und Nebenfunktionen bestehen oft auch darin, befreiend zu wirken. So kann z.B. eine systematische Zielanalyse durch eine ganz andere Sichtweise des jeweiligen Problems Kreativität freisetzen helfen. Auch Bewertungen führen oft zu überraschenden neuen Einsichten.

Metho-den

Stress aktivierend

(4) Dass Stress aktivierend auf die Kreativität wirkt, wird selten geglaubt und doch so häufig erlebt. Wer hat nicht schon in einer Ängste hervorrufenden Situation plötzlich eine gute Idee entwickelt, um das Problem zu lösen und damit die Angst abzuschütteln? Andere Stressursachen und -folgen können ebenso anregen. Es wird ja durch äussere Reize (z.B. Zeitnot) der Körper bereit gemacht, auf besondere Anforderungen der Aussenwelt zu reagieren.[1] Dafür wird Energie für Herz, Gehirn und Muskeln aktiviert.

Doch kann sich auch eine zu hohe **Aktivierung** durch Stress bzw. Angst ergeben. Umgekehrt ist eine zu tiefe ebenfalls nicht förderlich. Wie Abbildung B/68 vor Augen führt, gibt es also einen optimalen Bereich der Aktivierung. Es kann für die Kreativitätsförderung also durchaus angebracht sein, dass Moderatorinnen eine Gruppe unter einen gewissen Druck setzen.

Förderlich sind erfahrungsgemäss auch **Wechsel zwischen Stress und Entspannung**. Die oben geschilderten Hilfsmittel der Entspannung wirken sich dann eventuell besonders förderlich aus, wenn vorab Stress oder ein Gefühl der Angst (z.B. keine Lösung zu finden) bestanden.

Abbildung B/68
Es besteht ein enger Zusammenhang zwischen Kreativität / Angst und Stress[2]

Möglichkeiten der direkten Kreativitätsförderung

(5) Neben der generellen Förderung der Kreativität bestehen Möglichkeiten der direkten Kreativitätsförderung. Diese werden im Folgenden vorgestellt. Dazu gehören Verfahren, welche der Autor selber nicht oder sehr selten anwendet, die aber in der einschlägigen Literatur immer wieder auftauchen.[3] Dazu gehört die Synektik (vgl. Kap. A/3.3.3.3).

---

[1] Vgl. Roth 2003 (b), S. 310 ff.
[2] Aus: Brauchlin/Heene 1995, S. 69
[3] Vgl. als Beispiele Schmidt 2003; Schweizer 2002; Brauchlin/Heene 1995

2.3.4.3   Mind Mapping

Vorgehen   (1) Das Mind Mapping kann allein oder in der Gruppe angewandt werden. Es besteht in einer Art kartografischer Darstellung von Denk- und Lerninhalten. Dazu setzt man ein Thema bzw. Schlüsselwort grafisch in die Mitte (vgl. Abb. B/69). Sodann werden Linien gezogen, welche Haupt-Ideen zum Thema wiedergegeben. Von diesen Linien zweigen Seitenäste ab, welche Neben- und Unterideen kennzeichnen. Die Linien werden gut lesbar entsprechend ihrem Inhalt beschriftet.[1]
Das Vorgehen ist dementsprechend sehr einfach. Man benötigt ein Blatt Papier, einen Flip Chart, eine Plakatwand, einen Tageslichtprojektor oder einen geladenen Computer mit einem Mind-Mapping-Programm.

*Abbildung B/69
Dieses Mind Map
diente der
Gesprächsvorberei-
tung mit Karin
Riesig[2]*

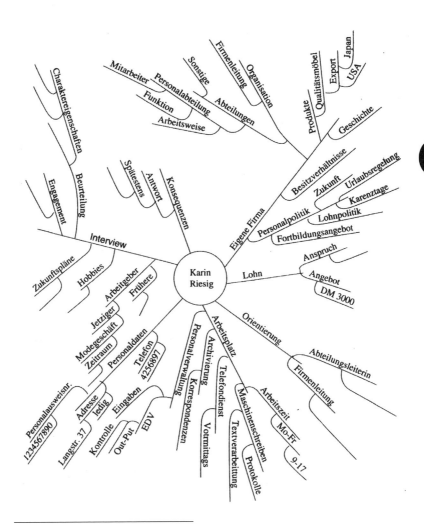

Metho-
den

---

[1] Vgl. Brauchlin/Heene 1995, S. 195 ff.
[2] Aus Brauchlin/Heene 1995, S. 196

Einordnung

(2) Das Mind Mapping bietet eine Darstellungsweise, welche unseren bildhaften und strukturierten Denkformen sehr entspricht. Durch diese Darstellung werden Aufzeichnungen und Zusammenhänge für unser Gehirn besser zugänglich. Dabei erfolgt auch eine Aktivierung der rechten Hirnhemisphäre (vgl. Abb. B/70). Das fördert das Erinnern und die Kreativität.

Eine Einordnung in den Morphologischen Kasten gemäss Abbildung B/66 führt zu folgenden Zuordnungen:

o Im Denkprozess das bewusste Denken mit einer gewissen Aktivierung auch des vorbewussten Denkens

o In den Einstellungen das Glaubensspiel

o In den Informationskanälen das Sehen und Zeichnen

o In den Instrumenten das Sammeln und Ordnen sowie das Deduzieren (vom Haupt-Thema her)

o In den Hilfsmitteln der Typ Suchfeldmatrizen

Abbildung B/70
Die Gehirn-
Hemisphären
zeichnen bestimm-
te funktionale
Schwerpunkte aus

linke Hemisphäre   rechte Hemisphäre

- Sprach-
  zentrum

- Rechnen

- Rational-
  orientiertes
  Denken

- Serielles
  Denken

- Bewusste
  Vorgänge

- Bildhafte
  Vorstellungen

- Räumliches
  Vorstellungs-
  vermögen

- Emotionales
  (Denken)

- Parallele Vorgänge,
  Gesamteindrücke

- Unbewusstes

Quellen der   **Quellen der**
Adoption   **Kreativität**

Vorteile
Nachteile

(3) Zu den **Vorteilen** dieser Methode gehört, dass eine systematische und zugleich kreative Suche nach Ideen oder Aspekten erfolgt. Zudem lässt sich die Methode beliebig und ohne grossen Aufwand anwenden.

Als **Nachteil** oder **Grenze** erweist sich in der Praxis, dass die Darstellungen nicht sonderlich korrekturfreundlich sind. Bei etlichen Veränderungen fängt das Bild an, optisch chaotisch zu werden. Zudem ist die Darstellung von Varianten stark eingeschränkt bzw. erschwert. Schliesslich können zusammenhängende und übergreifende Zusammenhänge nicht aufgezeigt werden.[1] Darin erweisen sich Darstellungen, wie z.B. Netzwerke gemäss Abbildung A/48, als wesentlich besser.

Einsatz

(4) Der Einsatz des Mind Mapping ist entsprechend den Vorteilen sehr vielfältig. Es dient bei einem systematischen Vorgehen gemäss Abbildung B/29 bei der:
1. Vorbereitung, z.B. für die Klärung der Aufgabe
2. Situationsanalyse, z.B. für die Strukturierung des Themenfeldes oder dem Erkennen zukünftiger Herausforderungen
3. Optimierung von Zielideen oder dem Aufspüren der Kreation, Ausgestaltung von Lösungsideen
4. Ausarbeitung zur Vertiefung einzelner Aspekte
5. Überleitung zum Aufspüren von Ideen für das weitere Vorgehen

Metho-
den

2.3.4.4 Brainstorming

Vorgehen

(1) Das Brainstorming findet **in einer Gruppe** statt, ist also im Gegensatz zum Mind Mapping nicht für Einzelpersonen geeignet. Man benötigt dafür eine Tafel, einen Flip-Chart oder einen Tageslichtprojektor. Nachdem das Problem von allen verstanden und akzeptiert wurde (man schreibt die Aufgabe am besten gut sichtbar auf), werden spontane Ideen und Aspekte genannt und für alle Gruppenmitglieder sichtbar aufgeschrieben.

Dieses Vorgehen basiert darauf, dass Emotionen frei werden und die Gruppenmitglieder mit eigenen Gedächtnisinhalten oder den Ideen der anderen assoziieren. Auf diese Weise entstehen oft Ideen-Ketten. Je besser es einer Gruppe gelingt, Vernunft, Logik und Erfahrung aus einem solchen Prozess auszublenden, um so grösser ist die Chance, neue Ideen zu entdecken. Im Idealfall entsteht ein „**Gehirnsturm**".

Dabei hilft das **Einhalten von Regeln**. Diese sollen ermöglichen, dass ein Arbeitsklima der Kritikfreiheit entsteht. Niemand darf daher während der eigentlichen Brainstorming-Phase eine Idee kommentieren (vgl. Abb. B/71). Zudem sollte die Moderation Pausen in der Ideenproduktion nicht zu überbrücken suchen. Auch schöpferische Pausen sind wichtig.

Ist die Ideen-Such-Phase abgeschlossen (man rechnet hier mit 3 bis 8 Minuten) folgt, klar davon getrennt, die **Diskussion und Bewertung**.

---

[1] Vgl. Brauchlin/Heene 1995, S. 197

Als erstes lassen sich nun Verständnisfragen stellen. Dann werden diejenigen Ideen anhand von Kriterien ausgewählt, die weiter berücksichtigt werden sollen.

Einordnung

(2) Abbildung B/66 zeigt die Einordnung dieser Technik im Morphologischen Kasten. Entscheidend sind also:

- im Denkprozess das vorbewusste Denken
- in den Informationskanälen das Sehen und Hören, Schreiben und Sprechen
- in den Instrumenten das Emotionalisieren und das Assoziieren
- in den Hilfsmitteln die Verhaltensregeln, die herausfordernde Konkurrenz der Gruppenmitglieder sowie die Konfrontation mit Ideen und Meinungen der anderen Gruppenmitglieder.

Vorteile
Nachteile

(3) Als **Vorteile** des Brainstormings können gesehen werden: Rasche Einsetzbarkeit, Beitrag zur emotionalen Befreiung in der Gruppe, Sammlung von vielen Informationen und Ideen in kurzer Zeit sowie die relativ einfache Durchführbarkeit. Zudem zeichnet die Methode ein sehr breites Anwendungsspektrum aus.

Nachteile liegen in der oft nur begrenzten Brauchbarkeit der Ideen, in der nur begrenzten Einsetzbarkeit für komplexere Fragestellungen und in der leichten Störbarkeit des Prozesses (z.B. mangelnde Regel-Disziplin der Gruppenmitglieder).[1]

Abbildung B/71
Das Brainstorming
besteht in Fragen
und Regeln

Varianten möglicher Fragen (für alle sichtbar hinschreiben)

- Welche Lösungen sind für das Problem ... denkbar?
- Wie kann man erreichen, dass ...?
- Was stört an dem gegebenen Zustand ...?
- Welche Fehler können wir im Lösungs-Prozess machen?

Regeln in der Ideenfindungs-Phase

- In der Gruppe wird eine Atmosphäre der Gedankenfreiheit erzeugt
- Jedes Kommentieren von Ideen ist verboten
- Auch non-verbale Kritik (z.B. Proteste durch die Körperhaltung, ausgedrückt etwa durch Kopfschütteln) ist verboten
- Sämtliche Ideen werden für alle sichtbar aufgeschrieben
- Es werden möglichst viele Ideen gesucht

---

[1] Vgl. Brauchlin/Heene 1995, S. 195

Einsatz (4) Entsprechend den Vorteilen kann der Einsatz des Brainstormings bei fast allen **Prozess-Schritten** gemäss Abbildung B/29 erfolgen. Gute Erfahrungen bestehen:

1. beim Schritt der Vorbereitung zum Offenlegen der persönlichen Probleme, Spannungen und Befürchtungen sowie zum Offenlegen der Erwartungen an das gemeinsam zu erarbeitende Ergebnis
2. bei der Situationsanalyse zum Identifizieren möglicher zukünftiger Entwicklungen und Gefahren (evtl. als Teil der Szenariotechnik)
3. bei der Optimierung zur Gewinnung eines Zielkataloges und zur Gewinnung von Lösungsideen
4. bei der Ausarbeitung zur Suche nach Lösungen für Detailprobleme

2.3.4.5 Methode 635

Vorgehen (1) Die Methode 635 wurde aus dem Brainstorming heraus entwickelt. Sie zeichnet sich jedoch durch eine grössere Formalisierung im Vorgehen aus. Dadurch wird das Emotionalisieren in der Gruppe zu Gunsten einer Konzentration auf die Weiterentwicklung von bereits produzierten Ideen reduziert.

Das formale Vorgehen lässt sich wie folgt beschreiben (vgl. Abb. B/72):[1]

- Es wird eine Gruppe von 6 Personen gebildet (möglich sind aber auch 5 oder nur 4 Gruppenmitglieder).
- Zu Beginn werden das Problem besprochen und die Vorgehens-Regeln bekannt gegeben.
- Jedes der Gruppen-Mitglieder schreibt 3 Ideen zur Problemlösung auf ein Blatt Papier. Dafür haben die Gruppen-Mitglieder einige Minuten Zeit.
- Danach reicht jedes Mitglied sein Blatt im Kreisverkehr weiter. Aufbauend auf den vorliegenden Gedanken sollen die Teilnehmenden jeweils drei weitere Ideen zur Problemlösung ergänzen. Dafür haben sie abermals einige Minuten Zeit. Diese Ideen sollen sich möglichst an die vorhandenen anlehnen und diese weiterentwickeln.
- Nachdem sämtliche Blätter fünfmal weitergereicht wurden, liegen bei 6 Teilnehmenden 18 Grundideen sowie theoretisch 90 darauf aufbauende Ideen vor.

In der Praxis hat sich als Variante bewährt, auf jedem Blatt als eine Art Muster eine Grundidee bereits vorher anzugeben.

Einordnung (2) Die Einordnung dieser Kreativitätstechnik im Morphologischen Kasten zeigt Abbildung B/66. Besonders kennzeichnend sind folgende Merkmale und Teillösungen:

- in den Denkprozessen primär auf dem vorbewussten Denken basierend (enge Zeitbegrenzung), jedoch auch bewusstes Ideen-produzieren fördernd (weil die Ideen ja aufeinander aufbauen sollen)

---

[1] Vgl. Schmidt 2003, S. 296 f.

○ bei den Informationskanälen auf das Schreiben und Zeichnen (es wird nicht miteinander geredet) beschränkt

○ in den Instrumenten vor allem auf das Assoziieren ausgerichtet, wobei auch die Deduktion (man geht jeweils von vorliegenden Ideen aus) eine gewisse Rolle spielt

○ in den Hilfsmitteln auf Konfrontation mit den Ideen anderer ausgerichtet.

Abbildung B/72
Die Methode 635
besteht in einem
Vorgehenssystem[1]

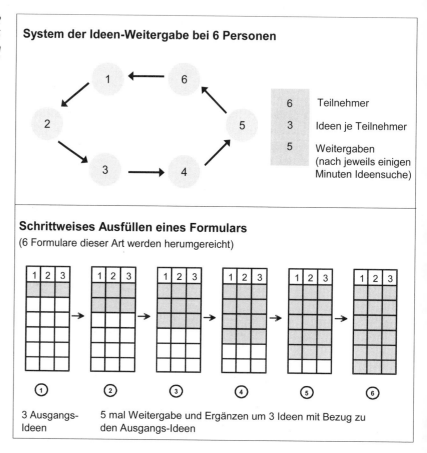

System der Ideen-Weitergabe bei 6 Personen

6	Teilnehmer	
3	Ideen je Teilnehmer	
5	Weitergaben (nach jeweils einigen Minuten Ideensuche)	

Schrittweises Ausfüllen eines Formulars
(6 Formulare dieser Art werden herumgereicht)

① 3 Ausgangs-Ideen

5 mal Weitergabe und Ergänzen um 3 Ideen mit Bezug zu den Ausgangs-Ideen

Vorteile
Nachteile

(3) Ähnlich wie beim Brainstorming liegt einer der **Vorteile** dieser Methode darin, dass sie sehr rasch zu vielen Ideen führen kann. Zudem bauen die Ideen aufeinander auf. Eine Grund-Idee wird so durch die Anregungen bzw. Assoziationen anderer weiterentwickelt und konkretisiert.

---

[1] Aus Schmidt 2003, S. 233; Kaniowsky/Freitag 1990, S. 24

Als **Nachteile** entstehen eventuell, dass sich die Ideen vom eigentlichen Problem wegentwickeln (die Ideenproduktion erfolgt ungesteuert, nicht für alle sichtbar wie beim Brainstorming). Zudem können viele Ideen wenig weiterführend sein, weil die Konditionen für das Finden origineller Ideen eher schwach sind (kein Emotionalisieren, kein Verfremden mit Hilfe von Bildern etc.). Zudem ist die Anzahl der Teilnehmenden begrenzt, wobei auch neben 6 deren 5 oder 4 möglich wären.

Einsatz (4) Der Einsatz dieser Kreativitätsmethode bietet sich besonders dann an, wenn Ausgangs-Ideen vorliegen und nun weiterentwickelt und konkretisiert werden sollen. Die Ausgangs-Ideen können durch ein Brainstorming oder durch Synektik entstanden sein.

Im Prozess gemäss Abbildung B/29 treten solche Momente auf bei den **Grundschritten**:

2. Situationsanalyse, speziell beim Ausarbeiten eines Entwicklungs-Modells für die Zukunft etwa mit Hilfe der Szenario-Technik
3. Optimierung, insbesondere zum weiteren Konkretisieren von Lösungs-Varianten
4. Ausarbeitung, besonders zur Sammlung von Ideen für die Lösung von Detailproblemen.

2.3.4.6   Ideen-Delphi

Metho-den

Vorgehen (1) Die Delphimethode wurde ursprünglich für das Ausarbeiten von Prognosen entwickelt. Es geht darum, in strukturierter Form zum Austausch von Meinungen sowie im Laufe des Prozesses zu weitgehend übereinstimmenden Ansichten zu kommen. Man kann diese Methode auch zum Entwickeln von Ideen anwenden.[1]

Das Vorgehen besteht in einem Wechsel von Befragungen, Verarbeitungen und Verdichtungen der Befragungsergebnisse, Konfrontationen der Befragten damit und erneuter Befragung. Das kann in mehreren Runden ablaufen. Bei zwei Runden sieht der Prozess wie folgt aus (vgl. Abb. B/73):

1. Runde
   1.1 Stellen der Aufgabe in Form von Fragen
   1.2 Antworten der Teilnehmenden
   1.3 Auswerten und Verdichten der Antworten
   1.4 Konfrontation der Teilnehmenden mit diesem Material
2. Runde
   2.1 Stellen neuer Fragen an die Teilnehmenden
   2.2 Antworten der Teilnehmenden in Kenntnis dieses Materials (Pos. 1.4)
   2.3 Auswerten und Verdichten der Antworten
   2.4 Darstellung der Ergebnisse

---

[1] Vgl. Burghardt 2002, S. 580; Kaniowsky/Freitag 1990, S. 36

Abbildung B/73
Zum Ideen-Delphi
gehören verschie-
dene Runden und
Schritte zusam-
men mit Experten

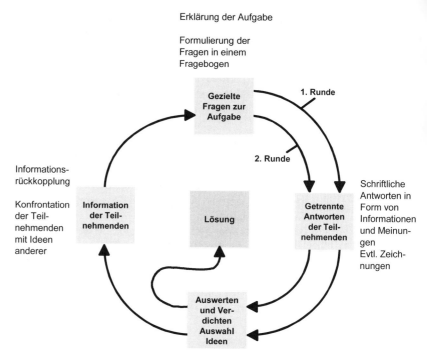

Erklärung der Aufgabe

Formulierung der
Fragen in einem
Fragebogen

Gezielte
Fragen zur
Aufgabe

1. Runde

2. Runde

Informations-
rückkopplung

Konfrontation
der Teil-
nehmenden
mit Ideen
anderer

Information
der Teil-
nehmenden

Lösung

Getrennte
Antworten
der Teil-
nehmenden

Schriftliche
Antworten in
Form von
Informationen
und Meinun-
gen
Evtl. Zeich-
nungen

Auswerten
und Ver-
dichten
Auswahl
Ideen

Formen der Zusammenfassung und Darstellung
- mehrheitliche Aussagen
- Zusammenfassung wichtiger Informationen,
  Kriterien
- Sortierung und Zusammenfassung von
  Lösungsansätzen
- Rückschlüsse und Kommentare

Einordnung

(2) Diese Methode hat gewisse Ähnlichkeiten mit der Methode 635, treibt aber die Formalisierung noch weiter. Daher sprechen bei der Einordnung im Morphologischen Kasten nun deutlich andere Felder an (vgl. Abb. B/66):

○ in den Denkprozessen eine vorwiegende Ausrichtung auf das bewusste Denken

○ in den Instrumenten neben dem Assoziieren auch deutlich das Deduzieren

○ bei den Hilfsmitteln eine Kombination von herausfordernder Konkurrenz (zwischen den Teilnehmern) und einer Konfrontation mit Ideen und Meinungen Anderer.

Vorteile
Nachteile

(3) Die **Vorteile** des Ideen-Delphi liegen in der erreichbaren hohen Qualität der Ideen im Sinne durchdachter Vorschläge (zumal, wenn die Teilnehmenden auf dem betreffenden Gebiet gute Fachleute sind). Diese Qualität wird noch dadurch unterstützt, dass ähnlich wie bei der Methode 635 die Teilnehmenden „am Ball" bleiben, also sich in ihren Bei-

trägen klar auf die Fragen der Aufgabe beziehen. Zudem kommt es zu intensiven Rückkopplungen in den Informationen, so dass alle Beteiligten Runde um Runde ein höheres Informationsniveau erreichen. Schliesslich kann der Veranstalter des Ideen-Delphi steuernd eingreifen, indem er nach der ersten Runde eine Auswahl an Ideen und Meinungen trifft. Auf dieser bewussten Selektion bauen die weiteren Fragen auf, was die Anwendungsbreite erhöht. Ein zusätzlicher Vorteil besteht darin, dass der Kreis der Beteiligten frei bestimmt werden kann.

Zu den **Nachteilen** gehört, dass kaum befreiende Wirkungen in Richtung besonders neuer und origineller Ideen entstehen. Befruchtende Emotionen werden bewusst ausgeschaltet, um die oben genannten Vorteile zu erreichen. Das Ideen-Delphi kann bei bestimmten Durchführungsformen zudem recht lange dauern und damit zu üblichen Zeitabständen bei den Schritten eines Prozesses quer liegen. Allerdings sind auch stark verkürzende und vereinfachende Formen möglich (vgl. Abb. B/51).

Einsatz   (4) Daher eignet sich das Ideen-Delphi weniger zu einer breiten Auslegeordnung von neuartigen und originellen Ideen als vielmehr für das konzentrierte Arbeiten an komplexen Fragestellungen bzw. Fragen zukünftiger Entwicklungen.

Der Einsatz konzentriert sich primär auf folgende **Prozess-Schritte** bei einem systematischen Vorgehen gemäss Abbildung B/29:

2. Situationsanalyse, insbesondere für das fundierte Ausarbeiten von Zukunftsszenarios
3. Optimierung, insbesondere für das fundierte Konkretisieren von Lösungs-Varianten

2.3.4.7   Funktionenanalyse

Vorgehen   (1) Diese Methode gehört zu den wichtigsten Instrumenten der Wertanalyse nach DIN/EN 12973 (vgl. Kap. A/3.3.1.3 und Abb. A/99). Funktionen formulieren heisst, sich mit den Wirkungen eines Produktes, einer Dienstleistung, einer Organisation etc. zu beschäftigen. Damit wird man gezwungen, zu abstrahieren.

Bei Wertanalysen (Haupteinsatzgebiet gemäss DIN/EN 12973) besteht das Vorgehen in folgenden Schritten:[1]

1. Erkennen und Auflisten der Funktionen (zunächst skizzenhaft, vgl. Abb. B/74, dann klar und kurz mit Verb und Substantiv)
2. Systematisieren der Funktionen (vollständige qualitative Beschreibung des betrachteten Bedürfnisses z.B. in Form eines Funktionenbaumes, vgl. Abb. A/99)
3. Charakterisierung der Funktionen (Quantifizierung der erwarteten Erfüllung der verschiedenen Funktionen)

---

[1] Vgl. Deutsches Institut für Normung 2002, S. 38 ff.

4. Aufstellen einer hierarchischen Funktionenordnung (Festlegung der Bedeutung der einzelnen Funktionen)
5. Bewertung der Funktionen (Zuordnung von Gewichten als quantitative Umschreibung und Präzisierung der hierarchischen Ordnung aus Sicht der Bedürfnisträger)

Einordnung

(2) Die Ideenfindung der Funktionenanalyse beruht dementsprechend vor allem auf Abstraktionen. Man löst sich vom konkreten Objekt und fragt nach seinen Wirkungen (den vorhandenen und den gewünschten). Bei der Einordnung im Morphologischen Kasten (vgl. Abb. B/66) zeigt sich die Dominanz des Rationalen:

○ weitgehend bewusstes Denken
○ bei den Einstellungen vor allem das „Zweifelsspiel" (Hinterfragen)
○ in den Instrumenten überwiegend Deduzieren, wobei es auch zum Assoziieren kommt
○ als Hilfsmittel der Einsatz von Suchfeld-Matrizen

Abbildung B/74
Zunächst kann es bei der Funktionenanalyse zweckmässig sein, sich auch mit dem Umfeld eines Produktes zu beschäftigen[1]

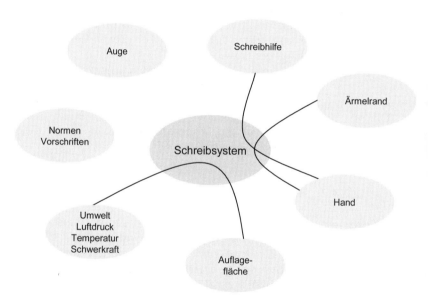

Vorteile
Nachteile

(3) Als **Vorteile** ergeben sich die umfassende abstrakte Betrachtung der Objekte und damit die Öffnung für neue Lösungen (ähnlich wie bei Zielanalysen und beim Morphologischen Kasten). Dabei bleibt man, stärker und klarer noch als bei der Delphi-Methode, am Objekt.
Als **Nachteil** ist anzuführen, dass wie bei der Delphi-Methode das Befreien für wirklich neue Lösungen zu kurz kommen kann. Das liegt einerseits am Fehlen von besonders kreativitätsfördernden Faktoren (zwar Abstrak-

---

[1] Aus Deutsches Institut für Normung 2002, S. 43

tion, doch weitgehend nur bewusstes Denken und Deduktion) sowie am Objekt-Bezug. Der letztgenannte Faktor wirkt sich besonders dann aus, wenn kein hinreichendes Abstrahieren gelingt.

Einsatz   (4) Der Einsatz der Funktionsanalyse ist im Rahmen der Wertanalyse bereits durch die DIN/EN 12973 vorprogrammiert.[1] Ursachen für diese Präferenz liegen wohl darin, dass sich dieses Verfahren insbesondere für klar erfassbare und abgrenzbare Produkte bzw. Produkt-Module sehr bewährt.

Im Rahmen der systematischen **Schrittfolge**, wie diese Abbildung B/29 wiedergibt, ergeben sich als Einsatzmöglichkeiten:

2. Situationsanalyse, insbesondere Analyse der Funktionen eines Produktes oder einer Dienstleistung
3. Lösungssuche, insbesondere Darstellung der Soll-Funktionen als Basis.

2.3.5 Morphologischer Kasten

Morphologie   (1) Der Begriff Morphologischer Kasten verbindet zweierlei Werte: Morphologie und Kasten.

Die Morphologie geht auf Johann Wolfgang Goethe zurück. Bekanntlich beschäftigte sich dieser Dichter auch mit den Gestaltungsgesetzen der Natur.[2] Später fand dieser Begriff und die dahinter stehende Sichtweise Eingang in die Arbeiten von Botanikern, Zoologen, Medizinern und Geologen. Es folgten weitere Wissenschaften. Der besondere Reiz des morphologischen Ansatzes lag darin, die **Totalität** aller Erscheinungsformen darstellen zu können.

Seit 1940 wandte Fritz Zwicky die Morphologie systematisch an. Dieser ideenreiche Wissenschaftler aus dem Schweizer Glarnerland war Astrophysiker, arbeitete aber auch auf vielen anderen Gebieten. Er entwickelte die Morphologie in drei Hinsichten weiter:[3]

- Morphologie als Beschreibung kosmischer Strukturen, Gebilde und Vorgänge
- Morphologie als Methode für Entdeckung und Erfindung, Forschung und Konstruktion, wofür ein ganzes Bündel von einzelnen Methoden entwickelt wurde
- Morphologie als Erkenntnistheorie, ja als Weltansicht und Lebensweise

Kasten   (2) Der Morphologische Kasten entstand als Idee für die Darstellung verschiedener Möglichkeiten. Dabei kann es sich ebenso um eine systematische Darstellung von Naturphänomenen handeln wie die Darstellung verschiedener Lösungsideen. Hinter dem Wort „Kasten" steckt das

Metho-
den

---

[1] Vgl. Deutsches Institut für Normung 2002
[2] Vgl. Wyhler 2001, S. 15
[3] Vgl. Wyhler 2001, S. 16; Zwicky 1989

Bild eines dreidimensionalen Würfels, in dem sich verschiedene Kombinationen von Möglichkeiten darstellen lassen. Man kann auch an eine Kommode mit vielen Schubladen in einer systematischen Ordnung denken (Abb. B/75). In Anlehnung an den Erfinder dieser Darstellungsform spricht man auch von Zwicky-Box.

Abbildung B/75
Ein mehrdimensio-
naler Kasten stand
an der Wiege der
Zwicky-Box (mit
Aschenbecher als
einfachem Beispiel)

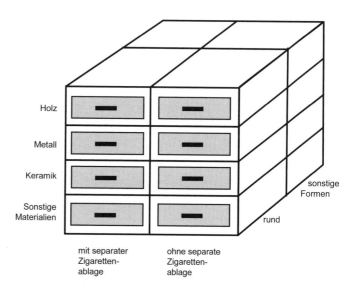

Da aber drei Dimensionen für die Darstellung bei komplexeren Fragestellungen häufig nicht ausreichen, setzte sich eher die tabellarische Darstellung durch (vgl. Abb. B/66 und 76). Was blieb, war das Bild vom Kasten.

Bedeutung

(3) Die Bedeutung dieser Methode liegt in der einfachen Art, wie man einerseits übersichtliche **Ordnung** herstellen und andererseits für Neues eine **Offenheit** bewirken kann. Das Ganze lässt sich auf einem Blatt A4 oder A3 darstellen. Dadurch ergibt sich als weiterer Vorteil die Chance einer guten **Übersichtlichkeit**.

Anwendung

(4) Für beide Eigenschaften des Morphologischen Kastens enthält dieses Handbuch zahlreiche Belege (vgl. Abb. B/3, 4, 40, 54 und 66).
Bezogen auf ein systematisches Vorgehen gemäss Abbildung B/29 ergeben sich in der Praxis v.a. folgende beiden Möglichkeiten der Anwendung:
2. Situationsanalyse
   (Systematischer Überblick über verschiedene Erscheinungsformen)
3. Optimierung
   (Überblick über Lösungsmöglichkeiten und Entwickeln von Lösungsideen)

Auswahl von Themen

(5) Die folgenden Ausführungen konzentrieren sich auf den Morphologischen Kasten in praxisbewährten Formen. Dazu werden als Themen behandelt:

- Vertiefung einiger methodischer Grundlagen
- Praktisches Vorgehen
- Vermeiden von Fehlern

2.3.5.1 Vertiefung einiger methodischer Grundlagen

Überblick

(1) Die Einfachheit des Morphologischen Kastens erlaubt es, sich auf drei Themen zu beschränken. Es sind dies die:

- Merkmale
- Teillösungen bzw. Ausprägungen
- Auswahl von Lösungen

Merkmale

(2) Die Merkmale werden in der Literatur auch Dimensionen oder Parameter genannt.[1] Es handelt sich um die **Bestimmungsfaktoren**, die besonderen Kennzeichen oder das Merkwürdige einer Gegebenheit bzw. einer Lösung (vgl. Abb. B/76).

Das **Herausfinden geeigneter Merkmale** stellt erfahrungsgemäss das schwierigste Unterfangen dar. Zunächst besteht nur die Forderung, dass die Merkmale:

- voneinander unabhängig
- nicht bewertend

sein sollen. Viel hat die Suche auch mit dem Entdecken des „Pudels Kern" zu tun (vgl. Kap. A/2.2.1.1). Damit man die wirklich massgeblichen Merkmale herausfinden kann, empfiehlt sich in vielen Fällen, zunächst denkbare Gesamtlösungen frei zu skizzieren. Solche Darstellungen lassen sich anschliessend auf ihre Merkmale hin analysieren.

Im Prinzip lässt sich eine endlose **Zahl von Merkmalen** bestimmen. Doch sinkt nach ca. 10 Merkmalen die Übersichtlichkeit rasch. Erfahrungsgemäss erweisen sich 3 bis etwa 7 Merkmale unter dem Aspekt der Übersichtlichkeit als am besten. Bei über 7 Merkmalen empfiehlt es sich, übergeordnet Begriffe, also eine Art Haupt-Merkmale, einzuführen.

Für die kreative Suche nach Lösungsmöglichkeiten bewährte sich zudem, bei jedem Haupt-Merkmal oder zuunterst im Morphologischen Kasten, **Leerzeilen** vorzusehen (vgl. Abb. B/76).

Teillösungen bzw. Ausprägungen

(3) Die Suche nach Teillösungen bzw. Ausprägungen gestaltet sich vergleichsweise einfacher. Zu jedem Merkmal werden entsprechende Möglichkeiten wie Perlen einer Kette aneinander gereiht. Doch auch hier sind einige Punkte zu beachten:

- die Suche nach Breite bzw. Vollständigkeit
- Die Bewahrung der Übersichtlichkeit

Methoden

---

[1] Vgl. Daenzer/Huber 2002, S. 504; Wyhler 2001, S. 93; Brauchlin/Heene 1995, S. 186

Die Suche nach **Breite bzw. Vollständigkeit** ist so wichtig, um die Totalität der Lösungsmöglichkeiten bzw. Ausprägungen darstellen zu können. Daher gilt es, eher grundsätzliche Teillösungen bzw. Ausprägungen zu wählen als einige wenige detaillierte (vgl. Abb. B/76). Zudem ist es auch hier zweckmässig, leere Felder vorzusehen. Dann kann sich bei Gebrauch des Instrumentes eine beteiligte Gruppe gut einbringen und selber noch Merkmale und Teillösungen kreieren. Es erstaunt immer wieder, wie viele neuartige Vorschläge aus dem Kreis der Beteiligten kommen können.

Gleichzeitig sollte aber die **Bewahrung der Übersichtlichkeit** Vorrang vor Vielzahl bekommen.

Die Anzahl der **Teillösungen** sollte daher in der Regel **nicht mehr als 10** betragen. Nun ergeben sich durch viele Kombinationsmöglichkeiten der Teillösungen jedoch häufig wesentlich grössere Zahlen. Dieses Problem lässt sich dadurch lösen, dass man nicht sämtliche Kombinationen (etwa von Materialien zur Tischplatte im Beispiel der Abbildung B/76) darstellt, sondern höchstens ein, zwei Muster. Dafür bleiben Felder frei, die dann beim praktischen Arbeiten mit dem Morphologischen Kasten für tatsächlich gewählte Kombinationen oder für weitere Spezifizierungen (z.B. Holz–Eiche oder Holz–Tanne) benutzt werden. Eine andere Möglichkeit zur Reduktion der Anzahl von Teillösungen auf einer Zeile besteht darin, ein Merkmal in zwei aufzuspalten. Dann kann man die Teillösungen in zwei Zeilen aufgliedern. Schliesslich lässt sich für Spezifizierungen auch ein untergeordneter zweiter Morphologischer Kasten aufstellen.

Beim Einsatz für die Lösungssuche gilt: Für jede Variante bzw. Alternative sollte zu jedem Merkmal **eine einzige Teillösung** bestehen. Eventuell benötigt man dafür die Möglichkeiten „nicht relevant" oder „keine". Die in der Praxis übliche Markierung mehrerer Felder zu einem Merkmal führt rasch zur Unübersichtlichkeit.

Auswahl Teillösungen

(4) Die Auswahl von Teillösungen bzw. Ausprägungen richtet sich nach dem Gegenstand der Darstellung. Häufig reicht es bei Situationsdarstellungen, die Vielfalt zu zeigen. Anders sieht es aus, wenn ein Morphologischer Kasten der Kreation von Lösungen dient und daher Teillösungen auszuwählen und zu kombinieren sind.

Eine solche Kombination erfolgt grafisch über die Markierung von ausgewählten Feldern (z.B. farbige Umrandung, Rasterung von Feldern wie in Abbildung B/77, Zeichen in den Feldern wie in Abb. B/76) bzw. durch eine Verbindung mit Lauflinien (vgl. Abb. B/78).

Dieser Prozess begegnet dem Problem der grossen **Zahl möglicher Varianten**. Angenommen, es bestünden 5 Merkmale und zu jedem Merkmal 5 Teillösungen, so ergibt sich eine Zahl von 3'125 theoretischen Varianten für Gesamtlösungen. Nun kann man meist längst nicht alle Teillösungen sinnvoll miteinander kombinieren. Der freistehende Esstisch mit nur zwei Beinen gibt wenig Sinn. Dennoch bleibt die Zahl diskutabler Varianten häufig wesentlich grösser, als in den nachfolgenden Schritten zu bewältigen ist.

Abbildung B/76
Dieser einfache
Morphologische
Kasten demonst-
riert den prakti-
schen Einsatz der
Methode (hier: Für
die Entwicklung
von Ideen und
Varianten für
einen Esstisch)

Merkmale	Teillösungen						
	A	B	C	D	E	F	G
1 **Anzahl normale Essplätze**	1	2 ■	3 ▲	4 ●	5	6	
2 **Mögliche Vergrösse-rung Anzahl Ess-plätze**	0 ■ ▲	+1	+2	+3	+4 ●		
3 **Verbindung**	angebaut mit Wand verbun-den	mit Möbel verbund. ■	frei-stehend ● ▲				
4 **Form Tischplatte**	▦ ●	▦	◯ ▲	△ ■	◇		
5 **Material Tischplatte**	Holz ▲	Metall ●	Kunststoff ■	Glas			
6 **Anzahl Tischbeine**	0 ■	1	2	3 ▲	4	6 ●	
7 **Material Tischbeine**	kein Material ■	Holz ●	Metall	Kunststoff	Glas	Komb.B+C (Holz/Metall) ▲	
8							

Mögliche Varianten: ● = Variante I   Verdoppelbarer Metall-Tisch, ausgezogen mit 6 Beinen
■ = Variante II   Auskragender Glastisch
▲ = Variante III   Runder Holztisch mit schlanken Beinen

Hier können **Leitideen** helfen. Man lässt sich etwa von hochgewichteten Zielen leiten oder nimmt die Lösungs-Vorschläge auf, die bereits zu Beginn des Problemlösungs-Prozesses zur Diskussion standen. Beispiele für Leitideen sind etwa:

- die vermutlich kostengünstigste Lösung
- die vermutlich im Nutzen (z.B. Gebrauchsqualität des Tisches) beste Lösung
- besonders gewagte Ideen (z.B. die auskragende Esstischplatte aus Glas)

Abbildung B/77
Mit diesem Morphologischen Kasten konnten kreative Lösungs-Varianten für ein medizinisches Grosslabor gefunden werden (vgl. Kap. C/1.2.3)

Merkmale		Teillösungen						
		1	2	3	4	5	6	7
1. Erschließung	1.1 Erschließung Grundstück							
	1.2 Parkierung							
	1.3 Erschließung Gebäude							
2. Grundstücksnutzung	2.1 Überbaute Fläche 1. Etappe	5 - 10 %	10 - 15	15 - 20	20 - 25	25 - 30	30 - 35	
	2.2 Überbaute Fläche 1. und 2. Etappe	15 - 20 %	20 - 25	25 - 30	30 - 35	35 - 40	40 - 45	
	2.3 Lage Gebäude 1. Etappe							
3. Gebäude	3.1 Gebäudeform							
	3.2 Anzahl Geschosse	1	2	3	4	5	6	7
	3.3 Modul	100	120	125	140	150	200	300
4. Nutzungsverteilung	4.1 Zuordnung Bereiche							
	4.2 Anordnung Garderoben							
	4.3 Anordnung Aufenthaltsräume							
5.	5.1							
	5.2							

Ausgewählte Teillösungen für eine Variante

*Abbildung B/78
Dieser einfache
Morphologische
Kasten zeigt die
Möglichkeiten der
Kombination von
Standorten für
eine Gemüse-
Grosshandelsfirma
in Zürich*

2.3.5.2   Praktisches Vorgehen

Schritte   (1) Für das Ausarbeiten und den Einsatz des „Morphologischen Kastens" haben sich folgende Schritte bewährt (vgl. Abb. B/79):

- A   Genaue Definition des Problems (soweit nicht bereits geschehen)
- B   Ermittlung der die Lösung kennzeichnenden Merkmale (Dimensionen, Parameter)
- C   Suche nach Teillösungen bzw. Ausprägungen zu den Merkmalen
- D   Kombination von ausgewählten Teillösungen zu Gesamtlösungen
- E   Auswahl der Gesamtlösungen, die als Alternativen bzw. Varianten weiter ausgearbeitet werden sollen

**Genaue
Definition des
Problems (A)**   (2) Die genaue Definition des Problems (A) erfolgt im Rahmen des systematischen Prozesses gemäss Abbildung B/28 durch die Schritte 2 „Situationsanalyse" und 3 „Optimierung/Zielformulierung". Das Problem wird insbesondere durch die Zielanalyse so umrissen, dass klar sein sollte, worauf es eigentlich ankommt. Fixierungen auf bestimmte Lösungen

werden dadurch bereits gelockert. Prämissen geben an, was eingehalten werden muss (also nicht variabel ist).

A   **Genaue Definition des Problems**

B   **Ermittlung der die Lösung
kennzeichnenden Merkmale**

C   **Suche nach Teillösungen
zu den Merkmalen**

D   **Kombination von ausgewählten
Teillösungen zu Gesamtlösungen**

E   **Auswahl der Gesamtlösungen**

**Ermittlung der
die Lösung
kennzeichnen-
den Merkmale
(B)**

(3) Man muss nun herausfinden, was **wirklich kennzeichnend** für eine Lösung ist und was weniger oder gar nicht. Neben den bereits oben vorgeschlagenen Skizzen zu einer Lösung lassen sich auch ein Brainstorming oder eine Funktionenanalyse durchführen.
Anschliessend gilt es, eine **Abhängigkeitsprüfung** durchzuführen. Sind einzelne Merkmale nicht unabhängig von den anderen, so sollte man diese streichen.

**Suche nach
Teillösungen
(C)**

(4) Spätestens nach der Auflistung der Merkmale muss man sich für eine **geeignete Form des Morphologischen Kastens** entscheiden. Kommen die Merkmale in den Kopf der Darstellung (vgl. Abb. B/3 oder B/78) oder an die Seite (vgl. Abb. B/4 und B/77)?
Danach schliesst die Suche nach Teillösungen (C) an. Hierbei kann es nützlich sein, erste Ideen separat auf einem Flip Chart oder auf Kärtchen zu sammeln. Dann folgt das systematische Suchen v.a. nach grundsätzlichen Teillösungen. Dabei sollte man der Phantasie freien Lauf lassen und auch das scheinbar nicht Machbare oder Verrückte aufschreiben.
Für das Arbeiten mit dem Morphologischen Kasten in Gruppen haben sich plastische **Darstellungen** der Teillösungen (Symbole, Bilder) sehr bewährt. Ebenso sollte man darauf achten, dass das Ganze nicht als Matrix missverstanden wird. Dazu dienen z.B. Doppellinien oder verschieden grosse Felder.

Kombination von geeigneten Teillösungen zu Gesamtlösungen (D)

(5) Die Kombination von geeigneten Teillösungen zu Gesamtlösungen (D) erfolgt mit Vorteil in Gruppenarbeit. Einzelne Gruppenmitglieder können ihre Varianten-Ideen vorschlagen.

Um Gruppen zum möglichst breiten Ausleuchten des Lösungsfeldes zu animieren, kann es nützlich sein, dass die **Moderation** als Beispiele besonders extreme oder für einzelne Mitglieder schmerzhafte Gesamtlösungen vorschlägt. Damit können Tabus durchbrochen werden. Ebenso sollte die Moderation streng darauf achten, dass nicht irgendwelche Vorschläge von der Gruppe vorschnell verworfen werden.

Damit wird eine Art **Vorevaluation nicht ausgeschlossen.** Man kann sich hierbei an Prämissen bzw. hoch gewichteten Zielen orientieren. Doch sollte davon nur sehr zurückhaltend Gebrauch gemacht werden. Zu rasch wird sonst eine gute Idee nicht weiter verfolgt (vgl. Kasten „Eine dumme Idee" in Kap. A/3.3.3.3).

Bewusste Auswahl der Gesamtlösungen (E)

(6) Im Rahmen eines Gruppenprozesses können 10 Varianten und mehr kreiert werden. Alle Vorschläge sind zu notieren, weil das der regen Beteiligung und der Akzeptanz dient.

Danach erfolgt jedoch die bewusste Auswahl der Gesamtlösungen (E) für die Weiterbearbeitung als Alternativen bzw. Varianten. Das dient der Qualität der späteren Bewertung. Bei Beachten einiger Auswahl-Regeln lässt sich eine Begrenzung auf maximal 5 Gesamtlösungen voll vertreten. Die detaillierte Bewertung erlaubt es ja, Stärken jeder einzelnen Teillösung festzustellen, selbst wenn diese in einer sonst ungünstigen Variante integriert ist. Dazu sollten jedoch folgende Regeln beachtet werden:

○ Möglichst breite Berücksichtigung der Teillösungen je Merkmal (selbst wenn einige Teillösungen als wenig sinnvoll eingeschätzt werden)

○ Kombination zu jeweils in sich besten Alternativen bzw. Varianten

Gegenüber der Notwendigkeit, möglichst viele diskutable Teillösungen zu testen, ist das oft vorherrschende Bestreben nach Auswahl der vermeintlich besten Lösung zurückzustellen. Es kommt also nicht darauf an, mit Hilfe des Morphologischen Kastens bereits die „Gewinner-Lösung" zu finden. Vielmehr geht es um die Auswahl von Varianten, die weitere Aufschlüsse für die Suche nach der bestmöglichen Lösung erlauben, also einen **Informationsgewinn** versprechen.

2.3.5.3   Vermeiden von Fehlern

Wichtige Punkte

(1) Wenn man die oben beschriebenen Hinweise und Regeln beachtet, sollten keine schwerwiegenden Probleme auftauchen. Erinnert sei nochmals an folgende wichtige Punkte:

○ Der Morphologische Kasten muss **übersichtlich** sein und maximal auf einem A3-Blatt Platz haben. Er soll sich daher auf das Wesentliche beschränken und dementsprechend

· nicht mehr als 12 Merkmale umfassen

· nicht mehr als 10 Teillösungen beinhalten (lieber deutlich weniger)

Metho-
den

○ Für **Kreativität und zur Verständigung** in der Projektgruppe muss der Morphologische Kasten Raum bieten und daher
· Zeilen für zusätzliche Merkmale offen lassen
· Felder für zusätzliche Teillösungen bieten

○ Die Projektgruppe soll **unbeschränkt Varianten kreieren** können. Keine Idee darf „unter den Tisch" fallen. Es ist leicht, sämtliche vorgeschlagenen Varianten im Morphologischen Kasten festzuhalten.

○ Doch muss anschliessend diszipliniert eine **(Vor-) Auswahl auszuarbeitender Varianten** erreicht werden. Mehr als 5 Varianten sind bei einem nachfolgenden Schritt der Bewertung schwer zu bewältigen.

Anwendung in Gruppen

(2) Die eigentlichen Probleme liegen denn auch weniger im technischen Vorgehen als in der Anwendung in Gruppen. Hier bestehen als Schwierigkeiten:

○ fehlende Kreativität
○ zu „ernster" Umgang mit Varianten
○ zu starke persönliche Identifizierungen mit Varianten

Häufig sind Gruppen mental sehr stark im Ist-Zustand oder in der Vergangenheit verwurzelt (vg. Kap. A/1.1.2.5). Sie können sich daher schwer neue, andere Lösungen vorstellen. Der Gruppe fehlt es in der Folge an **Kreativität**. Neben der Aufmunterung durch die Moderation kann hier auch der bewusste Einsatz von zusätzlichen Kreativitätstechniken weiterhelfen (z.B. Brainstorming).

Viele Gruppen sind eine iterative Annäherung an die bestmögliche Lösung nicht gewohnt. Sie pflegen einen zu **ernsten Umgang mit Varianten** dergestalt, dass sie diese in der vorliegenden Form als definitive Lösungsvorschläge einschätzen. Sie versuchen daher, Varianten nicht unter dem Gesichtspunkt der Informationsgewinnung zusammenzustellen. Vielmehr wollen sie bereits bei der Lösungssuche die bestmögliche Variante gestalten. Die eigene Vorstellung störende Varianten versuchen sie dagegen zu verhindern.

Schliesslich erfolgen eventuell **persönliche Identifizierungen** mit einzelnen Varianten (z.B. Variante „Meier" und „Müller"). Bei der Bewertung betrachten die betreffenden Beteiligten „ihre" Varianten nicht mehr möglichst neutral, sondern sehen sie unter dem Gesichtspunkt persönlicher Siege und Niederlagen. Auch Namensgebungen (z.B. Variante „Konzentration") erweisen sich als gefährlich. Daher sind die Varianten neutral zu bezeichnen (z.B. mit I, II, III etc. und/oder mit Farben).

2.3.6 Nutzwertanalyse

Werte

(1) Wenn man sich für etwas entschieden oder die Güte einer vorliegenden Lösung (z.B. eines Wohnungsangebotes) erkennen möchte, so bedarf es der Bewertung. Wie das Wort besagt, geht es um Werte und Feststellungen, wie gut Lösungs-Varianten Werten entsprechen.

Verschiedene grundsätzliche Ansätze

(2) Für Bewertungen bestehen sehr verschiedene grundsätzliche Ansätze. Sehr häufig erfolgen Bewertungen über den **Preis** einer Problemlösung oder eines Produktes. Wenn diese die eigenen Ziele gut erfüllen, dann wird man einen entsprechenden Preis zu zahlen bereit sein.

Doch ebenfalls häufig besteht für Problemlösungen kein Marktmechanismus und also auch keine Messung der Zielerfüllung über den Preis. Dann bedarf es **alternativer Ansätze**. Das gilt auch dann, wenn zwar einerseits Kosten kalkuliert und optimiert werden können, andererseits aber auch nicht in Geld ausdrückbare Wertvorstellungen im Spiele sind. Welche methodischen Möglichkeiten für solche Fälle bestehen, wird in Abbildung A/117 sowie in Kapitel A/3.3.3.3 aufgeführt. Daneben wendet die Praxis noch eine Reihe von Techniken an, z.B. Matrizen oder Kriterienlisten kombiniert mit Auflistungen von Vor- und Nachteilen. Solche Möglichkeiten nutzt auch dieses Handbuch, wie die Abbildungen A/92 und A/97 zeigen.

Handikap unseres Denkapparates

(3) Bestehen mehrere Zielvorstellungen und Kriterien, so gerät die Auflistung der Vor- und Nachteile recht umfangreich. Schon bei drei Kriterien kann es schwierig werden, ein abgewogenes Gesamturteil zu fällen. Das gilt erst recht bei 5, 10 oder gar 20 Kriterien sowie 5 Varianten. Solche Mengen an Einzelurteilen kann unser Denkapparat nicht bewusst miteinander vergleichen, worauf speziell Abbildung B/43 aufmerksam macht.

Um das Handikap unseres Denkapparates zu überwinden, bedarf es einer Art **Bewertungsbuchhaltung**, mit welcher man Zwischen- und Gesamtresultate dokumentieren bzw. erzielen kann. Doch wie bei allen Buchhaltungen müssen dafür bestimmte Regeln eingehalten werden.

Die Nutzwertanalyse stellt ein solches Regelwerk dar, welches auf entscheidungslogischen Grundlagen aufbaut. Dieses Regelwerk wird aber am „Methodenmarkt" auch unter anderen Begriffen aufgeführt: Multikriterienverfahren, Bewertungsmatrix Punktwertverfahren, Scoring-Methode etc.

Methoden

Bedeutung

(4) Die besondere Bedeutung der Nutzwertanalyse für das Lösen von Problemen liegt darin, dass sie:

○ voll auch für nicht quantitative Aspekte einsetzbar ist (z.B. die Flexibilität einer Lösung)

○ das einzige Instrument darstellt, das entscheidungslogisch tragbar Alternativen und Varianten mit Hilfe von Zahlen umfassend zu bewerten erlaubt

○ die direkte Messung der Erfüllung von mehreren Zielen erlaubt

Anwendungsmöglichkeiten

(5) Die Anwendungsmöglichkeiten der Nutzwertanalyse sind daher sehr breit, wenn immer es um Bewertungen geht. Man kann mit diesem methodischen Ansatz Standard-Bewertungs-Systeme entwickeln (vgl. Abb. B/80) oder in einem Lösungsprozess Alternativen und Varianten in ihren Vor- und Nachteilen analysieren und als Zahlen ausdrücken. Bezo-

*Abbildung B/80
Dieses Beispiel
stammt aus einem
standardisierten
Wohnungsbewer-
tungssystem in der
Schweiz (hier
Kriterien zum
Wohnstandort)[1]*

▲ WOHNSTANDORT

Gewicht

Erholungsmöglichkeiten

	60	Freizeitanlage im Nahbereich	5
	61	Robinsonspielplatz im Nahbereich	4
	62	Siedlungsspielplatz im Nahbereich	5
	63	Park im Nahbereich	6
	64	Kleinhallenbad	6
	65	Freibad	4
	66	Erschlossener Wald	20
	67	Wanderwege, Wintersport	8
	68	Öffentliche Gewässer	12

Konsumangebot

	69	Dorf- bzw. Quartierzentrum	42
	70	Wegzeitdistanz Regionalzentrum	59

Bildung, Kultur, soziale Dienste

	71	Kindergarten, Vorschule	11
	72	Volksschule	8
	73	Schulen im Regionalbereich	18
	74	Soziale Dienste	18
	75	Lokale für Veranstaltungen	9

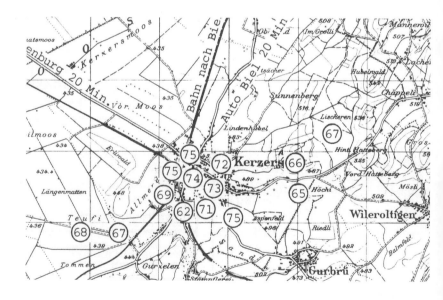

---

[1] Aus Wiegand/Keller 1979, S. 17

gen auf den systematischen Prozess nach Abbildung B/29 dienen Nutzwertanalysen bei den Schritten:

1. Vorbereitung
   (Bewertung der Machbarkeit, Auswahl geeigneter Vorgehensweisen)
2. Situationsanalyse
   (Bewertung von vorgefundenen Situationen, z.B. der Wohnungen in erneuerungsbedürftigen Gebäuden)
3. Optimierung
   (Bewertung von Alternativen bzw. Varianten)
4. Ausarbeitung
   (Überprüfung eines optimierten Gesamtkonzeptes, Suche nach bestmöglichen Lösungen für Teilbereiche)

Der Schwerpunkt der Anwendungen im Rahmen der INPRO-Methodik liegt bei Bewertungen von Alternativen bzw. Varianten im Rahmen einer Optimierung.

Auswahl von Themen

(6) Die Methode der Nutzwertanalyse bildet ein weites Feld. Dieses wurde im deutschsprachigen Raum erstmalig von Christoph Zangemeister in der ganzen Breite ausgeleuchtet.[1] Hier erfolgt primär eine Anleitung für das praktische Vorgehen bei einer spezifischen Form der Nutzwertanalyse. Behandelt werden in diesem Sinne die Themen:

- Vertiefung einiger methodischer Grundlagen

- Auswahl unter Methoden-Varianten

- Praktisches Vorgehen

- Vermeiden von Fehlern

Methoden

2.3.6.1 Vertiefung einiger methodischer Grundlagen

Überblick

(1) Dieses Thema der methodischen Grundlagen lassen Praktiker gerne aus. Häufig „lernten" sie Nutzwertanalysen in Kurzdarstellungen, z.B. in der Projektmanagement-Literatur oder von Kollegen, kennen. Der „Mechanismus" der Nutzwertanalyse scheint ja auch sehr einfach zu sein.

Leider ist zu wenig bekannt, dass die Mechanismen bei bestimmten Formen dieser Methode zwar immer zu einem Zahlen-Ergebnis führen, aber häufig nicht zu einem logisch richtigen. Um irreführende Fehler zu vermeiden, ist das folgende methodische Grundwissen dringend geboten. Zudem: die Nutzwertanalyse zeichnet zwar eine gute Anwendbarkeit aus, doch hat sie auch deutliche Nachteile bzw. Grenzen. Problematisch sind z.B. die der Methode zugrunde liegenden Zweck-Mittel-Beziehungen, mögliche Urteilsüberforderungen von Individuen und Kollektiven etc.[2]

Man muss daher die methodischen Grundlagen hinreichend gut kennen, damit ein Prozess gestaltet werden kann, bei dem die Vorteile die

---

[1] Vgl. Zangemeister 1973
[2] Vgl. Bechmann 1981, S. 20 ff.

Nachteile der Methode überwiegen. In diesem Sinne sind folgende Fragen anzusprechen:
- Charakteristik der Methodik
- Form der Bewertung
- Lösungsprinzipien
- Grundsätzliche methodische Unzulänglichkeiten
- Relativierung zu einem Instrument der Informationsgewinnung und -verarbeitung
- Unterschiedliche Verfahrensweisen

Charakteristik dieser Methodik

(2) Die Nutzwertanalyse stellt eine **heuristische Methode** dar (vgl. Kap. A/3.1.2.4). Ihr liegt daher das „Prinzip der befriedigenden Lösung" zugrunde. Ein Anspruch, die objektiv richtige Lösung zu finden, besteht nicht. Im Gegensatz zur klassischen Entscheidungstheorie, die oft von irrealen Anforderungen an die Informations- und Urteilskapazität des Entscheidungsträgers ausgeht, berücksichtigt dieses heuristische Prinzip der „befriedigenden Lösung" stärker die Möglichkeiten in der Praxis.

Es gehört dementsprechend zur Charakteristik dieser Methodik, komplexe und daher undurchsichtige Global-Entscheidungen in durchsichtige Teilschritte zu zergliedern. Die Nutzwertanalyse versucht dabei, eine **dem Denken des Menschen adäquate Form der Entscheidungsfindung** zu ermöglichen.

Dementsprechend werden beim bewertenden Vergleich von Lösungs-Alternativen bzw. -Varianten **nicht nur sachliche Objektinformationen** verwendet, sondern auch subjektive Informationen in die Analyse einbezogen. Diese bestehen einerseits in auch für Dritte verständlich zu formulierenden Zielen und Gewichtungen des Entscheidungsträgers bzw. einer Problemlösungs-Gruppe. Andererseits gehören dazu Aussagen über die zu erwartenden Zielerträge der jeweils betrachteten Varianten bzw. Alternativen. Zielerträge sind Messwerte (vgl. Abb. B/81). Diese Zielerträge werden in dimensionslose Zielwerte transformiert, um miteinander vergleichbar zu werden.

Form der Bewertung

(3) Gewichtete Ziele und Zielwerte kombiniert drücken aus, welchen Nutzwert eine Variante bzw. Alternative verspricht. Diese Form der Bewertung setzt eine dimensionslose Skalierung die Nutzwerte an die Stelle des monetären Massstabs.

Die ermittelten Nutzwerte können nicht nur gesamthaft etwas über die Rangfolge der Alternativen bzw. Varianten aussagen, sondern auch über den Abstand zwischen ihnen. Das setzt allerdings die Verwendung von Kardinalskalen voraus (vgl. Abb. B/84).

Wie bei einem Zeugnis lassen sich also nicht nur Gesamturteile über einzelne Schüler abgeben, sondern auch Einzelurteile zu einzelnen Fächern. Diese werden in der Schule ebenfalls über eine Regel zu Gesamturteilen aggregiert. Einzelne Noten fliessen beispielsweise mit einem doppelten, dreifachen oder gar vierfachen Gewicht in das Gesamturteil ein.

Abbildung B/81
Leider bestehen
auf dem methodi-
schen Feld der
Nutzwertanalyse
sehr verschiedene
Begriffe, die teil-
weise das Gleiche
meinen

Begriff	Erläuterungen
Zielertrag	Messwert zum Ziel (z.B. kg, m, verbale Umschreibung eines Vorteils)
Zielwert = Erfüllungsgrad = Note	Umwandlung der Zielerträge in dimensionslose Werte (weil ja die einzelnen Messwerte einander sonst nicht vergleichbar sind)
Zielwertfunktion = Transformationsfunktion	Funktion zum Verhältnis von Zielwerten und Zielerträgen

**Lösungs-
prinzipien**

(4) Die Nutzwertanalyse zerlegt also das komplexe, multidimensionale Bewertungsproblem. Das geschieht auf der Basis dreier rationaler Prinzipien. Diese entstammen der Entscheidungstheorie (vgl. Kap. A/3.1.2.2) und sind nicht leicht verständlich. Um dennoch Interessierten einen Eindruck zu geben, sollen knappe Erläuterungen folgen. Die drei Lösungsprinzipien lauten:

- o direkte Bewertung aller alternativen Projekte durch vergleichende Beurteilung ihrer Zielerträge
- o Bewertung der alternativen Projekte durch separate Erfassung der Teilbewertung, d.h. sukzessive Vorgehensweise und Ermittlung jeweils nur einer Wertdimension
- o Aggregation der Teilbewertungen gemäss relativen Gewichten zu einem Gesamtwert, der als Nutzwert bezeichnet wird. Die Gewichte sind über die alternativen Projekte konstant und unabhängig von der Höhe der Teilbewertungen

Das erste Lösungsprinzip der **vergleichenden Beurteilung der Zielerträge** basiert auf dem „Axiom der Unabhängigkeit von irrelevanten Alternativen". Es besagt, dass die Präferenzordnung einer Teilmenge der Varianten bzw. Alternativen unabhängig von deren Zahl ist. Dies ist der Fall, wenn die folgenden Voraussetzungen erfüllt sind: Die Bewertungspersonen (a) weitgehendst eindeutige Präferenzen bezüglich der zu bewertenden Projekte haben, (b) ihre Präferenzen nur an den Teilbewertungen ausrichten und (c) bei endlich vielen Wiederholungen der Bewertung konsistente Präferenzen offenbaren (vgl. Kap. A/3.1.2.2).

Hinter dem zweiten Lösungsprinzip der **separaten Erfassung der Teilbewertungen** steht die Voraussetzung, dass für die Bewertungskriterien Nutzenunabhängigkeit besteht. Es muss also der Zielertrag zum Ziel A

**Metho-
den**

völlig unabhängig von den übrigen Zielerträgen der Ziele B, C etc. für eine Alternative bestimmt werden können.

Das dritte Lösungsprinzip der **Aggregation der Teil-Bewertungen** unterstellt für den Gesamtwert (Gesamt-Nutzwert) eine lineare, monoton zunehmende Funktion der Teilbewertungen. Hieraus folgt, dass man Teilbewertungen addieren kann.

Grundsätzliche methodische Probleme in der Praxis

(5) In der Praxis kann diesen drei Lösungsprinzipien jedoch nur teilweise entsprochen werden. So wird beispielsweise ein Haus nur dann als gut angesehen werden, wenn es in wohlproportionierter Mischung sämtliche Zielsetzungen in einem Mindestmass erfüllt. Eine hervorragende Konstruktion von Mauern und Dach, kombiniert mit einem unbrauchbaren Grundriss ergeben im Durchschnitt noch kein befriedigendes Haus.

Es lassen sich solche Probleme der Nutzwertanalyse dämpfen, indem man **Sollgrenzen** festlegt. Diese sorgen dafür, dass alle relevanten Ziele nur dann als erfüllt gelten, wenn sie in einem Mindestmass erfüllt werden. Doch bleiben die grundsätzlichen methodischen Probleme bestehen.

Sämtliche Alternativen zur Methode der Nutzwertanalyse haben aber andere Mängel: Etwa eine fehlende Durchsichtigkeit oder die Erfassung nur eines Teiles der relevanten Aspekte (z.B. bei der monetären Kosten-Nutzen-Analyse KNA).

Relativierung der Nutzwertanalyse zu einem Instrument der Informationsgewinnung und -verarbeitung

(6) Im Rahmen der INPRO-Methodik mit einem systematischen Prozess lassen sich die **methodischen Probleme deutlich dämpfen** und gleichzeitig die **Vorteile** der Praktikabilität voll **nutzen**. Denn die Nutzwertanalyse wird hier nicht primär für die Entscheidungsfindung eingesetzt. Sie hilft vielmehr, die Stärken und Schwächen von Alternativen bzw. Varianten detailliert zu erkennen und Teil- bzw. Gesamturteile zu bilden.

Über keine der Varianten bzw. Alternativen wird jedoch ein definitives Urteil gefällt. Dazu führt erst die Ausarbeitung der bestmöglichen Lösung im systematischen Prozess gemäss Abbildung B/29. Es erfolgt also die Relativierung der Nutzwertanalyse zu einem Instrument der Informationsgewinnung und -verarbeitung.

Die methodisch bedingte „Unschärfe" im Ergebnis der Nutzwertanalyse kann sich auf diese Weise nicht so stark auswirken. Dagegen verhilft die Nutzwertanalyse den Beteiligten zu einem sehr gut nachvollziehbaren Bild der Qualitäten von Alternativen bzw. Varianten.

Unterschiedliche Verfahrensweisen

(7) Die Nutzwertanalyse bietet einen methodischen Rahmen, in dem sehr unterschiedliche Verfahrensweisen Platz haben. So können Nutzwertanalysen auf nominalem, ordinalem oder kardinalem Messniveau basieren (vgl. Abb. B/40 und 84). Auch die Reihenfolge der einzelnen Schritte lässt sich variieren.

2.3.6.2   Auswahl unter Methoden-Varianten

Überblick   (1) Aus der Vielfalt der Möglichkeiten seien zwei grundsätzliche Formen sowie zwei Varianten noch näher diskutiert. Das leitet dazu über, eine in der Praxis besonders bewährte Form zu vertiefen. Der folgende Überblick zeigt die hier kurz behandelten Varianten (vgl. Abb. B/41).
- Zielbasis Sachziele
- Zielbasis Formalziele
  - Multi-Indikatoren-Ansatz
  - Ansatz Zielkriterien

Basis Sachziele   (2) Besteht nur ein Sachziel, so erübrigt sich eine Nutzwertanalyse. Hat man sich dagegen für mehrere Sachziele entschieden, so bietet sich auch hier ein nutzwertanalytischer Ansatz an.

Die einfachste, aber auch wenig hilfreiche, Form bietet die **Simon-Regel**. Danach werden diejenigen Alternativen bzw. Varianten gewählt, welche alle Sachziele erfüllen. Diese Regel kommt besonders dann in Frage, wenn man auf rasche Weise eine Vorauswahl treffen möchte.

Etwas anspruchsvoller ist die Regel der **Befriedigung der grössten Zahl**. Es erhält dann diejenige Variante bzw. Alternative den besten Wert, welche am meisten Sachziele erfüllt. Doch hat dieses Verfahren den Nachteil, dass relativ unwichtige Sachziele das Ergebnis genauso mitbestimmen wie sehr wichtige.

Hier setzt die Regel der **lexographischen Ordnung** an. Bei diesem Verfahren werden die Sachziele gewichtet. Auf dieser Basis schneidet diejenige Variante bzw. Alternative am besten ab, die am meisten hoch gewichtete Ziele erfüllt. Aber selbst bei diesem Ansatz bleibt die Bewertung sehr grob, weil man ja in der Zielerfüllung nur nominal (ja/nein) misst.

Basis Formal-ziele, Multi-Indikatoren-Ansatz   (3) Nimmt man als Zielbasis Formalziele, so lässt sich ein **Multi-Indikatoren-Ansatz** wählen. In diesem Fall beschränkt man sich auf die oberen Ebenen einer Zielhierarchie. Dafür werden mehrere Indikatoren je Ziel auf der untersten Ebene formuliert, um eine hinreichend differenzierte Messung der Zielerfüllung zu gewährleisten. Als Indikatoren werden Kriterien kombiniert mit Messregeln verstanden. Abbildung B/82 gibt ein entsprechendes Indikatorblatt wieder. Dieser Ansatz erlaubt es, sich auf einen relativ einfachen Zielbaum mit maximal zwei Ebenen gemäss Abbildung B/82 zu beschränken. Dafür benötigt man je Teilziel eventuell mehrere Indikatoren, um zu einem treffenden Urteil kommen zu können. Diese Indikatoren werden mit Vorteil ebenso gewichtet wie die Ziele. Das ergibt gewichtete Durchschnitts-Indikatorwerte je Zielkriterium.[1] Die Nutzwertanalyse wird dann wie in Kapitel B/2.3.6.3 beschrieben fortgesetzt.

[Methoden]

---

[1] Wyhler 2001, S. 86 f. und 114 f.

Abbildung B/82
An diese strategi-
schen Marketing-
Ziele der Justiz-,
Polizei- und Mili-
tärdirektion eines
Kantons wurden
Indikatoren „an-
gedockt", um die
Zielerfüllung zu
messen

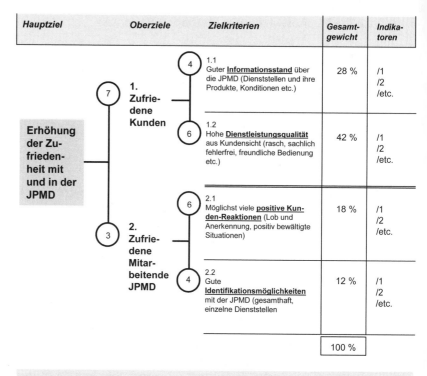

Hauptziel	Oberziele	Zielkriterien	Gesamt-gewicht	Indika-toren
Erhöhung der Zu-frieden-heit mit und in der JPMD	⑦ **1. Zufrie-dene Kunden**	④ 1.1 Guter **Informationsstand** über die JPMD (Dienststellen und ihre Produkte, Konditionen etc.)	28 %	/1 /2 /etc.
		⑥ 1.2 Hohe **Dienstleistungsqualität** aus Kundensicht (rasch, sachlich fehlerfrei, freundliche Bedienung etc.)	42 %	/1 /2 /etc.
	③ **2. Zufrie-dene Mitar-beitende JPMD**	⑥ 2.1 Möglichst viele **positive Kun-den-Reaktionen** (Lob und Anerkennung, positiv bewältigte Situationen)	18 %	/1 /2 /etc.
		④ 2.2 Gute **Identifikationsmöglichkeiten** mit der JPMD (gesamthaft, einzelne Dienststellen	12 %	/1 /2 /etc.
			100 %	

Beispiel Indikatorblatt (Ausschnitt)

Oberziel: Zufriedenheit Kunden *Zielkriterium*: Guter Informationsstand über die JPMD	1 1.1
Indikator Informationsstand über das Direktionssekretariat JPMD	1.1/1
Messweise Jährliche Stichprobenerhebung. Darunter Frage: „Können Sie uns die Produkte des Direktionssekretariates nennen?"	Gewicht: 0.2
Erfüllungsbedingungen - 80% der Befragten können mindestens drei Produkte (von insgesamt fünf) des Direktionssekretariates korrekt wiedergeben - Es werden keinerlei korrekte Antworten genannt	Erfüllungs-grad 5 1

Einstufen

Dem **Vorteil** der flachen Zielhierarchie und eher sachbezogen konkreten Formulierungen auf der unteren Ebene steht der **Nachteil** gegenüber, dass sich Indikatoren weniger treffend gewichten lassen als Ziele. Sie geben ja nicht den eigentlichen Wert, sondern primär das Messkriterium und die Messweise wieder.

Basis Formal-ziele, Ziel-kriterien

(4) Formalziele mit Zielkriterien auf der untersten Hierarchiestufe erlauben demgegenüber eine eingehende und treffendere Diskussion der Gewichte. Denn sie drücken klarer aus, was als Wert gemeint ist. Dafür bescheren sie mindestens eine weitere Hierarchiestufe, was „optisch" zum Eindruck eines umfangreicheren Zielbaumes führt (vgl. Abb. B/53). Im Arbeitsaufwand besteht demgegenüber kein Unterschied.

2.3.6.3   Praktisches Vorgehen

Überblick

(1) Die Nutzwertanalyse auf der Basis von Formalzielen mit kardinaler Gewichtung und Bewertung der Zielerfüllung lässt sich, um einen Überblick zu geben, mit folgenden Schritten durchführen (vgl. Abb. B/83 und B/86):

- A Zielerarbeitung
  (Hierarchische Ordnung der Ziele/Zielbaum)
- B Zielgewichtung
  (Verteilung von Prozenten entsprechend der Bedeutung der Ziele)
- C Beurteilung der Lösungs-Varianten
  (Vergabe von Noten auf der Basis von ermittelten Zielerträgen)
- D Wertsynthese
  (Noten x Gewicht = Teilnutzwert. Addition der Teilnutzwerte zu Gesamtnutzwerten)

Die Schritte A (Zielerarbeitung) und B (Zielgewichtung) wurden bereits im Rahmen der Zielanalyse vorgestellt (vgl. Kap. B/2.3.1.3). Wir beschränken uns daher auf eine Beschreibung des Vorgehens und der Ergebnisse bei den Schritten C und D (vgl. Abb. B/85).

Beurteilung (C)

(2) Die Ziele der untersten Stufe der Zielhierarchie dienen gleichzeitig als Kriterien, mit denen die Beurteilung (C) der Lösungs-Varianten erfolgt. Dabei wird bei jedem Ziel-Kriterium geprüft, wie gut es von den Varianten erfüllt wird. Das Ergebnis dieser Prüfung bzw. Messung besteht zunächst in Zielerträgen. Diese werden in Ziel-Erfüllungsgrade, auch Zielwerte oder Noten genannt, transformiert (vgl. Abb. B/81).

Im Rahmen der Beurteilung der Zielerfüllung stellen sich daher drei Teil-Aufgaben, die:

- Messwert-Transformation
- Skalentyp
- Verankerung und Begrenzung der Skalen

Metho-den

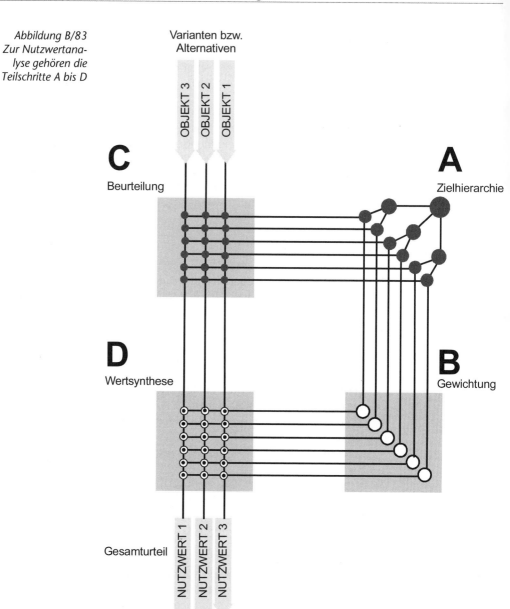

Abbildung B/83
Zur Nutzwertana-
lyse gehören die
Teilschritte A bis D

Varianten bzw.
Alternativen

OBJEKT 3 OBJEKT 2 OBJEKT 1

C
Beurteilung

A
Zielhierarchie

D
Wertsynthese

B
Gewichtung

Gesamturteil

NUTZWERT 1 NUTZWERT 2 NUTZWERT 3

Stärken und Schwächen
der Varianten bzw. Alternativen

Skalentyp		Art der Aussage	Beispiele	Kommentar
Nominal		• Ja / nein • Zutreffend / nicht zutreffend • Richtig / falsch • Unter oder über der Schwelle	• Vergleich mit einer Farbskala • Vergleich mit dem Zielpunkt eines Sachziels • Vergleich mit einer gesetzten Norm	Einfachste und auch gröbste Form der Messung
Ordinal		• Grösser / kleiner • Rangfolge	• Rangfolge nach einem Wettrennen • Paarweiser Vergleich der Bedeutung von Zielen • Rangfolge von Standort-Varianten	Man kennt z.B. die beste Lösung, weiss aber nicht, mit welchem Abstand (vielleicht sehr klein) die zweitbeste kommt
Kardinal	**Intervall-Skala**	• Auch Abstand (Intervall) zwischen zwei Messpunkten bzw. dem Nutzen zweier Varianten • Jedoch kein definierter 0-Punkt	• Temperaturmessung in Grad Celsius • Feststellung, wie stark die Lösungen im Nutzen differieren	Kleine und grosse Unterschiede können gemessen werden. Doch lassen sich die Messwerte nicht direkt addieren, da sie unterschiedlich verankert sind
	Verhältnis-Skala	• Zusätzlich auch definierter 0-Punkt • Messwerte sind dadurch auch addierbar	• Längen- oder Lärm-Messungen • Vergleichbarkeit von Bewertungsergebnissen mit anderen Fällen	Präziseste Form der Messung, jedoch auch grösste Ansprüche an den Messvorgang

Metho-den

Die **Messwert-Transformation** besteht in einem Umsetzen von gemessenen Zielerträgen (z.B. m, m², kg) in Zielerfüllungsgrade (vgl. Abb. B/86). Dieser Vorgang ist erforderlich, um die in verschiedenen Dimensionen gemessenen Werte vergleichbar zu machen. Vor dieser Aufgabe steht z.B. auch ein Lehrer, wenn er die Anzahl und Schwere der festgestellten Rechtschreibfehler in einem Diktat in Noten umsetzt. Dabei bildet sich der Lehrer bewusst oder unbewusst bestimmte Zusammenhänge zwischen Anzahl Rechtschreibfehlern und Noten. Falls entsprechende Messgrössen und Kenntnisse über Zusammenhänge bestehen, dienen für diesen Zweck sogenannte Zielwertfunktionen, wie sie die Abbildungen B/86 und 87 als Beispiele zeigen.

Abbildung B/85
Zusätzlich zur
Zielanalyse kom-
men bei der
Nutzwertanalyse
die Schritte
C und D

A   **Zielerarbeitung**

B   **Zielgewichtung**

C   **Beurteilung der Lösungs-Varianten**

D   **Wertsynthese**

Zudem muss der **Skalentyp** für die Beurteilung festgelegt werden. Im vorliegenden Fall kommt aus methodischen Gründen nur die Kardinalskala in Frage. Diese Skalen geben nicht nur die Rangfolge, sondern auch die Abstände in den Zielerträgen der Varianten wieder (vgl. Abb. B/84). Während bei der Zielgewichtung eine Intervallskala am besten geeignet ist, empfiehlt sich bei der Beurteilung eine Verhältnisskala mit definiertem 0-Punkt. Das erlaubt, die Varianten nicht nur relativ miteinander zu vergleichen, sondern deren Qualität auch absolut festzustellen. Eventuell sind ja sämtliche Varianten besonders gut oder auch schlecht. Allerdings gelingt bei den qualitativen Zielkriterien die 0-Punkt-Setzung nur als grobe Annäherung.

Im Zusammenhang damit machen es Kardinalskalen auch erforderlich, den Anfangs- und Endpunkt zu definieren. Wenn, wie im Fall der Abbildung B/86, die Skala von Erfüllungsgrad 1 bis 5 reicht, so muss definiert sein, welcher Messpunkt dem Erfüllungsgrad 1 und welcher dem Erfüllungsgrad 5 entspricht. Neben diesem Aufspannen der Skalen ist es auch erforderlich, die Beziehungen zwischen Messwerten (Zielerträge) und Erfüllungsgraden im Bereich zwischen 1 und 5 festzulegen. Abbildung B/87 veranschaulicht verschiedenste Möglichkeiten von Transformationsfunktionen und damit auch der **Verankerung und Begrenzung von Skalen.** Häufig muss man sich jedoch mit viel gröberen Skaleneinteilungen und Zuordnungen von Zielerträgen begnügen. Dann behilft man sich mit Beschreibungen und Noten-Skalen z.B. von 1 bis 5 (vgl. Abb. B/88 und C/29).

Wertsynthese (D)

(3) Im Rahmen der Wertsynthese (D) werden schliesslich die Ergebnisse der Beurteilung und Gewichtung miteinander verknüpft. Da im vorliegenden Fall kardinale Skalen verwendet werden, lässt sich die Wertsynthese einfach gestalten: Die jeweiligen Gewichte und erreichten Ziel-

Erfüllungsgrade der Varianten werden miteinander multipliziert und ergeben die Teilnutzwerte. Diese Teilnutzwerte lassen sich zu beliebigen Zwischensummen und zum Gesamtergebnis addieren.

Die Nutzwerte sind jedoch nur bedingt losgelöst aussagekräftig, weil es sich um **dimensionslose Punktwerte** handelt. Primär aus einem Vergleich der Gesamt- und Teilnutzwerte der verschiedenen Varianten lassen sich Schlüsse ziehen. Wenn die absolute Verankerung der Skalen im Sinne der Verhältnisskala gut gelingt, lassen sich auch Schlüsse zum erreichten Niveau der Varianten ziehen (z.B. alle gut, alle schlecht oder gemischt). Um das zu erkennen und gleichzeitig auch die Werte generalistisch zu interpretieren, empfiehlt es sich, die Nutzwerte durch die jeweiligen Gewichte zu dividieren. Auf diese Weise ergeben sich gewichtete Durchschnitts-Erfüllungsgrade bzw. Noten.

Vergleiche insbesondere auch der Teilnutzwerte können mit Hilfe grafischer Darstellungen durchgeführt werden, etwa in Form von Stärken-Schwächen-Profilen (vgl. Abb. B/89 und C/30). Es lassen sich auch Zahlen auf einer bestimmten Aggregationsstufe vergleichen (vgl. Abb. B/90 und C/16).

Abbildung B/86 Die Nutzenfunktion ordnet verschiedenen Konsequenzen von Objekten (Handlungs-Varianten) einen Zahlenwert zu

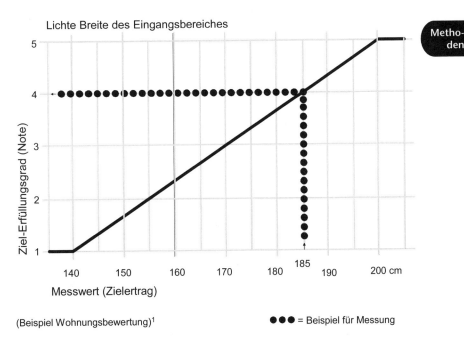

(Beispiel Wohnungsbewertung)[1] ●●● = Beispiel für Messung

Methoden

---

[1] Aus Wiegand/Aellen und Keller 1986, S. B 13

Abbildung B/87
Zielwertfunktionen
können die ver-
schiedensten For-
men haben. Man
darf also nicht von
vornherein eine
„lineare Wachs-
tumsfunktion"
annehmen

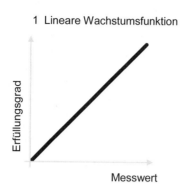

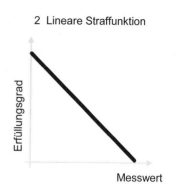

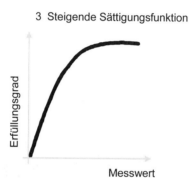

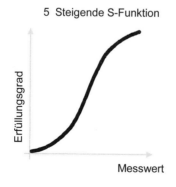

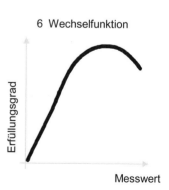

Abbildung B/88
In der Praxis bewährten sich solche Beurteilungs-Blätter mit verbalen Umschreibungen. Sie stellen einen Kompromiss zwischen Aufwand und Grad der Präzisierung dar (hier: Konzept zur Neugestaltung des Bundesplatzes in Bern)

Bundesplatz Bern

Beurteilungsblatt

HAUPTZIEL:	Gute Lösung für den Bundesplatz	
OBERZIEL:	Gute Lösung der Verkehrsfragen	**1.**
TEILZIEL:	Fussgänger- und Velofahrerverkehr	**1.3**

Zielkriterium:	Nr.
Gute Möglichkeiten für das Abstellen von Velos	**1.33**

Ziel-Beschreibung:

Ein wachsendes Problem bringt das geordnete Abstellen von Velos. Können Velo-Stellplätze im Bereich Bundesplatz geboten werden, so entspricht man einem deutlichen Bedürfnis.

> Metho-
> den

Erfüllungsbedingungen (Vorschlag):	ZEG[1]
○ Es werden eigene Velo-Stellplätze in der Grössenordnung 100 Velos geboten (ca. 130 m^2 Grundfläche). ○ Die Velo-Stellplätze lassen sich gut erschliessen. ○ Es bestehen offene Potentiale für eine gute Gestaltung.	5
○ Es werden keinerlei Möglichkeiten für eigene Velo-Stellplätze geboten.	1

Beurteilung Variante:	ZEG[1]
I rot	.......3.0.......
II gelb	.......2.0.......
III blau	.......4.5.......
IV orange	.......3.5.......
V braun	.......1.5.......

[1] ZEG = Zielerfüllungsgrad (Note)

Abbildung B/89
Stärken-Schwächen-Profile zeigen den Beteiligten die Bewertungs-Ergebnisse in grafischer Form (hier: Ausschnï
eines Computer-Ausdruckes zur Bewertung von Varianten der Neugestaltung des Bundesplatzes in Bern)

Ziel-Kriterien[1]	Varianten					
	I rot			**II gelb**		
	–	0	+	–	0	+
11.1 Öffentlicher Verkehr						
11.2 Individualverkehr						
11.3 Erschliessungsbedingungen						
12.1 Viele Parkplätze						
12.2 Gut gelegenes Parkplatzang.						
13.1 Fussgängerverbindungen						
13.2 Querende Velofahrer						
13.3 Abstellen von Velos						
21.1 Manifestationen						
21.2 Empfänge						
21.3 Zusätzliche Nutzungsmögl.						
22.1 Märkte, Feste + kult. Veranst.						
22.2 Treffpunkt						
22.3 Erholungsort						
23.1 Wenig Störungen						
23.1 Wenig Anlässe für Vandalis.						
23.3 Möglichst wenig Immission.						
31.1 Offenheit für die Gestaltung						
31.2 Repräsentation + Identifikat.						
32.1 Gebäude und Strukturen						
32.3 Erhaltung hist. Bodens						

Gesamt-bewertung

(4) Die Ergebnisse der Wertsynthese umfassen evtl. noch nicht sämtliche Bewertungs-Aspekte. Meist ist es aus Gründen der Nutzenunabhängigkeit ratsam, die Kosten (Investitions- und Betriebskosten) separat zu behandeln. Sie werden beispielsweise in Form einer Investitionsrechnung kalkuliert. Anschliessend lassen sich die Kalkulationsergebnisse dem Gesamtnutzwert gegenüberstellen (vgl. Abb. B/91).

---

[1] Nur Stichworte. Ziele lagen in einem weiteren Dokument ausformuliert vor.

Abbildung B/90
Dieser Computer-Ausdruck gibt detailliert die Ergebnisse einer Nutzwertanalyse wieder (hier: Ausschnitt des Computer-Ausdruckes zur Bewertung von Varianten zur Neugestaltung des Bundesplatzes in Bern)

| | | Varianten | | | | |
| | | I rot | | II gelb | | III |
Ziel-Kriterien[1]	Gewicht	Erfül-lungs-grad	Nutz-wert	Erfül-lungs-grad	Nutz-wert	Erfül-lungs-grad
11.1 Öffentlicher Verkehr	44.8	1.4	63	2.7	121	3
11.2 Individualverkehr	17.9	1.7	30	3.5	63	3.
11.3 Erschliessungsbeding.	26.9	1.0	27	4.0	107	3.
			120		291	
12.1 Viele Parkplätze	17.9	4.5	81	3.0	54	
12.2 Gut gelegenes Parkplatz.	71.7	3.5	251	3.0	215	⸲
			332		269	
13.1 Fussgängerverbindung.	84.4	5.0	422	3.0	253	2.
13.2 Querende Velofahrer	28.2	5.0	141	4.0	113	2.
13.3 Abstellen von Velos	28.2	4.0	113	5.0	141	4.
			676		501	
Oberziel 1 Total	320.0	**3.5**	1128	**3.3**	1067	3.
21.1 Manifestationen	56.2	2.2	124	2.4	135	3.
21.2 Empfänge	54.9	4.0	220	2.0	110	2
21.3 Zusätzliche Nutzungsmögl.	13.7	2.0	27	4.5	61	⸍
			371		306	
22.1 Märkte, Feste + kult. Veranst.	81.8	5.0	409	3.5	286	2
22.2 Treffpunkt	25.3	2.0	51	3.5	89	3
22.3 Erholungsort	8.1	2.0	16	3.5	28	?
			476		403	
23.1 Wenig Störungen	30.4	2.0 4.0	61	3.0	91	⸲
23.1 Wenig Anlässe für Vandalis.	29.6	4.0	118	3.5	104	2.
23.3 Möglichst wenig Immissionen	20.0		80	2.0	40	3
			259		235	
Oberziel 2 Total	930.0	**3.5**	1106	**3.0**	944	⸲
31.1 Offenheit für die Gestaltung	110.2	3.2	353	2.9	320	2.
31.2 Repräsentation + Identifikat.	105.8	4.9	518	2.6	275	1.
			871		595	
32.1 Gebäude und Strukturen	100.8	2.0	202	3.0	302	4.0
32.3 Erhaltung hist. Bodens	43.1	2.0	86	5.0	216	5.0
			288		518	
Oberziel 3 Total	360.0	3.2	1159	3.1	1113	2.8
Gesamt-Total	1000.0	*	3393	*	3124	*
Gewichteter Ø Ziel-Erfüllungsgrad		**3.4**	*	**3.1**	*	2.

Notenskala   5 = Ziel sehr gut erreicht   3 = weder gut noch schlecht   2 = Ziel schlecht erfüllt
(Erfüllungsgrade):   4 = Ziel gut erreicht   1 = Ziel sehr schlecht erfüllt

---

[1] Nur Stichworte. Ziele lagen in einem weiteren Dokument ausformuliert vor.

Abbildung B/91
Am Schluss stellt man mit Vorteil eine aggregierte Darstellung von Teil- und Gesamtnutzwerten in Form einer Gesamt-Bewertung zusammen (hier: Konzept zur Neugestaltung des Bundesplatzes, Bern)

Oberziele / Teil-Zielbereich[1]	Varianten			
	I rot Nutzwert	II gelb Nutzwert	III blau Nutzwert	IV orange Nutzwert
1 Gute Lösung der Verkehrsfragen	**1'128**	**1'067**	**984**	**887**
11 Fliessender Verkehr	120	291	280	272
12 Ruhender Verkehr	331	269	341	251
13 Fussgänger- und Velofahrer-Verkehr	676	507	364	364
2 Gute Erfüllung von Nutzungsanliegen	**1'106**	**994**	**862**	**812**
22 Parlamentsgebäude / nationale Anliegen	371	306	361	351
22 Städtische und regionale Anliegen	476	403	264	276
23 Lokale Anliegen	259	235	237	182
3 Gute Gestaltungs-Voraussetzungen	**1'159**	**1'113**	**1'030**	**982**
31 Städtebauliche Lösung	871	595	411	464
32 Anliegen Denkmalpflege	288	518	619	518
Gesamtnutzwert	**3'392**	**3'124**	**2'876**	**2'681**
Ø Zielerfüllungsgrad	3.4	3.1	2.9	2.7
Zusatzbeurteilung Realisierbarkeit (Erfüllungsgrad)	1.0	2.0	4.5	2.5
Kalkulierte Investitionskosten (Mio. Fr.)	**32.0**	**8.0**	**3.0**	**3.5**

Möglich sind auch **Zusatzbeurteilungen** von Aspekten, die sich nicht gut in die Nutzwertanalyse integrieren liessen (z.B. manchmal die Frage der architektonischen Qualität oder der Risikoeinschätzung).
Da im Rahmen der INPRO-Methodik ohnehin die Informationsgewinnung und -verarbeitung wichtiger ist als ein globales Gesamturteil zu den Varianten bzw. Alternativen, kann man die Ergebnisse der Kostenkalkulation und der Zusatzbewertung in einem Blatt „Gesamtbewertung" einfach anfügen (vgl. Abb. B/91).

---

[1] Nur Stichworte. Ziele lagen in einem weiteren Dokument ausformuliert vor.

Es stellt sich dann aber auch die Frage, welchen **Stellenwert** die **Kosten** bei der Gesamtbewertung haben sollen. Abbildung B/92 bringt dazu einige Hinweise. Es werden aber auch Alternativen zur einfachen Gegenüberstellung aufgezeigt.

Abbildung B/92
Es bestehen mehrere Möglichkeiten, Nutzen und Kosten zu interpretieren oder zu verbinden

---

1. Normalfall Kosten separat

Begründung	Zwischen Kosten und der Zielerfüllung verschiedener Kriterien besteht oft eine relativ starke Nutzenabhängigkeit (vgl. Kap. B/2.3.6.1). Durch Separierung wird dieses Problem entschärft.
Achtung	Die gleichen Kosten dürfen nicht verdeckt auch noch auf der Nutzenseite auftauchen.
Nutzen-Kosten-Interpretation	*Fall a*: Die im Nutzen höchste Variante zeichnet auch etwa die niedrigsten Kosten aus. → Eindeutiger Fall mit bestem Nutzen-Kosten-Verhältnis *Fall b*: Die im Nutzen höhere Variante ist auch teurer. Dann kann man wie folgt verfahren: → Kostengünstige, aber im Nutzen unter einem Ø Gesamt-Erfüllungsgrad von 2.8 (bei einer Skala von 1–5) liegende Varianten werden nicht weiter verfolgt (wohl aber deren gute Teillösungen) → Bei den restlichen Varianten ist der Stellenwert der Kosten (Gewicht) zu diskutieren. Danach ist die Frage frei zu beantworten, wie viel mehr Kosten die bessere Variante wert ist.

2. Integration der Kosten direkt in die Nutzwertanalyse

Begründung	Wenn die Kosten im Gewicht nicht so hoch eingeschätzt werden (etwa unter 30%), darf man von einer nicht so starken Gefahr der Nutzenabhängigkeit ausgehen. Auch andere Massnahmen (z.B. Integration einer umfassenden Investitionsrechnung) können die Nutzenabhängigkeit reduzieren helfen.
Achtung	Die Kosten dürfen nicht bei verschiedenen Zielen versteckt auftauchen. Sonst kann man ihr Gewicht nicht kontrollieren.
Durchführung	Zu Kosten werden Ziele formuliert. Die Kostenwerte bzw. Ergebnisse einer Investitionsrechnung werden in Zielerfüllungsgrade transformiert. Hierzu bestehen noch diverse Subvarianten.[1]

3. Integration der Ergebnisse der Nutzwertanalyse in eine Investitionsrechnung

Einer der möglichen Ansätze liegt in der Ziel-orientierten Rentabilitäts-Analyse (ZORA). Einen ersten Einblick in diese Methode zeigt Abbildung A/119.

4. Durchführung einer Kosten-Wirksamkeits-Analyse

Es werden die Nutzwerte durch die Kosten dividiert. Dieser Ansatz führt nur unter ganz bestimmten Bedingungen zu brauchbaren Ergebnissen (vgl. Kap. A/3.3.3.3). Ohne spezielle Kenntnisse sollte man diesen Ansatz meiden.

---

[1] Vgl. Zangemeister 2000, S. 62 ff.

Metho-den

2.3.6.4   Vermeiden von Fehlern

Überblick

(1) Dass die Durchführung von Nutzwertanalysen in der Praxis sehr fehleranfällig ist, wurde bereits mehrfach gesagt und belegt. Der folgende Überblick verweist nochmals auf die häufigsten Fehlerquellen:

- unzureichende Zielanalyse
- Verselbständigung von Zahlenwerten
- unangemessene Verfeinerungen
- einseitige Berücksichtigung des leicht Messbaren
- falsche Skalen

Unzureichende Zielanalysen

(2) Probleme infolge von unzureichenden Zielanalysen wurden bereits in Kapitel B/2.3.1.4 behandelt. Für die Nutzwertanalyse wirken sich unbereinigte, lückenhafte bzw. unzureichend geordnete **Zielsysteme** besonders schwerwiegend aus. Denn dadurch gerät der Massstab der Beurteilung in Schieflage.

Zu Verfälschungen führen auch unterlassene oder unzureichend durchgeführte **Gewichtungen**. Unwichtige Ziele können in der Folge das Urteil unangemessen beeinflussen.

Verselbständigung von Zahlenwerten

(3) Ein grosser Vorteil der Nutzwertanalyse besteht in der Verwendung von Zahlen für Beurteilungen und Gewichtungen. Gegenüber rein verbalen Umschreibungen (z.B. „wichtig", „bedeutsam" etc.) lassen sich auf diese Weise viel klarere Aussagen der Beteiligten provozieren.

Doch gleichzeitig muss man die Gefahr sehen, dass sich Zahlenwerte verselbständigen können. Man vergisst bei Zahlen leicht die eventuell grosse **Unsicherheit der Information**, welche sich dahinter verbirgt. Schon aus diesem Grunde sollten alle Argumente und Angaben bei Anwendung der Nutzwertanalyse aufgeschrieben werden.

Damit steht das Problem in Zusammenhang, dass die Gesamt-Ergebnisse der Nutzwertanalyse **überinterpretiert** werden. Man ist in Projektgruppen nicht selten versucht, kleinen Zahlen-Unterschieden in den Nutzwerten eine unzulässige Bedeutung beizumessen. Daher wird auch empfohlen, mit gewichteten Durchschnitts-Erfüllungsgraden zu arbeiten (nur 1 Stelle hinter dem Komma!).

Unangemessene Verfeinerungen

(4) Quantitative Aussagen verleiten auch zu unangemessenen Verfeinerungen. Da Methoden wie die Nutzwertanalyse Probleme und „Ungenauigkeiten" sichtbar machen, entsteht eine Tendenz, die Lösung in weiteren Differenzierungen und Verfeinerungen der Methodenanwendung zu suchen. Dahinter steht auch die starke **Detailorientierung von Menschen** (vgl. Kap. A/1.1.2.3).

Damit verliert die Nutzwertanalyse aber einen entscheidenden Vorteil: Die Nachvollziehbarkeit. Auch lassen diese Verfeinerungen allzu leicht vergessen, wie unsicher die Eingabedaten sind. Es entsteht also eine **Scheingenauigkeit**.

Einseitige Berücksichtigung des leicht Messbaren

(5) Damit eng verknüpft ist ein generelles Problem, das sich aber bei Anwendung formalisierter Methoden verstärkt stellen kann: Es besteht immer die Neigung, leicht Messbares (z.B. Kosten, Wegelängen) sehr detailliert zu erfassen und zu verarbeiten. Dadurch bekommen diese Aspekte auch im Entscheidungsvorgang tendenziell ein Übergewicht.

Hier muss bewusst gegengesteuert werden. Es gilt vor allem eine zu detaillierte Datenerfassung bei den leicht messbaren Tatbeständen oder gar die Auswahl von Zielkriterien nach der Verfügbarkeit von Zahlen zu verhindern.

Nutzwertanalyse als Retter eines guten Entwurfs

Ein privater Investor führte zur Überbauung einer Industriebrache in Zug einen Architektenwettbewerb durch. Dazu wurden einerseits fünf Architekturbüros eingeladen und andererseits eine Jury gebildet.

Die Jury liess sich vom privaten Investor dazu überreden, die Urteilsbildung methodisch mit Hilfe einer Nutzwertanalyse durchzuführen. Der Prozess lief wie folgt ab:

- *In einer ersten Sitzung der Jury wurde das Zielsystem diskutiert (Prämissen, Zielbaum) und eine Gewichtung vorgenommen.*
- *In den Wettbewerbsunterlagen wurden den Teilnehmenden neben dem Raumprogramm auch die gewichteten Ziele mitgeteilt.*
- *Anlässlich einer zweiten Sitzung liess sich die Jury die Entwürfe präsentieren. Anschliessend schritt sie zur Beurteilung der Entwürfe mit Hilfe der gewichteten Zielkriterien.*

Doch nach der Präsentation durch die Wettbewerbsteilnehmer wurde der Antrag gestellt, den Beitrag des Büros A nicht zu bewerten. Begründet wurde das mit (kleinen) Regelverstössen und der liederlichen Darstellung, welche keine klare Beurteilung erlaube (alles nur mit kontrastarmen Bleistiftstrichen). Zudem störte das als arrogant empfundene Auftreten der Vertretungen des Architekturbüros. Man war sich in der Jury fast einig.

Da intervenierte der private Investor. Er habe auch das Büro A eingeladen und zahle für dessen Entwurf einen Beitrag. Er wünsche daher auch die Bewertung dieses Entwurfs.

Die Jury führte die Nutzwertanalyse durch. Als erste Überraschung zeigte sich, dass die Darstellung des Büros A zwar nicht so deutlich ins Auge sprang, aber klare Informationen gemäss den Zielkriterien lieferte. Als grösste Überraschung stellte sich jedoch heraus, dass der Entwurf des Büros A deutlich den höchsten Nutzwert erreichte und dennoch in den Kosten vergleichsweise tief lag.

Die Jury akzeptierte dieses Ergebnis ihrer gemeinsamen Nutzwertanalyse und empfahl den ungeliebten Entwurf zur Weiterbearbeitung.

Der Entwurf wurde auch vom Investor akzeptiert und auf der Industriebrache realisiert. Die Gebäudeanlage bildet heute ein attraktives Nebenzentrum der Stadt.

Methoden

Falsche Skalen

(6) Um die Wertsynthese auf die einfache Weise (Ziel-Erfüllungs-Grad x Gewicht, Addition dieser Teilnutzwerte) durchführen zu können, müssen durchgängig kardinale Skalen verwendet werden. Weder nominale noch ordinale Skalen erfüllen diese Bedingung (vgl. Abb. B/84).

Abbildung B/93
Diese häufig in der Praxis angewandte Form einer Bewertung führt zu logisch falschen Ergebnissen

Kriterium	Gewicht	Variante			
		A		B	
		Urteil im Vergleich	Punkte	Urteil im Vergleich	Punkte
Investitionskosten	3	+	+ 3	−	−3
Störanfälligkeit der Technik	2	+	+2	−	−2
Ergonomie der Hardware	2	+	+2	+	+2
Benutzerfreundlichkeit	3	−	−3	+	+3
Total	10	*	+4	*	0

Anmerkung: Würde man z.B. die Kosten der Projektvarianten richtigerweise einer stufenlosen kardinalen Beurteilung unterziehen, dann könnte evtl. Variante B gewinnen, weil sie vielleicht nur geringfügig mehr kostet, aber in der Benutzerfreundlichkeit und Ergonomie hervorragend abschneidet.

2.3.7 Investitionsrechnung

Bedeutung

(1) Henry Ford I sagte zwar: „Ein Geschäft, bei dem man nichts als Geld verdient, ist kein Geschäft." Das ehrt ihn. Tatsächlich entscheidet häufig stärker die Nutzenseite einer Variante oder eines Lösungs-Vorschlages als die Kostenseite. Und doch spielen die Kosten faktisch und psychologisch eine oft dominante Rolle. So mancher Anlass für Problemlösungen liegt zudem in der Forderung, Kosten zu senken.

Daher kommt dem Umgang mit den Kosten auch für die INPRO-Methodik eine grosse Bedeutung zu. Dabei ist einiges zu beachten. Denn **Kosten sind nicht gleich Kosten.**

Investition
(2) Unter Investition versteht man alle Geldausgaben, mit denen ein Leistungspotential (z.B. neue Informatik-Installationen) bewirkt werden soll. Wirtschaftlicher Zweck der Investition ist es, grössere Geldeinnahmen oder kleinere Geldausgaben (z.B. weniger Mietkosten) zu erreichen. Daneben bestehen häufig noch weitere Zielsetzungen (z.B. Genuss einer guten Gestaltung oder die Akzeptanz einer Neuorganisation bei den Mitarbeitenden).

Der Investor und die durch die Investition Begünstigten müssen nicht deckungsgleich sein. Investitionen der öffentlichen Hand führen z.B. oft dazu, dass zunächst Private davon einen Nutzen haben. In diesem Sinne sind Geldausgaben für die Planung eines neuen Industriegebietes oder für ein neues Gebäude als Investitionen zu verstehen.

Bei den Informatik-Installationen handelt es sich Sachinvestitionen. Daneben kommen noch Finanzinvestitionen (z.B. Kauf von Obligationen) und immaterielle Investitionen (z.B. in die Informatik-Ausbildung) vor.

Investitions-rechnung
(3) Die Investitionsrechnung soll dem **Privaten** aufzeigen, welchen Beitrag ein Investitionsprojekt zum zukünftigen Unternehmenserfolg liefern wird.[1] Diesen Beitrag setzt man in Beziehung zur Investitionssumme. So wird festgestellt, ob der gewünschte Rentabilitätssatz bzw. Überschuss erreicht ist oder nicht.

Bei der **öffentlichen** Hand geht es zwar meist nicht um Rentabilität im privatwirtschaftlichen Sinne. Doch sind die Grobüberlegungen zunehmend die gleichen. Es besteht daher kein Hindernis, geeignete Formen der Investitionsrechnung auch für die Planung öffentlicher Investitionen anzuwenden.

Metho-den

Monetär schwer oder überhaupt nicht fassbare Informationen
(4) Vor allem für öffentliche, aber auch für private Projekte stellt sich dabei das Problem, dass für eine umfassende Beurteilung von Investitionsvorhaben neben den Geldausgaben oder -einnahmen (monetäre Grössen) auch monetär schwer oder überhaupt nicht fassbare Aspekte berücksichtigt werden müssen (z.B. Reaktionen in der Öffentlichkeit, Flexibilität, Service und Garantieleistungen, vgl. Kap. B/2.3.6). Man muss die Investitionsrechnung also mit einem Instrument kombinieren, das solche nicht-monetarisierbaren Werte zu erfassen erlaubt. Diese Aufgabe kann z.B. die Nutzwertanalyse erfüllen (vgl. Kap. B/2.3.6).[2]

Kombiniert man Investitionsrechnung und Nutzwertanalyse, dann gilt es natürlich, möglichst klare Grenzen zu ziehen. Es muss deutlich unterschieden werden, welche Aspekte bei der einen und welche bei der anderen Methode berücksichtigt werden, um Doppelbewertungen zu vermeiden. Man kann z.B. die Frage des Unterhalts monetär berücksichtigen (geschätzte jährliche Kosten) oder in Form der Nutzwertanalyse erfassen (Ziel: Niedrige Unterhaltskosten). Beide Formen gleichzeitig würden jedoch zu einer Doppelbewertung führen.

---

[1] Vgl. Staehelin 1998, S. 18
[2] Vgl. Zangemeister 2000, S. 1 ff.

Begriff der „Wirtschaftlichkeit"

(5) In diesem Rahmen der monetär schwer oder überhaupt nicht fassbaren Faktoren ist auch der Begriff der „Wirtschaftlichkeit" zu sehen. Häufig werden die Investitionsrechnung und die Wirtschaftlichkeitsrechnung als zwei Begriffe verstanden, die das Gleiche meinen. Das trifft aber nur zu, wenn allein monetär fassbare Zielsetzungen verfolgt werden.

Bei Organisationsprojekten, bei Marketingarbeiten oder beim Projektieren von Bauten sind jedoch praktisch immer auch einzig nicht-monetär fassbare Zielsetzungen im Spiel. Die Investitionsrechnung kann dann nur über einen Teilbereich der Wirtschaftlichkeit etwas aussagen.

Anwendungsschwerpunkte

(6) Es liegt auf der Hand, dass Anwendungsschwerpunkte der Investitionsrechnung parallel zum Einsatz der Nutzwertanalyse bestehen. Orientiert man sich am systematischen Ablauf gemäss Abbildung B/29, so ergeben sich folgende Anwendungen:
1. Vorbereitung
   (Erste Berechnungen für Machbarkeitsabklärungen)
2. Situationsanalyse
   (Ermittlung der Wirtschaftlichkeit der Ist-Situation, z.B. der Rendite eines bestehenden Immobilienbesitzes)
3. Optimierung
   (Ermittlung der Kosten bzw. der finanziellen Wirtschaftlichkeit von Varianten bzw. Alternativen)
4. Ausarbeitung
   (Kalkulation der Kostenseite eines Lösungs-Vorschlages)

Auswahl von Themen

(7) Investitionsrechnungen sind mit einigen Voraussetzungen verbunden. Zudem besteht eine erhebliche Methodenvielfalt. Das führt in diesem Kapitel zu folgenden Themen:

• Vertiefung einiger methodischer Grundlagen

• Auswahl unter Methoden-Varianten

• Praktisches Vorgehen (Beispiel Kapitalwertmethode)

• Vermeiden von Fehlern

2.3.7.1 Vertiefung einiger methodischer Grundlagen

Überblick

(1) Die methodischen Grundlagen betreffen v.a. die Informationsgewinnung. Die Rechnungsgrössen einer Investitionsrechnung sind im Wesentlichen folgende **Daten und Annahmen**:
• Gliederungen der Kostenrechnung
• Kostenkalkulationsverfahren
• Kalkulationen der Nutzenseite
• Kalkulationszinssatz
• Nutzungsdauer

- Abschreibungen
- Liquidationserlös

Gliederungen der Kosten- rechnung

(2) Für die Informationsbeschaffung sind die Gliederungen der Kosten- rechnung wichtig. Dabei werden immer die Kosten in einer definierten Periode betrachtet. Bezieht man die Kalkulation nur auf die Investition, muss der Betrachtungshorizont mit dem Zeitpunkt der abgeschlossenen Investition (z.B. Bezug eines Gebäudes) enden. Da eine umfassendere Investitionsrechnung darüber hinaus auch die späteren Einnahmen und Ausgaben berücksichtigt, werden die **Kosten während der gesamten Nutzungsdauer** relevant. Hier unterscheidet man in (vgl. Abb. B/94):

- Kostenartenrechnung
- Kostenstellenrechnung
- Kostenträgerrechnung
- Betriebsergebnisrechnung

Abbildung B/94 Die Kostenrech- nung liefert wich- tige Daten für die Investitionsrech- nung. Dabei sind verschiedene Glie- derungen zu be- rücksichtigen

Kostenfrage	Beispiele	Rechnungsart
Welche Kosten sind angefallen?	Personalkosten, Material- kosten, Dienstleistungskosten	Kostenarten- rechnung
Wo sind Kosten angefallen?	im Materialbereich, im Fertigungsbereich (Dreherei, Schlosserei ...), im Verwaltungsbereich etc.	Kostenstellen- rechnung
Wofür sind Kosten an- gefallen?	für Produkt A, B, C, für Dienstleistungen, für Handelsleistungen	Kostenträger- rechnung
In welchem Verhältnis stehen die gesamten Kosten zu der betrieblichen Leistung, und ist damit der Erfolg des Gesamtbetriebes gewährleistet?		Betriebsergebnis- rechnung

Metho- den

Als weitere Gliederung von Kosten bzw. Erlösen ergibt sich die Unter- scheidung in **Vollkosten- und Teilkostenrechnung**. Bei der Vollkosten- rechnung werden alle anfallenden Kosten auf die Kostenträger verteilt. Bei den Teilkosten vollzieht man eine Trennung zwischen den variablen Kosten (stückzahl- oder beschäftigungsabhängig) und fixen Kosten (un- abhängig von Stück- bzw. Beschäftigtenzahlen). Nur die variablen Kos- ten werden dann auf Kostenträger verteilt (vgl. Abb. B/95).

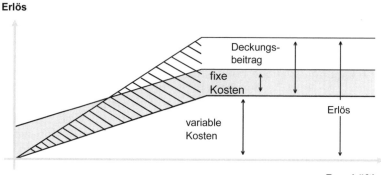

Abbildung B/95
Bei einer Teil-
kostenrechnung
werden nur die
variablen Kosten
und Erlöse auf
Kostenträger ver-
teilt

**Kosten-
Kalkulations-
verfahren**

(3) Für die verschiedenen Formen der Kostenrechnung gibt es eine ganze Palette von Kosten-Kalkulationsverfahren. Dabei muss für die Auswahl nach Vollkosten- und Teilkostenrechnung unterschieden werden (s.o.). Bei vielen Problemlösungs-Prozessen für Bauaufgaben wird man sich meist auf eine Teilkostenrechnung beschränken und die Fixkosten unberücksichtigt lassen (wenn deren Höhe nicht selber das zu lösende Problem darstellt). Bei Reorganisationen hingegen können die Fixkosten ein wichtiges „Angriffs-Ziel" bilden.
Für die Kalkulation der Investition stehen oft bewährte Verfahren zur Verfügung. Entscheidend für die Auswahl wirkt sich die Eignung für das Suchen der bestmöglichen Lösung aus. Häufig müssen daher beispielsweise im Bauwesen selbst in frühen Stadien eines Projektes bereits anspruchsvolle Verfahren wie z.B. die Elementmethode angewandt werden.[1] Sonst werden die Potentiale für Verbesserungen auf der Kostenseite nicht erkennbar.

**Monetärer
Nutzen**

(4) Weniger Unterlagen als zur Kostenkalkulation bestehen häufig für die Kalkulation des in Geld ausdrückbaren Nutzens (z.B. Folgen einer Reorganisation für die Personalkosten, Mieteinsparung, Einsparung an Unterhaltskosten). Man wird hier teilweise Nachforschungen machen, sich an Vergleichsbeispielen orientieren oder „nach bestem Wissen und Gewissen" Annahmen treffen müssen.
Selbstverständlich ist die jeweilige (evtl. nur vage bestehende) Kalkulationsbasis offen zu legen. Keinesfalls jedoch sollte man wegen **Datenschwierigkeiten** auf entsprechende Werte ganz verzichten. Sonst werden diese in der weiteren Diskussion leicht vergessen. Alternativ bietet sich die Erfassung im Rahmen einer Nutzwertanalyse an.
Der monetäre Nutzen einer Investition reduziert sich eventuell im privatwirtschaftlichen Bereich durch **Ertragssteuern**. Die Steuerlast ist ins-

---

[1] Vgl. Meyer-Meierling 2003, S. 135 ff. und S. 239 ff.

besondere dann in die Investitionsrechnung mit einzubeziehen, wenn die Rentabilität einer Investition betrachtet wird. Das gilt auch für Investitionsvarianten, bei denen unterschiedliche Steuerlasten anfallen (z.B. Investitionen an alternativen Standorten mit deutlich unterschiedlichen Steuerlasten). Sind dagegen Varianten zu vergleichen, bei denen die Höhe der Steuerlast annäherungsweise auf demselben Niveau liegt, dann kann man diesen Kostenfaktor weglassen (wie z.B. beim Fallbeispiel in Kap. B/2.3.7.3).

Kalkulations-zinssatz

(5) Der Kalkulationszinssatz liegt häufig bei der öffentlichen Hand bzw. bei Firmen „offiziell" vor (etwa bei einer Investitionsstelle). Teilweise muss er angenommen werden. Für diesen Zweck eignet sich langfristig das Prinzip der Opportunitätskosten. Dafür geht man vom für Geldanlagen gültigen Zins aus. Man erhöht diesen um einen Risikozuschlag sowie, wenn zutreffend, um einen Steuerfaktor. Für Investitionen mit unterschiedlichem Risiko können auch mehrere, unterschiedliche Kalkulationszinssätze zur Anwendung kommen.[1]

Mit der Höhe des Zinssatzes wird auch Politik gemacht. Niedrige Zinssätze lassen aktuelle Investitionen wirtschaftlicher erscheinen, hohe „betrafen" diese, weil die entsprechenden späteren Erträge stark abdiskontiert werden. Senkend auf die Zinsannahme wirkt sich aus, wenn man von einer Inflationsrate ausgeht. Die dafür notwendigen Spekulationen erscheinen jedoch sehr problematisch.

Nutzungsdauer

(6) Bei der Nutzungsdauer liessen sich im Baubereich erhebliche Wandlungen und Differenzierungen im Denken feststellen. Dazu gehört, dass z.B. die Konstruktion etwa 50 Jahre ihren Dienst tun kann und die Haustechnik nur 20 Jahre. Je nach zu lösendem Problem wird man eher einen pauschalen Gesamtwert nehmen oder detaillieren.

Die Nutzungsdauer spielt natürlich auch bei allen übrigen Investitionen (z.B. Anschaffung neuer PC's) eine grosse Rolle für das Ergebnis einer Wirtschaftlichkeitsbetrachtung. Meist sind im Nicht-Baubereich relativ kurze Betrachtungszeiten üblich. Man spricht hier auch von Wirkungsdauer.

Abschreibungen

(7) Mit Abschreibungen berücksichtigt man in der Vermögensrechnung, dass einmal getätigte Investitionen mit der Zeit oder durch Verbrauch an finanziellem Wert verlieren. Bei einer Nutzungsdauer eines Personalcomputers von 5 Jahren und angenommenen Investitionskosten von Fr. 2'000, ist dieser nach zwei Jahren nur noch Fr. 1'200 wert. Das entspricht einer linearen Betrachtung. Man kann auch degressiv abschreiben, z.B. beim Personalcomputer im ersten Jahr gerade 50% und den Rest auf die folgenden vier Jahre verteilen.

Zwischen Höhe der **Abschreibung und Instandsetzungsinvestitionen** besteht ein Zusammenhang. Die Instandsetzungsinvestitionen fangen ja den Wertverlust teilweise auf. Auf die besonderen Behandlungen von

Metho-
den

---

[1] Vgl. Loderer 2002, S. 170 ff.; Brauchlin/Heene 1995, S. 161 ff.

Abschreibungen und Instandsetzungsinvestitionen im Rechnungswesen kann hier nicht näher eingegangen werden.

Liquidations-erlös
(8) Der Liquidationserlös oder Restwert bildet eine schwer kalkulierbare Restgrösse (wie viel Geld bringt beispielsweise das Recycling, was kostet die Beseitigung). Auch diese Grösse sollte man trotz der Kalkulationsschwierigkeiten auf jeden Fall aufführen und nach Möglichkeit schätzen.[1]

2.3.7.2   Auswahl unter Methoden-Varianten

Zeitwert des Geldes
(1) Die Vertiefung einiger methodischer Grundlagen brachte eine Aufreihung verschiedener möglicher Eingabegrössen in eine Investitionsrechnung. Diese werden jedoch nicht in jeder Form benötigt. Es besteht je nach Aufgabe, Werthaltung und Datenlage eine ganze Reihe von methodischen Varianten.

Der entscheidende Unterschied liegt jedoch im **Zeitwert des Geldes**. Auf der Zeitachse kann das Geld (Investitionen, Betriebskosten, Erträge) immer gleichviel wert sein. Möglich ist auch, dem Geld auf der Zeitachse einen abnehmenden finanziellen Wert beizumessen. Dahinter steckt die Logik, dass man das Geld, statt zu investieren, auch auf die Bank bringen könnte. Zahlt man Fr. 1'000 auf ein Bankkonto, so erbringt es bei 4% einen Zinsertrag von jährlich Fr. 40, also in 10 Jahren von Fr. 400. Hinzu kommen die Zinseszinsen. Dieser Betrag ist bei investiertem Kapital als entgangener Zinsgewinn abzuziehen. Die wesentlichern Aspekte beider Betrachtungsweisen zeigt Abbildung B/96.

Statische Verfahren
(2) Zu den statischen Verfahren gehören die (vgl. Abb. A/65 und B/97):[2]
◦ Kostenvergleichsrechnung
◦ Amortisationsrechnung
◦ Rentabilitätsrechnung.

Bei der **Kostenvergleichsrechnung** werden die Kosten verschiedener Vorhaben miteinander verglichen. Es wird die Alternative bzw. Variante besser bewertet, deren jährliche Kosten am niedrigsten sind. Die Periodenkosten enthalten ausser den laufenden Betriebskosten (z.B. Material oder „Wegfallkosten" wie Mieten) die kalkulatorischen Abschreibungen und die kalkulatorischen Zinsen. Die Kostenvergleichsrechnung hat zur Voraussetzung, dass der Nutzen (Erträge) der verglichenen Vorhaben gleich hoch ist. Nur in diesem Fall ist die Kostenminimierung aussagekräftig. Einschätzungen der Ertragsunterschiede lassen sich ergänzend auch durch eine Nutzwertanalyse erfassen. Ebenso sind Saldierungen mit den Erträgen (z.B. Mieten) möglich.

---

[1] Vgl. Loderer 2002, S. 173 ff.
[2] Vgl. Loderer 2002, S. 68 ff.; Schierenbeck/Lister 2002, S. 149 ff.; Brauchlin/Heene 1995, S. 161 ff.

Abbildung B/96
Statische und
dynamische
Investitionsrech-
nungen unter-
scheiden sich in
der Berücksichti-
gung des Zeitwer-
tes von Geld

1. Statische Investitionsrechnung

- Unterschiede im zeitlichen Anfall der Rechnungsgrössen werden nicht berücksichtigt:
  - Kein Auf- und Abzinsen der Zahlungsströme
  - Keine Berücksichtigung des Zeitwertes des Geldes
- Spezialfall Periodenerfolgs-Konzept der Finanzbuchhaltung (betrachtet Aufwände und Erträge; gilt nur bei Kosten- und Gewinnvergleichsrechnung)

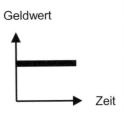

2. Dynamische Investitionsrechnung

- Erfasst die zeitlich unterschiedlich anfallenden Zahlungsströme während der gesamten Nutzungsdauer:
  - Einnahmen- und Ausgabenströme werden auf einen bestimmten Zeitpunkt abgezinst
  - Der Zeitwert des Geldes wird berücksichtigt (Abzinsungsfaktor)

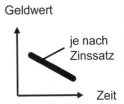

Die **Amortisationsrechnung,** auch als Kapitalrückflussrechnung oder Pay-back-Methode bezeichnet, ermittelt den Zeitraum, in welchem der Kapitaleinsatz durch die Erlöse voll ausgeglichen ist. Der Zeitpunkt, zu dem das geschieht, wird auch als Break-even-point (BEP) bezeichnet. Ein Vorhaben gilt nach dieser Methode als wirtschaftlich, wenn die errechnete Amortisationszeit kleiner als die für tragbar erachtete ist (in der Regel deutlich kleiner als die Nutzungsdauer).

Die **statische Rentabilitätsrechnung** (Return-on-Investment-Methode = ROI) ermittelt die Rentabilität des investierten Kapitals aus dem Quotienten von durchschnittlichem Ertrag zu durchschnittlich gebundenem Kapital. Nach dieser Methode ist ein Vorhaben rentabel, wenn eine vorgegebene Mindestrentabilität erfüllt ist.

Dynamische Verfahren

(3) Bei den dynamischen Verfahren wird der Gegenwartswert späterer Ausgaben und Einnahmen berücksichtigt. Bei diesen Methoden spielt neben dem Kalkulationszinssatz auch die Annahme der Nutzungsdauer eine erhebliche Rolle. Zu den gebräuchlichen dynamischen Verfahren gehören:[1]

- die Kapitalwertmethode
- die Annuitätenmethode
- die interne Zinsfussmethode.

Bei der **Kapitalwertmethode** (Barwert-Methode) gilt als Beurteilungsmassstab für die Wirtschaftlichkeit einer Investition der finanzielle Wert

---

[1] Vgl. Loderer 2002, S. 121 ff.; Schierenbeck/Lister 2002, S. 221 ff.; Brauchlin/Heene 1995, S. 163 ff.

Abbildung B/97
Dieser Überblick
über die Methoden
der Investitions-
rechnung zeigt
eine erhebliche
Variationsbreite

Bezeichnung		Formel
Statische Verfahren	**Kostenvergleichsrechnung**	$K = I \cdot i + a + b$
	Amortisationsrechnung (Pay-back-Methode)	$R = \dfrac{I}{G}$
	Rentabilitätsrechnung (Return-on-Investment (ROI), auch statische Rendite genannt)	$ER = \dfrac{(G_1 + G_2 \ldots + G_n) - I}{n} \cdot \dfrac{100}{I}$
Dynamische Verfahren	**Kapitalwertmethode** (Barwertmethode)	$Ü = \dfrac{G_1}{1 + i} + \dfrac{G_2}{(1 + i)^2} + \ldots + \dfrac{G_n}{(1 + i)^n} - I$
	Annuitätenmethode	$A = I \cdot \dfrac{(1 + i)^n \cdot i}{(1 + i)^n - 1}$
	Interne Zinsfussmethode (Internal Rate of Return = IRR)	$\dfrac{G_1}{1 + i} + \dfrac{G_2}{(1 + i)^2} + \ldots + \dfrac{G_n}{(1 + i)^n} - I = 0$

Legende:

Ergebnisse

K	=	Jährliche Kosten
R	=	Rückzahlungsfrist in Jahren (Anzahl Jahre bis zum Erreichen des Break-even-points)
ER	=	Ertragsrate (ROI)
$Ü$	=	Überschuss oder Fehlbetrag einer Investition
A	=	Annuität

Rechenwerte

I	=	Investitionsbetrag
G	=	Saldo jährlicher Nutzen (in Geld) abzüglich jährliche Nutzungs-Kosten (v.a. Betriebskosten)
G_1	=	Nutzen im ersten Jahr
n	=	Nutzungsdauer einer Anlage
i	=	Zinssatz (bei der Internen Zinsfluss-Methode: interne Zinssatz)
a	=	jährliche Abschreibung
b	=	jährliche Betriebskosten (auch abzüglich „Wegfallkosten" wie Mieten)

des eingesetzten Kapitals, unabhängig davon, ob es sich dabei um eigene bestehende Werte (Eigenkapital) oder Fremdkapital handelt. Dieser ergibt sich als Differenz aller auf den Bezugszeitpunkt abgezinsten Ausgaben und Einnahmen. Diesen Vorgang bezeichnet man auch als Diskontierung. Eine Investition ist nach dieser Methode wirtschaftlich, wenn der Kapitalwert grösser als null ist. Man kann dieses Verfahren über die Vollkosten oder nur die Differenzkosten bzw. die Teilkosten durchführen.

Bei der **Annuitätenmethode** wird die jährliche Rente (= Ertrag aus dem eingesetzten Kapital) als Wirtschaftlichkeitsmassstab bestimmt. Sie entspricht dem durchschnittlichen, auf den Bezugszeitpunkt abgezinsten Jahreseinnahmenüberschuss. Das Vorhaben gilt dann als wirtschaftlich, wenn die Annuität grösser als null ist

Mit der **internen Zinsfussmethode** (Internal Rate of Return = IRR) wird derjenige Zinssatz errechnet (alternativ zum Kalkulationszinssatz), bei dem sich aus der Investition ein Barwert von null ergäbe. Er stellt die effektive Rendite der Investition dar.[1] Der interne Zinsfuss einer Investition entspricht demjenigen Zinssatz, bei dem der Barwert der Ausgaben gleich dem Barwert der Einnahmen ist. Ein Vorhaben erweist sich dann als wirtschaftlich, wenn der Zinsertrag grösser als eine geforderte Mindestverzinsung ist. Die Mindestverzinsung kann z.B. aus dem Zinssatz der Geldanlage am Kapitalmarkt resultieren.

Auswahl

(4) Die Auswahl unter den verschiedenen methodischen Ansätzen ist nicht ganz leicht. Einerseits bestehen je nach Beteiligten Routinen bzw. typische Bevorzugungen, ohne dass darüber reflektiert wird. Andererseits zeichnen sich die Verfahren durch deutliche Unterschiede auch in den Ergebnissen aus.

In der Praxis führt man aus diesem Grunde auch **Berechnungen mit verschiedenen Methoden gleichzeitig** durch. Das erweist sich meist als relativ einfach, weil ja jeweils die benötigten Informationen vorliegen. Dieses Vorgehen kann daher empfohlen werden. Doch bleibt die Frage offen, worauf man sich bei Differenzen in den Ergebnissen primär abstützen soll.

In Zusammenhang damit sind auch **zusätzliche Betrachtungen** anzustellen. So gehen alle Verfahren der Investitionsrechnung davon aus, dass Kapital frei verfügbar ist. Was nützt aber einem Investor die Aussicht auf eine hohe Rendite, wenn er selber knapp bei Kasse ist und eine Bank ihn nicht für kreditwürdig hält?[2] Bei Projekten der öffentlichen Hand in der Schweiz besteht zudem das Problem, dass komplexe Finanzberechnungen den Stimmbürger überfordern können. Er sagt dann lieber einmal nein.

Die grosse Frage, ob man **dynamische oder statische Verfahren** vorzieht, ist auch eine Frage der Durchschaubarkeit für die Beteiligten. Zwar sind dynamische Verfahren aus ökonomischer Sicht genauer, doch basieren sie auf etlichen schwer durchschaubaren Annahmen. Hier kann für

---

[1] Vgl. Kunz 1994, S. 44
[2] Vgl. Fierz 2001, S. 235

Laien einfacher unentdeckt manipuliert oder zumindest eine einseitige Interessenpolitik verfolgt werden. Zudem stecken in dynamischen Investitionsrechnungen sehr viele verdeckte Werthaltungen (z.B. Höhe des Zinsfusses, Länge der Nutzungsdauer etc.). Daher ist es oft für Gruppen akzeptabler, ein besser durchschaubares statisches Verfahren anzuwenden.

**2.3.7.3	Praktisches Vorgehen (Beispiel Kapitalwertmethode)**

Überblick	(1) Je nach gewählter Methode ist das praktische Vorgehen etwas anders zu wählen. Gezeigt wird das Vorgehen bei der Kapitalwertmethode anhand eines Beispiels (vgl. Abb. B/98). Dieses dynamische Verfahren ist vergleichsweise einfach zu handhaben und lässt das Zusammenspiel der verschiedenen Grössen gut erkennen.
Der folgende Überblick zeigt die hier erforderlichen Vorgehensschritte (vgl. Abb. B/99):
- Festlegungen und Annahmen
- Kostenkalkulationen
- Diskontierung
- Aufbereitung und Interpretation der Ergebnisse

Abbildung B/98
Bei diesem Praxis-
beispiel waren vier
Varianten auf
Nutzen und
Kosten zu
bewerten

Aufgabe

Es ging um Standort-Konzepte für Verteilzentralen eines schweizerischen Grossunternehmens im Einzelhandel

Varianten

- Variante I
  - Sämtliche 3 Verteilzentralen an einem Standort
  - Standort „Grenznähe"
  - Lagertyp: Mittelregallager (MRL)

- Variante II
  - 2 Verteilzentralen zusammen „Zentralschweiz"
  - 1 Verteilzentrale „Grenznähe"
  - Lagertyp: Mittelregallager (MRL)

- Variante III
  - 2 Verteilzentralen zusammen grenznah
  - 1 Verteilzentrale in der Zentralschweiz
  - Lagertyp: Mittelregallager (MRL)

- Variante IV
  - Sämtliche 3 Verteilzentralen an einem Standort
  - Standort „Zentralschweiz"
  - Lagertyp: Hochregallager und Mittelregallager kombiniert (MRL)

Festlegungen und Annahmen

(2) Es erfolgten zu Beginn der Investitionsrechnungen in der beteiligten Gruppe folgende Festlegungen und Annahmen:
- Preisstand: 1993
- Diskontsatz (= Kalkulationszinssatz): 5.5 %
- Bezugsjahr (= Jahr für den Gegenwartswert): 1994
- Nutzungsdauer: Jahr 2000–2029 (= 30 Jahre)
- Bauliche Investition: 1999
- Investitionen in die „Mobilien" (= betriebliche Anlagen): 2000, 2010 (Erneuerung), 2020 (Erneuerung)
- Landkauf: 1994

Abbildung B/99
Mit vier Schritten gelangt man zum Ergebnis gemäss Kapitalwert-methode

A　Festlegungen der Annahmen

B　Kostenkalkulationen

C　Diskontierung

D　Aufbereitung und Interpretation der Ergebnisse

Metho-den

Kosten-kalkulationen

(3) Die Kostenkalkulationen wurden differenziert nach verschiedenen Kostenarten (Kostenpositionen) durchgeführt, und zwar für (vgl. Abb. B/100):
- Personalkosten, davon:
  - laufende Personalkosten
  - einmalige Personal- und Umzugskosten
- „Miete" (Raumkosten), davon:
  - Bauinvestition
  - Mobilien
  - laufender Unterhalt
  - Landkosten
  - Erschliessungskosten
- Unterhalt „Mobilien" (Betriebseinrichtungen)
- Energie

Abbildung B/100
Diese Kalkulati-
onswerte wurden
der Investitions-
rechnung zugrun-
de gelegt (hier:
Betriebskosten für
Standortvarianten
für 3 Verteilzentra-
len)

Preisstand 1993

Kostenpositionen	Dimension Bemerkun-gen	Lösungsvarianten			
		I Mio. Fr.	II Mio. Fr.	III Mio. Fr.	IV Mio. Fr.
40 Personalkosten davon					
- laufende Personal-kosten	jährlich, Stich-jahr 2005[1]	12.62	13.05	12.91	12.66
- einmalige Personal- und Umzugskosten	Umzug 2000	0.73	1.85	0.79	1.87
41 „Miete" davon					
- Bauinvestition	im Jahre 1999	48.65	56.87	50.08	52.35
- „Mobilien"	Betriebsein-richtungen 2000	5.48	3.93	5.48	8.70
- laufender Unterhalt	Stichjahr 2005	0.15	0.19	0.15	0.22
- Landkosten	einmalig 1994	11.29	7.07	7.13	2.64
- Erschliessungskosten	einmalig 1994	--	1.00	1.11	1.50
45 Unterhalt „Mobilien"	jährlich, Stich-jahr 2005	0.19	0.16	0.19	0.25
46 Energie	jährlich, Stich-jahr 2005	0.52	0.50	0.52	0.53
47 Transportkosten davon					
- Anl. Ausland	jährlich, Stich-jahr 2005	3.03	3.57	3.39	3.93
- Anl. Inland	jährlich, Stich-jahr 2005	1.40	1.44	1.39	1.42
- Regionale Verteilung	jährlich, Stich-jahr 2005	4.44	4.14	4.60	4.30

---

[1] Die Stichjahre geben eine durchschnittliche Grösse für die Nutzungsdauer (hier 30 Jahre) an.

    ◦ Transportkosten, davon:
      · Anlieferung Ausland
      · Anlieferung Inland
      · Regionale Verteilung.

Abbildung B/100 zeigt für dieses Beispiel eine Auswahl von Kalkulationswerten. Die Grundwerte wurden teils aus den betroffenen Betrieben des Unternehmens geliefert, hinterfragt und nötigenfalls korrigiert. Teilweise erfolgten Kalkulationen (z.B. Kalkulation der Bauinvestition) von Fachleuten.

Diskontierung (4) Die kalkulierten Werte wurden anschliessend einer Diskontierung unterzogen, wobei der festgelegte Kalkulationszinssatz von 5,5% galt. Der Vorgang geschah mit Hilfe von Zinseszins-Rechnungsprogrammen, wie sie für Taschenrechner bzw. Personalcomputer bestehen.

Sämtliche Werte wurden für die betreffenden Jahre abgezinst und danach addiert. Bei den laufenden Personalkosten wurden z.B. die durchschnittlichen Kosten des Stichjahres 2005 vereinfachend für sämtliche Betrachtungsjahre in der Periode 2000 bis 2029 in gleicher Höhe angenommen. Anschliessend ermittelte man für jedes Jahr den abgezinsten Wert (je weiter zeitlich entfernt, desto niedriger im Ergebnis).

Anschliessend erfolgte eine Addition zum Gesamtwert, wie in Abbildung B/101 dargestellt. Folgende Beispiele zeigen den **Effekt der Abdiskontierung**:

◦ Bei Variante I ergibt sich bei den Personalkosten als nicht abgezinster Wert Fr. 379 Mio. Der abgezinste Wert beträgt jedoch für den Zeitraum von 30 Jahren nur Fr. 127 Mio.

◦ Die kalkulierte Bauinvestition beträgt im Jahre 1999 Fr. 49 Mio., der Gegenwartswert im Jahre 1994 immerhin noch Fr. 35 Mio.

◦ Die im Jahre 1994 (Bezugsjahr) anfallenden Landkosten von Fr. 11 Mio. wurden natürlich nicht abgezinst (vgl. Abb. B/101)

Aufbereitung (5) Das Ergebnis der Investitionsrechnung wurde zusammen mit den Ergebnissen einer Nutzwertanalyse dargestellt (vgl. Abb. B/102). Diese Aufbereitung erlaubte es der Projektgruppe, die Varianten sowohl unter Nutzen- als auch unter Kosten-Aspekten zu interpretieren.

Auf der **Kostenseite** zeigen die Ergebnisse der Investitionsrechnung keine grossen Unterschiede. Wenn man bedenkt, dass vor der Investitionsrechnung Vermutungen über deutliche Kostenunterschiede je nach Standort-Lösung im Umlauf waren, stellt das Ergebnis eine überraschende Relativierung dar. Gewiss gibt es erhebliche Unterschiede bei den Kosten zu Einzelpositionen (z.B. Landkosten). Doch schlagen diese nicht durch bzw. werden durch andere Werte kompensiert.

Die Meinung, dass ein Standort in der Zentralschweiz die regionalen Verteilkosten deutlich senke, wurde durch die Rechnung überraschenderweise nicht bestätigt. Wichtig war bei der **Interpretation** der Ergebnisse auch zu erkennen, welche grosse relativierende Wirkung die Personalkosten haben.

Metho-
den

Kostenpositionen	Lösungsvarianten			
	I Mio. Fr.	II Mio. Fr.	III Mio. Fr.	IV Mio. Fr.
40 Personalkosten davon	126.59	131.65	129.52	127.78
- laufende Personalkosten	126.09	130.38	128.98	126.49
- einmalige Personal- und Umzugskosten	0.50	1.27	0.54	1.29
41 „Miete" davon	62.70	63.78	60.63	63.25
- Bauinvestition	35.28	41.24	36.32	37.97
- „Mobilien"	12.30	10.25	12.30	16.57
- laufender Unterhalt	3.83	4.42	3.98	4.86
- Landkosten	11.29	7.07	7.13	2.64
- Erschliessungs- kosten	–	0.80	0.90	1.21
45 Unterhalt „Mobilien	1.90	1.60	1.90	2.50
46 Energie	5.20	5.00	5.20	5.30
47 Transportkosten davon	88.62	91.31	93.71	96.41
- Anl. Ausland	36.27	42.26	39.86	45.86
- Anl. Inland	7.99	7.69	7.89	7.59
- Regionale Verteilung	44.36	41.36	45.96	42.96
Gesamt-Total	285.01	292.34	290.96	295.24
Index Variante I = 100	*100.0*	*102.6*	*102.1*	*103.6*

Erheblich grösser erwiesen sich dagegen die Unterschiede bei den ermittelten **Gesamt- und Teilnutzwerten** (vgl. Abb. B/102). Damit wurde die **Nutzenseite** massgeblicher für die Ausarbeitung der bestmöglichen Lösung als die Kostenseite. Empfohlen wurde demzufolge eine Lösung auf der Basis der Variante I (alle drei Verteilzentralen an einem Standort grenznah mit einheitlichen Mittelregallagern).

Abbildung B/102 Beispiel für ein Gesamt-Ergebnis mit Ergebnissen der Nutzwertanalyse und der Investitionsrechnung (hier: Standort-Varianten für 3 Verteilzentralen)

	Lösungs-Varianten			
Bezug	*I*	*II*	*III*	*IV*
Nutzen (Ergebnisse Nutzwertanalyse)				
1. Betriebsbedingungen (Nutzwertpunkte)	2'760	1'570	1'666	1'673
2. Bauliche Realisierungsbedingungen (Nutzwertpunkte)	750	791	805	784
3. Flexibilität (Nutzwertpunkte)	650	823	822	954
Gesamtnutzwert (Nutzwertpunkte)	4'160	3'184	3'293	3'411
Gewichtete Durchschnittsnote[1]	4.2	3.2	3.3	3.4

Methoden

Kosten (Ergebnisse Investitionsrechnung, Kapitalwertmethode)

Mio. Fr. Bezugsjahr 1994	285	292	291	295

Kommentar:
Die Unterschiede gemäss Investitionsrechnung erweisen sich als klein. Daher bestimmten die Ergebnisse der Nutzwertanalyse die Wahl des Standortes.

---

[1] Gesamt-Nutzwert dividiert durch Gesamt-Gewicht (hier = 1000)
Notenskala:
5 = sehr gut   3 = mittel   2 = schlecht
4 = gut   1 = sehr schlecht

2.3.7.4 Vermeiden von Fehlern

Überblick

(1) Die einzelnen Probleme mit der Anwendung der Investitionsrechnung klangen bereits oben an. Die wichtigsten Punkte sind:
- die Bestimmung der notwendigen Annahmen zu den Rechnungsgrössen
- die aufgabengerechte Kalkulation
- die Wahl der geeigneten Methode

Annahmen zu den Rechnungsgrössen

(2) Die Bestimmung der Annahmen zu den Rechnungsgrössen kann für das Ergebnis bereits entscheidend sein. Das gilt insbesondere für Investitionsrechnungen, bei denen relativ hohe Kostenwerte zu deutlich auseinanderliegenden Zeitpunkten auftreten. Wenn man einen hohen Kalkulationszinssatz von z.B. 10% annimmt, so gewinnen dadurch Varianten mit späteren Investitionen einen grossen Kostenvorsprung. Gleiches gilt für die Nutzungsdauer. Ob man Erträge nur für 10 oder für 30 Jahre berücksichtigt, kann sich stark auswirken. Beteiligten Gruppen muss klar werden, dass es hier um Wertsetzungen geht und eine entsprechende Diskussion führen (vgl. Kap. A/1.3.2.3).

Man löst dieses Problem zudem durch das Bestimmen von **alternativen Annahmen** zum Kalkulationszinssatz und zur Nutzungsdauer. Wenn die Unterschiede zwischen den Varianten stabil bleiben (beim Beispiel der Abbildung B/101 wäre das so), dann gewinnen die Beteiligten eine zusätzliche Ergebnis-Sicherheit. Kippen die Ergebnisse, so muss man sich definitiv für Annahmen entscheiden und den Stellenwert der Ergebnisse der Investitionsrechnung dämpfen.

Aufgabengerechte Kalkulation

(3) Als wichtig erweist sich auch eine Aufgaben-gerechte Kalkulation der Kosten. Es gibt Verfahren, die Unterschiede zwischen Lösungs-Varianten verwischen (z.B. Kalkulationen bei Bauinvestitionen über Kubikmeter-Preise). Man sollte demgegenüber darauf achten, dass die für die Suche nach der bestmöglichen Lösung wichtigen Unterschiede klar zu Tage treten.

Wahl der geeigneten Methode

(4) Die Wahl der geeigneten Methode für die Investitionsrechnung bringt Probleme, weil die besseren dynamischen Verfahren viele Gruppenmitglieder überfordern können. Das gilt erfahrungsgemäss selbst für solche Mitglieder, die bereits in die Methoden der Investitionsrechnung eingeführt wurden. Für die Akzeptanz der Ergebnisse ist jedoch sehr wichtig, dass die Investitionsrechnung durchschaubar bleibt.

Bei den **dynamischen Verfahren** kann das in der Praxis bei Investitionen erfahrungsgemäss am besten durch die Kapitalwertmethode (inkl. der Variante in Form der Annuitätenmethode) gelingen.

Immer aber müssen die Ergebnisse vor dem Hintergrund der methodischen Prämissen interpretiert werden. Auch spielt die **Qualität der zugrundeliegenden Daten** eine grosse Rolle. Das wird leicht vergessen.

3. Zusammenarbeit

Nur durch Zu-
sammenarbeit
dauerhafte
Lösung kom-
plexer Proble-
me

(1) Nach dem Instrumentarium der Methoden folgt als zweite Prozess-ebene das Element „Zusammenarbeit". Dabei handelt es sich nicht um den 2. Rang, weil alle drei Prozessebenen **im Sinne des ganzheitlichen Ansatzes** die gleiche Bedeutung für den Erfolg der INPRO-Methodik haben. Nur durch Zusammenarbeit lässt sich eine dauerhafte Lösung komplexer Probleme erreichen, weil nur dadurch der nötige Informationsaustausch stattfindet und Akzeptanz bewirkt wird.

Hauptkapitel

(2) Die psychologischen Grundlagen für die Zusammenarbeit breitet Teil A in den Kapiteln 1.1 und 1.2 aus. Kapitel 1.3 behandelt die für die Zusammenarbeit ebenso wichtigen Werte sowie deren Operationalisierung in Form von Zielen.

Alle in Kapitel B/2. vorgestellten Methoden unterstützen auch die Zusammenarbeit. Darüber hinaus bestehen spezifische Instrumente für die Gruppenarbeit und Moderation. Einen Überblick dazu gibt Kapitel A/3.3.4.

Hier geht es in einer Auswahl um Vertiefung und praktische Anleitungen zur Zusammenarbeit von Gruppen. Dazu werden zwei Teilelemente mittels folgender Kapitel beschrieben:

• **Gestaltung der Gruppenarbeit**

• **Moderation von Gruppen**

Zusam-
menarb.

3.1 Gestaltung der Gruppenarbeit

3.1.1 Wunschziel Konsens

Begriff
„Konsens"

(1) Zur Zusammenarbeit gehören Gespräche und Gruppenarbeit. Hinweise für eine gute Gesprächsführung geben die Kapitel A/3.3.4.1 bis 3.3.4.3. Hier erfolgt daher eine **Konzentration** auf das Thema **Gruppenarbeit**.

Wenn die Zusammenarbeit zu einer Problemlösung führt, die für alle Gruppenmitglieder stimmig ist, dann spricht man von Konsens.[1] Dahinter steht der Gedanke, dass ein Lösungsvorschlag nicht nur auf der

---

[1] Lat. consensus = Übereinstimmung bzw. Zustimmung

Sachebene als bestmöglich angesehen wird. Auch auf der **Gefühlsebene** muss es stimmen.

Gelingt der Konsens, wird eine Gruppe **beim Vertreten ihres Lösungsvorschlags eine erhebliche Überzeugungskraft** entwickeln. Die Praxis zeigt das mit schöner Regelmässigkeit.

Auswahl von Themen

(2) Gelingt einer Gruppe der Konsens nicht, so bleibt eventuell die bestmögliche sachliche Lösung unerreichbar, wird die Wirkung für die Akzeptanz geschmälert, vergrössert sich der Zeitbedarf und steigt der Aufwand erheblich (vgl. Abb. B/2). Für solche Gefährdungen des gemeinsamen Erfolgs genügt eventuell ein einziges Gruppenmitglied.

Den Konsens zu erreichen, stellt daher eine ganz wesentliche **Zielsetzung** der INPRO-Methodik dar. Fehlender „Konsens" bildet umgekehrt oft den Grund, eine Problemlösungs-Gruppe mit einer Aufgabe zu betrauen, um die „Kuh vom Eis" zu holen.

Um das Wunschziel Konsens gut zu erreichen, muss einiges beachtet werden. Das belegen die Ausführungen zu folgenden Themen:

• Ursachen von Uneinigkeit

• Negativer Umgang mit Sachdifferenzen und Konflikten

• Konsensfindung in der Gruppe

3.1.1.1   Ursachen von Uneinigkeit

Überblick

(1) Ursachen für fehlenden Konsens liegen, um einen Überblick zu geben, auf zwei Ebenen (vgl. Abb. A/13), der:

• Sachebene

• Beziehungsebene

Sachebene

(2) Auf der Sachebene führen bei folgenden Aspekten Differenzen zu mangelnder Einigung:

◦ Information

◦ Einschätzungen

◦ Werthaltungen

◦ Interessen

Die sachlichste Form von Differenzen besteht in Unterschieden der **Information**. Jemand hat Informationen (z.B. fachliches Wissen), über welche eine andere Person nicht oder mit abweichendem Inhalt verfügt. Eine Abteilung glaubt z.B., dass sie zukünftig mit 30 Stellen rechnen kann, während das Personalbüro nur von 25 Stellen weiss.

Mangelnde Einigkeit kann aber ihre Ursache auch in unterschiedlichen **Einschätzungen** haben. Die Bauabteilung eines Unternehmens schätzt z.B. den zusätzlichen Flächenbedarf in 10 Jahren auf 5'000 m², während die Organisationsabteilung nur einen Bedarf von 3'000 m² ermittelt.

Hier spielen bereits gewisse **Werthaltungen** und Zielsetzungen mit hinein. Der eine wird eher vorsichtiger schätzen und der andere zur Grosszügigkeit neigen. Unterschiede in den Werthaltungen können z.B. eher für den weitgehenden Erhalt einer nicht mehr benötigten Industrieanlage als Denkmal sprechen oder eher für den Abriss mit einer anschliessenden Neubebauung als City-Erweiterung.

Werthaltungen hängen eng mit **Interessen** zusammen. Die eine Interessengruppe möchte z.B. eine möglichst schnelle Realisierung von Fahrradwegen, die andere tendiert eher in Richtung Ausbau einer Grünanlage.

Beziehungs-ebene

(3) Werthaltungen und Interessen beruhen einerseits auf dem Nachdenken, stehen aber andererseits auch unter dem Einfluss von Gefühlen. Auf der Beziehungsebene sind allein Gefühle massgeblich. Es geht z.B. um emotionale Sicherheitsbedürfnisse, wie das Pochen auf die eigene Fachkompetenz, soziale Bedürfnisse, wie Machtausübung, oder Bedürfnisse der Selbstverwirklichung, wie z.B. der Wunsch nach Realisierung einer Idee (vgl. Abb. A/9).

Solche Bedürfnisse treten auf der Gefühlsebene in Konkurrenz zu den Bedürfnissen anderer Menschen. Auf diese Weise entsteht eine Quelle von **Konflikten**.[1] Damit wird auch deutlich: Konflikte sind Folgen von Gefühlen, die in Konkurrenz zueinander geraten. Wie leicht solche Konflikte auf der Beziehungsebene entstehen, zeigt die Transaktions-Analyse (vgl. Kap. A/1.2.2).

Es liegt somit auf der Hand, dass **alle Organisationen**, die Leistungsziele erreichen wollen, **konfliktträchtig** sind. Denn hier müssen Menschen mit sehr unterschiedlichen Bedürfnissen eng zusammenarbeiten. Mit anderen Worten: Konflikte sind normal und häufig.

Veränderungs-Prozesse

(4) Das gilt ganz besonders auch für alle Veränderungs-Prozesse. Diese erweisen sich in der Praxis stets als komplex, soll doch für ein Problem (z.B. komplizierte Geschäftsprozesse, Raumbedürfnisse) eine neue Lösung (z.B. Neugestaltung der Prozesse, Verlegung des Standortes) gefunden werden. Menschen werden dadurch gezwungen, sich an neue Umstände anzupassen, was **verunsichernd** wirkt.

Ursachen für Uneinigkeit liegen denn auch häufig gar nicht in sachlichen Differenzen oder anfänglichen Schwierigkeiten auf der Beziehungsebene. Vielmehr entstehen viele **Konflikte im Zuge von Prozessen** (z.B. Verhandlungen in Planungskommissionen) durch unbefriedigte Gefühle. Oft wird man das nicht zugeben wollen und eine sachliche Differenz als Grund der Uneinigkeit nennen.

3.1.1.2 Negativer Umgang mit Sachdifferenzen und Konflikten

Überblick

(1) Die Ursachen von Uneinigkeit hängen eng mit der Frage zusammen, wie mit Sachdifferenzen und Konflikten umgegangen wird. Folgender Überblick zeigt die Themen auf, die mit dieser Frage verbunden sind:

---

[1] Vgl. Glasl 2004, S. 14 f.

- Sachdifferenzen und Konflikte als positive Erscheinungen
- Negativ verlaufende Auseinandersetzungen
- Schlechte oder suboptimale Strategien der Differenz- bzw. Konfliktbehandlung
- Abstimmungen und ihre negativen Folgen

Sachdifferenzen und Konflikte

(2) Sachdifferenzen und Konflikte sind zunächst einmal positive Erscheinungen.

Offengelegte **Sachdifferenzen** können zu intensiven Diskussionen anregen. Informationen werden ausgetauscht, Einschätzungen kritisch überprüft, unterschiedliche Werthaltungen und Interessen einander mitgeteilt. Bei der menschlichen Neigung, sich zu schnell mit suboptimalen Lösungen zufrieden zu geben („Reparaturdienstverhalten", vgl. Kap. A/1.1.2.5), kann anfängliche Uneinigkeit in der Sache verbessernd auf den Lösungsprozess wirken.

Offen ausbrechende **Konflikte** auf der Beziehungsebene zeigen, wo die wirklichen Bedürfnisse der Beteiligten liegen. Die zeitraubenden Scheingefechte auf der sachlichen Ebene, eventuell über völlig nebensächliche Details, hören auf. Mit einem besseren Wissen um die Wirkungen der eigenen Handlungen sowie der Empfindlichkeiten und Erwartungen der Partner kann die Zusammenarbeit wesentlich besser werden.

Negativ verlaufende Auseinandersetzungen

(3) Bedingungen für die positiven Wirkungen von Uneinigkeit in der Sache und Konflikten auf der Beziehungsebene sind deren Offenlegung sowie die Fähigkeit, damit konstruktiv umzugehen.

Leider sind viele Menschen dazu nicht in der Lage. Dann kommt die notwendige offene Kommunikation über Gefühle nicht zustande (vgl. Kap. A/1.1.3). Zudem werden bei den vielen negativ verlaufenden Auseinandersetzungen die **Sach- und die Beziehungsebene vermengt.** Es besteht in der Folge die Neigung, sich selbst als Verkörperung guter Werte, den Konfliktgegner jedoch als Verkörperung einer Fehlhaltung zu sehen.

Sachliche Differenzen werden also leicht auf der Beziehungsebene mit „Schlägen unter die Gürtellinie" beantwortet. **Beziehungs-Probleme versucht man fälschlicherweise zu versachlichen** („zur Sache bitte").

Schlechte oder suboptimale Strategien

(4) Beim Umgang mit sachlichen Differenzen und Konflikten sind zudem eine ganze Reihe von schlechten oder suboptimalen Strategien üblich. Abbildung B/103 bringt dazu folgende Beispiele:

- Übergehen
- Abweichen vom Thema
- Versachlichen
- Entscheidungen Einzelner
- Cliquenbildung
- Druckausübung
- Abstimmung (Mehrheitsbeschluss)

Abbildung B/103 Schlechte oder suboptimale Strategien der Behandlung von Differenzen und Konflikten verhindern den Konsens[1]

Strategie	Erläuterung
Übergehen	Bestehende Differenzen und Konflikte werden ignoriert. Man hofft, dass sich das Problem von selber löst. **Folgen:** Unsicherheit, Unzufriedenheit, stark beeinträchtigte Sacharbeit, eventuell schleichende Konfliktverschärfung.
Abweichen vom Thema	Die Teilnehmenden am Problemlösungs-Prozess ändern das Aufgabenfeld in Richtung von Themen ohne oder mit weniger Differenzen und Konflikten. **Folgen:** Die eigentliche Aufgabe wird nicht erfüllt bzw. es kommen Entscheidungen zustande, die eigentlich niemand wollte.
Versachlichen	Es wird versucht, den Konflikt als sachliche Differenz zu interpretieren und als solche argumentativ zu lösen. Gegenüber dem Konflikt wird der „Das-gehört-nicht-hierher-Standpunkt" eingenommen. Man appelliert an die Disziplin. („Wir wollen doch sachlich bleiben.") **Folgen:** Wie bei der Strategie „Übergehen" schwelt der Konflikt weiter und verschärft sich eventuell noch.
Entscheidungen Einzelner	Sachliche Differenzen und Konflikte nimmt ein befugter Entscheidungsträger oder auch ein selbsternannter Richter zum Anlass, einen 1-Personen-Beschluss zu fällen. Andere Teilnehmende am Problemlösungs-Prozess sind eventuell im Moment froh, einen lästigen Konflikt nicht selber lösen zu müssen. **Folgen:** Die sachliche Differenz bzw. der Konflikt sind nicht gelöst. Entweder drohen eine suboptimale Lösung und/oder ein weiterhin ungelöster Konflikt. In der Umsetzung wird die Entscheidung nicht mitgetragen oder auch hintertrieben.
Cliquenbildung	Mehrere Teilnehmer am Problemlösungs-Prozess verbinden sich. Gemeinsam versuchen sie, ihre Sicht der Dinge im Sachbereich durchzusetzen bzw. einen Konflikt machtmässig zu ihren Gunsten zu lösen. **Folgen:** Ähnlich wie bei den Strategien „Übergehen" und „Entscheidung Einzelner": Der Konflikt schwelt weiter bzw. die Auseinandersetzung wird in die Phase der Umsetzung verschoben.
Druckausübung	Einzelne oder Cliquen üben moralischen oder anderen Druck auf Vertreter anderer Meinungen aus. Als Argumente dienen Zeitnot, negative Folgen an übergeordneter Stelle, Störung der Harmonie etc. **Folgen:** Wie bei den vorangegangenen Strategien: suboptimale Lösungen, weiterhin schwelende Konflikte, Verlagerung in die Umsetzungs-Phase.
Abstimmungen (Mehrheitsbeschluss)	Die Teilnehmer an der Lösungssuche stimmen ab und erzielen eine rasche Entscheidung. **Folgen:** Es gibt offizielle „Verlierer", die beim weiteren Prozess „mauern" können oder die Lösung in der Umsetzungs-Phase nicht mittragen.

Zusammenarb.

---

[1] Nach Gäde/Listing 2002, S. 111 ff.; Vopel/Kirsten 2000, S. 231 ff.

Abstimmungen mit oft negativen Folgen

(5) Als häufigste „offizielle" Strategie wird in Gruppen wohl das Mittel der Abstimmung (Mehrheitsbeschluss) verwendet. Doch dieses scheinbar so demokratische Mittel hat eine Reihe sehr negativer Folgen:

- Konflikte über die Zusammensetzung von Gruppen
- Machtkämpfe mit „Verlierern"
- Zeitraubende „Nachhut-Gefechte".

Wenn die Vermutung besteht, dass in einer Gruppe Abstimmungen erfolgen, wird jede Partei mit möglichst vielen und möglichst starken Personen vertreten sein wollen. Es entbrennt darüber leicht ein zeitraubender Machtkampf im Vorfeld. Solche **Konflikte über die Zusammensetzung** führen eventuell auch dazu, dass nicht die von der Sache her besten Kräfte für die Problemlösung benannt werden, sondern die eher Wortgewaltigen bzw. Durchsetzungsstarken.

Erfolgen Abstimmungen, so führt das Ergebnis immer zu „Verlierern" (es sei denn, man erreicht Einstimmigkeit und damit Konsens). Viele Menschen besitzen als Abstimmungs-Verlierer nicht die Gabe oder Motivation, ihre unterlegene Position aufzugeben und sich beim weiteren Vorgehen voll der Mehrheit anzuschliessen. Sie werden sich eventuell als „Verlierer" verletzt fühlen. Unser Denkapparat ist auf das Rechthaben hin programmiert (vgl. Kap. A/1.1.2.2). Die Arbeit leidet in der Folge unter einem fortgesetzten **Machtkampf zwischen den „Verlierern" und der Mehrheit.**

Sind die definitiven Entscheidungen gefallen und die Arbeit mit einer Empfehlung per Mehrheitsbeschluss beendet, so geht häufig der Kampf weiter. Solche „**Nachhut-Gefechte**" sind oft sehr **zeitraubend.** Der vermeintliche Vorteil der Mehrheitsbeschlüsse, die rasche und klare Entscheidung, erweist sich bei der Umsetzung einer Lösung immer wieder als Bumerang. Das verdeutlicht Abbildung B/104.

Abbildung B/104 Der potenzielle Zeitbedarf für Entscheidungen und deren Umsetzung variiert je nach Form der Entscheidungsfindung. Der Gesamt-Zeitbedarf liegt bei Konsens-Beschlüssen meist deutlich tiefer

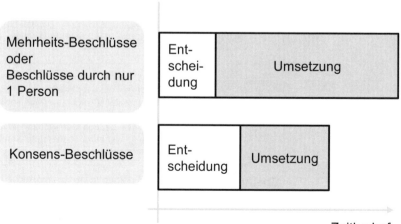

3.1.1.3   Konsensfindung in der Gruppe

Überblick   (1) Wenn die Konsensfindung solch grosse Vorteile verspricht, dann stellt sich die Frage nach dem geeigneten Vorgehen, direkter: nach **geeigneten Formen der Kommunikation**. Folgende Themen gehen darauf ein:

- Inhalt der Konsensfindung
- Vorkehrungen auf der Sachebene
- Verhalten auf der Gefühlsebene
- Verschiedene Bewegungen zum Konsens

Inhalte der Konsensfindung   (2) Die beste Art, in einer Gruppe zu einer Entscheidung bzw. gemeinsam getragenen Empfehlung zu gelangen, bildet also eine echte Konsensfindung. Diese geht im Ansatz davon aus, dass niemand bei Organisations-, Marketing- oder Planungs- und Baufragen im Besitze der einen Wahrheit sein kann (vgl. Abb. A/61). Als Inhalte der Konsensfindung werden daher verstanden:

- Alle Gruppenmitglieder haben die **Möglichkeit**, sich eingehend **zu informieren**.
- Die **verschiedenen Seiten** eines Problems bzw. von Lösungs-Vorschlägen können ausgiebig **erörtert** werden.
- Am Ende dieses Prozesses stimmen die Gruppenmitglieder darin überein, dass die Lösung bzw. Empfehlung unter den gegebenen Rahmenbedingungen die **bestmögliche** ist.

Im Idealfall decken sich beim Konsens die positive Einstellung auf der sachlichen Ebene und auf der Gefühlsebene. Diese sollen in ihrer Entwicklung dennoch zunächst getrennt betrachtet werden (vgl. Abb. B/105).

Zusammenarb.

Vorkehrungen auf der Sachebene   (3) Für die Konsensfindung müssen im Bereich der Sachebene vor allem **Informationen** ausgetauscht werden. Häufig zeigt sich dann, dass wesentliche Informationen fehlen und noch zu erarbeiten sind. Die Gruppenmitglieder entwickeln auf diese Weise ein angenähertes Bild der Situation und auch der Lösungsmöglichkeiten.

Ebenso gilt es, den Ursachen für verschiedene **Einschätzungen** auf den Grund zu gehen. Auch hierfür ist der Informationsaustausch wichtig. Zudem lassen sich Varianten in den Einschätzungen (z.B. optimistisch und pessimistisch) offengelegt darstellen.

Schliesslich kommt es darauf an, **Werthaltungen** einander verständlich zu machen. Hier erweist sich die Zielanalyse und -gewichtung als besonders hilfreich. Dabei kommt es durch Argumente teilweise zu Annäherungen oder gar Übereinstimmungen. Teilweise muss man verschiedene Werthaltungen akzeptieren und dokumentieren.

Der Weg zur Konsensfindung wird also auf der Sachebene wesentlich durch die **Qualität der Kommunikation** mitbestimmt (und deswegen sind auch die Erfolgsfaktoren für die Gruppenarbeit so wichtig).

Abbildung B/105
Es führen verschiedene Bewegungen zum Konsens. Man muss diese jeweils der Situation anpassen

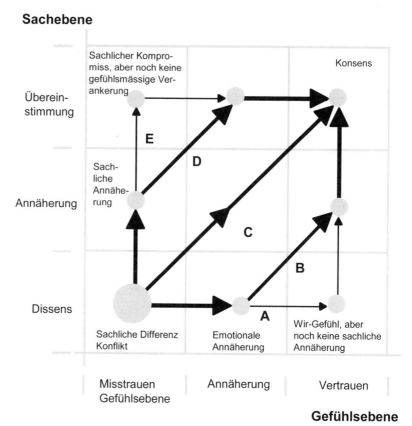

Sachebene

Gefühlsebene

Verhalten auf der Gefühlsebene

(4) Auf der Gefühlsebene sollen die typischen Gruppen-Entwicklungen in Richtung der Idealreife ablaufen (vgl. Abb. A/25). Gleichzeitig gilt es, das Stadium der Interdependenz (akzeptierte Abhängigkeit) zu erreichen. Wie Kapitel A/1.2.4.3 zeigt, lässt sich dieser Prozess fördern und beschleunigen.

Zum raschen Verlauf trägt vor allem ein **positiver Umgang mit Gefühlen** bei (vgl. A/1.1.3). Man versucht, Gefühle offen zu legen, fragt nach den Gründen für Emotionen und wählt dafür aber eine persönlich nicht verletzende Art. Oft ist es in Gruppensitzungen auch ratsam, bei „Verbeissungen" von Konfliktparteien eine Pause einzulegen. Das dabei mögliche, entspanntere informelle Gespräch kann eventuell schon wesentlich zur Konfliktlösung beitragen.

Besonders ernst zu nehmen und zu behandeln ist der **Widerstand gegen Veränderungen**. Jede Veränderung kann für Betroffene einen Verlust an Sicherheit bedeuten. Zudem werden Veränderungen oft als Kritik an dem bisher Geleisteten interpretiert. Daher müssen Anstrengungen unternommen werden, Sicherheit bezogen auf neue Lösungen zu vermitteln. Zum Verlust bisheriger Gegebenheiten ist vielleicht eine Art Trauerarbeit notwendig.

Verschiedene Bewegungen zum Konsens

(5) Wie Abbildung B/105 verdeutlicht, bestehen mehrere Bewegungen zum Konsens. Zu unterscheiden sind die:

A vorerst rein emotionale Bewegung
B zunächst emotionale und dann zunehmend sachliche Bewegung
C sachlich und emotional ausgewogen verlaufende Bewegung
D zunächst sachlich und dann zunehmend emotional verlaufende Bewegung
E vorerst rein sachliche und später auch emotionale Bewegung

Die **Bewegung A** (vorerst rein emotional) erscheint zunächst extrem, kommt aber in der Praxis vor. Gruppenmitglieder können zunächst füreinander freundschaftliche Gefühle entwickeln, behalten aber ihre sachliche Uneinigkeit. Hat sich ein grösseres Vertrauen entwickelt, wird man die gegensätzlichen Meinungen offen vertreten, einander wohlwollend zuhören und so auch leichter in der Sache einen Kompromiss finden.

Das andere Extrem, die **Bewegung E** (vorerst rein sachlich und dann emotional), erscheint ebenso denkbar, hat aber eine wesentlich kleinere Erfolgs-Wahrscheinlichkeit. Denn das vorhandene Misstrauen verhindert meist auch ein völliges Aufeinander-Zugehen in der Sache. Das gilt insbesondere für die „weichen" Bereiche der Einschätzungen und Werthaltungen.

Günstig erscheinen die **Bewegungen B, C und D**, bei denen alsbald sowohl emotionale als auch sachliche Annäherungen erfolgen. Beide Formen der Annäherung befruchten sich gegenseitig. Dabei kommt es auf die Aufgabe und Situation an, ob zunächst eher eine emotionale oder eher eine sachliche Annäherung gesucht wird.

Zusammenarb.

3.1.2 Körperliches Wohlbefinden

Klima des Umgangs miteinander

(1) Gute Kommunikation als Voraussetzung für die Konsensfindung hängt eng mit dem körperlichen Wohlbefinden zusammen. Eigentlich wächst in der westlichen Welt allgemein das Körperbewusstsein. Doch merkwürdigerweise behandeln sich Menschen, die in irgendeiner Weise in Gruppen zusammenarbeiten und Konsens suchen, in unseren Breitengraden immer wieder wie bedürfnislose Maschinen.

Dabei werden das Denken, das gute Zuhören oder das „Klima des Umgangs miteinander" massgeblich durch Körperempfindungen beeinflusst. Wenn die Luft in einem Raum schlecht ist, ermüden die Gruppenmitglieder. Ständiger Lärm macht aggressiv. Ein sinkender Blutzuckerspiegel reduziert die Leistungsfähigkeit des Denkapparates.

Auswahl von Themen

(2) Solche Faktoren wirken elementar, worauf auch die Bedürfnispyramide nach Maslow aufmerksam macht (vgl. Abb. A/9). Daher kommt für eine gute Zusammenarbeit dem körperlichen Wohlbefinden eine hohe

Bedeutung zu. Im Einzelnen werden unter diesem Gesichtspunkt folgende Themen angesprochen:

- Wahl geeigneter Räume
- Sorge für Essen und Trinken
- Pausenkultur

3.1.2.1   Wahl geeigneter Räume

Überblick

*Abbildung B/106
Menschen sind in
Räumen verschie-
denen Reizen
ausgesetzt. Dazu
gehören die senso-
rischen Reize Licht,
Luft und Lärm*

(1) Bereits die Wahl geeigneter Räume stellt einen wichtigen Erfolgsfaktor dar, sind doch Menschen erheblichen Reizen aus dem Umfeld ausgesetzt (vgl. Abb. B/106). Zudem benötigen sie geeignete Möblierungen, um gut miteinander kommunizieren zu können. Es geht dementsprechend um die Themen

- Luft, Licht und Lärm
- Tische und Sitzmöglichkeiten

**Luft – Licht
– Lärm
(die 3 „L")**

(2) Zu aller erst muss man dafür sorgen, dass genügend **Luft** für das Atmen zur Verfügung steht. Bei zu kleinen Räumen werden die Menschen rasch müde. Gerade wenn heftig diskutiert wird, entsteht aus natürlichen Gründen „dicke Luft". Für solche Fälle ist es gut, wenn man Fenster öffnen kann.

Für das wache Zusammenarbeiten wesentlich ist auch gutes **Licht**. Natürliches Licht wirkt anregender als Kunst-Licht. Für Projektionen sollte man, um es im Raum genügend hell lassen zu können, für einen leistungsfähigen Hellraum-Projektor oder Beamer besorgt sein.

Zudem sind Räume zu wählen, bei denen nicht draussen oder im Gebäude störender **Lärm** entsteht. Lärm beeinträchtigt nicht nur die Verständigung. Er macht auch aggressiv.

**Tische und
Sitz-
möglichkeiten**

(3) Mit Bedacht und nötigenfalls Zeiteinsatz gilt es, die Tische und Sitzmöglichkeiten zu arrangieren.

Das Ideal für die Gruppenarbeit in der **Tischaufstellung** bildet das Rechteck (bei Projektionen) oder der annäherungsweise runde Tisch (vgl. Abb. B/107). Falls andere Tisch- und Sitzordnungen vorgefunden werden, so sollte man sich unbedingt die Zeit nehmen, diese zu korrigieren. Eine gute Kommunikation hängt stark davon ab.

Bei den **Sitzmöglichkeiten** muss die Ergonomie stimmen. Rollbare Stühle haben den Vorteil, dass man die Sitzpositionen leicht ändern, eventuell auch unabhängig von den Tischen sich an Plakatwände etc. verschieben kann.

*Abbildung B/107
Gute Tisch- und
Sitzordnungen
fördern die Kom-
munikation*

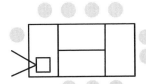

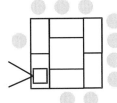

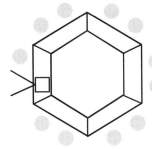

Nach Möglich-
keit flacher
Tischprojektor

3.1.2.2   Sorge für Essen und Trinken

Durst

(1) Durst und Hunger gehören zu den elementaren menschlichen Empfindungen (vgl. Abb. A/9). Durst kann dazu führen, dass Gruppenmitglieder nicht mehr ganz bei der Sache sind und sich auch nicht mehr an
der Diskussion beteiligen. Das simple Wasser auf dem Tisch hat also eine
wichtige Funktion. Es sollte bei Sitzungen von mehr als einer Stunde
stets verfügbar auf dem Tisch stehen.

Hungergefühle

(2) Störend wirken bei Gruppenmitgliedern auch Hungergefühle. Zum
ablenkenden Magenknurren kommt, dass die Leistungsfähigkeit ab-
nimmt, weil der Blutzuckerspiegel mangels Nahrungsnachschub sinkt.
Das kann sich individuell verschieden auswirken. Bei schnellen „Futter-
Verbrennern" stellt sich z.B. Müdigkeit ein. Gruppen, die darauf nicht
Rücksicht nehmen, unterliegen einer Leistungsillusion.
Häufig wollen Gruppen Zeit sparen und verzichten auf ein Mittagessen.
Doch selbst wenn Sandwiches geboten werden, bringt das „Durchma-
chen" meist keine Zeiteinsparung. Ohne eine angemessene Mittagspau-
se sinkt die Leistungsfähigkeit und lassen die Urteilsfähigkeit, Kreativität
etc. deutlich nach.

Zusam-
menarb.

3.1.2.3   Pausenkultur

Pausen-
Rhythmus

(1) Generell sollten Sitzungen nach spätestens zwei Stunden durch eine Pause unterbrochen werden. Besser sind Abschnitte von maximal 1 ½ Stunden.

Das Einlegen von Pausen in diesem zeitlichen Rhythmus ermöglicht, dass sich die Teilnehmenden emotional erholen und die Füsse vertreten können. Auch geht es um das Bedürfnis, etwa eine Zigarette zu rauchen, einen Kaffee zu trinken oder die Toilette aufzusuchen.

Informelle
Kommuni-
kation

(2) Solche Pausen dienen zudem der sehr wichtigen informellen Kommunikation. Während man in der Gruppensitzung in der gesamten Mitgliederzahl zusammensitzt und auch bestimmte Kommunikations-Regeln einhalten muss, lassen sich in der Pause entspannt spontane Gespräche führen und Ideen entwickeln.

Das sind auch gewichtige Gründe dafür, dass die Pausen **zeitlich lang genug** bemessen werden sollten. Zu empfehlen sind für eine Kaffeepause vormittags und nachmittags je ca. 30 Minuten **Dauer**. Danach könnte ein Tag wie folgt strukturiert werden:

- ◦ 08.15   Beginn
- ◦ *10.00   Kaffeepause*
- ◦ 10.30   Fortsetzung
- ◦ *12.00   Mittagspause*
- ◦ 13.30   Fortsetzung
- ◦ *15.00   Kaffeepause*
- ◦ 15.30   Fortsetzung
- ◦ 17.00   Schluss

3.1.3   Handwerksregeln für die Kommunikation

Gleichstand in
der
Information

(1) Die informelle Kommunikation bildet eine Ergänzung zur Kommunikation in der Gruppe, darf diese jedoch nie ersetzen. Denn für eine gute Gruppenarbeit muss annäherungsweise ein Gleichstand in der Information erreicht werden. Nur dann entsteht eine gute Zusammenarbeit. Das gilt ganz besonders auch für die emotionale Seite.

Dementsprechend muss auch die **formelle Kommunikation** sehr gepflegt werden. In einem Überblick geht auf diese Themen das Kapitel A/3.3.4.1 ein.

Auswahl von
Themen

(2) Hier werden vertiefend einige hilfreiche Regeln für die Praxis erläutert (siehe Abb. B/108). Sie beziehen sich auf folgende Themen:

- • Sitzungsregeln
- • Regeln für den Informationsaustausch
- • Ablaufregeln

Abbildung B/108
Das Befolgen
einiger wichtiger
„Handwerks-
Regeln" unter-
stützt die gute
Kommunikation

„Handwerks-Regeln für die Kommunikation

1. Sämtliche Mitglieder einer Gruppe nehmen ohne Ausnahme an allen Sitzungen teil.

2. Sitzungen beginnen im Beisein aller und enden auch so.

3. Alle Mitglieder teilen ihr relevantes Wissen mit und werden nach ihrer Meinung befragt.

4. Man kümmert sich um anschauliche, einfache Information.

5. Gruppenmitglieder überhäufen sich nicht gegenseitig mit Informationen und Argumenten

6. Das Versenden von Unterlagen vor Sitzungen ist im Nutzen sorgfältig abzuwägen.

7. Es sollte nach einem „roten Faden" diskutiert werden, der vorher miteinander vereinbart wird.

8. Die Behandlung der Themen im zeitlichen Ablauf muss für die Mitglieder der Gruppe durchsichtig und klar sein.

3.1.3.1   Sitzungsregeln

Überblick

(1) Generell bewährt sich, für die Sitzungen eines Teams **Spielregeln** aufzustellen (vgl. Kap. B/3.2.3.2). Dabei sollten zwei für die Kommunikation und damit auch Teamentwicklung besonders wichtige Themen nicht fehlen:

* Sitzungs-Teilnahme

* Gemeinsamer Beginn und Schluss

Sitzungs-Teilnahme

(2) Eine wesentliche Voraussetzung für die Kommunikation bildet die Forderung: Sämtliche Mitglieder einer Gruppe nehmen ohne Ausnahme an allen Sitzungen der Gruppe teil. Versäumen einzelne Mitglieder Sitzungen, so haben sie den **Meinungsbildungsprozess** nicht mitbekommen. Ihnen fehlen die entsprechenden Informationen in der Sache. Sie erlebten aber auch wesentliche Prozesse im emotionalen Bereich nicht mit (vgl. Kap. A/1.2). Sie erfuhren z.B. nicht anschaulich, wie mühsam eine Einigung war. An der folgenden Sitzung werden sie möglicherweise viele Fragen wieder aufwerfen, die eigentlich schon besprochen worden waren. Auch könnte der eventuell mühsam errungene Kompromiss wieder in Frage gestellt werden.

Wenn also nicht sämtliche Gruppenmitglieder an einer Sitzung erscheinen können, so sollte in der Regel der Termin lieber abgesagt bzw. die Sitzung verschoben werden.

Auch eine **Stellvertretung** ist nur **in Ausnahmefällen** zu akzeptieren, weil diese doch nicht vollwertig eine Information geben bzw. eine Meinung kundtun kann. Zudem wird ein Stellvertreter auch bei bestem Willen nie umfassend und neutral die Information an die Vertretene weitergeben. Es entstehen durch selektive Wahrnehmungen unmerklich persönliche Färbungen (vgl. Kap. A/1.1). Sich vertreten lassen, steht zudem nicht selten in Zusammenhang mit Machtspielen und Maschen.

Gemeinsamer Beginn und Schluss

(3) Aus den oben genannten Gründen bringt bereits ein Zuspätkommen oder Frühergehen erhebliche Störungen. Die Sitzungen sollten daher im Beisein aller beginnen und enden. Kann jemand erst später kommen, so ist zu erwägen, mit der Sitzung auch später anzufangen. Muss jemand früher fort, so ist es oft ratsam, zu diesem Zeitpunkt die Sitzung für alle Gruppenmitglieder zu beenden (vgl. Kap. A/1.2.2.4).

Damit alle Teilnehmenden rechtzeitig disponieren können (und keine wohlfeilen Gründe für ein Fernbleiben an die Hand bekommen) sollten **Beginn und Schluss der Sitzung** vorher **rechtzeitig bekannt** gegeben bzw. ausgemacht werden.

Es gilt dann auch, auf einen **pünktlichen Start und Schluss** zu achten. Gruppenmitglieder müssen sich darauf verlassen können, dass sie zum angegebenen Zeitpunkt wieder frei sind. Sitzungsverlängerungen sind nur vertretbar, wenn alle Anwesenden ohne Druck einverstanden sind.

3.1.3.2   Regeln für den Informationsaustausch

Überblick

(1) Der Informationsaustausch bildet das Kernthema der Kommunikation. Angesprochen wird diese Frage auch in den Kapiteln A/1.1.1 (Denkfähigkeiten), 1.1.2.2 (Einschränkungen in der Wahrnehmung und Informationsverarbeitung), 1.1.3.1 (beteiligte Gefühle), 1.2.1.1 (Beziehungen zwischen Einzelnen), 1.2.2 (Ich-Zustände und Transaktionen) und 1.2.5 (Teams). Auf dieser Basis empfiehlt sich das Einhalten folgender ausgewählter Regeln:

• Wissen mitteilen und nach Meinungen fragen

• Anschauliche und einfach dargestellte Informationen

• Nicht mit Informationen überhäufen

• Versenden von Unterlagen vor Sitzungen gut bedenken

Wissen mitteilen und nach Meinungen fragen

(2) Für die positiv verlaufende Gruppenarbeit erweist es sich als sehr wichtig, dass sämtliche Mitglieder ihr relevantes Wissen mitteilen und nach ihrer Meinung befragt werden. Es müssen alle mit dem Problem zusammenhängenden Informationen und Meinungen auf den Tisch kommen. Damit das intensiv geschieht, sollen bei wichtigen Punkten sämtliche Mitglieder systematisch nach ihrer Meinung befragt werden. „Schweiger" sind entsprechend **herauszufordern**.

Es gilt unbedingt zu verhindern, dass bestimmte Personen sich nicht trauen, **Meinungen oder „dumme" Ideen** zu äussern. Deswegen muss auch ein negatives Qualifizieren verhindert werden. Nicht selten erweisen sich eine abweichende Meinung später als zutreffender und eine „dumme" Idee als die bestmögliche Lösung.

Anschauliche und einfach dargestellte Informationen

(3) Für die gute Kommunikation ist wichtig, dass sich sämtliche Gruppenmitglieder um eine anschauliche und einfach dargestellte Information kümmern.[1] Schriftstücke und Planunterlagen, die ausgetauscht werden, sollten möglichst **kurz und bündig** sein. Man muss genügend Zeit lassen, diese zu studieren. Zudem gilt es, Informationen möglichst eindeutig, klar und bildhaft zu formulieren (vgl. Abb. B/111). Das ist gewiss nicht immer in der gewünschten Weise möglich. Mangelnde Eindeutigkeit und Unklarheit werden aber häufig auch durch ein unüberlegtes Reden verursacht. Man sollte also schlicht zuerst denken, bevor man spricht. Jedes Gespräch ähnelt einem geschickten Ballspiel. Zielt man schlecht, kann der andere den Ball nicht fangen.

Dabei gilt es auch zu beachten, dass Partner in einer Gruppen-Diskussion häufig den **Wissensstand des Anderen überschätzen**. Man redet dann unbedacht in der eigenen Fachsprache oder geht von Kenntnissen bei Gesprächspartnern aus, über welche diese nicht verfügen. Die Gruppenmitglieder müssen also viel Verständnis und Geduld füreinander aufbringen. Später, bei der Lösungssuche und der Einigung auf eine Lösung, zahlt sich das Bemühen um gegenseitige Informationsvermittlung wieder aus.

Neben Geduld und Einfühlungsvermögen gehört zur anschaulichen und einfachen Information auch, dass man **den Anderen ausreden** lässt. Wird jemand bei seinen Aussagen laufend unterbrochen, kann das betroffene Gruppenmitglied auch nicht in klarer Weise Informationen weitergeben bzw. Meinungen äussern.

Zusammenarb.

Nicht mit Informationen überhäufen

(4) Zusätzlich sollte ein weiterer Faktor berücksichtigt werden: Die Aufnahmefähigkeit für Informationen ist begrenzt. Man darf daher Gruppenmitglieder nicht mit Informationen überhäufen bzw. mit Argumenten überrennen (vgl. Kap. A/1.1.1.3).

Kommt zuviel Information auf einmal, kann sie von einzelnen Personen nicht mehr bewusst verarbeitet werden. So entstehen gleiche **Effekte wie bei einer Nicht-Information**: Man fühlt sich durch die eigene Überforderung nicht hinreichend informiert und wird sogar misstrauisch.

Es wirkt daher häufig auch eher kontraproduktiv, dem einen Argument noch viele andere nachzuschieben. Ist das eine Argument noch nicht „verdaut", wirkt das nächste eher störend als überzeugend.

Versenden von Unterlagen vor Sitzungen gut bedenken

(5) Um einen guten Umgang mit Informationen zu pflegen, empfiehlt sich das Versenden von Unterlagen vor Sitzungen im Nutzen sorgfältig abzuwägen. Selbstverständlich ist es immer wichtig und richtig, vor Sitzungen **rechtzeitig Traktanden- bzw. TOP-Listen** zu versenden.

---

[1] Vgl. Schulz von Thun/Ruppel und Stratmann 1991, S. 140 ff.

Auch erweist es sich als Vorteil, wenn das Ziel der Sitzung bei der Einladung nochmals umschrieben wird.

Abgesehen von diesen Selbstverständlichkeiten muss von einem grundsätzlichen Versenden von Unterlagen abgeraten werden. Denn einerseits gehört nicht viel dazu, Zeichnungen, Texte oder gar methodische Instrumente wie Zielsysteme misszuverstehen. Dann kommen Gruppenmitglieder falsch informiert an die Sitzung. Man braucht einiges an Zeit und an Einsicht bei den Betroffenen, das **Missverständnis** wieder auszuräumen.

Andererseits droht als Gefahr, dass einzelne Gruppenmitglieder die Unterlagen nicht oder nur flüchtig lesen (zumal, wenn zu viele Unterlagen bzw. Informationen versandt werden). Dann hat man es mit **unterschiedlich informierten Gruppenmitgliedern** zu tun. Nicht selten geben die Gruppenmitglieder das nur flüchtige Lesen nicht zu und versuchen, ihre mangelhafte Information z.B. durch pauschale Kritik bzw. Opposition zu kaschieren.

Der Versand von Unterlagen vor Sitzungen erweist sich vor allem **am Anfang** der Gruppenarbeit als **besonders problematisch** (dann fehlen meistens noch eine gemeinsame Sprache, eine hinreichende Offenheit und das Vertrauen). In späteren Phasen der Zusammenarbeit kann man die Versendung eher wagen.

3.1.3.3   Ablaufregeln

Überblick

(1) Gruppenmitglieder haben das starke Bedürfnis, stets den Überblick zu wahren und vor Überraschungen sicher zu sein (vgl. Kap. A/1.1.2.2). Gleichzeitig möchten sie sich aber auch zu vielen Themen intensiv und detailliert äussern können. Das, was sie sagen, soll von den anderen ernst genommen und nicht „untergepflügt" werden (vgl. Abb. A/9). Angesichts dieser Bedürfnisse bewähren sich insbesondere zwei Ablaufregeln:

• Diskussion nach einem „roten Faden"

• Nachvollziehbare Behandlung von Themen im zeitlichen Ablauf

Diskussionen nach einem „roten Faden"

(2) Um einen gleichmässigen Informationsstand aufzubauen, ist ein „roter Faden" für die Diskussion in einer Gruppe sehr wichtig. Den Mitgliedern sollte klar sein, wann welches Thema zur Sprache kommt. Das enthebt sie der Sorge, eine bestimmte Frage könne später nicht mehr gestellt werden und sie müssten zu einem bestimmten Zeitpunkt bereits alle Informationen an die Frau oder den Mann bringen.

Der „rote Faden" erfüllt eine wichtige zweite Funktion: Er hilft der Gruppe, **bei einer bestimmten Sache zu bleiben** und thematisch nicht durcheinander zu reden. Nur dann, wenn alle gerade über die gleiche Sache sprechen, kommt ein echter Dialog zustande.

Die INPRO-Methodik bietet hier bereits den grossen Vorteil, dass in Form der systematischen Prozess-Schritte ein genereller und bewährter

„roter Faden" besteht (vgl. Abb. B/29). Zudem helfen Methoden für Teilaufgaben wie die Zielanalyse, Morphologie oder Nutzwertanalyse, das gemeinsame Arbeiten systematisch und durchsichtig zu strukturieren.

Nachvollziehbare Behandlung von Themen im zeitlichen Ablauf

(3) Doch kann und darf der **Zeitbedarf** für einzelne Vorgehensschritte **nicht exakt bemessen** werden. Entscheidend ist, dass die Gruppenmitglieder hinreichend miteinander kommunizieren und den Konsens finden können. Daher bleibt man besser bei einer Sache, als fruchtbare Diskussionen aus Zeitgründen mittendrin abzubrechen. Aus diesem Grund sollten einerseits immer reichlich Zeit reserviert und andererseits Themen nötigenfalls zeitlich verschoben werden.

Diese **Behandlung von Themen im zeitlichen Ablauf** muss bewusst und für alle Gruppenmitglieder durchsichtig und klar erfolgen. Das gilt auch für Verschiebungen. Abbildung B/109 zeigt in Form von „Körben", wie bewusste Vereinbarungen getroffen werden können.

*Abbildung B/109
Im zeitlichen Ablauf sollen Diskussionsthemen bewusst sortiert werden[1]*

Dieses Diskussions-Element ...

... wird an der nächsten Sitzung behandelt

... bearbeitet Herr/Frau X bis zum ...

... bearbeitet das Team Y bis zum ...

... ist unwichtig, fällt weg. Achtung: Absoluter Konsens notwendig!

... wird in das „Kreativ-Protokoll" aufgenommen

Zusammenarb.

---

[1] Aus Kunz 1994, S. 77

3.2 Moderation von Gruppen

3.2.1 Moderation als Kommunikationshilfe

Arbeit in Gruppen

(1) Die Bewältigung komplexer Probleme im Rahmen von Planungen erfordert zunehmend die Arbeit in Gruppen. Diese lässt sich in Form eines Konsenses und guten sachlichen Ergebnisses sehr erfolgreich gestalten. Doch muss man etliches bedenken, beachten und im Wissen beherrschen, um eine gute Gruppenarbeit zu erreichen.[1] Das verdeutlicht neben Kapitel B/3.1 auch in genereller Weise Kapitel A/1.

Hierin liegt der Grund, dass bei komplexen Problemen die **professionelle Moderation** von Gruppen **zweckmässig** erscheint.

Funktion der Moderation

(2) Die Funktion der Moderation erscheint sehr erklärungsbedürftig, weil sich beim Erfüllen dieser Aufgabe das Dilemma der leitenden Rolle voll auswirkt. Dieses Dilemma lässt sich nur durch einen geeigneten Führungsstil bewältigen (vgl. Kap. A/1.2.6.3).

In Zusammenhang damit kann der Moderator den Erfolg der Zusammenarbeit in der Gruppe durch sein eigenes gutes Verhalten stark fördern, durch ungeeignetes Verhalten aber auch gefährden.

Auswahl von Themen

(3) Diese wichtige Funktion der Moderation erfordert, dass einige Voraussetzungen erfüllt werden. Dieses Kapitel bringt daher Aussagen zu folgenden Themen:

• Aufgaben der Moderation

• Notwendige persönliche Qualifikation

• Organisatorische Einordnung

3.2.1.1 Aufgaben der Moderation

Überblick

(1) Es ist wichtig zu klären, welche Aufgaben Moderatorinnen übernehmen und welche auch nicht. Dieses Themenfeld wird wie folgt gegliedert:

• Begriff Moderieren

• Aufwand für Moderatorinnen

• Formen der Moderation

• Aufgaben der professionellen Moderation von Gruppen

Begriff „Moderieren"

(2) Der Begriff „moderieren" kommt aus dem Latein und heisst soviel wie „mässigen". In diesem Zusammenhang ist weniger das mässigende

---

[1] Fisch/Beck und Englich 2001, S. 58 ff.

Einwirken auf „Streithähne" wichtig als die Kommunikationshilfe. Diese Hilfe soll bewirken, dass:

- sachlich hinreichend intensiv und breit Informationen ausgetauscht und von allen verstanden werden
- die Stärken (Wissen, Kreativität etc.) der einzelnen Gruppenmitglieder gut zum Tragen kommen
- innerhalb einer nützlichen Frist eine Aufgabe gelöst wird
- der Vorschlag für eine Problemlösung von allen Gruppenmitgliedern im Sinne des Konsenses akzeptiert wird

Aufwand für Moderation

(3) Der Aufwand für die Moderation lohnt sich also nur dann, wenn unterschiedliche Meinungen ausgetauscht werden müssen und ein gemeinsamer Konsens nicht einfach erreichbar erscheint. Wenn sich demgegenüber keine Schwierigkeiten abzeichnen, hat es meist wenig Sinn, das Instrument der Moderation einzusetzen.

Bei dieser Feststellung ist zu berücksichtigen, dass die Praxis nicht selten von **Scheineinigungen** geprägt ist. Dazu kommt es beispielsweise, wenn sich eine Person zwar durchsetzt, die übrigen Gruppenmitglieder aber in der Sache innerlich nicht voll überzeugt oder im Gefühl verletzt wurden (vgl. Abb. B/103). Bewusst oder unbewusst wird man solche „Einigungen" nicht engagiert mittragen, eventuell sogar sabotieren (vgl. Kap. B/3.1.1.2).

Formen der Moderation

(4) Der Aufwand für die Wahrnehmung der Moderations-Funktion kann unterschiedlich gross sein. Das hängt von den verschiedenen Formen der Moderation ab. Möglich sind hier grundsätzlich:

a. die Selbst-Moderation aller Gruppenmitglieder (also ohne Person mit spezifischer Funktion der Moderation)
b. die Übernahme der Moderations-Funktion durch ein Gruppenmitglied (spontan bzw. aus dem Gruppen-Prozess heraus)
c. der Einsatz der „professionellen" Moderation (offizielle Übernahme der Funktion durch eine Person)

Der Einsatz einer „professionellen" Moderation (c) kann kurz sein, sich eventuell aber auch für eine längere Periode aufdrängen.

Eine wenig aufwendige Form besteht darin, dass sich die offizielle Projektleiterin in der professionellen Moderation ausbilden lässt oder ein anderes Gruppenmitglied über entsprechende Kenntnisse und Fähigkeiten verfügt. Doch stellt sich dann die Frage nach der Neutralität der Moderation (vgl. Kap. B/3.2.1.3).

Zusammenarb.

Aufgaben der professionellen Moderation von Gruppen

(5) Die Aufgaben der professionellen Moderation von Gruppen sind sehr breit gefächert. Hinter der Aussage, dass Moderatorinnen bei der Kommunikation helfen soll, stecken je nach Situation verschiedene Teilaufgaben. Der Moderator wirkt als (vgl. Abb. B/110):

- **„Themenwächter"**. Er hat die Aufgabe der Gruppe ständig vor Augen und hilft der Gruppe, beim Thema zu bleiben.
- **Diagnostikerin**. Sie analysiert das Feld für Veränderungen.

- **Stratege**. Er plant das Veränderungs-Vorgehen.
- **Vermittlerin** von Wissen und Erfahrungen in der Gruppe. Sie sorgt für Verständigungen.
- **Methodiker**. Er beherrscht geeignete Verfahren für die Situationsanalyse, Zielanalyse, Lösungssuche, Bewertung etc.
- **Lehrerin**. Sie erläutert den Gruppenmitgliedern Methoden und Regeln für ein gutes Kommunizieren bzw. Zusammenarbeiten.
- **Persönlicher Berater** für die Gruppe als Ganzes und für einzelne Gruppenmitglieder.
- Bis zu einem gewissen Grad „**Seelsorgerin**". Sie erkennt die Bedenken und Unsicherheiten der Betroffenen und nimmt jene ernst.
- **Konfliktmanager**. Er hilft der Gruppe, Konflikte zwischen verschiedenen Mitgliedern einvernehmlich zu lösen

Man nennt Moderatorinnen auch „Klärungshelfer", „Problemlösungs-Hebammen" oder „Führer durch den Schlangenhain menschlicher Beziehungen". Es lässt sich zudem klar sagen, was die Moderation nicht sein darf: Keine autoritative Leitung einer Gruppe.

Abbildung B/110
Die Moderation
kann je nach
Situation die ver-
schiedensten Teil-
aufgaben zu be-
wältigen haben

Coaching (6) Moderation wird häufig mit Coaching gleich gesetzt. Dieser wie das Wort „Team" aus dem Sport kommende Begriff bezeichnet Personen, die in besonderer Weise eine Mannschaft oder Einzelpersonen trainieren.[1] Sie üben keine Macht aus, sondern betreuen Menschen im Sinne der Motivation und leiten diese gleichzeitig technisch an. Der „Coach" und die Sportlerin sitzen dabei „im gleichen Boot". Ihre Aufgabe erhalten sie von einer übergeordneten Instanz.

---

[1] Vgl. Rauen 2002, S. 46 ff.

Unter Coaching versteht man im übertragenen Sinn eine **Kombination aus individueller, unterstützender Problembewältigung und persönlicher Beratung** für ein breites Spektrum von beruflichen und privaten Problemen. Coaching bedeutet stets Hilfe zur Selbsthilfe und zur Selbstverantwortung.

Diese Umschreibung zeigt, dass der **Schwerpunkt** bei der **Moderation anders** liegt. Während das Coaching auf Training und Reflexionen ausgerichtet ist, hilft die Moderation bei der Kommunikation von Gruppen.

3.2.1.2   Notwendige persönliche Qualifikation

Kompetenz

(1) Die professionelle Moderation von Gruppen bedarf in drei Bereichen einer hinreichenden persönlichen Kompetenz (in der Reihenfolge der Bedeutung für die Funktion der Moderation):

- Soziale Kompetenz
  - Kenntnisse und Erfahrungen im Gruppenverhalten (vgl. Kap. A/1.2)
  - Kenntnisse und Erfahrungen zu Faktoren erfolgreicher Gruppenarbeit (vgl. Kap. A/1.2.4 und 1.2.5)
  - Kenntnisse und Erfahrungen zu Elementen guter Moderation
  - Kenntnisse und Erfahrungen in der Organisation der Gruppenarbeit
- Methodische Kompetenz
  - Kenntnisse und Erfahrungen in geeigneten Methoden (vgl. Kap. B/2.)
  - Kenntnisse und Erfahrungen im Management (vgl. Kap. B/4.)
- Fachliche Kompetenz
  - Kenntnisse des „Fachjargons" z.B. in der Betriebswirtschaft
  - Grund-Kenntnisse wesentlicher Anliegen und Denkrichtungen der in einer Gruppe vertretenen Fachrichtungen (z.B. Marketing)

Die **fachliche Kompetenz** wird hier nicht von ungefähr erst an dritter Stelle genannt. Deren Bedeutung wird für die Moderatorinnen immer wieder weit überschätzt. Ein Moderator mit guter sozialer und methodischer Qualifikation kann sich rasch das nötige Wissen im Fach aneignen. Die Moderations-Funktion lässt sich also auch ohne eigentliche fachliche Qualifikation ausüben.

Dagegen erweist sich die **soziale Kompetenz** als unabdingbar (und nur allmählich zu erwerben).

Auch auf die **methodische Kompetenz** sollte nicht verzichtet werden. Wie in Kapitel B/1.1.1 gezeigt wurde, unterstützen Methodenanwendungen die Zusammenarbeit ganz wesentlich.

Aus- und Weiterbildung sowie praktisches Training

(2) Um die notwendige Qualifikation sowohl sozial als auch methodisch zu erwerben, bedarf es der Aus- und Weiterbildung sowie das Training in der Praxis.

Dabei sollte man sich zeitlich nicht überfordern. Die notwendige Kompetenz zu erlangen, verursacht einiges an Zeitbedarf. Der danach mögliche Erfolg als Moderator belohnt für diesen Aufwand.

Zusammenarb.

3.2.1.3   Organisatorische Einordnung

Dilemma der leitenden Rolle

(1) Alles Problemlösen findet in einem organisatorischen Kontext statt. Dort gibt es meist Über- und Unterordnungen. Zu fragen ist, wie in einem gegebenen organisatorischen Rahmen die Funktion der Moderation bestmöglich wahrgenommen werden kann. Fällt diese automatisch den Leitenden zu? Diese sind in der Regel auch Interessenvertreter. Der Delegierte eines Bauherrn als Leiter einer Projektkommission vertritt beispielsweise legitim bestimmte Anliegen im wirtschaftlichen Bereich.

Übernimmt die Leitung auch die Funktion der Moderation, ergibt sich im ohnehin bestehenden **Dilemma der leitenden Rolle** (vgl. Kap. A/1.2.6.1) noch ein besonderer Akzent: Die Erwartungen der auftraggebenden Organisation. Denn die Leitung muss dann folgende Rollen wahrnehmen:

○ Leitende Rolle
(Überblick, Wissensvorsprung, Weisungsrechte gegenüber einzelnen Gruppenmitgliedern, Verantwortung für die Schlussentscheidung. Eventuell auch Erwartung der auftraggebenden Organisation in Richtung schneller Entscheidungen ohne Gruppenmitwirkung)

○ Interessenvertretung
(Wahrnehmung spezifischer Interessen der auftraggebenden Organisation, z.B. als Projektdelegierter betont wirtschaftliche Interessen oder als Betriebsprojektleiter betont die Interessen der Benutzer)

Diese beiden Rollen stehen jedoch klar im **Interessenkonflikt** mit den Aufgaben einer Moderation von Gruppen.

Bei der Aufgabenstellung neutral

(2) Damit die Moderation ihre Rolle gut spielen kann, sollte sie aus Sicht der Beteiligten bei der Aufgabenstellung als neutral gelten. Es reicht also nicht, dass die Neutralität der Moderation von der betreffenden Person selber oder von ihrem Auftraggeber angenommen wird. Wichtig ist, dass die Neutralität auch von den Gruppenmitgliedern geglaubt wird. Wenn sich bei diesen die Meinung bildet, die Moderation wolle oder solle bestimmte Lösungen durchsetzen, so entsteht ein starker negativer Faktor für die Zusammenarbeit. Vertrauen und Wohlwollen werden gestört, Informationen „hinter dem Berg" gehalten und alternative Ideen gar nicht mehr genannt („hat ja doch keinen Zweck").

Dieser Konflikt zwischen Leitungs- und Moderationsrolle kann und muss in den meisten Fällen in Kauf genommen werden. Es liegt das **besondere Geschick** z.B. einer Abteilungsleiterin darin, die Moderations-Rolle für eine Problemlösungs-Gruppe stärker spürbar zu machen als die der Leitung und der Interessenvertretung.

Doch darf das nicht zur Vernachlässigung der anderen Rollen (z.B. notwendige Entscheidungen treffen, spezifische Interessen deutlich vertreten, kein Verstecken hinter einem sogenannten „Gesamt-Interesse") führen. Es sollte daher gegenüber der Gruppe eine ehrliche **Rollen-Klärung** erfolgen.

Rolle der Leitung und der Moderation voneinander trennen

(3) Immer wieder zeigt sich auch, dass die **Konfliktgefahren** zwischen diesen Rollen von Leitenden bzw. von Gruppenmitgliedern als sehr **stark** eingeschätzt werden (z.B. grosse Schwierigkeiten, akzeptable Lösungen zu finden, potentiell grosse emotionale Spannungen etc.). Möglich ist auch, dass Leitende sich von der Moderationsrolle entlasten wollen oder für diese Rolle noch nicht über ein hinreichendes Training verfügen.

In solchen Fällen empfiehlt es sich, die Rolle der Leitung und der Moderation voneinander zu trennen. In diesem Fall wird eine entsprechend erfahrene Person hinzugezogen.

3.2.2 Verhalten und Instrumente der Moderation

Voraussetzung

(1) Zum Einmaleins für Moderationen gehört die Beachtung der Erfolgsfaktoren der Gruppenarbeit, wie sie Kapitel B/3.1 wiedergibt. Voraussetzung bildet auch ein Selbstverständnis als Kommunikations-Helfer gemäss Kapitel B/3.2.1.

Auswahl von Themen

(2) Neben diesen Voraussetzungen spielen aber in der Praxis der Moderation folgende Themen und Haltungen eine ganz besondere Rolle:

- Einstellungen der Moderatorin
- Direkte Unterstützung der Kommunikation
- Förderung eines günstigen Gruppenklimas
- Bewältigung von Prozessstörungen

Zusammenarb.

3.2.2.1 Einstellungen der Moderatorin

Überblick

(1) Zu diesem Themenfeld macht die Lehre der Themenzentrierten Interaktion (TZI) besonders nützliche Aussagen für die Praxis. Danach gelten als besonders wichtige Regeln:[1]

- a. Ich muss meine und anderer Leute Gefühle ernst nehmen.
- b. Ich darf und soll zu mir selbst stehen.
- c. Alle Gruppenmitglieder sind wertvoll und beachtenswert.
- d. Konflikte sind normal und oft hilfreich.
- e. Ich muss offen für die Prozesse in der Gruppe und für Ergebnisse der Gruppenarbeit sein.

Gefühle ernst nehmen

(2) Um ein günstiges Arbeits- und Gesprächsklima schaffen zu können, müssen Personen mit Moderations-Funktion ihre und anderer Leute Gefühle ernstnehmen (a).[2] Dieses Verhalten befähigt sie, neben der Klärung der sachlichen Dinge auch zum Aufbau guter emotionaler Bezie-

---

[1] Siehe Cohn 2004, S. 110 ff.
[2] Vgl. Hansel/Lomnitz 2003, S. 71 f.

hungen in der Gruppe beizutragen. Das ist für eine allseits akzeptierte Lösung mindestens ebenso wichtig wie die sachliche Diskussion. (vgl. Kap. A/1.1.3).

Moderatorinnen wären daher falsch beraten, nur auf der Sachebene operieren zu wollen und die persönlichen Emotionen einseitig zu dämpfen. Positiv gesprochen: Im Verständnis für die gefühlsmässige Situation des anderen kann ein grosses Potenzial an Produktivität und Kreativität für die gemeinsame Gruppenarbeit erschlossen werden.

Ich darf und soll zu mir selbst stehen

(3) Jeder Moderator hat **eigene Werthaltungen**. Die wertfreie Moderation gibt es nicht.[1]

Jede Person mit Moderations-Funktion zeichnet **neben Stärken auch Schwächen** und Fehler aus. Dazu darf und soll man stehen. Jede Moderatorin übernimmt auch letztlich nur für sich selbst Verantwortung. Das gilt auch für die übrigen Gruppenmitglieder.

Hier gilt es besonders zu bedenken, dass Moderatoren für die Gruppenmitglieder das **beliebteste Objekt für spezifische Erwartungen und Übertragungen** sind (z.B. „Er muss durchgreifen", „Sie muss den Überblick haben", „Er darf nicht manipulieren", „Sie soll meine Partei ergreifen", „Er hat die richtige Lösung zu finden".[2] Wenn es nicht gelingt, sich diesen Fallstricken zu entziehen, kann es leicht zum Scheitern kommen.

Hier hilft der Grundsatz (b): „Ich darf und soll zu mir selbst stehen". Moderatorinnen sind ihr eigener Sprecher. Sie sagen offen, was sie selber denken und fühlen. Sie kaschieren ihre persönliche Situation in der Gruppe nicht. Wenn sie nicht mehr weiter wissen oder etwas stört, sagen Moderatoren das der Gruppe.

Der klare Ausdruck dieser Haltung stellt die **Ich-Botschaft** dar.[3] „Verboten" ist das Wort „man" bzw. „frau". Moderatorinnen sagen also nicht: „Wir meinen doch alle ..." oder: „Man sollte jetzt aber ...". Sie sagen schlicht: „Ich meine, dass ..." oder: „Ich schlage vor, jetzt ...".

Wenn der Moderator diesen Grundsatz beherzigt, werden auch die übrigen Gruppenmitglieder lernen, sich zu ihren Werthaltungen, Stärken und Schwächen und zu ihrer Eigen-Verantwortung zu bekennen.

Alle Gruppenmitglieder sind wertvoll und beachtenswert

(4) Zu sich selber stehen erleichtert es Personen mit Moderationsfunktion auch, alle Gruppenmitglieder als wertvoll und beachtenswert (c) anzuerkennen. **Jeder** der Beteiligten hat **etwas beizutragen**, selbst wenn das Mitglied als fachlich unerfahren, als wenig kooperativ oder als relativ machtlos (tief in der Hierarchie) gilt. Es ist immer wieder erstaunlich, wie scheinbar machtlose Gruppenmitglieder einen enormen Einfluss auf die Akzeptanz einer Lösung gewinnen (z.B. über informelle Kanäle) und wie Nicht-Fachleute durch ihr Fragen einer Gruppe zu einem wesentlich besseren Verständnis eines Problems verhelfen können.

---

[1] Vgl. Schulz von Thun/ Ruppel und Stratmann 1991, S. 52 ff.
[2] Vgl. Klebert/Schrader und Straub 2002, S. 86 f.
[3] Vgl. Cohn 2004, S. 124

Die Grundsätze b („zu mir selber stehen") und c („alle Gruppenmitglieder als wertvoll und beachtenswert anerkennen") hängen zusammen. Der bekannte Buchtitel **„Ich bin o.k. – Du bist o.k."** drückt das treffend aus.[1] Indem man sich selbst akzeptiert, kann man auch die anderen akzeptieren.[2]

Konflikte normal und oft hilfreich

(5) Die positive Einstellung anderen gegenüber verhindert nicht, dass es Konflikte gibt. Im Gegenteil: Konflikte treten offener zu Tage, wenn jeder zu seiner sachlichen Meinung und zu seinem Gefühl steht und man sich dabei gegenseitig ernst nimmt. Das **offene Ausbrechen von Konflikten** stellt daher oft ein **gutes Zeichen** für die Gruppenarbeit dar (vgl. Kap. A/1.1.3.3).

Dementsprechend lautet der weitere Grundsatz, dass Konflikte normal und oft hilfreich (d) sind. Moderatorinnen müssen sich also von der weit verbreiteten Vorstellung befreien, Konflikte seien etwas Negatives, das es zu vermeiden gelte. Nur unterdrückte Konflikte sind negativ.[3]

Offenheit für Prozesse und für Ergebnisse der Gruppenarbeit

(6) Mit der Einstellung zu Konflikten hängt auch die Offenheit für Prozesse und für Ergebnisse der Gruppenarbeit (e) zusammen.

Moderatoren müssen also einerseits die **Bereitschaft, ja Lust, zum menschlichen Abenteuer** entwickeln. Dazu führt bereits die Notwendigkeit, die anderen Gruppenmitglieder mitbestimmen zu lassen. Steht der Gruppe der Sinn nach Konflikt-Austragung, so müssen Moderatoren dafür Raum geben, auch wenn sie den Ausgang dieses Prozesses nicht in der Hand haben.

Dazu gehört andererseits, dass auch Offenheit gegenüber den **Ergebnissen** der Gruppenarbeit besteht. Vorgefasste Meinungen einer Moderatorin über das wünschenswerte Ergebnis wirken hinderlich. Die Gruppe kommt eventuell zu besseren Vorschlägen für die Lösung eines Problems. Besser kann auch bedeuten: Von der Gruppe akzeptiert und im Konsens beschlossen.

Zusammenarb.

3.2.2.2 Direkte Unterstützung der Kommunikation

Überblick

(1) Die oben beschriebenen Einstellungen eines Moderators bieten bereits wichtige Voraussetzungen für eine gute Kommunikation. Jene beziehen sich aber zunächst nur auf die persönliche Haltung. In diesem Kapitel geht es um die **aktive Rolle gegenüber den Gruppenmitgliedern.**

Moderatorinnen erfüllen hier zwei Aufgaben: Sie müssen sich gut mit der Gruppe verständigen sowie innerhalb der Gruppe für das gegenseitige Verständigen sorgen. Der folgende Überblick zeigt die dafür wichtigen Erfolgsfaktoren:

---

[1] Vgl. Harris 2004
[2] Vgl. Rautenberg/Rogoll 2004
[3] Vgl. Gäde/Listing 2002, S. 99 ff.; Schulz von Thun/Ruppel und Stratmann 1991, S. 117 ff.

- Den ganzen Menschen wahrnehmen
- Richtig zuhören können
- Hilfreiche Fragen stellen
- Sachliche Antworten geben
- Visuell darstellen

Den ganzen Menschen wahrnehmen

(2) Den ganzen Menschen wahrnehmen heisst, die verschiedenen Sprachen berücksichtigen. Zu unterscheiden sind hier die:
- Körpersprache
- Begriffssprache

Wahrnehmung bedeutet, dass der Moderator nicht nur entsprechende Sinneseindrücke aufnimmt, sondern diese auch verarbeitet. Angenommen, einige Gruppenmitglieder sitzen mit verschränkten Armen da und schauen zum Fenster hinaus, so kann diese **Körpersprache** folgende Vermutungen auslösen (vgl. Kap. A/3.3.4.3): „Wir sind nicht beim richtigen Thema", „eine Pause ist fällig" oder „ein Konflikt liegt in der Luft".[1] Die Körpersprache zeigt häufig viel mehr oder ehrlicher, was mit den Gruppenmitgliedern gerade vor sich geht. Denn wir sind viel weniger geübt, den Körper zu verstellen als die Sprache. Dabei gibt es einige allgemeinverständliche Formen der Körpersprache: Ein saures Gesicht machen, den Kopf schütteln, sich gelangweilt nach hinten lehnen. Es ist daher Moderatorinnen anzuraten, sich in diesem Bereich selbst zu sensibilisieren, wozu auch geeignete Literatur beitragen kann.[2]

Selbstverständlich stellt ein Haupt-Instrument der sachlichen Verständigung die **begriffliche Sprache** dar. Diese wird im folgenden näher behandelt.

Es gilt bei allen Formen der Kommunikation zu beachten, dass es zu mehr oder weniger starken **Filterungen und Färbungen** kommt (vgl. Kap. A/1.1).

Richtig zuhören können

(3) Mit der Fähigkeit zur ganzheitlichen Wahrnehmung der Menschen in Gruppen eng verbunden ist das Richtig-Zuhören-Können. Das Wort „richtig" steht dafür, dass wir wirklich ganz wahrnehmen, was der andere ausdrücken möchte. Wie oft hören wir als Rückmeldung: Das habe ich nicht gesagt, da haben Sie mich missverstanden.[3]

Viele Menschen reden offenbar lieber, als anderen zuzuhören. Und während der andere spricht, bereitet man oft bereits geistig die eigene Rede vor, statt das Gesagte des anderen wirklich aufzunehmen (vgl. Kap. A/1.1.2.2).

Demgegenüber muss ein Moderator sich um folgende Qualitäten des Zuhörens bemühen:
- Geduldiges Zuhören
- Genaues Zuhören
- Analytisches Zuhören

---

[1] Vgl. Klebert/Schrader und Straub 2002 S. 13
[2] Vgl. Rückle 1998; Molcho 1989
[3] Vgl. Schulz von Thun/Ruppel und Stratmann 1991, S. 65 f.

Zum **geduldigen Zuhören** gehört als elementarste Form, den anderen vollständig ausreden zu lassen, also ihm nicht ins Wort zu fallen. Selber sprechen darf man erst dann, wenn der andere etwa 3 Sekunden geschwiegen hat. Nötigenfalls müssen hier Moderatorinnen immer wieder zum Ausredenlassen ermuntern. Als Problem stellt sich dabei, dass das geduldige Zuhören anstrengend ist und unsere Aufmerksamkeit nachlassen kann.

Mit dem **genauen Zuhören** gilt es herauszufinden, was der andere gemeint hat. Hier bereitet uns die Neigung zur gefilterten und gefärbten Wahrnehmung immer wieder grosse Schwierigkeiten. Sehr störend wirkt auch das Bemühen, alles genau aufschreiben zu wollen. Man kann nur eines gut: Entweder, man hört genau zu, oder man versucht, gut aufzuschreiben. Moderatoren sollten sich eindeutig für das genaue Zuhören entscheiden und z.B. keine Protokolle schreiben.

Das **analytische Zuhören** meint, dass man die wahrgenommenen Nachrichten in den Voraussetzungen, Implikationen und Konsequenzen laufend mitbedenkt. Man darf sich nicht von eigenen Assoziationen davontragen lassen, also nur mit „halbem Ohr" zuhören.

Hilfreiche Fragen

(4) Hilfreiche Fragen regen an, führen weiter und ermöglichen „Aha-Erlebnisse". Sie zeigen auch nach dem Zuhören, dass man Interesse an den Aussagen des Anderen hat. Sie sind gekennzeichnet durch:

- Offenheit und klares Interesse an einer Antwort
- Sachlichkeit in Stil und Ton
- Klare Möglichkeiten einer Antwort
- Lust der Befragten zu antworten

„Es gibt keine dummen Fragen, es gibt höchstens dumme Antworten", trifft als Spruch auf viele Situationen zu. **Wer Interesse an einer offenen Antwort** hat, soll seine Fragen ohne Furcht davor stellen, für dumm angesehen zu werden. Es gibt jedoch auch dumme Fragen. Dazu gehören solche, die die Antwort suggestiv schon vorwegnehmen („Sind Sie nicht auch der Ansicht, dass ...). In die gleiche Kategorie fallen Fragen, die den anderen prüfen (inquisitorische Fragen), in die Enge treiben wollen (Fang-Fragen) oder Behauptungen enthalten. Solche Fragen sind nicht mehr offen und deuten auf ein fehlendes Interesse an einer ehrlichen Antwort hin.[1]

Eine fehlende Offenheit signalisieren auch Fragen, welche **Sachlichkeit in Stil und Ton** vermissen lassen, also gereizt oder aggressiv sind. Sie provozieren ebenfalls keine ehrliche Antwort und machen auch den Gesprächspartner gereizt und aggressiv.

Fragen sollten in der Formulierung auch **klare Möglichkeiten einer Antwort** eröffnen. Am besten wirken Fragen, die Sachverhalte klären wollen und im Prinzip mit „ja" oder „nein" beantwortet werden können. Gut sind auch Verständnis- und Ergänzungsfragen. Diese beziehen sich auf Personen, Sachen, Umstände und können mit den Frageworten „Wer", „Was", „Wo" eingeleitet werden (vgl. Kap. B/2.3.2.2 und Abb. A/120).

Zusammenarb.

---

[1] Vgl. Cohn 2004, S. 124 f.

Mit den vorgenannten Qualitäten von Fragen hängt auch die **Lust der Befragten, offen zu antworten,** zusammen. Widerwillig oder abwehrend gegebene Antworten sind nicht selten ein Zeichen dafür, dass die Frage unpassend war.

Bei Fragen sollten Moderatoren schliesslich zu erreichen suchen, dass diese nicht immer ihnen gestellt, sondern an die jeweiligen Gruppenmitglieder gerichtet werden. Nötigenfalls müssen sie die Fragen aktiv in die Gruppe zurückgeben.

Antworten

(5) Häufig wirken sich eigene Ich-Aussagen der Moderatorinnen besser aus als Fragen. Sie sind allemal besser als unechte Fragen (z.B. inquisitorische Fragen). Ich-Aussagen machen eigene Standpunkte klar und helfen den anderen Gruppenmitgliedern, ebenfalls offen zu reden.[1]

Sind Antworten zu geben, so sollte das Bemühen um Sachlichkeit bestehen. Antworten, bei denen Verständnis für die Frager sichtbar wird oder die trösten, wirken ebenfalls günstig.

Zu vermeiden sind dagegen wertende, einseitig interpretierende, unangenehm forschende oder bereits „Patent-Lösungen" präsentierende Antworten.

Visualisierung

(6) Für das Zuhören, Fragen und Antworten stellt die Visualisierung ein wichtiges Mittel der Moderation dar.[2] Die Konzentration und die Aufmerksamkeit werden durch das optische Mittel erheblich gesteigert. Darüber hinaus kann man die grosse Leistungsfähigkeit des Auges beim Aufnehmen von Informationen nutzen. Die Vorteile sind im einzelnen (vgl. Kap. A/3.3.4.2):

- Visualisierte Aussagen erleichtern ein**e gleiche Interpretation bei allen Mitgliedern einer Gruppe.** Sie erhöhen damit die Chance, die Probleme konkret zu diskutieren, und verhindern ein Abschweifen.
- Die Visualisierung zwingt den Präsentator zu einer **Selektion zwischen wesentlichen und unwesentlichen Informationen.** Dadurch wird der begrenzten Aufnahmekapazität der Mitglieder der Gruppe besser Rechnung getragen.
- Verbal **schwierig zu erklärende Sachverhalte sind durch die optische Unterstützung** leichter zu vermitteln. Dadurch lassen sich unterschiedliche Informationsstände bei den Teilnehmern einfacher ausgleichen.
- Visualisierungen ermöglichen es, Aussagen, Kontroversen und Ergebnisse – **für alle sichtbar** – sofort darzustellen und festzuhalten (vgl. Abb. B/111). Es entstehen auf diese Weise keine nachträglichen Schwierigkeiten bei Standortbestimmungen, Zusammenfassungen, Dokumentationen, Informationsweitergaben und Interpretationen.
- Ferner trägt die Visualisierung dazu bei, dass sich die Teilnehmenden **mit dem Ergebnis identifizieren:** Jeder sieht seinen Beitrag und das Entstehen der Ergebnisse.

---

[1] Vgl. Cohn 2004, S. 124
[2] Vgl. Klebert/Schrader und Straub 1996, S. 119

*Abbildung B/111
Auch von einfa-
chen Visualisierun-
gen kann eine
starke Botschaft
ausgehen*

3.2.2.3 Förderung eines günstigen Gruppenklimas

Überblick (1) Wenn man sich in einer Gruppe gut verständigt, dann wird bereits sehr viel für ein günstiges Gruppenklima getan. Es geht also bei den folgenden Ausführungen um spezielle Ergänzungen, wie dieser Überblick zeigt:

- positive Zuwendung zeigen
- nicht gegen die Gruppe oder einzelne Gruppenmitglieder ankämpfen
- bei Konflikten für Schutz sorgen
- sich um Feedback kümmern

Positive Zuwendung (2) Positive Zuwendung kann in einem freundlichen Gruss, in einem ermunternden Zunicken, in einem ehrlichen Kompliment oder im Anerkennen einer Handlungsweise bestehen.[1] Dadurch werden wichtige Grundbedürfnisse des Lebens erfüllt: Anerkennung, Selbstwertgefühl und Sicherheit (vgl. Abb. A/9).

Demnach hat die positive Zuwendung der Gruppenmitglieder zueinander einen **sehr starken Einfluss auf ein gutes Gruppenklima**. Personen mit Moderationsfunktion können und sollen dabei eine Vorbild-Funktion ausüben.

Nicht gegen die Gruppe oder einzelne Gruppenmitglieder ankämpfen (3) Besonders schwer lässt sich von Moderatoren die Forderung erfüllen: „Nicht gegen die Gruppe oder einzelne Gruppenmitglieder ankämpfen". Das gilt insbesondere für Moderatorinnen, die gleichzeitig Projektleiter sind bzw. als Externe den Auftrag erhalten haben.

Diese Forderung bedeutet immerhin, einige Ich-Behauptungsmassnahmen beiseite zu schieben und **persönliche Erfolgs-Aktivitäten loszulassen**.[2] Das gilt insbesondere, wenn man sich im Recht glaubt oder zu wissen glaubt, was eine gute Lösung wäre.

---

[1] Vgl. Schwäbisch/Siems 2003, S. 159; Rogoll 2003, S. 35
[2] Vgl. Klebert/Schrader und Straub 2002, S. 83 f.

Zusam-
menarb.

Dennoch werden es Moderatoren sehr schwer haben, wenn sie in dieser Hinsicht versuchen, eine Gruppe in eine bestimmte Richtung der Problemlösung zu steuern. Die Gruppe wird sich manipuliert vorkommen und erhebliche **Widerstandsenergien** entwickeln. Es geht also Kraft für die Lösung des eigentlichen Problems verloren.

Bei Konflikten für Schutz sorgen

(4) Wesentlich aktiver müssen dagegen Moderatorinnen sein, wenn bestimmte Personen von der Gruppe „in die Ecke" gedrängt werden. Solche Prozesse können sich gerade am Anfang der Zusammenarbeit bis hin zur Forderung nach Ausschluss bestimmter Personen steigern (vgl. Kap. A/1.2.4).

Moderatoren müssen bei Konflikten für Schutz sorgen. Sie sollen einem angegriffenen Gruppenmitglied dazu verhelfen, ohne Störung angehört zu werden. Von Vorteil ist es, Anklagen in persönliche Wünsche umformulieren zu lassen. Dann wird die Kommunikation wieder klarer und akzeptierbarer. Schutz bietet auch das Einlegen einer kurzen Beruhigungspause.

Eine besondere Form des Schutzes bildet die **direkte „technische" Unterstützung** eines in der Position schwachen Gruppenmitgliedes. „Technisch" heisst, dass nach Möglichkeit nicht Partei ergriffen, sondern die Meinung der betreffenden Person verständlich gemacht wird. Damit solch ein Gruppenmitglied nicht durch eine dominante Gruppen-Mehrheit überrollt wird, kann man z.B. als Moderatorin zur betreffenden Person ermunternd sagen: „Ich könnte mir vorstellen, dass Sie mit dieser Lösung noch nicht ganz einverstanden sind. Was meinen Sie dazu?"

Um Feedback kümmern

(5) Moderatoren müssen sich um Feedback kümmern. Sie sollen also in geeigneten Momenten in Erfahrung bringen, wie die Mitglieder die Zusammenarbeit und die Moderation empfinden. Wir können uns ja nicht objektiv selber wahrnehmen und auch nicht immer gleich erkennen, was in den einzelnen Köpfen vor sich geht. Rechtzeitiges Feedback erlaubt, Stärken und Schwächen der gemeinsamen Arbeit und des eigenen Verhaltens zu erkennen. Moderatorinnen können einerseits bestätigt werden (was gut tut) und andererseits auch Anregungen für Verhaltensänderungen bekommen.[1]

Wesentlich für das durch den Moderator angeregte Feedback ist, dass er zu **möglichst konkreten Aussagen ermuntert**, den Gruppenmitgliedern nicht ins Wort fällt und sich auf keinen Fall verteidigt (vgl. Abb. B/112). Letzteres fällt schwer, wenn man sich missverstanden oder gar ungerecht behandelt fühlt. Und selbst dann sollte man sich bedanken. Denn ehrlich geäusserte Gefühle, offene Wünsche oder auch persönliche Kritik haben einen grossen Wert für die Zusammenarbeit. Dabei lässt sich unterscheiden zwischen dem:

∘ „kleinen Feedback"
∘ „grossen Feedback"

---

[1] Vgl. Schwäbisch/Siems 2003, S. 70 ff.

Ein „**kleines Feedback**" wird in einer speziellen Situation der Gruppe oder im Gespräch geholt. Es hat also eher spontanen Charakter. Die Moderatorin kann z.B. einen Gesprächspartner fragen: „Habe ich mich verständlich ausgedrückt?"

Das „**grosse Feedback**" erfolgt geplant nach einer längeren Gruppensitzung oder zusammenfassend nach mehreren Gruppensitzungen. Hier fragt z.B. der Moderator: „Was halten Sie vom Verlauf und den Ergebnissen unserer Gruppenarbeit?"

Abbildung B/112
Einige Regeln
helfen, nützliches
Feedback zu emp-
fangen[1]

Regel	Erläuterungen
1. **Bitten Sie die Anderen möglichst oft um Feedback!**	Richtiges Geben und Empfangen von Feedback ist für die meisten Menschen ungewohnt. Man verlässt sich auf seine Überzeugungen und Vorurteile, ohne sie auszusprechen. Sie als Moderatorin können also durch Ihr eigenes Verhalten andere dazu „erziehen", besser miteinander umzugehen. Denken Sie auch daran, dass andere Sie anders sehen als Sie sich selbst. Ihre Grundeinstellung sollte daher sein: Meine eigene Wahrnehmungsfähigkeit ist begrenzt, und andere Menschen können mir deshalb helfen, mich und andere objektiver zu sehen.
2. **Sagen Sie konkret, welche Informationen Sie haben wollen!**	Sagen Sie also nicht allgemein: „Wie wirke ich auf Sie?", sondern: „Fühlen Sie sich durch meinen Gesprächsbeitrag jetzt überfahren?"
3. **Vermeiden Sie, zu argumentieren oder sich zu verteidigen!**	Auch der Angriff eines anderen stellt eine Art Feedback dar. Es kann z.B. die Information dahinter stehen, dass er sich über ein bestimmtes Verhalten von Ihnen ärgert. Gehen Sie also nicht sofort zum Gegenangriff über, sondern fragen Sie nach.
4. **Überprüfen Sie die Bedeutung von Informationen!**	Fragen Sie sich, was der andere mit seiner Information über Sie eigentlich ausdrücken wollte. Was meint er wirklich, wenn er sagt: „Sie sind unhöflich!" Bitten Sie ihn, er möge Ihr Verhalten konkret beschreiben. Wiederholen Sie das Feedback möglichst mit eigenen Worten.
5. **Teilen Sie Ihre Reaktionen mit!**	Die anderen werden zunächst Hemmungen haben, Ihnen offen zu sagen, was sie über Sie denken. Meistens wirkt eine offene Aussprache zwar für alle Beteiligten befreiend, aber diese Erfahrung muss erst einmal gemacht werden. Sie tragen zu dieser Befreiung bei, wenn Sie anderen sofort sagen, wie Sie eine Äusserung über sich aufgenommen haben, egal ob Sie sich darüber ärgern oder ob Sie sich freuen. Auf jeden Fall wissen die anderen jetzt, wie es „in Ihnen aussieht".

Zusammenarb.

---

[1] Nach Kirsten/Müller-Schwarz 1973, S. 77; vgl. Schwäbisch/Siems 2003, S. 76 ff.;

3.2.2.4 Bewältigung von Prozessstörungen

Überblick

(1) Wenn eine gute Verständigung in der Gruppe gelingt und die Moderatorin für ein günstiges Gruppenklima sorgt, so beugt man Prozessstörungen bereits vor. Dennoch können Störungen auftauchen. Es sollen hier drei in der Praxis häufiger vorkommende Situationen mit ihren Lösungen aufgegriffen werden. Folgender Überblick zeigt die entsprechenden Empfehlungen:

- Keine Methoden-Diskussion
- Aktuelle Störungen haben Vorrang
- Schwierige Moderationssituationen bewältigt man besser zu zweit

Keine Methoden-Diskussion

(2) Zu Beginn eines Lösungsprozesses oder auch bei bestimmten Grundschritten (vgl. Abb. B/29) kann es zur Methoden-Diskussion kommen. Dabei greifen nicht selten Gruppenmitglieder die vorgeschlagene oder gewählte Methodik als wenig hilfreich oder zu aufwendig an. Vielleicht erfolgen auch Gegenvorschläge. Geht ein Moderator auf solche Infragestellungen oder gar Provokationen aus der Gruppe ein, so kann es zu nichtendenwollenden Diskussionen kommen.[1] Denn häufig stellt das Darüber-reden-wollen einen Versuch dar, das Thema zu vermeiden, die gemeinsame Arbeit zu behindern oder gegenüber der Moderation eine Machtposition aufzubauen.

In solchen Fällen sollten daher Moderatorinnen auf keine Methoden-Diskussion einsteigen. Wohl aber können sie mit der Gruppe herauszuarbeiten versuchen, was hinter dem Wunsch nach Methoden-Diskussion steht. Alternativ empfiehlt sich, die Gruppe aufzufordern, zunächst einmal die Methode kennen zu lernen, bevor man darüber diskutiert.

Selbstverständlich muss der Moderator **vorab die Methode hinreichend erläutern** und begründen. Er kann auch im Pausen-Gespräch auf kritische Fragen eingehen. Schliesslich lässt sich anbieten, jeweils nach methodischen Arbeitsschritten ein Feedback zu veranstalten.

Wird **berechtigte Kritik** geübt, dann ist konstruktiv nach einer Korrekturmöglichkeit zu suchen. Vielleicht bietet die Kritikerin einen alternativen gangbaren Weg.

Vorrang für aktuelle Störungen

(3) Stellt ein Moderator fest, dass zwei Personen Seitengespräche führen, ein Gruppenmitglied sich nicht mehr beteiligt, zwei Gruppenmitglieder sich relativ aggressive Worte zuwerfen oder generell eine schlechte Stimmung herrscht, so liegt eine Störung vor. In einem solchen Fall besteht die Versuchung, die Störung zu ignorieren. Doch wird deren Ursache weiter wirksam bleiben. **Gruppenmitglieder sind dann nicht mehr voll bei der Sache**, es werden Widerstände aufgebaut und die Arbeit kommt nicht vom Fleck. Es stellt daher in solchen Situationen eine Fehleinschätzung dar, einfach weiterzumachen, um keine Zeit zu verlieren. Wenn die Gruppe nicht gut arbeitet, wird doppelt und dreifach Zeit verloren.

---

[1] Vgl. Cohn 2004, S. 122 f.; Klebert/Schrader und Straub 2002, S. 89

Darum haben aktuelle Störungen Vorrang. Sie lassen sich überwinden, indem die Gruppe zur Offenlegung der Störung und ihrer Ursache animiert wird. Fragen, die sich dadurch nicht von selber erledigen, müssen von den Beteiligten weiterbearbeitet werden.[1]

Für schwierige Moderationssituationen besser zu zweit

(4) **Moderation** kann **sehr anstrengend** sein (dafür ist gute Moderation in der Regel auch sehr erfolgreich). Personen mit Moderationsfunktion müssen:

○ die ganze Gruppe laufend im Auge behalten
○ ständig gut zuhören
○ eventuell Aussagen visualisieren (z.B. mit Hilfe des Tageslicht-Projektors oder einer Pinwand)
○ gleichzeitig die folgenden Schritte gedanklich vorbereiten und sich Fragen oder Antworten überlegen

Schwierige Moderationssituationen lassen sich daher besser zu zweit lösen. Die Arbeit kann auf diese Weise aufgeteilt werden. Ein Moderator leitet z.B. aktuell die Sitzung, eine Moderatorin macht Eintragungen auf der Pinwand oder bereitet die nächsten Schritte vor. Dabei kann die Moderatorin unbelastet die Diskussion verfolgen und besser aus der Situation heraus reagieren.

Dem erheblichen Aufwand von zwei Personen mit Moderations-Funktion stehen noch weitere Vorteile gegenüber: Da vier Augen mehr als zwei sehen, lassen sich zuverlässiger Stimmungen, Störungen etc. feststellen. Zudem kann der Wechsel zwischen den Moderatoren belebend wirken. Auch beugt man der Gefahr vor, dass sich die Gruppenmitglieder zu sehr auf eine Person fixieren.[2]

Zusammenarb.

Moderatorinnen müssen nicht immer von einer anderen Organisation oder gar von extern kommen. Möglich ist auch, dass einzelne Gruppenmitglieder gebeten werden, bei der Moderation zu helfen. Allerdings sollte man diese Möglichkeit erst in einer „reifen" Gruppe nutzen.

3.2.3   Organisation und Planung der Gruppenarbeit

Themen organisatorisch mit- und vorausdenken

(1) Die Moderation ist zwar zum Zwecke ihrer Unabhängigkeit nicht direkt in eine Stamm- oder Projektorganisation eingebunden. Doch muss sie bei der Erfüllung ihrer Aufgabe organisatorisch mit- und vorausdenken.

Bei getrennten Rollen von Projektleitung und Moderation gilt es, bei dieser Frage besonders eng zusammenzuarbeiten (vgl. Kap. B/4.2). Man sollte sich in den jeweiligen Aufgaben gut absprechen und so auch Widersprüche oder Konkurrenzsituationen in der Gruppenführung vermeiden.

---

[1] Vgl. Cohn 2004, S. 122
[2] Vgl. Klebert/Schrader und Straub 2002, S. 89

Auswahl von Themen

(2) Aus dem weiten Feld der organisatorischen Aufgaben im Bereich der Moderation werden folgende Themen herausgegriffen:

- Geeignete organisatorische Rahmenbedingungen
- Realistische Vorausplanung
- Vorbereitung einzelner Sitzungen

3.2.3.1 Geeignete organisatorische Rahmenbedingungen

Überblick

(1) Die Moderatorin erfüllt in der Regel die Aufgabe, die Gruppenarbeit zu organisieren. Selbst wenn diese Aufgabe nicht ausdrücklich übertragen wird, muss sie sich im Eigeninteresse darum kümmern. Sonst kann zumindest der Start der gemeinsamen Arbeit leiden. Der folgende Überblick nennt als wichtige Rahmenbedingungen, die es zu klären gilt:
- die Aufgabenstellung der Gruppe
- die Stellung des Moderators
- die Stellung der Gruppenmitglieder
- das Umfeld der Gruppe
- der Beginn der Gruppenarbeit

Aufgabenstellung der Gruppe

(2) Jede Gruppe hat eine sachliche Aufgabe zu erfüllen. Sie besteht in diesem Zusammenhang im Lösen eines komplexen Problems. Die Aufgabe muss klar sein und sollte nach Möglichkeit von allen Gruppenmitgliedern akzeptiert werden können (vgl. Kap. B/4.2.2.1).

Der Moderator sollte sich jedoch **selber aktiv** darum kümmern, dass die Aufgabenstellung der Gruppe eindeutig und in gleicher Weise verstanden wird. Das bedingt eventuell auch, sich über die Inhalte der Aufgabe bei den Auftraggebern bzw. der Projektleitung nochmals zu vergewissern.

Dabei kann es sich um den Auftrag handeln, eine Aufgabe überhaupt erst zu analysieren und abzugrenzen. Dann wissen aber auch alle Beteiligten, dass noch sehr viel Unklarheit besteht. Das erwartbare Ergebnis der Gruppenarbeit bildet in diesem Fall nicht die Lösung der Aufgabe, sondern eine **klare Formulierung des Problems**.

Aus der hinreichenden Klärung der Aufgabe lässt sich ableiten, welche Themen gemeinsam in der Gruppe zu bearbeiten sind. Wenn auf diesem Feld **Missverständnisse** bestehen bleiben, so wird die Gruppe verunsichert.

Stellung der Moderatorin

(3) Verunsichernd wirkt auch, wenn die Stellung der Moderatorin in der Gruppe und nach aussen undeutlich bleibt. Gründe dafür beschreiben die Kapitel A/1.2.4.3 und 1.2.6.1. Es gilt also zuallererst, neben der Aufgabe (s.o.) auch die Kompetenzen und Verantwortungen des Moderators klar zu regeln.

Wichtig erscheint also, durch die Moderation bzw. die Projektleitung der Gruppe von Anfang an folgende Informationen zu geben:

○ Ich wurde beauftragt von ...
○ Ich sehe meine Aufgabe in ...
○ Meine Kompetenzen (Handlungsrechte) sind ...
○ Gegebenenfalls: Ich muss zu folgenden Terminen Herrn X Bericht über unsere Arbeit abgeben ...

Stellung der Gruppenmitglieder

(4) Was für die Moderation gilt, hat auch für die übrigen Gruppenmitglieder Bedeutung. Die Stellung der Gruppenmitglieder muss also im Vorfeld der Gruppenarbeit geklärt und an der ersten Sitzung offen gelegt werden.

Ein grosses Problem bringt in der Praxis die **„Heimatlosigkeit" von Gruppenmitgliedern**. Sie kommen aus verschiedenen Stammorganisationen und haben dort weisungsberechtigte Chefinnen (vgl. Abb. B/113). Diese können z.B. Gruppenmitgliedern per Weisung eine andere Aufgabe geben oder einen kollidierenden Termin hinein drücken, so dass jene an Sitzungen fehlen.

Die mit der Moderation beauftragte Person muss daher als **„Flankenschutz"** bei den Chefs der Beteiligten Zusicherungen einholen, dass diese zu den vereinbarten Terminen und im vereinbarten zeitlichen Umfang der Mitarbeit zur Verfügung stehen. Die Chefin sollten die Zusicherung nach Möglichkeit schriftlich bestätigen. Selbstverständlich gehört es umgekehrt zu den Pflichten der Moderation, realistische Zeitbedarfs-Schätzungen anzugeben und die Termine möglichst schon zu Beginn der Gruppenarbeit festzulegen.

Auch die Gruppenmitglieder sollen ihre **Kompetenzen** in der Gruppe **offenlegen**.[1] Sie haben bei unterschiedlichen Hierarchie-Stufen auch zu akzeptieren, dass diese Unterschiede bei der Gruppenarbeit keine Rolle spielen, alle also gleichberechtigt mitwirken (vgl. Abb. B/113). Das gilt generell: In Gruppen, ganz besonders in Teams, gibt es weder hierarchische Unterstellungen noch fachliche Weisungs- bzw. Veto-Bereiche.

Zusammenarb.

Umfeld der Gruppe

(5) Mit der Stellung der einzelnen Gruppenmitglieder wird auch bereits das Umfeld der Gruppe angesprochen. Neben den Absicherungen in den Stamm-Organisationen der Gruppenmitglieder müssen auch eine Reihe weiterer wichtiger Faktoren betrachtet werden. Dazu gehören:
○ Die „Geschichte" des Projektes (bisher daran Beteiligte, Probleme und Erfahrungen)
○ Kenntnisse über Instanzen, die den Problemlösungs-Prozess bzw. das Projekt befürworten oder bekämpfen
○ Kenntnisse über organisatorische Stellen und Personen, die den Prozess bzw. das Projekt später übernehmen und fortführen sollen
○ Die Absicherung, dass die Arbeit der Gruppe nicht durch zwischenzeitliche Entscheidungen anderer Stellen hinfällig wird.

In der Regel wirkt es für die Arbeit der Beteiligten **motivierend**, wenn verschiedene Kreise an den Ergebnissen ihr Interesse zeigen und die Gruppe unterstützen wollen. Motivierend wirkt auch, wenn man weiss,

---

[1] Vgl. Hansel/Lomnitz 2003, S. 104 f.

dass man nicht für „Schubladen" arbeitet, sondern der Problemlösungs-Prozess zügig weitergeführt werden soll (vgl. Kap. B/4.1).[1]

Umgekehrt bringt es Vorteile zu wissen, wo und in welcher Form **Widerstand** zu erwarten ist. Dann kann man sich bewusst darauf einstellen.

Das Umfeld der Gruppe lässt sich am besten durch eine Anzahl von Interviews mit gezielt ausgewählten Gesprächspartnern erkunden.

Abbildung B/113
Die Gruppenmit-
glieder kommen
oft aus einer sehr
unterschiedlichen
organisatorischen
Stellung

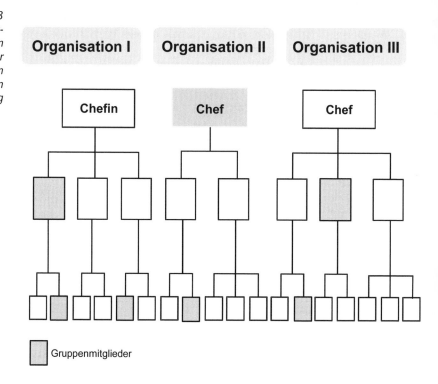

Beginn der **(6)** Nicht selten sieht das Vorfeld eines Problemlösungs-Prozesses wie im
Gruppenarbeit   Kastentext „Geschichten vor Projektbeginn" aus. Man sollte daher alles
daransetzen, die **Phase der Unsicherheit nicht zu lange** andauern zu
lassen (vgl. Kap. A/1.2.1).

Daher wirkt sich günstig aus, einen frühen Beginn der Gruppenarbeit
festzulegen. Dabei muss dieser Beginn unzweideutig sein. Ein schleichender Prozess, bei dem zwei oder drei Personen einmal beginnen („fangt
schon mal an") und mit der Zeit noch andere hinzuziehen, ist abzulehnen.

---

[1] Vgl. Hansel/Lomitz 2003, S. 84

Geschichten vor Projektbeginn[1]

- Es wird „Politik" gemacht. Der Anfangstermin wird immer wieder verschoben. Plötzlich ist der Auftrag da, keiner ist richtig darauf vorbereitet. Trotz des verspäteten Anfangs ist der Endtermin der gleiche.
- Eigentlich ist noch gar nichts klar, aber „wilde" Spekulationen sind in Umlauf.
- Offene oder verdeckte Fronten bilden sich oder sind schon da. Der Projektleiter, der noch Mitarbeiter aus einem Fachbereich als Gruppenmitglieder sucht, erfährt keine Unterstützung. Oder er bekommt Mitarbeitende benannt, die er für nicht qualifiziert bzw. nicht relevant hält.
- Es wird im „Keller gegraben". Man verweist auf andere, unglücklich verlaufene Projekte ähnlicher Art und versucht zu beweisen, wie wenig Chancen das neue Projekt hat.
- Der Projektleiterin bzw. dem vorgesehenen Moderator wird vorgeworfen, dass diese doch von den „wahren" Problemen keine Ahnung hätten.
- Es werden hohe Erwartungen an das Projekt gestellt. Man will sehr rasch Ergebnisse sehen, möglichst schon umgehend klare Vorschläge für Problemlösungen.

3.2.3.2 Realistische Vorausplanung

Überblick

(1) In dem oben erläuterten Rahmen muss die Moderation die Gruppenarbeit strukturieren und vorausplanen. Die Zeit der Gruppenmitglieder ist wertvoll und kostet, wenn man das nach betriebswirtschaftlichen Grundsätzen berechnet, nicht wenig. Tagt z.B. eine Gruppe von sieben Personen fünf Stunden lang, so ergeben sich bei einer Vollkostenrechnung ca. Fr. 5'000 Zeitkosten.

Aus solchen Überlegungen heraus resultieren die ausgewählten Themen zur Vorausplanung, welche der folgende Überblick zeigt:

- „Effizienz- und Zeitfresser" erkennen
- Den Zeitbedarf für einzelne Sitzungen realistisch kalkulieren
- Prioritäten setzen
- Gemeinsam Spielregeln aufstellen

Effizienz- und Zeitfresser

(2) Das Kapitel B/3.1 sowie das Kapitel A/1.2.5 bringen bereits einige „Effizienz- und Zeitfresser" in der Gruppenarbeit. Es geht dort um die geeignete Gruppengrösse, die Wahl geeigneter Räume, die Einplanung genügender Pausen (vgl. Kap. B/3.1.2.3), die Disziplin bei der Sitzungsteilnahme, die anschauliche und einfache Information sowie um Diskussionen nach einem „roten Faden". Effizienz und Zeitbedarf hängen darüber hinaus stark von den positiven Wirkungen der Moderation ab. Un-

Zusammenarb.

---

[1] Vgl. Hansel/Lomnitz 2003, S. 29 f.

ter dem Gesichtspunkt der Vorausplanung sind hier besonders bzw. zusätzlich zu erwähnen:

◦ der „Sägezahneffekt"
◦ die 3-Minuten-Regel

Der **„Sägezahneffekt"** entsteht, wenn einzelne Personen bzw. die Gruppe nicht beim Thema bleiben können. Durch Unterbrechungen wird der Gedankenfluss gebremst und man muss sich immer wieder neu in das Thema eindenken und -arbeiten. Dadurch entstehen „Sägezähne" in der Effizienz (vgl. Abb. B/114). Daher sollten Moderatoren bei ihrer Zeitplanung bestrebt sein, eine zusammenhängende Teilaufgabe als Ganzes, „am Stück", zu behandeln. In der Folge erweisen sich immer wieder ganztägige Sitzungen oder gar mehrtägige Klausuren als vorteilhaft (vgl. Kap. B/4.2.2.2). Auch sollte die Gruppe bei miteinander verbundenen Themen an rasch aufeinander folgenden Terminen tagen. Schliesslich empfiehlt sich, als Moderatorin mit einer gewissen Sturheit die vorangegangene Sitzung zu rekapitulieren.

Sowohl eine Planungsfrage als auch eine Verhaltensvereinbarung stellt die **„3-Minuten-Regel"** dar.[1] Da die Aufnahmekapazität der Gruppenmitglieder für Informationen klein ist, sollte die Redezeit begrenzt werden (vgl. Kap. A/1.1.2.2). Niemand darf bei dieser Regel in einer Diskussion länger als drei Minuten am Stück reden, es sei denn, er werde ausdrücklich dazu aufgefordert oder muss eine Einführung z.B. in eine Methode geben.

Abbildung B/114 Der „Sägezahneffekt" kann die Effizienz senken und Zeit „fressen"

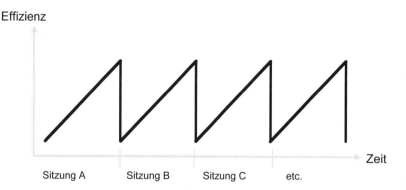

Realistische Kalkulation des Zeitbedarfs für Sitzungen

(3) Zur guten Vorausplanung gehört ganz besonders auch die realistische Kalkulation des Zeitbedarfs für Sitzungen. Dabei ist davon auszugehen, dass man meist in den Einschätzungen zu einem zu grossen Optimismus neigt. Eine der Ursachen dafür liegt darin, dass Zeit-Kalkulationen oft auf einem zu mechanistischen Menschenbild aufbauen. Es wird zu leicht vergessen, dass neue Fragen und Themen auftauchen, negative Gefühle die Arbeit bremsen oder Störungen zu einen zusätzlichen Zeit-

---

[1] Vgl. Bischof 1997, S. 104

aufwand führen können. Für die Planung des Zeitbedarfs stellt daher erfahrungsgemäss die „60 : 20 : 20-Regel" eine Hilfe dar.[1] Danach sollten bzw. dürfen Moderatorinnen:

- 60% der Zeit fest verplanen
- 20% der Zeit variabel lassen (für unvorhergesehene Themen bzw. als Reserve)
- 20% der Zeit für Pausen, Mittagessen oder andere ungeplante soziale Aktivitäten vorsehen

Setzen von Prioritäten

(4) Zum guten Umgang mit der Zeit gehört auch das Setzen von Prioritäten. Die zeitliche Reihenfolge von Themen sollte man nicht dem Zufall überlassen.

Hierzu macht am besten der Moderator einen **Vorschlag** (vgl. Abb. B/115), denn es müssen ja im Falle eines strukturierten Vorgehens die Zeit-Erfordernisse und die etwaige logische Aufeinanderfolge der Grundschritte und der Teil-Methoden berücksichtigt werden. Der Vorschlag wird an der vorangehenden oder am Anfang der betreffenden Sitzung angekündigt bzw. mit der Bitte um etwaige Korrekturwünsche zugesandt. Auf dieser Basis legt die Gruppe die Prioritäten gemeinsam fest. So erreicht man die notwendige Akzeptanz, welche wiederum eine wichtige Voraussetzung für das disziplinierte Einhalten der vereinbarten Prioritäten bildet.

Abbildung B/115
Auf der Basis eines solchen Vorschlages gilt es, gemeinsam die Prioritäten und damit die Zeitstruktur festzulegen

Vorschlag
4. Projektsitzung „Gesamtkonzept Warenverteilzentrale"
Termin: 13. Mai 2004, 8.15 bis 17.00 Uhr
Ort: Hauptverwaltung Berlin, Utengasse 109
1. Stand der Arbeiten, Rekapitulation
2. **Block 1** Rückkommen auf die Situationsanalyse / Entwicklungs-Modell (max. 1 Stunde)
3. **Block 2** Zieldiskussion zum baulichen Konzept
3.1 Einführung in die Methodik
3.2 Prämissen (Diskussion und Verabschiedung)
3.3 Zieldiskussion (Dazu wird als Grundlage ein Zielsystem mitgebracht)
Mittagspause
3.4 Zielgewichtung
3.5 Diskussion der Ergebnisse der Zielgewichtung, Plausibilität
Pause
4. Weiteres Vorgehen, Traktandenliste der nächsten Sitzung (ca. 30 Minuten)
5. Varia

Zusammenarb.

---

[1] Vgl. Bischof 1997, S. 106

**Gemeinsam
Spielregeln
aufstellen**

(5) Damit ist der Übergang zur generellen Forderung gegeben, mit einer Gruppe gemeinsam Spielregeln aufzustellen. Die wichtigsten Regeln kann die Moderatorin bereits vorschlagen und kurz begründen. Sie bittet anschliessend die Gruppenmitglieder um Ergänzungen bzw. Einverständnis. Weitere Regeln können sich mit der Zeit ergeben. Auch hierzu muss unter den Beteiligten Konsens herrschen.

Dabei sollte die **Zahl der Regeln begrenzt** werden. Maximal 10 Spielregeln erscheinen vertretbar. Es gilt also, aus der grossen Zahl möglicher hilfreicher Vereinbarungen eine Auswahl zu treffen. Abbildung B/116 bringt dazu ein Beispiel.

Abbildung B/116
Für die Gruppen-
arbeit können sich
Spielregeln als
nützlich erweisen.
Von Vorteil ist es,
wenn die Modera-
torin bringt dafür
mit Vorteil einen
ersten Entwurf
mitbringt.

Unsere Spielregeln für die Sitzungen

1. Sämtliche Gruppenmitglieder nehmen an sämtlichen Sitzungen teil.
2. Die Sitzungen beginnen pünktlich und dauern nicht länger als vereinbart (Ausnahme allseitiges Einverständnis).
3. Es werden keine Abstimmungen durchgeführt, sondern der Konsens gesucht. Lässt sich Konsens nicht herstellen, werden die strittigen Fragen und Varianten zu deren Lösung dem Auftraggeber der Gruppe vorgelegt.
4. Das Wort „man" bzw. „frau" ist in der Diskussion verboten.
5. Unterschiedliche Meinungen werden klar auf den Tisch gelegt und Konflikte werden hinreichend ausdiskutiert.
6. Wir hören einander geduldig zu und unterbrechen einander nicht.
7. Es gilt die 3-Minuten-Regel als Sprechzeit bei Diskussionen.
8. Wir geben einander regelmässig Feedback.
9.

3.2.3.3   Vorbereitung einzelner Sitzungen

Überblick

(1) Aus den gleichen Gründen wie beim Thema „realistisch vorausplanen" sollten auch die einzelnen Sitzungen gut vorbereitet werden. Die Zeit der Gruppenmitglieder ist kostbar (s.o.). Zudem gilt es, die Erfolgschancen der gemeinsamen Arbeit zu erhöhen.

Es geht dabei ganz bewusst nicht um eine minutiöse Vorausplanung. Wohl aber müssen einzelne Punkte besonders bedacht werden. Der folgende Überblick zählt die in der Praxis besonders wichtigen auf:

• Vorbereitung der Themen-Abfolge
• die Start-Sitzung der Gruppe
• die letzte Gruppensitzung

**Vorbereitung
der Themen-
abfolge**

(2) Die Vorbereitung der Themenabfolge mündet in einen Vorschlag an die Gruppe (vgl. Abb. B/115). Die Abfolge einer Gruppensitzung sollte sich einerseits nach den sachlichen Bedürfnissen richten und andererseits eine bewusste „Dramaturgie" berücksichtigen. Dazu zählen als Aspekte:

○ der Aufbau logischer Lern- und Verfahrensschritte für die Gruppe (teilweise von der gewählten Methodik bzw. einem vorstrukturierten Prozess vorgegeben)

- die Berücksichtigung der Leistungsfähigkeit der Gruppenmitglieder im Verlauf der Tageszeiten (die besten Zeiten liegen für die meisten Menschen zwischen 10.00 und 12.00 Uhr sowie zwischen 15.00 und 17.00 Uhr)
- das Vorziehen konfliktträchtiger Themen, damit man nicht aus Zeitnot im Konflikt auseinandergeht.

Falls die Funktionen von Moderation und offizieller Projektleitung getrennt von zwei Personen wahrgenommen werden (vgl. Kap. B/3.2.1.3), muss der Vorschlag der Traktanden- bzw. TOP-Liste selbstverständlich zwischen diesen beiden inhaltlich vorher abgesprochen werden.

Start-Sitzung der Gruppe (3) Die Start-Sitzung der Gruppe gibt den Beteiligten einen wichtigen ersten Eindruck. Gleichzeitig herrscht bei den Gruppenmitgliedern, sofern sie sich nicht alle bereits gut kennen und zu nehmen wissen, die relativ grösste Unsicherheit und auch die grösste Lust zu negativem Verhalten (vgl. Kap. A/1.2.4).

Die Traktanden- bzw. TOP-Liste und die Durchführung sollten daher für grösstmögliche Klarheit sorgen. Vorteilhaft wirkt sich auch aus, die Gruppenmitglieder sogleich stark zu beteiligen. Als **wichtige Punkte der ersten Sitzung** empfehlen sich daher:

- Gegenseitiges Vorstellen der Gruppenmitglieder
- Klärung der Aufgabe der Gruppe
- Klärung der Stellung der Moderation (Aufgabe, Kompetenz und Verantwortung)
- Klärung der Stellung der Gruppenmitglieder (Aufgabe, Kompetenz und Verantwortung)
- Offenlegung von Erwartungen, Hoffnungen und Befürchtungen der Gruppenmitglieder (eventuell mit Hilfe der Brainstorming-Technik)
- Spielregeln für die Gruppenarbeit (vgl. Abb. B/116)
- Vorstellen der Methodik und des Vorgehensplanes (z.B. in Form eines Balkendiagrammes)
- Terminabsprachen
- Traktanden und Prioritäten der 2. Sitzung

Zusammenarb.

Letzte Gruppensitzung (4) Auch die letzte Gruppensitzung hat einen **besonders grossen Einfluss auf den Erfolg.** Der Konsens sollte in klarer Form durch Texte bzw. Zeichnungen festgehalten und besiegelt werden (vgl. Kap. B/3.1.1.3). Eventuell verbliebene sachliche Differenzen sind ebenfalls eindeutig festzuhalten.

In dieser Situation unternehmen Gruppenmitglieder nicht selten nochmals einen **letzten Versuch,** den **Konsens etwas mehr in die eigene Wunsch-Richtung zu rücken.** Dazu veranlasst auch die Tatsache, dass der Vorschlag zur Problemlösung ja nun in der eigenen Stamm-Organisation (z.B. gegenüber dem Chef) vertreten werden muss. Überwunden geglaubte Machtspiele können daher wieder zum Vorschein kommen. Durch eine sorgfältige Vorbereitung auch der (vorerst) letzten Gruppensitzung lässt sich dieses Problem in der Regel gut bewältigen.

Übrigens: Für diese Sitzung oder danach sollte man sich etwas **Persönliches einfallen lassen**: Ein anschliessendes gemeinsames Essen, ein Geschenk mit humorvollen Anspielungen auf das gemeinsam Erlebte etc. Das verbindet über gemeinsame Gruppenarbeit hinaus.

4.   Management

Treibende und wegbahnende Kraft

(1) Die dritte Prozessebene im ganzheitlichen Ansatz der INPRO-Methodik bildet das Management. Diesen Begriff definiert Kapitel A/3.3.5. Danach geht es kurz gefasst um das Leiten und Führen von Menschen in Organisationen, um Ziele zu erreichen. Das Leiten umfasst u.a. die Prozessplanung, das Organisieren und die notwendigen Entscheidungen. Beim Führen geht es u.a. um das Setzen akzeptierter Ziele, um die Sorge für einen guten Informationsaustausch und das Steuern (Controlling).

Das Element Management beeinflusst daher ebenfalls massgeblich den Erfolg einer Problemlösung bzw. einer Planung. Im positiven Fall wirkt das Management als treibende und wegbahnende Kraft für das Problemlösen bzw. Planen.

Notwendiges Denken und Handeln in vernetzten und dynamischen Systemen

(2) Dafür sollte das Management laufend den Blick in die Zukunft richten und die Vernetzungen der Entwicklungen beachten. Alle Prozesse für das Problemlösen finden in offenen Sozio-techno-ökonomischen Systemen statt. Diese zeigen eine zunehmende **Dynamik** (vgl. Kap. A/2.2.2). In diesem Lichte zu betrachten sind nicht nur die Transformationsprozesse innerhalb von Unternehmen und Verwaltungen sondern auch die Beziehungen mit der Umwelt. Dabei wirken sich auch die Werte der Beteiligten aus.

Diese Sicht der Dinge versuchen **umfassende Managementmodelle** zu berücksichtigen (vgl. Kapitel A/3.3.1.2). Doch fällt es der Praxis nicht leicht, gemäss diesen Modellen Erkenntnisse zu gewinnen und zu handeln. Die Gründe dafür liegen einerseits in der schwer zu bewältigenden Komplexität und andererseits in menschlichen Abwehrhaltungen (vgl. Kap. A/1.1.2).

Hauptkapitel

(3) Dennoch wird hier dazu ermuntert und angeleitet, das Element „Management" relativ umfassend zu sehen. Daher geht es nicht nur um das Projektmanagement, sondern auch um die Gegebenheiten und Vorgänge rings um einen Problemlösungs-Prozess. Es sind also auch die Rahmenbedingungen innerhalb und ausserhalb von Unternehmen, Verwaltungen und anderen Organisationen zu beachten und zu beeinflussen. Insbesondere geht es auch um Führungs- und Organisationsfragen, darüber hinaus auch um neue Themen im Bereich des Projektmanagements wie z.B. Marketing, Controlling und Wissensmanagement. Gegliedert wird dieses Themenfeld in die Hauptkapitel:

• **Rahmenbedingungen für das Problemlösen**

• **Projektmanagement**

4.1 Rahmenbedingungen für das Problemlösen

4.1.1 Übergeordnete Führung

**Hoher Stellen-
wert der
Führung**

(1) „Wer Menschen führen will, muss hinter ihnen gehen", soll Laotse gesagt haben. Das entspricht dem in Abbildung B/63 dargestellten Bild der „Upside-down-Pyramide".
Dieses Bild für Führung unterstützt auch die Theorie auf der Basis empirischer Studien, wie Kapitel A/1.2.6.3 erkennen lässt. Doch die Führungspraxis sieht teilweise deutlich anders aus.

**Einfluss auf das
Planen und
Lösen von
Problemen**

(2) Mit dieser Praxis hat das Planen und damit das Lösen von Problemen in starkem Masse zu tun. Das gilt sowohl für die Meta-Prozessplanung und -steuerung (vgl. Abb. B/14) als auch für die Aufgleisung und Durchführung von einzelnen Problemlösungs-Zyklen (vgl. Abb. B/17). Ohne die Bereitschaft von Führenden, Probleme anzugehen, wird es auch keine Problemlösung geben. Wie dafür Planungen aufgegleist und durchgeführt werden, stellt ebenfalls eine Führungsfrage dar.

**Auswahl von
Themen**

(3) Da die Praxis der Führung direkt auf das Problemlösen und damit Planen einwirkt, muss man diese in das Kalkül miteinbeziehen. Nur dann gelingt es, Prozesse gut aufzugleisen bzw. Projekte realistisch zu organisieren. Dabei gilt es zu erkennen, dass **Führende auch Geführte** sind.

Umgekehrt lässt sich aber auch die Führungspraxis durch Problemlösungs-Prozesse beeinflussen. Dazu gehören ganz konkret Interventionen von Projektleitern oder die Auswirkungen von Reorganisationsprojekten. Diese Chance muss man gegebenenfalls erkennen und zugunsten von Problemlösungen nutzen.
Beide Sichtweisen, die realistische Berücksichtigung der Führungspraxis und die Nutzung von Einwirkungs-Chancen nehmen die beiden folgenden Themen auf:

- Externe und interne Einflüsse auf die Führung

- Beeinflussung der Führung

4.1.1.1 Externe und interne Einflüsse auf die Führung

Überblick

(1) Führen bedeutet, wirksamen Einfluss auf Gruppenmitglieder (z.B. die einer Organisation) zu nehmen, um Ziele zu formulieren und zu erreichen.[1] Führende beeinflussen damit Mitarbeitende. Sie selber unterstehen aber auch den Einflüssen übergeordneter Führungskräfte und der

---

[1] Hentze/Heinecke und Kammel 2001, S. 538 ff.; Thommen 2000, S. 669 ff.

Umwelt. So prägt z.B. die Kultur einer Organisation in starkem Masse auch das Führungsverhalten (vgl. Kap. A/1.2.6.2). Zusätzlich wirken sich Führungsinstrumente aus (vgl. Kap. A/3.3.5.2).

In diesem Zusammenhang sollen folgende für das Problemlösen wichtige Aspekte vertieft werden:

- Die externen Einflüsse auf Führungskräfte
- Schwierigkeiten von Führungskräften mit Problemen

Externe Einflüsse auf Führungskräfte

(2) Abbildung B/117 zeigt eine Reihe von externen Einflüssen auf Führungskräfte. Dazu gehören:

- die eigenen Mitarbeitenden (man hat seine Vertrauensleute bzw. will „geliebt" werden)
- intern zugeordnete Gruppen (man will nicht Aussenseiter sein)
- Werte und Ziele bzw. die ganze Unternehmenskultur (z.B. Klima des Misstrauens und der Kontrolle)
- die jeweiligen Situationen (z.B. Euphorie dank Hochkonjunktur)
- die vorgesetzten Führungskräfte.

Insbesondere die **Abhängigkeit von übergeordneten Führungskräften** übt einen starken Einfluss aus.[1] Das gilt für die Stellung einer Führungskraft in der „Hackordnung" ebenso wie für das Verhalten in einer bestimmten Situation. Eventuell müssen bei übergeordneten Führungskräften Budgetmittel für das Planen bereitgestellt oder ein Projektbudget bewilligt werden. Misserfolge mit einem Problemlösungs-Prozess können übergeordnete Führungskräfte zu Sanktionen veranlassen.

Abbildung B/117
Führende unterstehen ihrerseits vielen Einflüssen

---

[1] Vgl.Hansel/Lomnitz 2003, S. 99 ff.; Kotter 1999, S. 94

**Formelle
Führungskräfte**

(3)   Es gibt formelle Führungskräfte. Das sind in der Regel die Leitenden in einer Organisation. Daneben können in Organisationen auch starke Führungskräfte wirken, welche keine Leitungsfunktion haben. Das sind einerseits die „ALPHAS" unter den Mitarbeitenden (vgl. Kap. A/1.2.3.1) und andererseits auch besonders sympathisch wirkende Mitglieder einer Gruppe. Beide, die formellen und die informellen Führenden sollte man beim Problemlösen im Auge behalten.

Die formellen Führungskräfte, also die Leitenden, gelangten nicht selten durch überragende **fachliche Fähigkeiten** in ihre Position, aber auch durch persönliche Beziehungen oder das Türklinken-Putzen.[1] Aber selbst im letztgenannten Fall wird man in der Praxis die fachliche Kompetenz herausstreichen. Das ist zwar eine falsche Sicht, wie Abbildung B/118 verdeutlicht, aber infolge verschiedener Faktoren immer noch vorherrschend (vgl. Kap. A/1.1.2.3). Besser ist es, wenn sich Führungskräfte oberer Stufen eher durch die Methoden-, Sozial- und Individualkompetenz auszeichnen (vgl. Kap. A/3.2.2.3).

*Abbildung B/118
Die Anteile der
Schlüsselqualifika-
tionen sollten mit
den höheren Füh-
rungsstufen
steigen[2]*

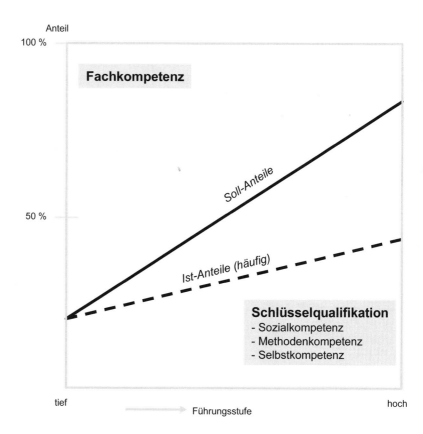

<hr />

[1] Vgl. Stroebe 2002, S. 18 f.
[2] Vgl. Abbildung A/2

Manche Führungskräfte verhalten sich daher wie Multi-Spezialisten.[1] Das gilt auch für ihre Einstellung gegenüber Problemlösungen, wie unten gezeigt wird. Demgegenüber müssten sie sich vor allem durch **Schlüsselqualifikationen** (vgl. Abb. A/91) auszeichnen, also durch Methoden-, Sozial- und Selbstkompetenz. Wenn tatsächlich die Schlüsselqualifikationen die dominante Stärke bilden, dann profitiert davon das Lösen von Problemen. Fehlen jene bei Führungspersonen, dann müssen Projektleiterinnen bzw. Moderatoren der Situation mit Klugheit begegnen. Das kann z.B. ganz konkret bedeuten, die fachliche Kompetenz der Führenden speziell anzusprechen und im Prozess laufend „abzuholen".

Schwierigkeiten von Führungskräften mit komplexen Problemen

(4) Angesichts des häufigen Mangels an Schlüsselqualifikationen bestehen oft erhebliche Schwierigkeiten bei Führungskräften, mit komplexen Problemen gut umzugehen. Handelt es sich um Routine-Vorgänge, dann sind solche fachlich geprägten Führungskräfte in ihrem Element. Nicht-Routine-Situationen können sie leicht überfordern.[2] Das führt immer wieder zu zwei Reaktionen:

- Versuch, durch geballtes Fachwissen das Problem im eigenen fachlichen Kompetenzbereich zu lösen
- Umgehen bzw. Liegenlassen von Problemen

4.1.1.2 Beeinflussung der Führung

Überblick

(1) Projektleiter und Moderatorinnen können solche Situationen bewältigen, indem sie für diese Führungskräfte Verständnis aufbringen, Vertrauen in die Lösbarkeit wecken (z.B. durch erfolgreiche Beispiele) und die persönlichen Erfolgschancen einer Führungskraft verdeutlichen. Ist ein Problemlösungs-Prozess bzw. Projekt gut aufgegleist, so besteht die Aussicht auf anhaltend günstige Rahmenbedingungen.
Damit sind einige wichtige Themen angesprochen, zu denen Vertiefungen folgen:

- Das notwendige aktive Rollenverständnis
- Aufbau einer konstruktiven Beziehung
- Die Win-win-Chance

Notwendiges aktives Rollenverständnis

(2) Führung stellt ein zwischenmenschliches Geschehen dar. Führende sind daher auch davon abhängig, dass die Geführten engagiert mitmachen. Diese **Abhängigkeit von Vorgesetzten** vergessen viele Mitarbeitende.[3] Zudem kann ein ganzer Führungsbereich Schaden nehmen, wenn Führende nicht auf Gefahren und Chancen aufmerksam gemacht werden. Das gilt besonders für Probleme und deren Lösungsmöglichkeiten.

Mana-gemen

---

[1] Vgl. Hansel/Lomnitz 2003, S. 106 ff; Stroebe 2002, S. 20
[2] Vgl. Sackmann 1991, S. 301 ff.
[3] Vgl. Kotter 1999., S. 117

Daher müssen Mitarbeitende bzw. „untergebene" Führende das notwendige aktive Rollenverständnis entwickeln und die Konsequenzen daraus ziehen. Führung ist also keine Einbahnstrasse.

Aufbau bzw. Erhalt einer konstruktiven Beziehung

(3) Doch Mitarbeitende wissen bzw. erfahren immer wieder leidvoll, dass ihre Aktivitäten bei Führenden eventuell auf Gegenwehr oder Misstrauen stossen.[1] Das kann bis zur Aufkündigung der Zusammenarbeit gehen. Daher muss bewusst der Aufbau bzw. Erhalt einer konstruktiven Beziehung erfolgen. Dabei gilt es, die Erkenntnisse zu nutzen, die Kapitel A/1.2 wiedergibt. Besonders beachtenswert erscheinen die in Kapitel A/1.2.4.3 dargestellten Situationen von Abhängigkeit, Gegenabhängigkeit, Unabhängigkeit und akzeptierter gegenseitiger Beeinflussung.

V.a. gilt es sicherzustellen, dass Mitarbeitende **den Kontext der Führungskräfte gut verstehen** (s.o.) und einschätzen. Ebenso müssen auch die eigenen Verhaltensweisen realistisch beurteilt werden. Abbildung B/119 bringt dazu eine Checkliste.

Auf dieser Basis lassen sich Ansatzpunkte finden, eine konstruktive Beziehung zur Führungskraft aufzubauen bzw. zu erhalten.

Abbildung B/119
Mit dieser Check-
liste lässt sich eine
Basis für die
Gestaltung
konstruktiver
Beziehungen zu
Führungskräften
legen[2]

Schätzen Sie die Situation übergeordneter Führungskräfte ein
• Ziele
• Zwänge
• Stärken und Schwächen
• bevorzugter Arbeitsstil
Schätzen Sie sich selbst und Ihre Bedürfnisse ein
• Stärken und Schwächen
• Persönlicher Stil
• Disposition im Umgang mit Autoritätspersonen
Schaffen und erhalten Sie eine Beziehung, die
• den Bedürfnissen und Stilen beider Partner entspricht
• von gegenseitigen Erwartungen gekennzeichnet ist
• ihren Chef stets „auf dem Laufenden" hält
• von Zuverlässigkeit und Ehrlichkeit gekennzeichnet ist
• Zeit und Ressourcen ihres Chefs optimal nutzt

---

[1] Vgl. Ueberschaer 2000, S. 119
[2] Nach Kotter 1999, S. 125; siehe auch Hansel/Lomnitz 2003, S. 112 ff.

Win-win-Chance (4) Der Lohn der Bemühungen besteht in der Win-win-Chance von Mitarbeitenden und Führenden.

Mitarbeitende gewinnen die Chance, blockierende Probleme anzupacken und zu bewältigen. Sie können erreichen, dass der Problemlösungs-Prozess nicht einseitig von der Fachkompetenz ihrer Vorgesetzten bestimmt wird. Vielmehr besteht die Möglichkeit, von einem Verfahren zu überzeugen, wie es insbesondere in Kapitel 1 vorgestellt wurde. In einem solchen Verfahren kommt ihnen eine sehr aktive und mitbestimmende Rolle zu. Schliesslich dürfen sie das gute Gefühl des Erfolges geniessen.

Führende erhalten die Chance, Probleme rechtzeitig zu erkennen, aufzugreifen und einer Lösung zuzuführen. Dabei können sie eine aktive Rolle spielen, indem sie die in Kapitel B/1.1.1.3 aufgelisteten günstigen Rahmenbedingungen für das Problemlösen schaffen und aufrecht erhalten. Schliesslich dürfen Führende das gute Bewusstsein geniessen, zur Selbstverantwortung von Mitarbeitenden beizutragen.[1]

4.1.2 Einbindung in die Stammorganisation

Organisationen als Rahmen (1) Alles Lösen komplexer Probleme erfolgt in Organisationen und mit Organisationen. Niemand kann sich dem entziehen.[2] Das ganze Führungsgeschehen bedient sich der Organisation, wird aber auch von dieser mitgeprägt. Hier bestehen also intensive Wechselwirkungen. Daher handelt es sich um ein wichtiges Management-Thema (vgl. Kap. A/3.3.5).

Doppel-bedeutung (2) Vor diesem Hintergrund ist der Spruch zu sehen „Organisation ist das halbe Leben". Wenn dieser Spruch gebraucht wird, so steht dahinter eine Doppelbedeutung:

○ Organisationsstrukturen prägen den Alltag
○ Die offiziellen Organisationsstrukturen geben aber nicht einmal die halbe Wirklichkeit wieder

Es läuft also in der Realität vieles anders, als im Organigramm steht. Die organisierten Menschen sind scheinbar widerborstig und verhalten sich oft anders, als es organisatorische Strukturen vorgeben.[3] Dazu trägt oft bei, dass sich Menschen mit ihren Rollen in einer Organisation nicht identifizieren bzw. abfinden können (z.B. nach Reorganisationen). Häufig werden Organisationen aber auch zu technokratisch konzipiert, berücksichtigen also zu wenig die Fähigkeiten und das Verhalten von Menschen.

---

[1] Vgl. Ueberschaer 2000, S. 119
[2] Vgl. Hansel/Lomnitz 2003, S. 102 ff.; Kieser 2002, S. 1
[3] Vgl. Büssing 1991, S. 63

Auswahl von Themen

(3) Das zwingt unter dem Stichwort „Management" dazu, beides zu berücksichtigen, die theoretischen Organisationsstrukturen und die organisatorische Wirklichkeit. Dem entsprechen die Themen dieses Kapitels:

- Organisations-theoretisch
  - Grundstrukturen
  - Ablauf- und Prozessorganisation
  - Aufbauorganisation
  - Leitungsstrukturen
- Umgang mit der organisatorischen Wirklichkeit

4.1.2.1   Grundstrukturen

Überblick

(1) Organisatorische Fragen nehmen ein weites Feld ein.[1] Hier sollen zunächst wesentliche Strukturfragen angesprochen werden. Auf diesem Gebiet Klarheit zu gewinnen heisst, besser die organisatorischen Rahmenbedingungen begreifen oder eigene Problemlösungs-Organisationen gestalten zu können.

Als Organisationen werden dauerhaft wirksame Strukturen von soziotechnischen Systemen bezeichnet. Als Aspekte werden aufgegriffen:

- Organisatorische Typen
- Organisatorische Bereiche
- Moderne Leitideen

Organisatorische Typen

(2) Für das Problemlösen erscheint es wichtig, zwei organisatorische Typen zu unterscheiden, die (vgl. Abb. B/120):

- Stammorganisation
- Projektorganisation

Stammorganisationen sind in besonderer Weise auf Dauer angelegt. Dazu gehören z.B. die Organisationen eines Bundesamtes oder eines Unternehmens. Abbildung A/73 zeigt dazu einige Typen.

Projekte bilden Sonderaufgaben, die sich durch eine begrenzte Dauer und Einmaligkeit auszeichnen (vgl. Abb. B/125). Für sie besteht im Regelfall eine **Projektorganisation** (vgl. Kap. A/3.3.2.4 und B/4.2.1).

Stamm- und Projektorganisation lassen sich miteinander verbinden. Daraus kann z.B. eine Matrixorganisation entstehen.

Organisatorische Bereiche

(3) Neben den organisatorischen Typen bestehen verschiedene organisatorische Bereiche. Unterschieden wird hier in (vgl. Abb. B/120):[2]

- Aufbauorganisation
- Ablauforganisation.

---

[1] Vgl. z.B. Schmidt 2003; Kieser 2002; Hill/Fehlbaum und Ulrich 1998
[2] Vgl. Schmidt 2003, S. 338 ff.; Hentze/Heinecke und Kammel 2000, S. 151 ff.; Thommen 2000, S. 620 ff.; Hill/Fehlbaum und Ulrich 1998, S. 170 ff.

Die **Aufbauorganisation** schafft den dauerhaften betrieblichen Rahmen. Es werden Aufgaben nach Organisationseinheiten gegliedert, Stellen geschaffen, Kompetenzen (Handlungsrechte) zugeteilt und damit Verantwortungen definiert.

Die **Ablauforganisation** ordnet v.a. die **Geschäftsprozesse** bei der Erfüllung der Aufgaben bzw. zum Erzeugen der Produkte oder Dienstleistungen. Bei diesen Prozessen geht es grundsätzlich um den Einsatz von Personen und Sachmitteln in Raum und Zeit. Zu den „Sachmitteln" zählen auch die Informationen. Dabei spielen die Beziehungen zwischen einzelnen Organisationseinheiten eine grosse Rolle.

Abbildung B/120
Es sind Organisa-
tionstypen und
-ebenen zu unter-
scheiden

Organisatorische Ebene	Organisationstypen	
	Stammorganisation	*Projektorganisation*
Aufbauorganisation	Stamm-Aufbau-organisation	Projekt-Aufbau-organisation
Ablauforganisation (Prozesse)	Stamm-Ablauf-organisation	Projekt-Ablauf-organisation

4.1.2.2   Ablauf- und Prozessorganisation

Interne
Prozesse

(1) Bei der Ablauforganisation werden primär die internen Prozesse betrachtet. Daneben sind auch Fragen der allgemeinen Zusammenarbeit zu regeln.

Geschäfts-
prozesse

(2) Die Prozesse können in Projekten ablaufen oder in Stammorganisationen etabliert sein. Sie werden in Kapitel A/3.3.2 näher beschrieben. Einen systematischen Überblick bringt Abbildung A/103. Hier geht es primär um Geschäftsprozesse, bestehend aus Kern-, Steuerungs- und Supportprozessen (siehe Kap. A/3.3.2.4). **Kernprozesse** können sehr verschieden organisiert werden. Abbildung B/121 zeigt das anhand eines Beispiels.

Alle Kernprozesse sollten als Ganzes einer klaren Leitung unterstellt werden. Leitungen einzelner Prozesse nennt man auch **Prozessmanager**. Die Mitwirkenden werden auch als Prozessteam bezeichnet.

Es ist bei Neu-Organisationen sowohl in der Privatwirtschaft als auch bei der öffentlichen Hand üblich geworden, zunächst die Prozesse zu analysieren und dann neue Prozesse zu konzipieren (Bottom-up oder Top-down, vgl. Abb. A/97).[1] Erst auf dieser Basis bestimmt man die Aufbauorganisation. Die Realität weicht hier jedoch häufig von der Theorie ab. Das gilt besonders für öffentliche Organisationen.

[1] Vgl. Osterloh/Frost 2003, S. 28 ff.

Mana-
gement

Allgemeine Zusammenarbeit

(3) Neben den Prozessen muss die allgemeine Zusammenarbeit organisiert werden. Die Informations- und Entscheidungsbahnen zwischen den verschiedenen Prozess-Verantwortlichen bedürfen der Regelung. Dazu dient einerseits die Aufbauorganisation. Andererseits werden auch Instrumente wie Konferenzen und Arbeitsgruppen eingesetzt. Solchen Arbeitsgruppen überträgt man häufig auch die Lösung einzelner komplexer Teilprobleme.

Abbildung B/121 Kernprozesse lassen sich sehr unterschiedlich segmentieren[1]

Variante I   Segmentierung nach Kundengruppen

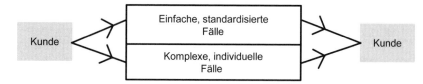

Variante II   Segmentierung nach Komplexität

4.1.2.3 Aufbauorganisation

Überblick

(1) Aufbauorganisationen standen früher am Anfang organisatorischer Regelungen. Heute gilt in der Theorie „structure follows process".
Für die Gestaltung der Aufbauorganisation eines Projektes oder zum Verständnis einer auftraggebenden Instanz gibt das folgende Kapitel wichtige Teilelemente wieder:[2]
• Zu erfüllende Aufgaben
• Aufgabengliederung
• Strukturtypen
• Kompetenzverteilung

---

[1] Aus Langhans 2001, S. 19
[2] Vgl. Hill/Fehlbaum und Ulrich 1998, S. 170 ff.; Chrobok 1996, S. 43 ff.

Zu erfüllende Aufgaben

(2) Die zu erfüllenden Aufgaben einer Organisation bestehen in Ergebnissen, Outputs, Produkten, Leistungen bzw. Zielerfüllungen (vgl. Abb. B/28). Damit diese Ergebnisse entstehen, werden Aufgaben formuliert bzw. Aufträge gegeben. Dazu muss der notwendige Input bereitgestellt, z.B. ein Budget zugeteilt werden.

Die hauptsächlichen Aufgaben einer Organisation bestehen aber, betriebswirtschaftlich gesprochen, immer in **Produkten** in Form von Gütern und Dienstleistungen.

Aufgabengliederungen

(3) Jede Aufbauorganisation muss nach geeigneten Gesichtspunkten Aufgaben zusammenfassen. Die kleinste organisatorische Einheit für **Zusammenfassungen** von Aufgaben sind Stellen. Mehrere Stellen werden zu Diensten, Sektionen etc. gebündelt. Weitere Zusammenfassungen dieser Einheiten erfolgen zu Abteilungen, Direktionen etc.

Die Zusammenfassungen (Zentralisierungen) bzw. die Aufgabengliederungen sind unter verschiedenen Gesichtspunkten möglich (vgl. Abb. A/73):[1]

- Nach dem **Objekt** (Produkt- oder Kundengruppe), an dem oder in bezug auf das eine Tätigkeit ausgeübt wird (vgl. Abb. C/22).
- Nach dem **Zweckbereich** (Funktionsbereich), in dem eine Aufgabe gelöst wird (z.B. Beschaffung, Produktion usw.).
- Nach dem **Ort**, an dem die Aufgabe erfüllt wird, wobei zwischen gesamtbetrieblichen Orten (Absatzgebiete, Produktionsstandorte usw.) und innerbetrieblichen Standorten zu unterscheiden ist. Man spricht hier auch von **regionaler Gliederung**.
- Nach der **Phase der Aufgabenerfüllung**, d.h. der Phase des Problemlösungsprozesses, in die eine Aufgabe fällt (z.B. Planung).

Die Prozess-orientierte Aufbauorganisation bevorzugt **Objektgliederungen**. Diese erlauben am ehesten, Geschäftsprozesse als Ganzes einer Organisationseinheit zuzuordnen. Das erfolgt auch unter dem Titel Spartenorganisation. Als Sparte werden die Dienstleistungen für bestimmte Kundengruppen (z.B. Antragsteller für Pässe) oder bestimmte Aufträge (z.B. Erarbeitung von Grundlagen) zusammengefasst. Grosse Sparten nennt man üblicherweise Divisionen.

Der Gliederung nach **Zweckbereichen** liegt die Tatsache zugrunde, dass es bei den öffentlichen Dienstleistungen und in der Wirtschaft immer verschiedene typische funktionale Zwecke zu erfüllen gilt. Dazu gehören z.B. die Sachbearbeitung oder die Personalbeschaffung und -verwaltung.

Bei grösseren Organisationen werden meist **Kombinationen** insbesondere zwischen den Möglichkeiten spartenorientierter, zweckbereichsorientierter und regionaler Gliederung gewählt.

Strukturtypen

(4) Die Strukturtypen regeln die Leitungsbeziehungen, also die **Frage der Kompetenzzuteilung**. Primär wird dadurch bestimmt, wer wem vorgesetzt ist und über die Weisungs- bzw. Entscheidungskompetenz

Mana-gement

---

[1] Vgl. Hill/Fehlbaum und Ulrich 1998, S. 174 ff.

verfügt. Stellen mit solchen Kompetenzen nennt man auch **Instanz**. Die Wahrnehmung von Kompetenzen durch Leitende (v.a. Entscheidungen) wird auch als „**Linie**" bezeichnet.

Für die Ausgestaltung der Leitungsbeziehungen bestehen nach derzeitigem Verständnis folgende **grundsätzliche Möglichkeiten** (vgl. Abb. A/73):[1]

○ Linienorganisation (Einliniensystem)
○ Stablinienorganisation
○ Mehrlinienorganisation (auch funktionale Organisation genannt)
○ Matrix- und Projektorganisation

Die ersten drei Typen nennt man auch „Pyramiden-Modelle". Der vierte Typ stellt die inzwischen häufigste Mischform dar.

Bei der **Linienorganisation** ist jede Stelle nur durch eine einzige Linie mit den vorgesetzten Instanzen verbunden. Jede Stelle kann also nur durch eine einzige Instanz Weisungen bekommen. Der gesamte „offizielle" Verkehr zwischen Vorgesetzten und Untergebenen läuft dementsprechend über einen einzigen Verbindungsweg. Dabei hat die Linie zwei Funktionen: Sie ist Mitteilungs- und Entscheidungsweg.

Die **Stablinienorganisation** besteht einerseits in einer Linienorganisation des oben beschriebenen Typs. Diese wird andererseits durch nicht in der Linie stehende Stabsstellen in ihrer Aufgabe unterstützt. „Nicht in der Linie stehend" bedeutet, dass Stabsstellen der Organisationstheorie gemäss keine Weisungs- bzw. Entscheidungskompetenz haben. Ihre Möglichkeiten sind auf den Mitteilungsweg beschränkt. Dabei unterscheidet man reine Stabsstellen und zentrale Dienststellen.

Die Linienorganisation mit zentralen Dienststellen kann man auch als Zwischenform in Richtung einer **Mehrlinienorganisation** (funktionale Organisation) bezeichnen. Bei diesem Struktur-Typ ist jede Stelle einer gewissen Zahl übergeordneter Stellen unterstellt (Mehrfachunterstellungen). Dabei geht man vom Grundgedanken der Spezialisierung aus (z.B. Spezialist für den Wareneinkauf). Solche Stellen können in einer funktionalen Organisation untergeordneten Stellen (z.B. Filialleiter) direkt Weisungen für ihren Kompetenzbereich geben. Die Mehrlinienorganisation stellt eine für die Mitarbeitenden nicht ganz einfache Form der Organisation dar, sind sie doch „Diener mehrerer Herren".

Die **Matrixorganisation** steigert den Grundgedanken funktionaler Organisation. Sie besteht in einem Mehrlinien-System, das mehrere Dimensionen aufweist. Dazu gehören beispielsweise Zweckbereiche einerseits und Regionen andererseits. Häufig besteht eine Dimension auch in Projekten. Solche Dimensionen üben in der Matrixorganisation gleichberechtigt die Leitungsfunktion aus. Häufig erscheinen Matrixorganisationen wie das „Ei des Kolumbus", doch sie bedingen geteilte Kompetenzen und Verantwortungen verschiedener Leitender. Darin liegt eine ganz erhebliche Problematik.

Diese verschiedenen Formen werden häufig in grossen Organisationen **kombiniert**.

---

[1] Vgl. Hill/Fehlbaum und Ulrich 1998, S. 191 ff.

**Kompetenz-
verteilung**

(5) Entsprechend modernen Führungserkenntnissen spielt heute der **Grundsatz der Delegation** eine sehr wichtige Rolle. Diese verspricht als Vorteile: Verkürzung von Dienstwegen, zeitliche Entlastung der Leitenden, Einsatz möglichst hoher Sachkompetenz bei der Leistungserbringung sowie Motivation der Mitarbeitenden durch mehr Entfaltungsmöglichkeiten.

Delegation erfolgt durch Übertragung einerseits von Aufgaben und andererseits von Kompetenzen an Mitarbeitende. In der Delegation hat nach heutiger Auffassung das **Kongruenzprinzip** zu gelten. Danach müssen Aufgaben, dazugehörende Kompetenzen und Verantwortungen deckungsgleich sein. Mit anderen Worten: Verantwortung wird durch die Kompetenzen zu den übertragenen Aufgaben definiert (vgl. Abb. B/122). Aufgabendelegation ohne Delegation von Entscheidungskompetenzen führt zu Konflikten oder zur Ablehnung von Verantwortung. Viele in der Praxis zu lösende Probleme haben hier ihre Ursache.

Als Arten der Kompetenzverteilung (Handlungsrechte) sind u.a. zu unterscheiden:

○ **Entscheidung**
Die Instanz trifft die nötigen Entscheide, d.h. sie wählt zwischen zwei oder mehreren Alternativen bzw. bestätigt eine Vorlage in Form einer Genehmigung oder gibt eine Anordnung.

○ **Antragstellung**
Die Instanz formuliert den Antrag an eine Entscheidungsinstanz. Dazu kann sie die Initiative ergreifen. Die Antragstellung beinhaltet die Mitsprache und eventuell auch Bearbeitung.

○ **Mitsprache**
Die Instanz muss vor dem Treffen einer bestimmten Entscheidung im Sinne einer Stellungnahme angehört werden. Sie kann Vorschläge und Anregungen bringen.

○ **Bearbeitung**
Die Instanz ist für die Bearbeitung in der Regel heranzuziehen. Ihr obliegt die Sachbearbeitung und Ausführung. Die Instanz hat das Recht auf eine angemessene Mitsprache und Orientierung.

○ **Orientierung**
Die Instanz hat das Recht auf eine angemessene Information.

Um die Kompetenzverteilungen bei Prozessen und anderen Aktivitäten in einer Organisation darzustellen, bedient man sich auch des Instrumentes der **Funktionendiagramme**. Dabei werden Instanzen einer Aufbauorganisation und Prozesse bzw. Aktivitäten matrixartig einander gegenübergestellt. In die Matrixfelder kommen die Kompetenzen (vgl. Abb. B/122).

Mana-
gement

Pos.	Aufgaben	Beteiligte Instanzen					
		Leiter Koordinationsbüro	Zentrale EZA	Zentrale HH	Programm-Team EZA	Team HH	Einsatzleiter SKH
1	Durchführung der Policy-Dialogs im Land (HH)	B	M	E	m	m	
2	Durchführung von HH-Projekten durch das Koordinationsbüro	A		E	m	A	
3	Beiträge an Multilaterale	A		E	M	B f	
4	Entscheid über eine SKH-Aktion	A		E	M	A	
5	Durchführung einer SKH-Aktion	B			O	E	B f E

Legende:

Organisationseinheiten:
EZA   Abteilung Entwicklungszusammenarbeit
HH   Abteilung Humanitäre Hilfe
SKH   Schweizer Katastrophen-Hilfswerk

Kompetenzen:
E   Entscheid
A   Antrag
B   Bearbeitung (inkl. Mitsprache)
M   Mitsprache
O   Orientierung (gewünschte Informationen erhalten)

Form der Leistungen:
f   Federführung
m   Mitarbeit

4.1.2.4   Leitungsstrukturen

Überblick

(1) Für Projektleitende, Moderatorinnen und Problemlösungs-Gruppen können Leitungsstrukturen erhebliche Auswirkungen haben. Hier interessieren ganz besonders (vgl. Kap. B/3.3.5.1):

- Leitungsfunktion
- Managementebenen
- Strategische und operative Funktionen
- Ein- und Mehrpersonen-Leitungen
- Leitungsspannen

Leitungs-funktion

(2) Häufig wird „Management" mit Leiten gleichgesetzt. Das stellt aber eine einseitige Verkürzung dar, weil zum Managen auch das Führen gehört (vgl. Kap. A/1.2.6 und B/4.1.1).

Die Leitungsfunktion wahrnehmen bedeutet, in einer bestehenden Organisation für die Erfüllung von Aufgaben Anordnungs-Kompetenzen wahrzunehmen. Leitende haben daher zu informieren, zu organisieren, zu planen, Mitarbeitende zu unterstützen, Entscheidungen zu treffen, Weisungen zu geben sowie die Ausführungen der Weisungen bzw. die Erfüllung der Zielsetzungen zu kontrollieren.

Bei der Wahrnehmung ihrer Funktion gegenüber Gruppen müssen sich Leitende wiederum nach übergeordneten Instanzen richten. Daraus entstehen **„Linien"** (s.o.).

Leitende können sich in Sachfragen durch direkte Entscheidungen durchsetzen (z.B. Entscheidung zur Anmietung einer Immobilie). Gegenüber Mitarbeitenden haben sie in der Regel die **Möglichkeit von Sanktionen** (z.B. Androhung von disziplinarischen Massnahmen etc.).

Management-Ebenen

(3) Die Leitenden in privaten Unternehmen und in öffentlichen Verwaltungen bzw. Betrieben üben ihre Kompetenzen im Gefüge einer Aufbauorganisation aus. Diese ist in der Regel als **Hierarchie** geformt.

Die Struktur von Hierarchien führt zu mehreren Management-Ebenen. Unterschieden wird vor allem in:

- Top Management
- Middle Management
- Lower Management

Strategische und operative Funktionen

(4) Entsprechend solchen Management-Ebenen gliedern sich auch grundsätzliche Aufgabenzuteilungen. Unterschieden wird hier in strategische und operative Funktionen (vgl. Abb. B/123):

- Strategische Arbeiten zielen auf „Leitplanken". Sie legen die wesentlichen Abgrenzungen, Ziele, Mittel und Abläufe fest. Doch lassen sie die Umsetzung und erwünschten Ergebnisse im Detail offen.
- Operative Tätigkeiten führen zu den konkreten Ergebnissen (Outputs).

Alle Hierarchiestufen haben sowohl strategische als auch operative Funktionen zu erfüllen. Doch ergeben sich unterschiedliche Anteile. Besonders hoch sollten die Anteile strategischer Funktionen im Top Manage-

Mana-gement

ment und operativer Funktionen im Lower Management sein. Im Einzelfall sind aber Abgrenzungen immer wieder schwierig.[1]

Ein- und Mehrpersonenleitungen

(5) Synonym für Leitungs-Stellen kann man auch von **Instanzen** sprechen (s.o.). Meist besteht diese Instanz aus einer Person, die individuell klare Leitungs-Funktionen übernimmt.

Es sind als Alternative Instanzen möglich, die aus **Kollegien mehrerer Personen** bestehen. Sie treten nach aussen als eine Leitung auf. Gemeinsam nehmen sie also nach einem internen Abstimmungs- bzw. Konsensprozess nach aussen gemeinsam ihre Kompetenzen wahr und tragen auch gemeinsam als Kollegium die Verantwortung.

Zwischen beiden oben genannten Typen der Ein- und Mehrpersonen-Leitungen gibt es häufig Mischungen:

◦ Jedes Kollegiumsmitglied verfügt über einen eigenen Leitungsbereich
◦ Bestimmte Leitungs-Kompetenzen obliegen dagegen einem Kollegium, welchem die einzelnen Leitenden angehören.

Die prominenteste Anwendung dieser Mischform bildet in der Schweiz der Bundesrat. Viele Mischungen sind jedoch nicht echt. Es gibt eigentlich klar eine Einpersonen-Leitung. Diese wird aber aus Rücksichtnahme im Organigramm zusammen mit der Stellvertretung und den Angehörigen eines Leitungsgremiums als Kollegium dargestellt.

Abbildung B/123 Die Anteile operativer und strategischer Tätigkeiten richten sich in den Schwerpunkten nach den Management-Ebenen

Hierarchische Ebenen	Funktionsanteil
Top Management (z.B. Direktion)	**Strategische Funktionen**
Middle Management (z.B. Abteilungsleitungen)	
Lower Management (z.B. Sektionen, Dienste)	**Operative Funktionen**

---

[1] Vgl. Hunziker 1999, S. 87 ff.

**Leitungs-
spanne**

(6) Im Zusammenhang mit der Delegation stellt sich die Frage der Leitungsspanne. Es geht dabei um die Zahl derjenigen Personen, die einer
Leitungs-Instanz direkt unterstellt sind.

Je klarer und umfangreicher sich Aufgaben und Kompetenzen delegieren
lassen, desto grösser kann die Leitungsspanne sein. Der in der Praxis
mögliche **Delegationsgrad** richtet sich dabei aber nicht nur nach dem
Willen der Leitenden (Führungsverhalten), sondern auch nach der Tragweite von Entscheidungen und den Fähigkeiten der Delegationsempfän-
ger. Delegationen, welche die Unterstellten sachlich oder menschlich
überfordern, führen zu Frust auf beiden Seiten.

Ein nicht unwichtiger Gesichtspunkt ergibt sich zudem aus der den Leitenden zur Verfügung stehenden **Kommunikationszeit**. Klare Delegationen von Aufgaben und Kompetenzen können erhebliche Zeit beanspruchen. Je grösser der Kommunikationsbedarf ist, desto begrenzter
muss die Leitungsspanne ausgelegt werden und umgekehrt.

Aber selbst unter günstigen Bedingungen wird eine Leitungsspanne von
neun direkt zugeordneten Mitarbeitenden in der Regel als **obere Grenze** angesehen. Umgekehrt sollten Leitungsspannen, modernen Mana-
gement-Leitideen entsprechend, über der Zahl von zwei liegen.

4.1.2.5 Umgang mit der organisatorischen Wirklichkeit

Überblick

(1) Wer Probleme lösen will, sollte unbedingt den organisatorischen
Rahmen studieren. Dazu dient ein vorliegendes Organigramm oder eine
eigene Skizze. Diese definieren quasi die Verkehrsgesetze. Wie weit sich
die „Autofahrer" daran halten, ist dann eine andere Frage.

Damit die Kluft zwischen theoretischen Organigrammen und den tatsächlichen Gegebenheiten nicht zu gross wird, bedarf es immer wieder
der **Reorganisation**. Dazu führen aber auch neue Aufgaben und Herausforderungen. Da es sich dabei nicht um mechanisch-objektive Dinge
handelt, beeinflussen immer wieder neue Organisations-Ideen das Geschehen.

Der folgende Überblick bringt einige Themen, welche für die Rahmenbedingungen des Problemlösens wichtig sind:

- Neue organisatorische Ansätze
  - Lean Management
  - Reengineering und Prozessorganisation
  - New Public Management
- Praktische organisatorische Umsetzungen
- Folgerungen

**Neue organisa-
torische
Ansätze**

(2) Das **Lean Management** und das **Reengineering** werden als Instrumente der Organisation in Kapitel A/3.3.5.1 kurz vorgestellt.

Hier soll besonders noch das **New Public Management** (NPM) kurz
beschrieben werden, weil sehr viele Problemlösungen in irgendeiner
Weise mit der öffentlichen Verwaltung zu tun haben. Beim NPM spricht

man alternativ auch von **Wirkungsorientierter Verwaltungsführung** (WoV). Dabei werden Anregungen des Lean Managements und der Lean Production aufgegriffen. Es geht aber auch um die Bewältigung typischer Probleme der Verwaltung. Das NPM/WoV zielt auf mehr Wirksamkeit, Effizienz und Effektivität (vgl. Abb. B/124). Als Massnahmen werden diskutiert und ausprobiert:

○ Stärkung der strategischen Führung auf politischer Ebene und Delegation der operativen Aufgaben an die Verwaltungsstufe
○ Grössere Selbständigkeit der einzelnen Verwaltungseinheiten
○ Steigerung des Wettbewerbs mit Hilfe interner Märkte und der Vergabe von Aufträgen an Private (Outsourcing)
○ Stärkere Orientierung am erzielten Output. Förderung des „Denkens in Produkten", klare Ausrichtung des Handelns auf die Bürgerinnen und Bürger

Abbildung B/124
Dem New Public
Management geht
es primär um
Wirksamkeit,
Effektivität und
Effizienz[1]

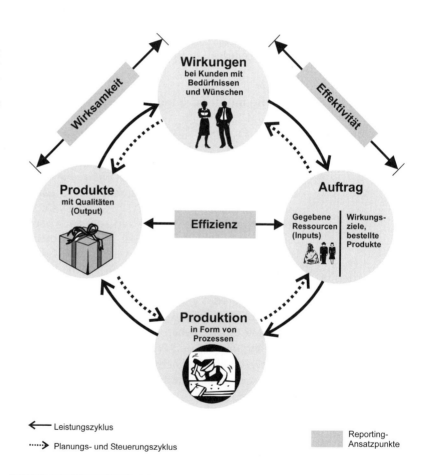

← Leistungszyklus

┄┄> Planungs- und Steuerungszyklus

Reporting-Ansatzpunkte

---

[1] Aus Planconsult (Hrsg.): Glossar. Produkte, Prozesse, Instrumente im Rahmen von WoV/NPM Basel 2000, S. 3

○ Leistungsorientierte Personalführung, Veränderung oder Abschaffung des Beamtenstatuts
○ Annäherung der Management-Instrumente an die Privatwirtschaft sowie Anwendung betriebswirtschaftlicher Instrumente wie Controlling, Kostenrechnungen und Kennzahlen

Praktische organisatorische Umsetzung

(3) Die praktische organisatorische Umsetzung bleibt meist hinter den Reformbestrebungen zurück. Das liegt an tief eingeprägten menschlichen Verhaltensmustern, die der Reform regelmässig widerstehen. Kapitel A/1.1 und 1.2 führten diese vor Augen. Dazu gehören:
○ die menschlichen Bedürfnisse nach Selbstverwirklichung, Macht, Prestige und individuellem Erfolg sowie Sicherheit (vgl. Abb. A/9)
○ das Unterschätzen der (oft ungünstigen) Nebenwirkungen organisatorischer Strukturen
○ die Bevorzugung von Strukturdarstellungen und -veränderungen statt Verhaltensänderungen
○ Die fehlende Ausbildung in den neuen Formen des Managements und der Zusammenarbeit

So spricht man in der Folge viel von Teamarbeit, ohne wirklich deren Bedingungen zu erfüllen. Eine kollektive Leitung wird dargestellt, doch nur eine Person „befiehlt". Umgekehrt besteht zwar oft eine im Organigramm dargestellte Leitung, die aber tatsächlich in einem wenig durchsichtigen und schwerfälligen Kollektiv waltet.

Eines der ganz grossen Praxisprobleme besteht im **Koordinationsdilemma**. Je komplexer die Aufgaben bzw. Projekte werden, desto mehr muss koordiniert werden. Doch Koordination kostet Zeit und bläht die Anzahl Beteiligter in Gremien und Problemlösungs-Gruppen auf.[1]

Folgerungen

(4) Die Beschäftigung mit Organisationsfragen deckte nochmals auf, dass das Management generell und das Teilelement des **Managements der Rahmenbedingungen** sehr wichtig, aber auch recht anspruchsvoll sind. Auf keinen Fall darf jedoch beim Planen und damit Problemlösen diesem Bereich zu wenig Aufmerksamkeit geschenkt werden. Dazu neigen insbesondere eher technokratisch orientierte Problemlösungs-Gruppen bzw. Projektleitungen.

Management

Als weitere Folgerung ist zu ziehen, dass viele zu lösende Probleme hausgemacht sind. Führungskräfte (vgl. Kap. B/4.1.1) und Organisationsstrukturen (vgl. Kap. B/4.1.2) verursachen bzw. verstärken diese. Jene sind daher oft Auftraggeber und Objekt eines Problemlösungs-Prozesses zugleich. Das kann heikle menschliche Probleme bringen.

---

[1] Vgl. Ellwein 1990, S. 165 ff.

4.2   Projektmanagement

Prozessmanagement und Projektmanagement

(1) Es würde gut zu den Leitideen gemäss Kapitel B/1.1 passen, hier zunächst von **Prozessmanagement** zu sprechen. Doch nahm die Literatur über Geschäftsprozesse diesen Begriff in Beschlag. Bei Geschäftsprozessen handelt es sich in der Regel um Routine-Prozesse in Organisationen (vgl. Kap. A/3.3.2.4 und B/4.1.2.2), also gerade nicht um Lösungen einzelner komplexer Probleme in Form von Planungen.

Für letztere bürgerte sich in der Literatur der Begriff **Projektmanagement** ein. Dieser Doppelbegriff umfasst die Orientierung an Projekten und am Management.

Projekte

(2) Der Projekt-Begriff wird in Kapitel A/3.3.2.4 generell und in Kapitel B/4.2.1.1 vertiefend behandelt. Danach geht es um **organisatorische Vorkehrungen** beim Lösen komplexer Probleme. Diese sorgen dafür, dass sich Projekte durch einen definierten Anfang und durch ein absehbares Ende auszeichnen. Nach DIN 69 901[1] handelt es sich bei Projekten zudem um Vorhaben, welche im Wesentlichen durch Einmaligkeit der Bedingungen in ihrer Gesamtheit gekennzeichnet sind. Diese Definition bringt eine klare Unterscheidung zu Geschäftsprozessen, lässt aber sonst noch vieles offen. Weitere Klärungen unternimmt Kapitel B/4.2.1.1.

Management

(3) Das Thema „Management" behandeln die Kapitel A/3.3.5 und B/1.1.1.3. Danach geht es um sachbezogenes Leiten und personenbezogenes Führen auf allen Leitungsstufen von zweckgerichteten Systemen, hier von Projekten. Aufgaben des Managements sind Ziele zu setzen, zu planen, Lösungsmöglichkeiten zu suchen und Entscheidungen zu treffen. Damit übereinstimmend definiert die DIN 69901 das Projektmanagement wie folgt: Gesamtheit von Führungsaufgaben, -organisation, -techniken und -mitteln für die Abwicklung eines Projektes.

Themen des Projektmanagements

(4) Von dieser Begriffsdefinition ausgehend befasst sich das Projektmanagement mit folgenden Themen:
○ Klärung der Aufgabe
○ Projektorganisation
○ Projektplanung
○ Techniken und Mittel der Abwicklung (z.B. Projektmarketing und Projektcontrolling)

Die Inhalte dieser Themen kann man eng und weit auslegen. Bei einer **weiten Auslegung** umfassen diese Themen auch Teile der Elemente „Methoden" und „Zusammenarbeit". Dementsprechend schneiden etliche Fachbücher zum Projektmanagement diese Themen zumindest an.[2]

---

[1] Siehe Deutsches Institut für Normung e.V. 1987
[2] Vgl. Litke, 2004; Schelle 2004; Jenny 2003; Burghardt 2002; Streich/Marquardt und Sanden 1996

In diesem Handbuch erhalten die Methoden und die Zusammenarbeit jedoch einen wesentlich grösseren und eigenständigere Stellenwert als in der Literatur zum Projektmanagement. Etliche „klassische" Themen der Projektmanagement-Literatur (gemäss DIN 60901 „Techniken und Mittel") werden in den Kapiteln A/3.3.3 sowie B/1.2, 2., 3. und 4.1 behandelt. Daher entspricht der Inhalt dieses Kapitels einer engeren Auslegung des Begriffs. Mit anderen Worten: Es erfolgt eine **Konzentration** des Projektmanagements auf seine **Kernaufgaben**. Das entspricht auch den Forderungen diverser Autoren in neuerer Zeit.[1]

Kapitel-gliederung

(4) Aufgrund dieser Konzentration auf die Kernaufgaben verbleiben als eigenständige Themen unter dem Titel Projektmanagement:

- Projektorganisation
- Projektplanung
- Projekt-Führungsinstrumente

4.2.1   Projektorganisation

Die Organisa-tion als Erfolgsfaktor

(1) Das Thema Organisation gehört zu den Kernaufgaben des Projektmanagements. Bei komplexen Projekten müssen sowohl die Aufbau- als auch die Ablauforganisation bestmöglich gestaltet werden. Viele Projekte scheitern im Prozess an schlechten Organisationen. Wenn z.B. die Aufgaben und Kompetenzen zwischen der Stamm- und der Projektorganisation nicht klar abgegrenzt sind, kann es zum lähmenden Dauerstreit kommen.[2] Und wenn ein Auftrag zu eng gefasst ist, bestehen eventuell keine Chancen für die am Prozess beteiligte Gruppe bzw. Projektgruppe, mit gutem und akzeptiertem Ergebnis abzuschliessen (vgl. Kap. B/3.2.3.1).
Elemente der Aufbau- und der Ablauforganisation sind dabei gleichermassen zu berücksichtigen. Eine einseitige Konzentration auf Abläufe ohne Regelungen für die Projektleitung kann sich sehr nachteilig auswirken. Das Gleiche gilt bei einer Betonung der Aufbauorganisation und Vernachlässigung der Ablauforganisation bzw. der Prozessgestaltung. Es muss also ein **Tanzen auf zwei Hochzeiten** gelingen.

Mana-gement

Auswahl von Themen

(2) Dabei helfen Instrumente, welche in einem Überblick in Kapitel A/3.3.5.3 kurz vorgestellt werden. Wichtige weitere organisationstheore-

---

[1] Vgl. Organisationsentwicklung. Zeitschrift für Unternehmensentwicklung und Change-management, Heft 2, Bern 2004
[2] Vgl. Hansel/Lomnitz 2003, S. 97 ff.

tische Fragen vertieft das vorangegangene Kapitel B/4.1.2. Es verbleiben als Themen **Teilaspekte** der:

- Einordnung von Projekten
- Projekt-Aufbauorganisation
- Projekt-Ablauforganisation

4.2.1.1   Einordnung von Projekten

Überblick (1) Zum Verständnis der Aussagen ist es wichtig, den Begriff „Projekt" vertiefend zu klären und vom Begriff „Prozess" abzugrenzen. Das geschieht auf der Basis von Kapitel A/3.3.2.4 sowie B/1.2.

Die Sicht von Projekten v.a. als **eine Form der Organisation** führt auch dazu, hier in erster Linie organisatorische Regelungen zu behandeln. Schliesslich wird auch das Verhältnis von Projekt-Abläufen zu Lebenszyklen angesprochen. Daraus folgt als Gliederung:

- Projekte und Prozesse
- Gesamt- und Teilprojekte
- Projekte und Lebenszyklen von Produkten

Projekte und Prozesse (2) Prozesse und Projekte wurden bereits im Kapitel A/3.3.2 in genereller Form wie folgt definiert (vgl. Abbildung B/125):

- **Prozesse** sind zielgerichtete Aktivitäten von Menschen und Vorgänge im Zeitablauf. Diese können auf verschiedenen Ebenen bzw. in verschiedenen Bereichen ablaufen (z.B. Wahrnehmungsprozesse, Entscheidungsprozesse, soziale Prozesse) [1]
- **Projekte** beziehen sich auf Sonderaufgaben in Organisationen. Sie entstehen durch bewusste Formalisierungen von Prozessen auf der Sachebene, insbesondere durch organisatorische Regelungen[2]. Dazu gehören Abgrenzungen gegenüber anderen Vorhaben, definierte Anfangs- und Endpunkte (begrenzte Dauer), spezifisch festgelegte Zielvorgaben sowie zeitliche, finanzielle, personelle und andere Begrenzungen bzw. Festlegungen.

Danach können Prozesse ablaufen, ohne dass es zu geregelten Projekten kommt. Umgekehrt gibt es zu jedem Projekt auch Prozesse, teils geregelte und teils offene. Der Prozess-Begriff umfasst daher wesentlich mehr als das, was Projekte regeln sollen oder können. Aus diesem Grund sind auch die allgemeinen Methoden (vgl. Kapitel B/2.) und die Instrumente der Zusammenarbeit (vgl. Kapitel B/3.) unter dem „Dach" der Prozesse besser aufgehoben als unter dem Titel „Projektmanagement".

Dennoch bestehen zwischen den Inhalten beider Begriffe **starke Überlappungen**. Man kann z.B. von Prozess- oder Projektaufgaben, von Prozess- oder Projektphasen sprechen und meint auf der Sachebene in etwa

---

[1] Vgl. Häcker / Stapf 2004, S. 739
[2] Vgl. Deutsches Institut für Normung 1987, S. 1

Abbildung B/125
Der Projektbegriff muss präzisiert werden

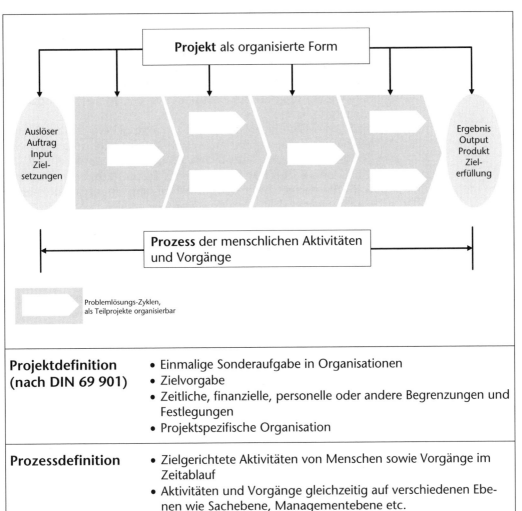

Projekt als organisierte Form

Auslöser
Auftrag
Input
Ziel-
setzungen

Ergebnis
Output
Produkt
Ziel-
erfüllung

Prozess der menschlichen Aktivitäten
und Vorgänge

Problemlösungs-Zyklen,
als Teilprojekte organisierbar

Projektdefinition **(nach DIN 69 901)**	• Einmalige Sonderaufgabe in Organisationen • Zielvorgabe • Zeitliche, finanzielle, personelle oder andere Begrenzungen und Festlegungen • Projektspezifische Organisation
Prozessdefinition	• Zielgerichtete Aktivitäten von Menschen sowie Vorgänge im Zeitablauf • Aktivitäten und Vorgänge gleichzeitig auf verschiedenen Ebenen wie Sachebene, Managementebene etc.

Mana-
gement

das Gleiche. Umgekehrt ist jedoch eine Prozessorganisation etwas ganz anderes als eine Projektorganisation. Mit dem ersten Begriff bezeichnet man eine Organisation z.B. für ein Unternehmen, welche auf definierten Geschäftsprozessen aufbaut. Im anderen Fall handelt es sich um die Organisation für eine Sonderaufgabe mit zeitlich begrenztem Prozess.

Gesamt- und　(3) Der Projektbegriff lässt noch offen, worauf er sich bezieht. Im übli-
Teilprojekte　chen Sprachgebrauch kann es sich um ein grosses Vorhaben wie die Reorganisation einer Verwaltung, das Erstellen einer Gebäudeanlage

oder das Entwickeln eines neuen Flugzeuges handeln. Als Projekte werden aber auch kleinere Vorhaben wie das Erarbeiten einer Marketingstrategie oder Teile eines Vorhabens wie z.B. die Haustechnikplanung für ein Einfamilienhaus bezeichnet.

Es kann daher zweckmässig sein, von **Gesamtprojekten** zu sprechen. Diese bezeichnen das gesamte Vorhaben mit allen Prozessen bis zur Ablieferung eines Produktes, der Einweihung eines Gebäudes oder der abgeschlossenen Implementierung einer neuen Organisation. Ein oder mehrere Gesamtprojekte sind Gegenstand der Meta-Prozessplanung und -steuerung.

Innerhalb eines Gesamtprojektes bestehen viele neben- und nacheinander geschaltete Teilaufgaben, für welche **Teilprojekte** organisiert werden können. Teilprojekte entsprechen oft einem Problemlösungs-Zyklus (vgl. Abbildung B/26). Das Ergebnis eines Teilprojektes kann wiederum Inputs für das nächste liefern. Die Strukturierung eines (Gesamt-)Projektes in Teilprojekte erleichtert das Setzen von Meilensteinen, Zwischenzielen etc. Solche Strukturierungen bilden die Basis für Steuerungen, speziell für das Controlling (vgl. Kapitel B/4.2.3.2).

Projekte im Lebenszyklus

(4) Lebenszyklen, auch Lebensphasen genannt, beschreiben das „Leben" eines Systems von dessen Entstehung über dessen Nutzung bis hin zu dessen „Tod" in Form einer Entsorgung (vgl. Abbildung A/82)[1].

Diese ganzheitliche **Betrachtung** erweist sich aus wirtschaftlichen und ökologischen Blickwinkeln als immer wichtiger. Zu den wirtschaftlichen Blickwinkeln gehören die Folgekosten eines Produktes (z.B. ein Gebäude), welche ein Vielfaches der Investitionskosten ausmachen können[2]. Die ökologische Sichtweise beschäftigt sich insbesondere auch mit dem Ressourcenverbrauch während der Nutzung (z.B. Energieverbrauch) und der Entsorgung der Materialien (z.B. Kunstoff-Bodenbeläge). Zusammenfassend lässt sich auch von der Frage der Nachhaltigkeit sprechen.

Projekte können **in verschiedenen Lebensphasen** eines Produktes aufgegleist werden. Sie dienen z.B. bei der Entwicklung und Realisierung eines neuen Produktes, bei dessen Abänderungen durch neue Anforderungen oder bei dessen Entsorgung. Manche Autoren stellen Projekte als Teil des Lebenszyklus dar, andere sehen sie als Form der System-Gestaltung und Investition (vgl. Abbildung A/82). Die letztgenannte Sichtweise wird in diesem Handbuch bevorzugt[3], weil sie klar zwischen den Objekten und den Planungen dafür unterscheidet (vgl. Kap. A/3.1.4.3).

---

[1] Vgl. Baum/Coenenberg und Günther 2004, S. 81 ff.; Züst 2004, S. 29; Burghardt 2002, S. 34
[2] Vgl. Hettich 1990, S. 61 ff.
[3] Vgl. Daenzer/Huber 2002, S. 37 und 245

4.2.1.2 Projekt-Aufbauorganisation

Überblick

(1) Die Projekt-Aufbauorganisation unterliegt den selben Regeln bzw. Gestaltungsmöglichkeiten wie die Stammorganisation. Vertieft wurden einzelne Fragen zu folgenden Themen:

- Gesamtprojekte
- Teilprojekte
- Projektsteuerung

Gesamt-projekte

(2) Gesamtprojekte unterstehen **häufig** einer **komplexen Projektorganisation**, wie Abbildung B/16 am Beispiel der Basler Schulreform sowie Abbildung C/23 zeigen. Den Kopf solcher Organisationen bilden in der Regel eine Gesamtprojektleitung oder ein Kollegium (z.B. ein Projektausschuss, Aufsichtsgremium etc.).

Zur Projektorganisation gehören die **Teilprojektleitungen**, wenn mehrere Teilprojekte parallel laufen. Abbildung B/126 zeigt ein entsprechendes Beispiel.

*Abbildung B/126
Diese Projektorganisation mit verschiedenen Teilprojekten bearbeitete die Fusion und Neuorganisation einer pädagogischen Fachhochschule*

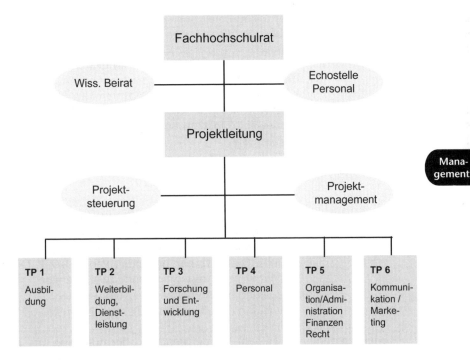

Teilprojekte

(3) Für Teilprojekte werden in der Regel Projektgruppen gebildet. Diese pflegen nach Möglichkeit eine **teamartige Zusammenarbeit**. Informationen dazu sind Kapitel A/1.2.5 zu entnehmen.

Häufig werden für Projektgruppen zu viele Mitglieder vorgeschlagen. Die Zahl von 12 stellt eine Obergrenze dar (vgl. Kap. A/1.2.5.2), wobei

bei dieser Zahl der Zeitbedarf für eine echte Kommunikation bereits sehr hoch ist (vgl. Abb. A/29). Manchmal benötigt man aber auch diverse ständige Mitarbeitende im Projekt. In beiden Fällen empfiehlt sich eine Lösung mit verschiedenen Gremien. Möglichkeiten und Ideen dafür gibt Abbildung B/127 wieder.

Eine **typische Projektorganisation** für Teilprojekte zeigt Abbildung B/128. Diese lässt auch erkennen, dass die Moderation nicht in der Linie steht, sondern der Projektleitung direkt unterstellt wird. Ebenso zeigt Abbildung B/128 die Möglichkeit, Fach- bzw. Arbeitsgruppen vorzusehen. Auch diese sollten der Projektleitung direkt unterstellt werden.

Projekt-
steuerung

(4) Für die Projektsteuerung (Projekt-Controlling) sind primär die Projektleitenden zuständig. Bei Gesamtprojekten oder grösseren Teilprojekten kann es zweckmässig sein, einzelne Personen speziell mit dem Projekt-Controlling zu betrauen. Sie sind dann auch im Organigramm entsprechend vorzusehen.

Dabei haben **Projekt-Controller** nur zu messen, zu vergleichen, zu analysieren und Massnahmenvorschläge zu unterbreiten. Selber dürfen sie auf keinen Fall die Massnahmen beschliessen und umsetzen. Diese Linienfunktion bleibt den Projektleitungen vorbehalten.[1]

Neben den Projekt-Controllern ist es auch üblich, **Steuerungsgremien** einzusetzen. Dabei sind die Grenzen zwischen reinem Controlling ohne Linienfunktion bis hin zu einem hierarchisch übergeordneten Aufsichtsgremium fliessend. Wichtig ist auf jeden Fall, die Aufgaben und die Kompetenzen vom Steuerungsgremium klar zu definieren. Sonst entsteht eine Situation, in der „mehrere Köche den Brei verderben".

Ausgewählte **Instrumente und Abläufe des Controllings** vertieft Kapitel B/4.2.3.2.

4.2.1.3   Projekt-Ablauforganisation

Überblick

(1) Die Ablauforganisation in Projekten bezieht sich auf die Arbeitsprozesse im Projekt unter Berücksichtigung von Raum, Zeit, Sachmitteln und Personen. Hier spielen die **Prozess-Phasen und -Schritte** eine grosse Rolle. Dieses Thema behandelt Kapitel B/2.2. Organisatorisch wichtig sind für Projekte zudem folgende zwei Themen:
- Regelung der Aufgaben und Kompetenzen
- Regelung der allgemeinen Zusammenarbeit

Regelung der
Aufgaben und
Kompetenzen

(2) Es geht bei der Regelung der Aufgaben und Kompetenzen um die Frage, wer bei welchen Prozess-Phasen und -Schritten welche Verantwortung wahrzunehmen hat. Zwar legt die Projekt-Aufbauorganisation die Aufgaben und Kompetenzen in genereller Weise fest (vgl. Kapitel

---

[1] Vgl. Streich/Marquardt und Sanden 1996, S. 182 ff.

Abbildung B/127
Gremien in organi-
satorischer Verbin-
dung mit den
Projektgruppen
können helfen,
eine grössere Zahl
von Informations-,
Interessens- und
Entscheidungsträ-
gern in den Pro-
zess einzubinden

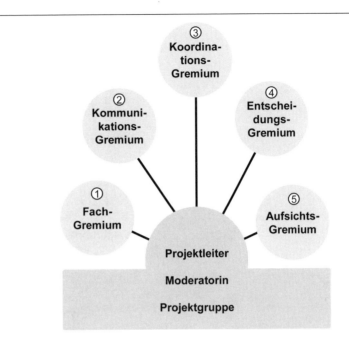

Abbildung B/127 Gremien in organisatorischer Verbindung mit den Projektgruppen können helfen, eine grössere Zahl von Informations-, Interessens- und Entscheidungsträgern in den Prozess einzubinden

① Für die Klärung bestimmter Fach- bzw. Detailfragen wird ein **Fach-Gremium** zusammengestellt, welches sein Wissen dann der Projektgruppe zur Verfügung stellt. Es können auch mehrere Fachgremien bzw. Fach- oder Arbeitsgruppen parallel arbeiten oder mehrere Experten verschiedener Fachrichtung in ein solches Gremium integriert werden.

② Viele Projekte erfordern einen grossen Informationsaustausch mit anderen Stellen. Ein **Kommunikations-Gremium** kann die Gruppe bzw. den Projektleiter von dieser Aufgabe entlasten. Das Kommunikations-Gremium sorgt zudem für Akzeptanz der Projektgruppe und deren Arbeitsergebnissen.

③ **Koordinations-Gremien** koordinieren mehrere parallel laufende Projekte. Es ist beispielsweise denkbar, bei einem Bauprojekt Projektgruppen für die Betriebs- und Bauplanung parallel arbeiten zu lassen.

④ **Entscheidungs-Gremien** werden Projekt-Zwischen- und -Schlussergebnisse zur Entscheidung vorgelegt. Sie erlauben also, dass unmittelbar mit der Projektarbeit verbunden die Entscheidungsträger versammelt und Entscheidungen gefällt werden.

⑤ **Aufsichts-Gremien** (Steering Committee) bilden das dem Team vorgesetzte Gremium. Sie entscheiden nicht nur, sondern sie formulieren auch die Aufgabe an die Projektgruppe, ändern evtl. die Aufgabenstellung nach Bedarf ab und korrigieren die Arbeit der Gruppe. Sie haben also eine Auftrags- und Steuerungsfunktion. Das macht in der Regel mehrere Sitzungen zusammen mit der Projektgruppe erforderlich.

Mana-
gement

*Abbildung B/128
Komplexere Teil-
projekte erfordern
eventuell umfang-
reichere Aufbauor-
ganisationen*

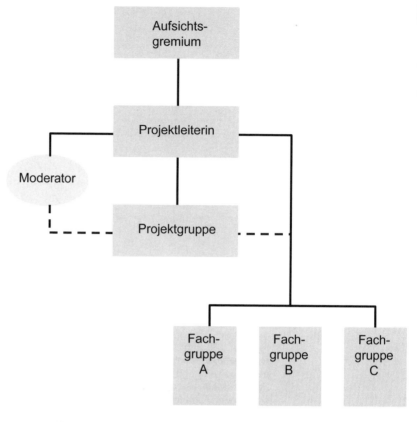

— Linien

– – Verkehrswege (unmittelbare Zusammenarbeit, jedoch keine
Weisungsbefugnis)

B/4.2.1.3), doch müssen für einzelne Teilaufgaben im Projektablauf
noch etliche Präzisierungen erfolgen. Das gilt sowohl Projekt-intern als
auch -extern.

Häufig behalten sich ja die Auftraggeber eines Projektes die **Mitsprache**
oder **Entscheidung** bei bestimmten Meilensteinen im Ablauf vor. Die
Abbildungen B/29 – 34 zeigen solche möglichen Punkte. Rechtzeitige
Absprachen dazu können helfen, Wartezeiten zu vermeiden.

Auch Projekt-intern muss klar sein, welche Aufgaben und Kompetenzen
die einzelnen Mitglieder einer Projektgruppe bei bestimmten Arbeiten
haben.

Bei kleinen oder zeitlich eng limitierten Projekten wird man sich mit
mündlichen bzw. kurzen **schriftlichen Abmachungen** begnügen. Grosse Projekte lassen es geraten erscheinen, die Aufgaben, Zuständigkeiten
und Kompetenzen im Zeitablauf z.B. in Form eines Funktionendiagram-
mes zu regeln (vgl. Abbildung B/122). Diese Frage vertieft Kapitel

B/4.2.1.2. Allerdings muss auch die Bereitschaft wach bleiben, solche Regelungen nötigenfalls zu revidieren.

Regelungen der allgemeinen Zusammenarbeit

(3) Zudem bedarf es der Klärung und Festlegung, wie die Informations- und Absprachebahnen zwischen den Projektbeteiligten laufen sollen. Ein Instrument dafür sind gewiss die gemeinsamen Sitzungen und Gespräche, die in verschiedener Form geplant werden (vgl. Kapitel B/4.2.2.2). Doch muss der Informations- und Entscheidungsablauf auch zwischen den Sitzungsterminen funktionieren.

Eine grosse Rolle kommt in diesem Zusammenhang den **EDV-Unterstützungen** bzw. **Internet- und Intranet-Medien** zu (vgl. Kapitel B/4.2.3.4). Auf diese Weise kann die Information gut verfügbar gemacht werden. Doch müssen der Zugang und der Gebrauch dieser Mittel geregelt werden. Dabei gilt es auch ein Zuviel an Information zu vermeiden.

Daneben müssen auch die **konventionellen Dokumentationen** abgesprochen werden. Es handelt sich um die verschiedenen Projektunterlagen wie Berichte Dritter, Planunterlagen, Bücher etc.

4.2.2 Projektplanung

Wichtige Projektplanung

(1) Neben der Organisation beschäftigt sich das Projektmanagement vorzugsweise auch mit der Projektplanung. Man spricht auch hier von der Planung der Planung. Diese wiederum muss stets die Projektziele im Auge behalten.

Damit wird auch deutlich, dass die Projektplanung keinen einmaligen Vorgang darstellt. In ständiger Wechselbeziehung zur Projektsteuerung ist die **Planung laufend anzupassen**.

Auswahl von Themen

(2) Die Projektplanung umfasst verschiedene Bereiche, welche in diesem Handbuch in einem anderen Zusammenhang beschrieben werden (vgl. v.a. die Kapitel A/3.3.3 sowie B/2.2.2 und 3.2.3). Als Themen werden in diesem Zusammenhang herausgegriffen:

- Aufgabenklärung
- Art der Durchführung
- Zeitbedarf und Kosten

4.2.2.1 Aufgabenklärung

Projektinhalte zur Diskussion

(1) Die Aufgabenklärung besteht zunächst in einem Dialog mit dem Auftraggeber. Später müssen auch am Prozess Beteiligte (z.B. eine Projektgruppe) in die Aufgabenklärung miteinbezogen werden (vgl. Kap. B/3.2.3.1). Man kann daher ebenso von einem Projektvereinbarungs-

Management

Prozess sprechen.[1] Dabei geht es einerseits um die Beschäftigung mit „Rom" (vgl. Kap. A/3.3.2 und B/1.2.2 und 2.2.2.3), also um das Ziel des Projektes bzw. die erwarteten Ergebnisse, Produkte oder Wirkungen.[2] Andererseits aber steckt hinter dem eingangs verwendeten Wort „Dialog" auch, dass die Projektinhalte zur Diskussion stehen.

Unter dem Gesichtspunkt der Aufgabenklärung sollen hier zusätzlich folgende zwei Fragen vertieft werden:

- Risikoanalyse
- Schaffung von Freiräumen

Risikoanalyse

(2) Mit jedem Projekt wird ein Erfolg angestrebt. Als **Ziele für den Erfolg von Problemlösungen** nennt Abbildung B/2:

- Unter Kosten und Nutzengesichtspunkten bestmögliche sachliche Lösung (auch als „Qualität" bezeichnet)
- Angemessen kurze Entwicklungs-, Planungs- und Realisierungszeit (auch verkürzend als „Zeit" bezeichnet)
- Niedriger Aufwand für den Lösungsprozess (Teile davon auch als „Kosten" bezeichnet).
- Hohe Akzeptanz der Lösung

In Klammern werden die Begriffe „Qualität", „Zeit" und „Kosten" hinzugefügt. Diese sind in der Praxis als Schlagworte sehr üblich, erscheinen aber weniger klar als die in Abbildung B/2 genannten Ziele.

Entsprechend den Projekt-Zielen gilt es, eine Risiko-Analyse durchzuführen. Die Frage lautet, ob die geäusserten Wünsche bzw. Kosten-, Zeit- und Qualitätserwartungen auch erfüllbar sind. Wenn Bedenken bestehen, dann müssen diese mit dem Auftraggeber besprochen werden.

Die Risikoanalyse kann auf einfache Weise und unter **Nutzung der Erfahrungen** der Projektleitung bzw. der Moderation erfolgen.

Im Normalfall lassen sich die Risiken durch den **Problem-Check** bei Vorliegen des Auftrages erkennen. Das Kapitel B/2.1.1.1 sowie Abbildung B/20 bieten die dafür notwendigen Hintergrundkenntnisse bzw. eine anwendbare Checkliste. Weitere methodische Möglichkeiten eröffnen die Spieltheorie sowie der Werkzeugkasten der Simulationen.[3]

Wichtig ist, die Risikoanalyse **periodisch zu überarbeiten** und an die neuen Erkenntnisse anzupassen. Das geschieht mit Vorteil in Verbindung mit dem Projekt-Controlling.

Schaffung von Freiräumen

(3) Ein wichtiges Instrument der Vorbeugung gegen Erfolgsrisiken besteht in der Schaffung von Freiräumen für die Projektdurchführung und Lösungssuche. Methodisch gesprochen gilt es, möglichst viele Randbedingungen bzw. Prämissen aufzuweichen oder gar zu „kippen". Die Kastentexte „Häuser Chorgasse" und „Gewonnener Lösungsspielraum ..." verdeutlichen, wie wichtig ein gewonnener Freiraum für die Problemlösung und damit den Projekterfolg sein kann.

---

[1] Vgl. Hansel/Lomnitz 2003, S. 25 ff.
[2] Vgl. Schmidt 2003, S. 148 f.
[3] Vgl. Mehrmann/Wirtz 2000, S. 21 f.;Litke 1995, S. 154 ff.

4.2.2.2   Art der Durchführung

Überblick (1) Von der gestellten Aufgabe (Thematik, Grösse, Freiräume etc.) hängt in starkem Masse auch die Art der Projekt-Durchführung ab. Es kommen noch weitere Faktoren der Prozessgestaltung auf der Sachebene hinzu (vgl. Abb. A/103): Der gewählte Prozesstyp, die Prozessform sowie der Grad und die Art der Vorstrukturierung. Offen bleibt damit immer noch, wie die Zusammenarbeit organisiert wird, in welchem Rahmen sich insbesondere die Projektgruppe organisiert. Vor allem sind auch die Verhältnisse untereinander bei Beteiligung von Fachgremien bzw. Arbeitsgruppen sowie bei mehreren parallel geführten Einzel-Projekten zu regeln.

Dieser Überblick leitet zu folgenden herausgegriffenen Themen über:

- Sitzungsrahmen
- Beteiligung von Fachgremien bzw. Arbeitsgruppen
- Parallele Teilprojekte

Sitzungs- (2) Für den Sitzungsrahmen bestehen zwei grundsätzliche Möglichkei-
rahmen   ten, zwischen denen aber etliche Zwischenstufen wählbar sind:

- ○ Einzelne Sitzungen
- ○ Klausuren

Gewonnener Lösungsspielraum ermöglicht eine gute Lösung. (Erweiterung und Umbau eines Kantonsspitals)

Ein Kantonsspital, also das zentrale Krankenhaus eines Schweizer Kantons, sollte erweitert und umgebaut werden. Vordringlich erschien, die Behandlungsräume auf den neuesten technischen Stand zu bringen sowie den Pflegebereich zu erweitern und zu modernisieren.

Der Kanton wählte das übliche Vorgehen. Es wurde zusammen mit Vertretungen des Kantonsspitals ein Bedarfsprogramm aufgestellt und dann ein Architektenwettbewerb ausgeschrieben.

Den Wettbewerb gewann ein Architekt mit einem Entwurf, welcher das Preisgericht begeisterte. Auf einen neuen Behandlungstrakt sollten zwei kreativ gestaltete Hochhäuser für die Pflegebetten gestellt werden (sogenanntes Breitfuss-Konzept). Beschlossen wurde, zunächst eine erste Etappe mit einem Turm zu realisieren.

Nach einer intensiven Planungsperiode von zwei Jahren wurde eine detaillierte Kostenkalkulation durchgeführt (vorher begnügte sich der Architekt mit Überschlagsrechnungen). Nun kam ein Schock: Die Kosten lagen um 70% höher als budgetiert. Zunächst mutmasste man, dass die Kalkulation des Architekten nicht stimmte. Doch ein hinzugezogenes Büro für Kostenplanung konnte die Berechnungen des Architekten nur bestätigen. In dieser Situation beauftragte man einen Berater, der das vorliegende Projekt – immerhin ein Wettbewerbsergebnis – auf Einsparungsmöglichkeiten untersuchen sollte. Ziel war, die Kosten fast zu halbieren. Der Berater führte eine Kurzanalyse der Aufgabe durch. Dann gab er seine

**Mana-
gement**

*Bedingung bekannt: Den Auftrag übernehme er nur, wenn der Wettbe-
werbs-Entwurf keine Prämisse mehr darstelle, sondern nötigenfalls durch
einen neuen Entwurf ersetzt werden könne. Dahinter stand die Absicht
des Beraters, sich Freiräume für die Lösungssuche zu verschaffen.*

*Da der Auftraggeber auf die Bedingung des Beraters einging, konnte sich
eine Projektgruppe des Problems annehmen. Es zeigte sich bald, dass die
hohen Kosten v.a. dadurch entstanden, dass das preisgekrönte Wettbewerbsergebnis in keiner Weise auf die Strukturen der bestehenden Anlage
Rücksicht nahm. Im Bestand lagen die wesentlichen Nutzungsbereiche
(z.B. Pflege, Behandlung) nebeneinander, im neuen Konzept jedoch
übereinander. Viele Bereiche der bestehenden Anlage mussten daher,
obwohl noch gut nutzbar, in den Neubau überführt werden.*
*Die beteiligte Gruppe fand eine sehr gute Lösung, um die bestehenden
Strukturen im Erweiterungsbau fortzuführen. Das half die Kosten so zu
senken, dass diese wieder in den gesetzten Budgetrahmen passten. Zudem konnte als Erfolg erreicht werden, dass die Anlage auch in den
räumlichen Zuordnungsbedingungen wesentliche Verbesserungen erfuhr.
Neben der Kostensenkung entstand also auch ein Qualitätsgewinn. Dieses positive Ergebnis war nur möglich, weil die Prämisse „Wettbewerbs-
Entwurf" bei Projektbeginn fallen gelassen wurde.*

Finden **einzelne Sitzungen** statt, so trifft sich die beteiligte Gruppe bzw.
Projektgruppe nach Massgabe der Grundschritte für einige Stunden.
Gegebenenfalls nimmt man gemeinsam ein Mittagessen ein. Solche
Sitzungen können, nimmt man den vorstrukturierten Prozess gemäss
Abbildung B/29 als Richtschnur, bei folgenden Schritten angebracht
sein: Vorbereitung (1), Situationsanalyse (2), Zielformulierung (3.1),
Lösungssuche (3.2), Bewertung und Folgerungen (3.3 und 3.4), Ausar-
beitung (4) und Überleitung (5).
Klausuren unterscheiden sich von Sitzungen durch folgende Bedingun-
gen: Dauer mindestens 1 Arbeitstag, Durchführung ausserhalb der normalen Arbeitsorte der Projektgruppenmitglieder an einem besonderen
Ort (z.B. Tagungsstätte, Waldhütte), nach Möglichkeit gemeinsame
Mahlzeiten und Übernachtung. Diese Sitzungsform soll also nicht nur
ein ungestörtes, intensives und hinreichend dauerhaftes Zusammenarbeiten ermöglichen. Sie dient auch ganz besonders der emotionalen
Entwicklung der Gruppe, speziell der Teamentwicklung. Klausuren erlauben zudem gut, weitere Interessens-, Wissens- und Entscheidungsträger zu integrieren. Dies wird durch die besseren Kontaktmöglichkeiten
und das Mehr an Zeit erleichtert.

**Beteiligung
von Fach-
gremien bzw.
Arbeits-
gruppen**

(3) Klausuren bieten daher auch den besonders geeigneten Rahmen,
die Beteiligung von Fachgremien bzw. Arbeitsgruppen auf eine gute
Basis zu stellen (vgl. Abb. B/128). Im Rahmen einer Klausur können der
Informationsaustausch, die Meinungsbildungsprozesse und die Beauftragung der Arbeitsgruppen bestmöglich ablaufen.

Tagt die Projektgruppe in einer Folge von Sitzungen, so besteht die Möglichkeit, dass ein oder zwei Projektgruppenmitglieder auch in einer Arbeitsgruppe bzw. einem Fachgremium mitwirken. Dann ist der **Austausch von Informationen und Vorgaben** auf gute Weise möglich (vgl. Abb. B/129).

Ob man überhaupt Fachgremien bzw. Arbeitsgruppen bildet, hängt von der Anzahl der zu beteiligenden Personen, der Komplexität der Probleme oder dem Bedarf an spezifischem Fachwissen ab.

Abbildung B/129
Zwei Projektgrup-
pen können auch
parallel arbeiten
und sich zwi-
schenzeitlich in
gemeinsamen
Sitzungen koordi-
nieren (hier: eine
Organisationsauf-
gabe)

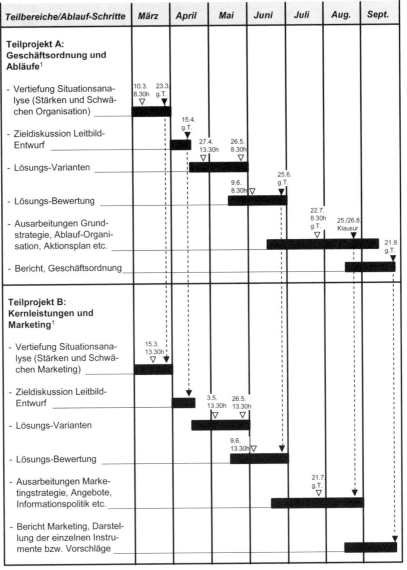

¹ *Methodische Basis Wertanalyse*

▽ Sitzungen Untergruppe
▼ Sitzungen Arbeitsgruppe

Parallele Teilprojekte

(4) Eine weitere mögliche Art der Durchführung besteht in mehreren parallelen Teilprojekten (vgl. Abb. B/11 und B/16 und Kap. A/3.3.5.3). Das geschieht, um Zeit zu sparen, wenn zwei Teilprobleme zwar verknüpft, aber sehr verschiedenartig sind, oder auch, um bewusst eine befruchtende Konkurrenzsituation entstehen zu lassen. Abbildung B/129 zeigt die parallele Bearbeitung einer Organisationsaufgabe, bei der grosser Zeitdruck bestand. Im baulichen Bereich kann es zweckmässig sein, die Betriebs- und Bauplanung z.B. für eine neue Jugendherberge parallel zu bearbeiten.

Bei parallel laufenden Projekten bestehen natürlich erhebliche **Schnittstellenprobleme**. Diese verschärfen sich, wenn die Gruppenzusammensetzung jeweils sehr fachspezifisch ist (z.B. Marketingfachleute in dem einen sowie Techniker in dem anderen Projekt). Um so mehr empfiehlt es sich, immer wieder gemeinsame Klausuren durchzuführen.[1]

4.2.2.3   Zeitbedarf und Kosten

Zeitbedarf

(1) Je nach Grösse der Aufgabe, Umfang der Unterlagen, Anzahl zu integrierender Gruppenmitglieder, Gestaltung der Prozesse und Umfeldbedingungen kann der Zeitbedarf gesamthaft und für einzelne Schritte stark variieren. Es lassen sich auch komplexere Probleme bei strukturiertem Vorgehen (Prozess gemäss Abb. B/29) bereits an einem halben Tag sehr befriedigend lösen (z.B. Wahl der Klimatisierungsform für Computerräume). Das bedingt natürlich, dass entsprechendes Wissen in geeigneter Weise vorliegt bzw. aufbereitet wurde.

Grössere, sehr komplexe Projekte können Monate oder gar Jahre dauern. Die dabei auch theoretisch untermauerte Erfahrung ist, dass ein **Teilprojekt** (etwa ein Lösungszyklus) **nicht länger als sechs Monate** dauern sollte. Andernfalls verliert ein Projekt seinen Schwung, treten zwischenzeitlich wieder Informationsverluste auf oder formiert sich Widerstand. Um die zügige Durchführung zu erreichen, muss evtl. das Mittel paralleler Einzel-Projekte gewählt werden (vgl. Kap. A/3.3.5.3 und B/4.2.2.2).

Typische Dauer

(2) In der Praxis haben sich einige Arten von Durchführungen bewährt, welche eine typische Dauer haben. Es handelt sich dabei um (vgl. Abb. B/130):

I   ein 1- bis 4monatiger Ablauf mit zeitlich getrennten Einzelschritten
II   eine 1- bis 2tägige Klausur nach genügender Vorbereitung
III die Kombination der Lösungen I und II.

Die Durchführungs-Art I mit einem **1- bis 4monatigen Ablauf** und zeitlich getrennten Einzel-Schritten erlaubt als **Vorteil**, zwischen den einzelnen Sitzungen Unterlagen zu erarbeiten. Man kann dabei gezielt auf vorangegangene Sitzungen reagieren (z.B. Unterlagen nachliefern oder in der Methodenwahl den Entwicklungs-Zustand der Gruppe berück-

---

[1] Vgl. Streich/Marquardt und Sanden 1996, S. 119 ff.

*Abbildung B/130
Es gibt drei be-
währte Arten der
Durchführung von
vorstrukturierten
Problemlösungs-
prozessen*

Art der Lösung	Zeitbedarf		Spezifische Vorteile
	je Grund-schritt (vgl. Abb. B/29)	**zwischen den Grund-schritten**	
I 1- bis 4mona-tiger Ablauf mit zeitlich ge-trennten Ein-zelschritten	½ bis 2 Tage	1 bis 6 Wo-chen	○ Es ist zwischen den Sitzungen möglich, Unterlagen zu erar-beiten ○ Man kann dabei gezielt auf die vorangegangene Sitzung rea-gieren ○ Es lassen sich auch zeitlich aufwendigere Teil-Methoden einsetzen ○ Den Gruppenmitgliedern bleibt genügend Zeit für die Meinungsbildung
II 1- bis 2tägige Klausur nach genügender Vorbereitung	weniger als ein ½ Tag	1 bis 6 Wochen Vorberei-tung vor der Klausur Während der Klausur kein Zeit-bedarf	○ Man kommt bei einfacheren Aufgaben sehr rasch zu Ergeb-nissen ○ Auch grössere Gruppen von mehr als 12 Personen können in guter Kommunikation zu-sammenarbeiten ○ Klausuren sind sehr günstig für die emotionale Team-Entwicklung
III Kombination der Lösungen I und II	½ bis 2 Tage Kleine Problemlö-sungen im Rahmen der Klausur weniger als ein ½ Tag	1 bis 6 Wochen Während der Klausur kein Zeit-bedarf	○ Bei komplexeren Aufgabenstel-lungen können zunächst die Vorteile der Lösung I genutzt werden ○ Durch die Klausur (Lösung II) wird viel Zeit am Schluss ge-spart und die Konsensbildung gefördert

sichtigen). Es lassen sich auch aufwendigere Methoden einsetzen (z.B. eine Investitionsrechnung) und Varianten intensiver ausarbeiten. Schliesslich bleibt den Gruppenmitgliedern in der Meinungsbildung genügend Zeit, sich von alten Vorstellungen zu lösen und für neue Ideen zu öffnen. Als Nachteil gilt es in Kauf zu nehmen, dass der Prozess mit mehreren Sitzungen seine Zeit braucht.

Die Durchführungs-Art II mit einer **1- bis 2tägigen Klausur** nach genügender Vorbereitung bringt als **Vorteil**, sehr viel Zeit einsparen zu können. Vor allem erfolgen die verschiedenen Abstimmungen zwischen einzelnen Wissens-, Interessens- und Entscheidungträgern sehr unmittelbar und unkompliziert (vgl. Abb. A/30). Das wirkt sich bei Konkretisierungen, bei denen mehrere Detail-Lösungen aufeinander abgestimmt werden müssen, besonders positiv aus. Auch grössere Gruppen von mehr als 12 Personen können in guter Kommunikation zusammenarbeiten. Man unterteilt sie dann in Untergruppen, welche sich mehrmals am Tag im Plenum koordinieren. Als Nachteil gilt es zu beachten, dass für die „bedächtige" Meinungsbildung keine Zeit besteht. Manche Gruppenmitglieder geraten auf diese Weise in einen Zustimmungszwang, ohne emotional bereits wirklich konsensfähig zu sein.

Die Lösung III als **Kombination der Lösungen I und II** für die Art der Durchführung verbindet vorteilhaft die positiven Elemente beider Ansätze und minimiert die oben genannten Nachteile. Als verbleibender Nachteil muss ein relativ grosser Aufwand (erst Einzelschritte, dann Klausur) in Kauf genommen werden.

Kosten (3) Die Gesamtkosten eines Projektes hängen v.a. vom Zeitbedarf aller Beteiligten ab. Dementsprechend nimmt der Aufwand mit der Gruppengrösse bzw. der Komplexität der Aufgabenstellung zu. Hinzu kommen etwaige Untersuchungen (z.B. Quellenstudien, Bestandsaufnahmen) und Interviews.

Doch erlaubt gerade die INPRO-Methodik mit dem strukturierten Vorgehen gemäss Abbildung B/29, erhebliche Zeitersparnisse zu erzielen. Das wiederum schlägt sich in **Kosteneinsparungen** nieder. Die immer wieder zu hörende Ansicht, ein unstrukturiertes Vorgehen und der Verzicht auf Gruppenarbeit seien weniger zeitaufwendig, hat sich nachweislich als falsch erwiesen. Voraussetzung für diese Aussage bildet ein gleiches Niveau in der Erfüllung gesetzter Ziele (vgl. Abb. B/2).

Wie im Einzelnen die Projektkosten zu ermitteln sind, ergibt sich auf der Basis von **Kalkulationsverfahren** (vgl. Kap. B/2.3.7.1). Dabei lassen sich Tagessätze der Beteiligten festlegen und mit dem kalkulierten Zeitaufwand multiplizieren. Hinzu kommen Aufwendungen für Spesen, Materialien bzw. den „Einkauf" bestimmter Leistungen (z.B. Durchführung einer Marktforschung oder externe Moderatorinnen).[1]

---

[1] Vgl. Litke 2004, S. 110 ff.; Burghardt 2002, S. 287 ff.; Mehrmann/Wirtz 2000, S. 81 ff.

4.2.3   Projekt-Führungsinstrumente

Aus Stammor-ganisationen übertragbare Instrumente

(1) Kapitel A/3.3.5.2 gibt einen Überblick über Führungsinstrumente. Dazu gehören Marketing, Controlling, Total Quality Management, Management by Objectives und Wissensmanagement. Diese Instrumente können nicht nur dem Führen in Stammorganisationen gute Dienste leisten, sondern auch in Projektorganisationen.

Dennoch bilden sie dort noch kein Allgemeingut.[1] Statt Steuerung wird häufig noch der Kontroll- oder Überwachungsgesichtspunkt in den Mittelpunkt gerückt. Marketing kommt gar als Begriff in den meisten Büchern zum Projektmanagement auch neueren Datums nicht vor. Allenfalls spricht man von zu berücksichtigenden Projekt-Interessenten, den „Stakeholdern".

Auswahl von Themen

(2) Hier wird demgegenüber empfohlen, bei Projekten von bewährten neueren Führungsinstrumenten Gebrauch zu machen. Besonders geeignet und vertiefenswert erscheinen das:

- Projektmarketing
- Projektcontrolling
- Projekt-Wissensmanagement
- EDV-Untersützung

4.2.3.1   Projektmarketing

Überblick

(1) Marketing als Führungsinstrument in Projekten ist in der Praxis noch nicht oft anzutreffen.[2] Dennoch ist das wichtig und richtig, wie folgende Begriffsdefinition zeigt: Das Marketing bemüht sich um den möglichst guten Austausch von Werten zwischen Parteien. Solche Werte bestehen in der Privatwirtschaft vor allem in Produkten bzw. Dienstleistungen und dem Geld, welches dafür von Kunden bezahlt wird. In der Verwaltung zählen dazu evtl. auch Unterlagen, welche der anderen Abteilung zur Verfügung gestellt werden. In konkreter Form bedeutet die Marketing-Philosophie: Ausrichten aller Unternehmens- bzw. Verwaltungsfunktionen auf die Bedürfnisse der Kundinnen (primär Abnehmer von Produkten bzw. Auftraggeber, sekundär auch Interessens- und Entscheidungsträger, Betroffene und Zulieferer).[3]

Dass dies gelingt, ist eine Frage **guter Führung**. Denn nur wenn Mitarbeitende entsprechend motiviert sind, gelingt in der Praxis gutes Marke-

Mana-gement

---

[1] Anmerkung: Das Projektmanagement und Bücher darüber stellen eine Domäne der Ingenieure dar. Von der Ausbildung her scheint die „Antenne" für mehr betriebswirtschaftliche Sichtweisen manchmal zu fehlen.

[2] Vgl. als Ausnahmen z.B. Hansel/Lomnitz 2003, S. 136; Jenny 2003, S. 128

[3] Vgl. Bruhn 2001, S. 14

ting. Umgekehrt motiviert der Erfolg guten Marketings auch die Mitarbeitenden.

Diese gleiche Philosophie kann für **Projekte** gelten. Auch hier steht letztlich der Kundennutzen im Mittelpunkt. Massgeblich dafür sind der Auftrag bzw. die erwarteten Ergebnisse, Produkte bzw. Wirkungen eines Projektes (vgl. Abb. B/28). Dabei müssen aber auch das Projektumfeld sowie die direkt am Projekt Beteiligten unter Marketinggesichtspunkten betrachtet werden.[1]

Das führt im Überblick zu den typischen Marketing-Instrumenten, welche hier kurz behandelt werden sollen:

- Produktpolitik
- Konditionen-/Preispolitik
- Distributionspolitik
- Kommunikationspolitik
- Marketing-Mix

Produktpolitik

(2) Beim Begriff „Produktpolitik" geht es um die Aufgabe, die eigenen Projekt-Leistungen kundengerecht zu gestalten. Konkret beschäftigt sich die Produktpolitik mit folgenden Fragen:

- ◦ Welche Leistungs- und Qualitätsschwerpunkte werden angeboten? (Man kann aus Zeit- und Kostengründen nicht alles maximal machen. Auf welche Qualitäten kommt es also an? Wo darf ein Projektergebnis bzw. eine Leistung nötigenfalls weniger perfekt sein?)
- ◦ Wie profilieren wir unser Produkt bzw. das Projektergebnis? (Kunden sollten eine Leistung wie z.B. die Qualitäten einer Neuorganisation klar als solche erkennen, sich etwas darunter vorstellen können.)
- ◦ In welcher „Verpackung" präsentieren wir unser(e) Produkt(e) bzw. Projektergebnisse? (Wird z.B. ein sorgfältig gestalteter Bericht abgeliefert? Werden bildhafte Modelldarstellungen geboten? etc.)
- ◦ Wie viel Kundenservice in welcher Art wollen wir uns erlauben? (Wird sehr enger Kontakt mit dem Auftraggeber gehalten? Geht man auf seine Wünsche und Kritik sehr offen ein? Spielt die Sorge für Akzeptanz der Projektergebnisse eine erhebliche Rolle?)

Nicht das, was wir gerne dem Kunden bieten wollen, sondern das, was der Kunde für wertvoll ansieht, steht bei der Produktpolitik im Mittelpunkt der Betrachtung.

Konditionen-politik

(3) Die Konditionenpolitik heisst in der Privatwirtschaft Preispolitik. In der Verwaltung bestehen häufig keine Marktpreise. Wohl ist es Verwaltungen aber möglich, zumindest einen Teil der Konditionen zu gestalten, unter denen Sie Ihre Leistungen erbringen. Für die Konditionen- bzw. Preispolitik können ebenfalls einige Fragen gestellt und diese gezielt beantwortet werden:

- ◦ Welche Voraussetzungen müssen die jeweiligen Kunden (Auftraggeber, Beteiligte) erfüllen?

---

[1] Vgl. Schmidt 2003, S. 160

(z.B. Konditionen, unter denen Sie bereit sind, die Projektleistungen zu erbringen)
- Welcher personelle und materielle Aufwand wird für das Projektergebnis als gerechtfertigt angesehen?
  (z.B. Umfang der Fundierung im Rahmen einer Situationsanalyse)

Distributions-politik
(4) Die Leistungen müssen nachfragegerecht auf den Weg zum Kunden gebracht werden. Bei dieser Distributionspolitik stellen sich dementsprechend folgende Fragen:
- Wann und wie sind die Projektgruppenmitglieder, die Projektleitung bzw. die Moderation für Kunden erreichbar?
  (z.B. bestimmte Präsenzzeiten am Telefon)
- Wo werden die Dienstleistungen erbracht bzw. angeboten?
  (Wird z.B. ein Büro der Projektgruppe beim Auftraggeber eingerichtet?)

Kommunikati-onspolitik
(5) Das vierte Instrument wird von Vielen mit Marketing gleichgesetzt: die Kommunikationspolitik. Doch auch dieses Wort zeigt bereits, dass es weniger um Werbung geht als um den Austausch von Informationen, Meinungen etc. Man könnte als Überschrift auch sagen: „Tue Gutes und kommuniziere darüber in ansprechender Weise." Hier stellen sich als Fragen im Einzelnen:
- Wie ist das Erscheinungsbild aus der Sicht der Kunden?
  (z.B. Gestaltung der Prozess-Unterlagen und der Räumlichkeiten der Projektgruppe)
- In welcher Art läuft die persönliche Kommunikation ab?
  (In welchem Stil werden z.B. Gespräche mit Beteiligten, Betroffenen etc. geführt?)
- Wie erfahren Kunden bzw. Projektpartner die wesentlichen Informationen über zuständige Ansprechpartnerinnen?
  (z.B. Bestimmung und Publizierung klarer Ansprechpartner?)
- Wie gestalten sich der Informations- und der Meinungsaustausch mit Kundinnen?
  (Wird z.B. regelmässig die Zufriedenheit des Kunden mit dem Projektverlauf in Erfahrung gebracht?)
- Werden die Betroffenen regelmässig über den Fortgang des Projektes und über Zwischenergebnisse informiert?
  (z.B. durch periodische Informationen im Internet?)[1]
- Werden generell die Public Relations gepflegt?
  (Gibt es z.B. „Tage der offenen Tür"?)

Die Kommunikationspolitik geht also über die Gestaltung von Präsentationen, wie sie in Kapitel A/3.3.4.1 behandelt wurden, hinaus. Doch bietet dieses Kapitel wesentliche Aussagen zur Gestaltung guter Kommunikations- und Präsentationsmittel.

Mana-gement

---

[1] Vgl. Litke 2004, S. 146 ff.

Marketing-Mix (6) Die verschiedenen Marketing-Instrumente sind in einem engen Zusammenhang zu sehen und überlappen sich auch teilweise. Wichtig ist, alle Massnahmen gut aufeinander abzustimmen. Es geht also um einen wirksamen Marketing-Mix. Dieser ist nach Möglichkeit zu Projektbeginn zu konzipieren und später laufend an die Projektentwicklung anzupassen.

Der **Erfolg eines Projektes** kann mehr von einem guten Marketing-Mix abhängen als von der Qualität der sachlichen Ergebnisse.[1]

4.2.3.2 Projektcontrolling

Überblick (1) In Kapitel A/3.3.5.2 wird die **Führungs-Philosophie** des Controllings vorgestellt: Es geht um das Steuern auf Ziele zu. Dabei besteht auch in Projekten der Nutzen im Vorbeugen gegen Abweichungen von dem besten Weg zum Ziel bzw. von qualitativen Zielsetzungen (z.B. des Marketing).[2] Das Projektcontrolling ist dementsprechend sowohl prozess- als auch ergebnisorientiert. Kennzeichnend ist zudem die relative Kurzfristigkeit, sind doch Projekte per Definition zeitlich begrenzt.

Nahe verwandt dem Controlling ist das **Qualitätsmanagement** oder „Total Quality Management, TQM". Dort steht der Qualitätsbegriff im Mittelpunkt. Wenn man darunter vereinfacht die Erfüllung der Kundenbedürfnisse nach Massgabe des Projektauftrages versteht, dann handelt es sich annäherungsweise um das gleiche Anliegen wie beim Controlling. Doch sind die eingesetzten Mittel stärker standardisiert.[3]

Als anwendungsorientierte Vertiefungs-Themen zum Projektcontrolling wurden hier ausgewählt:
- Controlling-Regelkreis
- Arbeitsschritte für das Controlling
- Reporting

Controlling-Regelkreis (2) Der Controlling-Regelkreis entspricht einem kybernetischen System. Abbildung A/80 führt dieses vor Augen. Es umfasst folgende untereinander in Beziehung stehende Elemente:
- Zielsetzungen bzw. definierte Projektergebnisse
- Messungen (Monitoring)
- Soll-Ist-Vergleiche (Regler)
- Massnahmen

Die **Zielsetzungen** bzw. definierten Projektergebnisse sagen aus, was erreicht werden soll. Dazu kann z.B. gehören, dass die Investitionskosten möglichst unter einem Maximalwert liegen. Solche Zielsetzungen liefern auch das Raster für die Messungen.

Diese sind mit der Navigation bei Schiffen vergleichbar. Die **Messungen** zeigen, in welcher Position sich das Schiff befindet. Das reicht jedoch

---

[1] Vgl. Jenny 2003, S. 128; Schmidt 2003, S. 160
[2] Vgl. Streich/Marquardt und Sanden 1996, S. 170 ff.
[3] Vgl. Bruhn 2004, S. 52 ff.; Geiger 1993, S. 203 ff.

nicht: Sie sollten auch zu Prognosen führen, wie sich das Schiff bzw. Projekt unter den herrschenden Bedingungen weiterbewegt. Wenn beste Chancen bestehen, dass ein Rückstand zeitlicher Art rasch wieder aufgeholt wird, muss zwar kritische Aufmerksamkeit herrschen, aber nicht die Alarmglocke geläutet werden. Befindet sich ein Schiff bzw. Projekt zwar augenblicklich auf Kurs, sind doch erhebliche Schwierigkeiten zu erwarten, so muss die „Messung" rechtzeitig darauf aufmerksam machen. Leider fehlen in vielen Controlling-Systemen die notwendigen Prognose-Instrumente (z.B. Vorausschau der Kostenentwicklung). Dann ist das entscheidende Vorbeugen unmöglich.

Die Ist- und Prognosedaten werden einem **Soll-Ist-Vergleich** unterzogen. Geprüft wird die Erfüllung der vorgegebenen Ziele im Ist-Zustand und zukünftig. Abweichungen werden festgehalten.

Im Falle von bestehenden oder erwartbaren Abweichungen gilt es, raschestmöglich Gegen-**Massnahmen** zu diskutieren und zu konzipieren. Deren Umsetzung ist Sache der Projektleitung.

Arbeitsschritte für das Controling

(3) Ein mögliches Vorgehen für das Projektcontrolling zeigt Abbildung B/131. Es geht dabei um das operative Controlling für mehrere parallel laufende Projekte als ständiger Prozess.

Abbildung B/131
Dieser Prozess dient der Steuerung mehrerer Projekte auf der operativen Ebene

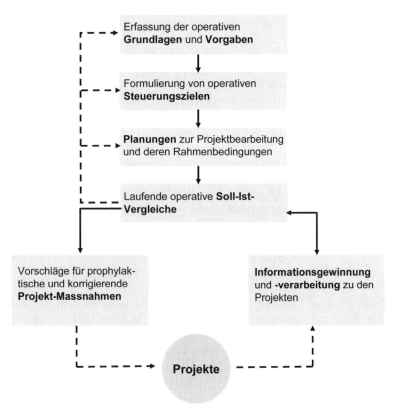

Mana-gement

Reporting   (4) Das Reporting bildet einen **Teil des Controllings**. Es umfasst die Messungen und den Soll-Ist-Vergleich. Im System weggelassen werden die Massnahmenvorschläge. Letztere sind dann Sache der Projektleitung, übergeordneter Instanzen der Stammorganisation oder der Mitglieder eines Steuerungsgremiums.

Für das Controlling allgemein und für das Reporting im Besonderen sind die Projektziele bzw. -vorgaben massgeblich. Dazu werden Indikatoren formuliert, welche die Messgrösse und die Soll-Anforderungen definieren. Die Soll-Anforderungen werden mit Vorteil kardinal mit der Aussage „besser" oder „schlechter" (vgl. Abb. B/84), also z.B. mit Erfüllungsgraden 1 bis 5, gemessen. Der Abbildung B/132 liegen z.B. vier definierte Indikatoren zugrunde. Die Messergebnisse werden in einer Controlling-Matrix eingetragen. Sie erlauben, auf einen Blick zu erkennen, wo ein Projekt steht und wie seine Prognose ist.

4.2.3.3   Projekt-Wissensmanagement

Überblick   (1) „Wissen ist Macht" lautet ein gängiger Spruch, welcher auf den englischen Philosophen Francis Bakon zurückgeht und schlaglichtartig die Bedeutung dieses Themas zeigt. Beim Wissensmanagement sind jedoch nicht Machtfragen, sondern das Bestreben, Unternehmens-, Verwaltungs- bzw. Projektziele gut erreichen zu können, zentral (vgl. Kap. A/3.3.5.3). Dabei versteht man unter Wissen die Gesamtheit der Kenntnisse auf bestimmten Gebieten. In diesem Sinne soll Wissensmanagement helfen, folgende Aufgaben in Unternehmen, öffentlichen Verwaltungen und auch in Projekten zu erfüllen:[1]

- ○ Weitergabe individueller Fähigkeiten
- ○ Verallgemeinerung einzelner Problemlösungen
- ○ Sorge für Transparenz bei der Verteilung von Kompetenzen

Das breite Themenfeld „Projekt-Wissensmanagement" kann hier nur gestreift werden. Das dient als Anregung, sich mit diesem wichtigen Thema auch bei Projekten näher zu beschäftigen und bewusst Massnahmen zu ergreifen. In diesem Sinne werden die folgenden Punkte kurz angeschnitten:

- • Ansatzpunkte des Wissensmanagements
- • Bausteine des Wissensmanagements
- • Beispiele für Anwendungs- und Umsetzungsmöglichkeiten
- • Wissensmanagement und Projekte

Ansatzpunkte des Wissensmanagements   (2) Im Wissensmanagement bildeten sich noch keine allgemein anerkannten bzw. bewährten Begriffe und Vorgehensweisen heraus[2]. Zudem: Wissensmanagement ist als Thema keinesfalls neu. Früher sprach man z.B. von Erfahrungssicherung.

---

[1] Vgl. Lüthi/Voit und Wehner 2002, S. 16
[2] Vgl. Burghardt 2002, S. 276

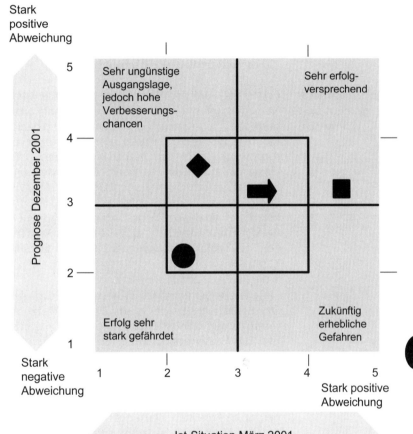

Projektziel:
Einführung Leistungsgarantie im Bereich Betriebsoptimierung haustechnischer Anlagen

Berichtsstand: März 2004

Indikatoren:

◆   „Termineinhaltung" (gemessen
    an definierten Meilensteinen)

■   „Technische Qualität der
    (Zwischen-)Ergebnisse

➡   Möglicher „Erreichungsgrad
    Zielgruppe des Angebotes"

●   „Finanzielle Projektsituation"

Heute kommen jedoch drei Faktoren dazu, welche das **Thema in einem neuen Licht** erscheinen lassen: Die enorme Vermehrung des Wissens, der aus wirtschaftlichen Gründen bewusstere Umgang mit Wissen und die grossen technischen Möglichkeiten, Wissen mit Hilfe von Informatik-Werkzeugen verarbeiten zu können.

Im Kern geht es beim Wissensmanagement um **Transformationsprozesse** in folgenden wichtigen Bereichen:[1]

o Bezug zwischen Wissen und Handeln
  (Herauslösen von Wissen aus den konkreten Kontexten und Formalisierung)
o Bezug zwischen Wissen und Sprache
  (sprachliche Umschreibung des Wissens inkl. grafischer Darstellungen)
o Bezug zwischen Wissen und Gemeinschaft
  (Formen der Verteilung von Wissen)

Wissensmanagement und Projekte

(3) Es liegt auf der Hand, dass das Wissensmanagement auch für das Management mit und von Projekten eine grosse Rolle spielt. Das beginnt bei der Auswahl und dem Einsatz geeigneter Wissensträger im Rahmen der Projektorganisation, geht über die Nutzung von Erfahrungswissen oder den Aufbau von neuem Wissen und endet bei der Dokumentation von Prozessen, Ergebnissen und Erfahrungen. Wie viel Zeit man durch einen klugen Umgang mit Wissen sparen und welche Erfolgspotenziale man entwickeln kann, lassen alle Kapitel in diesem Handbuch erkennen, insbesondere die Kapitel B/1. und 2.2.

Bei der Einführung bzw. Umsetzung des Wissensmanagements auf dem Feld des Projektmanagements sind zwei Ebenen zu unterscheiden (vgl. Kapitel B/1.2):

o die Prozess- und Projekt-Metaebene
o die Ebene der einzelnen Projekte und Teilprojekte

Der Bereich der **Prozess- und Projekt-Metaebene** beschäftigt sich gesamthaft mit Problemlösungs-Prozessen, organisiert in Form von Projekten. Das Wissensmanagement sorgt hier u.a. für die Verteilung von geeigneten Wissensträgern auf Projekte (dazu Prioritätensetzungen), für das Lernen neuer Mitarbeitenden in Projekten, für den Zugang zu gespeichertem Wissen (z.B. Erfahrungen mit bestimmten Methoden in verschiedenen Projekten) sowie für laufende Auswertungen von durchgeführten Projekten. Dazu gehört das Erarbeiten von Kennzahlen.

Auf der **Ebene der einzelnen Projekte und Teilprojekte** geht es v.a. um die Klärung des Wissensbedarfs, die Projekt-interne und -externe Weitergabe von Wissen sowie das Dokumentieren von erarbeitetem Wissen im Rahmen des Projektfortschrittes und am Projektende.

Bausteine des Wissensmanagements

(4) Auf allen beiden Ebenen lassen sich mit unterschiedlichen Ausprägungen folgende Prozesse bzw. Bausteine des Wissensmanagements feststellen[2]:

a. Wissen identifizieren
b. Wissen erwerben
c. Wissen entwickeln

---

[1] Vgl. Lüthi/Voit und Wehner 2002, S. 16 f.
[2] Vgl. Burghardt 2002, S. 276 ff.

d. Wissen (ver)teilen

e. Wissen nutzen

f. Wissen bewahren

Beim **Wissen identifizieren** (a) geht es um die Frage, wo welches Wissen in einer Unternehmung oder einer Verwaltung besteht. Diese Frage stellt sich im Sinne einer benutzerfreundlichen Dokumentation auf der Metaebene. Auch zu Beginn eines Projektes muss man sich diesem Thema widmen. Dazu erweisen sich gezielte Interviews als sehr nützlich (vgl. Kapitel B/2.3.2).

Eventuell zeigt sich auf der Prozess-Metaebene bzw. in einem Projekt, dass notwendig erscheinendes Wissen nicht ausreichend vorhanden ist. Das kann bereits ein Problem-Check ergeben (vgl. Kapitel B/2.1.1.1). In solchen Fällen spielt das **Erwerben von Wissen** (b) eine grosse Rolle. Dabei geht es um den Einkauf von externem Wissen (z.B. Hinzuziehung von Experten).

Bei Wissenslücken besteht als weitere Möglichkeit, das benötigte **Wissen** selber zu **entwickeln** (c). Dazu gehören die eigene Erarbeitung von Wissen oder die Aus- und Weiterbildung der Mitarbeitenden.

Das selber erarbeitete oder eingekaufte **Wissen** gilt es auf die Mitarbeitenden zu **verteilen** (d). Es müssen nicht alle alles wissen. Doch sollte man davon Kenntnis haben, wer was weiss. Und die betreffenden Personen sollen bereit sein, ihr Wissen zu **teilen**. Besonders wichtig ist dabei der Transfer von „Best-Practices". Dem steht oft die tiefe persönliche Erfahrung entgegen, dass Wissen Macht ist bzw. als Arbeitsplatzsicherung dient. Umgekehrt entstehen durch die Informatik und das Intranet bzw. das Internet ganz neue Möglichkeiten in der Zugänglichkeit.

Die Weitergabe bzw. Zugänglichkeit von Wissen reicht jedoch nicht. Es gilt auch, das **Wissen** gut zu **nutzen** (e). Man muss also sowohl auf der Metaebene als auch im einzelnen Projekt das Wissen richtig verstehen, interpretieren und anwenden. Dabei hilft erfahrungsgemäss die Zusammenarbeit in Gruppen (vgl. Kapitel A/1.2.5).

Das **Bewahren** von **Wissen** (f) bildet schliesslich eine wesentliche Aufgabe am Schluss von Projekten sowie dauerhaft auf der Metaebene. Hilfsmittel dafür sind z.B. das systematische Verfassen und Speichern von Erfahrungsberichten, der Zugang zu Projektdokumentationen über Stichwortverzeichnisse, das Auswerten in Form von Kennzahlen (z.B. Projektkosten) etc.

Diverse Werkzeuge für das Wissensmanagement

(5) Für einzelne Bausteine und gesamthaft bestehen zahlreiche Werkzeuge. Sie sind heute in der Regel Informatik-gestützt, wie folgende Beispiele zeigen:[1]

- Virtuelles Projekt-Office im Internet (Projektdaten, Botschaften der beteiligten Gruppenmitglieder, virtuelle Meetings etc.)
- Planungsinstrumente (Gruppenkalender, Kontakt- und Aufgabenlisten, automatische individuelle Benachrichtigung, Zeit- und Kostenkalkulationen und -planungen)

---

[1] Vgl. Litke 2004, S. 287

○ Erfahrungsdatenbanken (z.B. Aufwandschätzverfahren, Kennziffern, Methoden-Beschreibungen, Darstellungsmuster etc.)

Die Vielzahl der Möglichkeiten lässt aber auch eine Gefahr erwachsen: Das Übertreiben in Fragen des Wissensmanagements. Man muss also das **richtige Mass** im Aufwand und Nutzen in der Anwendung der Instrumente des Wissensmanagements finden.

4.2.3.4   EDV-Unterstützung

Überblick   (1) Wie die Beispiele vom Schluss des Kapitels B/4.2.3.3 zeigen, basiert das moderne Wissensmanagement auf einer breiten Unterstützung im Bereich der Elektronischen Datenverarbeitung (EDV). Diese ist auch aus anderen Bereichen des Projektmanagements nicht mehr wegzudenken. Dieses insbesondere auch auf der Anbieterseite sehr breit gewordenem Feld soll im Sinne eines Überblicks wie folgt kurz beschrieben und diskutiert werden:[1]

• EDV-Unterstützungsbereiche

• Softwareangebote

• Umgang mit der EDV

EDV-Unterstützungsbereiche   (2) Der Schwerpunkt der Unterstützung der EDV liegt bei den Routinearbeiten. Hier kann diese in folgenden Bereichen Arbeit abnehmen bzw. die Durchführung beschleunigen:[2]

○ Unterstützung beim Rechnen

○ Unterstützung beim Ordnen

○ Unterstützung beim Darstellen

Die Unterstützung beim **Rechnen** gehört zu den traditionellen Kerngebieten der EDV. Sie hilft v.a. beim Kalkulieren von Zeit und Kosten auf den verschiedensten Stufen eines Projektes.

Das **Ordnen** erleichtert die EDV, indem in verschiedensten Formen mit unterschiedlichen Aspekten Auflistungen erfolgen können. Das gilt für geplante Projektaktivitäten ebenso wir für eine Situationsbeschreibung. Dabei lassen sich grosse Informationsmengen auch untereinander verknüpfen.

Das Schreiben und grafische **Darstellen** sind inzwischen selbstverständliche Tätigkeiten mit Hilfe der EDV. Auch Pläne, welche das Skizzier- und Entwurfsstadium verlassen haben, werden weitgehend mit Hilfe der EDV konkretisiert, dargestellt und ausgedruckt.

Alle drei Anwendungsbereiche lassen sich kombinieren. So kann die betreffende Software beim Berechnen der Zwischen- und Endresultate einer Nutzwertanalyse helfen und diese auch gleichzeitig grafisch darstellen (vgl. Abbildung B/89 und C/30). Gleiches gilt für vernetzte Balkendiagramme oder Netzpläne.

---

[1] Eine breite Darstellung findet sich bei Burghardt 2002, S. 504 ff.
[2] Vgl. Litke 2004, S. 247 ff.

Software-angebote

(3) Die Softwareangebote, welche dem Projektmanagement dienen bzw. speziell dafür entwickelt wurden, sind sehr vielfältig geworden. Man kann sie einteilen in:[1]

○ Arbeitsplatz-Software
  (Textverarbeitung, Tabellenkalkulationen, Präsentationsgrafik, Datenbank)
○ Spezifische funktionale Software
  (z.B. für das Konfigurationsmanagement, die Kostenschätzungen, die Erstellung von Balkendiagrammen und Netzplänen oder die Darstellung eines Mind Map).
○ Umfassende Projektmanagement-Software
  (Planungsorientierte Multiprojektmanagement-Systeme mit Teilbereichen wie Projekt-Strukturplanung, Termin- und Kostenplanung, Kapazitätsplanung, Berichtswesen etc.)
○ Internet-basierte Informations- und Kommunikationsplattformen
  (Vernetzung mit anderen an der Planung Beteiligten, Informationsgewinnung, Nutzung zentral angebotener EDV-Tools etc.)

Umgang mit der EDV

(4) Solche EDV-Unterstützungen sind sehr nützlich. Die rasche Produktion, Multiplikation bzw. Verfügbarkeit von Wissen, Bildmaterial, Berechnungsergebnissen etc. eröffnet viele neue Möglichkeiten. Zudem kommt die wachsende Gewohnheit der an Planungen Beteiligten, primär mit Personalcomputern zu arbeiten und zu kommunizieren. Dadurch lauern jedoch Gefahren in folgenden fünf Bereichen:

○ Überdetaillierungen
○ Mengen-Überflutungen
○ Undurchschaubare Annahmen und Manipulationen
○ Falsche Programmierungen
○ Perfektionismus-Wirkungen

Die technischen Möglichkeiten verbinden sich mit einem Hang von Menschen zur **Überdetaillierung** (vgl. Kapitel A/1.1.2.3). Auf diese Weise entsteht als Gefahr, z.B. mit Hilfe des MS-Project-Programms ganz detailliert seitenlange Balkendiagramme zu berechnen und zu gestalten. Dabei geht nicht nur jeder Überblick verloren, sondern es entsteht auch die Versuchung, sich statisch an solche Festlegungen zu halten, also dynamische Veränderungen zu ignorieren.

Auf Knopfdruck können Kopien hergestellt und versandt werden. Dadurch kommt es zur Gefahr der **Mengen-Überflutungen**. Aus einem Wust von Informationen oder ausgedrucktem Papier müssen in der Folge diejenigen Dinge herausgefiltert werden, welche interessieren bzw. nützlich sind. Es kommt in diesem Zusammenhang auch zu Abstumpfungseffekten. Die immer wieder zwar perfekte, aber gleiche Darstellungsform lässt die Aufmerksamkeit sinken (vgl. Kapitel A/1.1.1.3).

In vielen Programmen, v.a. in der spezifischen funktionellen Software, stecken häufig **Annahmen** und Wertvorstellungen, welche nicht direkt erkennbar sind (vgl. Kapitel 1.3.2.3). Dazu gehören Aufschlüsselungen

Mana-gement

---

[1] Vgl. Schelle 2004, S. 244

von Daten nach vorgegebenen Modellen ebenso wie z.B. Annahmen über Verzinsungen bei Investitionsrechnungen. Nimmt man hier z.B. als **Manipulation** einen sehr niedrigen Zinswert an, so erscheinen am Schluss selbst relativ hohe Investitionen als wirtschaftlich (vgl. Kastentext „Dubiose Wirtschaftlichkeit").

Des weiteren erfolgen auch **falsche Programmierungen**. Eine Methode wird beispielsweise im Programm nicht richtig wiedergegeben, z.B. ein logisch falsches Gewichtungsverfahren „eingebaut".

Mit allen vorgängigen Punkten zusammenhängend ergeben sich **Perfektionismus-Wirkungen**. Ob Texte, Grafiken oder Berechnungsergebnisse – die Programme sorgen für eine perfekte Darstellung. Einen handschriftlichen Text oder einer Handskizze sieht man das Provisorische, zu Überarbeitende noch direkt an, dem Ausdruck aus dem Computer jedoch in der Regel nicht. Diese Tatsache verleitet zu einer eher unkritischen Haltung gegenüber den EDV-erzeugten Darstellungen. Das gilt auch für die eigenen Werke.

Wie weit sich solche Gefahren auswirken, hängt immer auch von den Personen ab, welche mit den Outputs von EDV-Unterstützungen umgehen. Dieser Umgang will bewusst trainiert sein.

Dubiose Wirtschaftlichkeit

Eine staatliche Baubehörde entwickelte ein EDV-gestütztes Verfahren für eine Investitionsrechnung. Man musste nur noch bestimmt Kennwerte eines Bauprojektes eingeben und erhielt als Ergebnis eine Aussage zur Wirtschaftlichkeit auf der Basis der Annuitätenmethode (vgl. Abbildung B/97).

Diese Berechnung erfolgte auch für ein grosses Projekt, bei dem u.a. eine grosse Druckerei-Halle zu Grossraumbüros umgebaut werden sollte (ca. 150 Arbeitsplätze). Mit Hilfe der Investitionsrechnung wies die staatliche Baubehörde eine hohe Wirtschaftlichkeit der geplanten Massnahmen aus.

In diesem Staat war es üblich geworden, solche Projekte, bevor sie bewilligt wurden, von einer unabhängigen Stelle überprüfen zu lassen. Der in diesem Fall beauftragte Gutachter wunderte sich über die angegebene hohe Wirtschaftlichkeit. Denn Überschlagsrechnungen zeigten ihm, dass die Kosten je Büroarbeitsplatz um 30% höher lagen als in einem vergleichbaren Neubau. Er sah auch an Hand der Pläne, dass sehr viele bauliche Eingriffe und Ergänzungen notwendig waren, um aus der Druckereihalle ein Grossraumbüro mit dem gewünschten Standard zu machen.

Er bemühte sich daher darum, das EDV-gestützte Berechnungsinstrument einsehen zu können. Als ihm das gewährt wurde, sah er, dass die Bauinvestitionen mit einem so genannten Realzins von nur 1% (Zins für die Geldbeschaffung abzüglich einer angenommenen Teuerungsrate) abdiskontiert wurden. Bei so niedrigen Zinsannahmen verwunderte es nicht, dass auch eine relativ hohe Investition als sehr wirtschaftlich erschien.

Teil C

Fallbeispiele

1. Rundblicke

Belege für erfolgreiche Anwendungen

(1) Die in Teil B „Anleitung zur Lösung komplexer Probleme" dargestellte INPRO-Methodik erweist sich in der Praxis als besonders erfolgversprechend, ist allerdings auch vergleichsweise anspruchsvoll. Es fällt nicht immer leicht, Prozesse gleichzeitig auf den drei Prozessebenen Methoden, Zusammenarbeit und Management zu gestalten und zu steuern.

Die Mühe lohnt jedoch. Gewiss kann man auch mit Dampflokomotiven zum Ziel gelangen. Doch mit einem Intercity Express geht es letztlich bequemer, schneller und umweltgerechter (Abb. C/1). Dafür liefert dieses Kapitel **Belege**. Massstab für die Qualifizierung als Erfolg bilden die in Abbildung B/2 erläuterten Ziele.

Abbildung C/1 Mit dem ICE geht es in der Regel bequemer, schneller und umweltgerechter als mit der Dampflokomotive

Breite der Anwendungsmöglichkeiten

(2) Neben den Belegen besteht das Anliegen, die Breite der Anwendungsmöglichkeiten der INPRO-Methodik vor Augen zu führen. Damit wird die **Chance** sichtbar, unabhängig von bestimmten Fach- und Sachgebieten ein erfolgswirksames Instrumentarium für **Planungen** zur Verfügung zu haben. Das gilt beispielsweise sowohl für die Entwicklung von Marketingstrategien als auch für neue Produkte.

Dabei soll jedoch nicht der Eindruck erweckt werden, die dargestellte Methodik sei für alles und jedes die bestmögliche Form. Es gibt etliche erfolgversprechende „Wege nach Rom" und viele „Rom" (vgl. Kap. A/3.3). Dazu gehören auch spezifische Methodenangebote einzelner Fachgebiete.

Hauptkapitel

(3) Hier liegt der Fokus auf der **Lösung komplexer Planungsprobleme**. Weniger anspruchsvolle Aufgaben können selbstverständlich einfacher bearbeitet werden.

Auch fiel die Wahl **eher auf bereits realisierte** Planungen, weil das als Beleg eindeutiger erscheint. Doch geschieht das nicht ausschliesslich, um auch aktuellere Beispiele zitieren zu können. Dabei werden für

Rund-
blicke

die Darstellung der Anwendungsbreite zwei Themenfelder herausgegriffen:

- **Beispiele Unternehmens- und Verwaltungsplanung**

- **Beispiele Infrastruktur- und räumliche Planung**

1.1 Beispiele Unternehmens- und Verwaltungsplanung

1.1.1 Unternehmerische Strategien

Überblick (1) Der Begriff „Strategie" lässt im doppelten Sinne des Wortes vieles offen. Einerseits ist er, wie Untersuchungen zeigen, auch im militärischen Bereich nicht klar definiert. Andererseits sollen Strategien in der Sache bewusst vieles und v.a. die konkreten Massnahmen offen lassen (vgl. Kap. A/3.2.1.1). Doch bleiben diese damit keinesfalls unverbindlich, legen sie doch die Ziele und Leitplanken (Abgrenzungen, grundsätzliche Mittel, generelle Prozesse) fest. In diesem Rahmen erfolgten dann die Optimierung der Massnahmen und die Realisierungen.
Strategieentwicklungen müssen in besonderem Masse **zukunftsgerichtet** sein. Grosse **Sorgfalt** ist zudem geboten, weil es um Grundsatzentscheidungen geht. Als Beispiele für Strategieentwicklungen in diesem Sinne werden hier vorgestellt:
- Zukunft des Fahrzeugdienstes der deutschen Bundesbahn in der Region Hannover
- Strategie für das militärische Immobilienwesen des Eidg. Departements für Verteidigung, Bevölkerungsschutz und Sport (VBS)
- Persönliche Entwicklungsstrategie eines Nachdiplom-Studenten
Ein weiteres Strategie-Beispiel wird in Kapitel C/2.1 vertieft vorgestellt (Strategie der Agrargenossenschaft Birsmatthof).

Zukunft des Fahrzeug- dienstes der Deutschen Bundesbahn (2) Der Deutschen Bundesbahn (heute Deutsche Bahn AG) ging es in Hannover um bestmögliche Lösungen für zwei untereinander verknüpfte Fragen: Soll der Fahrzeugdienst der Bundesbahn überhaupt noch selber betrieben oder besser privatisiert werden? An welchem Standort soll der verbleibende Fahrzeugdienst angesiedelt werden? Dieser **Auftrag** wurde mit der INPRO-Methodik, wie in Teil B beschrieben, erfüllt.
In der sehr schwierigen Situation – viele miteinander verknüpfte Fragen und Beteiligte (darunter auch Mitglieder der Personalvertretung) – konnte eine **allseits akzeptierte Lösung** gefunden werden. Dazu gehörte

eine für die Bundesbahn **neuartige Organisation**: eine dynamische Zusammenarbeit zwischen Bahn und privaten Anbietern, gesteuert durch ein Controlling.

Strategie für das Immobilienwesen des VBS

(3) Vom Eidgenössischen Departement für Verteidigung, Bevölkerungsschutz und Sport (VBS) wird der grösste Immobilienbesitz der Schweiz betreut. Er umfasst eine Fläche von der Grösse des Kantons Zug (ca. 25'000 ha) und die unterschiedlichsten baulichen Anlagen (Kasernen, Übungsgebäude, Flugplätze, Werkstätten, Zeughäuser etc.).

Im Zuge der Armeereform XXI wurde beschlossen, die militärischen Aufgaben deutlich zu verändern und v.a. die Grösse der Armee stark zu reduzieren. Damit verbunden stand eine Neuorganisation des gesamten Verteidigungsbereichs an. Davon wurde auch die unternehmerische Ausrichtung des Immobilienmanagements betroffen. Daher erteilte die Departementsleitung den **Auftrag**, zunächst eine Strategie für die Neuausrichtung des Immobilienwesens zu entwickeln.

Die Erfüllung dieses Auftrags erforderte es, acht grosse Organisationseinheiten, welche bis dahin für die Immobilienbestände verantwortlich waren, an der Strategieentwicklung zu beteiligen. Die Vorstellungen waren zunächst sehr unterschiedlich. Auch bestand eine unmittelbare organisatorische Betroffenheit. Dennoch gelang es durch das methodische Vorgehen, die intensive Zusammenarbeit und das umsichtige Management eine gemeinsame Strategie mit grosser **Akzeptanz** zu erreichen. Insbesondere wurden die Schwerpunkte der zukünftigen Aufgaben und die klaren organisatorischen Rollenverteilungen festgelegt (vgl. Abb. C/2).

Abbildung C/2
Die neue Rollenverteilung gemäss Strategie für das Immobilienwesen des Eidg. Departements für Verteidigung, Bevölkerungsschutz und Sport

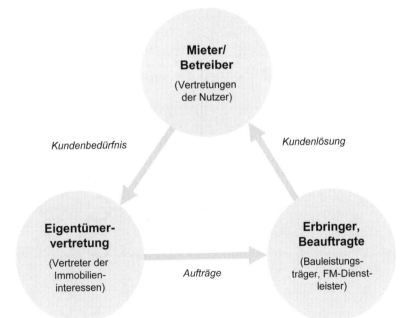

Rundblicke

Persönliche Entwicklungsstrategie eines Nachdiplomstudenten

(4) Ein diplomierter Architekt absolvierte ein Nachdiplomstudium (NDS) an der Eidgenössischen Technischen Hochschule (ETH) Zürich. Zum Zeitpunkt der Wahl eines **Diplomthemas** beschäftigte ihn auch intensiv die Frage seiner zukünftigen beruflichen Ausrichtung. Nun kam er auf die Idee, diese Frage zum Diplomthema zu machen, was vom Lehrstuhl akzeptiert wurde.

Die Bearbeitung erfolgt mit Prozessen und Methoden, wie sie im Teil B beschrieben wurden. Als Beispiel zeigt Abbildung C/3 den aufgestellten Zielbaum. Beteiligt waren in der Zusammenarbeit nicht nur die eigene Ehefrau, sondern auch hinzugezogene Vertreter verschiedener beruflicher Richtungen.

Abbildung C/3 Zielbaum zur Entwicklung einer persönlichen Berufs-Strategie

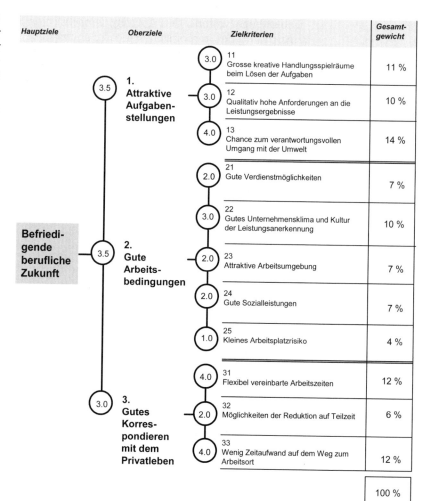

Hauptziele	Oberziele		Zielkriterien	Gesamt-gewicht
		3.0	11 Grosse kreative Handlungsspielräume beim Lösen der Aufgaben	11 %
	3.5 — 1. Attraktive Aufgabenstellungen	3.0	12 Qualitativ hohe Anforderungen an die Leistungsergebnisse	10 %
		4.0	13 Chance zum verantwortungsvollen Umgang mit der Umwelt	14 %
		2.0	21 Gute Verdienstmöglichkeiten	7 %
Befriedigende berufliche Zukunft		3.0	22 Gutes Unternehmensklima und Kultur der Leistungsanerkennung	10 %
3.5	3.5 — 2. Gute Arbeitsbedingungen	2.0	23 Attraktive Arbeitsumgebung	7 %
		2.0	24 Gute Sozialleistungen	7 %
		1.0	25 Kleines Arbeitsplatzrisiko	4 %
		4.0	31 Flexibel vereinbarte Arbeitszeiten	12 %
	3.0 — 3. Gutes Korrespondieren mit dem Privatleben	2.0	32 Möglichkeiten der Reduktion auf Teilzeit	6 %
		4.0	33 Wenig Zeitaufwand auf dem Weg zum Arbeitsort	12 %
				100 %

Der Nachdiplomstudent kam für sich zu einer klaren persönlichen Strategie, welche von seiner Frau mitgetragen wurde. Der **Erfolg bei der Umsetzung** stellte sich unmittelbar nach der Diplomarbeit ein: Der NDS-Lehrstuhl stellte den Nachdiplom-Absolventen als Forschungs-Assistenten an.

1.1.2 Organisation

Überblick (1) Organisationsprojekte zeichnen sich in der Regel durch eine **elementare Betroffenheit der Beteiligten** aus. Sie können zudem ebenfalls eine erhebliche Tragweite für den zukünftigen Erfolg eines Unternehmens oder einer öffentlichen Verwaltung haben. Das bedingt eine kluge Gestaltung der Zusammenarbeit, wobei methodische Instrumente gut unterstützen können.
Folgende Organisations-Projekte sollen hier kurz vorgestellt werden:
- Pädagogische Fachhochschule Aargau
- Prozess-orientierte Neuorganisation im Schweizer Generalstab
- Erarbeitung einer Informatik-Ausschreibung für das Ausbildungszentrum des Schweizerischen Baumeisterverbandes

Als weiteres Beispiel bringt Kapitel C/2.1 die Einführung der Wirkungs-orientierten Verwaltungsführung im Staatsarchiv des Kantons Zürich (Entsprechende private Beispiele können hier nicht veröffentlicht werden).

Organisation der neuen Pädagogischen Fachhochschule Aargau (2) Im Kanton Aargau bestanden vier Institutionen für die Aus- und Weiterbildung von Lehrpersonen. Im Rahmen des Projektes Realisierung Fachhochschule Pädagogik (RFP) wurden diese Institutionen fusioniert. Zudem erfolgte eine Integration in die Fachhochschule Aargau (FHA). Aus diesem Anlass heraus wurden 6 Teilprojekte aufgeglistet, darunter das TP 5 Organisation/Administration, Finanzen, Recht. Das Teilprojekt 5 übernahm u.a. die **Aufgabe**, die organisatorische Departementsstruktur zu konzipieren.

Rund-
blicke

Das Projekt wurde unter starker Beteiligung von Vertretungen der Betroffenen durchgeführt. Die Komplexität verdeutlicht Abbildung A/47 Trotz der erheblichen Schwierigkeiten konnten im Konsens in der Projektgruppe folgende Ergebnisse erreicht werden:
- Generelle Situationsanalyse und Vorschlag für die Leitungsprozesse
- Vorschlag für die Leitungsstruktur der Fachhochschule Pädagogik auf der obersten Ebene (inkl. Gremien)
- Dazu Darstellung der Aufgaben und Kompetenzen inkl. Vorschlag zum Umfang der Teilautonomie der Departementsleitung
- Funktionendiagramme zu ausgewählten wichtigen Leitungs- bzw. Führungsprozessen

Dieser Lösungs-Vorschlag wurde in der **kurzen Zeit** von nur drei Monaten erarbeitet. Er fand allgemein eine grosse **Akzeptanz**.

Prozess-orientierte Neuorganisation im Schweizer Generalstab

(3) Die in der Schweiz laufende Reform „Armee XXI" warf auch im Generalstab ihren Schatten voraus. Dieser sollte im Planungsbereich effektiver und effizienter werden. Gleichzeitig wollte man Ideen des New Public Management aufgreifen (vgl. Kap. B/4.1.2.5). Das führte zum Projekt der Prozess-orientierten Neuorganisation im Schweizer Generalstab, speziell in der Untergruppe Planung.

Im Rahmen der Situationsanalyse versuchte die Projektgruppe zunächst, sich Klarheit über die Stellung der Untergruppe Planung im Kontext der Armee zu verschaffen. Es entstand ein Bild der Stärken und Schwächen. Sodann wurden die bestehenden sehr unterschiedlichen Prozesse analysiert. Das führte zu einer Neukonzeption, bei der einerseits die unterschiedlichen Planungsebenen klar herausgearbeitet und andererseits die Prozesse vereinheitlicht werden konnten (vgl. Abb. C/4). Der darauf aufbauende systematische organisatorische Optimierungsprozess führte zu **erheblichen Veränderungen in den Strukturen**.

Insbesondere die Ergebnisse der Prozessanalysen flossen in ein Planungshandbuch ein. Die Neuorganisation der Untergruppe Planung fand **Akzeptanz** und bildete den **Kern für die Neuorganisation** im gesamten Generalstab.

Abbildung C/4 Die Prozessanalysen für den Generalstab im Rahmen der „Armeereform XXI" führten u.a. zur Klärung der Planungsebenen

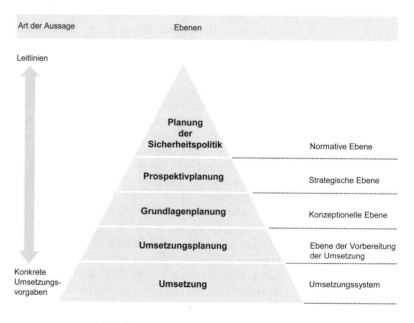

Erarbeitung einer Informatik-Ausschreibung

(4) Das Ausbildungszentrum des Schweizerischen Baumeisterverbandes in Sursee umfasst eine grosse Zahl von Schul- und Seminarräumen, Hallen für praktische Übungen, ein Hotel mit 600 Betten, diverse gastronomische Einrichtungen und Freizeiteinrichtungen. Organisatorisch wird das Ausbildungszentrum von zwei Stiftungen geführt.

Bislang wurden Informatik-Hilfen als Insellösungen konzipiert und eingeführt. Wichtige Bereiche wie das Hotel erhielten noch keinerlei Informatik-Unterstützung. Nun bestand der Plan, eine umfassende Informatiklösung für das ganze Ausbildungszentrum zu entwickeln und mit Hilfe eines Informatikunternehmens umzusetzen. Doch über die Inhalte dieser Ausschreibung herrschte noch keine Einigung. Ein Teil der Probleme lag in der jüngst vorgenommenen organisatorischen Aufgliederung in zwei rechtlich unabhängige Stiftungen. In dieser Situation erhielten Studenten der Fachrichtung „BauProzessManagement" an der Fachhochschule Aargau den **Auftrag**, eine von beiden Stiftungen getragene Informatik-Lösung zu konzipieren. Als Endprodukt sollte eine Informatik-Ausschreibung, welche den WTO-Anforderungen genügt, entstehen.

Das Problem wurde u.a. wegen des bestehenden Zeitdrucks auf zwei Schienen jeweils gemäss Abbildung B/29 angegangen: Einerseits die Analyse und die Neukonzeption der Geschäftsprozesse und andererseits die Entwicklung zunächst eines Informatik-Modells (vgl. Abb. C/5). Dann wurden die Ergebnisse zusammengeführt, was das Ausarbeiten der Informatik-Ausschreibung erlaubte. Die Lösung verspricht das **beste Kosten-Nutzen-Verhältnis** und fand **Akzeptanz** in beiden Stiftungen.

1.1.3 Marketing

Überblick

(1) Im Marketing kommt es ebenfalls stark auf die interne Akzeptanz an. Nur dann werden die Ergebnisse von Marketing-Planungen auch engagiert umgesetzt. Daneben geht es natürlich um sachlich umsichtige Situationsanalysen, Optimierungen und Ausarbeitungen. Marketing kann auf verschiedenen Ebenen erarbeitet werden. Das berücksichtigen die folgenden drei Beispiele:

- Marketing-Strategie Value Management Bau- und Consultingwirtschaft
- Marketing-Konzept Personalamt Kanton Basel-Stadt
- Neue Senfverpackung als Produktentwicklung

Ein weiteres Beispiel bringt Kapitel C/2.1.3 mit der Produktentwicklung zur Nutzung einer Industriebrache.

Rund-blicke

Abbildung C/5
Der sachliche
Prozess zur
Informatik-
Ausschreibung
Ausbildungszent-
rum

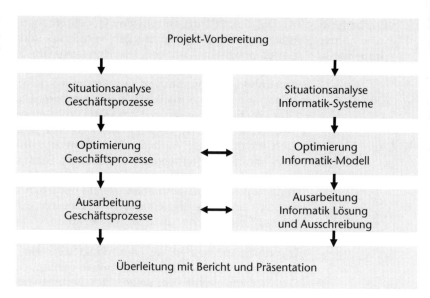

Projekt-Vorbereitung

Situationsanalyse Geschäftsprozesse — Situationsanalyse Informatik-Systeme

Optimierung Geschäftsprozesse ⟷ Optimierung Informatik-Modell

Ausarbeitung Geschäftsprozesse ⟷ Ausarbeitung Informatik Lösung und Ausschreibung

Überleitung mit Bericht und Präsentation

Marketing-Strategie Value Management Bau- und Consultingwirtschaft

(2) Anlass bildete die Erkenntnis der vom Verein Deutscher Ingenieure (VDI) eingesetzten Arbeitsgruppe „Bau- und Consultingwirtschaft", dass über den Erfolg der Methodik Value Management die potenziellen Anwender (Kunden) entscheiden. Einen solchen Brückenschlag positiv zu gestalten, ist **Aufgabe** des Marketing. Diese Methodik und Philosophie ging hier dementsprechend den Fragen nach:

○ Was bewegt die Akteure (Kunden) in der Bau- und Consultingwirtschaft dazu, die vom VDI unterstützte Methodik Value Management (VM) anzuwenden?

○ Was kann der VDI dazu beitragen, dem Value Management in der Bau- und Consultingwirtschaft zum Erfolg zu verhelfen?

Die eingesetzte Arbeitsgruppe führte eine intensive Situationsanalyse durch. Auf dieser Basis wandte sie sich dem Schwerpunkt der Aufgabe zu, der Strategie-Optimierung. Welche Ausrichtung die Marketing-Bemühungen haben sollten, war stark umstritten. Hier brachte insbesondere eine Zieldiskussion mehr Klarheit und auch Einigung (vgl. Abb. C/6). Das grösste Gewicht legte die Arbeitsgruppe auf das Oberziel der kundengerechten Ausgestaltung des VM-Konzeptes. Die Analyse der Kundenbedürfnisse und der Stärken der Produktgruppe Value Management führt zur Formulierung der Strategischen Erfolgs-Positionen (SEP) sowie zu Leitideen für das Marketing-Konzept.

Man erreichte bei diesen Fragen in der Arbeitsgruppe und im VDI **Akzeptanz**. Doch litt die Umsetzung der Strategie unter einem Führungswechsel im betreffenden Bereich des VDI.

Abbildung C/6
Die Diskussion der
Strategischen
Marketing-Ziele
(Was wollen wir
erreichen?) führte
zur Annäherung
unterschiedlicher
Standpunkte

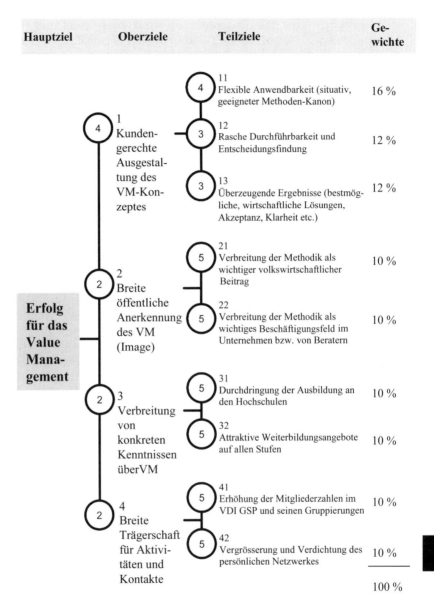

Hauptziel	Oberziele	Teilziele	Ge-wichte
Erfolg für das Value Management	4 — 1 Kundengerechte Ausgestaltung des VM-Konzeptes	4 — 11 Flexible Anwendbarkeit (situativ, geeigneter Methoden-Kanon)	16 %
		3 — 12 Rasche Durchführbarkeit und Entscheidungsfindung	12 %
		3 — 13 Überzeugende Ergebnisse (bestmögliche, wirtschaftliche Lösungen, Akzeptanz, Klarheit etc.)	12 %
	2 — 2 Breite öffentliche Anerkennung des VM (Image)	5 — 21 Verbreitung der Methodik als wichtiger volkswirtschaftlicher Beitrag	10 %
		5 — 22 Verbreitung der Methodik als wichtiges Beschäftigungsfeld im Unternehmen bzw. von Beratern	10 %
	2 — 3 Verbreitung von konkreten Kenntnissen über VM	5 — 31 Durchdringung der Ausbildung an den Hochschulen	10 %
		5 — 32 Attraktive Weiterbildungsangebote auf allen Stufen	10 %
	2 — 4 Breite Trägerschaft für Aktivitäten und Kontakte	5 — 41 Erhöhung der Mitgliederzahlen im VDI GSP und seinen Gruppierungen	10 %
		5 — 42 Vergrösserung und Verdichtung des persönlichen Netzwerkes	10 %
			100 %

Legende: VM = Methodik Value Management

Marketing-Konzept Personalamt Kanton Basel-Stadt

(3) Das Personalwesen im Kanton Basel-Stadt wurde organisatorisch neu geordnet. Die dezentralen Personalstellen der Departemente erhielten neu die Zuständigkeit für operative Personalangelegenheiten. Zuvor waren alle diese Zuständigkeiten im zentralen Personalamt konzentriert. Dieses erhielt neu die Rolle eines Beratungs- und Koordinationsdienstes. Damit musste sich das zentrale Personalamt auf seine neuen Aufgaben und Kompetenzen ausrichten. Dafür lag eine Marketingstrategie vor. Nun ergab sich die **Aufgabe**, Marketingkonzepte als Strategieumsetzung zu entwickeln.

Das zentrale Personalamt entschloss sich, diese Aufgabe zusammen mit seinen Kunden, den dezentralen Personalstellen in den Departementen, anzugehen. Man bildete eine gemeinsame Arbeitsgruppe. Nach drei jeweils gut vorbereiteten Klausuren entstand ein **Marketingkonzept im Konsens**. Dieses machte Aussagen zu den Produktangeboten, zu den Konditionen und zur Kommunikationspolitik des zentralen Personalamtes. Wichtig war v.a. die Einigung auf Massnahmenpakete. Dazu gehörte z.B. eine neue Corporate Identity. Sichtbares Zeichen dafür ist u.a. der markante grafische Stil der Personalwerbung.

Neue Senfverpackung als Produktentwicklung

(4) Die Mautner Markhof AG in Wien, ein Unternehmen der Nahrungs- und Genussmittelindustrie, setzte sich zum Ziel, eine neue Verpackung für ihr Senfprodukt zu entwickeln.[1] Diese **Aufgabe** entstand als Folge der Übernahme einer ungarischen Firma, welche ebenfalls Senf herstellte. Hinzu kamen Diskussionen in Österreich über die Sinnhaftigkeit von Verpackungen und die Auswirkungen des verschärften Abfallwirtschaftsgesetzes.

Die eingesetzte Arbeitsgruppe ging systematisch vor und analysierte die Situation. Neben den genannten Faktoren galt es auch, die Bedürfnisse und Wünsche des Handels und die Präferenzen der Kunden zu berücksichtigen. Aus diesen Gründen gehörten auch Vertretungen des Handels und einer Werbeagentur zur Arbeitsgruppe. Nach dem Schritt der Analyse wurde ein kreativer eintägiger Workshop durchgeführt, welcher der Zielformulierung, Variantenausarbeitung und -bewertung diente. In weiteren Sitzungen entwickelte die Arbeitsgruppe einen Vorschlag, welcher grosse **Akzeptanz** fand.

---

[1] Das Produkt wurde unter dem Methodik-Titel „Wertanalyse" entwickelt, dokumentiert vom Wirtschaftsförderungsinstitut (WIFI) der Bundeswirtschaftskammer, Wien (vgl. Einleitung zu Kap. B/1.).

1.2 Beispiele Infrastruktur- und räumliche Planung

1.2.1 Städtebauliche Richtplanungen

Überblick

(1) Die Infrastruktur- und Raumplanung allgemein und die Richtplanung insbesondere bearbeitet Fragen in einem öffentlichen Kontext (politisch, baurechtlich), was tendenziell zu langen Planungszeiten führt. Zudem rufen Richtplanungen oft viel Betroffenheit hervor. Alle vier Oberziele für das Problemlösen (bestmögliche Lösung, Akzeptanz, kurzer Zeitbedarf und angemessen kleiner Aufwand, vgl. Abb. B/2) kommen daher zum Tragen.

Dementsprechend bewährte sich der Ansatz der INPRO-Methodik. Der folgende **Rundblick** bringt dazu sehr unterschiedliche Beispiele:
- Räumliche Richtplanung für die Eidg. Technische Hochschule Zürich
- Stadtentwicklungsstudie Schlachthofareal Heidelberg
- Masterplanung Sozialzentren Stadt Zürich

Als weiteres Beispiel werden in Kapitel C/2 die Planung der Fernsteuerungsanlagen der DB im Grossraum Hamburg vertiefend behandelt.

Räumliche Richtplanung für die ETH Zürich

(2) Es war zwei Jahrzehnte lang nicht gelungen, für den Ausbau des Zweit-Standortes der ETH Zürich auf dem Hönggerberg (vgl. Abb. C/7), einen verbindlichen Richtplan zum weiteren Ausbau zu entwickeln und zu beschliessen. Dabei wurden in den 70er und 80er Jahren immer wieder Versuche gestartet, in der Richtplanung voranzukommen – jedoch ohne Erfolg.

Abbildung C/7 Inzwischen wurde das freie Areal der ETH Zürich Hönggerberg rechts entsprechend dem entwickelten Konzept teilweise bebaut

Rund-blicke

Besondere Schwierigkeiten lagen bei diesem Projekt in der Komplexität der Aufgabe einerseits und in der grossen Zahl Beteiligter mit unterschiedlichen Interessen andererseits. Einfluss nahmen das damalige Amt für Bundesbauten (Federführung), die ETH-Leitung, einzelne ETH-Abteilungen, der Kanton Zürich, die Stadt Zürich und die Nachbarschaft der ETH in Höngg (z.B. Quartierverein).

Mit Hilfe der INPRO-Methodik gelang es, sich auf eine Verteilung der Hochschulinstitute auf die Standorte Zentrum und Hönggerberg zu einigen. Einen erfolgsbestimmenden Faktor bildete dabei die Wertediskussion mit Hilfe einer Zielanalyse (vgl. Kastentext „ETHZ – ein Stolperstein im Verborgenen").

Das erarbeitete Konzept der Standortverteilung zwischen dem Hönggerberg und der Innenstadt sowie der Richtplan für den Hönggerberg fanden **Akzeptanz**. Inzwischen konnten auf dieser Grundlage erstellte umfangreiche Neubauten bezogen werden.

Stadtentwicklungsstudie Schlachthofareal Heidelberg

(3) Die Stadt Heidelberg hob 1955 ihren eigenen Schlachthof auf. Die vorhandenen Gebäude aus den 50er Jahren wurden für die Idee eines Technologieparks zur Verfügung gestellt. In den folgenden Jahren konnte die Idee erfolgreich umgesetzt werden.

Als erhebliche Nachinvestitionen in Ver- und Entsorgungseinrichtungen erforderlich wurden, stellte sich die Frage, ob der Technologiepark auf Dauer an diesem Standort richtig ist. Es war nicht zu übersehen, dass das Areal eine hervorragende Lage im Stadtgebiet hat. Das zeigt sich daran, dass der Hauptbahnhof gerade gegenüber liegt. Mit Hilfe der INPRO-Methodik bestätigte sich, welche grosse Bedeutung die Nutzung des Schlachthofgebietes für die Entwicklung des gesamten Stadtteils „jenseits der Bahnlinie" hat. In der Projektgruppe, bestehend aus Leitenden der Exekutive und der Legislative, entwickelte sich eine hohe Akzeptanz für die Idee, für das Gebiet eine vertiefende Stadtentwicklungsplanung einzuleiten, wobei Wohn- und Dienstleistungsnutzungen im Vordergrund stehen sollten.

Masterplanung Sozialzentren Stadt Zürich

(4) Die Stadt Zürich organisierte ihre Sozialzentren neu. In der Folge wurden die zentralen Fachabteilungen (z.B. Jugendhilfe) dezentralisiert. In 5 Stadtteilen entstanden neue Sozialzentren – zunächst an verstreuten Standorten. Die Zusammenführung an jeweils einen Standort war jedoch geplant. Bei der Umsetzung entstanden etliche Unsicherheiten und Konflikte. Für die Programmierung und die bauliche Ausgestaltung der Sozialzentren bestanden in der Schweiz keine Vorbilder. Es gab daher sehr unterschiedliche Vorstellungen, die sich zudem mit weiteren Entwicklungen veränderten. Hinzu kamen die Wirkungen unterschiedlicher Kulturen insbesondere im Sozial- und Baudepartement. Daher erteilten die beiden zuständigen Departementsvorsteherinnen den **Auftrag**, eine einvernehmliche Lösung mit Hilfe einer Masterplanung zu finden.

Im Zuge der Bearbeitung mit Hilfe der INPRO-Methodik wurde immer deutlicher, dass die Lösung der Probleme gar nicht mit einem statischen Masterplan zu erreichen ist. Die Entwicklungen waren dazu viel zu dynamisch (Erfahrungszuwachs, Wechsel in den Programmvorstellungen für Sozialzentren, Rahmenbedingungen für die Wahl und den Erwerb geeigneter Liegenschaften). Die Lösung lag nun vielmehr in einer **dynamischen Strategie** (vgl. Kap. B/3.2.1.1) und der Bereitstellung von Instrumenten zur Strategie-Umsetzung. Der „Masterplan" bekam also den Charakter einer Handlungs-Richtplanung, auf welche sich alle Beteiligten einigten (vgl. Abb. C/8).

Abbildung C/8
Mit Hilfe dieses
Masterplan-
Systems im Sinne
einer Richtplanung
für das Handeln
konnte das Prob-
lem „Sozialzent-
ren" besser bewäl-
tigt werden

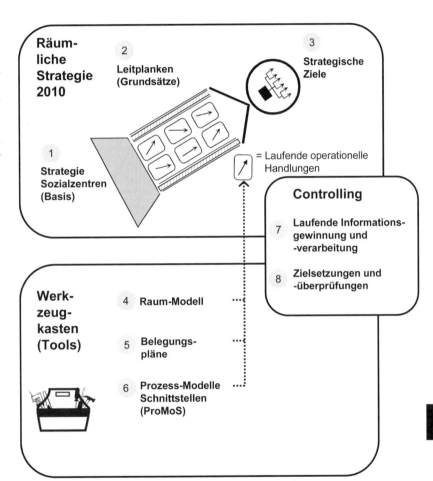

1.2.2 Standort- und Nutzungskonzepte

Überblick

(1) Auch bei den Standort- und Nutzungskonzepten geht es in der Regel um verschiedene Interessen und Anliegen. Auch hier spielen persönliche Betroffenheiten hinein. Als Beispiele für diesen Bereich wurden ausgewählt:

• Entwicklungs- und Nutzungsmöglichkeiten der Rheinhäfen Basel
• Standort- und Raumoptimierung Stadtverwaltung Zürich
• Gestaltungskonzept Bundesplatz Bern

Entwicklungs- und Nutzungsmöglich- keiten der Rheinhäfen Basel

(2) In am Anfang getrennten Studien wurde für die Kantone Basel-Landschaft und Basel-Stadt untersucht, wie die zukünftigen Entwicklungs- und Nutzungsmöglichkeiten der Rheinhäfen zu bewerten sind.

Zunächst beleuchtet eine Situationsanalyse die heutige und die zukünftige Nachfrageentwicklung nach Leistungen der Rheinhäfen. Anschliessend wurden Vorschläge für die Nutzung nicht mehr benötigter Flächen der Rheinhäfen evaluiert. Das geschah für beide Kantone gemeinsam.

Die Studie führte zu einer **erhöhten Wertschätzung der Hafenareale** und leitete eine **intensive politische Diskussion** der Zukunft der Rheinschifffahrt ein. Danach wurden erste konkrete Planungen und Massnahmen für eine zusätzliche Nutzung der Hafenareale realisiert (vgl. Abb. C/9). Weitere Planungen und Realisierungen sind im Gange.

Abbildung C/9
Für die Rheinhäfen
wurden mit Hilfe
von INPRO-
Ansätzen zusätzli-
che Nutzungen
evaluiert

Standort- und Raumoptimie- rung Stadtver- waltung Zürich

(3) Die Standort- und Raumoptimierung für die Stadtverwaltung Zürich wurde aus zwei Gründen ein Thema:

○ Im Zuge der Aufgabenvermehrung und der personellen Expansion der Stadtverwaltung mussten an zahllosen Standorten Büros angemietet werden, was zu einer Standortverzettelung und auch oft zu wenig guten Bürolösungen führte.

○ Die Stadt Zürich lancierte Sparpakete und wollte auch bei den Raumkosten sparen, zumal die Fläche je Mitarbeitendem weit über dem üblichen Durchschnitt von Verwaltungen lag.

Das führte zur Konzeption eines Gesamtprojektes, wie Abbildung A/107 zeigt. Hier wird v.a. kurz über das Aufgabenfeld der Phase II „Gesamtkonzept Standort- und Raumzuteilungen" berichtet. Dabei ging es um die Weichenstellungen für die Verteilung der Departemente auf Standorte und den generellen Flächenbedarf. Zusätzlich sollten Objekte, die auf dem privaten Markt gute Preise versprechen, von der Verwaltung geräumt werden.

Der Prozess wurde gemäss INPRO-Methodik gestaltet und folgte den in Abbildung B/29 wiedergegebenen Schritten. Die Zusammenarbeit wurde in verschiedener Form gepflegt, primär durch ein Projektteam sowie durch intensive Gespräche mit den betroffenen Departementen und Abteilungen. Grosse Probleme bereitete dabei, den zukünftigen Flächenbedarf abzuschätzen (vgl. Kastentext „Die undurchschaubare Stellenfrage"). Es konnten dennoch tragfähige Annahmen getroffen werden.

Insgesamt fand das **Ergebnis**, das wesentliche Eckdaten enthielt, **Akzeptanz** (vgl. Abb. C/10). Auch der Stadtrat stimmte diesem Konzept zu.

Die nächste Phase (vgl. Abb. A/10) wurde gleichfalls mit der INPRO-Methodik gut bewältigt. Dabei spielte die ZORA-Methode für das Erreichen einer **wirtschaftlichen Lösung** eine grosse Rolle (vgl. Abb. A/119).

	Leitidee (Stufe 1)	Ziel-Grösse 2010 (Stufe 1)
Abbildung C/10 Genereller Konzept-Vorschlag der Standort- und Raumoptimierungen (Stufe 1, vor der anschliessenden Detailbearbeitung in Stufe 2)	• Konsequente Umsetzung der Flächenvorgaben des Stadtrates	*Senkung Flächenbestand engere Verwaltung um 17% bzw. 38'000 m^2 NF[1]*
	• In Teilen grundlegende Neuordnung der Standort- und Raumzuteilungen mit möglichst starker räumlicher Zusammenführung der Departemente	*Alle Teile in Departementen mit starken Kommunikationsbedürfnissen max. 500 m voneinander entfernt*
	• Rasche Realisierung von Wertschöpfungen durch Vermietungen	*Vermietete Fläche mit Wertschöpfung 32'000 m^2 NF*
	• Weitgehender Abbau von Fremd-Mieten	*Reduktion auf 0 m^2 NF für Organisationseinheiten ohne Standortbindung*
	• Erhebliche Konzentration in den Standorten	*Nach Möglichkeit max. 80 Standorte*
	• Erheblicher Umfang von Nutzflächen in neuen Verwaltungszentren	*3 neue Verwaltungszentren mit insgesamt 35'000 m^2 NF*

Rund-blicke

---

[1] NF = Nutzflächen

**Gestaltungs-
konzept
Bundesplatz
Bern**

(4) Bei der Neugestaltung des Platzes vor dem Parlamentsgebäude in Bern trafen widerstreitende Interessen aufeinander. Dieser als Parkplatz benutzte zentrale Platz in der Stadt sollte repräsentativer werden – darüber waren sich fast alle einig. Natürlich wollten die Interessenvertreter der City den zentralen Parkplatzbestand bewahren. Die Stadt strebte v.a. an, die Verkehrsverhältnisse im Bereich des Platzes (insbesondere Busse und Fahrräder) und die Bedingungen für die Wochenmärkte zu verbessern. Bei Parlamentsvertretern reichten die Vorstellungen von einer grünen Insel bis hin zu einem Ort der Denkmäler zur Schweizer Geschichte. In dieser schwierigen Situation und nach lange dauernden Diskussionen wurde der **Auftrag** an eine Projektgruppe erteilt, eine einvernehmliche Lösung zu erreichen.

In dieser Gruppe nahmen vier Nationalräte, der Planungs- und Baudirektor der Stadt sowie Vertretungen des Stadtparlamentes, städtischer Behörden, der City-Vereinigung und des Amtes für Bundesbauten Einsitz. Das Vorgehen folgte der in Teil B beschriebenen INPRO-Methodik. Zu den methodischen Instrumenten bringen die Abbildungen B/53, 88 bis 91 Beispiele. Trotz der sehr heterogenen Zusammensetzung und der Grösse der Projektgruppe gelang es auf diese Weise, einen Konsens und, auf dieser Basis, eine breite **Akzeptanz** zu erzielen. Aufbauend auf dieser Grundlage wurde ein nationaler Gestaltungswettbewerb durchgeführt. Die **Realisierung** liess dann aber infolge von Finanzierungsengpässen auf sich warten. Trotz der erheblichen zeitlichen Verzögerungen hielt der Konsens in der Nutzung und der grundsätzlichen Gestaltung des Bundesplatzes. Die Einweihung des neu gestalteten Platzes erfolgte im August 2004 (vgl. Abb. B/1).

1.2.3   Baukonzepte

Überblick

(1) Bei Baukonzepten kommt es generell auf alle in Abbildung B/2 dargestellten Ziele an, speziell aber auch auf zukunftsgerichtete Lösungen. Dabei erweist es sich immer wieder als besonders wichtig, Freiräume für Kreativität zu schaffen. Als Beispiele für dieses Feld erfolgreichen Problemlösens wurden gewählt:

• Neubau Institut für medizinische Laboranalytik
• Strategische Planung City-Parking Basel
• Detail-Optimierungen neue EDV-Räume der Hilty AG, Schaan

Ein weiteres Beispiel, die Sanierung der Häuser Chorgasse in Zürich, bringt Kapitel C/2.2.2.

**Neubau
Institut für
medizinische
Laboranalytik**

(2) Die Bioscientia, Ingelheim, ist ein Institut für medizinische Laboranalytik. Da das Unternehmen stark expandierte und sich durch sehr spezifische räumliche Anforderungen auszeichnete, wurde ein Neubau beschlossen. Als Randbedingungen galt es, einen hohen Kostendruck und eine extrem kurze Planungszeit zu berücksichtigen (nur drei Monate für die Erarbeitung des Bedarfsprogrammes und des baulichen Konzeptes).

Mit Hilfe der INPRO-Methodik konnte diese **knappe Terminsetzung** eingehalten werden. Trotz des Zeitdrucks gelang es, der besonderen Aufgabe angemessen, einen **neuen Labortyp** zu entwickeln. Jener lässt insbesondere voneinander unabhängige Erweiterungen der Labors und der Büroräume zu. In den folgenden zwei Jahren wurde die Konzeption, im wesentlichen unverändert, realisiert (vgl. Abb. C/11).

*Abbildung C/11
Die realisierte
Labor- und Büro-
anlage hat inzwi-
schen ihre hohe
Flexibilität und
gute Erweiterbar-
keit bewiesen*

**Strategische
Planung City-
Parking Basel**

(3) Das City-Parking in Basel bietet 1010 unterirdische Parkplätze etwa 400 m Luftlinie vom Marktplatz entfernt. Auslöser der Planung bildeten verschärfte Brandschutzvorschriften. Gleichzeitig wollte man das zum Anlass nehmen, die Attraktivität des Parkhauses zu erhöhen, liess doch die Auslastung zu bestimmten Zeiten zu wünschen übrig. So entstand z.B. der Vorschlag, vom City-Parking einen unterirdischen Tunnel bis nahe beim Marktplatz zu bohren und mit Rollsteigen auszurüsten. Doch bevor solche Ideen weiterverfolgt werden, galt es, eine strategische Planung durchzuführen. Dazu erteilte die Regierung einen **Auftrag** mit den Anforderungen:

Rund-
blicke

- Eine genügend abgesicherte Informationsbasis (unter Einschluss vergleichbarer Parkhäuser in Basel)
- Zielformulierungen und Klärung der Randbedingungen
- Dargestellte und bewertete Massnahmen-Varianten
- Ein optimiertes Massnahmen-Konzept
- Ein konkreter Vorschlag für das weitere Vorgehen

Abbildung C/12
Die Projektgruppe City-Parking einigte sich auf ein strategisches Massnahmen-Konzept im Konsens

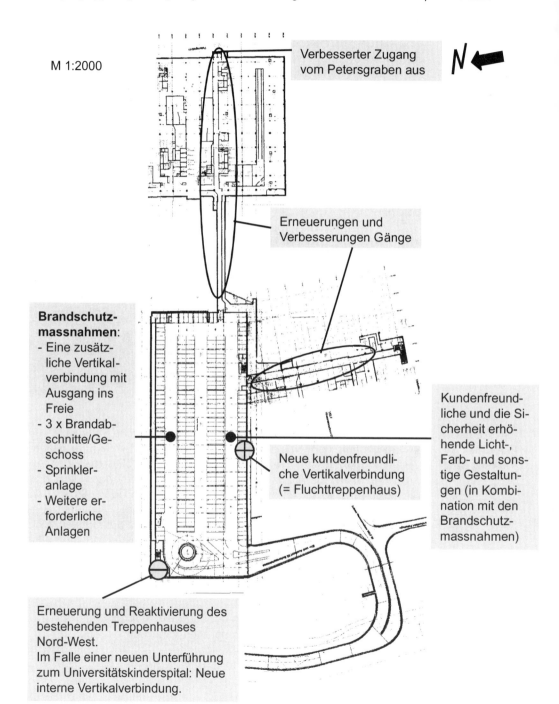

M 1:2000

Verbesserter Zugang vom Petersgraben aus

N ⬅

Erneuerungen und Verbesserungen Gänge

**Brandschutz-
massnahmen**:
- Eine zusätz-
  liche Vertikal-
  verbindung mit
  Ausgang ins
  Freie
- 3 x Brandab-
  schnitte/Ge-
  schoss
- Sprinkler-
  anlage
- Weitere er-
  forderliche
  Anlagen

Kundenfreund-
liche und die Si-
cherheit erhö-
hende Licht-,
Farb- und sons-
tige Gestaltun-
gen (in Kombi-
nation mit den
Brandschutz-
massnahmen)

Neue kundenfreundli-
che Vertikalverbindung
(= Fluchttreppenhaus)

Erneuerung und Reaktivierung des
bestehenden Treppenhauses
Nord-West.
Im Falle einer neuen Unterführung
zum Universitätskinderspital: Neue
interne Vertikalverbindung.

Diese Ergebnisse mussten unter schwierigen Voraussetzungen erzielt werden. Die ganze Anlage dient auch dem Bevölkerungsschutz. Zudem ist sie mit dem Universitätsspital stark verflochten. Alle Massnahmen berühren also auch Interessen dieses Spitals. Der Ansatz zur Problemlösung der INPRO-Methodik war auf eine Massnahmen-Optimierung ausgerichtet. Als Verfahren diente die strategische Planung.

In diesem Sinne beschäftigte sich eine Projektgruppe mit den verschiedenen Teilaufgaben (s.o.). Bei den Massnahmen-Varianten wurde auf eine breit angelegte Untersuchung verschiedener Möglichkeiten geachtet. Die Projektgruppe einigte sich auf ein Massnahmen-Konzept im Konsens, welches auch beim Auftraggeber **Akzeptanz** fand (vgl. Abb. C/12). Diese Leistung muss vor dem Hintergrund anfänglich weit auseinanderliegender Interessen (Spital, staatliche Immobilienverwaltung, Städtebau) gesehen werden.

Detail-Optimierungen neue EDV-Räume der Hilti AG, Schaan

(4) Die Bauabteilung der Hilti AG, Schaan, hatte ein Konzept für neue EDV-Räume in Form des Umbaus einer bestehenden Halle ausgearbeitet (vgl. Abb. C/13). Die Geschäftsleitung der Hilti AG forderte eine **Überprüfung der Konzeption**.

Die INPRO-Methodik wurde dementsprechend als Überprüfungsinstrument eingesetzt. Im Mittelpunkt der Aufgabe stand ein Katalog von Detail-Fragen.

Obwohl die Bauabteilung sehr gute Arbeit geleistet hatte, konnten durch die Projektgruppe noch viele Details im Kosten-Nutzen-Verhältnis optimiert werden. Das geschah mit Hilfe einer ganzen Reihe von Klein-Projekten, welche im Rahmen einer Klausur abschliessend bearbeitet wurden. Abbildung C/14 zeigt dazu das verwendete Bewertungsblatt.

Die höchsten **Einsparungen** erbrachte die Überprüfung des Sicherheitskonzeptes. Die INPRO-Methodik zeigte, dass in den vorliegenden Planungen für einen sehr fraglichen Zuwachs an Sicherheit vergleichsweise viel Geld ausgegeben werden sollte.

Nach der Überprüfung und Verbesserung wurde das Projekt in der Geschäftsleitung umgehend zur Realisierung freigegeben.

Rund-blicke

Abbildung C/13 In die bestehende Halle im Anschluss an das Verwaltungsgebäude der Firma Hilti AG in Schaan sollten neue EDV-Räume untergebracht werden. Die Konzeption wurde kritisch überprüft und im Detail verbessert

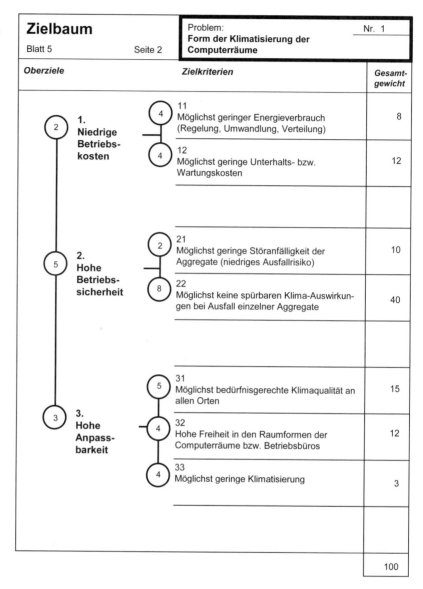

Zielbaum		Problem: **Form der Klimatisierung der Computerräume**	Nr. 1
Blatt 5	Seite 2		

Oberziele	Zielkriterien	Gesamt-gewicht
(2) **1. Niedrige Betriebs-kosten**	(4) 11 Möglichst geringer Energieverbrauch (Regelung, Umwandlung, Verteilung)	8
	(4) 12 Möglichst geringe Unterhalts- bzw. Wartungskosten	12
(5) **2. Hohe Betriebs-sicherheit**	(2) 21 Möglichst geringe Störanfälligkeit der Aggregate (niedriges Ausfallrisiko)	10
	(8) 22 Möglichst keine spürbaren Klima-Auswirkun-gen bei Ausfall einzelner Aggregate	40
(3) **3. Hohe Anpass-barkeit**	(5) 31 Möglichst bedürfnisgerechte Klimaqualität an allen Orten	15
	(4) 32 Hohe Freiheit in den Raumformen der Computerräume bzw. Betriebsbüros	12
	(4) 33 Möglichst geringe Klimatisierung	3
		100

Anmerkung:
Die Noten-Skala (Zielerfüllungsgrade) reichte von 5 = sehr gut bis
1 = sehr schlecht.

Bewertung

Blatt 5   Seite 3

Problem: **Form der Klimatisierung der Computerräume**   Nr. 1

VARIANTE A Schränke			VARIANTE B Zentral			VARIANTE C Mischform			VARIANTE D		
Bemerk.	Note	NW	Bemerk.	Note	NW	Bemerk.	Note	NW	Bemerk.	Note	NW
Relativ tiefer Energieverbrauch	4	32	Relativ tiefer Energieverbrauch	4	23	Relativ sehr tiefer Energieverbrauch	5	40			
	4	48		5	60		4	48			
		80			92			88			
Schränke relativ empfindlich	3	30		5	50		4	40			
Verteilt auf viele Schränke	5	200		4	160		4	160			
		230			210			200			
Bestmögliche Qualität	5	75	Eingeschränkte Möglichkeiten	3	45	Bestmögliche Qualität	5	75			
Erhebliche Einschränkungen durch max. Wurfweite	2	24		5	60		3	36			
Schränke lärmig	3	9	Apparate abgeschirmt in Zentrale	5	15		4	12			
		108			120			123			
Nutzwert/ Ø-Note Total	4.2	418		4.2	422		4.1	411			
Kosten Total (Mio. CHF)	4.3			5.7			5.2				

Rund-blicke

2. Details zu ausgewählten Beispielen

**Vertiefung
Praxis-Beispiele**

(1) Der wichtigste Zweck der folgenden Beispiele liegt in der konkreten Darstellung der Anwendung der INPRO-Methodik. Dafür werden die Beispiele in der Aufgabe und der Durchführung konkreter dargestellt und Details zum Prozess geschildert. Dabei wird einerseits Wert auf die **Dokumentation von Mustern** gelegt. Andererseits soll spürbar werden, wie typische Prozesse in der Praxis ablaufen.

Hauptkapitel

(2) Analog zu Kapitel C/1 erfolgt eine Fokussierung auf zwei thematische Bereiche, denen je ein Kapitel gewidmet wird:

- **Beispiele Unternehmens- und Verwaltungsplanung**

- **Beispiele Infrastruktur- und Raumplanung**

2.1 Details Unternehmens- und Verwaltungsplanung

2.1.1 Entwicklung einer Unternehmensstrategie für die Agrico

**„Klassisches"
Vorgehen**

(1) Dieses Fallbeispiel zeigt ein „klassisches" methodisches Vorgehen gemäss Kapitel B/2.2 gemäss der INPRO-Methodik waren auch die enge Zusammenarbeit und ein bewusstes Management des gesamten Prozesses selbstverständlich. Dabei wurde das Projekt in drei Phasen gegliedert:
  ◦ Phase I   Unternehmensstrategie
  ◦ Phase II   Teilstrategien Marketing, Organisation und Investitionen
  ◦ Phase III Umsetzungen
Hier erfolgt eine Fokussierung auf Phase I, die entscheidende Erarbeitung der Strategie.

**Standard-
Themen**

(2) Dieses und die weiteren Beispiele bringen immer in der gleichen Weise die Standardthemen:

- Aufgabe

- Prozess

- Anmerkungen

Details

2.1.1.1 Aufgabe

Finanzielle Krise

(1) Die Agrargenossenschaft Birsmattehof in Therwil (Kanton Basel-Landschaft) geriet zunehmend in eine Krise. Die Gründungsväter sahen in der Genossenschaft ein Instrument, um durch die Verbraucher (primär Familien mit Kindern) selber biologisches Gemüse in grösserem Stil anzubauen und direkt zu verteilen. Unterstützt wurde diese Verbraucher-Genossenschaft durch fünf angestellte Gärtner. Doch auch die 300 Genossenschaftlerinnen selber wirkten in der landwirtschaftlichen Arbeit und der Verteilung des Gemüses mit. Basis der Produktion bildete der Kauf eines Hofes mit entsprechend grossen Flächen.

Aus **vier Gründen** entstand eine finanzielle Krise: Der sehr teuer gekaufte Hof (Bauerwartungsland), die Abnahme der Zahl an Genossenschaftlern infolge des wachsenden Angebotes im Biobereich, die Änderungen der Konsumgewohnheiten (Tomaten auch zu Weihnachten) sowie die völlig unzureichende Produktivität beim Einsatz der fünf Gärtner.

Nicht mehr zeitgemässe Ideale

(2) Diese Ursachen der Krise waren den idealistisch gesonnenen leitenden Genossenschaftlerinnen zunächst kaum näher zu bringen. Sie träumten sogar von einer Verstärkung gemeinschaftlichen Einsatzes in der landwirtschaftlichen Produktion.

Im Verlauf des gemeinsamen Prozesses erkannte die Projektgruppe dann aber, dass diese „Dosisverstärkung" keine Zukunft verspricht. Das Abspringen vieler Genossenschaftler hing nicht nur mit dem neuen Konkurrenzangebot zusammen, sondern auch mit der Tatsache, dass die Ideale der Gründungsmütter nicht mehr genügend zugkräftig waren und sich auch ein starker sozialer Wandel vollzogen hatte (z.B. weniger Familien mit Kindern, mehr Singles). Auch sank die Bereitschaft, selber auf dem Gemüsefeld Hand anzulegen.

Neue Strategie als Lösung

(3) Nach solchen Erkenntnissen waren die Genossenschaftler frei, in einem Optimierungsprozess eine neue Strategie für den Birsmattehof zu entwickeln. Diese setzte einerseits mehr auf Marktgerechtigkeit der angebotenen Produkte und die Ausweitung der Produktion sowie andererseits auf die Gewinnung neuer Genossenschaftler ohne landwirtschaftlichen Arbeitszwang.

2.1.1.2 Prozess

Zusammenarbeit

(1) Es wurde eine **Projektgruppe** gebildet, welche aus Vertretungen aller drei Gruppierungen der Agrico bestand:
- Konsumentinnen (Genossenschaftler)
- Geschäftsleitung der Genossenschaft
- Angestellte Produzenten (Gärtner)

Diese Projektgruppe als Team von insgesamt 8 Personen bearbeitete zusammen mit dem beauftragten Planungsbüro sämtliche Schritte bzw. Themen. Zudem führten Projektgruppenmitglieder und das beauftragte

Büro Gespräche mit diversen weiteren Konsumentinnen und externen Interessenträgern durch.

Methoden (2) Für diesen Problemlösungs-Zyklus wurde die Schrittfolge gemäss Abbildung B/29 gewählt, also:
- Vorbereitung
- Situationsanalyse
- Optimierung
- Ausarbeitung
- Überleitung

Als **Methoden für Einzelaufgaben** setzte die Projektgruppe die Zielanalyse, den Morphologischen Kasten (Bestimmung von Varianten), die Nutzwertanalyse und die Investitionsrechnung ein. Abbildung C/15 zeigt als Beispiel eine Varianten-Darstellung. Abbildung C/16 gibt die zusammengefassten Ergebnisse der Nutzwertanalyse wieder.

Abbildung C/15
Der Ausschnitt aus der Varianten-Darstellung Strategie Agrico zeigt das Bemühen um eine einfache Darstellung

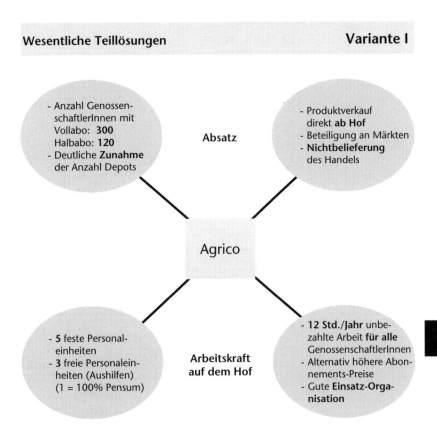

Wesentliche Teillösungen   **Variante I**

- Anzahl Genossen-
  schaftlerInnen mit
  Vollabo: **300**
  Halbabo: **120**
- Deutliche **Zunahme**
  der Anzahl Depots

Absatz

- Produktverkauf
  direkt **ab Hof**
- Beteiligung an Märkten
- **Nichtbelieferung**
  des Handels

Agrico

- **5** feste Personal-
  einheiten
- **3** freie Personalein-
  heiten (Aushilfen)
  (1 = 100% Pensum)

**Arbeitskraft
auf dem Hof**

- **12 Std./Jahr** unbe-
  zahlte Arbeit **für alle**
  GenossenschaftlerInnen
- Alternativ höhere Abon-
  nements-Preise
- Gute **Einsatz-Orga-**
  nisation

Details

Management (3) Das Management der Strategieentwicklung erwies sich als recht komplex. Im Bereich der **Rahmenbedingungen** wollten Genossenschaftler direkten Einfluss auf das Projekt nehmen. Hier musste die Projektleitung dafür sorgen, dass die Projektgruppe nicht hin- und hergerissen wurde. Gleichzeitig war wichtig, die Genossenschaftler über den Projektverlauf gut zu informieren, musste doch die Strategie in der Generalversammlung aller Mitglieder Akzeptanz finden.

Als weitere Herausforderung des Managements stellte sich in der **Projektgruppe**, dass die festangestellten Mitarbeitenden sich nicht ohne weiteres von der Geschäftsleitung (Ehrenamtliche) führen liessen. Damit in Zusammenhang wurde hart um die Präzisierung der Aufgabenstellung gekämpft.

Abbildung C/16
Die Ergebnisse der
Nutzen-Bewertung
der Varianten
bildeten eine wich-
tige Diskussions-
grundlage für die
Entwicklung einer
bestmöglichen
Strategie

Ober-/Teilziel-Bereiche	Variante			
	I (vgl. Abb. C/15)	*II*	*III*	*IV*
1 Wirtschaftliches Überleben				
11 Hoher Ertrag	1050	651	625	809
12 Niedriger Aufwand	734	728	759	739
Total 1 Nutzwert	**1784**	**1379**	**1384**	**1548**
Gewichteter Ø ZEG[1]	**4.0**	**3.0**	**2.9**	**3.4**
2 Erfüllung immaterieller Bedürfnisse				
21 Erfüllung sozialer Bedürfnisse	344	112	256	336
22 Erfüllung ideeller Bedürfnisse	480	252	491	378
Total 2 Nutzwert	**824**	**364**	**747**	**714**
Gewichteter Ø ZEG[1]	**4.1**	**1.8**	**3.7**	**3.6**
3 Bedürfnisse Mitarbeitende				
31 Gute Arbeitsbedingungen	710	707	719	763
32 Erfüllung immaterieller Bedürfnisse	662	457	543	588
Total 3 Nutzwert	**1372**	**1164**	**1262**	**1351**
Gewichteter Ø ZEG[1]	**3.9**	**3.3**	**3.6**	**3.9**
Total 1–3 Nutzwert	**3980**	**2907**	**3393**	**3613**
Gewichteter Ø ZEG[1]	**4.0**	**2.9**	**3.3**	**3.6**

---

[1] ZEG = Zielerfüllungsgrad. Skala von 5 = sehr gut bis 1 = sehr schlecht

2.1.1.3   Anmerkungen

Ergebnis

(1) Trotz aller auch erheblichen emotionalen Probleme einigten sich die Mitglieder der Projektgruppe auf eine neue Strategie im Konsens. Diese wurde als Vorschlag der Generalversammlung der Genossenschaftlerinnen vorgelegt. Nach einer kontroversen Debatte fand diese Strategie eine breite **Akzeptanz.**

Weiteres Vorgehen gemäss Phase II

(2) Die Generalversammlung beschloss auch das weitere Vorgehen gemäss Vorschlag der Projektgruppe. Demzufolge wurde die Phase II mit den Themen und Problemlösungs-Zyklen eingeleitet:
○ Marketing
○ Organisation
○ Investitionen
Auch diese Arbeiten erfolgten mit Hilfe von Ansätzen der INPRO-Methodik. Die Ergebnisse fanden ebenfalls Akzeptanz.

Erfolgreiche Umsetzung

(3) Viele Ergebnisse der Strategie und der nachfolgenden drei Projekte konnten umgesetzt werden. Die Agrico gesundete finanziell, was wiederum Mittel für Investitionen brachte.

2.1.2   Wirkungsorientierte Verwaltungsführung für das Staatsarchiv Zürich

Speziell strukturierter Prozess

(1) Dieses Beispiel zeigt eine Aufeinanderfolge von Sitzungen **kombiniert** mit zwei **Klausuren.** Zudem wurde ein spezieller strukturierter Prozess gestaltet. Er umfasst zwar, wie Abbildung C/17 vor Augen führt, Elemente des Prozesses gemäss Abbildung B/29. Doch wurden diese in Form mehrerer Lösungszyklen miteinander verkettet.

Anwendungsbereiche

(2) Dieses Vorgehen hing damit zusammen, dass der Anwendungsbereich der INPRO-Methodik folgende grosse Breite an Themenfeldern umfasste:
○ Leitbild
○ Marketing-Strategie und -Konzept
○ Aufbau- und Ablauforganisation.
Da die betroffene Verwaltungseinheit mit ca. 30 beschäftigten Köpfen relativ klein ist, bot sich dieser umfassende Prozess an.

Details

**Standard-
Themen**

(3) Das Fallbeispiel bringt dementsprechend Instrumente, welche in den in verschiedenen Lösungszyklen wiederholt zur Anwendung kamen. Abermals gliedert sich die Darstellung in die Themen:

- Aufgabe

- Prozess

- Anmerkungen

2.1.2.1 Aufgabe

**Kurzcharakte-
risierung**

(1) Das kantonale Amt Staatsarchiv lässt sich durch folgende ausgewählte Kenndaten charakterisieren:
- Gründung 1701/1837
- Originäres authentisches Schriftgut aus 12 Jahrhunderten
- Umfang der Akten in den Speichern gegen 20'000 m Regallänge
- Jährlicher Aktenzugang im Schnitt 500 m Regallänge
- Jährliche Besuche im Lesesaal zwischen 6'000 und 10'000
- Weitere Benützungen wie schriftliche und telefonische Anfragen, Behördengutachten, Bescheinigungen rund 1'000

**Frage-
stellungen**

(2) Im Kanton Zürich läuft das Reformprojekt *„wif!"* (Wirkungsorientierte Führung). Das Amt meldete sich freiwillig und gehörte damit zu den Pilot-Projekten. Das Vorhaben sollte für das administrativ und kulturell bedeutende Amt Staatsarchiv eine verstärkte Zielorientierung, eine definierte Kundenorientierung, verbesserte Steuerungsprozesse und -instrumente sowie eine optimierte Effizienz und Effektivität bringen.

Diese Bereitschaft des Amtes, auf Neues einzusteigen, war insofern bemerkenswert, als die letzte Reorganisation nur knapp zwei Jahre zurücklag. Im Einzelnen sollte das Projekt auf folgende Fragestellungen Antwort geben (vgl. Abb. C/17):
- An welchem **Leitbild** will sich das Amt orientieren?
- Welche **Marketingstrategie** bietet sich unter der Prämisse der Wirkungsorientierten Verwaltungsführung an?
- Sind etwa die bestehenden **Prozesse** neu zu gestalten?
- Müssen etwa die **Aufbau- und Ablauforganisation** angepasst werden?

2.1.2.2 Prozess

Management

(1) Im Element Management waren zwei Themen besonders zu beachten:
- die äusseren Rahmenbedingungen
- der mögliche und geforderte hohe Beteiligungsgrad der Mitarbeitenden

Abbildung C/17
Das Vorgehen
bestand in mehre-
ren, miteinander
eng verbundenen
Lösungszyklen

Die **äusseren Rahmenbedingungen** waren einerseits durch die Vorgaben des *wif!*-Projektes bestimmt. Zusätzlich galt es, die starke hierarchische Ausrichtung der kantonalen Verwaltung mit sehr vielen mitspracheberechtigten Instanzen zu berücksichtigen. Als Mittel der Einbindung diente eine Projektsteuerungsgruppe.

Abbildung C/18
Die Zeitplanung für das Projekt wif! im Staatsarchiv war durch die überlappende Bearbeitung verschiedener Themen geprägt

Arbeitsbereiche/-schritte	Monate 2000								
	April	Mai	Juni	Juli	Aug.	Sept.	Okt.	Nov.	Dez.
1 Leitbild, Grundstrategie									
2 Marketingstrategie und Konzept									
2.1 Anspruchs- und Kundengruppen									
2.2 Ziele und Rolle StAZ									
2.3 Leistungsprogramm/ Produkte									
2.4 Marketing-Konzepte									
3 Prozessanalyse und -gestaltung									
3.1 Erfassung und Bewertung									
3.2 Neugestaltung von Prozessen									
4 Aufbau- und Ablauforganisation									
4.1 Aufgaben- und Leistungsdefinition									
4.2 Aufbau-Organisation									
4.3 Stellenbedarf und -besetzung									
4.4 Ablauf-Organisation									
5 Instrumente									
5.1 Mittel- und Langfristplanung									
5.2 Controlling									
5.3 Leistungsvereinbarung/Globalbudget									
6 Schlussbericht, Präsentation									
6.1 Schlussbericht, weiteres Vorgehen									
6.2 Präsentation, Information, Überleitung									

Legende:

■ Klausur des ganzen Amtes
▼ Klausur Projektgruppe
▽ ½-tägige Sitzungen Projektgruppe, jeweils Nachmitags
⋮ Weiteres Thema an Sitzung bzw. Klausur

■ Konzeptionelle Bearbeitung
░ Detaillierende Fortsetzung, Umsetzungen

Zudem sollten die Mitarbeitenden stark in das Projekt eingebunden werden. Das war durch die noch überschaubare Grösse des Amtes gut möglich. Um einen hohen **Beteiligungsgrad** von vornherein zu gewährleisten, begann das Projekt mit einer Klausur aller **Mitarbeitenden**. Das Projekt endete auch mit einer Klausur des gleichen Teilnehmerkreises. Im Rahmen dieser Klausuren wurde intensive Sacharbeit geleistet. Zwischen den Klausuren führte eine Projektgruppe eine ganze Reihe von eintägigen Klausuren und Sitzungen durch (vgl. Abb. C/18).

Zusammen-arbeit

(2) Für die Zusammenarbeit spielte die **Projektgruppe** eine grosse Rolle. Sie wurde durch einen internen Projektleiter geführt und durch einen externen Berater moderiert.

Thematisch waren die **Anforderungen** an die Projektgruppe **sehr hoch**. Diese musste sich innerhalb sehr kurzer Zeit auf Themen wie Unternehmensstrategie, Marketing, Prozessanalyse, Aufbau- und Ablauforganisation, Controlling etc. einstellen. Der Vorteil dieser intellektuellen Kraftanstrengung lag in der dadurch möglichen integralen Sichtweise und Gestaltung des Ganzen.

Methoden

(3) Den gewählten **Prozessablauf** dokumentiert Abbildung C/17. Das entsprechende Vorgehen orientierte sich abermals am systematischen Prozess gemäss Abbildung B/29 wie folgt:
○ Vorbereitungen
○ Situationsanalyse
○ Optimierungen
· Zielformulierung
· Lösungssuche
· Bewertung
· Soll-Vorschlag
○ Ausarbeitung
○ Überleitung

Der Schwerpunkt in der **Situationsanalyse** lag bei den Geschäftsprozessen. Diese wurden im Ist-Zustand eingehend analysiert und auf dieser Basis durchgängig neu gestaltet. Das Prozessmodell gibt gesamthaft Abbildung C/19 wieder.

Für die **Optimierungen**, insbesondere der Marketingstrategie und der Aufbauorganisation, wurden intensive Zielanalysen durchgeführt (vgl. Abb. C/20). Für die Aufbauorganisation diente das Zielsystem der Varianten-Bewertung mit Hilfe einer Nutzwertanalyse. Als Varianten wurden ausgearbeitet (vgl. Kap. B/4.1.2.3):

I   Ist-Situation: Gliederung nach fachlichen Zweckbereichen
II   Konsequente Gliederung nach Prozessen (Sparten)
III Angepasste Gliederung nach Prozessen (Sparten)
IV Gliederung nach Sachthemen und regelmässigen Dienstleistungen

Ausarbeitungen erfolgten für alle Phasen. Dabei wurden zunächst die Ergebnisse zum Leitbild, zum Marketing sowie zur Prozess- und zur Aufbauorganisation als Entwurf dargestellt. Erst am Schluss erfolgte in integraler Sicht eine definitive Ausarbeitung.

Details

Diese mündete in die **Überleitung** mit einem im Konsens verabschiedeten Bericht und mit dem Aufgleisen der Nachfolge-Aktivitäten (z.B. Aus- und Weiterbildung für die Mitarbeitenden).

Abbildung C/19
Das Prozessmodell
für das Staatsar-
chiv Zürich basier-
te auf der Marke-
ting-Strategie

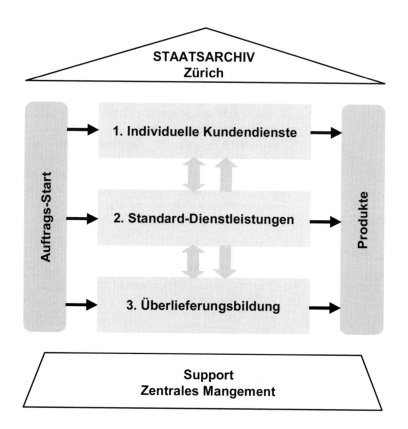

2.1.2.3   Anmerkungen

Ergebnisse

(1) Als Ergebnisse konnte die Projektgruppe nach 9 Monaten Bearbeitungszeit vorlegen:
○ Ein Leitbild (in der Detaillierung einer Grundstrategie)
○ Eine Marketingstrategie mit Grundsätzen zur Kunden-orientierten Ausrichtung des Amtes, einer Produktliste und Ansätzen zu Marketingkonzepten für einzelne Kundensegmente
○ Eine neue Aufbau- und Ablauforganisation.

Die **neue prozessorientierte Aufbauorganisation** stellte insofern auch emotional eine besondere Leistung dar, als die bisherige Aufbauorganisation gerade knapp zwei Jahre alt war. Es wurde damit auch ein organisatorischer Kulturwandel vollzogen, indem man sich von einer Organisation mit fachlich bestimmten Zweckbereichen löste und einer Kunden-orientierten Lösung mit Sparten zuwandte.

Abbildung C/20
Mit dieser Zielhierarchie (Wertsystem) für die Aufbauorganisation des Staatsarchivs Zürich (StAZ) wurden mehrere Varianten evaluiert

Hauptziel	Oberziele	Teilziel-Bereiche		Zielkriterien		Gesamt-gewicht

1 Hohe Effizienz (3.0)

- 2.6 — **11** Informations -und Entscheidungs-wege
  - 5.0 — 11.1 Kurze Informations- und Entscheidungswege — 39 ‰
  - 5.0 — 11.2 Gute Delegationsbedingungen — 39 ‰
- 4.3 — **12** Bearbeitungsfähigkeit
  - 4.5 — 12.1 Aufgabengerechte Konzentration von Wissen und Erfahrung — 59 ‰
  - 5.5 — 12.2 Flexibilität im Personaleinsatz — 71 ‰
- 3.1 — **13** Aufgaben- und Kompetenzverteilungen
  - 8.0 — 13.1 Wenig Schnittstellen im Prozessablauf — 55 ‰
  - 4.0 — 13.2 Klare Aufgaben-Kompetenzverteilung — 37 ‰

2 Hohe Effektivität (3.1)

- 5.6 — **21** Kundenkontakte
  - 2.1 — 21.1 Klare Ansprechpartner für Kunden — 36 ‰
  - 4.9 — 21.2 Hohe Fachkompetenz — 85 ‰
  - 3.0 — 21.3 Zeitliche Bereitschaft und Zeiteinhaltung — 52 ‰
- 4.4 — **22** Produktion des StAZ
  - 5.0 — 22.1 Art und Wichtigkeit der Aufgabe angem. Hierarchie — 68 ‰
  - 5.0 — 22.2 Zusammenfassung von Wissen und Erfahrung — 68 ‰

3 Gute Bedingungen für Mitarbeitende (2.3)

- 2.7 — **31** Persönliche Sicherheit
  - 5.0 — 31.1 Klare persönliche Aufgaben- und Kompetenzzuteilung — 31 ‰
  - 5.0 — 31.2 Vermeidung von persönlichen Überforderungen — 31 ‰
- 4.1 — **32** Entfaltungsmöglichkeiten
  - 4.0 — 32.1 Abwechslungsreiche Arbeiten — 48 ‰
  - 3.4 — 32.2 Kompetenz- und Aufgaben-Delegation — 32 ‰
  - 2.6 — 32.3 Verbesserte Positionen in Organisation — 24 ‰
- 3.2 — **33** Förderung Mitarbeitende
  - 4.9 — 33.1 Anerkennung von Leistung und Erfolg — 36 ‰
  - 5.1 — 33.2 Aus- und Weiterbildung — 38 ‰

4 Gute Bedingungen für Organisationsprozesse (1.6)

- 5.1 — **41** Flexibilität für Anpassungen
  - 5.0 — 41.1 Organisatorische und personelle Flexibilität — 41 ‰
  - 5.0 — 41.2 Hohe sachliche Flexibilität — 40 ‰
- 4.9 — **42** Realisierbarkeit (Umsetzbarkeit)
  - 5.3 — 42.1 Emotionale Akzeptanz bei Mitarbeitenden — 42 ‰
  - 2.1 — 42.2 Hohe Akzeptanz übergeordneter Instanzen — 16 ‰
  - 2.6 — 42.3 Niedriger formeller Änderungsbedarf — 20 ‰

Hauptziel: Best-mögliche Aufbauorganisation

1000 ‰

Anmerkung: Gewichtung:
Auf jeder Ebene vergab das Projekt-Team in einem schrittweisen Prozess zu jedem Zielast 10 Punkte. Die Ausmultiplikation ergibt ‰

Details

Teamarbeit

(2) Den Boden für solch tiefgreifenden Reformschritte legten die Ergebnisse der einzelnen Phasen (Leitbild, Marketingstrategie, Prozessanalyse etc.) sowie die intensive Teamarbeit.

Allerdings verlief diese Arbeit keinesfalls immer konfliktfrei. Das rasche Vorgehen und die neue betriebswirtschaftliche Thematik führten zum **Gefühl der Überforderung**. Man hätte für manches gerne mehr Zeit gehabt, wozu auch die Prägung durch das beruflich bedingte, sehr Detail-orientierte, Arbeiten mancher Gruppenmitglieder beitrug. Zudem bereitete die Kunden-orientierte Neuausrichtung manchen Gruppenmitgliedern starke Probleme. Diese sahen sich eher als der Forschung verpflichtete Wissenschaftler denn als Kunden-Dienstleister.

Parallele Bearbeitung mehrerer Themen

(3) Insgesamt hat sich der Ansatz mit der teils gleichzeitigen Bearbeitung verschiedener zusammengehöriger Themen sehr bewährt. Doch bringt, wie oben angeführt wurde, dieser Ansatz auch erhebliche Belastungen und Herausforderungen.

Dennoch akzeptierte die **Projektgruppe** in einem Rückblick, dass das gewählte Vorgehen auch mit einer **Begrenzung der Bearbeitungszeit richtig** war. Man war sich einig, dass ansonsten das Projekt ausgeufert wäre.

Die Ergebnisse wurden anschliessend zügig **umgesetzt**. Der gewählte hohe Takt der Aktivitäten konnte dank einer hochmotivierten Leitung des Staatsarchivs beibehalten werden.

2.1.3   Innovative Produktentwicklung zur Nutzung einer Industriebrache

Aufeinander-folge von einzelnen Sitzungen

(1) Das **Vorgehen** im Rahmen der INPRO-Methodik wurde bei diesem Fallbeispiel durch die Aufeinanderfolge von einzelnen Sitzungen bestimmt. Als Prozess-Struktur diente das Muster eine systematischen Vorgehens mit Rückkopplungen gemäss Abbildung B/29.

Marketing Aufgabe

(2) Der **Anwendungsbereich** lag im Marketing. Es ging in diesem Rahmen um die Entwicklung eines Produktes. Als Produktabnehmer nahm der Auftraggeber Investoren ins Visier.

Standard-Themen

(3) Die Schilderungen zum Fallbeispiel bestehen in Darstellungen der Grundlagen und Ergebnisse sowie in Dokumentationen zum methodischen Vorgehen. Dementsprechend werden als Themen behandelt:

- Aufgabe
- Prozess
- Anmerkungen

2.1.3.1   Aufgabe

**Produkt-
entwicklung**

(1) Es handelt sich bei diesem Projekt, anders als das Stichwort „Indust-riebrache" erwarten lässt, um **Teile eines Marketing-Konzeptes**. Diese Teile bestanden in einer Marktforschung und einer darauf aufbauenden Produktentwicklung. Letztere sollte in Form eines konkret ausgearbeite-ten Nutzungskonzeptes dem Eigentümer des Areals, der Schulz AG[1], helfen, Investoren zu finden.

Als Idee bestand, einen **Technologiepark** speziell für Start-up- und Spin-off-Unternehmen zu entwickeln (Muster Technopark Zürich), doch war sich der Auftraggeber nicht sicher, ob diese Idee das bestmögliche Pro-dukt darstellt.

**Rahmen-
bedingungen**

(2) Als Rahmenbedingungen zu berücksichtigen waren folgende Prä-missen:

- ○ Es handelt sich um eine anbietbare Fläche von ca. 10'000 m² in beste-henden Industriehallen
- ○ Die Schulz AG investiert in das konkrete Nutzungskonzept (inkl. aller Planungen und organisatorischer Vorbereitungen), will aber die Pla-nungen nicht selber als Investor umsetzen.
- ○ Ein Mindestertrag in der Miete von Fr. 180.– m² wird als gesichert angenommen.

**Untersu-
chungs- und
Planungs-
fragen**

(3) Die Aufgabe der Projektgruppe bestand darin, auf folgende Fragen Antworten zu geben:

- ○ Wie gross ist die Flächennachfrage von in Frage kommenden Start-up- und Spin-off-Unternehmen?
- ○ Wie ist das von der Schulz AG angebotene Flächensortiment unter den Aspekten der Nachfrage einzuschätzen?
- ○ Welche Nutzungsmodelle kommen für das Schulz-Areal neben der Idee eines Technoparks in Frage?
- ○ Welches Nutzungs-Modell erfüllt die Ziele der Schulz AG am besten?
- ○ Wie ist dieses Modell als Produkt konkret auszugestalten?
- ○ Was sind die notwendigen weiteren Schritte?

2.1.3.2   Prozess

Details

Management

(1) Auf der Schiene Management wurde die Projekt-Aufgabe mit dem Beratungsteam ausgehandelt. Anschliessend plante und terminierte man gemeinsam den Prozess mit dem Auftraggeber. Zur Verfügung standen vier Monate Bearbeitungszeit.

Zudem wurde eine **Projektorganisation** aufgestellt. Diese bestand in einem Kernteam des Auftraggebers, der Projektgruppe und einer beglei-tenden Impulsgruppe.

---

[1] Name geändert

Abbildung C/21
Der Ablauf ent-
sprach dem vor-
strukturierten
Prozess gemäss
Abbildung C/30
mit einer besonde-
ren Betonung der
Situationsanalyse
(Marktforschung)

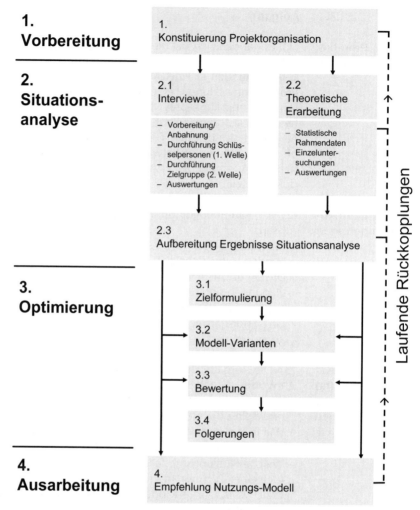

1.
Vorbereitung

2.
Situations-
analyse

3.
Optimierung

4.
Ausarbeitung

Methoden

(2) Die Methoden bestanden zum einen in einem strukturierten Ablauf gemäss Abbildung B/29 und C/21. Zum anderen wurden eine Reihe von Methoden für Einzelaufgaben eingesetzt.

Eine besondere Bedeutung erhielt die **Situationsanalyse**. Hier wurde intensive Marktforschung betrieben. Das geschah durch eigene Primärerhebungen (persönliche Interviews bei Schlüsselpersonen sowie bei ausgewählten Spin-off- und Start-up-Unternehmen) und Auswertungen vorhandener Unterlagen. Auf dieser Basis wurden Prognosen der qualitativen und quantitativen Flächennachfrage dieses Marktsegmentes erarbeitet. Zudem analysierte die Projektgruppe die qualitative Bandbreite möglicher Flächenangebote am Standort der Schulz AG. Abschliessend nahm die Impulsgruppe zu den Ergebnissen Stellung.

Für die **Optimierung** wurde ein Zielsystem ausgearbeitet und in der Projektgruppe gewichtet. Zudem entwickelte die Projektgruppe mit Hilfe eines Morphologischen Kastens folgende Produkt-Varianten:

- Technopark (bestehende Idee)
- Gewerbepark
- Hochschul-Verbund (starke räumliche Verflechtung mit der Fachhochschule)
- Nanotechnologiezentrum
- Virtuelle Entwicklungs-Fabrik (Auftritt diverse Entwicklungs-Firmen und -institute als ein Anbieter am Markt).

Die anschliessende Bewertung erfolgte mit Hilfe von 15 Ziel-Kriterien und eines damit verbundenen Beurteilungskataloges (vgl. Abb. C/22). Methodisch handelte es sich um eine Nutzwertanalyse. Aus den Ergebnissen zog die Projektgruppe wichtige Schlussfolgerungen.

Das erlaubte die **Ausarbeitung** eines Nutzungskonzeptes. Dieses wurde sowohl in der Projektgruppe als auch in der beratenden Impulsgruppe eingehend diskutiert und weiterentwickelt.

Zusammen-arbeit

(4) Die Zusammenarbeit entwickelte sich fruchtbar. Die **Projektgruppe** war zwar gegenüber dem methodischen Vorgehen zunächst skeptisch eingestellt. Das gemeinsame praktische Diskutieren der Ziele und Zielgewichte, die Arbeit mit dem Morphologischen Kasten und die systematische Bewertung der Varianten wurden jedoch zunehmend geschätzt.

Die **Impulsgruppe** nahm an diesem Vorgehen nicht teil, was zu Kommunikationsproblemen führte. Sie liess sich aber von den Ergebnissen überzeugen.

2.1.3.3   Anmerkungen

Ergebnis

(1) Das Ergebnis der INPRO-Methodik war bemerkenswert. Der gemeinsame Lernprozess über die Schritte der Situationsanalyse und Optimierung führte dazu, dass der Auftraggeber die Idee eines Technoparks fallen liess. Darüber hinaus fand eine Öffnung in Richtung eines neuartigen Konzeptes mit dem Titel „Wissenschaftspark" statt.

Methodisches Vorgehen

(2) Eine grosse Rolle für diesen Wandel spielte das methodische Vorgehen. So konnten schrittweise wohl überlegt und sachlich diskutiert neue Erkenntnisse gewonnen werden und Bewertungen erfolgen.

Details

Abbildung C/22
Der Beurteilungskatalog bestand aus solchen Blättern, je Zielkriterium eines

Beurteilungskatalog	Nr.
Oberziel: **Möglichst niedrige Risiken**	**2**
Teil-Ziel: **Organisatorisch-zeitliche Risiken**	**2.2**

Ziel-Kriterium:	
Möglichst keine Gegnerschaft aus Bevölkerung und Wirtschaft	**2.23**

Ziel-Beschreibung:

Das Nutzungskonzept soll nach Möglichkeit bei der Bevölkerung und ansässigen Wirtschaft eine hohe Akzeptanz geniessen. Anders ausgedrückt: Es soll die Gefahr von Widerständen und damit Zeitverlust und Realisierungsrisiken möglichst klein sein.

Erfüllungsbedingungen (Vorschlag):	Erfüllungs-grad:
– Das Nutzungs-Modell verursacht, gemessen an den Wünschen der Bevölkerung, wenig Verkehr durch die Zufahrtsstrasse. – Von den geplanten Nutzungen geht nach potenzieller Einschätzung der Bevölkerung wenig Gefahr aus. – Das vorgeschlagene Nutzungs-Modell bringt der Bevölkerung deutliche Vorteile (Arbeitsplätze, Steuereinnahmen, positives Image). – Die ansässige Wirtschaft kann deutlich profitieren (Nachfrage nach Leistungen, Synergien, Image).	5
– Die oben beschriebenen Anforderungen werden sehr schlecht erfüllt.	1

Beurteilung Varianten bzw. Alternativen:	Erfüllungs-grad:
I Deutlicher Zusatzverkehr, Arbeitsplatzangebote	......2.5....
II Etwas Zusatzverkehr, Arbeitsplatzangebote	......3.0....
III Etwas Zusatzverkehr, deutliche Vorteile für ansässige Wirtschaft	......4.0....
IV Kaum Zusatzverkehr, hohe Imageaufwertung	......5.0....
V Kaum Zusatzverkehr, Arbeitsplatzangebote	......4.5....

2.2 Details Infrastruktur- und räumliche Planung

2.2.1 Fernsteuerungsanlagen der Deutschen Bundesbahn im Grossraum Hamburg

Einzelne Sitzungen mit abschliessender Klausur

(1) Der hier vorgestellte Planungsprozess fand in einer Kombination einzelner Sitzungen mit abschliessender Klausur statt. Für die Klausur wurde der Kreis der Beteiligten erweitert.

Das ganze Projekt stellt auch ein Beispiel für notwendige breite Vernetzungen in einem Grossunternehmen dar.

Infrastruktur- und Technikfragen

(2) Der Anwendungsbereich bildete ein Geflecht von Infrastruktur- und Technikfragen. Die grössten **Probleme** lagen jedoch **im emotionalen Bereich**. Technische Möglichkeiten und organisatorische Machtbereiche prallten aufeinander.

Standard-Themen

(3) Die Folge der Themen folgt abermals dem gleichen Muster wie in den Kapiteln zuvor:

- Aufgabe
- Prozess
- Anmerkungen

2.2.1.1 Aufgabe

Anpassung der Signalanlagen

(1) Für die Anpassung der Signalanlagen im Rahmen der Ausbaumassnahmen für Hochgeschwindigkeitszüge (ICE) im Grossraum Hamburg bestand ein generelles signaltechnisches Planungskonzept. Dieses sah zwei Fernsteuerzentralen vor: Eine in Hamburg-Harburg mit herkömmlicher Bedientechnik und eine zweite in Rothenburgsort auf der Basis vollelektronischer Technik mit Computern.

Infolge neuer Erkenntnisse und Entwicklungen entstand ein Dilemma: DB-intern zweifelte man das vorliegende Konzept an und forderte insbesondere eine Anpassung der Planungen an die Möglichkeiten der elektronischen Stellwerkstechnik. Andererseits drängte die Zeit, was ein Beharren auf dem bestehenden Planungskonzept zur Folge hatte.

Erwartete Ergebnisse

(2) In diesem Dilemma wurde die Aufgabe formuliert, in kurzer Zeit neue Lösungsvorschläge für ein Fernsteuerkonzept unter Einbeziehung der erweiterten Möglichkeiten der voll-elektronischen Technik zu erarbeiten und diese dem bisherigen Planungskonzept gegenüberzustellen.

Details

Die erwarteten Ergebnisse der Studie sollten Aussagen zu folgenden Punkten enthalten:
- Anzahl, Lage und Technik der Fernsteuerzentralen
- räumliche Abgrenzung der Bedienbereiche
- Bedienkonzept
- Organisationskonzept
- Realisierungskonzept

Auftrag (3) Die Aufgabe erwies sich als recht anspruchsvoll, wie folgende Anforderungen und Probleme zeigen:
- Es bestanden noch sehr wenige fundierte Erfahrungen mit der neuen voll-elektronischen Technik.
- Das Nebeneinander von neuer (völlig anderer) und alter Technik bereitete erhebliche technische und menschliche Schnittstellen-Probleme.
- Die bestehenden Organisationsabgrenzungen der Deutschen Bundesbahn in Hamburg wurden durch die neue elektronische Technik in Frage gestellt, was die Gefahr unklarer Zuständigkeiten mit sich brachte bzw. Machtbezirke gefährdete.

Hinzu kam, wie oben vermerkt, dass das Projekt in ein **enges Zeitkorsett** eingepasst war. Die Umbauten des Schienennetzes liefen bereits an. Da man sich optimale Lösungen für die Fernsteuerung nicht verbauen wollte, musste rasch Klarheit über ein Konzept gewonnen werden. Zudem galt es, das Konzept schnellstmöglich umzusetzen. Daraus resultierte ein sehr komplexer Auftrag mit einem engen Zeitkorsett.

2.2.1.2 Prozess

Management (1) Die Initiative zur Durchführung der INPRO-Methodik ging vom Planungschef für signal-technische Anlagen in der Bundesbahndirektion Hamburg aus. Jener hatte diese spezifische Form des Problemlösens unter dem Begriff „Wertanalyse" in einem anderen Projekt bereits kennengelernt.

Das Management musste verschiedene Fach- und Stabs-Dienststellen in Hamburg, Frankfurt, Mainz und München bei der Abgrenzung und Definition der Aufgabe beteiligen. Im Zusammenhang damit galt es, die **organisatorischen Voraussetzungen** für die Durchführung zu schaffen. Daraus resultierte ein für solche Projekte in typischer Weise breit gestaffeltes Organigramm, wie es Abbildung C/23 wiedergibt.

Methoden (2) In den Methoden kam es zur Anwendung des vorstrukturierten Prozesses gemäss Abbildung B/29 mit den Schritten:
- Vorbereitung
- Situationsanalyse
- Optimierung
- Ausarbeitung
- Überleitung

*Abbildung C/23
Bei dem Projekt
Fernsteuerzentra-
len mussten viele
Beteiligte und
Betroffene organi-
satorisch in den
Prozess integriert
werden*

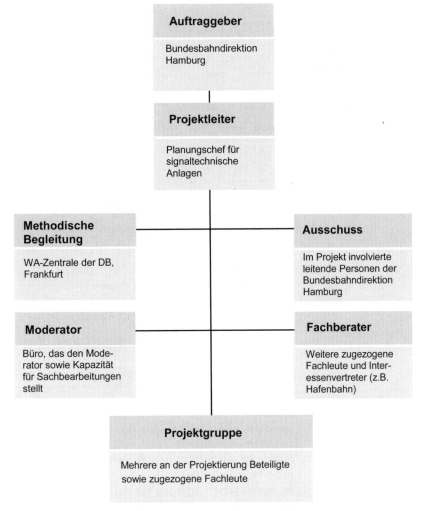

Besonders viel Zeit beanspruchte die **Situationsanalyse**. Es ging hier um die zukünftigen Herausforderungen und das Herausarbeiten der eigentlichen Probleme. Während dieses Prozesses erfolgte die deutsche Wiedervereinigung, was neue Fragestellungen in Hinsicht auf die Verbindung Hamburg–Berlin aufwarf. Deutlich wirkte sich zudem der stark emotional gefärbte Einfluss der Leitenden aus, weil die technischen Möglichkeiten die organisatorischen Gegebenheiten zu sprengen drohten. Schliesslich galt es auch, die emotionale Betroffenheit der Mitarbeitenden zu berücksichtigen. Diese sollten in den Fernsteueranlagen ohne realen Blickkontakt zu den Gleisanlagen nur noch am Bildschirm arbeiten. In **Rückkoppplung** mit der Situationsanalyse wurde nochmals die Aufgabe der Projektgruppe präzisiert (vgl. Abb. C/24).

Details

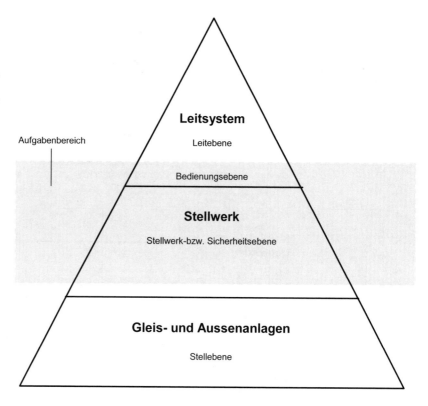

Abbildung C/24
Der Aufgabenbe-
reich wurde an-
hand dieser Mo-
dellvorstellung für
eisenbahntechni-
sche Leit- und
Sicherungssysteme
abgegrenzt

Eine besondere Hausforderung bildete auch die **Optimierung**. Das Spektrum der Varianten-Darstellung bewegte sich vom Standortsystem bis hin zur Ausstattung der Bedienräume (vgl. Abb. C/25). Dementsprechend breit gefächert musste auch das Zielsystem gestaltet werden.

Die wesentlichen Arbeiten zur **Ausarbeitung** erfolgten im Rahmen einer 3-tägigen Klausur mit etwa 20 Beteiligten.

Zusammen-arbeit

(3) Die Zusammenarbeit hatte einige schwierige Klippen zu umschiffen. Die Projektgruppe bestand solche Prüfungen, entwickelte sich zu einem guten Team und einigte sich im Konsens. Dieser blieb auch nach Abschluss des Projektes bestehen, obwohl die gefundene Lösung von diversen Stellen der DB angegriffen wurde.

Dieser **positive Teamgeist** war das Produkt einer Entwicklung. Zu Beginn der gemeinsamen Arbeit musste die Gruppe erhebliche Schwierigkeiten bewältigen. So bestand die Gruppenzusammensetzung aus einander Bekannten und Neulingen. Hinzu kam, dass so viele vorgefasste Meinungen über die beste Lösung vorlagen wie Teammitglieder im Raum sassen. Im Laufe der Sitzungen gelang es zunehmend, eine Atmosphäre des Vertrauens und der Verständigung zu entwickeln. Dies wurde u.a. durch regelmässige gemeinsame Essen sowie am Schluss durch den Rahmen einer gepflegten Tagungsstätte unterstützt.

Abbildung C/25
Die Varianten zur
Frage der Fern-
steueranlagen
wurden möglichst
einfach dargestellt

Variante II   1-Standort

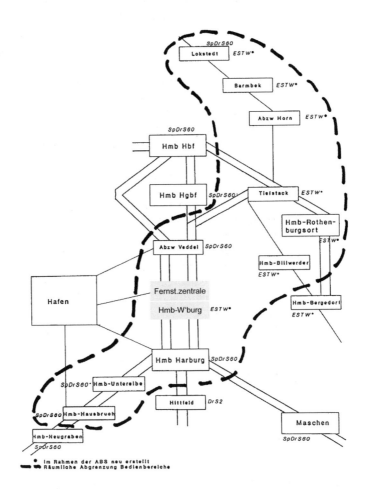

2.2.1.3   Anmerkungen

Ergebnis (1) Es konnte nicht ausbleiben, dass die Breite der Fragestellungen, welche bereits das Projektteam stark herausforderte, auch im Umfeld viel zu diskutieren gab. Die vorgeschlagene Lösung wurde von verschiedenen internen Stellen angegriffen. Viel Kritik erntete besonders der Mut der Projektgruppe, konsequent auf neue Computertechniken zu setzen. Dennoch wurde das Ergebnis in wesentlichen Teilen am Ende akzeptiert. Es folgte eine rasche Umsetzung. Das ermöglichte es, den engen Terminplan einzuhalten.

Details

Positive Erfahrungen

(2) Auch dieses Beispiel bestätigte die positive Erfahrung, dass selbst in sehr schwierigen Situationen tragfähige Lösungen im Konsens gefunden werden können. Gründe für diesen Erfolg lagen auch hier in:

- der gut geklärten Aufgabenstellung
- umsichtigen, ganzheitlichen Betrachtungsweisen (kaum „blinde Flecken")
- der Aktivierung von Kreativitätspotenzialen
- der guten Nachvollziehbarkeit des Projektablaufs, der Meinungsbildung und der Entscheidungsfindung
- der vertrauensvollen Zusammenarbeit im Team, gefördert vor allem durch klare gemeinsame Aufgaben und offen gelegte Vorgehensweisen
- der raschen Vorgehensweise mit einem erleichterten und dadurch sehr intensiven Informationsaustausch

Diese Pluspunkte kamen beim Fallbeispiel „DB-Fernsteuerzentralen" voll zum Tragen. Das Team arbeitete umsichtig und hatte das später hochgespielte Thema „Rückfallprobleme" bereits vorgängig selber entdeckt. Zudem erkannte es, dass es weiterhin zu dynamischen Verkehrsentwicklungen und technischen Innovationen kommen wird. Daher favorisierte das Team ein entsprechend flexibles Konzept (keine Augenblicks-Massschneiderei) mit zukunftsweisender Technik. Diese Konzepteigenschaft erleichterte es, z.B. die Auswirkungen des Falls der Berliner Mauer (erhöhte Verkehrsfrequenz Richtung Osten) gut aufzufangen. Schliesslich stand das Team so geschlossen hinter der gefundenen Lösung, dass davon auch eine beeindruckende Wirkung auf die übergeordneten Entscheidungsgremien ausging.

2.2.2   Sanierung Häuser Chorgasse

Vorgehen mit einzelnen Sitzungen

(1) Dieses Beispiel zeigt ein Vorgehen mit einzelnen Sitzungen. Zwischen den Sitzungen gab es ein bis zwei Wochen Zeit, um weitere Informationen zu sammeln und Unterlagen zu erarbeiten (z.B. Lösungs-Varianten).

Anwendung

(2) Die Anwendung bezog sich auf eine Sanierungsaufgabe. Es ging um 5 Altstadthäuser in Zürich, die mehr oder weniger in die Substanz eingreifend saniert oder bis auf die Fassaden (Denkmalschutz) abgerissen werden sollten.

Zu Beginn der INPRO-Methodik lagen mit dieser Stossrichtung radikale Eingriffe in die Bausubstanz Vorprojekt-Entwürfe vor. Beim Bauherrn entstanden aber infolge der kalkulierten sehr hohen Baukosten und der **Proteste** der Bewohner Bedenken.

Standard-
Themen

(3) Das Fallbeispiel Chorgasse wird abermals in folgender Gliederung der Themen dargestellt:

- Aufgabe
- Prozess
- Anmerkungen

2.2.2.1   Aufgabe

Bauliche
Merkmale
Häuser
Chorgasse

(1) Die Stadt Zürich besitzt die in Abbildung C/26 dargestellten Häuser Nr. 7 bis 17. Diese Bauten stammen aus früheren Jahrhunderten. Folgende bauliche Merkmale charakterisierten sie:

- ○ Gebäude relativ schmal und auch für ihre Entstehungszeit eher einfacher Standard
- ○ Konstruktion überwiegend aus Holz
- ○ sehr unregelmässige Grundrisse und Raumhöhen (schwankend zwischen 1.90 und 2.50 m)
- ○ bautechnischer Zustand deutlich über der Kategorie „baufällig", jedoch Massnahmen dringend erforderlich

Abbildung C/26
Die Häuser Chorgasse 7–17, Zürich (1. Obergeschoss) waren schon seit längerer Zeit sanierungsbedürftig

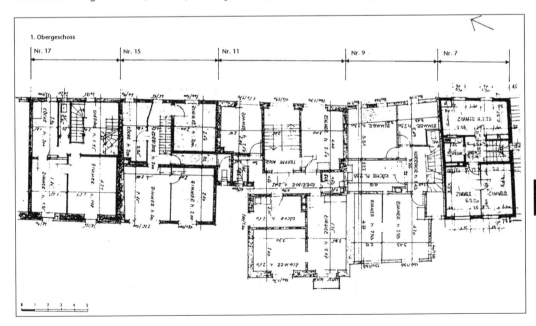

Details

Sämtliche Häuser bewohnt

(2) Sämtliche Häuser sind bewohnt. Die Wohnungen entsprachen zwar insbesondere in den sanitären Einrichtungen bzw. Küchen nicht heutigen Standards, waren aber dennoch teilweise reizvoll hergerichtet. Zudem werden Flächen für gewerbliche Zwecke, insbesondere zum Lagern, genutzt.

Bisherige Lösungs-Vorschläge

(3) **Zehn Jahre lang** wurde durch verschiedene Expertisen untersucht, in welcher Weise die Häuser behandelt werden sollen. Die bisherigen **Lösungs-Vorschläge** verschiedener Architekten lauteten von „Auskernung aller Gebäude" bis zur „völligen Erhaltung" der Häuser durch Renovierung (Sanierung der Sanitärräume, Erfüllung der feuerpolizeilichen Anforderungen). Die letztgenannte Variante wurde jedoch nicht ernsthaft in Betracht gezogen. Daher unterblieben auch entsprechende Untersuchungen des Ist-Bestandes.

Entscheidung über zu ergreifende Massnahmen

(4) Die **Stadt Zürich**, vertreten durch das Hochbauamt, wollte nun zu einer Entscheidung über die zu ergreifenden Massnahmen kommen. Diese Entscheidung erschien schon deswegen dringend, weil die Bewohner alsbald definitiv erfahren mussten, was mit den Häusern geschieht.

Auch die **Liegenschaftenverwaltung** war an einer Entscheidung dringend interessiert, weil sie:
- keinen weiteren Wertverlust der Häuser hinnehmen wollte
- Klarheit über das Vorgehen als Voraussetzung für die Vermietungs- und Unterhaltspolitik brauchte

Rahmen-bedingungen

(5) Bei der Suche nach einer Lösung waren eine ganze Reihe von Rahmenbedingungen zu beachten. Dazu gehörten:
- **Bauvorschriften**
  - Die Häuser unterstehen den besonderen Bauvorschriften für die Altstadt (Baufluchten sind einzuhalten, Traufhöhen weitgehend auch, Einordnung ins Ortsbild verlangt)[1]
  - Ein Wohnanteil von 80% ist einzuhalten
  - Parkplätze sind untersagt
- **Mieter und Öffentlichkeit**
  - Die Mieter wissen seit über zehn Jahren von den Umbauabsichten der Stadt, haben kürzlich eine Mietervereinigung gebildet und sind gegen Veränderung bzw. gegen starken Eingriff
  - Der Quartierverein ist gegen einen starken Eingriff
  - In der Öffentlichkeit führte man bereits jahrelang Diskussionen über die geeigneten Massnahmen Häuser Chorgasse. Dadurch wurde das Projekt zu einem Politikum

Zu den Rahmenbedingungen gehörte auch, dass grosser **Zeitdruck** bestand. Der ganze Planungsprozess für die Wahl eines Erneuerungs- bzw. Neubaukonzeptes durfte nur 6 Wochen dauern.

---

[1] Faktisch wurde vom Erhalt der vorhandenen Fassaden ausgegangen.

2.2.2.2   Prozess

Führungs-
aufgabe

(1) Die Führungsaufgabe wurde bei diesem Projekt engagiert vom Stadtbaumeister wahrgenommen. Er hatte seine Stelle neu angetreten. Es war ihm ein starkes Anliegen, das Problem „Chorgasse" schnellstmöglich zu lösen. Er nahm nun sowohl die Funktion der oberen Führung als auch des Projektleiters wahr.

Mit der INPRO-Methodik hatten weder der Stadtbaumeister noch die übrigen Gruppenmitglieder bisher Erfahrungen gemacht. So entsprach es mehr einer „ultima ratio", es mit dieser Methodik zu probieren. Immerhin lagen Erfahrungen anderer Stellen in der Stadt Zürich vor, was zu diesem neuartigen Vorgehen ermutigte.

Projektleiter und Moderatorin legten zusammen die Gruppenzusammensetzung fest. Dabei wirkte sich die Besonderheit der Aufgabe aus. Da es sich um Altstadthäuser mit grossem Holzanteil handelte, war z.B. die hochrangige Vertretung der Feuerpolizei wichtig (vgl. Abb. C/27).

Abbildung C/27
Die Zusammen-
setzung der Pro-
jektgruppe spiegel-
te auch die beste-
henden Probleme
wider

- Stadtbaumeister (Projektleitung)
- Chef der städtischen Liegenschaften (Bauherr)
- für die Häuser Chorgasse zuständiger Mitarbeiter der städtischen Liegenschaften (Kenner der Häuser und der Mieter)
- Städtischer Denkmalpfleger
- Chef der städtischen Feuerpolizei
- Leiter des Unterhaltsbereichs im Hochbauamt
- Projektleiter des Hochbauamtes für die Sanierung der Häuser Chorgasse
- Beauftragter Architekt (der die Sanierung bzw. Neubauten projektieren und ausführen sollte)

Sitzungs-
rahmen

Trotz bestehender Zeitnot wurde ein Sitzungsrahmen mit zeitlich getrennten einzelnen Sitzungen gewählt. Dazu zwang die Vermutung, dass aufgrund der Sitzungen wesentliche neue Erkenntnisse entstehen, die ein zwischenzeitliches Erarbeiten (neuerer) Unterlagen erfordern. Man musste also auf das zeitsparende Problemlösen im Rahmen von mehrtägigen Klausuren verzichten (vgl. Kap. B/4.2.2.2).

Methode

(2) Die Methode bestand im **systematischen Prozess** gemäss Abbildung B/29 in leicht abgewandelter Form sowie in damit verbundenen Instrumenten für Einzelaufgaben.

Die **Situationsanalyse** wurde kurz gehalten, weil der Auftraggeber der Ansicht war, dass nach 10 Jahren Planungszeit wohl genügend Informationsmaterial auf dem Tisch liege – was sich als falsch herausstellte (s.o.).

Die **Optimierung** begann mit einer intensiven Diskussion der Prämissen.

Details

Abbildung C/28
Das Zielsystem Chorgasse 7–17 berücksichtigte in starkem Masse Akzeptanzfragen, weil das Sanierungs-
problem zum Politikum geworden war

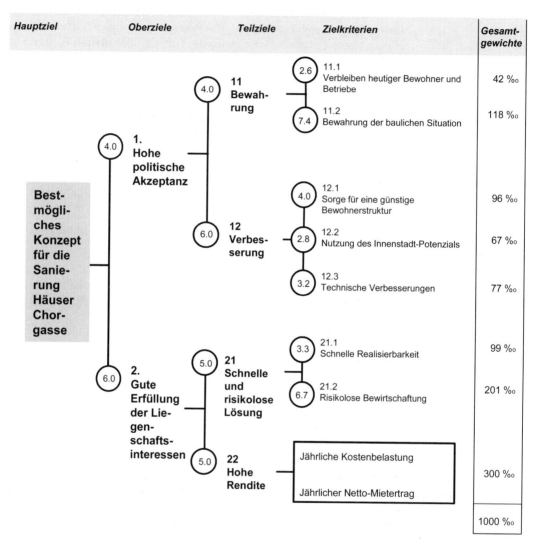

Hauptziel	Oberziele	Teilziele	Zielkriterien	Gesamt-gewichte
			11.1 Verbleiben heutiger Bewohner und Betriebe (2.6)	42 ‰
		11 Bewah-rung (4.0)	**11.2** Bewahrung der baulichen Situation (7.4)	118 ‰
	1. Hohe politische Akzeptanz (4.0)			
			12.1 Sorge für eine günstige Bewohnerstruktur (4.0)	96 ‰
Best-mögli-ches Konzept für die Sanie-rung Häuser Chor-gasse (4.0)		**12** Verbes-serung (6.0)	**12.2** Nutzung des Innenstadt-Potenzials (2.8)	67 ‰
			12.3 Technische Verbesserungen (3.2)	77 ‰
			21.1 Schnelle Realisierbarkeit (3.3)	99 ‰
	2. Gute Erfüllung der Lie-gen-schafts-interessen (6.0)	**21** Schnelle und risikolose Lösung (5.0)	**21.2** Risikolose Bewirtschaftung (6.7)	201 ‰
		22 Hohe Rendite (5.0)	Jährliche Kostenbelastung / Jährlicher Netto-Mietertrag	300 ‰
				1000 ‰

Dabei geschah Entscheidendes. Bisher waren die Beteiligten immer davon ausgegangen, dass die Sanierung zu üblichen Familienwohnungen
gemäss Standard des sozialen Wohnungsbaus führen müssten. Zudem
glaubte man, dass der gesetzliche Feuerschutz nur durch den Bau neuer
Treppenhäuser in Beton (bisher Holz) zu gewährleisten sei. Beide Annahmen wurden nun von der Projektgruppe begründet fallengelassen,

Abbildung C/29
Dieses Beispiel für die Varianten-Darstellung zeigt, wie man sich auf das Wesentliche konzentrieren kann
(für jedes Haus bestand ein solches Blatt)

Variante II „Vertretbare Minimal-Massnahme"

Haus Nr. 11

1
Grundriss-
Massnahmen
	• Leichte Wandveränderung (wie Projekt Naef)
	  - Badvergrösserung 1. und 2. OG
	  - Durchbruch Küche/Esszimmer
	  - Wegfall WC's Haus Nr. 15
	  - Teilweise Wandabbruch 3. OG
	  - Türdurchbruch neue Küche (anstelle Waschküche)/Zimmer

2
Standard-
Massnahmen
	• Renovationen
	  - Reparaturen (Dach, Putz-Fassade, Fenster und Fensterläden)
	  - Oberflächenbehandlung (Malerarbeiten)
	  - Treppenhaus-Auskleidung mit feuerhemmenden Materialien
	
	• Teilweise Neuinstallation
	  - teilweise Sanitär-Neuinstallation
	  - teilweise Elektro-Neuinstallation
	  - Zentralheizung
	  - Küchenkombination (mit Entlüftung)

3 **Typischer** **Grundriss** **(M 1:200)**	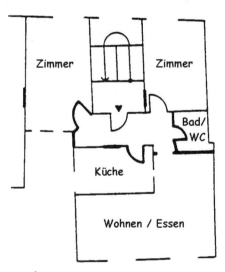 Zimmer Zimmer Bad/WC Küche Wohnen / Essen Legende: ——— Wand unverändert ━━━ Wand verändert

Details

was den Freiraum für die Lösungssuche massiv erweiterte. Bemerkenswert war zudem das Zielsystem, welches in starkem Masse Akzeptanzfragen berücksichtigte, wie Abbildung C/28 zeigt. Die Darstellung der Lösungsvarianten beschränkte sich auf sehr einfache Formen (vgl. Abb. C/29), was für den Zweck der Konzeptoptimierung vollkommen ausreichte. Abbildung C/30 führt als Ausschnitt Bewertungsergebnisse in Form von Stärken- und Schwächenprofilen vor Augen. Solche Darstellungen helfen bei der Suche nach der bestmöglichen Lösung.

Die **Ausarbeitung** konnte aus Zeitgründen nicht sonderlich in die Tiefe gehen. Dazu fehlten auch Unterlagen (s.u.). Ergänzend wurde die Konsenslösung von den Investitions- und Betriebskosten her sowie in den potenziellen Mieterträgen kalkuliert.

2.2.2.3   Anmerkungen

Kritische Anmerkung

(1) Kritisch ist anzuführen, dass die Dauer des Lösungsprozesses, gemessen an der Komplexität der Aufgabe, mit sechs Wochen eher an der unteren Grenze lag. So entstand auch als Nachteil, dass der Bauherr den Konsens zwar mittrug, jedoch nicht ganz überzeugt war. Er vermisste einige ihm wichtig erscheinenden Informationen.

Vor allem zu den Möglichkeiten und Risiken einer „sanften" Sanierung fehlten hinreichende Unterlagen und konnten auch nicht in der kurzen Zeit erarbeitet werden. Die Kostenkalkulation blieb daher bei der „sanften" Variante ebenfalls mit Unsicherheiten behaftet.

Zunächst Test-Realisierung

(2) Das führte dazu, dass der Bauherr zunächst nur die Realisierung der Sanierungs-Projektierung für ein Haus in Auftrag gab (vgl. Abb. C/31). Die Ergebnisse dieser Realisierung waren aber so überzeugend, dass danach sämtliche Häuser „sanft" saniert wurden.

Die Abbildung C/32 zeigt das Ergebnis in der Aussenansicht. Die Häusergruppe überzeugt nicht nur durch ein schönes Aussehen, sondern auch durch kostengünstige und sehr spezielle Wohnungen.

Abbildung C/30
Mit Hilfe dieser Bewertungs-Darstellung lassen sich Stärken und Schwächen der Varianten (hier nur Varianten I und II) gut erkennen

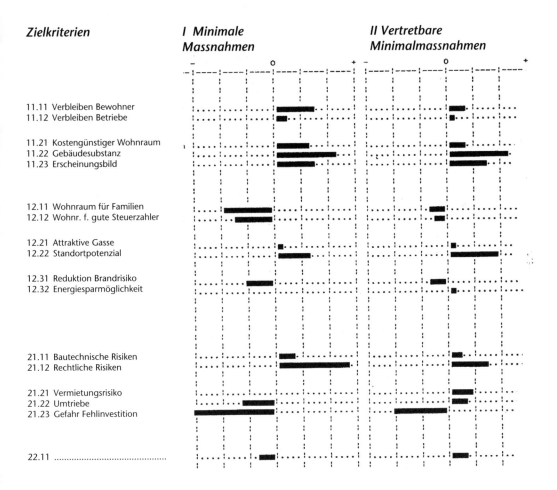

*Abbildung C/31
Testweise wurde
eines der Häuser
(auf dem Bild das
mittlere) „sanft"
saniert*

*Abbildung C/32
Die vollständig
sanierte Häuser-
gruppe überzeugt
durch schönes
Aussehen und
interessante Woh-
nungen*

Teil D

Anhang

Literaturverzeichnis[1]

A   **Adam, D.**: Planung und Entscheidung. Lehrbuch, Wiesbaden 2001*

Adamaschek, B.: Erfolgsfaktoren der Teamarbeit: Erfahrungsbericht aus der Arbeit der Bertelsmann-Stiftung, in Fisch, R./Beck, D. und Englich, B. (Hrsg.): Projektgruppen in Organisationen, Göttingen 2001*

Akademie für Organisation (Hrsg.): Handlexikon Organisation, Frankfurt 1976

Ammelburg, G.: Konferenztechnik. Reihe: Erfolg in Beruf und Alltag, Düsseldorf 1991*

Antoni, Ch. und **Schmitt, V.**: Projektgruppen als Managementsinstrument, in Fisch, R./Beck, D. und Englich, B. (Hrsg.): Projektgruppen in Organisationen, Göttingen 2001*

Antons, K.: Praxis der Gruppendynamik, Göttingen 2000*

Ardelt-Gattinger, E. und **Lechner, H.**: Der Einfluss des Stils der Zusammenarbeit auf Gefühle und Normen in Kleingruppen, in Fisch, R./Beck, D. und Englich, B. (Hrsg.): Projektgruppen in Organisationen, Göttingen 2001*

B   **Badke-Schaub, P.**: Erkennen und Bewältigen kritischer Situationen in Projektgruppen, in Fisch, R./Beck, D. und Englich, B. (Hrsg.): Projektgruppen in Organisationen, Göttingen 2001*

Badke-Schaub, P.: Kleingruppen in der Bearbeitung komplizierter simulierter Probleme, in Gsänger, M. und Klawitter, J. (Hrsg.): Modellbildung und Simulation in den Sozialwissenschaften, Dettelbach 1995

Baum, H.-G./Coenenberg, A.G. und **Günther, Th.**: Strategisches Controlling, Stuttgart 2004

Bechmann, A.: Grundlagen der Planungstheorie und Planungsmethodik, Bern 1981

Beck, D. und **Orth, B.**: Wer spricht zu wem? Ordnungsmuster bei der Zusammenarbeit in aufgabenorientierten Kleingruppen, in Fisch, R./ Beck, D. und Englich, B. (Hrsg.): Projektgruppen in Organisationen, Göttingen 2001*

Becker, J./Kugeler, M. und **Rosemann, M.** (Hrsg.): Prozessmanagement, Berlin 2003*

Becker-Beck, U. und **Fisch, R.**: Erfolg von Projektgruppen in Organisationen. Erträge sozialwissenschaftlicher Forschung, in Fisch, R./Beck, D. und Englich, B. (Hrsg.): Projektgruppen in Organisationen, Göttingen 2001*

Bennet, D.: Im Kontakt gewinnen durch Transaktionsanalyse, Heidelberg 1986

Berger, U. und **Bernhard-Mehlich, I.**: Die Verhaltenswissenschaftliche Entscheidungstheorie, in Kieser, A. (Hrsg.): Organisationstheorien, Stuttgart 2001

Berne, E.: Struktur und Dynamik von Organisationen und Gruppen, München 1979

Berrymann, J.: Psychologie. Eine Einführung, Bern 1993

Bieri, P.: Das Handwerk der Freiheit. Über die Entdeckung des eigenen Willens, München 2003*

Bischof, K.: Jeder gewinnt – Methoden erfolgreicher Gesprächsführung, Planegg/München 1997*

Bogaschewsky, R. und **Rollberg, R.**: Prozessorientiertes Management, Berlin 1998

Böhm, R. und **Wenger, S.**: Methoden und Techniken der Systementwicklung, Zürich 2001*

Boos, M. und **Fisch, R.**: Vom Umgang mit Komplexität in Organisationen, Köln 1990

Brandenberger, J. und **Ruosch, E.**: Projektmanagement im Bauwesen, Zürich 1991

---

[1] **Anmerkung**: Diese Literaturliste widerspiegelt den Stand Juli 2004. Bei den Seitenangaben zu den Fussnoten im Text konnte nicht bei allen Büchern überprüft werden, ob diese dem letzten Stand entsprechen. Die betreffenden Bücher sind mit * gekennzeichnet.

Brauchlin, E. und **Heene, R.**: Problemlösungs- und Entscheidungsmethodik, Bern 1995

Bredemeier, K. und **Schlegel, H.**: Die Kunst der Visualisierung, Zürich 1991

Breit, G. und **Schiele, S. (Hrsg.)**: Werte in der politischen Bildung, Schwalbach/Ts., 2000

Bromme, R. und **Hömberg, E.**: Psychologie und Heuristik. Probleme der systematischen Effektivierung von Erkenntnisprozessen, Darmstadt 1977

Bruce, A. und **Langdon, K.**: Projektmanagement, München 2001

Büssing, A.: Die Interaktion der Ebenen als Problem komplexer Organisationen, in: Fisch, R. und Boos, M. (Hrsg.): Vom Umgang mit Komplexität in Organisationen, Konstanz 1991*

Bruhn, M.: Marketing, Wiesbaden 2001

Bruhn, M.: Qualitätsmanagement für Dienstleistungen, Berlin 2004

Bühlmann, H.: Die Theorie der Unsicherheit, in: Wieviel Sicherheit braucht der Mensch, Zürich 1989

Burghardt, M.: Projekt-Management, München 2002

C **Chrobok, R.**: Grundbegriffe der Organisation, Stuttgart 1996

Cohn, R.C.: Von der Psychoanalyse zur themenzentrierten Interaktion, Stuttgart 2004*

Cunliffe, B. (Hrsg.): Illustrierte Vor- und Frühgeschichte Europas, Zürich 1996

D **Daenzer W.F.** und **Huber, F. (Hrsg.)**: Systems Engineering, Zürich 2002

Damasio, A.R.: Descarte's Irrtum. Fühlen, Denken und das menschliche Gehirn, München 1997

De Bono, E.: Laterales Denken für Führungskräfte, Hamburg 1986

Deutscher Manager-Verband e.V. (Hrsg.): Handbuch Soft Skills. Band I, Soziale Kompetenz, Zürich 2003

Deutscher Manager-Verband e.V. (Hrsg.): Handbuch Soft Skills. Band II, Psychologische Kompetenz, Zürich 2004

Deutscher Manager-Verband e.V. (Hrsg.): Handbuch Soft Skills. Band III, Methoden-Kompetenz, Zürich 2004

Deutsches Institut für Normung e.V.: DIN 69901, Projektmanagement, Berlin 1987

Deutsches Institut für Normung e.V.: EN 12973, Berlin 2002

Doppler, K. und **Lautenburg, Ch.**: Change Management, Frankfurt 2002*

Dörner, D.: Die Logik des Misslingens. Strategisches Denken in komplexen Situationen, Hamburg 1999

Dörner, D.: Von der Logik des Misslingens, in: Fisch, R. und Boos, M. (Hrsg.): Vom Umgang mit Komplexität in Organisationen, Konstanz 1991*

Dörner, D.: Anatomie von Denken und Handeln. Der Mensch in komplexen Situationen, in: Forschung. Mitteilungen der DFG, Heft 3, 1981

E **Eberhardt, D.**: Kleingruppenorientiertes Projektmanagement (KPM): Das Management komplexer Projekte durch das Zusammenspiel in und von Projektgruppen, in: Fisch, R./Beck, D. und Englich, B. (Hrsg.): Projektgruppen in Organisationen, Göttingen 2001*

Ellwein, Th.: Koordination ohne Ende, in: Fisch, R. und Boos, M. (Hrsg.): Vom Umgang mit Komplexität in Organisationen, Konstanz 1990

European Commission (Hrsg.): Value Management. Handbook, Luxembourg, 1995

F **Fierz, K.**: Wert und Zins bei Immobilien, Zürich 2001*

Fisch, R. und **Beck, D.**: Zusammenarbeit in Projektgruppen, in: Fisch, R./Beck, D. und Englich, B. (Hrsg.): Projektgruppen in Organisationen, Göttingen 2001*

Fisch, R. und **Boos, M. (Hrsg.)**: Vom Umgang mit Komplexität in Organisationen, Konstanz 1991*

Fisch, R. und **Englich, B.**: Erfahrungen mit Projektgruppen in der öffentlichen Verwaltung, in: Fisch, R./Beck, D. und Englich, B. (Hrsg.): Projektgruppen in Organisationen, Göttingen 2000

Fisch, R. und **Wolf, M.F.**: Die Handhabung von Komplexität beim Problemlösen und Entscheiden, in Fisch, R. und Boos, M. (Hrsg.): Vom Umgang mit Komplexität in Organisationen, Konstanz 1991*

Fisch, R./Beck, D. und **Englich, B.** (Hrsg.): Projektgruppen in Organisationen, Göttingen 2001*

Fischermanns, G. und **Liebelt, W.**: Grundlagen der Prozessorganisation, Giessen 2000*

Flick, U.: Qualitative Sozialforschung, Reinbek 2002

Fölliger, O.: Optimierung dynamischer Systeme. Eine Einführung für Ingenieure, München 1989

Francis, D. und **Young, D.**: Mehr Erfolg im Team, Hamburg 2001*

Franke, G.: Strategisches Handeln im Arbeitsprozess, Bielefeld 1999

Frese, E. (Hrsg.): Handwörterbuch der Organisation, Stuttgart 1992

Friederichs, J.: Methoden empirischer Sozialforschung, Opladen 1990

Friedrich, W.: Die Kunst zu präsentieren, Berlin 2003*

G **Gäde, E.G.** und **Listing, Th.**: Gruppen erfolgreich leiten, Mainz 2002*

Gäfgen, G.: Theorie der wirtschaftlichen Entscheidung, Tübingen 1974

Gal, T. (Hrsg.): Grundlagen des Operations Research, Berlin 1992*

Geiger, W.: Qualitätslehre, Braunschweig 1998*

Gerber, M. und **Gruner, H.**: Flow Teams – Selbstorganisation in Arbeitsgruppen. Orientierung 108, Goldach 1999

Glasl, F.: Konfliktmanagement, Bern 2004*

Goleman, D.: Emotionale Führung, München 2002

Gomez, P. und **Probst, G.**: Die Praxis des ganzheitlichen Problemlösens, Bern 2001

Gomez, P.: Wertmanagement, Düsseldorf 1993

Gomez, P. und **Probst, G.**: Vernetztes Denken im Management, in: Die Orientierung, Heft 89, Bern 1987

Greiffenhagen, M. und **S.**: Werte und Wertewandel, in Breit, G. und Schiele, S. (Hrsg.): Werte in der politischen Bildung, Schwalbach/Ts., 2000

Griese, J. und **Sieber, P.**: Betriebliche Geschäftsprozesse, Bern 1999

Grote, H.: Bauen mit KOPF. Die Beherrschung von Komplexität durch Selbstorganisation, Berlin 1988

Gruner, H.: Ordnung durch Chaos. Mehr Effizienz und Effektivität durch Selbstorganisation, Horgen 1999

Grünig, R. und **Kühn, R.**: Entscheidungsverfahren für komplexe Probleme, Berlin 2004

Grzelak, J.: Konflikt und Kooperation, in Stroebe, W. (Hrsg.): Sozialpsychologie. Eine Einführung, Berlin 2003*

H **Häcker, H.O./Stapf, K.-H.** (Hrsg.): Dorsch. Psychologisches Lexikon, Bern 2004

Hafen, U./Künzler, C. und **Fischer, D.**: Erfolgreich restrukturieren in KMU, Zürich 2000

Hall, A.D.: A Methodology for Systems Engineering, Princeton, N.J. 1962

Hammer, M. und **Stanton, St.A.**: Die Reengineerings-Revolution, Frankfurt a.M. 1995

Hansel, J. und **Lomnitz, G.**: Projektleiter-Praxis, Berlin 2003

Harris, T.: Ich bin o.k. - Du bist o.k., Hamburg 2004*

Hartmann, M./Funk, R. und **Nietmann, H.**: Präsentieren, Weinheim 2003*

Hässig, K.: Prozessmanagement. Erfolgreich durch effiziente Strukturen, Zürich 2000

Hauschildt, J.: Komplexität, Zielbildung und Effizienz von Entscheidungen in Organisationen, in Fisch, R. und Boos, M. (Hrsg.): Vom Umgang mit Komplexität in Organisationen, Konstanz 1991*

Heigl-Evers, A. und **Heigl, F**: Gruppenposition und Lernmotivation, in Heigl-Evers, A.: Gruppendynamik, Göttingen 1973

Heinen, E.: Grundlagen betriebswirtschaftlicher Entscheidungen, Wiesbaden 1971

Hennig, G. und **Pelz, G.**: Transaktionsanalyse, Paderborn 2002

Hentze, J./Heinecke, A. und **Kammel, A.**: Allgemeine Betriebswirtschaftslehre, Bern 2001*

Hettich, U.: Folgekosten fressen Freiheit, in: Hochschulbau in der Schweiz, hrsg. von der Schweiz. Hochschulkonferenz, Bern 1990

Hill, W./Fehlbaum, R. und **Ulrich, P.**: Organisationslehre, Bd. 1 und 2, Bern 1998

Hillmann, K.-H.: Wertewandel, Würzburg 2003

Hofstätter, P.R.: Gruppendynamik, Hamburg 1986

Horváth, P.: Controlling-Prozesse optimieren, Stuttgart 1995

Hülshoff, Th.: Das Gehirn, Bern 2000

Hunziker, A.W.: Prozessorganisation in der öffentlichen Verwaltung, Bern 1999

Hürlimann, W.: Methodenkatalog, Schriftenreihe der Fritz-Zwicky-Stiftung Bd. 2, Bern 1981

Hüther, G.: Bedienungsanleitung für ein menschliches Gehirn, Göttingen 2001

I

Institut für Wohnen und Umwelt (Hrsg.): Planungsbegriffe, Darmstadt 1977

Irrgang, B.: Lehrbuch der Evolutionären Erkenntnistheorie, München 2001

J

Janka, F.: Wirkungsvoll präsentieren, Niedernhäusern 2001

Jenny, B.: Projektmanagement, Zürich 2003

Jung, B.: Prozessmanagement in der Praxis, Zürich 2002

Jung, C.G. und **andere**: Der Mensch und seine Symbole, Zürich 1999

K

Kaniowsky, H. und **Freitag, N.**: Das Arbeiten mit kreativen Methoden, hrsg. von dem Wirtschaftsförderungsinstitut der Bundeskammer der gewerblichen Wirtschaft, Schriftenreihe Rationalisieren Nr. 161, Wien 1990

Kauffeld, S. und **Frieling, E.**: Die berufliche Handlungskompetenz bei der Bewältigung von Optimierungsaufgaben in betrieblichen Gruppen, in Fisch, R./Beck, D. und Englich, B. (Hrsg.): Projektgruppen in Organisationen, Göttingen 2001*

Kieser, A. (Hrsg.): Organisationstheorien, Stuttgart 2002*

Kirsten, R.E. und **Müller-Schwarz,J.**: Gruppen-Training, Zürich 1973

Klebert, K./Schrader, E. und **Straub, W.**: Kurzmoderation, Hamburg 1996

Klebert, K./Schrader, E. und **Straub, W.**: Moderations-Methode, Hamburg 2002

Klein, H.: Heuristische Entscheidungsmodelle, Wiesbaden 1971

Klix, F. und **Lanius, K.**: Wege und Irrwege des Menschenartigen, Stuttgart 1999

Kotter, J.P.: Wie Manager richtig führen, München 2003*

Kugemann, W.F.: Lerntechniken für Erwachsene, Hamburg 2003

Kunz, H.U.: Spitzenleistung im Team. Menschen erfolgreich führen, Aufgaben methodisch lösen. Zürich 1994

Kunz, B.: Grundriss der Investitionsrechnung, Bern 1984

L

Langhans, M.: Prozessorganisation, Planconsult Schriften, Basel 2001

Laszlo, E..: Systemtheorie als Weltanschauung. Eine ganzheitliche Vision für unsere Zeit, München 1998

Linke, D.: Das Gehirn, München 2000

Litke, H.-D.: Projektmanagement. Methoden, Techniken, Verhaltensweisen, München 2004

Loderer, C.: Handbuch der Bewertung, Zürich 2002

Lorenz, A.: Die Werte sind im Kommen, Augsburg 1996

Luft, J.: Einführung in die Gruppendynamik, Frankfurt 1991

Luhmann, N.: Zweckbegriff und Systemrationalität, Taschenbuchausgabe o.O., 1973

Lüthi, W./Voit, E. und **Wehner Th.** (Hrsg.): Wissensmanagement – Praxis, Zürich 2002

M

Maaß, E. und **Ritsche, K.**: Teamgeist. Spiele und Übungen für die Teamentwicklung, Paderborn 1998

Mack, G.: Theorie des Lebendigen, in Bornholdt, S. und Feindt, P.H. (Hrsg.): Komplexe adaptive Systeme, Dettelbach 1996

Malik, F.: Strategisches Management komplexer Systeme, Ein Beitrag zur Management-Kybernetik evolutionärer Systeme, Bern 2000

Mehrmann, E. und **Wirtz, Th.**: Effizientes Projektmanagement. Erfolgreiche Konzepte entwickeln und realisieren, München 2000

Meyer-Meierling, P.: Gesamtleitung von Bauten, Zürich 2003

Molcho, S.: Körpersprache als Dialog, München 1989

Müller-Limmroth, W.: Bürogestaltung und Stress – Zusammenhänge und Wege positiver Beeinflussung, in: Bürogestaltung und Gesundheit, Planconsult-Berichte Nr. 6, Baden-Baden 1982

N

Nida-Rümelin, J. und **Schmidt, Th.**: Rationalität in der praktischen Philosophie, Berlin 2000

Novak, A.: Schöpferisch mit System, Heidelberg 2001

O

Osterloh, F. und **Frost, J.**: Prozessmanagement als Kernkompetenz, Wiesbaden 2003*

P

Pümpin C.: Das Dynamik-Prinzip, Düsseldorf 1989

Pümpin, C.: Strategische Führung in der Unternehmenspraxis, in: Die Orientierung, Nr. 76, Bern 1980

R

Rahn, H.J.: Führung von Gruppen, Heidelberg 1998

Rauen, Chr. (Hrsg.): Handbuch Coaching, Göttingen 2002

Rautenberg, W. und **Rogoll, R.**: Werde, der Du werden kannst, Freiburg 2004*

Rehkugler, H.: Entscheidungstheorie, München 1986

Reibnitz, U. von: Szenarien – Optionen für die Zukunft, Hamburg 1987

Reschke, H./Schelle/H. und Schmopp, R.: Handbuch Projekt-Management, Köln 1989

Restak, R.M.: Geheimnisse des menschlichen Gehirns, Herrsching 1991

Rieckmann, H.: Managen und Führen am Rande des 3. Jahrtausends, Frankfurt a.M. 2000

Riekhof, H.-Ch. (Hrsg.): Strategieentwicklung, Stuttgart 1991

Risto, K.-H.: Konflikte lösen mit System, Paderborn 2003

Rogoll, R.: Nimm dich wie du bist, Freiburg 2003*

Ropohl, G.: Ethik und Technikbewertung, 1996

Rösel, W.: Baumanagement. Grundlagen, Technik, Praxis, Berlin 2000

Roth, G.: Aus der Sicht des Gehirns, Frankfurt a.M. 2003 (a)

Roth, G.: Fühlen, Denken, Handeln. Wie das Gehirn unser Verhalten steuert, Frankfurt a.M. 2003 (b)

Rückle, H.: Körpersprache für Manager. Signale des Körpers erkennen und erfolgreich umsetzen, Landsberg am Lech 1998*

Ruegg-Stürm, J.: Das neue St. Galler Management-Modell, Bern 2003

S

Sackmann, S.A.: Wie gehen Spitzenkräfte mit Komplexität um?) in Fisch, R. und Boos, M. (Hrsg.): Vom Umgang mit Komplexität in Organisationen, Konstanz 1991*

Salin, E.: Planung – der Begriff, seine Bedeutung, seine Geschichte, in: Planung ohne Planwirtschaft, Basel 1964

Schelle, H.: Projekte zum Erfolg führen. Projektmanagement systematisch und kompakt, München 2004

Schierenbeck, H. und **Lister, M.**: Value Controlling, München 2002*

Schindler, R.: Das Verhältnis von Soziometrie und Rangordnungsdynamik, in Heigl-Evers, A. (Hrsg.): Gruppendynamik., Göttingen 1973

Schlensog, St.: Weltfrieden – Weltreligionen – Weltethos, in Breit, G. und Schiele, S. (Hrsg.): Werte in der Politischen Bildung, Schwalbach/Ts., 2000

Schmelzer, H.J. und **Sesselmann, W.**: Geschäftsprozessmanagement, München 2004*

Schmidbauer, W.: Psychologie. Lexikon der Grundbegriffe, Hamburg 1991

Schmidt, G.: Methoden und Techniken der Organisation, Giessen 2003*

Schneeweiss, Ch.: Planung, Bd. 1, Systemanalytische und entscheidungstheoretische Grundlagen, Berlin 1991

Schneider, H.-D.: Kleingruppenforschung, Stuttgart 1995

Schnetzler, N.: Die Ideenmaschine, Weinheim 2004

Schönwandt, W.: Denkfallen beim Planen, Bauweltfundamente 74, Braunschweig 1986

Schöpping, H.G.: Gruppen leben. Basistheorien zur Dynamik, Führung und Leitung von Gruppen, Paderborn 1998

Schregenberger, J.W. und **Wiegand, J.**: Besser Planen – Methodisches Problemlösen im Bauwesen, in Strohschneider, St. und Von der Weth, R. (Hrsg.): Ja, mach nur einen Plan, Bern 2002

Schregenberger, J.W.: Allgemeine Methodiken im Engineering, Bestand, Bedarf, Weiterentwicklung, hrsg. vom Institut für Bauplanung und Baubetrieb, ETH Zürich 1992

Schregenberger, J.W.: Methodenbewusstes Problemlösen, Bern 1982

Schulz-Hardt, St.: Entscheidungsautismus bei Gruppenentscheidungen in Wirtschaft und Politik, in Fisch, R./Beck, D. und Englich, B. (Hrsg.): Projektgruppen in Organisationen, Göttingen 2001*

Schulz von Thun, F./Ruppel, J. und **Stratmann, F.**: Miteinander reden. Störungen und Klärungen, Bd. 1, Reinbeck bei Hamburg 1991

Schulz von Thun, F./Ruppel, J. und **Stratmann, R.**: Miteinander reden. Kommunikationspsychologie für Führungskräfte, Reinbek bei Hamburg 2001

Schulz von Thun, F.: Miteinander reden. Das „innere Team" und situationsgerechte Kommunikation, Bd. 3, Reinbek bei Hamburg 2001

Schütz, K.-V.: Gruppenforschung und Gruppenarbeit. Theoretische Grundlagen und Praxismodelle, Mainz 1989

Schwäbisch, L. und **Siems, M.**: Anleitung zum sozialen Lernen für Paare, Gruppen und Erzieher, Hamburg 2003*

Schwaninger, M.: Managementsysteme, Frankfurt 1994

Schwartz, C.: Das Haus im Nachbarland, Berlin 2001

Schweizer, P.: Systematisch Lösungen finden, Zürich 2002*

Servatius, H.B.: Reengineering-Programme umsetzen, Stuttgart 1994

Sieben, G. und **Schildbach, Th.**: Betriebswirtschaftliche Entscheidungstheorie, Düsseldorf 1994

Siegel, M.: Über den Umgang mit Menschen, Zürich 2001

Simon, H.A.: Homo rationalis. Die Vernunft im menschlichen Leben, Frankfurt 1993

Spitzer, M.: Lernen. Gehirnforschung und die Schule des Lebens, Heidelberg 2002

Staehelin, E.: Investitionsrechnung. Konzept und Vergleich der Methoden, Zürich 1998*

Stähelin, F. und **Gassmann, F.**: Umweltethik, Aarau 2000

Steinbuch, P. (Hrsg.): Prozessorganisation Business Reengineering – Beispiel R3, Ludwigshafen 1998*

Strasmann, J. und **Schüller, A.** (Hrsg.): Kernkompetenzen. Was Unternehmen wirklich erfolgreich macht, Stuttgart 1996

Streich, R.K./Marquardt, M. und **Sanden, H.** (Hrsg.): Projektmanagement. Prozesse und Praxisfelder, Stuttgart 1996

Streufert, S.: Zur Simulation komplexer Entscheidungen, in Fisch, R. und Boos, M. (Hrsg.): Vom Umgang mit Komplexität in Organisationen, Konstanz 1991*

Stroebe, R.W.: Grundlagen der Führung, Heidelberg 2002

Strohschneider, St. und **Von der Weth, R.** (Hrsg.): Ja, mach nur einen Plan. Pannen und Fehlschläge - Ursachen, Beispiele, Lösungen, Bern 2002

Strohschneider, St.: Kultur, Denken, Strategie. Eine indische Suite, Bern 2001

Stüttgen, M.: Strategien der Komplexitätsbewältigung in Unternehmen. Ein transdisziplinärer Bezugsrahmen, Bern 1999

Svensson, A.: Bemerkungen zum Dependenz-Konzept und zu Interaktionsformen in der Gruppe, in Heigl-Evers, A. (Hrsg.): Gruppendynamik, Göttingen 1973

T

Thiele, A.: Innovativ präsentieren, Frankfurt 2000

Thom, N./Wenger, A.P. und **Zaugs, R.J.** (Hrsg.): Fälle zu Organisation und Personal, Bern 2003*

Thomann, Ch. und **Schulz von Thun, F.**: Klärungshilfe 1. Handbuch für Therapeuten, Gesprächshelfer und Moderatoren in schwierigen Gesprächen, Hamburg 2003*

Thommen, J.-P.: Managementorientierte Betriebswirtschaftslehre, Bern 2000

Tschan, F. und **Semmer, N.**: Wenn alle dasselbe denken: Geteilte Mentale Modelle und Leistung in der Teamarbeit, in Fisch, R./Beck, D. und Englich, B. (Hrsg.): Projektgruppen in Organisationen, Göttingen 2001*

Tschirky, H. und **Suter, A.**: Führen mit Sinn und Erfolg, Bern 1990

U

Ueberschaer, N.: Mit Teamarbeit zum Erfolg, München 2000

Ulrich, H. und **Probst, G.J.B.**: Anleitung zu ganzheitlichem Denken und Handeln. Ein Brevier für Führungskräfte, Bern 1995

Ulrich, P. und **Fluri, E.**: Management, Bern 1995*

V

Verein Deutscher Ingenieure (VDI), VDI Zentrum Wertanalyse (Hrsg.): Wertanalyse. Idee – Methode – System, Düsseldorf 1995

Versteegen, G.: Projektmanagement mit dem Rational Unified Process, Berlin 2000

Vester, F.: Denken, Lernen, Vergessen, München 1998*

Vogt, M.: Retinität. Vernetzung als ethisches Leitprinzip für das Handeln in komplexen Systemzusammenhängen, hrsg. von Bornholdt, S. und Feindt, P.H., Dettelbach 1996

Vollmer, G.: Wissenschaft mit Steinzeitgehirnen? in: Mannheimer Forum 86/87, Studienreihe Boehringer Mannheim, o.J.

Von der Weth, R.: Identifikation strategiebildender Handlungsmomente: „Strategeme", in Franke, G. (Hrsg.): Strategisches Handeln im Arbeitsprozess, Bielefeld 1999

Von der Weth, R.: Management der Komplexität. Ressourcenorientiertes Handeln in der Praxis, Bern 2001

Vopel, K.W. und **Kersten, R.E.**: Kommunikation und Kooperation. Ein gruppendynamisches Trainingsprogramm, München 2000*

W

Wagner, U.: Intergruppenverhalten in Organisationen: Ein vernachlässigter Aspekt bei der Zusammenarbeit in Projektgruppen, in Fisch, R./Beck, D. und Englich, B. (Hrsg.): Projektgruppen in Organisationen, Göttingen 2001*

Watzlawick, P./Beavin, J.H. und **Jackson, D.D.**: Menschliche Kommunikation, Bern 2003*

Watzlawick, P./Weakland, J.H. und **Fisch, R.**: Lösungen. Zur Theorie und Praxis menschlichen Wandels, Bern 2000*

Weinert, A.: Lehrbuch der Organisations-Psychologie, München 1998*

Wiegand, J. und **Keller, Th.**: Wohnungs-Bewertung in der Anwendung, Schriftenreihe Wohnungswesen, hrsg. vom Bundesamt für Wohnungswesen, Bern 1979

Wiegand, J./Aellen, K. und **Keller, Th.**: Wohnungs-Bewertung, hrsg. vom Bundesamt für Wohnungswesen, Schriftenreihe Wohnungswesen, Band 35, Bern 1986

Wiegand, J.: Aller Anfang ist wichtig (schwer), in: Schweizer Ingenieur und Architekt, Heft 24, Zürich 1991

Wiegand, J.: Besser Planen. Abstufen, Rückkoppeln und Systematisieren (ARS) zur Lösung von Planungsproblemen, Planconsult Berichte Nr. 5, Teufen 1981

Wiegand, J.: Von der Fach- zur Aufgaben-Orientierung, in: Verwaltung + Organisation, Heft 11, Solothurn 1990

Wiegand, J.: Dynamische Planung. In: Schweizer Ingenieur und Architekt, Heft 10, Zürich 1991

Wiegand, J.: Leitfaden für das Planen und Bauen, Wiesbaden 1995

Wiegand, J.: Verwaltungs-Marketing für Ihren Erfolg, Planconsult Schriftenreihe, Basel 1996

Wiegand, J.: Von der Wertanalyse zum Value Management, in: Schweizer Ingenieur und Architekt, Heft-Nr. 27-28, Zürich 1997

Wiegand, J. et al.: Glossar Produkte, Prozesse, Instrumente im Rahmen von WoV/NPM, Planconsult Schriften, Basel 2000

Wimmer, R.: Organisation und Beratung. Systemtheoretische Perspektiven für die Praxis, Heidelberg 2004

Wiswede, G.: Einführung in die Wirtschaftspsychologie, München/Basel 2000

Witte, E.H.: Das Ausschöpfen der Leistungsvorteile von Gruppen: Wie kann man es besser machen? in Fisch, R./Beck, D. und Englich, B. (Hrsg.): Projektgruppen in Organisationen, Göttingen 2001*

Witte, H.: Die Integration monetärer und nicht monetärer Bewertungen, Volkswirtschaftliche Schriften, Heft 388, Berlin 1989

Wright, G.-H. von: Normen, Werte und Handlungen, Frankfurt a.M., 1994

Wyhler, A.: Die Kunst des Probierens, Kilchberg 2001

Y   **Young, T.**: 30 Minuten bis zum erfolgreichen Projektmanagement, Offenbach 2003*

Z   **Zangemeister, Chr.**: Erweiterte Wirtschaftlichkeitsanalyse, Berlin 2000

Zangemeister, Chr.: Nutzwertanalyse in der Systemtechnik, München 1973

Zangemeister, Chr.: Nutzwertanalyse. In: Die neuen Methoden der Entscheidungsfindung, München 1972

Zehnder, C.A.: Bedroht die Informationsflut die Sicherheit?, in: Wieviel Sicherheit braucht der Mensch. Zürcher Hochschulforum, Band 14, Zürich 1989

Zimbardo, Ph.G. und **Gerrig, R.J.**: Psychologie, München 2004

Züst, R.: Einstieg ins Systems Engineering. Optimale, nachhaltige Lösungen entwickeln und umsetzen, Zürich 2004

Zwicky, F.: Morphologische Forschung. Wesen und Wandel materieller und geistiger struktureller Zusammenhänge, Glarus 1989

Stichwortverzeichnis

Der Autor

Jürgen Wiegand, Dr.-Ing., ist Dozent an der ETH Zürich und an der Fach-hochschule Aargau Lehrbeauftragter für Problemlösungs-Prozesse. Daneben arbeitet er in der Praxis als Planer und Berater im Rahmen seiner Tätigkeit als Partner des Büros Planconsult W+B AG in Basel.

Er studierte zunächst Architektur und Städtebau an der TU München bis zum Abschluss als Dipl.-Ing., danach dann zusätzlich Wirtschaftswissen-schaften an der Universität Basel bis zur Promotion. Nach mehreren Jahren als Projektleiter bei der Prognos AG in Basel gründetet er die Plan-consult in Basel, welche in den Bereichen Organisation, Marketing, Standort und räumliche Planung tätig ist. Als einer von jetzt vier Part-nern dieser Firma publizierte er eine Reihe von Büchern und Artikeln zu Problemlösungs-Prozessen und schreibt als Hobby in seiner Freizeit Wanderführer.

Weitere Informationen zum Autoren und seinem Umfeld finden Sie auf seiner Homepage unter www.mj-wiegand.ch.